GEORGETA NICHIFOR

DICȚIONAR
ROMÂN – ENGLEZ

Editura Orizonturi
București 1992

Coperta de Simona Dumitrescu

ISBN 973-95333-3-7

GEORGETA NICHIFOR

DICȚIONAR ROMÂN–ENGLEZ

Coli tipo 14,75.
Bun de tipar : 17.01.1992.
Tipar executat sub comanda nr. 324.
Imprimeria „Oltenia" Craiova
Bulevardul Mareşal Ion Antonescu, nr. 102.

Cuvînt înainte

Dicționarul de față include circa 11.000 de cuvinte titlu și este elaborat după "Dicționarul explicativ al limbii române" editat de Editura Academiei.

S-au furnizat cele mai uzuale și actuale cuvinte, expresii și sintagme din limba română.

La cuvintele polisemantice s-au dat sensurile de bază, precum și expresiile cele mai uzuale.

Unele substantive ca: amator, desenator etc. care în engleză au aceeași traducere și pentru substantivele feminine (amatoare, desenatoare) nu apar în dicționar decît la masculin. În schimb, cele care se traduc la feminin printr-un alt cuvînt apar separat, ca de exemplu:

croitor *sm* tailor

croitoreasă *sf* dressmaker

Adjectivele s-au tratat la forma lor de bază socotind că în limba engleză ele sînt invariabile indiferent de gen și număr.

Adverbele, de asemenea, sînt date numai în cazul în care au alte traduceri speciale față de adjectivele din română, luînd în considerație că majoritatea adverbelor din engleză se formează adăugînd sufixul -"ly" la adjectivul aferent.

Categoriile gramaticale (substantiv, verb, adjectiv etc.) sînt marcate cu cifre arabe. Diferitele sensuri ale cuvintelor sînt delimitate prin punct și virgulă, virgula fiind pusă numai între sinonime. Uneori după o traducere apar două puncte urmate de un exemplu pentru precizarea sensului, de pildă: pe *prep* on: *pe masă* on the table; in: *pe cer* in the sky;...

Pentru a folosi spațiul aferent cît mai economicos, explicații lămuritoare, în paranteză, pentru precizarea sensului nu s-au dat decît dacă acestea erau neapărat necesare.

Sper ca dicționarul să fie util unor categorii largi de cititori.

Orice sugestie de îmbunătățire va fi binevenită din partea dvs. care îl folosiți.

Autoarea

Lista abrevierilor

adj	adjectiv	*pron*	pronume
adj f	adjectiv feminin	*s f*	substantiv feminin
adv	adverb	*sm*	substantiv masculin
art	articol	*smb*	somebody
art nehot	articol nehotărît	*smth*	something
conj	conjuncție	*sn*	substantiv neutru
d.	despre	*v aux*	verb auxiliar
interj	interjecție	*vi*	verb intranzitiv
num	numeral	*vr*	verb reflexiv
pl	plural	*vt*	verb tranzitiv
prep	prepoziție		

A

A, a (the letter) a; *de la a la z* from beginning to end

a 1 *particulă a infinitivului* to: *a merge* to go **2** *art hot* the; *a treia* the third **3** *art posesiv* of; 's; *a Anei* Ann's; *a lui Andrei* Andrew's; *a mea* mine

abac *sn* abacus

abajur *sn* shade

abandona *vt* to abandon; to leave

abate *vr* to wander; to swerve; to depart

abătut *adj* depressed, dejected; gloomy

abecedar *sn* primer

abia *adv* hardly; scarcely; *(numai)* only; *~... și ...* no sooner... than

abil *adj* clever; glib; smart; nimble; sharp

abis *sn* abyss; chasm

abnegație *sf* abnegation

aboli *vt* to abolish

abona *vt, vr (la)* to subscribe (to)

abonament *sn (la ziar)* subscription; *(la tren)* commutation ticket

abordabil *adj* accessible; *ușor ~* easy of approach

abrevia *vt* to shorten

abroga *vt* to abrogate; to repeal

abrupt *adj* steep, arduous

absent *adj* absent; *(d.privire)* vacant; *(neatent)* absent-minded

absolut *adj* absolute; *(sigur)* positive

absolvent *sm* graduate

absolvi *vt* to graduate from

absorbi *vt* to absorb; to suck; *a fi ~t in* to be engrossed in

abstinent *sm (de la băuturi)* teetotaller

abstract *adj* abstract

absurd *adj* absurd; witless; preposterous; silly; *prin ~* against all reason

abține *vr (de la)* to abstain (from); *nu m-am putut ~ să nu rid* I couldn't help laughing

abunda *vi (in)* to abound (in)

abundent *adj* abundant; plentiful

abundență *sf* abundance; plenty; *din ~* abundantly

abur *sm* steam; *locomotivă cu ~i* steam engine; *~it* steamy

abuz *sn* abuse; fraud

abuza *vi (de)* to take advantage (of)

ac *sn* needle; *(la albină)* sting; *ac cu gămălie* pin; *ac de siguranță* safety pin; *ac orar* hour hand

acadea *sf* lollipop

academician *sm* academician

academie *sf* academy

acalmie *sf* calm; quiet

acapara *vt* to take hold (of)

acar *sm* pointsman

acareturi *sn pl* outbuildings

acasă *adv* home; *du-te ~* go home

accelera *vt* to quicken, to hasten; *(mașina)* to step on the gas

accelerat *sn* fast train

accelerator *sn* accelerator

accent *sn* accent; stress; *(subliniere)*

emphasis; *a pune* ~*ul pe* to lay stress on

accentua *vt* to stress; *(a sublinia)* to emphasize

accepta *vt* to accept; to agree (to)

acceptabil *adj* acceptable; reasonable; tolerable

acceptare *sf* acceptance

acces *sn (la)* access (to); *(intrare)* entrance: ~*ul interzis* no entry; *(atac)* attack; fit

accident *sn* accident; ~ *de maşină* motoring accident; ~ *de avion* crash

accidenta 1 *vt* to hurt **2** *vr* to hurt oneself

accidental *adj* accidental; haphazard

acel, acea *adj* that

acela, aceea *pron* that; *cine e acela?* who is that one? *de aceea* that is why; *după aceea* after that

acelaşi, aceeaşi *adj* the same; *de acelaşi fel* of the same kind

acerb *adj* acrimonious

acest, această *adj* this; *acest deal* this hill

acesta, aceasta *pron* this; *ce e aceasta?* what is this? *după aceasta* then

aceştia, acestea *pron* these; *cu toate acestea* however

achita *vt, vr* to pay off

achiziţie *sf* acquisition

aci *adv* here

acalma *vt* to cheer; to welcome

acnee *sf* acne

acoladă *sf* bracket

acolo *adv* there; *pe* ~ over there; *fugi de-* ~*!* you don't say so!

acomoda *vr* to get accustomed (to)

acompania *vt* to accompany

acont *sn* advance money; *a* ~ *a* to pay earnest money

acoperi *vt* to cover; *(a apăra)* to protect; *a* ~ *cheltuielile* to meet the expenses; *a-şi* ~ *capul* to put one's hat on

acoperire *sf* covering; guarantee

acoperiş *sn* roof

acoperit *adj* covered; protected; ~ *cu pietre preţioase* studded with jewels

acord *sn* agreement; accord; consent; *a fi de* ~ *cu* to agree with; *de comun* ~ with one accord; *de* ~ *!* agreed!

acorda *vt* to give; to allot; to grant; *(un premiu)* to award; *(un instrument)* to tune, to key

acordeon *sn* accordion

acosta 1 *vi* to land **2** *vt (a agăţa)* to waylay

acri 1 *vt* to sour **2** *vr* to get sour; *a i se* ~ *de* to be fed up with

acrobat *sm* acrobat

acru *adj* sour; *(d. cineva)* sulky; morose

act *sn* act; deed; document; ~*e* papers; ~ *de acuzare* indictment; ~ *de naştere* birth certificate

activ *adj* active; diligent; lively

activitate *sf* activity; *in plină* ~ in full swing

actor *sm* actor

actriţă *sf* actress

actual *adj* present; up-to-date; topical

actualitate *sf* present; *actualităţi* the latest news; *de* ~ of present interest

actualmente *adv* now

acţiona *vi* to act; to proceed; *a* ~ *in*

judecată to sue smb

acționar *sm* shareholder

acțiune *sf* action; deed; *(subiect)* plot; activity; *om de* ~ man of action; *a pune în* ~ to set to work

acuarelă *sf* water colour

acum *adv* now; *acu-i acu* it's now or never; ~ *doi ani* two years ago

acumula *vt* to accumulate, to gather; to hoard

acumulator *sn* battery

acuratețe *sf* accuracy

acustică *sf* acoustics

acut *adj* acute; *(d. durere)* keen

acuza *vt (de)* to blame (for); to prosecute; to sue; to indict

acuzat *sm* prisoner; defendant; ~*ul* the accused

acuzație *sf* charge

acvilin *adj* aquiline

adaos *sn* addition; supplement; *(urmare)* sequel

adapta *vt, vr (la)* to adjust (oneself) (to); to accommodate (oneself) (to)

adaptare *sf* accommodation; *(literară)* version

adăpa 1 *vi* to water 2 *vr* to drink

adăpost *sn* shelter; cover; *la* ~ in a safe place; *fără* ~ homeless

adăposti 1 *vt* to shelter; to protect 2 *vr* to shelter oneself; to hide

adăuga *vt* to add; to attach

adecvat *adj* proper; suitable

ademeni *vt* to lure; *(un bărbat)* to vamp; ~*tor* winning, luscious

adept *sm* supporter

adera *vi (la)* to adhere (to); to join

adesea *adv* often

adevăr *sn* truth; *într-* ~ indeed

adevărat *adj* true; real; actual; *cu* ~ actually

adeveri *vr* to come true

adeverință *sf* receipt

adia *vi* to breeze

adică *adv* that is (to say); videlicet; *la o* ~ if necessary; *cum* ~? what do you mean?

adio *interj* good-bye!

adînc 1 *sn* depth; *din* ~*ul sufletului* from the bottom of one's heart 2 *adj* deep; profound 3 *adv* deeply; profoundly; ~ *înrădăcinat* deep-rooted

adîncime *sf* depth

adjectiv *sn* adjective

adjunct *sm* assistant; deputy

administra *vt* to administer; to manage

administrator *sm* administrator; manager

administrație *sf* administration; management

admira *vt* to admire

admirator *sm* admirer; fan

admirativ *adj* admiring

admirație *sf* admiration; *cu* ~ admiringly

admonestare *sf* remonstrance

admite *vt* to recognize; to admit; to agree

admitere *sf (examen de* ~ *)* entrance examination

adolescent *sm* teenager

adolescență *sf* teens

adopta *vt* adopt; *a* ~ *o lege* to pass a bill

adoptiv *adj* adoptive; *tată ~* foster father

adora *vt* to adore; to worship

adormi *vi* to fall/drop asleep; *(a aţipi)* to nod

adormit *adj* sleepy; *(moale)* languid

adresa 1 *vt* to address, to direct **2** *vr* to address oneself; to apply to; *(cuiva)* to speak to

adresă *sf* address; residence; destination

aduce *vt* to bring; to fetch; *a ~ aminte cuiva* to remind smb; *a-şi ~ aminte* to remember; *a ~ la cunoştinţă* to inform; *a ~ noroc* to bring (good) luck; *a ~ vorba* to mention

adulmeca *vt, vi* to smell; to scent

adult *sm, adj* grown-up, adult

aduna *vt* to gather, to collect; to store; *(o sumă)* to add; *(flori)* to pick up; *(recolta)* to harvest; *(bani)* to put aside

adunare *sf* *(şedinţă)* meeting; collection; *(matematică)* addition

adverb *sn* adverb

advers *adj* opposite; contrary

adversar *sm* opponent

aer *sn* air: *în ~ liber* outdoor; atmosphere; look, aspect; *~ curat* fresh air; *~ viciat* foul air; *a avea un ~ nesănătos* to look unhealthy; *a-şi da ~e* to put on airs; *simt ceve în ~* I smell a rat

aerisi *vt* to air

aeroport *sn* airport

afabil *adj* amiable; civil

afacere *sf* business; *~ de stat* state affair

afară *adv* out(side); outdoors; *~ de aceasta, în ~ de* besides; *a da ~* to turn out; *ieşi ~!* get lost!

afecta *vt* to affect; *(a supăra)* to offend

afectat *adj* studied; *(în purtare)* prim

afectuos *adj* affectionate; loving

afecţiune *sf* affection; love; *(boală)* disease

aferent *adj* due; relevant

afilia *vr* to join

afin *sm,* **afină** *sf* billberry

afinitate *sf* affinity

afirma *vt* to state, to say; to hold

afirmativ *adj* affirmative

afirmaţie *sf* statement

afiş *sn* poster; bill; *om-afiş* sandwich man; *a ~a* to post

afla 1 *vt* to hear, to learn **2** *vi* to learn about; *(a fi situat)* to lie **3** *vr* to transpire

afluent *sm* affluent; tributary

afluenţă *sf* affluence

afon *adj* with no year for music

african *adj* African

afront *sn* offence; insult

afuma 1 *vt* to smoke **2** *vr (a se ameţi)* to get/become intoxicated

afunda *vr* to sink; to plunge

afurisit *adj* naughty

agale *adv* slowly

agasa *vt* to annoy; to nag

agasant *adj* annoying

agăţa 1 *vt* to hang; *(a acosta)* to accost **2** *vr (d. rochie)* to catch on, to hitch

agăţătoare *sf (la haină)* hanger

ageamiu *sm* greenhorn

agendă *sf* notebook

agent *sm* agent; *~ provocator* decoy;

~ *secret* secret agent

agenție *sf* agency; company

ager *adj* cute; bright; shrewd; nimble

agheasmă *sf* holy water

aghiuță *sm* devil

agil *adj* nimble; dexterous; astute

agita **1** *vt* to stir **2** *vr* to fret; to fuss

agitat *adj* restless; fussy; hectic; tumultuous

agitație *sf* unrest; fuss; scurry; whirl; **~** *politică* political disturbances; *a fi în* **~** to be agog

aglomera *vr* to crowd

aglomerat *adj* crowded

aglomerație *sf* crowd

agonie *sf* agony

agonisi *vt* to put by; to heap

agrafă *sf* hairpin

agrava *vr* to get worse

agrea *vt* to like

agreabil *adj* agreeable; pleasing; delightful

agrement *sn* amusement

agresiune *sf* aggression

agresiv *adj* aggressive; truculent

agricol *adj* agricultural; farming

agricultură *sf* agriculture

agronom *sm* agronomist

agronomie *sf* agronomy

aici *adv* here; *pe* **~** around here; *cît pe* **~** nearly; *de* **~** *înainte* from now on; *pînă* **~** *!* that's enough!

aidoma *adv* *e* **~** *maică-sa* she is the very image of her mother

aievea *adv* really

aisberg *sn* iceberg

aiura *vi* to rave

aiureală *sf e o* **~** *!* (it's) nonsense/fiddlesticks!; *aiureli* ravings

aiurit *sm* scatterbrains

ajun *sn* eve; *în* **~** *ul* on the eve of

ajuna *vi* to fast

ajunge *vt, vi (la)* to reach, to touch; *(a se ridica la)* to amount (to); *(din urmă)* to catch up with; *a* **~** *avocat* to become a lawyer; *a* **~** *bine|rău* to raise high, to get down/low; **~** *!* stop it!

ajusta *vt* to adjust; to match

ajustor *sm* fitter

ajuta *vt, vi (la)* to help (with); *nu ajută la nimic* it's of no use

ajutător *adj* auxiliary

ajutor *sn* help; *(material)* support, relief, aid; *cu* **~** *ul* with the help of; *de mare* **~** helpful; **~** *de șomaj* unemployment benefit; *post de prim* **~** first-aid station

al *art al meu* mine; *al tău | vostru* yours; *al lui* his; *al ei* hers; *al nostru* ours; *al lor* theirs

alai *sn* pomp; *(suită)* suite

alaltăieri *adv* the day before yesterday

alamă *sf* brass

alambic *sn* still

alambicat *adj* intricate

alandala *adv* topsy-turvy

alarma *vr* to get worried

alarmant *adj* alarming

alarmă *sf* alarm; panic

alăpta *vt* to suckle; **~** *re* suck(ling)

alătura **1** *vt* to juxtapose; to compare **2** *vr (a adera)* to join

alături *adv* near; by; next

alb *adj* white; **~** *la față* pale; *cu părul*

~ white-haired, grizzled; *noapte* ~*ă*
sleepless night

albanez *adj* Albanian

albastru *adj* blue

albăstrui *adj* bluish

albie *sf* river bed; *(copaie)* trough

albină *sf* bee

albinărit *sn* beekeeping

albit *adj* grizzled

albitură *sf* parsnip and parsley

album *sn* album

albuş *sn* white of the egg

alcătui *vt* to make up

alcool *sn* alcohol

alcoolic 1 *adj* alcoholic 2 *s* sot

ale *art* of; 's; ~ *mele* mine; ~ *cărţii* of
the book; ~ *omului* man's

alea *pron* those

alee *sf* alley; drive

alegător *sm* voter

alege *vt* to choose; to vote; to sort

alegere *sf* election; choice; *n-ai altă* ~
you have no choice; *la* ~ at option;
fără ~ at random

alegeri *sf pl* poll

alene *adv* slowly; idly

alerga *vi* to run; to hurry; to rush; to
chase

alergare *sf* running; race

alergător *sm* runner; *(cal)* racehorse

alert *adj* lively; agile; nimble

alertă *sf* alert

ales *adj* choice; distinguished; *mai* ~
especially

alfabet *sn* alphabet; ~*ic* alphabetical

algă *sf* alga

alia *vr (cu)* to ally (with)

aliaj *sn* alloy

alianţă *sf* alliance; *rudă prin* ~ in-law

alibi *sn* alibi

alienare *sf* alienation

alienat *adj* alienated

alifie *sf* ointment; salve

aliment *sn* food

alimenta *vt, vr* to feed

alimentaţie *sf* nourishment

alina *vt* to soothe; to calm down

alinia *vt, vr* to align

alinta 1 *vt* to caress; to pamper 2 *vr*
(d.îndrăgostiţi) to bill and coo

alipi *vt, vr* to join

almanah *sn* almanac

alo *interj* Hullo!

alocaţie *sf* allocation; ~ *de şomaj* dole

alocuri *adv pe* ~ here and there

alpinism *sn* mountaineering

alpinist *sm* climber

alt, altă *adj* other, another; *pînă una
alta* meanwhile; *unul cu altul* each
other, one another

altădată *adv (în trecut)* once; *(în viitor)*
some other time

altceva *pron* something else

altcineva *pron* someone else

alteori *adv (în trecut)* once; *(în viitor)*
some other time

altera *vr* to decay

altercaţie *sf* wrangle

alternativă *sf* alternative

alteţă *sf* highness

altfel *adv* in a different way; otherwise;
de ~ moreover, otherwise; ~ *de
(obiceiuri)* different (customs)

altitudine *sf* altitude

altminteri *adv* otherwise

altoi[1] *sn* graft

altoi[2] *vt* to graft
altruism *sn* selflessness
altruist *sm* selfless person
altul, alta *pron* another (one); *unul după altul* one after the other; *pînă una alta* for the time being
altundeva *adv* somewhere else
aluat *sn* dough
aluminiu *sn* aluminium
alun *sm* hazel tree; ~ *ă* hazelnut; ~ *ă americană* peanut
aluneca *vi (pe gheață)* to slide; *(pe cer)* to flee; *(din picioare)* to slip; *(pe pistă)* to taxi; ~ *re* sliding
alunecos *adj* slippery; slick
alunga *vt* to drive/to send away
aluniță *sf* mole
aluviune *sf* silt
aluzie *sf* hint
amabil *adj* kind; genial; willing
amabilitate *sf* kindness
amanet *sn* pawn; *a ~ a* to pawn
amant *sm* lover; ~ *ă* mistress
amar *adj* bitter; ~ *de vreme* a long time; ~ *nic* bitterly: *a plînge ~ nic* to cry one's eyes out
amator *sm* amateur; lover; *a fi ~ de* to be fond of
amăgi *vt* to deceive; to delude; to tempt; ~ *tor* illusive, specious
amănunt *sn* detail; *în ~* minutely
amănunțit 1 *adj* detailed 2 *adv* minutely
amări *vr* to become sad
amărît *adj* sad, dejected, dismal
ambala 1 *vt* to pack 2 *vr* to get excited
ambalaj *sn* wrap
ambarcație *sf* boat; craft

ambasadă *sf* embassy
ambasador *sm* ambassador
ambiant *adj* surrounding
ambianță *sf* environment
ambiguu *adj* ambiguous
ambii, ambele *num* both (of them)
ambiție *sf* ambition
ambițios *adj* ambitious; stubborn
ambreiaj *sn* clutch
ambulant *adj* itinerant; *vînzător ~* pedlar
ambuscadă *sf* ambush
ambuteiaj *sn* jam
ameliora *vt, vi* to improve
ameliorare *sf* improvement
amenaja *vt* to arrange
amenda *vt* to fine; *(a ameliora)* to amend, to improve
amendament *sn* amendment
amendă *sf* penalty; fine
amenința *vt* to menace, to threaten
amenințare *sf* threat; menace
amenințător *adj* threatening
american *adj* American
amestec *sn* mixture; *(amestecătură)* medley; *(intervenție)* interference; *n-am nici un ~* I have nothing to do with
amesteca 1 *vt* to mix; to stir; *(cărțile)* to shuffle 2 *vr* to interfere; *(în conversație)* to chime in
amestecătură *sf (de lucruri)* odds and ends
amețeală *sf* dizziness; vertigo
ameți 1 *vt* to intoxicate 2 *vi* to become dizzy
amețit *adj* dizzy; tipsy; groggy; muzzy
amfiteatru *sn* lecture room; theatre
amfitrioană *sf* hostess

amfitrion *sn* host

amiază *sf* noon; *la* ~ at noon; *după* ~ afternoon

amic *sm* friend; pal; chap

amidon *sn* starch

amigdalită *sf* tonsilitis

amin *interj* amen

aminte *adv* *a-şi aduce* ~ to remember; *a-i aduce* ~ to remind; *cu luare* ~ attentively

aminti *vt* to remind *a-şi* ~ to remember

amintire *sf* remembrance; recollection; *(obiect)* keepsake

amiral *sm* admiral

amîna *vt* to postpone, to put off; to delay; *(o şedinţă)* to adjourn, to suspend

amînare *sf* postponement

amîndoi 1 *adj* both 2 *pron* both of us/you/then

amnar *sn* tinder

amnezie *sf* amnesia

amnistia *vt* to amnesty

amnistie *sf* amnesty

amonte *adv* *în* ~ upstream

amor *sn* love; ~ *propriu* self respect; ~ *ez* wooer

amoreza *vr* *(de)* to fall in love (with)

amortiza *vt* to pay off; *(un şoc)* to deaden

amorţeală *sf* numbness; torpor

amorţi *vi* to get benumbed; to become torpid

amorţit *adj* benumbed; stiff; torpid; numb; dead; *picior* ~ benumbed/stiff leg

amplasa *vt* to place; to locate

amplasament *sn* location

amplifica *vt* to amplify, to increase

amploare *sf* extent; development; *de mare* ~ of vast proportions

amplu *adj* extensive; developed; abundant

amprentă *sf* imprint; mark; ~ *digitală* fingerprint

amurg *sn* twilight, dusk; *în* ~ at dusk

amuţi *vi* to become silent

amuza 1 *vt* to amuse 2 *vi* to enjoy oneself; to have a good time

amuzant *adj* funny; amusing

amvon *sn* pulpit

an *sm* year; *an bisect* leap year; *an de an* year by year; *an curent* this year; *Anul Nou* the New Year; *acum doi ani* two years ago; *are trei ani* he is three years old; *la anul* next year; *tot anul* all the year round; *anul trecut* last year; *în anul 1991* in (the year) 1991; *cîţi ani ai?* how old are you?

anafură *sf* wafer

analfabet *adj* illiterate; unlettered

analitic *adj* analytical

analiza *vt* to analyse

analiză *sf* analysis; *(medicală)* test

analog *adj* analogous

analogie *sf* analogy

ananas *sm* pineapple

ananghie *sf* plight; *a fi la* ~ to be in deep water

anapoda *adv* upside-down

anarhie *sf* anarchy

anatomie *sf* anatomy

ancheta *vt* to investigate

anchetă *sf* investigation; inquiry

ancora *vi* to cast anchor

ancoră *sf* anchor
andrea *sf* (knitting) needle
anecdotă *sf* joke
anemic *adj* anemic; feeble
anemonă *sf* anemone, windflower
anestezia *vt* to anaesthetize
anestezie *sf* anaesthesia
anevoie *adv* hardly
anevoios *adj* difficult
anexă *sf* annex
angaja 1 *vt* to employ, to hire 2 *vr (să)* to promise (to)
angajament *sn* engagement; commitment
angrena *vt* to draw; to engage; to gear
angrenaj *sn* gear
angro *adv* wholesale
anima 1 *vt* to quicken 2 *vr* to enliven
animal 1 *sn* animal, beast; ~ *adorat* pet; ~ *sălbatic* wild beast 2 *adj* animal: *regnul* ~ the animal kingdom
animat *adj* lively; *desene* ~ *e* animated cartoons
animaţie *sf* stir, bustle
animozitate *sf* animosity
aniversa *vt* to celebrate
aniversare *sf* anniversary
anod *sm* anode
anodin *adj* worthless; unimportant
anomalie *sf* anomaly
anonim *adj* anonymous
anormal *adj* abnormal; unnatural
anost *adj* dull; tedious
anotimp *sn* season
ansamblu *sn* ensemble; *în* ~ on the whole; *de* ~ general
antarctic *adj* Antarctic
antebraţ *sn* forearm

antenă *sf* feeler; *(la TV)* aerial
anterior 1 *adj* former; previous; prior 2 *adv* formerly; previously
antibiotic *sn* antibiotic
antic *adj* ancient; *(demodat)* out-of-date
anticameră *sf* waiting room
anticar *sm* second-hand bookseller
anticipa *vt* to foretell
anticipat *adv* in advance
anticipaţie *sf* anticipation; *literatură de* ~ science fiction
anticoncepţional *adj* birth-control
anticorp *sm* antibody
antidot *sn* antidote
antifascist *sm, adj* antifascist
antipatic *adj* hateful; unbearable
antipatie *sf* dislike; spite, grudge
antişoc *adj* shock proof
antiteză *sf* antithesis
antologie *sf* anthology
antonim *sn* antonym
antren *sn* high spirits; liveliness
antrena 1 *vt (sport)* to coach; to school; *(a atrage)* to draw 2 *vr* to train
antrenament *sn* training; coaching
antrenant *adj* stimulating; entertaining
antreprenor *sm* contractor; ~ *de pompe funebre* undertaker
antreu *sn* hall
antricot *sn* steak
anturaj *sn* company
anual *adj* yearly, annual
anuar *sn* yearbook
anula *vt* to cancel; to cross out; to quash; to repeal; to nullify
anume 1 *adj un* ~ a certain 2 *adv* such;

(intenţionat) on purpose; şi ~ namely

anumit *adj* certain; special

anunţ *sn notice; (la ziar)* ad; *a da un* ~ to advertise

anunţa *vt* to announce; to let know; *(un vizitator)* to usher

anvelopă *sf* tyre

aparat *sn* apparatus; device; machine; ~ *auditiv* hearing aid; ~ *de radio* radio set ~ *fotografic* camera; ~ *de emisie-recepţie* walkie-talkie

aparent *adj* seeming; ostensible

aparenţă *sf* appearance; *în* ~ apparently

apariţie *sf* apperance; apparition; publication; *a-şi face apariţia* to put in an appearance

apartament *sn* flat; *(la hotel)* suite

aparte *adj* special, singular, unusual

aparţine *vi (de)* to belong (to)

apatic *adj* listless; indifferent; apathetic; torpid

apatie *sf* apathy; indifference

apă *sf* water; ~ *de băut* drinking water; ~ *dulce* sweet water; ~ *minerală* mineral water; ~ *sărată* salt water; *ape menajere* sewage; *moară de* ~ water mill; *schi pe* ~ water skiing; *ca pe* ~ fluently; *ca două picături de* ~ as like as two peas; *a bate apa în piuă* to flap one's mouth

apăra *vt* to defend; to protect

apărare *sf* defence; protection; *fără* ~ defenceless; *legitimă* ~ self-defence

apărătoare *sf (la maşină)* mud guard

apărător *sm* defender; protector

apărea *vi* to come into sight; to turn

up; *(d.cărţi)* to be published

apăsa *vt (pe un buton)* to push; *(pe o pedală)* to press; *(a accentua)* to emphasize; ~*re* pressure

apăsat *adv* firmly; imperatively

apel *sn* appeal; call; *a face* ~ *la* to resort to; *a face* ~*ul* to call the roll

apela *vi (la)* to resort (to); to ask for

apendicită *sf* appendicitis.

aperitiv *sn* hors d'oeuvre

apetisant *adj* appetizing

apetit *sn* appetite

apicultor *sm* beekeeper

apicultură *sf* beekeeping

aplana *vt* to settle

aplatiza *vt* to flatten

aplauda *vi, vt* to applaud; to cheer; to acclaim

aplauze *sn pl* applause; clapping

apleca *vr* to lean; to stoop; *(în afară)* to lean out; *a i se* ~ to feel sick

aplicaţie *sf* talent; aptitude

aplomb *sn* self-confidence

apogeu *sn* summit; top; height

apoi *adv* then; afterwards; next

apologetic *adj* eulogistic

apologie *sf* apology

aport *sn* contribution

apos *adj* watery; washy; weak; thin

apostol *sm* apostle

apostrof *sn* apostrophe

apostrofa *vt* to reprimand; to reprove

aprecia *vt (a evalua)* to value; to assess; *(a socoti)* to consider; *(a preţui)* to appreciate

apreciabil *adj* considerable

apreciat *adj* appreciated

apreciere *sf* appreciation; valuation

17

apret *sn* starch
apreta *vt* to starch
aprig *adj* fiery; passionate
aprilie *sm* April
aprinde 1 *vt* to light; to kindle; *(lumina)* to switch/to turn on **2** *vr* to take fire; *(la față)* to blush; *(a se enerva)* to grow angry
aprins *adj* on fire; *(d.culori)* bright; fiery
aproape *adv* near; almost; about, approximately; *e ~ cinci* it's nearly 5; *era ~ sigur* he was almost sure; *~ de* in the vicinity of; *e ~ gata* it is almost ready; *~ nimic* almost nothing; *era ~ să cad* I almost fell
aproba *vt* to agree with *sau* to, to consent to
aprobare *sf* approval; *a da din cap în semn de ~* to give a nod of approval
aprofunda *vt* to look into
apropia *vr* to come near; *(seara)* to draw near
apropiat *adj* *(d.prieteni)* close, bosom
apropiere *sf* vicinity; proximity; *în ~* near by
apropo 1 *adv* by the way **2** *sn* hint
aproviziona *vt* to supply, to furnish, to stock, to store
aprovizionare *sf* provision; supply
aproxima *vt* to approximate
aproximativ *adv, adj* about, approximate
apt *adj* suitable; capable, able
aptitudine *sf* aptitude; bent; vocation
apuca 1 *vt* to take hold of; to seize; to grab; *ce te-a ~t?* what's the matter with you? **2** *vr (de treabă)* to begin; *(de fumat)* to take to; *~re* grip
apucătură *sf* bad habit
apune *vi* to set down
apus *sn* sunset; decline; west
apusean *adj* western
ara *vt* to plough
arab *adj (d. cineva)* Arab; *(d. ceva)* Arabian; *(d.limbă)* Arabic
arac *sm* prop; cane; stake
aragaz *sn* gas cooker
arahidă *sf* peanut
aramă *sf* copper
aranja 1 *vt* to arrange; to tidy (up) **2** *vr* to trim up, to titivate
aranjament *sn* agreement
arar *adv* seldom
arăta 1 *vt* to show; *(cu degetul)* to point to **2** *vr (a se ivi)* to turn up **3** *vi* to look; *a ~ bine/rău* to look well/ill
arătare *sf* ghost; monster
arătător *sn deget ~* forefinger
arătos *adj* good-looking, handsome
arbitra *vt (un meci)* to referee, to umpire
arbitrar *adj* arbitrary; random
arbitru *sm* referee, umpire
arbore *sm* tree; *(catarg)* mast
arbust *sm* shrub
arc *sn (cu săgeți)* bow; *(de cerc)* arc; *(de mașină)* spring
arcuș *sn* bow
arde 1 *vi* to burn; *(d. un bec)* to light; *(mocnit)* to smoulder; *a-i ~ de (citit)* to feel like (reading) **2** *vr (a se păcăli)* to get into trouble
ardei *sm* pepper; *~ iute* pimento
ardere *sf* burning
ardoare *sf* ardour; passion

arenă *sf* arena

arenda *vt* to lease; ~ ş lease holder, tenant

arest *sn* imprisonment; jail; custody

aresta *vt* to arrest, to put under arrest

arestat *sm* prisoner

argilă *sf* clay

argint *sn* silver; ~ *viu* quick silver

argintărie *sf* silverware

argument *sn* (*probă*) proof

arhaic *adj* archaic

arhiepiscop *sm* archbishop

arhiereu *sm* bishop

arhipelag *sn* archipelago

arhitect *sm* architect

arhitectură *sf* architecture

arhivar *sm* archivist

arhivă *sf* archives

arici *sm* hedgehog, porcupine

arid *adj* arid, barren

arie *sf* (*suprafaţă*) surface; (*zonă*) area; (*melodie*) aria

arin *sm* alder

aripă *sf* wing

aripioară *sf* (*la peşte*) fin

aritmetică *sf* arithmetic

armament *sn* arms

armată *sf* army

armă *sf* weapon; ~ *albă* side arms; ~ *de foc* fire arm

armăsar *sm* stallion

armean *sm* Armenian

armenesc *adj* Armenian

armistiţiu *sn* truce

armonie *sf* harmony

armurier *sm* armourer

arogant *adj* arrogant; haughty; unabashed

aromă *sf* fragrance, perfume; flavour

ars *adj* burnt; (*bronzat*) tanned

arsură *sf* scorch; (*rană*) burn

arşiţă *sf* dog days

artă *sf* art; (*îndemânare*) skill; *arte plastice* plastic arts; *operă de* ~ work of art; *arte frumoase* fine arts

arteră *sf* artery; (*de circulaţie*) thoroughfare

articol *sn* article; ~ *de fond* leading article; ~ *e de îmbrăcăminte* articles of clothing

articulaţie *sf* joint

artificial *adj* artificial; insincere; factitious; (*d. cauciuc etc.*) synthetic

artificier *sm* pyrotechnist

artificiu *sn* artifice; *artificii* fireworks, crackers

artilerie *sf* artillery

artist *sm* actor; (*plastic*) artist

artistă *sf* actress; (*plastică*) artist

artizanat *sn* handicraft

arţag *sn* querulousness

arţar *sm* maple

arţăgos *adj* querulous

arunca 1 *vt* to throw; to fling; to toss; to cast; (*ceva nefolositor*) *to reject; a* ~ *o privire* to cast a glance **2** *vr* to rush; *a se* ~ *în apă* to plunge

aruncare *sf* throwing; ~ *a discului* discus throw; ~ *a suliţei* throwing the javelin

aruncătură *sf dintr-o* ~ *de ochi* immediately; *la o* ~ *de băţ* at a stone's throw

arvună *sf* earnest money

arzător *adj* ardent; urgent; topical: *problemă arzătoare* topical problem

as *sn* ace; *as de cupă* the ace of hearts; *as al volanului* crack driver

asalt *sn* assault

asalta *vt* to assault; to assail; to besiege

asambla *vt* to put together

asasin *sm* murderer; ~ *at* murder

ascendenţă *sf* ancestry; origin

ascensiune *sf* ascension; *în* ~ in progress

ascensor *sn* lift; escalator *(în S.U.A.)*

asculta *vt* to listen to; *(un elev)* to examine; *a nu* ~ to disobey; *a* ~ *de* to obey

ascultător 1 *sm* listener 2 *adj* obedient; duteous

ascunde *vt, vi* to hide

ascuns *adj* hidden; insidious

ascunzătoare *sf* hiding place

ascuţi *vt* to sharpen; to grind; to reset; to whet; *a-şi* ~ *urechile* to prick up one's ears; *a se* ~ *spre vîrf* to taper

ascuţit *adj* sharp; pointed; *(d. durere)* keen; *(d. conflicte)* fiery; *(d. minte)* astute; *(d. sunet)* shrill, piping

ascuţitoare *sf* sharpener

aseară *adv* last night

asedia *vt* to besiege; ~ *tor* besieger

asediu *sn* siege

asemăna *vr* to resemble

asemănare *sf* resemblance; similitude; *fără* ~ incomparable

asemănător *adj* similar

asemenea *adj* similar, identical; alike; ~ *idei* such ideas; *de* ~ also

asemui *vt* to compare; to mistake for

asentiment *sn* consent; *a fi în* ~*ul cuiva* to meet smb's approval

asezona *vt* to season, to flavour

asfalt *sn* asphalt

asfinţi *vi* to set down

asfinţit *sn* sunset

asfixia *vt, vr* to choke

asiduitate *sf* assiduity; perseverance

asigura *vr* to guarantee, to assure; *(împotriva)* to insure (against)

asigurare *sf* guarantee; *(de bunuri etc.)* insurance

asimila *vt* to assimilate

asin *sm* ass

asista 1 *vi (la)* to witness; to take part in 2 *vt* to help

asistent *sm* assistant

asistenţă *sf (public)* audience; *(ajutor)* help; aid; ~ *socială* social security

asmuţi *vt (un cîine)* to set on; *(a aţîţa)* to urge, to incite

asocia *vr* to associate; ~ *t* partner

asociaţie *sf* association; company; society

asorta 1 *vt* to match; to fit 2 *vr* to match

aspect *sn* aspect, appearance; bearing; side; *sub* ~*ul* from the wiewpoint of...

aspectuos *adj* agreeable, pleasing

asperitate *sf* roughness

aspic *sn* jelly

aspira 1 *vt* to breathe in 2 *vi (la)* to aspire (to); ~ *re* suction

aspirator *sn* vacuum cleaner

aspiraţie *sf* aspiration; yearning

aspirină *sf* aspirin

aspru *adj* rough; coarse; wiry; severe; drastic; mordant

astăzi *adv* today; *(în epoca actuală)* nowadays; *de* ~ *încolo* from now on; *de* ~ *într-o săptămînă* today week

astfel *adv* thus; so; in this way; ~ *că*

therefore

astîmpăr *sn* fără ~ ceaseless

astîmpăra *vr* to calm down

astrolog *sm* astrologer

astrologie *sf* astrology

astronaut *sm* astronaut

astronom *sm* astronomer

astronomie *sf* astronomy

astru *sm* star

astupa *vt* to fill up; to stop up

asuda *vi* to perspire; to sweat

asupra *prep (peste)* over; la: *am bani ~ mea* I have money about me; *a prinde ~ faptului* to catch red-handed; *(cu privire la)* regarding

asupri *vt* to oppress, to exploit

asupritor *sm* oppressor

asurzi 1 *vi* to become deaf 2 *vt* to deafen

asurzitor *adj* deafening

aşa 1 *adj* such; thus; ~ *ceva* such a thing; ~ *şi* ~ so, so 2 *adv* so; in this way; as follows; thus; really?; ~ *că* so that; ~ *de bine* so well; ~ *de mult* so much; *nu* ~ *de...ca...* not so... as...; *cum* ~ ? how's that?; *nu-i* ~ ? isn't it?; *e acasă, nu-i* ~ ? he is at home, isn't he?; *îi place să citească, nu-i* ~ ? he likes reading, doesn't he? *nu se duce acolo, nu-i* ~ ? he isn't going there, is he?

aşadar *adv* thus; therefore; then

aşchie *sf* chip; splinter

aşeza 1 *vt (a ordona)* to arrange; *(pe cineva)* to seat; *(a pune)* to lay 2 *vr* to sit down; to seat; *(a se stabili)* to settle; *a se* ~ *la masă* to sit down to table;

~ *ţi-vă!* sit down!; *a se* ~ *comod* to recline, to nestle

aşezat *adj* quiet; serious; sedate; staid

aştepta *vi* to wait for; *a se* ~ *la* to expect

aşteptare *sf* waiting; *sală de* ~ waiting room

aşterne *vt* to spread; *a* ~ *masa* to lay the table; *a* ~ *pe hîrtie* to commit to paper; *a se* ~ *pe* to set to

aşternut *sn* bed clothes, sheets

atac *sn* attack; charge; *(de inimă)* seizure

ataca *vt* to attack; to waylay

atacant *sm (fotbal)* striker

atare *adj ca* ~ as such, therefore

ataşa 1 *vt* to attach 2 *vr (de cineva)* to take (to somebody)

atelier *sn* workshop; *(al unui picior)* studio

atent 1 *adj* attentive; watchful; careful; regardful; *a fi* ~ *la* to pay attention to 2 *adv* attentively

atentat *sn* outrage

atenţie *sf* attention; heed; ~! look out!; ~ *la treaptă!* mind the step!

atenua *vt* to lessen; to diminish; to appease

ateriza *vi* to land

ateu *sm* atheist

atinge *vt, vi* to touch; to hit

atitudine *sf* attitude

atîrna *vi* to hang (down); to dangle

atît, atîta 1 *adv* so much; *atît (el) şi (ea)* both (he) and (she); *tot atît de (bun) ca (şi)* as (good) as...; *nu atît de (rău) ca* not so (bad) as 2 *adj* so much;

atît timp cît as long as **3** *pron* so much;
this much; *atîta tot* that's all
atlas *sn* atlas
atlet *sm* athlete
atletism *sn* athletics
atmosferă *sf* atmosphere
atom *sn* atom
atomizor *sn* sprayer
atotputernic *adj* omnipotent
atractiv *adj* attractive; alluring; cunning
atracție *sf* attraction; glamour
atrage *vt* to attract; (*a ademeni*) to entice; *a ~ atenția* to draw smb's attention
atrăgător *adj* attractive; pleasant; cute
atribui *vt* to allot; to attribute; to ascribe
atroce *adj* heinous
atu *sn* trump
atunci *adv* then; therefore; *de ~* since then; *pînă ~* till then
ață *sf* thread; *nici un capăt de ~* nothing; *cusut cu ~ albă* obvious
aținti *vt* (*privirea*) to stare
ațipi *vi* to doze off
ațîța *vt* to stir; to incite; to whet
ațîțător *sm* instigator
au *interj* ouch!
audiență *sf* audience
auditiv *adj* auditory
auditor *sm* listener
audiție *sf* audition
augur *sn e de bun/rău ~* it is of good/bad omen
august *sm* August
aulă *sf* lecture room; theatre
aur *sn* gold; *de ~* gold, golden

aureolă *sf* halo
auri *vt* to gild
auriu *adj* golden
auroră *sf* aurora; *~ boreală* Aurora Borealis
auster *adj* stern
australian *adj* Australian
austriac *adj* Austrian
autentic *adj* genuine; unfeigned; *~itate* authenticity
autentifica *vt* to certify
autoapărare *sf* self-defence
autobasculantă *sf* dump track
autobiografie *sf* autobiography
autobuz *sn* bus
autocamion *sn* truck
autocar *sn* coach
autocontrol *sn* self-control
autocrat *sn* autocrat
autocritică *sf* self-criticism
autodidact *sm* self-taught person
autograf *sn* autograph
autohton *adj* aboriginal; vernacular
automat **1** *sn* (*cu fise*) slot machine **2** *adj* automatic
automobil *sn* car
autonom *adj* autonomous
autonomie *sf* autonomy
autopsie *sf* autopsy
autor *sm* author; writer
autoritar *adj* masterly
autoritate *sf* authority
autorizație *sf* permit; licence
autoservire *sf* self-service store
autostradă *sf* highway
autosugestie *sf* autosuggestion
autoturism *sn* car
auxiliar *adj* auxiliary

auz sn hearing

auzi vt to hear; to listen to; (a afla) to learn; aud? what?

aval adv în ~ downstream

avalanşă sf avalanche

avangardă sf vanguard

avanpremieră sf dress rehearsal

avans sn earnest money; a-i face ~uri cuiva to make a pass at smb.

avansa 1 vi to advance; (a promova) to be promoted; ~ţi! move along! 2 vt to promote

avantaj sn advantage

avantajos adj reasonable

avar 1 adj miserly 2 s miser, screw

avaria vt to damage

avarie sf damage

avariţie sf avarice

avea 1 vt to have; to possess; ce ai? What's the matter with you? N-are nimic He is all right; N-ai decît!; That's your own business!; ~ să facă ceva he was going to do something 2 v aux to have; am citit I have read; am să mă duc acolo I shall go there vr a se ~ bine/rău cu cineva to be on good/bad terms with somebody

aventură sf adventure; ~ amoroasă love affair

aventuros adj venturesome

avere sf wealth; money

aversă sf torrent; shower, spatter

aversiune sf dislike; distaste

avertisment sn warning

avertiza vt to warn; to caution

aviator sm pilot

aviaţie sf aviation; aircraft

avid adj avid; greedy

avion sn plane; cu ~ul by plane; ~ cu reacţie jet plane; ~ de bombardament bomber; ~ de pasageri passenger aircraft; ~ supersonic supersonic aircraft

aviz sn notice; (consimţămînt) approval

aviza vt inform; to warn

avînt sn liveliness; briskness; (însufleţire) enthusiasm, impetus; a lua ~ to gain momentum; a-şi lua ~ to rush

avocat sm lawyer; advocate; (consultant) solicitor

avort sn miscarriage

avuţie sf wealth

ax sn axle

axă sf axis

axiomă sf axiom

azi adv today; nowadays; ~-dimineaţă this morning; ~-mîine soon

azil sn asylum; ~ de nebuni mental home; a cere ~ politic to ask for political asylum

azot sn nitrogen

azur sn azure; ~iu azure

azvîrli 1 vt to fling; to spill 2 vi to kick

azvîrlitură sf la o ~ de băţ at a stone's throw

Ă

ăia 1 *pron* those; ~ *care* those who **2** *adj* those

ăl *adj, pron* that

ăla *pron* that; that one; ~ *care* the one who

ălălalt *pron* the other one

ăst, ăsta *adj, pron* this; this one

ăstălalt, astălaltă *pron* this; this one

B

ba *adv* no; by no means; on the contrary; not at all; *ba da: N-ai cumpărat asta! Ba da* You didn't buy it! Indeed I did!; *ba nu* of course not

babă *sf* old woman; witch; *baba-oarba* blindman's buff

babord *sn* larboard

babourniță *sf* hag

bac *sn* ferry; float

bacalaureat *sn* school-leaving examination

bacă *sf* berry

bacșiș *sn* tip; *a da un ~ cuiva* to tip smb

bacterie *sf* bacterium

baftă *sf* good luck

bagaj *sn* lugage; baggage (*in S.U.A.*); *a-și face ~ele* to pack up; *birou de ~e* baggage room

bagatelă *sf* trifle

baghetă *sf* wand; stick; rod; baton; *~ magică* magic wand

baie *sf* bath; (*in mare etc.*) bathe; (*cadă*) tub; *cameră de ~* bathroom; *~ de aburi* steam bath

baionetă *sf* bayonet

bairam *sn* party

bal *sn* ball; *~ mascat* fancy-dress ball

baladă *sf* ballad

balama *sf* hinge

balamuc *sn* lunatic asylum

balansa *vr* to swing, to rock

balansoar *sn* rocking chair

balanță *sf* scales; (*bilanț*) balance

sheet; *balanța (zodie)* Libra (the Scales)

balaur *sm* dragon

balcon *sn* balcony; (*la teatru*) dress circle

baldachin *sn* canopy

bale *sf pl* slobber

balenă *sf* whale

balerin *sm*, **balerină** *sf* ballet dancer

balet *sn* ballet

baliverne *sf pl* ravings; lies

balnear *adj* balneary; *stațiune ~ă* spa

balon *sn* balloon; (*minge*) ball; (*haină*) raincoat

balot *sn* bale, pack

balsam *sn* balm; (*alinare*) comfort

baltă *sf* pool; puddle; *a o lăsa ~* to let it go at that; *las-o ~!* forget it!

balustradă *sf* banister

banal *adj* commonplace; trite; workaday; trivial

banalitate *sf* commonplace; triteness; platitude

banană *sf* banana

banc *sn* (*glumă*) joke; (*de nisip*) sand bank; (*de pește*) shoal; (*tehnic*) bed

bancă *sf* bank; (*la școală*) desk; (*de economii*) savings-bank

bancher *sm* banker

banchet *sn* banquet

bancnotă *sf* banknote

bandaj *sn* bandage, dressing; sling

bandaja *vt* to dress, to bandage

bandă *sf* band; strip (*de magnetofon*)

tape; *(clică)* gang; ~ *de circulaţie* lane; ~ *rulantă* conveyor belt

bandit *sm* bandit; ruffian

bani *sm pl* money; dough; *(monede)* coins; ~ *de buzunar* pocket money; ~ *de hîrtie* paper money; ~ *mărunţi* change; *a plăti în* ~ *ghaţă* to pay in cash

bar *sn* night club

bara *vt (drumul)* to bar; *(un cuvînt)* to cross out

baracă *sf* hut; shack; shed; shanty

baraj *sn* dam, barrage

bară *sf* bar; rod, stick; perch

barbă *sf* beard; stubble; *a pune bărbi* to lie; *în* ~ stealthily

barcagiu *sm* boatman

barcă *sf* boat

bardă *sf* hatchet

barem 1 *adv* at least **2** *sn* norm

baretă *sf* strap

baricadă *sf* barricade

barieră *sf* barrier

bariton *sm* baritone

barman *sm* barman, bartender

baroană *sf* baroness

barometru *sn* barometer

baron *sm* baron

barză *sf* stork

bas *sm* bass

bască *sf* beret

baschetbal *sn* basketball

basculantă *sf* tip-up truck

basm *sn* fairy tale; *(născocire)* fib, yarn

basma *sf* headkerchief

basta *adv* enough; get lost!

bastard *sm* bastard

baston *sn* walking stick; *(de poliţist)* truncheon

başca *prep* besides

batal *sm* wether

batalion *sn* battalion

bate 1 *vt* to beat; to slap; to thrash; to whip; *(a învinge)* to defeat; *(ora)* to sound; *(ouă)* to whisk; *a* ~ *capul cuiva* to bother/to nag smb; *a* ~ *cîmpii* to ramble, to rave; *a* ~ *monedă* to mint; *a* ~ *un record* to break a record; *a-l* ~ *gîndul* to intend, to think of; *a-şi* ~ *joc de cineva* to mock/to laugh at smb. / **2** *vi* to beat; *(d. ceas)* to tick; *(d. clopot)* to toll, to ring; *(d. ploaie)* to patter; *(d. aramă)* to range; *a* ~ *din gură* to babble; *a* ~ *din palme* to clap one's hands; *a* ~ *din picioare* to tramp one's feet; *a* ~ *la uşă* to knock at the door **3** *vr* to grapple; to thump

baterie *sf* battery; *(electrică)* pile

batic *sn* kerchief

batistă *sf* handkerchief

batjocori *vt* to mock; to insult; to taunt; *(o femeie)* to rape; ~ *tor* sardonic, mocking

batjocură *sf* mocking; derision

baton *sn* stick; *(de ciocolată)* bar

baza *vr (pe)* to rely (on)

bazar *sn* bazaar

bază *sf* foundation; base; *de* ~ essential; *fără* ~ groundless, inconsistent; *pe baza* on the basis of...; *a pune bazele* to found, to set up; ~ *sportivă* sports grounds

bazin *sn* pool; *(tehnică)* tank; ~ *carbonifer* coal basin

băcan *sm* grocer

băcănie *sf* grocery shop

bădăran *sm* boor; gruff; rough

băga 1 *vt* to put in; to put into; to insert; *a-şi ~ nasul în* to poke one's nose into...; *a ~ de seamă* to notice; *bagă de seamă!* be careful!, look out! 2 *vr* to meddle; to interfere; *a se ~ în discuţie* to chime in; *a se ~ în sufletul cuiva* to win smb's favour

băgăreţ *sm* pusher

băiat *sm* boy; son; *(individ)* fellow

băieţaş, băieţel *sm* kid; brat

bălai *adj* fair; *cu părul ~* fair-haired

bălăbăni *vr* to dangle; to stagger

bălăceală *sf* splashing

bălăci *vr* to splash

bălărie *sf* weed

bălegar *sm* dung; muck

băltoacă *sf* puddle

bălţat *adj* speckled; many-coloured

bănos *adj* profitable

bănui *vt* to imagine; to guess; to consider; to suppose; to smell a rat

bănuială *sf* supposition; inkling; *a avea o ~* to have an inkling

bănuit *adj* suspected

bănuitor *adj* suspicious

bărbat *sm* man; husband; jack; *bărbaţii* mankind

bărbătesc *adj* male; masculine; manly

bărbătoasă *adj f* mannish

bărbăţie *sf* manhood; virility

bărbie *sf* chin

bărbier *sm* barber

bărbieri *vt, vr* to shave

bărbos *sm* bearded man

bărzăun *sm* bumble-bee

băşică *sf* pimple

băştinaş *sm* native

bătaie *sf* beating; slapping; thrashing; whacking; wallop; whipping; *(a clopotelor)* sound; *(a ploii)* pattering; *(luptă)* fight; *(a armei)* range; *(pe umăr)* tap; *~ de joc* scorn; mockery; *a trage o ~ bună cuiva* to beat smb black and blue

bătăios *adj* truculent

bătător 1 *sm* beater; *(de ouă)* whisk 2 *adj ~ la ochi* striking, blatant

bătătorit *adj* stamped; trodden

bătătură *sf (curte)* yard; *(la picior)* corn

bătăuş 1 *sm* brawler 2 *adj* truculent

bătrîn 1 *adj* old; *fată ~ă* spinster 2 *sm* old man

bătrîneţe *sf* old age

băţ *sn* stick

băţos *adj* standoffish

băutură *sf* drink; beverage; *(alcoolică)* liquor, spirits; tipple; *~ răcoritoare* cooling drink; *~ tonică* pick-me-up

bea *vt* to drink; *(încet) to sip; (cu nesaţ)* to quaff; *(tot)* to drink up; *(băuturi alcoolice)* to tipple; *a ~ în sănătatea cuiva* to drink smb's health

beat *adj* drunk, intoxicated; tipsy; *~ de fericire* intoxicated with happiness; *~ mort* sodden

beatitudine *sf* bliss

bec *sn* bulb

becar *sm* natural

becaţă *sf* snipe

beci *sn* cellar

bej *adj* beige

belciug *sn* hook

belea *sf* trouble; misfortune; mischief;

scrape; *a intra in* ~ to get into trouble
belgian *s, adj* Belgian
belicos *adj* warlike; truculent
belşug *sn* abundance; *(bogăţie)* wealth; *din* ~ in plenty
bemol *sm* flat
benefic *adj* favourable; wholesome; profitable; *(sănătos)* healthy
beneficia *vi (de)* to profit (by)
beneficiu *sn* profit; benefit
benevol *adj* of one's own will
benzină *sf* gas, petrol; gasoline *(în S.U.A.); staţie de* ~ gas/petrol station
berărie *sf* beer house, alehouse
berbec *sn* ram; *(zodie)* Aries (the Ram)
bere *sf* beer; *(blondă)* ale
berechet *adv in plenty*
beregată *sf* throat
beretă *sf* beret
bestial *adj* bestial; cruel
bestie *sf* wild beast; *(persoană)* brute
beteag *adj* crippled
beteală *sf* tinsel
beton *sn* concrete; ~ *armat* reinforced/steel concrete
beţie *sf* drunkenness; *(petrecere)* spree, racket
beţiv *sm* drunkard; sot
bezea *sf* meringue
beznă *sf* pitch dark
biban *sm* perch
bibelou *sn* knick-knack, china ornaments
biberon *sn* sucking bottle; nipple
bibilică *sf* guinea hen
biblie *sf* Bible
bibliografie *sf* bibliography

bibliotecar *sm* librarian
bibliotecă *sf (încăpere)* library; *(mobilă)* bookcase
bici *sn* whip; *a* ~ *ui* to whip; *(figurat)* to flay
bicicletă *sf* bicycle
biciclist *sm* cyclist
bidinea *sf* brush
bidon *sn* can
biet, biată *adj* poor: *un* ~ *cerşetor* a poor beggar
bifa *vt* to tick
biftec *sn* beefsteak
bifurca *vr* to fork; ~ *t* forked
bigam *sm* bigamist; ~ *ie* bigamy
bigot *sm* bigot
bigudiu *sn* hair curler
bijuterie *sf* jewel; gem; *(magazin de bijuterii)* jewelry
bijutier *sm* jeweller
bilanţ *sn* balance sheet
bilă *s* ball
bilet *sn* ticket; note
biliard *sn* billiards
bilunar *adj* bimonthly
bine 1 *adv* well; all right; ~ *îmbrăcat* well-dressed; ~ *proporţionat* shapely; *destul de* ~ pretty well; *mai* ~ better; *din ce în ce mai* ~ better and better; *a arăta* ~ to look well; *a se face* ~ to recover; *gîndeşte-te* ~ *!* think it over!; *fac* ~ I'm fine; *a face* ~ *să* to do well to; *ai face mai* ~ *să (te duci)* you had better (go) **2** *sn* good; *a face* ~ *cuiva* to do good to smb.; *rămîi cu* ~*!* good-bye!; *să-ţi fie de bine! (după strănut)* bless you! **3** *adj* good-looking
binecrescut *adj* well-bred

binecunoscut *adj* well-known
binecuvînta *vt* to bless
bineînţeles *adv* of course
binevenit *adj* welcome
binevoitor *adj* kind; genial; willing
binoclu *sn* opera glasses
biografie *sf* biography
biolog *sm* biologist
biologie *sf* biology
biped *adj* bipedal
birjă *sf* cab; hansom
birocrat *sm* bureaucrat
birou *sn (masă)* desk; *(încăpere)* study; *(serviciu)* office
birt *sn* pub
birui *vt* to conquer
biruitor *adj* victorious
bis *interj* encore; *a ~ a* to encore
biscuit *sm* biscuit; scone; wafer; cracker
biserică *sf* church
bisturiu *sn* scalpel
bişniţă *sf* pilfering
bivol *sm* buffalo; *~ iţă* buffalo cow
bizar *adj* queer, odd
bizui *vr (pe)* to rely (on)
bîigui *vi* to stammer; to ramble
bîjbîi *vi* to grope, to feel about; to fumble
bîlbîi *vr* to stutter; *~ t* stammerer
bîlci *sn* fair
bîldîbîc *interj* plonk!
bîntui *vi* to haunt
bîrfă *sf* gossip; scandal
bîrfi *vi* to gossip; *~ tor* scandal monger
bîrlog *sn* den
bîrnă *sf* beam
bîtă *sf* club; bat

bîţîi *vr* to jerk; to fidget
bîzîi *vi (d. albine)* to buzz, to zoom; *(a plînge)* to whine
blajin *adj* mild; quiet; gentle
blama *vt* to blame; to slander; to damn
blamare *sf* vituperation
blană *sf* fur; *~ de vulpe* fox skin
blasfemie *sf* blasphemy
blazat *adj* apathetic; disgusted of (life)
blănar *sm* furrier
blănărie *sf* furrier's
bleg *adj (d. urechi)* loppy; *(d. oameni)* sapless, soft, silly
blestem *sn* curse; oath; plight
blestema *vt, vi* to curse
bleu *adj* light blue
bleumarin *adj* dark blue
blindat *adj* armoured; steel-clad; shell-proof
blînd *adj* mild, gentle; quiet; lenient; kind; *(d. animale)* tame, harmless
blîndeţe *sf* gentleness; kindness; *cu ~* soothingly
bloc *sn* block; *(de locuit)* block of flats; *(de desen)* drawing block
bloca 1 *vt* to block; to obstruct **2** *vr* to stick: *uşa s-a ~ t* the door has stuck
blocat *adj* blocked; stuck
blocnotes *sn* notebook
blond *adj* fair(-haired); *o ~ ă* fair-haired woman; *bere ~* ale; *~ -roşcat* sandy
blugi *sm pl* blue jeans
bluză *sf* blouse
boacănă *sf a o face ~* to put one's foot in it
boală *sf* disease; illness; *~ contagioasă* contagious disease; *~ gravă⏐uşoară*

severe/slight illness

boarfă *sf* rag; *(prostituată)* whore

bob *sn* grain; seed

bobina *vt* to wire

bobină *sf* spool; *(tehnic)* coil

bobîrnac *sn* fillip, flick

boboc *sm* bud; *(începător)* greenhorn; ~ *de gîscă* gosling; ~ *de rață* duckling

bobotează *sf* Epiphany

bocanc *sm* boot

boccea *sf* bag, bundle

bocet *sn* wailing; lament

boci *vi* to wail; to lament

bocnă *sf* înghețat ~ as cold as ice, chilled to the marrow

bodegă *sf* pub

bodogăni *vi* to grumble

bogat 1 *s* rich man 2 *adj* rich; wealthy; *(d. vegetație)* luxuriant; *recoltă* ~ă bumper harvest

bogătaș *sm* rich/wealthy man

bogăție *sf* wealth; means; opulence; *bogății* riches

boi *vr* to make up (one's face)

boiangiu *sm* dyer

boicot *sn* boycott; *a* ~ *a* to boycott

boier *sm* boyard; nobleman; master; squire

bol *sn (vas)* bowl

bolborosi *vi* to stammer; to bubble; to gabble

bold *sn* pin

bolnav 1 *sm* invalid 2 *adj* ill; sick; suffering; *a fi* ~ to be ill

bolovan *sm* boulder

boltă *sf* vault

bombarda *vt* to bombard; to shell; *a* ~ *cu* to flood with; ~*ment* air raid

bombardier *sn* bomber

bombastic *adj* emphatic; turgid

bombat *adj* convex; bulging

bombă *sf* bomb; sensational news; ~ *atomică* atom bomb; ~ *cu efect intîrziat* time bomb

bombăni *vi* to grumble

bomboană *sf* sweetmeat

bon *sn* bill; slip; ~ *de tezaur* treasury bond

bonă *sf* nurse; governess

bondar *sm* bumble-bee

bondoc *adj* thickset

bonetă *sf* cáp

bont *adj (neascuțit)* dull

bor *sn* brim

borcan *sn* jar, pot

borcănat *adj nas* ~ bottle nose

bord *sn* board; *(la mașină)* dashboard

bordei *sn* hut; cabin; shanty

bordel *sn* brothel

bordo *adj* dark red

bordură *sf (de trotuar)* curb; *(margine)* border

borfaș *sm* pilferer

bornă *sf* milestone; ~ *electrică* terminal

boroboață *sf* prank

borțos *adj* pot-bellied

boschet *sn* bower

bosumfla *vr* to pout

boșorog *sm* dotard

bot *sn* muzzle; snout

botanică *sf* botany; *grădină* ~ botanical gardens

botez *sn* christening; *nume de* ~ Christian name

boteza *vt* to christen; to name;

(băutură) to water down, to doctor

botniță *sf (apărătoare)* muzzle

boți *vr* to crumple

bou *sm* ox

box *sn (sport)* boxing; *(piele)* box calf; *a ~ a* to box

boxă *sf (a acuzaților)* dock; *(a martorilor)* box

boxer *sm* boxer; ~ *profesionist* prize fighter

braconier *sm* poacher

brad *sn* fir; *ac de ~* needle; *con de ~* cone

brancardă *sf* stretcher

branhii *sf pl* gills

branșă *sf* domain

bras *sn (înot)* breast stroke

braserie *sf* beerhouse

braț *sn* arm; *un ~ de fîn* an armful of hay; ~ *de rîu* branch of a river; ~ *e de muncă* workmen; ~ *la ~* arm in arm; *a lua în ~ e pe cineva* to lift smb up; *a strînge în ~ e* to embrace closely

brav *adj* courageous; valiant

bravo *interj* bravo!, well done!, excellent!

brazdă *sf* furrow; *(strat)* bed; *(rid)* wrinkle

brățară *sf* bracelet; *(de ceas)* strap

brăzda *vt* to furrow; to plough; to rut

breaslă *sf* guild

breșă *sf* break, gap

bretea *sf* strap; *bretele* braces

breton *sn* frige

brevet *sn* patent; certificate

bric *sn* brig

briceag *sn (clasp)* knife

brichetă *sf (pentru țigări)* lighter

brici *sn* razor

brigadă *sf* brigade

briliant *sn* diamond

britanic *adj* British

briză *sf* breeze

brînză *sf* cheese; ~ *de vaci* cow cheese; ~ *topită* processed cheese

brîu *sn* belt; girdle; *(talie)* waist; ~ *de munți* mountain range

broască *sf* frog; *(la ușă)* lock; ~ *rîioasă* toad; ~ *țestoasă (de uscat și apă dulce)* tortoise, *(de mare)* turtle

broda *vt* to embroider

broderie *sf* embroidery

brodi 1 *vt a o ~* to guess; *pe ~ te* at random 2 *vr* to happen to be (somewhere)

bronhii *sf pl* bronchi

bronșită *sf* bronchitis

bronz *sn* bronze

bronza *vr* to tan; ~ *t* tanned

broșat *adj (d. o carte)* paperbacked

broșă *sf* brooch

bruia *vt (o emisiune)* to jam

brumă *sf* white frost

brunet *adj* dark-haired; swarthy

brusc 1 *adj* unexpected 2 *adv* suddenly; sharply

brut *adj* crude, raw; gross: *greutate ~ ă* gross weight; *venit ~* gross income

brutal *adj* brutal; violent; gruff

brutaliza *vt* to brutalize

brutar *sm* baker

brută *sf* brute

brutărie *sf* bakery

bubă *sf* boil, pustule; wound; *aici e buba* that's the sore point

buboi *sn* furuncle

bubui vi (d. tunet) to thunder; (d. arme) to boom; (d. gloanțe) to thud, to rumble

bubuit sn thunderclap; peal; shot; rumble

bucată sf piece; scrap; cake; ~ de hîrtie piece of paper; ~ de pămînt plot of land; ~ de pîine slice of bread; ~ de zahăr lump of sugar; a rupe în bucăți to tear to pieces; bucate dishes, food

bucă sf buttock

bucălat adj chubby; rotund; plump

bucătar sm, **bucătăreasă** sf cook

bucătărie sf kitchen

bucățică sf bit; (de mincare) morsel

buchet sn bunch (of flowers); cluster

buclă sf curl, lock

buclat adj curled

bucluc sn trouble

bucșă sf socket

bucura vr (de) to be glad (at); to exult (at)

bucurie sf gladness, joy; mirth

bucuros adj glad; ~ să facă willing to do

budincă sf pudding

bufet sn (dulap) sideboard, cupboard; (local) pub

bufnitură sf thud

bufniță sf owl

bufon sm buffoon; clown

buget sn budget

buhăit adj swollen; puffy

buimac adj dizzy; astounded

buimăci vt to flummox

bujie sf spark-plug

bujor sm peony

bulb sm bulb

bulbuc sm bubble

bulbucat adj swollen; (d. ochi) goggled

buldog sm bulldog

buletin sn bulletin; ~ meteorologic weather forecast/report; ~ de identitate identity card

bulevard sn boulevard

bulgar adj Bulgarian

bulgăre sm ball: ~ de zăpadă snow ball

bulgăresc adj Bulgarian

bulin sn (pastilă) tablet; cu ~e with spots/specks

bulion sn tomato sauce

buluc adv in great numbers

buluci vr to crowd

bumb sm button

bumbac sm cotton

bumben adv a dormi ~ to sleep like a log

bun 1 adj good; kind; suitable; obedient; ~ă cuviință decency, good conduct; ~ă dimineața! good morning!; ~ de gură voluble, fluent; de ~-gust neat; ~ la inimă kind-hearted; ~ă purtare good behaviour; ~ă seara! good evening!; ~-simț common sense; ~ de tipar ready for printing; ~ă treabă! that's well done!; cel mai ~ the best; fii ~ și...! be so kind and...; mai ~ better; noapte ~ă! good night!; la ce ~! what's the good of it!; na-ți-o ~! you don't say so!; vreme ~ă fine weather **2** sm grandfather; ~ă grandmother; ~uri goods

Bunavestire sf Annunciation

bunăoară adv for example

bunăstare *sf* welfare

bunătate *sf* kindness; *bunătăți* dainties

bunăvoie *sf de* ~ of one's own accord

bunăvoința *sf* good will

bunic *sm* grandfather

bunică *sf* grandmother

bura *vi* to drizzle

burduf *sn* bag; sack; *a lega* ~ *pe cineva* to bind smb tight; ~ *de carte* over-learned

burete *sm* mushroom; *(de baie)* sponge

burghez *sm, adj* bourgeois

burghiu *sn* borer

buric *sn* navel; ~*ul pămîntului* the hub of the universe

burlac *sm* bachelor

burlan *sn* spout

burniță *sf* drizzle

bursă *sf* stock exchange; *(alocație)* stipend; scholarship; *agent de* ~ stock broker; ~ *neagră* black market

bursier *sm* scholar

bursuc *sm* badger

burtă *sf* belly; stomach; *durere de* ~ stomach ache

burtică *sf* tummy

burtos *adj* pot-bellied

buruiană *sf* weed; herb

busolă *sf* compass

bust *sn* bust

busuioc *sn* basil

buși *vt (cu pumnul)* to punch; *(a îmbrînci)* to push

bușteam *sm; a dormi* ~ to sleep like a log

butaș *sm* seedling

bute *sf* cask

butelie *sf* jar; bottle; ~ *de aragaz* gas cylinder

butoi *sn* cask

buton *sn* button; *(la radio)* knob; ~*i* cuff links; *a apăsa pe* ~ to press the button

butuc *sm* log; stump; *(de viță)* vine; *(la roată)* hub; *a lega* ~ to bind tight

butucănos *adj* rough; boorish

buturugă *sf* log; stump

buză *sf* lip; *(de farfurie)* rim; *(tăiș)* edge; *a lăsa buza* to pout; *plin* ~ brimful

buzdugan *sn* bludgeon

buzna *adv a da* ~ *în* to rush into

buzunar *sn* pocket; *hoț de* ~*e* pick-pocket

buzunări *vt* to pick (smb's) pockets

C

ca *adv* as: *fă ca el* do as he does; **as...
as...:** *la fel de dulce ca mierea* as sweet
as honey; like: *ca și fiul lui* like his son;
than: *e mai deștept ca el* he is clever than;
ca și cum as if; *ca să* in order to; *ca să
nu* lest: *se ascunse ca să nu fie văzut* he
hid lest he should be seen; *ca de ex-
emplu* as for example

cabană *sf* chalet

cabaret *sn* cabaret

cabină *sf* cabin; *(la ștrand)* locker-
room; *(de telefon, vot)* booth; *(pe
vapor, în tren)* berth

cabinet *sn* office; cabinet; *(medical)*
surgery

cablu *sn* cable; *(electric etc.)* main

cabra *vi* to prance

cacao *sf* cocoa

cacealma *sf* bluff

cachi *adj* khaki

cactus *sm* cactus

cadavru *sn* corpse, body

cadă *sf* tub

cadență *sf* rhythm

cadou *sn* present, gift

cadran *sn* dial

cadrilat *adj* chequered

cadru *sn* frame; *(bază)* background; *în
~l* within the framework of; *cadre*
staff, personnel

cafea *sn* coffee; *boabe de ~* coffee
beans; *~ cu lapte* white coffee; *~
filtru* drip coffee; *serviciu de ~* coffee
set

cafenea *sf* coffee house

cafeniu *adj* brown

caiac *sn* kayak

caiet *sn* copybook

cais *sm* apricot tree

caisă *sf* apricot

cal *sm* horse; *(sport)* vaulting horse; *(la
șah)* knight; *~ de curse* race-horse; *~
de prăsilă* stallion; *~ pursinge*
thoroughbred horse; *~-putere* horse
power; *~ de mare* sea-horse

calabalîc *sn* bag and baggage

calamitate *sf* disaster

calapod *sn* last; shoe tree

calcan *sm* plaice; sole

calcar *sn* limestone

calciu *sn* calcium

calcul *sn* calculation; *(apreciere)* es-
timation

calcula *vt* to calculate; to reckon; *(a
aprecia)* to estimate

calculat *adj* economical

calculator *sn* calculator

cald *adj* warm; hot; *(proaspăt)* fresh

caldarîm *sn* pavement

cale *sf* road; *(abstract)* way; *(distanță)*
long way; *a fi pe ~ să* to be about to;
a pune la ~ to plan, to intend; *~
ferată* railway; *~ navigabilă* water
way; *din ~-afară de (frumos)* ex-
tremely/very (beautiful)

caleidoscop *sn* kaleidoscope

calendar *sn* calendar; *a face cuiva
capul ~* to talk smb's head off

calibru *sn* calibre; *(instrument)* gauge

califica vt to qualify; *(a numi)* to characterize

calificat *adj* qualified; *muncitor ~* skilled worker

caligrafie *sf* calligraphy

calitate *sf* quality; *(soi)* kind; *de ~* first-class; *în ~ de (profesor)* as a (teacher); *are multe calități* he has many accomplishments

calitativ *adj* qualitative

calm *adj* calm; serene; quiet; sedate; cool; tranquil; *mare ~ă* smooth sea

calma vt to calm down; to soothe

calmant *sn* sedative, tranquilizer

calomnia vt to slander

calomnie *sf* slander; libel

calorie *sf* calorie

calorifer *sn* central heating; radiator

calup *sn (în cismărie)* last; *(de săpun)* cake

calvar *sn* ordeal; martyrdom

cam *adv* about, approximately; *e ~ rece* it's rather cold

camarad *sm* comrade; fellow

camătă *sf* usury

cameleon *sm* chameleon

cameră *sf* room; *(auto)* tube; *~ de baie* bathroom; *~ de dormit* bedroom; *~ mobilată* furnished room; *~ de zi* parlour, sitting room; *~ de luat vederi* TV camera; *Camera de Comerț* the Chamber of Commerce; *Camera Comunelor* the House of Commons

camfor *sn* camphor

camion *sn* lorry; truck; van

camionetă *sf* light lorry

campanie *sf* campaign; *~ electorală* election campaign; *pat de ~* field bed

campion *sm,* **campioană** *sf* champion

campionat *sn* championship

camufla vt to black out; *(a ascunde)* to hide

canadian *adj* Canadian

canal *sn (natural)* channel; *(artificial)* canal; *(de televiziune)* channel; *(conductă)* drain; sewer; *(de scurgere)* ditch, gutter

canalie *sf* rascal, scoundrel

canalizare *sf* sewage

canapea *sf* settee; sofa

cană *sf* jug; jar; mug

cancelar *sm* chancellor

cancelarie *sf* teachers' room

cancer *sn* cancer; *(zodie)* Cancer (the Crab)

candelabru *sn* chandelier

candelă *sf* votive light

candid *adj* innocent; pure

candida vi *(la examen)* to stand for; *(în alegeri)* to run for

candidat *sm* candidate; nominee

candoare *sf* innocence

candriu *sm* screwy

canea *sf* tap

canelură *sf* groove

cangur *sm* kangaroo

canibal *sm* cannibal, man-eater

caniculă *sf* dog days

canin 1 *adj* canine **2** *sm* eye-tooth

canistră *sf* canister

canoe *sf* canoe

canon *sn* canon; ordeal

canoni vr to torment oneself; to toil

canotaj *sn* boating; rowing

cantină *sf* canteen

cantitate *sf* quantity; amount; bulk; ~

mare plenty

canton *sn* cabin

cap[1] *sn* head; *(vîrf)* top; *(minte)* mind; ~*ul mesei* the head of the table; *bătut în* ~, *greu de* ~ slow-witted; *de la* ~ from the beginning; *durere de* ~ headache; *uşor de* ~ quick-witted; *a bate la* ~ to bother; *a-şi bate* ~*ul cu* to rack one's brains over; *cu scaun la* ~ sensible; *cu noapte-n* ~ at an early hour; *a da peste* ~: *(a bea)* to tip off, *(a strica)* to make a mess of; *a se da peste* ~ to do one's utmost; *a-şi face de* ~ to do foolish things; *a-şi pierde* ~*ul* to be taken aback; *a nu-şi mai vedea* ~*ul de |treabă|* to have much on one's hands; *vai de* ~*ul lui!* poor fellow!

cap[2] *sm* chief; leader

cap[3] *sn* cape; ~*ul Horn* Cape Horn

capabil *adj* able; gifted

capac *sn* lid

capacitate *sf* capacity; ability; talent; *(putere)* power

capăt *sn* end; extremity; *(vîrf)* tip; *de la* ~ from the beginning; *pînă la* ~ to the end; *a pune* ~ to put an end to, to finish; *a o scoate la* ~ to carry through; ~ *de linie* terminal

capcană *sf* trap, snare

capelă *sf* *(şapcă)* cap; *(biserică)* chapel; *(mortuară)* mortuary

capital 1 *adj* capital; essential 2 *sn* capital, assets

capitală *sf* capital

capitalism *sn* capitalism

capitalist *sm, adj* capitalist

capitol *sn* chapter

capitonat *adj* upholstered

capitula *vi* to surrender

capodoperă *sf* masterpiece

caporal *sm* corporal

capot *sn* dressing gown

capotă *sf* hood

capră *sf* goat; *(de tăiat lemne)* trestle; *(joc)* leap frog; *(sport)* vaulting horse

capricios *adj* whimsical; fickle; flighty

capriciu *sn* whim; mood

capricorn *sm* *(zodie)* Capricorn (the Goat)

capsă *sf* *(de haine)* fastener; *(de hîrtie)* staple

capsulă *sf* capsule

captiv *adj* captive

captiva *vt* to fascinate

captivant *adj* fascinating; thrilling; breathtaking

captura *vt* to capture

car *sn* cart; *Carul Mare* the Greater Bear; *Carul Mic* the Lesser Bear; *de un* ~ *de ani* for ages

caracatiţă *sf* octopus

caracter *sn* character; feature; *om de* ~ trustworthy man

caracteristic *adj* characteristic; typical; peculiar; ~*ă* characteristic feature, trait

caracteriza *vt* to characterize

caraghios *adj* ludicrous; funny; queer

caramea *sf* toffee

carapace *sf* shell

caravană *sf* caravan

carbon *sn* carbon

carbonifer *adj* carboniferous; *bazin* ~ coal basin

carburant *sm* fuel

carburator *sn* carburretor

carcasă *sf* frame, case; skeleton

carceră *sf* lock-up

cardinal *sm, adj* cardinal; *numeral ~* cardinal number

cardiolog *sm* cardiologist

cardologie *sf* cardiology

care 1 *pron* who; that; which; what; *acela ~ e blond* the one who is fair; *aceea ~ are coperţi verzi* that one which has green covers; *~ din ei?* which of them?; *~ este numele tău?* what is your name?; *după ~* after that; *~ va să zică* that is to say **2** *adj* which; what; *~ fată?* which girl?

careu *sn* square

cargobot *sn* cargoboat

caria *vr* to decay, to rot

caricatură *sf* cartoon

carie *sf* dental caries

carieră *sf* career; *(de piatră)* quarry

caritate *sf* charity

carlingă *sf* cockpit

carnal *adj* carnal, bodily

carnaval *sn* carnival

carne *sf* meat; *~ afumată* smoked meat; *~ de căprioară* venison; *~ de miel* lamb; *~ de oaie* mutton; *~ de pasăre* fowl; *~ de porc* pork; *~ de pui* chicken; *~ de vacă* beef; *~ de viţel* veal; *~ vie* flesh

carnet *sn* notebook; card; *~ de şofer* driving licence

carnivor *adj* carnivorous

caro *sn* diamond

carosabil *sn* traffic road

caroserie *sf* *(a unei maşini)* body

carou *sn* în *~ri* checkered

carpatin *adj* Carpathian

carpetă *sf* rug

cart *sn* watch

carte *sf* book; *~ de joc* card; *~ de telefon* telephone directory; *~ de vizită* visiting card; *jucător de cărţi* card player; *om cu ~* educated man

cartelă *sf* ration card

cartier *sn* district, quarter; *~ general* headquarters

cartof *sm* potato; *~i piure* mashed potatoes; *~i prăjiţi* fried potatoes

cartofor *sm* gambler

carton *sn* cardboard

cartuş *sn* cartridge, bullet; *(de ţigări)* carton

casa *vt* to annul

casabil *adj* breakable

casă[1] *sf* house; building; dwelling; *(impunătoare)* mansion; *(cu chirie)* lodging house; *(gospodărie)* household; *(menaj)* marriage; home; family; *de ~* home-made; *~ de bani* safe; *~ de economii* savings-bank; *~ de melc* shell; *~ de naştere* maternity; *~ de nebuni* mental home; *~ de odihnă* rest home; *~ la ţară* cottage; *în ~* indoors

casă[2] *sf* pay desk, cash register; *~ de bilete: (la gară)* booking office, *(la teatru)* box office

cascadă *sf* waterfall

cascador *sm* stunt man

cască *sf* cap; helmet

caschetă *sf* *(de baie)* bathing cap

casetă *s* box, case; *(de casetofon; video)* cassette

casier *sm*, **casieră** *sf* cashier

casierie *sf* pay office
casnic 1 *sm* stay-at-home **2** *adj* home; (*domestic*) menial
casnică *sf* stay-at-home; housewife
cast *adj* chaste
castan *sm* chestnut tree; ~ă chestnut
castaniu *adj* chestnut; brown
castel *sn* castle
castitate *sf* chastity
castor *sm* beaver
castra *vt* (*animale*) to geld
castravete *sm* cucumber
castron *sn* basin; bowl
caş *sn* green cheese
caşcaval *sn* pressed cheese
cat *sn* storey; floor
cataclism *sn* cataclysm
catafalc *sn* catafalque
catalog *sn* catalogue; (*la şcoală*) register: *a striga* ~*ul* to call the roll; (*de timbre*) album
cataractă *sf* cataract; waterfall
cataramă *sf* buckle
catarg *sn* mast
catastrofă *sf* disaster
catedrală *sf* cathedral
catedră *sf* desk; ~ *de engleză* English department
categoric *adj* categorical; clear; definite; imperative; *refuz* ~ point-blank refusal
categorie *sf* category
catifea *sf* velvet; ~ *reiată* ribbed cotton
catîr *sm* mule
catod *sm* cathode
catolic *adj* Catholic
catrafuse *sf pl* belongings, lumber; traps

catran *sn* tar
caţă *sf* shrew; scold; vixen
cauciuc *sn* rubber; (*la roată*) tyre
caustic *adj* caustic; biting; mordant
cauţiune *sf* bail
cauza *vt* to cause, to bring about
cauză *sf* cause; reason; *din cauza* because of
cavaler *sm* knight; (*burlac*) bachelor
cavalerie *sf* cavalry
cavernă *sf* cavern; (*la plămîni*) cavity
cavou *sn* vault
caz *sn* case; event; accident; *în orice* ~ in any case; *în nici un* ~ on no account
caza *vt* to accommodate; (*trupe*) to quarter
cazan *sn* boiler; (*căldare*) bucket
cazare *sf* accommodation
cazarmă *sf* barracks
cazier *sn* criminal record
cazma *sf* spade
caznă *sf* torture; (*trudă*) strain; (*la naştere*) labour
că *conj* that: *am spus că nu pot veni* I said (that) I could not come; for: *hai acasă că-i tîrziu* let's go home for it is late; *acum că...* now that; *pentru că* because; *pe lîngă că* besides; *măcar că...* although; *numai că* with the only difference that
căci *conj* because, for
căciulă *sf* fur cap; *cu musca pe* ~ guilty; *le dădu cîte 5 lei de* ~ he gave them 5 lei each
căciuliţă *sf* bonnet
cădea *vi* to fall (down); (*la pămînt*) to fall to the ground; (*la examen*) to fail; *a* ~ *de acord* to agree; *a* ~ *de*

oboseală to be exhausted; *a ~ bolnav* to fall ill; *a ~ pe gînduri* to become thoughtful; *a ~ în luptă* to die in battle; *Crăciunul cade intr-o luni* Christmas falls on a Monday; *nu se cade să* you ought not to

cădelniţă *sf* censer

cădere *sf* falling; failure; *~ de apă* waterfall; *~ a unui imperiu* the fall of an empire; *nu este în ~a mea* it is beyond me

căi *vr* to repent

căinţă *sf* penitence

călare *adv* on horseback

călareţ *sm* horseman

călări *vi* to ride; *~e* riding

călător *sm* traveller

călători *vi* to travel; *(pe apă)* to voyage; *a ~ cu trenul* to travel by train

călătorie *sf* travel; journey; *(pe apă)* voyage; *(cu maşina)* ride; *~ sprîncenată!* good riddance!

călău *sm* executioner

călăuză *sf* guide

călăuzi *vt* to guide; to accompany

călca 1 *vi* to tread; *a ~ cu stîngul* to make a bad beginning **2** *vt* to tread on; to iron, to press; *(d. o maşină)* to run down; *(a bătători)* to trample down; *(pe nervi)* to irk

călcîi *sn* heel; *a i se aprinde ~le după* to fall for smb

căldare *sf* bucket; *(depresiune)* depression

căldicel *adj* lukewarm, tepid

căldură *sf* warmth; *călduri* dog days; *în călduri* in/at heat

călduros *adj* warm; *primire călduroasă* warm welcome

călimară *sf* ink stand

călugăr *sm* monk; friar

călugări *vr (d. bărbaţi)* to enter a monastery; *(d. femei)* to take the veil

călugăriţă *sf* nun, sister

căluş *sn* gag

căluşei *sm pl* merry-go-round

cămară *sf* pantry, larder

cămaşă *sf* shirt; *~ de noapte* night gown

cămătar *sm* usurer; money lender

cămilă *sf* camel

cămin *sn (sobă)* fireplace, hearth; *(studenţesc)* hostel; *(casă)* home

căpăstru *sn* bridle, halter

căpăta *vt* to get, to obtain, to receive; *de ~t* for nothing, gratis

căpătîi *sn (de pat)* head; *om fără ~* dawdler; *de ~* fundamental

căpătui *vr* to settle down; to get married

căpcăun *sm* ogre

căpitan *sm* captain; *(de vas)* skipper

căpiţă *sf ~ de fîn* hay cock/stack/rick

căprioară *sf* deer, roe; *(pui)* fawn

căprior *sm* roebuck

căprui *adj* hazel

căpşună *sf* strawberry

căptuşeală *sf* lining; wadding

căptuşi *vt* to line

căpuşă *sf* tick

căra 1 *vt* to carry **2** *vr* to go away

cărare *sf (drum)* path; *(în păr)* parting

cărămidă *sf* brick

cărbune *sm* coal; *cărbuni aprinşi* hot coals

cărnos *adj* fleshy; pulpy

cărpănos *adj* stingy; miserly; mean

cărturar *sm* scholar

cărucior *sn* (*de copil*) pram; (*vagonet*) truck

cărunt *adj* white-haired; grizzled; hoary

căruţ *sn* (*de copil*) pram

căruţă *sf* cart, wagon

căsători *vr* to get married, (*familiar*) to get spliced

căsătorie *sf* marriage; wedlock; ~ *din dragoste* love match

căsătorit *adj* married; *tineri căsătoriţi* newly married

căsca 1 *vt* (*gura*) to open 2 *vi* to yawn; *a ~ gura la ceva* to gape at smth

căscat *sn* yawn

căsnicie *sf* married life; *o ~ fericită* a happy marriage

căsuţă *sf* little house, cottage; (*poştală*) box

căşuna *vr a i se ~ că* to occur to smb that

către *prep* to, towards: *se îndrepta ~ şcoală* he was going to school; about, by: ~ *ora două* about two o'clock, ~ *seară* by evening; *spuse ~ mine* he said to me

cătun *sn* hamlet

cătuşe *sf pl* handcuffs

căţăra *vr* to climb

căţea *sf* bitch

căţel *sm* puppy; doggy

căuta 1 *vt* to look for; (*a scotoci*) to search for; (*un cuvînt în dicţionar*) to look up; *ce caută el aici?* what is he doing here?; *a ~ să* to try to; *eşti ~t* you are wanted 2 *vr se caută/nu se*

caută aceste bunuri there is great/little demand for these goods

căutare *sf* quest; pursuit

căzătură *sf* tumble, fall; (*bătrîn*) ruin, dotard

ce 1 *pron* what; *de ce?* why?; *de ce nu* why not; *ce vrei să spui?* what do you mean?; (*Poftim?*) I beg your pardon?; *N-ai pentru ce!* You're welcome!; *ce spui!* You don't say so! 2 *adj* what; *ce fel de* what kind of; *ce de (lume)* how many (people); 3 *adv* how; *ce minunat!* how wonderful!; *din ce în ce mai bine* better and better; *din ce în ce mai (frumos)* more and more (beautiful)

cea 1 *art, adj* ~ *care* she who; ~ *de-a doua* the second one; ~ *mai frumoasă* the most beautiful; *cele trei fete* the three girls 2 *pron* that

ceafă *sf* nape; (*a unui animal*) scruff

ceai *sn* tea; (*reuniune*) tea party

ceainărie *sf* teahouse

ceainic *sn* tea pot

cealaltă 1 *adj* the other 2 *pron* the other one

ceapă *sf* onion

ceară *sf* wax

cearcăn *sn* (*la ochi*) circle, pouch

cearceaf *sn* bed sheet

ceartă *sf* quarrel; row; wrangle; squabble; *certuri atroce* acrimonious quarrels

ceas *sn* hour; (*de mînă*) watch; (*ceasornic*) clock; *a întoarce ~ul* to wind up the clock; *a potrivi ~ul* to set the watch; *cît e ~ul?* What time is it?

ceasornic *sn* clock

ceasornicar *sm* watchmaker

ceasornicărie *sf* watchmaker's; *(meserie)* watchmaking

ceașcă *sf* cup; ~ *de cafea* cup of coffee

ceată *sf* group

ceață *sf* mist; fog; *(cu fum)* smog

cec *sn* cheque; *carnet de* ~*uri* cheque book

ceda *vt, vi* to give up, to yield; to surrender; to collapse; *a nu* ~ *deloc* not to yield an inch, to stand firm

cedru *sm* cedar

ceh *sm* Czech

cehoslovac *adj* Czechoslovak

cel 1 *art, adj* ~ *care* he who; ~ *de-al doilea* the second one; ~ *mai frumos* the most beautiful; *cei trei băieți* the three boys 2 *pron* that

celălalt 1 *adj* the other 2 *pron* the other one

celebra *vt* to celebrate; *(o căsătorie)* to solemnize; ~*re* celebration

celebritate *sf* reputation; *(persoană)* celebrity

celebru *adj* famous, renowned

celibat *sn* singleness

celibatar *sm* bachelor; ~*ă* spinster

celofan *sn* cellophane

celofibră *sf* rayon

celulă *sf* cell

celuloid *sn* celluloid

celuloză *sf* cellulose

cenaclu *sn* literary circle

centenar *sn* centenary

centigrad *sn* centigrade

centigram *sn* centigramme

centilitru *sm* centilitre

centra *vt* to centre

central *adj* central

centraliza *vt* to centralize

centru 1 *sn* centre; middle; ~ *de gravitate* centre of gravity 2 *sm* centre; ~ *înaintaș* centre forward

centură *sf* belt ~ *de siguranță* safety belt

cenușă *sf* ashes; cinders

Cenușăreasa *sf* Cinderella

cenușiu *adj* grey

cenzura *vt* to censor

cenzurare *sf* censoring

cenzură *sf* censorship

cep *sn* plug; tap; *a da* ~ to tap

cer *sn* sky; heaven; air; ~*ul gurii* palate, roof; *sub* ~*ul liber* in the open; *a pica din* ~ to come out of the blue; *a fi în al șaptelea* ~ to be in the seventh heaven

ceramică *sf* ceramics; *vase de* ~ earthenware pots

cerb *sm* stag; buck

cerc *sn* circle; ring; *(la butoi)* hoop; ~ *de prieteni* circle of friends

cercel *sm* earring

cerceta *vt* to examine; to see into; to seek; to search; to study; to question; ~*ș* scout

cercetare *sf* examination; *(atentă)* scrutiny; research; investigation

cercetător *sm* researcher

cercevea *sf* frame

cere *vt* to ask; to demand; to require; *(cu insistență)* to press for; *a* ~ *mina unei fete* to propose to a girl; *a* ~ *socoteală cuiva* to call smb to account;

cereale *sf pl* cereals

ceremonie *sf* ceremony; *de ~* of state

cerere *sf* petition; application; request; *la ~* on demand

cerinţă *sf* requirement

cerne *vt* to sift; to screen; *(a distinge)* to distinguish

cerneală *sf* ink; *~ simpatică* invisible/sympathetic ink

cernit *adj* black; *(de doliu)* mourning; *(supărat)* downcast

cerşetor *sm* beggar

cerşi *vt, vi* to beg

cert *adj* sure, certain

certa 1 *vt* to scold; to reprove; to chide **2** *vr* to quarrel; to argue; to wrangle

certăreţ *adj* cantankerous; quarrelsome

certificat *sn* certificate

certitudine *sf* certainty

cetate *sf* fortress

cetăţean *sm* citizen, subject

cetăţenie *sf* citizenship; *fără ~* stateless

ceţos *adj* foggy; misty

ceva 1 *pron* something; *(cu negativ sau interogativ)* anything; *aşa ~* such a thing **2** *adj* some; a little; *mai ~* even better

cezariană *sf* Caesarean section

cheag *sf* rennet; *(de sânge)* clot

chef *sn (petrecere)* revelry, shindig; *(capriciu)* whim; *~ monstru* shindy; *cu ~* tipsy; *a avea ~ de (citit)* to feel like (reading); *a nu avea ~ de (lucru)* not to feel like (working)

chefui *vi* to booze

cheie *sf (la uşă)* key; *(tehnic)* wrench, spanner; *(muzică)* clef

chel 1 *sm* bald-head **2** *adj* bald

chelălăi *vi* to yelp

cheli *vi* to become bald

chelie *sf* baldness

chelner *sm* waiter

chelneriţă *sf* waitress

cheltui *vt* to spend (money)

cheltuială *sf* expenditure; *cheltuieli* expenses; *bani de ~* pocket money

cheltuitor *sm* waster, spender, squanderer

chema 1 *vt* to call; to invite; to summon; *(la telefon)* to ring up **2** *vr* to be called; *cum te cheamă?* what is your name?

chemare *sf* call; shout

chenar *sn* frame

chercheli *vr* to get tipsy/tight

cherem *sn la ~ul cuiva* at smb's beck and call

cherestea *sf* timber, lumber

chestie *sf* thing, problem; *chestia asta e bere?* is this stuff beer?

chestiona *vt* to question, to examine

chestiune *sf* thing, problem; question

chiar *adv* even; just; *~ acum* just now; *~ aşa* just like that; *~ dacă* even if; *~ el* he himself

chibiţ *sm* kiebitz

chibrit *sn* (safety) match; *cutie de ~uri* box of matches

chibzui *vi* to think over

chibzuit *adj* thrifty; balanced; prudent

chiciură *sf* white frost

chicoti *vi* to giggle, to chuckle

hiflă *sf* roll

chiftea *sf* meat ball

chihlimbar *sn* amber

chilie *sf (la mănăstire)* cell

chilipir *sn* chance purchase

chiloți *sm pl (de damă)* pants; *(de bărbați)* drawers; *(de plajă)* trunks

chimie *sf* chemistry

chimist *sm* chemist

chimono *sn* kimono

chin *sn* torture; pain; ordeal; ~uri throes

chinez *sm* Chinese

chinezesc *adj* Chinese

chingă *sf* girth; belt

chinină *sf* quinine

chintă *sf* straight; ~ roială straight flush

chinui 1 *vt* to torture, to torment 2 *vr* to labour, to toil

chinuitor *adj* painful; trying

chior *sm*, **chioară** *sf* one-eyed person

chioriș *adv a se uita* ~ to squint; to look askance

chioșc *sn* booth; *(de ziare)* news-stand; *(în parc)* kiosk

chiot *sn* cry, shout

chip *sn* face; aspect; look; *într-un* ~ *original* in an original way; *fel și* ~ *de* all sorts of; *cu orice* ~ at all costs; *cu nici un* ~ by no means

chipeș *adj* good-looking, handsome

chipiu *sn* cap

chirci *vr* to crouch

chiriaș *sm* lodger, tenant

chirie *sf* rent; hire; *a da cu* ~ to let out; *a lua cu* ~ to rent, to hire

chirurg *sm* surgeon

chirurgie *sf* surgery

chist *sn* cyst

chiștoc *sn* cigarette end/butt

chit 1 *sn* putty 2 *adv a fi* ~ *cu cineva* to be even with smb

chitanță *sf* receipt; voucher

chitară *sf* guitar

chitic *adv a tăcea* ~ to keep silent

chițăi *vi* to squeak; ~t squeak

chiui *vi* to shout, to shriek; ~t shout, shriek

chiuli *vi* to play truant

chiuretaj *sn* curettage

chiuretă *sf* scoop

chiuvetă *sf (de bucătărie)* sink; *(de baie)* basin

chix *adv a da* ~ to fail

ci *conj* but; so that; *nu eu, ci el* not I but he; *nu numai... ci și...* not only ... but also ...

cicatrice *sf* scar

cică *adv* they/people say; ~ *e doctor* he pretends to be a doctor

cicăleală *sf* nagging

cicăli *vt* to nag

cicălitor *adj* nagging

ciclism *sn* cycling

ciclist *sm* cyclist

ciclon *sn* cyclone

ciclu *sn* cycle

cicoare *sf* chicory

cidru *sn* cider

cifră *sf* figure, number; *număr din 6 cifre* a number of six digits

cilindru *sn* cylinder

ciment *sn* cement

cimilitură *sf* riddle

cimitir *sn* cemetery, graveyard, churchyard

cină *sf* supper

cinci *num* five; ~*sprezece* fifteen; ~*zeci* fifty

cine *pron* who; *cu* ~ with whom; *pe* ~ whom; ~ *e acolo?* who is there? ~ *altcineva?* who else?

cinefil *sm* film fan

cinematograf *sn* cinema

cineva *pron* somebody, someone; *e* ~ *acolo?* is anybody there?

cingătoare *sf* belt

cinic *adj* cynic

cinste *sf* honesty; rectitude; *(loialitate)* faithfulness; *(respect)* esteem; *pe* ~ *a mea!* upon my honour!; *în* ~ *a (cuiva)* in honour of...; *a face* ~ to stand a treat

cinsti *vt* to honour; to esteem; *(a trata)* to treat

cinstit *adj* honest; straightforward; trustworthy; loyal; upright

cioară *sf* crow

ciob *sn* fragment, piece

cioban *sm* shepherd

cioc 1 *intj* knock-knock! 2 *sn* beak, bill

ciocan *sn* hamper; *aruncarea* ~*ului* throwing the hammer

ciocăni *vi (în ușă)* to knock at; *(cu ciocanul)* to hammer

ciocănitoare *sf* woodpecker

ciocîrlie *sf* skylark

ciocni 1 *vt (a sparge)* to break 2 *vr* to collide; *(figurat)* to clash

ciocnire *sf* impact

ciocolată *sf* chocolate

ciolan *sn* bone

ciolănos *adj* bony

ciomag *sn* club; stick

ciondăneală *sf* squabble, bickering; tiff

ciondăni *vr* to squabble, to bicker

ciopîrți *vt* to hack; to mangle

ciopli 1 *vt* to cut; to whittle; to carve 2 *vr* to polish, to improve in behaviour

ciorap *sm (lung)* stocking; *(șosetă)* sock

ciorbă *sf* borsch; soup; ~ *de vacă* beef soup

ciorchine *sm* bunch of grapes

ciornă *sf* rough copy

ciorovăi *vr* to squabble, to bicker; to wrangle; ~ *ală* squabble, bickering

ciot *sn (în lemn)* knot; *(după tăiere)* stump, snag

cioturos *adj* gnarled, knotted

cipici *sm pl* slippers

circ *sn* circus

circa *adv* approximately, about

circă *sf (de poliție)* station

circuit *sn* circuit; *călătorie în* ~ round trip/tour; *scurt* ~ short circuit

circula *vi* to circulate, to move; *(a se răspîndi)* to spread; ~*ți!* move on!

circulator *adj* circulatory

circulație *sf* circulation; *(trafic)* traffic; *de mare* ~ widely used

circumscripție *sf* district; ~ *de poliție* police station/ precinct

circumstanță *sf* circumstance; occasion; *circumstanțe atenuante* extenuating circumstances

circumvoluțiune *sf* convolution

cireadă *sf* herd

cireașă *sf* (sweet) cherry

cireș *sm* cherry tree

ciripi *vi* to chirp; to warble; ~ *t* chirp,

twitter

cişmea *sf* pump

cita *vt* to quote; to mention; *(ca martor etc.)* to summon

citadin *adj* urban

citat *sn* quotation

citaţie *sf* summons; subpoena

citeţ *adj* legible

citi *vt* to read; *(cu atenţie)* to peruse; *(rosti)* to read out; *a ~ gîndurile cuiva* to read smb's thoughts

citit *adj* reading; *(instruit)* learned, educated

cititor *sm* reader; *~ în stele* astrologer

citronadă *sf* lemon juice

ciubăr *sn* pail, tub

ciubucar *sm* profiteer; bribe taker

ciuciulete *adv a fi ud ~* to be wet to the bone

ciucure *sm* tassel

ciudat *adj* strange; queer; odd; unusual; quaint; weird; uncanny

ciudă *sf* spite; rancour; *în ciuda...* in spite of

ciudăţenie *sf* vagary; oddity

ciufuli *vt* to tousle, to dishevel; *~t* tousled, dishevelled, ruffled

ciufut *adj* morose

ciuguli *vt* to peck; *(a mînca puţin)* to pick at

ciuli *vt a ~ urechile* to prick up one's ears

ciulin *sm* thistle

ciumă *sf* plague

ciung *sm* one-handed person

ciunti *vt* to cut off/short

ciupercă *sf* mushroom

ciupi *vt* to pinch, to nip, to tweak; *(a fura)* to pilfer; *(coardele)* to strike

ciupitură *sf (de insectă)* pinch

ciur *sn* sieve; *trecut prin ~ şi prin dîrmon* passed through the mill, hard-boiled

ciuruc *sn* rubbish

civic *adj* civic; *alianţă ~ă* civic league

civil *adj* civil; *(nu militar)* civilian; *parte ~ă* plaintiff

civilizat *adj* civilized; *(politicos)* polite, well-mannered

civilizaţie *sf* civilization

cizela *vt* to chisel; *(pe cineva)* to polish

cizelat *adj* chiselled; *(d. persoane)* refined

cizmar *sm* shoemaker; *(reparator)* cobbler

cizmă *sf* boot

cizmărie *sf* shoemaker's

cîine *sm* dog; *(pui)* puppy, whelp; *~ ciobănesc* sheepdog; *~ de pază* watchdog, mastiff; *~ de vînătoare* hound, setter; *~ poliţist* tracker dog; *~ lup* wolfhound

cîmp *sn* field; *~ de grîu* field of wheat; *~ de luptă* battlefield; *este la ~* he is in the field; *~ie* plain

cînd *adv, conj* when; while, as; *~..., ~ ... now..., then...; *~ şi ~* occasionally; *ca şi ~* as if/though; *de ~* since; *din ~ în ~* from time to time; *pînă ~* till

cîndva *adv (în viitor)* sometimes; *(în trecut)* once

cînepă *sf* hemp

cînta *vt, vi (din gură)* to sing; *(la un instrument)* to play; *(la fluier)* to pipe

cîntar *sn* balance, pair of scales; **weighing machine**

cîntăreţ *sm*, **cîntăreaţă** *sf* singer

cîntări *vt* to weigh; *(a judeca)* to ponder; *a ~ din ochi pe cineva* to take stock of smb

cîntător *adj* singing

cîntec *sn* song; air, tune; *~ de leagăn* lullaby; *~ul lebedei* swan song

cîrcă *sf în ~* pickaback

cîrcel *sm (contracţie)* cramp; *(la plante)* tendril

cîrciumar *sm* publican

cîrciumă *sf* pub; tavern; saloon

cîrciumăreasă *sf (plantă)* zinnia

cîrcotaş *adj* grumbling, cantankerous, grumpy, querulous

cîrd *sn* herd; flock; *(de peşti)* school, shoal; *(ceată)* band; *(mulţime)* crowd

cîrîi *vi* to croak; *~t* croak

cîrjă *sf* crutch

cîrlig *sn* hook; *(de rufe)* peg

cîrlionţ *sm* lock; *~at* curled, waved

cîrmaci *sm* helmsman; leader

cîrmă *sf* helm; *(în apă)* rudder; *(conducere)* leadership

cîrn *adj* snub

cîrnat *sm* sausage

cîrpaci *sm* botcher; *(cizmar)* cobbler

cîrpă *sf* rag; *(de bucătărie)* dishcloth; *(de praf)* duster; *(om moale)* milksop

cîrpi *vt* to patch up; *(ciorapi)* to darn; *(o palmă)* to slap

cîrti *vi* to grumble, to murmur; to rail

cîrtiţă *sf* mole

cîştig *sn* gain; *(prin muncă)* earnings; *(venit)* income

cîştiga *vt* to gain; *(prin muncă)* to earn;

(prin noroc) to win; *(a obţine)* to acquire, to realize

cîştigător *sm*, **cîştigătoare** *sf* winner; *bilet ~* prize-winning ticket

cît 1 *sn* quotient **2** *adj, pron* how many **3** *adv* how; *~ de mult* how much; *~ de ~* a little, some; *~ despre* as for; *~ mai (curînd)* as (soon) as (possible); *~ pe ce* almost ..., nearly **4** *conj* as much as; as long as; however **5** *prep* like; as; *munceşte ~ mine* he works as much as me

cîteodată *adv* sometimes

cîtuşi *adv* *~ de puţin* not at all

claie *sf* stack, rick; crowd; *(de păr)* fleece, thatch

clamă *sf* paper clip; hairpin; fastener

clandestin *adj* clandestine

clanţă *sf* door handle

clapă *sf* key; *(la buzunar)* flap

clapon *sm* capon

clar *adj* clear; obvious; evident; precise; manifest; *(d.o descriere)* vivid

clarifica *vt* to elucidate; to explain

clarinet *sn* clarinet

claritate *sf* clarity

clasa *vt* to classify; to sort out

clasă *sf* class, category; *(la şcoală)* classroom; *elev în clasa a treia* a third form pupil

clasic *adj* classic

clasifica *vt* to classify; *~re* classification, rating

clauză *sf* clause; proviso

claviatură *sf* keyboard

claxon *sn* horn

claxona *vi* to klaxon

clăbuc *sm* lather; foam

clădire *sf* building

clănţăni *vi (din dinţi)* to chatter; *(de frig)* to tremble

clăpăug *adj* flopping

clăti *vt* to rinse

clătina *vt, vr* to shake; *a se ~ pe picioare* to stagger, to falter, to wobble

clătită *sf* pancake

clei *sn* glue

cleios *adj* gluey, sticky; clammy

clemenţă *sf* mercy

clepsidră *sf* sandglass

cler *sn* clergy

cleşte *sm* tongs; pliers; pincers; *(de rac)* nipper

cleveti *vt* to gossip; to slander; *~re* slander, gossip

clică *sf* clique; gang

client *sm* customer; *(la doctor)* patient; *~elă* customers, patients

climateric *adj* climatic; *staţiune ~ă* spa

climă *sf* climate

clin *sn* gusset

clinchet *sn* tinkling, jingle, *(de pahare)* clink

clinică *sf* hospital; ward

clinti *vr* to move; *nu se clinteşte* he does not budge

clipă *sf* moment, instant; *într-o ~* in a jiffy; *o ~!* just a minute!

clipi *vi* to blink; *cît ai ~ din ochi* in a twinkling; *fără să clipească* unflinchingly

clipoci *vi* to purl, to murmur; *(d. valuri)* to lap

clips *sn* earring

clişeu *sn* negative

cloci *vi, vt* to hatch, to brood

clocitoare *sf* incubator

clocoti *vi* to boil; *a ~ de furie* to seethe with rage, to simmer

clocotitor *adj* boiling; tumultous

clonţ *sn* beak; mouth

clonţos *adj* cantankerous; peevish

clopot *sn* bell; *a trage ~ele* to ring the bells

clopotniţă *sf* belfry

clor *sn* chlorine

clorofilă *sf* chlorophyl

cloroform *sn* chloroform

closet *sn* closet, WC, lavatory; *~ public* public convenience

cloşcă *sf* brood-hen

clovn *sm* clown

club *sn* club house

cnocaut *sn* knock out

coacăză *sf* black currant

coace 1 *vt (în cuptor)* to bake **2** *vr (d. furuncul)* to gather; *(a se maturiza)* to age

coadă *sf* tail; *(cosiţă)* braid; *(şir)* queue, line; *a da din ~* to wag one's tail; *a sta la ~* to stand in a queue

coafa 1 *vr (la coafor)* to have one's hair done **2** *vt* to dress

coafeză *sf* hairdresser

coafor *sn* hairdresser's

coafură *sf* hairdo

coajă *sf (scoarţă)* bark; *(de fruct)* peel, rind, jacket; *(de nucă)* shell; *(de piine)* crust

coală *sf* sheet of paper

coaliţie *sf* coalition, league

coamă *sf (de cal)* mane; *(de munte)*

ridge

coapsă *sf* thigh

coardă *sf (la chitară etc.)* string; *(de sărit)* skipping rope; *(fringhie)* rope; *(de cerc)* chord

coasă *sf* scythe

coase *vt* to sew

coastă *sf* rib; *(de deal etc.)* slope; *(țărm)* coast, shore; *a băga sula în ~* to press hard

cobai *sm* guinea pig

cobe *sf* bad omen

cobi *vt* to portend

cobiliță *sf* yoke

coborî *vi (de pe munte)* to climb down; to descend; *(din vehicul)* to get out/off; *(a apune)* to set down; *(d. temperatură)* to fall; *(d. prețuri)* to drop; *(în zbor)* to alight

coborîre *sf* descent

cobră *sf* cobra

coc *sn* loop of hair

cocă *sf* dough, paste

cocean *sm* corn cob

cochet *adj* neat, smart, snug

cocheta *vi (cu)* to flirt (with); to dally (with)

cochilie *sf* shell

cocină *sf* pigsty

cocioabă *sf* hut

cocleală *sf* rust; verdigris

cocli *vi* to rust

cocoașă *sf* hunch, hump

cocoloș *sn* ball; *(bulgăre)* lump

cocoloși *vt (a răsfăța)* to pamper, to spoil

cocon *sm* cocoon

cocor *sm* crane

cocos *sm* coconut tree; *nucă de ~* coconut

cocoș *sm* cock, rooster

cocoșat *sm* hunchback

cocotă *sf* whore

cocotier *sm* coconut tree

cocoța *vr* to climb up

coctail *sn* cocktail

cod *sn* code; *~ penal* penal code

codaș *sm* laggard

codi *vr* to hesitate, to vacillate

codru *sm* forest; hunk (of bread)

coeficient *sm* coefficient, quotient

coerență *sf* coherence

coeziune *sf* cohesion

cofă *sf* pail

cofetar *sm* confectioner

cofetărie *sf* confectioner's; sweetshop

coif *sn* helmet

coincide *vi (cu)* to coincide (with); *~nță* coincidence

coji *vt, vr* to peel; *~re* peeling

cojoc *sn* waistcoat; *~ar* furrier

colabora *vi (cu)* to collaborte (with)

colaborator *sm* partner; assistant

colb *sn* dust

colcăi *vi (de)* to swarm (with)

colea *adv* here

colecta *vt* to collect, to gather

colectiv *sn, adj* collective

colecție *sf* collection

colecționa *vt* to collect, to gather; *~r* collector

coleg *sm* fellow, mate

colegialitate *sf* comradeship, fellow feeling

colegiu *sn* college

colet *sn* packet, parcel; *~ărie* parcel

delivery

colibă *sf* hut, shanty; shack; shelter

colier *sn* necklace

colină *sf* hill

colind *sn* Christmas carol; *a ~a* to carol

colindător *sm* carol singer

colivie *sf* cage

coliziune *sf* impact, collision

colo *adv* there; over there; *cind ~* in fact

coloană *sf* column; *~ vertebrală* spinal column

colocatar *sm* co-inhabitant

colocviu *sn* discussion; examination

colonel *sm* colonel

colonie[1] *sf* colony; *(tabără)* children camp

colonie[2] *sf* eau-de-Cologne

colora *vt* to colour; *~nt* dyestuff

colorit *sn* colour; colours

colos *sm* colossus

colosal *adj* huge, enormous; *succes ~* tremendous success

colporta *vt* to spread (rumours)

colportor *sm* rumour-monger

colț 1 *sn* corner; angle; end; *după ~* round the corner; *primul ~ la stinga* the first corner left **2** *sm* tooth; fang; *(de stîncă)* peak; *a-și arăta ~ii* to snarl

colțos *adj* rude; sharp-tongued

colțuros *adj* rugged; bony

columnă *sf* column

comanda *vt* to order, to command

comandant *sm* commander

comandă *sf* order, command; *haine de ~* clothes made to measure

comasa *vt* to fuse

comă *sf* coma

combate *vt* to fight against; *(a stîrpi)* to control

combativ *adj* combative, militant; pugnacious

combina *vt* to combine; *~re* combination

combinație *sf* combination; plan, scheme; *a intra in ~ cu* to associate with

combină *sf* combine

combinezon *sf* slip

combustibil *sn* fuel

comedie *sf* comedy; *~ ieftină* slapstick comedy

comemora *vt* to commemorate; *~re* commemoration

comensurabil *adj* measurable

comenta *vt* to comment, to analyse

comentariu *sn* commentary

comercial *adj* trade..., commercial

comerciant *sm* dealer; merchant

comerț *sn* commerce, trade; *~ exterior* foreign trade; *~ particular* private trade; *~ ilicit* traffic

comestibil *adj* eatable

cometă *sf* comet

comic 1 *adj* comic, funny; jocular; quizzical **2** *s* comedian

comisar *sm* *(de poliție)* officer, policeman

comisariat *sn* *(secție)* station

comisie *sf* commission

comision *sn* service, favour

comis-voiajor *sm* commercial traveller

comitat *sn* county

comite *vt* to perpetrate

comitet *sn* committee

comoară *sf* treasure; *(avere)* wealth

comod *adj* comfortable, handy; *(d. persoane)* indolent, lazy

comodă *sf* chest of drawers

comoditate *sf* indolence

comoție *sf* concussion; ~ cerebrală mental shock

compact *adj* compact, dense

companie[1] *sf* company; group

companie[2] *sf* company

compara *vt* to compare; ~bil comparable

comparație *sf* comparison; *(figură de stil)* simile; în ~ cu as against; grade de ~ degrees of comparison

compartiment *sn* compartment; *(domeniu)* section, domain

compas *sn* compasses

compasiune *sf* compassion; sympathy; pity

compatibil *adj* compatible

compătimi *vt* to pity; to sympathize

compătimire *sf* compassion; sympathy, pity

compătimitor *adj* sympathetic

compensa *vt* to compensate

compensație *sf* compensation; *(sumă)* indemnification, bonus

competent *adj* competent, qualified

competență *sf* competence, capacity; ability; asta nu e de competența mea that is outside my province

competiție *sf* competition; contest

complăcea *vr (cu)* to be content (with)

complet 1 *adj* complete; whole; full; stark; utter 2 *adv* entirely; thoroughly; fully

completa *vt* to complete; to supplement; *(spații goale)* to fill in

completare *sf* supplement

complex 1 *sn* complex 2 *adj* complex; manysided

complezent *adj* amiable

complicat *adj* intricate; ticklish

complice *sm* accomplice

compliment *sn* compliment; ~e regards, respects

complini *vt* to complete

complot *sn* plot; scheme; a ~ a to plot

component *sn* element, part

comporta *vr* to behave; to conduct; ~ment behaviour; ~re behaviour; bearing

composta *vt* to punch

compostor *sn* ticket-nipper

compot *sn* compote

compozitor *sm* composer

compoziție *sf* structure; composition; substance

comprehensiune *sf* understanding

comprima *vt* to press; to reduce; to suppress

compromis 1 *sn* compromise, agreement 2 *adj* disgraced

compromițător *adj* compromising

compune *vt* to make up; *(a crea)* to compose; a se ~ din to be composed of

comun 1 *sn* in ~ together; loc ~ commonplace 2 *adj* common

comună *sf* village

comunica *vt* to communicate; to inform, to let know

comunicat *sn* statement

comunicativ *adj* gregarious; com-

panionable; voluble, glib
comunicaţie *sf* communication
comunism *sn* communism
comunist *sm, adj* communist
comutator *sn* switch
con *sn* cone
conac *sn* manor house
concedia *vt* to dismiss, to sack; ~ *t* sacked
concediere *sf* dismissal, discharge, sack
concediu *sn* vacation; holidays; ~ *de boală* sick leave; *în* ~ on leave
concentra *vr (asupra)* to concentrate (on), to focus (on)
concentrare, concentraţie *sf* concentration
concepe *vt* to conceive; to imagine; to draw up; *de neconceput* inconceivable
concepţie *sf* conception, outlook, view
concern *sn* concern
concert *sn* concert; concerto
concesie *sf* concession; favour
conchide *vi* to conclude
concilia *vt* to reconcile
conciliere *sf* conciliation
concis *adj* concise, terse; succint
concludent *adj* convincing
concluzie *sf* conclusion
concomitent *adj* concomitant; simultaneous
concordanţă *sf* agreement
concret *adj* concrete, real
concubină *sf* concubine
concura *vi (cu)* to compete (with)
concurent *sm* rival; *(sport)* competitor
concurenţă *sf* competition; *în* ~ *cu* vying with

concurs *sn* competition; contest
condamna *vt* to convict; to doom to; to sentence; *(a dezaproba)* to condemn, to disapprove (of); ~ *bil* blamable, shameful
condamnat *sm* convict
condei *sn* penholder; writing; *are* ~ he is a good writer
condensator *sn* condenser
condescendent *adj* civil; affable
condiment *sn* spice, seasoning
condimenta *vt* to season, to spice
condiţie *sf* condition; state; stipulation; *cu condiţia ca* on condition that; *(esenţială)* prerequisite
condoleanţe *sf pl* condolences
conducător *sm* leader; *(şef)* chief, boss, master
conduce *vt* to lead; to guide; *(a însoţi)* to accompany; *(la gară)* to see off; ~ *re* leadership, guidance
conductă *sf* pipe; main
conduită *sf* behaviour
conecta *vt* to connect
confecţii *sf pl* ready-made clothes
conferenţiar *sm* lecturer
conferinţă *sf* speech, lecture; ~ *de presă* press conference
confesiune *sf* confession
confidenţă *sf* confidence
configuraţie *sf* configuration
confirma *vt* to confirm; to acknowledge; to uphold
confisca *vt* to c nfiscate, to sequestrate
conflict *sn* conflict; argument; war; strife
conform *adj* identical; ~ *cu*

corresponding to

conformaţie *sf* conformation

conformitate *sf in ~ cu* according to

confort *sn* comfort; ease

confortabil *adj* comfortable; snug, cosy

confrunta *vt* to confront; to compare

confunda *vt* to confound, to take/to mistake for

confuz *adj* confused, blurred; bewildered

confuzie *sf* confusion; welter

congela *vt* to deep-freeze; *~re* deep-freeze; *~t* deep-frozen

congelator *sn* freezer

congestie *sf* congestion; *~ cerebrală* cerebral hemorrhage

congres *sn* congress

coniac *sn* brandy

conic *adj* conical

conjugal *adj* conjugal, married

conjuncţie *sf* conjunction

conopidă *sf* cauliflower

consacra 1 *vt* to dedicate **2** *vr* to devote oneself (to)

consacrat *adj* well-known; recognized

consecinţă *sf* consequence; *in ~* therefore

consecvent *adj* consistent

consens *sn* consensus; accord

conserva *vt* to preserve; *~re* preservation

conservă *sf* tinned/canned food; tin, can

consfătuire *sf* meeting; conference

considera *vt* to consider; to think; to reckon; *consider că e bine să* I think it right to

considerabil *adj* remarkable, significant, sensible

consideraţie *sf* esteem, respect; regard; reason; *a lua in ~* to take into account

considerent *sn* motive, reason

consilier *sm* counsellor; consultant; councillor

consiliu *sn* council, board

consimţămînt *sn* consent; agreement; assent; approval

consimţi *vi (la)* to consent (to), to acquiesce (in), to approve (of)

consistent *adj* solid, hard; *(d. un aliment)* nutritious

consoană *sf* consonant

consoartă *sf* wife, better half

consola *vt* to console, to comfort, to soothe

consolida *vt* to consolidate; to reinforce

conspect *sn* summary, abstract

conspira *vi* to plot, to conspire; *~tor* plotter; *~ţie* plot

consta *vi (din)* to consist (of)

constant 1 *adj* constant; invariable; unswerving **2** *adv* steadily

constanţă *sf* constancy

constata *vt* to see; to find out

consternare *sf* bewilderment

consternat *adj* bewildered

constipat *adj* constipated; morose

constipaţie *sf* constipation

constitui *vt* to constitute

constituţie *sf* constitution

constrînge *vt* to oblige; to force; to coerce; *~re* constraint; screw; compulsion

constructor *sm* builder
construcţie *sf* building; structure
construi *vt* to build
consul *sm* consul
consulat *sn* consulate
consulta *vt* to consult; *(un doctor)* to see; *(un avocat)* to confer with
consultaţie *sf* consultation; advice
consum *sn* consumption
consuma *vt* to use; to eat
consumator *sm* consumer
conştient *adj* conscious; *a fi ~ de* to be aware of
conştiincios *adj* conscientious; thorough
conştiinţă *sf* conscience; *~ de sine* self-awareness; *fără ~* unscrupulous
cont *sn* account; *a ţine ~ de* to take into account; *pe ~ propriu* independently
conta *vi (pe)* to rely (on)
contabil *sm* bookkeeper; *~ itate* bookkeeping
contact *sn* contact; connection; relation
contagios *adj* contagious
conte *sm* count; earl
contemporan *adj* contemporary
conteni *vt, vi* to cease
contesă *sf* countess
continent *sn* continent
continua *vt* to continue; to go on; to proceed; *(în rău)* to persist
continuare *sf* continuation; sequel; *în ~* further
continuu 1 *adj* continuous, ceaseless; continual **2** *adv* continually; at a stretch

contopi *vt, vr* to melt
contor *sn* meter; *~ electric* electric meter
contorsionat *adj* contorted
contra *prep* against; versus; *din ~* on the contrary; *~! (la bridge)* double!
contraatac *sn* counter-attack
contrabandă *sf* smuggling
contrabandist *sm* smuggler; *(de băuturi)* bootlegger
contrabas *sn* double-bass, contrabass
contracara *vt* counteract
contract *sn* contract, agreement
contradictoriu *adj* contradictory
contradicţie *sf* contradiction
contralovitură *sf* counter-attack
contramanda *vt* to countermand; to annul
contrar *adj* contrary; opposite; *în caz ~* otherwise
contrariat *adj* upset
contrast *sn* contrast
contravenient *sm* offender; trespasser
contravenţie *sf* contravention
contrazice *vt* to contradict
contribuabil *sm* tax payer
contribui *vi (la)* to contribute (to)
contribuţie *sf* contribution; *(impozit)* tax
control *sn* control; *lucrare de ~* writing test/paper
controla *vt, vr* to control; to check
controlor *sm* *(de bilete)* ticket collector
contur *sn* outline
contura *vr* to shape
contuzie *sf* bruise
conţine *vt* to comprise, to include
conţinut *sn* contents; subject

convalescent *sm* convalescent
convalescență *sf* convalescence
convenabil *adj* convenient; *(ieftin)* reasonable
convenție *sf* convention; agreement
conversație *sf* conversation, talk
convingător *adj* convincing; forcible
convinge *vt* to convince; to coax; to persuade
convingere *sf* conviction; belief; *fără ~* vaguely
convoca *vt* to convoke; *(parlamentul)* to summon
convoi *sn* convoy; file; line
convorbire *sf* talk; *~ telefonică* telephone conversation; *~ interurbană* trunk call
coopera *vi* to cooperate
copac *sm* tree
copaie *sf* trough
copcă *sf* clasp; clip; *(în gheață)* hole
copertă *sf* *(de carte)* cover
copia *vt* to copy
copie *sf* copy; replica
copil *sm* child; kid; *~ mic* baby, infant; *~ minune* infant prodigy; *~ nou născut* new-born child; *~ nelegitim* illegitimate child; *~ prost crescut* whelp
copilă *sf* girl
copilărie *sf* childhood; infancy; *a doua ~* second childhood
copilăros *adj* childish
copios *adj* copious, plentiful, hearty
copită *sf* hoof
copleși *vt* to overwhelm; to weigh down
copoi *sm* sleuthhound

copt *adj* ripe; mellow; mature; *mort- ~* by all means
cor *sn* choir; chorus *în ~* in chorus
corabie *sf* ship
coral 1 *adj* choral 2 *sm* coral
corb *sm* raven, rook
corcitură *sf* cross-breed; half-breed *(ciine)* mongrel
cord *sn* heart
cordial *adj* cordial, loving, hearty, affable
cordon *sn* belt
corect *adj* fair, honest; correct, accurate; right
corecta *vt* to correct; to improve; to read (the proofs)
corectitudine *sf* honesty, uprightness
corector *sm* proof-reader
corectură *sf* proof(s)
coregrafie *sf* choreography
coresponda *vi (cu)* to exchange letters (with)
corespondență *sf* correspondence; letters; *corespondența timpurilor* sequence of tenses
corespunde *vi (cu)* to correspond (with/to); to tally (with)
corespunzător *adj* adequate, suitable; proper
coridor *sn* passage, corridor
corija *vt, vr* to improve; to correct
corn *sn* horn; *~ de vânătoare* hunting bugle; *~ englez* cor anglais, English horn; *a pune coarne* to cuckold
coroană *sf* crown
coroiat *adj* nas *~* hooked nose
corolă *sf* corolla

corp *sn* boody; ~ *de balet* corps de ballet; ~*ul omenesc* the human body; ~ *frumos* beautiful figure; *rochie pe* ~ skin-tight dress

corpolent *adj* stout, portly

corsaj *sn* corsage

corset *sn* corset

cort *sn* tent

cortegiu *sn* procession

cortină *sf* curtain

corupe *vt* to corrupt

corupt *adj* corrupt, dishonest; depraved; venal

corupţie *sf* corruption

corvoadă *sf* toil, hard work; fatigue

cosi *vt* to mow, to scythe

cositor *sn* tin

cosiţă *sf* tress

cosmetică *sf salon de* ~ beauty salon/parlour

cosmetician *sm* cosmetician

cosmic *adj* cosmic

cosmonaut *sm* cosmonaut, astronaut

cosmopolit *adj, sm* cosmopolitan

cosmos *sn* outer space, cosmos; universe

cost *sn* cost, price; ~*ul vieţii* the cost of living; *preţ de* ~ cost price; *a vinde în* ~ to sell at cost/price

costa *vi, vt* to cost; *cît costă (cartea)?* how much is (the book)?

costeliv *adj* skinny, raw-boned

costisitor *adj* expensive; costly

costiţă *sf* bacon

costum *sn* suit; ~ *de baie* bathing suit; ~ *de balet* tights

coş *sn* basket; *(la casă)* chimney; *(bubuliţă)* pimple; ~*ul pieptului* chest

coşar *sm* chimney-sweep(er)

coşciug *sn* coffin, casket

coşmar *sn* nightmare

cot *sn* elbow; *(cotitură)* bend; *(al unui rîu)* meander; ~ *la* ~ side by side; *mă doare-n cot!* I don't care a fig!

cotă *sf* share, part; ~-*parte* quota

coteţ *sn (de păsări)* coop; *(de porci)* sty; *(de ciine)* kennel

coti *vi* to turn; to bend; to meander

cotidian 1 *adj* daily 2 *sn* (daily) paper, journal

cotitură *sf* turning; *(schimbare)* change

cotizaţie *sf* subscription

cotlet *sn* chop; steak

cotlon *sn* hiding place; niche, recess

cotoi *sm* tomcat

cotor *sn* stalk; *(de carte)* spine

cotoroanţă *sf* harridan, old hag

cotrobăi *vi* to rummage

cotropi *vt* to invade; to conquer

coţofană *sf* magpie

covîrşitor *adj* overwhelming; paramount

covor *sn* carpet

covrig *sm* pretzel

cozoroc *sn* cap peak

crac *sm* leg

cracă *sf* branch

crai *sm* king; *(afemeiat)* lady's man, philanderer

crainic *sm* speaker, announcer

crampă *sf* cramp

crampona *vr (de)* to hold/to cling (to)

craniu *sn* skull

crap *sm* carp

cratimă *sf* hyphen

cratiță *sf* pan

cravată *sf* necktie

crăcăna *vr* to straddle

crăcănat *adj* bow/bandy-legged

Crăciun *sn* Christmas; *Moș* ~ Santa Claus

crăpa *vi, vr* to break; to split; to die; *se crapă de ziuă* the day breaks

crăpătură *sf* slit; opening; leak; loophole

crea *vt* to create, to found; to invent; to produce

creangă *sf* branch

creastă *sf* comb; *(de munte)* ridge

creator *sm* creator, maker

creatură *sf* creature, being

creație *sf* creation

crede *vt* to believe; to guess *(in SUA)*; to suppose; to imagine, to think; *cred și eu!* it goes without saying; *crede-mă!* you may be sure; *te cred!* I should think so; *cred că e mai bine să...* I think it better to...; *a ~ pe cuvînt* to take one's word for it

credibil *adj* credible

credincios *adj* pious; staunch; faithful; constant

credință *sf* conviction; faithfulness; belief, faith

credit *sn* credit; *a vinde pe* ~ to sell on credit

creditor *sm* creditor

credul *adj* credulous

creier *sm* brain; intelligence; *în ~ul munților* in the heart of the mountains

creion *sn* pencil; ~ *dermatograf* eyebrow pencil

crematoriu *sn* crematory

cremă *sf* cream; ~ *de față* cold cream; ~ *de ghete* shoe polish; ~ *de ras* shaving cream

creol *sm, adj* creole

crepuscul *sn* twilight, dusk

crescătorie *sf* farm; ~ *de păsări* poultry farm

crestătură *sf* nick, notch

creșă *sf* day nursery

crește **1** *vt (animale)* to breed, to rear; *(copii)* to bring up **2** *vi (a se dezvolta)* to grow up, to develop; *(a se umfla)* to rise, to swell

creștere *sf* growth; development; rise; *bună* ~ upbringing

creștet *sn* crown; *din* ~ *pînă-n tălpi* from head/toe to foot/tip

creștin *sm, adj* Christian

cretă *sf* chalk, stick

creț *adj* curly

crevetă *sf* shrimp

crez *sn* creed

cric *sn* jack; winch

crimă *sf* murder; outrage

criminal *sm* murderer; ~ *periculos* thug

crin *sm* lily

criptă *sf* vault

crispat *adj* clenched; cramped; *față* ~*ă* wry face

cristal *sn* crystal

cristalin *adj* crystalline; *(d. sunete)* silvery

criteriu *sn* criterion

critic **1** *sm* critic **2** *adj* critical

critica *vt* to criticize

critică *sf* criticism

criță *sf beat* ~ drink-sodden

crizantemă *sf* chrysanthemum

criză *sf (economică)* crisis; slump; *(atac)* attack; ~ *de inimă* heart attack

cricni *vi* to object to; to groan

crîmpei *sf (bucată)* piece; *(fragment)* fragment

crîncen *adj* dreadful; fierce; sharp; bitter

crîng *sn* grove

croazieră *sf* cruise

crocant *adj* crisp

crocodil *sm* crocodile

croi *vt* to cut out; to tailor; *(o palmă)* to slap

croitor *sm* tailor

croitoreasă *sf* dressmaker; seamstress

croitorie *sf (meserie)* tailoring; *(atelier)* tailor's

crom *sn* chromium

croncăni *vi* to croak; ~*t* croak

cronicar *sm* chronicler

cronică *sf* chronicle, memorials

cronometra *vt* to keep time; ~*re* timing

cronometru   *sn* chronometer, timekeeper

croșă *sf* stick; club

croșeta *vt* to crochet

croșetă *sf* crochet-hook

cruce *sf* cross; *a-și face* ~ *la* to cross oneself

cruci *vr* to cross oneself; *(a se mira)* to be bewildered/astonished

crucîș *adv a se uita* ~ to squint at

crud *adj* raw; cruel; brutal; ruthless

crunt 1 *adj* cruel, brutal; dreadful 2 *adv* cruelly, brutally; dreadfully

crupă *sf* croup

crustă *sf* crust

cruța *vt* to pardon; to spare

cruzime *sf* cruelty, ferocity

ctitor *sm* founder

cu *prep* with; *o ceașcă cu cafea* a cup of coffee; *cu avionul* by plane; *cu grijă* carefully; *cu cruzime* cruelly; *cu săptămânile* for weeks; *cu toate că* although

cuantum *sn* quantity, amount, quantum

cub *sn* cube

cuc *sm* cuckoo; *singur* ~ all alone; *ceas cu* ~ cuckoo clock

cuceri *vt* to conquer; *(o femeie)* to win

cucerire *sf* conquest

cuceritor 1 *sm* conqueror 2 *adj* winsome; winning; pleasing

cucernic *adj* pious

cucoană *sf* lady

cucui *sn* bump

cucurigu *interj* cock-a-doodle-doo

cucuvea *sf* owl

cufăr *sn* trunk

cufunda *vt* to immerse, to dip, to plunge; to duck; *a fi* ~*t în gânduri* to be lost in thought

cuget *sn (gândire)* thinking; *(minte)* mind

cugeta *vi* to think (of); to ponder

cugetător *sm* thinker

cui[1] *sn* nail; *a face* ~*e* to tremble with cold

cui[2] *pron a|al|ai|ale* ~ whose

culb *sn* nest; home

culbări *vr* to nestle; to snuggle

cuier *sn* hallstand

culant *adj* generous, liberal

culca 1 *vt* to put to bed 2 *vr* to turn in; to go to bed; to retire; to lie down; ~ *t pe spate* supine.

cuculuş *sn* bed; shelter

culegător *sm* reaper

culege *vt* to reap; *(flori)* to gather, to pick; *(informaţii)* to collect; *(spice)* to glean

culisă *sf* backstage; *în culise* secretly

culme *sf* peak; top; height; *asta-i ~ a!* that's the limit!

culoar *sn* corridor, passage

culoare *sf* colour; *(colorant)* dye, paint; *(la cărţi)* suit; *(la pocher)* flush

culpă *sf* guilt

cult 1 *sn* cult; *(admiraţie)* worship 2 *adj* cultured, educated; lettered

cultiva *vt* to cultivate, to till; to sow, to plant

cultivat *adj* educated, cultured

cultură *sf* culture; *(agricolă)* crop; *om de ~* cultivated man

cum 1 *adv* how: ~ *aşa?* how come?; ~ *te simţi?* how do you feel?; what: ~ *e cartea?* what is the book like?; ~ *te cheamă?* what is your name?; ~ *se face că...?* how is it that...?; ~ *îţi merge?* how are you getting on?; ~ *se spune în engleză la...?* what is the English for...? 2 *conj* how; as; since; *ca şi ~* as if/though; ~ *se băgă în pat şi adormi* no sooner had he gone to bed than he fell asleep

cuminte *adj* obedient; quiet; sensible; *fii ~!* behave yourself!

cumnat *sm* brother-in-law

cumnată *s* sister-in-law

cumpănă *sf* balance; hesitation; *a fi în ~* to hesitate

cumpăni *vt* to weigh; to think over, to consider; to hesitate

cumpănit *adj* spendthrift; balanced

cumpăra *vt* to buy; *(pe cineva)* to bribe

cumpărător *sm* buyer; shopper

cumpărătură *sf* purchase; *a se duce după cumpărături* to go shopping

cumpăt *sn* balance; *a-şi pierde ~ul* to lose one's balance

cumpătare *sf* moderation; thrift; reasonableness; temperance

cumpătat *adj* sparing; sedate; serious; frugal; demure; prudent

cumplit *adj* terrible; grievous; ferocious; outrageous

cumsecade *adj* kind-hearted; honest; well-mannered

cumva *adv* somehow; *ştii ~...?* Do you happen to know...?; *o să ne descurcăm ~* we'll manage somehow

cunoaşte *vt* to know; to meet; to make the acquaintance of; *(ceva, bine)* to be conversant with, to master

cunoaştere *sf* knowledge

cunoscător *sm* expert; connoisseur

cunoscut *sm* acquaintance

cunoştinţă *sf* knowledge; *cunoştinţe* acquaintances; *a aduce la ~* to let know, to inform *a face ~ cu cineva* to meet smb; *a-şi pierde cunoştinţa* to lose consciousness

cununa *vr* to get married

cunună *sf* wreath

cununie *sf* marriage, wedding

CUP

cupla *vt* to couple; to join; ~*re* coupling

cuplu *sn* couple, pair

cupolă *sf* dome

cuprinde *vt* to include; to embrace

cuprins *sn* contents

cuprinzător *adj* captious; comprehensive

cupru *sn* copper

cuptor *sn* oven; stove

curaj *sn* courage; mettle; guts

curajos *adj* courageous; lion-hearted; valiant; dashing

curat *adj* clean; neat; trim; immaculate; ~ *-lună* spotless; ~ *ca lacrima* pure as a lily

cură *sf* cure, diet; ~ *de slăbire* slimming diet

curăța *vt* to clean; to purify; *(a omorî)* to kill; *a* ~ *pe cineva de bani* to swindle smb out of his money

curățătorie *sf* laundry

curățenie *sf* cleanliness; purgative

curb *adj* curved

curbă *sf* curve; turn

curcan *sm* turkey

curcă *sf* turkey hen

curcubeu *sn* rainbow

curea *sf* belt; ~ *de transmisie* driving belt

curent 1 *sn* current; trend 2 *sm* current, flow; *(de aer)* draught, blast; ~ *electric* electric current; *contra* ~ *ului* against the stream 3 *adj* present, current; *(obișnuit)* usual; *(d. vorbire)* fluent; *apă* ~ *ă* running water

curenta *vr* to get a shock

curgător *adj* running; *a vorbi* ~

englezește to speak English fluently

curge *vi* to flow, to run; *(o țeavă) to leak; (d.nas)* to run; *(din tavan)* to seep

curier *sm* messenger

curios *adj* *(indiscret)* inquisitive, nosy; meddlesome; *(ciudat)* curious, odd, quaint, queer, strange

curiozitate *sf* inquisitiveness; oddity

curînd *adv* soon; *mai* ~ sooner; *cît mai* ~ as soon as possible; *pe* ~ *!* see you soon! *de* ~ lately

curmeziş *adv* în ~, *de-a* ~*ul* across

curs *sn* flow; course, duration; lecture; *în* ~*ul* in the course of; during; *în* ~ in progress; *anul în* ~ the current year; ~ *de apă* water course

cursă *sf* *(capcană)* trap, snare, pit; *(sport)* race, run; drive; ~ *de şoareci* mouse trap; ~ *de cai* horse race; ~ *de viteză* sprint; ~ *cu obstacole* steeple chase

curta *vt* to woo, to court

curte *sf* courtyard; *(de justiție)* tribunal; *(avansuri)* pass; courtship; *a face* ~ to woo, to court

curtenitor *adj* gallant; courteous

curtezan *sm* wooer

curvă *sf* whore

cusătoreasă *sf* seamstress; sewer

custodie *sf* custody; *în* ~ in keeping

cusur *sn* defect, flaw

cusurgiu *sm* fastidious; captious

cuşcă *sf* cage; kennel

cuşetă *sf* berth

cutare *pron* so-and-so

cută *sf* fold; tuck; *(rid)* wrinkle

cuteza *vi* to dare

cutezanță *sf* courage; boldness; daring
cutezător *adj* daring
cutie *sf* box; package; case; *(de conserve)* tin, can; ~ *de scrisori* pillar-box; ~ *de viteză* gear box; ~ *de carton* carton
cutreiera *vi* to wander; to tramp
cutremur *sn* earthquake
cutremura *vr (d. pămînt)* to quake; *(a se îngrozi)* to shudder
cutremurător *adj* shattering, dreadful; shocking
cuțit *sn* knife; *la ~ e cu* at loggerheads with
cuveni *vr a i se* ~ to deserve; *cum se cuvine* proper, seemly
cuvenit *adj* adequate; deserved; rightful

cuvertură *sf* coverlet, bedspread; ~ *matlasată* quilt
cuviincios *adj* polite, civil, decent
cuviință *sf* decency
cuvios *adj* pious, devout
cuvînt *sn* word; ~ *înainte* foreword; *într-un* ~ in short; *om de* ~ trustworthy person; *pe* ~*!* on my word!; *a lua* ~*ul* to take the floor; *nu scoase un* ~ he didn't utter a word; *cuvinte încrucișate* crossword puzzle; ~ *greu de pronunțat* tongue-twister; *purtător de* ~ spokesman
cuvîntare *sf* speech
cvartal *sn* quarter, district
cvartet *sn* quartet
cvintet *sn* quintet
cvorum *sn* quorum

D

da¹ *adv* yes; *da, desigur!* yes, of course!; *ba da!* yes, of course; *cred că da* I think so

da² **1** *vt* to give; to produce; to offer; *(cărţile)* to deal; *a da colţul* to turn the corner; *a-şi da cuvîntul* to give one's word; *a da mîna cu* to shake hands with; *a da dispoziţii cuiva să* to instruct smb to; *a da drumul (din mînă)* to let drop; *a da ajutor* to help; *dă-mi, te rog, piperul* pass me the pepper, please; *cum dai merele?* what's the price of the apples?; *a da în judecată* to summon/to sue smb in court; *a-şi da părerea* to express one's opinion; *a-i da mîna să* can afford to; *a da un răspuns* to (give an) answer; *a-şi da sfîrşitul* to breathe one's last; *a-şi da seama* to realize; *a da afară* to show the door, to chuck **2** *vi a da din umeri* to shrug one's shoulders; *a da din gură* to talk too much; *nu da!* don't strike/slap me!; *a da cu banul* to spin a coin; *a da cu piciorul* to kick; *uşa asta dă în grădină* this door opens on to the garden; *a da de belea* to get into a mess **3** *vr a se da jos* to climb down; to get off; *a se da drept* to pretend to be; *a se da bătut* to yield

dacă *conj* whether; supposing; *chiar ~* even if; *~ nu* unless; *dar ~* but if; *doar ~* only if; *va veni ~ îl inviţi* he will come if you ask him; *ar veni ~ l-ai invita* he would come if you asked him; *ar fi venit ~ l-ai fi invitat* he would have come if you had asked him

dactilografă *sf* typist, type writer
dactilografia *vt* to type
dafin *sm* laurel
dală *sf* slab
dalie *sf* dahlia
daltă *sf* chisel
damă *sf* broad; whore; *(la cărţi, şah)* queen; *jocul de dame* draughts; *de ~* women's
damigeană *sf* demijohn
damnabil *adj* blamable
dană *sf* wharf
dandana *sf* trouble; mess
danez 1 *adj* Danish **2** *sm* Dane
dangăt *sn* ringing, knell, chime
dans *sn* dance
dansatoare *sf* dancer; show girl
dansator *sm* dancer; *~ pe sîrmă* rope dancer
dantelă *sf* lace
dantură *sf* teeth; *~ falsă* dental plate
dar¹ *conj* yet; still; *~ de ce?* but why?
dar² *sn* present; gift; *în ~* as a present; *a avea ~ul să* to be able to
darabană *sf a bate darabana în masă* to thrum on the table
darnic *adj* generous, liberal; unsparing
dat *adj* given; *la un moment ~* then; *~ fiind că* because; *~ uitării* forsaken, forgotten
dată *sf* date; *altă ~* some other time; *de astă ~* this time; *dintr-o ~* all of a sudden; *încă o ~* once more, again,

one more time

datină *sf* custom

dator *adj (față de)* indebted (to); *(de bani)* in debt

datora *vt* to owe; *datorită (ei)* thanks to (her); *bunăstarea noastră i se datorează lui* our welfare is due to him

datorie *sf (bănească)* debt; *(morală)* duty, obligation; *pe ~* on credit; *a fi de datoria cuiva să* to be incumbent upon smb to

datornic *sm* debtor

daună *sf* damage; harm; *în dauna lui* in his detriment

dădacă *sf* nurse

dăinui *vi* to last; to linger on

dărăpănat *adj* dilapidated

dărîma *vt* to demolish; to pull down

dărîmat *adj* pulled down, ruined; *(d. cineva)* exhausted; worn out

dărnicie *sf* generosity, liberality; *cu ~* largely

dărui *vt* to give as a present

dăscăli *vt* to reprimand

dăuna *vi* to prejudice; to harm

dăunător 1 *sm* pest **2** *adj* harmful; pernicious

de 1 *prep* from: *nu departe de aici* not far from here; of: *o ceașcă de ceai* a cup of tea; about: *a discuta de* to discuss about; by: *o carte de Cronin* a book by Cronin; for: *a dansa de bucurie* to dance for joy; with: *m-am despărțit de ea* I parted with her; *de asemenea* as well; *de ce?* why?; *de acum încolo* from now on; *de cinci ore* for five hours; *de fapt* in fact; *o sută de lei* a hundred lei; *zi dě zi* day in, day

out; *de vreme ce* since, as; *de cînd* since; *cît de curînd* as soon as possible; *cel de-al doilea* the second; *m-a luat de nebun* I was regarded as a fool; *am terminat de citit cartea* I finished reading the book; *mort de oboseală* dead tired **2** *conj* and: *vino de mă ia* come and take me; if: *de vrei să* if you want to; *de ce citea de aceea îi plăcea mai mult să citească* the more he read the more he liked to read; *a ieșit de plictiseală* he went out (because) of boredom

deal *sn* hill; *la ~* uphill

dealtfel *adv* moreover

deasupra 1 *adv* over; *a zbura ~ munților* to fly over the mountains; above: *camera mea este chiar ~* my room is just above **2** *prep* over: *ținea o umbrelă ~ capului* he held an umbrella over his head; above: *apa ne ajungea ~ genunchilor* the water came above our knees

debandadă *sf* disorder, disturbance

debarca *vi* to land

debara *sf* pantry, closet

debarasa *vr (de)* to get rid (of)

debarcader *sn* wharf

debil *adj* frail; feeble; languid

debit *sn* tobacconist's; *(datorie)* debit; *(flux)* flow

debitor *sm* debtor

debloca *vt (un mecanism)* to unblock; *(un drum)* to open up

debut *sn* debut

debuta *vi* to start; to make one's first appearance

debutant *sm* beginner; *(novice)* green-

horn
decadent *adj* decadent
decalaj *sn* difference; distance; gap
decan *sm* dean
decapita *vt* to behead; ~ *re* beheading
decapotabil *adj* convertible
decădea *vi* to degrade, to decline
deceda *vi* to die; ~ *t* deceased
decembrie *sm* December
deceniu *sn* decade
decent *adj* decent; respectful; prim
decență *sf* decency; propriety
decepţie *sf* disappointment
decepţiona *vt* to disappoint; ~ *t* disappointed
decerna *vt* a ~ *un premiu* to award a prize
deces *sn* decease
deci *conj* therefore; so that
decide *vr* to decide, to make up one's mind
decima *vt* to decimate
decis *adj* firm, resolute
decisiv *adj* decisive
decizie *sf* decision
decît **1** *adv* than: *mai inalt ~ mine* taller than me; but: *nimeni ~ el* no one but him; *n-ai ~ !* that's your own business **2** *conj* than: *mai bine am merge acolo ~ să stăm acasă* we had better go there than stay at home
declama *vt* to recite, to spout; to rant
declanşa *vt (un aparat)* to start, to set going
declara **1** *vt* to declare, to state; to announce; *a ~ grevă* to call a strike **2** *vr* to pronounce oneself; to profess oneself; *a se ~ vinovat|nevinovat* to

plead guilty/not guilty
declaraţie *sf* statement; declaration; *declaraţii de dragoste* professions of love
declin *sn* decline; ebb
declina *vt* to decline; ~ *re* declension
decola *vi* to take off; ~ *re* take-off
decolora *vr* to discolour, to fade
decoltat *adj* low-necked
decolteu *sn* décolletage
deconecta **1** *vt* disconnect **2** *vr* to relax
deconta *vt* to discount; ~ *re* discount
decor *sn* scenery; setting
decora *vt* to decorate
decorator *sm* interior decorator
decoraţie *sf* decoration, medal
decrepit *sm* dotard
decret *sn* decree
decreta *vt* to decree; to declare
decupla *vt* to disconnect
decurge *vi (din)* to result (from), to proceed (from)
decurs *sn* course; *in ~ul* in the course of, during
dedesubt **1** *adv* under; underneath; beneath **2** *sn* bottom; ~ *urile* the ins and outs
dedica **1** *vt* to dedicate **2** *vr* to dedicate oneself to; ~ *ţie* dedication
deduce *vt* to deduce; to infer; to conclude
deducţie *sf* deduction, conclusion
defavoare *sf in ~ a lui* to his disadvantage
defavorabil *adj* disadvantageous, unfavourable
defăima *vt* to defame, to slander
defect **1** *sn* defect; fault; shortcoming;

blemish; flaw; ~ *tehnic* technical
bitch 2 *adj* out of order
defecta *vr* to get/to be out of order
defecțiune *sf* damage, aberration
defensiv *adj* defensive
deferență *sf* respect
deficiență *sf* deficiency
deficit *sn* deficit
defila *vi* defile, to demonstrate; ~*re* demonstration
defileu *sn* ravine
defini *vt* to define
definitiv 1 *adj* final; *in* ~ finally, at last 2 *adv* definitely
definiție *sf* definition; *a da o* ~ to define
deforma *vt* to deform; to distort; ~*re* deformation; distortion
defunct *sm, adj* deceased
degaja *vt* to emit, to send out
degajat *adj* free
degeaba *adv* in vain; gratis
degenera *vi* to degenerate
degera *vi* to be frost-bitten; to be cold
degerătură *sf* chilblain, frost-bite
deget *sn (de la mînă)* finger; *(de la picior)* toe; ~ *arătător* forefinger; ~ *inelar* ring finger; ~*ul mare* thumb; ~ *mic* the little finger; ~ *mijlociu* the middle finger; *urmă de* ~ fingerprint; *a arăta cu* ~*ul* to point at
degetar *sn* thimble
deghiza *vr* to disguise oneself; ~*re* disguise
degrabă *adv* quickly; *mai* ~ rather; *mai* ~ *aş citi* I'd sooner read
degrada *vr* to deteriorate
deja *adv* already

dejun *sn* lunch; *mic* ~ breakfast
delapida *vt* to delapidate
delăsa *vr* to neglect
delecta 1 *vt* to entertain 2 *vr* to enjoy oneself
delectare *sf* pleasure; pastime
delega *vt* to delegate; ~*t* delegate; ~*ție* mission
delfin *sm* dolphin
deliberat *adv* on purpose, deliberately
delicat *adj* delicate; fragile; dainty; frail
delicatese *sf pl* dainties, titbits
delicatețe *sf* delicacy; gentleness
delicios *adj* savoury, luscious; charming
delinct *sn* offence, crime
delincvent *sm* offender, delinquent
delincvență *sf* delinquency
delir *sn (halucinație)* delirium; *(exaltare)* frenzy
delira *vi* to rave
deloc *adv* not at all, by all means
deltă *sf* delta; *Delta Dunării* the Danube Delta
deluros *adj* hilly
demagog *sm* demagogue
demagogie *sf* demagogy
demasca *vt* to unmask, to expose
dement 1 *sm* madman 2 *adj* foolish
demisie *sf* resignation
demisiona *vi* to resign
demn *adj* dignified; ~ *de încredere* trustworthy, unimpeachable
demnitate *sf* dignity
democrație *sf* democracy
demodat *adj* old-fashioned, outmoded; out-of-date

demola *vt* to demolish, to pull down

demon *sm* demon, devil

demonstra *vt* to demonstrate; to prove; *(a manifesta)* to manifest

demonstraţie *sf* demonstration

demonta *vt* to disassemble, to take apart

demoraliza *vt* to discourage

demult *adv* long time ago: *mai ~* once; *de ~* of long ago

denaturat *adj* unnatural; falsified; *spirt ~* denatured alcohol

denigra *vt* to denigrate, to slander

denota *vt* to denote, to indicate

dens *adj* dense, compact

densitate *sf* density

dentist *sm* dentist

denumi *vt* to name; *~re* name

denunţa *vt* to denounce

deoarece *conj* because, as, for

deocamdată *adj* for the time being; *yet*

deodată *adv* suddenly, all of a sudden; all at once

deoparte *adv* aside; *a pune ~* to put aside

deopotrivă *adv* alike

deosebi *vr* to differ; to be different

deosebire *sf* difference; *spre ~ de* in contrast with, unlike

deosebit *adj* different; unusual, special; remarkable, peculiar; singular

departament *sm* department

departe *adv* far away; *rudă de ~* distant relative; *citeşte mai ~* go on reading; *şi aşa mai ~* and so on; *nici pe ~* not at all; *a lua pe ~* to beat about the bush; *de ~ cea mai frumoasă* out and away the most beautiful

depărtare *sf* distance; *din ~* from a distance

depăşi *vt* to surpass; to exceed; *(o maşină)* to overtake, to take over; *(o greutate)* to get over; *asta mă depăşeşte* that's beyond me

depinde *vi (de)* to depend (on), to lean (upon)

depista *vt* to find out

deplasa *vt* to move, to displace

deplin *adj* whole, full; *pe ~* wholly, entirely, completely

deplorabil *adj* lamentable, deplorable

deposeda *vt* dispossess, to strip (of)

depou *sn* depot

depozit *sn* storehouse, warehouse; *~ de lemne* lumber yard

depozita *vt* to store, to deposit, to stow

depoziţie *sf* testimony

depravare *sf* corruption; lechery

depravat *sm* reprobate

depresiune *sf* depression

deprimare *sf* depression, despondency

deprimat *adj* dejected, downcast

depune 1 *vt (bani)* to deposit; *(o cerere)* to hand in; *(o mărturie)* to testify; *(icre)* to spawn 2 *vr* to be deposited, to lay

deputat *sm* deputy

deranj *sn* disorder, mess; trouble

deranja *vt* to mess up; to disturb; *sper că nu deranjez* I hope I am not intruding

derapa *vi* to skid; *~re* skid

derbedeu *sm* scamp; loiterer

derdeluş *sn* snow-toboggan

deregla *vr* to be out of order

deretica *vi* to do the room

derizoriu *adj* insignificant

deruta *vt* to confuse

derută *sf* confusion; disturbance·

des 1 *adj* dense; thick; compact; *crize ~ e* frequent attacks **2** *adv* often, frequently

desăvîrşi *vt* to improve; to finish, to complete

desăvîrşit *adj* perfect; exquisite; *gust ~* consummate taste; *dansator ~* accomplished dancer

descălţa *vr* to take off one's shoes

descărca 1 *vt* to unload; to discharge; *(o armă)* to fire **2** *vr (d. o baterie)* to run down

descătuşare *sf* outburst, outbreak

descendent *sm* offspring

descendenţă *sf* origin; pedigree; lineage

descheia *vt* to unbutton

deschide *vt* to open; *a-şi ~ inima* to lay bare one's heart, to unburden; *a ~ uşa* to open the door; *a ~ vorba despre* to broach a subject

deschidere *sf* opening; beginning

deschis *adj* open; frank, sincere; *albastru ~* pale/light blue; *larg ~* wide open; *a vorbi ~* to say frankly

deschizătură *sf* slot, slit

descifra *vt* to decipher

descinde *vi (din)* to descend (from)

descîntec *sn* spell

desconse 1 *vt (pe cineva)* to pump **2** *vr* to come undone

descompune *vt, vr* to decompose

desconsidera *vt* to disregard; to despise; to scorn

descoperi *vt* to invent; to discover, to find out; to unearth; *~re* discovery

descreşte *vi* to decrease; to·wane

descrie *vt* to describe, to depict; *~re* description

descuia *vt* to unlock

descuiat *adj* unlocked; *(d. cineva)* broad-minded

descult *adj* bare-footed

descuraja *vt* to discourage, to unman

descurajat *adj* depressed, discouraged

descurca *vr* to manage

descurcăreţ *adj* adroit, resourceful

deseară *adv* tonight

desemna *vt* to designate, to denote

desen *sn* drawing; sketch; *~ e animate* animated cartoons

desena *vt* to draw

desenator *sm*, **desenatoare** *sf* sketcher

deseori *adv* often

desert *sn* dessert

desface 1 *vt (un pachet)* to unbind; *(în bucăţi)* to take to pieces; *(o marfă)* to sell; *(o căsătorie)* to dissolve **2** *vr (o cusătură)* to split, to come undone/loose; *(o floare)* to open

desfăşura 1 *vt* to unfold; *(o activitate)* to carry on **2** *vr* to take place

desfătare *sf* delight, pleasure

desfide *vt* to defy

desfigurat *adj* ugly, disfigured

desfiinţa *vt* to destroy; to abolish, to annul

desfrînat *adj* licentious

desfrîu *sn* licentiousness, debauch

desfrunzit *adj* leafless

desigur *adv* sure, of course; certainly

desiş *sn* thicket

desluşi *vt* to perceive; *(a clarifica)* to

elucidate; *(un mister)* to unravel

despacheta *vt* to unpack

desparti *vr* to separate, to part; to split up; to divorce

despărțire *sf* separation; divorce

desperare *sf* despair, desperation

desperat *adj* desperate, frantic, hopeless

desperecheat *adj* odd: *pantof ~* odd shoe

despica *vt, vr* to split, to cleave

despot *sm* tyrant

despre *prep* about; on; *cît ~* as regards/for

desprinde 1 *vt* to separate 2 *vr* to come off

destăinui *vr* to confide, to unbosom

destin *sn* fate, destiny

destinatar *sm* addressee

destinație *sf* destination

destinde 1 *vt* slacken 2 *vr* to relax, to calm down

destitui *vt* to dismiss

destoinic *adj* capable; industrious

destrăbălat *sm* libertine, licentious man

destul *adj, adv* enough; *~ de* quite, rather

destupa *vt* to uncork

desuuri *sn pl* underclothes, undies

dezmățat *adj* profligate; negligent

deșert *sn* desert

deșeuri *sn pl* waste products

deși *conj* although, though; while

deșirat *adj* tall and lean, lank

deștept *adj* wise, smart, astute, clever, bright, shrewd

deștepta *vt, vr* to wake up

deșteptător *adj ceas ~* alarm clock

deșuruba *vt* to unscrew

detaliu *sn* detail; *detalii* particulars; *în ~* minutely; *în cele mai mici detalii* to the letter

detașament *sn* detachment, squad

detectiv *sm* detective

detențiune *sf* imprisonment

determina *vt* to determine; to prompt; *(a cauza)* to cause; *(pe cineva)* to persuade, to induce

detesta *vt* to hate, to detest, to abhor

detriment *sn* in *~ul cuiva* to smb's detriment

deturna *vt (bani)* misappropriate; *(un avion)* to skyjack

deținător *sm* holder

deține *vt* to have, to possess; to hold

deținut *sm* convict, prisoner

deunăzi *adv* the other day

devasta *vt* to devastate

developa *vt* to develop

deviere *sf* detour

deveni *vi* to become; to grow; to turn

devora *vt* to devour; *(a minca cu lăcomie)* to gulp down

devotament *sn* devotion

devotat *adj* devoted; faithful

devreme *adv* early

dexteritate *sf* skill, deftness, dexterousness

dezacord *sf* disagreement, discord; *în ~ cu* incongruous with, at variance with

dezagreabil *adj* unpleasant; distasteful; obnoxious

dezamăgi *vt* to disappoint; to let down; *~re* disappointment; *~t* disil lusioned, disappointed

dezaproba *vt* to disapprove, to condemn; to dissent from

dezarma *vt* to disarm; ~*re* disarmăment

dezastru *sn* disaster; ~*os* disastrous

dezavantaj *sn* disadvantage; drawback

dezaxat *adj* (*d. persoane*) unbalanced

dezbate *vt* to debate, to discuss; ~*re* debate

dezbina *vt* to disunite, to split

dezbrăca *vr* to take off one's clothes; to strip; ~*t* undressed, naked

dezechilibrat *adj* (*d. persoane*) unbalanced

dezerta *vi* to desert

dezgheța *vt, vr* to thaw

dezghețat *adj* (*d. persoane*) lively; astute

dezgropa *vt* to dig out; to dishume

dezgust *sn* disgust, aversion, loathing

dezgustător *adj* loathsome, disgusting

deziluzie *sf* disappointment

deziluzionat *adj* disappointed

dezinteres *sn* lack of interest

dezinvolt *adj* free, pert

dezlănțui *vt, vr* to burst

dezlănțuit *adj* unfettered

dezlega *vt* to unbind; to undo; to solve; to unravel; (*un ciine*) to slip

dezlipi *vt* to unstick

dezlînat *adj* illogical

dezmăț *sn* debauch(ery); ~*at* profligate, abandoned

dezmierda *vt* to caress, to fondle; to spoil

dezminți *vt* to contest, to refute

dezmoșteni *vt* to disinherit

deznădăjduit *adj* desperate; hopeless

deznădejde *sf* desperation; hopelessness

deznodămînt *sn* denouement

dezolare *sf* grief

dezolat *adj* dejected

dezordine *sf* disorder, mess; *in* ~ in a tumble, messy

dezordonat *adj* untidy

dezumfla *vr* (*d. un cauciuc*) to go flat, to puncture

dezvălui *vt* to reveal; to disclose; to divulge; to unveil

dezvăța *vt* to unlearn

dezveli *vt* to uncover; (*o statuie*) to unveil

dezvolta *vr* to develop; (*a crește*) to grow; to enlarge; *a se* ~ *bine* to thrive

dezvoltare *sf* development

diacon *sm* deacon

diafan *adj* tenuous

diagnostic *sn* diagnosis

diagonal *adj* diagonal

dialect *sn* dialect; idiom; vernacular

dialog *sn* dialogue

diamant *sn* diamond; sparkles

diametru *sn* diameter

diapazon *sn* tuning fork

diapozitiv *sn* film slide

diaree *sf* diarrhoea

diavol *sm* devil

dibaci *adj* dexterous; skilled; adroit; artful

dibăcie *sf* dexterity; skill; adroitness

dibui *vi* to fumble, to grope; to find out; *pe* ~*te* gropingly

dichisi *vr* to dress neatly, to tidy oneself

dicta *vt* to dictate; ~*re* dictation
dictator *sm* dictator
dictatură *sf* dictatorship
dicționar *sn* dictionary
dietă *sf* diet
diez *sm* sharp
diferend *sn* dispute, argument
diferență *sf* difference; *o mare* ~ a world of difference
diferit *adj* different; unlike; various, varied; sundry
dificil *adj* difficult, hard, ticklish, knotty; *(d. cineva)* fastidious, tetchy
dificultate *sf* difficulty; hindrance
diform *adj* deformed; ugly; shapeless
difuza *vt* to broadcast; *(o carte)* to release
difuzor *sn* loudspeaker
dig *sn* dam; *(la mare)* mole
digestie *sf* digestion
digresiune *sf* digression
dihanie *sf* wild beast
dilata *vt, vr* to dilate; ~*re* dilatation
dilemă *sf* dilemma
diletant *sm* dilettante
diligență *sf* coach
dilua *vt, vi* to dilute, to thin
diluat *adj* diluted; watery
dimensiune *sf* dimension; size
dimineață *sf* morning; *de* ~ in the morning; *dis de* ~ early in the morning; *bună dimineața!* good morning!
diminua *vt, vr* to diminish; ~*re* diminution
dimpotrivă *adv* on the contrary
din *prep* on: *oglinda* ~ *perete* the mirror on the wall; from: ~ *floare în floare* from flower to flower; out of: *a*

ieși ~ *magazin* to walk out of the shop; of: *piine* ~ *făină albă* bread of white flour; ~ *întimplare* by chance; ~ *ce în ce mai* more and more; ~ *greșeală* by mistake; ~ *teamă* for fear; ~ *dragoste* for love
dinadins *adv* on purpose
dinainte *adv* in front; before; *de* ~ former
dinaintea *prep* in front of; before
dinamic *adj* dynamic
dinamită *sf* dynamite
dinapoi *adv* behind
dinapoia *prep* at the back of, behind
dinastie *sf* dynasty
dinăuntru *adv* from within
dincolo *adv* over there; on the other side
dincotro *adv* wherefrom
dineu *sn* dinner
dinspre *prep* from
dinte *sm* tooth; ~ *de lapte* milk tooth; *a-și scoate un* ~ to have a tooth pulled out
dintre *prep* between: *spațiul* ~ *pat și masă* the space between the bed and the table; of: *unul* ~ *ei* one of them
diplomat *sm* diplomat
diplomă *sf* diploma
direct 1 *adj* direct, straight; immediate; frank 2 *adv* frankly
directivă *sf* direction, order
director *sm* director; manager; *(de școală)* principal
direcție *sf* direction, course; *(conducere)* management; department
diriginte *sm* class master; *(de poștă)* postmaster

dirija vt (a conduce) to lead; to direct; (un concert) to conduct

dirijor sm conductor

disc sn (de picup) record, disc; (de telefon) dial; (în sport) discus; aruncarea ~ului discus throw

discernămînt sn discernment

disciplinar adj disciplinary

disciplinat adj orderly

disciplină sf discipline, order

discipol sm disciple, follower

discordanţă sf disagreement

discordie sf discord; disagreement; quarrel; în ~ at variance

discredita 1 vt to discredit 2 vr to compromise oneself

discrepanţă sf discrepancy, chasm

discret adj discreet

discreţie sf discretion; secrecy; la ~ in abundance/plenty, at pleasure

discurs sn speech, address

discuta vt to discuss, to talk (with)

discutabil adj debatable

discuţie sf discussion; altercation; fără ~ without doubt

diseară adv tonight

disensiune sf altercation

disident sm dissentient, dissenter, dissident

disidenţă sf dissidence

disparat adj disparate

dispariţie sf disappearance

dispărea vi to disappear, to vanish

dispărut adj extinct

dispensar sn surgery

displăcea vi to displease; to repel

disponibil adj available; vacant

dispozitiv sn device; gadget

dispoziţie sf provision; arrangement; regulation; frame of mind; dispoziţii instructions; la ~ at hand

dispreţ sn scorn, disdain, contempt; cu ~ scornfully, disdainfully

dispreţui vt to despise, to scorn

dispreţuitor adj scornful; supercilious

dispune 1 vt to order; to arrange 2 vr to brighten

dispus adj bine ~ mettlesome, in high spirits; prost ~ moody; a fi ~ să to be in a mood for, to be inclined to

dispută sf dispute, argument; quarrel

distant adj aloof, distant

distanţă sf distance; range; span; la o ~ de două mile two miles away

distinct adj distinct, clear; different

distincţie sf difference; refinement

distinge vt to distinguish

distins adj distinguished, refined; (eminent) illustrious

distorsionat adj twisted

distra 1 vt to entertain, to amuse 2 vr to enjoy oneself; a se ~ bine to have a good time

distractiv adj amusing

distracţie sf amusement; lark; spree, absence of mind

distrage vt to divert

distrat 1 adj absent-minded; scatterbrained

distribui vt to distribute; to divide; to deliver

distribuţie sf (a actorilor) cast

district sn district

distrugător adj destructive

distruge vt to destroy; to ravage; to waste

distrus *adj* destroyed

divaga *vi* to digress

divagaţie *sf* digression; vagary

divan *sn* coach, settee

divergenţă *sf* conflict

divers *adj* different; multifarious

diversiune *sf* diversion

divin *adj* divine

divinitate *sf* divinity

diviniza *vt* to worship

divizie *sf* division

divorţ *sn* divorce; a ~ a to divorce

divulga *vt* to divulge, to disclose; *(un secret)* to let up, to blab out

disgraţie *sf* shame

disgraţios *adj* disgraceful; unsightly, ungainly

dizolva *vi, vt* to dissolve, to melt

dîmb *sn* hillock

dînsa *pron* she

dînsul *pron* he

dîră *sf* trace, trail; o ~ de singe a track of blood

dîrdîi *vi* to tremble with cold

dîrz *adj* firm, steadfast; daring; un-abated; luptă ~ ă a bitter/fierce battle

doamnă *sf* lady; d-na... Mrs...; da, ~! yes, madam!

doar *adv* only; just; but; merely; e ~ un copil he is but a child; fără ~ şi poate without doubt

dobitoc 1 *sn* animal 2 *sm* idiot, numskull

dobîndă *sf* interest

dobîndi *vt* to obtain, to get; to achieve; to acquire

doborî *vt* to knock down

doc *sn* dock

docher *sm* docker, stevedore

docil *adj* obedient, submissive; tame

doct *adj* erudite, scholarly

doctor *sm* doctor, physician

doctorie *sf* medicine

doctoriţă *sf* doctor

document *sn* document

dogmă *sf* dogma

dogorî *vi* to burn; to scorch

doi, două *num* two: de două ori twice; la doi paşi near; doisprezece twelve

doică *sf* nurse

doilea, doua *num* the second; doua zi next day; a doua oară next time

dojană *sf* reprimand

dojeni *vt* to reprimand, to scold

dolar *sm* dollar, *(familiar)* buck

doleanţă *sf* wish; complaint; grievance

doliu *sn* mourning

dolofan *adj* plump

domeniu *sn* domain, field; province; realm

domestici *vt* to tame

domiciliu *sn* residence

domina *vt* to dominate, to rule

domn *sm* gentleman; d-nul... Mr...; da, ~ule! yes, sir!

domni *vi* to rule, to reign; ~e reign

domnişoară *sf* miss, young lady; domnişoara... Miss...

domol 1 *adj* slow; quiet; mild 2 *adv* slowly

domoli 1 *vt* to calm down 2 *vr (d. vînt)* to subside

donator *sm* giver; ~ de singe blood donor

dop *sn* cork

dor *sn* longing; mi-e ~ de tine I miss

you

dori *vt* to wish, to want; *iți doresc succes* I wish you good luck

dorință *sf* wish; desire; *(puternică)* urge, longing, yearning

dormi *vi* to sleep

dormita *vi* to doze

dormitor *sn* bedroom

dornic *adj* wishful; willing, zealous

dos *sn* back; bottom; *(fund)* posterior, buttock; *în ~ul ușii* behind the door; *~ul pantalonilor* the bottom of the trousers; *ușa din ~* the back door; *și-a pus șosetele pe ~* he put on his socks inside out

dosar *sn* file, roll

dosi *vt* to hide

dosnic *adj* secluded, isolated

dotă *sf* dowry

douăzeci *num* twenty; *secolul XX* the 20th century

dovadă *sf* proof; act; *dovezi* evidence

dovedi *vt* to prove; to demonstrate; to vindicate

dovleac *sm* pumpkin

drac *sm* devil; satan; *un ~ de copil* an imp, a whelp; *e tot un ~* it's the same thing; *la ~ul!* damn!; *du-te ~ului!* go to hell!; *ce ~ul!* what the deuce!

drag *adj* dear, beloved; precious; *cu ~ă inimă* with pleasure; *mi-e ~ de el* I love him

dragoste *sf* love; *căsătorie din ~* love match; *a face ~* to make love; *a se căsători din ~* to marry for love

dramatic *adj* dramatic

dramaturg *sm* playwright

dramă *sf* drama; tragedy

drapel *sn* standard, banner

draperii *sf pl* curtains; hangings

drăcie *sf* prank, trick; *ei ~!* damn!

drăgălaș *adj* pretty, lovely

drăgăstos *adj* loving, affectionate

drăguț *adj* pretty, lovely, nice

drege *vt* to repair, to mend; *a-și ~ glasul* to clear one's throat

drept *adj (nu stîng)* right; *(direct)* straight; *(neted)* flat; *(cinstit)* honest; *(pe verticală)* upright 2 *adv* straight ahead; right, exactly; frankly 3 *sn* right; privilege; *Facultate de Drept* Faculty of Law; ~ *penal* penal law; ~*uri civile* civil rights; ~*uri de autor* royalties; ~ *de vot* franchise, suffrage

dreptate *sf* justice; *a avea ~* to be right; *a nu avea ~* to be wrong; *pe bună ~* by rights

dreptunghi *sn* rectangle; ~*ular* rectangular

dresa *vt* to train; ~*t* trained

dresor *sm* trainer

dric *sn* hearse

droaie *sf o ~ de* a lot of

drog *sn* drug

droga *vr* to take drugs

drojdie *sf (depunere)* sediment; *(pentru pîine etc.)* yeast; *(de vin)* lees

drum *sn* road; ~ *-de-fier* railway; *în ~ spre casă* on the way home; *peste* ~ across the street; *mereu pe ~* always on the move; *a da ~ul: (unui aparat)* to start, *(unei păsări)* to set free; ~ *bun!* I wish you a good journey!

drumeț *sm* traveller

dubios *adj* suspicious; dubious

dubiu *sn* doubt; *a fi în ~* to hesitate, to

be in a quandary; *nu e nici un* ~ there is no doubt

dubla *vt* to double; ~*re* doubling

dublu *adj* double

dublură *sf* understudy

duce[1] *vt* to carry; to lead; *(a păcăli)* to outwit; *a o* ~ *bine* to get on well; *a* ~ *de nas* to lead by the nose; *a* ~ *dorul* to pine after; *a o* ~ *greu* to rough it; *a* ~ *lipsă de* to be in want of, to lack; *a-i* *gîndul la* to think of; *a o* ~ *rău* to be badly off **2** *vi* *drumul* ~ *la* the road leads to **3** *vr* to go; to die; *a se* ~ *acasă* to go home; *du-te la dracu!* go to hell! *a se* ~ *pe apa simbetei* to go to waste

duce[2] *sm* duke

ducesă *sf* duchess

dudui *vi* to quake; to drone

duel *sn* duel

duet *sn* duet

duh *sm* ghost; devil; soul; ~*uri* genii; *Sfîntul Duh* the Holy Ghost; *a-şi da* ~*ul* to breathe one's last; *vorbă de* ~ witticism; *sărac cu* ~*ul* soft-headed

duhni *vi* to reek, to stink

duhoare *sf* stink, reek, stench

duios *adj* touching; caressing; loving; gentle

duioşie *sf* gentleness

dulap *sn* cupboard; wardrobe

dulăpior *sn* locker

dulce *adj* sweet; lovely; *apă* ~ fresh water; *glas* ~ melodious voice; *pantă* ~ gentle slope; *somn* ~ peaceful sleep

dulceag *adj* sweetish; *(sentimental)* maudlin, mawkish

dulceaţă *sf* jam, preserves

dulgher *sm* carpenter

dumbravă *sf* grove

dumeri *vr* to realize

duminică *sf* Sunday

dumneaei *pron* she

dumnealui *pron* he

dumneata *pron* you

dumneavoastră *pron* you

Dumnezeu *sm* God, Providence; ~ *le!* my God!; *pentru dumnezeu!* for God's sake!

dungă *sf* stripe; *in dungi* striped

după *prep* after: ~ *dumneata* after you; behind: ~ *uşă* behind the door; as: ~ *mine* as for me; by: *o cunosc* *nume* I know her by name; ~ *aceea* after that; ~ *două ore* two hours later; ~ *puţin* after a little

duplicat *sn* duplicate; counterpart

dur *adj* hard; tough; *(d. cineva)* harsh, stern, severe

dura **1** *vt* to build *(a house)* **2** *vi* to last

durabil *adj* lasting; durable, serviceable

durată *sf* duration; *de scurtă* ~ short; *de lungă* ~ of long standing

durdulie *adj f* buxom

durduliu *adj* plump

durea *vt* to ache, to pain; *mă doare capul* my head aches; *mă doare gîtul* I have a sore throat; *mă doare spatele* I have a pain in my back

durere *sf* ache; pain; ~ *de cap* headache; ~ *de dinţi* toothache; *a plinge de* ~ to cry with pain; *fără* ~ painless

dureros *adj* painful; sorrowful; grievous, woeful

duritate *sf* hardness; toughness

dus *adj* gone; ~ *pe gînduri* thoughtful; *a dormi* ~ to be fast asleep

duş *sn* shower; *a face un* ~ to take a shower

duşcă *sf a bea* ~ to drink up, to toss off

duşman *sm* enemy, opponent; foe

duşmăni 1 *vt* to hate 2 *vr* to hate each other

duşmănie *sf* enmity

duşumea *sf* floor

duzină *sf* dozen

E

ea *pron* she; *pe ea* her

ebrietate *sf* drunkenness

echilibra *vt* to balance, to poise

echilibrat *adj* balanced, well-balanced, level

echilibru *sn* equilibrium, balance, poise; *şi-a pierdut ~l* he lost his footing

echipa *vt* to equip, to fit

echipaj *sn* crew

echipament *sn* equipment, outfit

echipă *sf* team; *~ de salvare* search party

echitabil *adj* equitable

echivalent *adj* equivalent

echivoc 1 *sn* doubt **2** *adj* ambiguous; vague

eclipsă *sf* eclipse

ecluză *sf* sluice

ecologie *sf* ecology

econom *adj* economical, sparing, thrifty

economie *sf* economy; *economii* savings

economisi *vt* to save, to put aside/by

economist *sm* economist

ecosez *adj* checked

ecou *sn* echo

ecran *sn* screen

ecuator *sn* equator

ecuaţie *sf* equation

edifica *vt* to be clear

edificiu *sn* edifice

edita *vt* to publish

editor *sm* publisher

editură *sf* publishing house

ediţie *sf* edition

educa *vt* to educate, to train up

educator 1 *adj* educative **2** *sm* educator

educaţie *sf* education; schooling; *~ bună* good breeding; *~ fizică* physical training

efect *sn* effect; result; consequence; *~ secundar* side effect

efectiv 1 *sn* (de) (a) number (of) **2** *adj* effective, real **3** *adv* really

efectua *vt* make, to carry out, to perform

efemer *adj* ephemeral

efeminat *adj* effeminate

eficace *adj* efficacious

eficacitate *sf* efficacy; virtue

eficient *adj* efficient

efort *sn* effort; strain; *a depune toate ~urile să* to make every effort to, to make a push to

egal 1 *adj* equal, the same; *a împărţi ceva în părţi ~e* to divide smth into equal parts; *meci ~* tie **2** *sn* equal, match, peer

egala *vt* to match

egalitate *sf* equality; *meciul s-a încheiat la ~* the match ended in a tie; *~ în drepturi* equality of rights

egiptean *adj, sm* Egyptian

egoism *sn* selfishness

egoist *adj* selfish, thoughtless

el *pron* he; *pe el* him

elabora *vt* to draw up

elan *sn* enthusiasm; impetus

elastic *adj, sn* elastic; ~ *itate* elasticity, spring

electoral *adj* electoral; *campanie* ~ *ă* election campaign; *listă* ~ *ă* electoral register; *rezultate* ~ *e* election results

electric *adj* electric(al), *aparate* ~ *e de uz gospodăresc* labour-saving devices; *centrală* ~ *ă* power house, power station; *energie* ~ *ă* electric power

electricitate *sf* electricity

electrocuta *vt, vr* to electrocute

electronică *sf* electronics

electrotehnică *sf* electrical engineering

elefant *sm* elephant

elegant *adj* elegant, stylish, spruce, smart; posh; ~ *imbrăcat* well-dressed, neat

eleganţă *sf* elegance; polish

element *sn* element

elementar *adj* elementary

eleşteu *sn* pond, pool

elev *sm* pupil, schoolboy; ~ *ă* schoolgirl

elibera 1 *vt* to free; to set free; to release; *a* ~ *din funcţie* to dismiss 2 *vr (de)* to get rid (of)

eliberare *sf* liberation; release; remission; ~ *condiţionată* parole; ~ *provizorie* probation

elice *sf* propeller

elicopter *sn* helicopter, chopper

elimina *vt* to oust; *(un elev)* to rusticate

elită *sf* high society; *de* ~ choice, picked

elocvent *adj* eloquent

elocvenţă *sf* eloquence

elucida *vt* to clear up, to thrash out

elveţian *adj, sm* Swiss

email *sn* enamel

emana *vt* to spread, to send out, to radiate; ~ *ţie* emanation

emigra *vi* to emigrate

eminent *adj* eminent, remarkable

emisar *sm* emissary, messenger

emisie *sf (radio)* broadcast, transmission

emite *vt (o părere)* to express; *(bani)* to issue; *(radiaţii)* to send out

emotiv *adj* emotive

emoţie *sf* emotion; thrill

emoţionat *adj* excited; thrilled

enciclopedie *sf* encyclopaedia

energetică *sf* energetics

energic *adj* energetic, vigorous, dashing

energie *sf* energy, vigour, stamina, vim

enerva 1 *vt* to irritate, to vex 2 *vr* to chafe, to get/be nervous

enervant *adj* irritating; irksome; trying

enervat *adj* nervous, excited; nervy, restless, jumpy, fidgety, jittery

englez 1 *adj* English 2 *sm* Englishman

englezesc *adj* English

englezoaică *sf* Englishwoman

enigmatic *adj* puzzling; mysterious; inscrutable

enigmă *sf* enigma; mystery; puzzle

enorm 1 *adj* enormous, huge, prodigious 2 *adv* very much

enormitate *sf* enormity; nonsense

entorsă *sf* sprain

entuziasm *sn* enthusiasm; frenzy; zeal

entuziasmat *adj* elated

enunţ *sn* ~ *al unei probleme* the terms of a problem

epata *vt* to amaze
epavă *sf* wreck
epidemie *sf* epidemic
episcopie *sf* see
episod *sn* episode
epitaf *sn* epitaph
epitet *sn* epithet
epocă *sf* epoch; time, period, age
eprubetă *sf* test-tube
epuiza 1 *vt (un subiect)* to discuss thoroughly 2 *vr (d. cărți)* to be out of print
epuizare *sf (oboseală)* exhaustion, prostration
epuizat *adj* exhausted
erată *sf* errata
eră *sf* era, age
ereditate *sf* heredity
ermetic *adj* tight; ~ *închis* tight closed
eroare *sf* error; mistake; ~ *judiciară* miscarriage of justice
eroină *sf* heroine
erou *sf* hero
erudit *adj* learned, lettered, erudite
erudiție *sf* erudition
erupție *sf* eruption
escadron *sn* squadron
eschimos *sm* Eskimo
eschiva *vr* to dodge, to shirk
escortă *sf* escort
escroc *sm* swindler, twister, crook
escroca *vt* to swindle, to take in
escrocherie *sf* swindle
esență *sf* essence; pith, kernel
esențial *adj* essential, material
eseu *sn* essay
est *sn* east; *de ~*, ~ *ic* eastern; *la ~ de* east of

estetic *adj* aesthetic
estima *vt* to estimate, to calculate; ~ *re* estimation
estompa *vr* to blur; to recede; ~ *t* fuzzy
estradă *sf* platform, stand; *spectacol de* ~ variety show
estuar *sn* estuary
eșafod *sn* scaffold
eșalon *sn* echelon; *a* ~ *a* to echelon
eșantion *sn* pattern, sample
eșapament *sn* țeavă de ~ exhaust pipe
eșarfă *sf* shawl; sash; scarf
eșec *sn* failure
eșua *vi* to strand; to fail
etaj *sn* storey; floor; *un bloc cu 4* ~ *e* a four-storied block; *la* ~ *ul al șaselea* on the sixth floor
etajeră *sf* stand
etalon *sn* standard, unit
etanș *adj* tight; ~ *la apă* water-tight; ~ *eitate* tightness
etapă *sf* stage, phase
etate *sf* age; *în* ~ old, aged, elderly
etern *adj* eternal; endless; ~ *itate* eternity
etichetă *sf* tab
etolă *sf* stole
eu 1 *pron* I; *chiar eu* myself 2 *sn* ego
euforie *sf* elation
european *adj* European
ev *sn* century
evacua *vt* to evacuate; *(un chiriaș)* to evict
evada *vi (din)* to escape (from)
evalua *vt* to estimate, to value
evaluare *sf* valuation
evanghelie *sf* Gospel
evantai *sn* fan

evapora vr to evaporate, to vaporize

evaziv adj vague, evasive

eveniment sn event; happening

eventual 1 adj eventual; possible 2 adv eventually; possibly

evident 1 adj obvious, manifest; visible *este* ~ it is apparent 2 adv obviously

evidență sf evidence; *a scoate in* ~ to emphasize

evita vt to avoid; to dodge; to ward; to parry; *a* ~ *un accident* to avert an accident

eviavios adj pious

evolua vi to evolve; to develop

evoluție sf evolution; development

evreiesc adj Jewish

evreu sm Jew

exact 1 adj exact, accurate; minute; ~ *ce trebuie* quite the thing 2 adv exactly; just, right

exagera vt to exaggerte; ~*re* exaggeration; ~*t* exaggerated, immoderate, profuse

exaltare sf exaltation, elation

examen sn examination

examina vt to examine; to study; *(a cerceta)* to search

exaspera vt to exasperate, to irritate

excavator sn excavator

excedent sn surplus

excelent adj excellent, swell; topping

excentric adj, sm eccentric

excepție sf exception

excepțional adj exceptional; special

exces sn excess; surfeit

excita 1 vt to rouse, to stir, to titillate, to turn on 2 vr to get excited

exclama vt to exclaim, to shout 2 vi to put in

exclamație sf semn de ~ exclamation mark

exclude vt to exclude, to expel

exclus adv impossible

excursie sf trip; hike; outing

excursionist sm tripper

execrabil adj execrable, abominable

executa vt to do, to perform; *(un ordin)* to execute, to fulfil, to carry out

executare sf performance

exemplar 1 sn copy; sample; specimen 2 adj exemplary

exemplu sn example; instance; *de* ~ for example/instance

exercita vt to exercise; *(a influența)* to exert

exercițiu sn exercise

exersa vi to practice

exigent adj exacting, severe, strict

exigență sf exigence

exil sn exile; *a* ~ *a* to exile

exista vi to be, to exist

existent adj existing

existență sf existence; living

exmatricula vt to expel

expansiv adj expansive

expedia vt to send, to dispatch, to mail; *(o scrisoare)* to post

expedient sn expedient, trick

expeditiv adj expeditious, efficient

expediție sf dispatch

experiență sf experience

experimenta vt to experiment

experimentat adj versed, skilled, experienced

expert 1 *sm* expert, specialist; connoisseur 2 *adj* expert, proficient

expira 1 *vt* to breathe out 2 *vi* to expire, to end

explica *vt* to explain; ~ *ţie* explanation, purport

exploata *vt* to exploit; ~ *re* exploitation

exploda *vi* to explode, to blow out

explora *vt* to explore; ~ *tor* explorer

explozie *sf* explosion

exponat *sn* exhibit

export *sn* export; *a* ~ *a* to export

expoziţie *sf* exhibition; show

expres 1 *sn* express 2 *adj* express, intentional 3 *adv* on purpose

expresie *sn* expression; phrase, idiom; *(a feţei)* countenance

expresiv *adj* expressive, suggestive

exprima *vt* to express; to state, to declare, to voice

exprimare *sf* utterance

expune *vt* to exhibit, to lay out; *(a relata)* to state; to expose

extaz *sn* ecstasy, rapture

extensibil *adj* extensible, tensile

extenua *vt* to waste out, to wear out

extenuant *adj* exhausting, arduous; strenuous

extenuat *adj* exhausted, tired out, run down, overwrought

exterior 1 *adj* exterior, outer; extraneous 2 *sn* exterior; surface; *in* ~ outside

extermina *vt* to exterminate; to eradicate

extern *adj* external, outer

extirpa *vt* to eradicate

extracţie *sf* extraction

extrage *vt* to extract; *(o măsea)* to pull out

extraordinar *adj* extraordinary; ~ *de* extremely

extrem *adj* extreme; excessive; utmost; ~ *de* extremely

extremitate *sf* extremity; end

exuberant *adj* exuberant, effusive

ezita *vi* to hesitate, to vacillate, to oscillate, to waver

ezitare *sf* hesitation; vacillation *fără* ~ unflinching

F

fabrica *vt* to manufacture

fabrică *sf* factory, plant, works; mill

fabulă *sf* fable

fabulos *adj* huge, enormous; phantastic

face 1 *vt*, *vi* to make; to do; ~ *oglinzi* he makes mirrors; *a* ~ *patul* to make the bed; *nu am ce* ~*!* I can't help it, I have no choice!; *ce* ~*!* what!?; *ce faci acolo?* what are you doing there?; *ce mai faci?* how are you?; *nu* ~ *nimic!* you're welcome!; *a* ~ *pe prostul* to play the fool; *fă cum vrei* please yourself; *ce are a* ~*?* what difference does it make?; *a* ~ *față* to cope with; *ai* ~ *mai bine să citești* you had better read; *cît fac roșiile?* what is the price of the tomatoes?; *a avea de-a* ~ *cu cineva* to have to reckon with smb; *a* ~ *fuguraţie* to walk on **2** *vr* to be made; to be done; *a i se* ~ *rău* to be sick; *a i se* ~ *sete* to be thirsty; *a se* ~ *roșu la față* to blush; *a se* ~ *bine* to recover; *s-a făcut frumos* the weather is fine; *se* ~ *tîrziu* it is getting late; *se* ~ *ziuă* the day is breaking; *a i se* ~ *de dusă* to feel like going; *asta nu se* ~*!* such things are not to be done!

facil *adj* easy; superficial

facilita *vt* to facilitate

factor *sm* factor, element; ~ *poștal* postman

factură *sf* invoice; voucher

facultate *sf* faculty; (*însușire*) aptitude; ~ *de filologie* philological faculty

facultativ *adj* optional; *stație* ~*ă* request stop

fad *adj* (*la gust*) tasteless; (*insipid*) dull, flat; (*d. cineva*) stodgy

fag *sm* beech

fagure *sm* honey comb

faianță *sf* faience; porcelain '

faimă *sf* fame, renown

faimos *adj* famous, celebrated; wellknown

fală *sf* haughtiness; fame

falcă *sf* jaw; (*de animal*) chap

fald *sn* fold

faliment *sn* bankruptcy; *a da* ~ to fail

falit *sm* bankrupt; insolvent

falnic *adj* haughty; stately

fals 1 *sn* false, fake, phoney **2** *adj* false; wrong; deceitful; forged; *bani falși* counterfeit money; *monede* ~*e* spurious coins; *impresie* ~*ă* fake impression; *om* ~ insincere man

falsifica *vt* to falsify; to forge; (*bani*) to counterfeit; (*realitatea*) to to distort

familial *adj* family; *probleme* ~*e* family difficulties

familiar *adj* familiar, well-known; close, intimate

familiariza *vr* (*cu*) to be (well) acquainted (with)

familie *sf* family; *de* ~ *bună* of good family; ~ *numeroasă* large family; ~ *de limbi* family of languages

fanat *adj* withered, faded

fanatic *adj* fanatical

fanfară *sf* fanfare

fantastic *adj* fantastic; unreal; wonderful; *literatură științifico-~ă* science fiction (literature)

fantezie *sf* fantasy; imagination; *(născocire)* fib

fantomă *sf* ghost, spook

fapt *sn* fact; event; deed; *~ istoric* historic event; *de ~* in fact; *un ~ împlinit* an accomplished fact

faptă *sf* action, deed

far *sn* lighthouse, beacon

fard *sn* rouge; *a se ~a* to rouge

farfurie *sf* plate; *~ adîncă* soup plate; *~ intinsă* dinner plate; *~ mică* dessert plate

faringe *sn* pharynx

farmacie *sf* chemist's shop; drugstore *(in U.S.A.)*; pharmacy

farmacist *sm* chemist

farmec *sn* charm, glamour; spell; *farmece* sorceries; *~ul muzicii* the spell of music; *a face ~e cuiva* to cast a spell over smb; *ca prin ~* all of a sudden

farsă *sf* trick, practical joke; *a-i face o ~ cuiva* to play a trick on smb

fascicol *sn* instalment

fascina *vt* to fascinate, to captivate

fascinant *adj* fascinating; thrilling

fascinat *adj* fascinated; thrilled; captivated

fascinație *sf* fascination; attraction; attractiveness

fascism *sn* fascism

fasole *sf* bean

fason *sn* shape; *(croială)* cut; *fasoane* whims

fast *sn* pomp

fasung *sn* socket

fașă *sf copil in ~* baby in swaddling clothes

fatal *adj* fatal, deadly; grievous

fatalitate *sf* fatality; fate

fată *sf* girl; lass; *~ bătrînă* spinster, old maid; *~ in casă* maid; *~ băiețoasă* tomboy

fațadă *sf* front part

față *sf* face, visage; aspect; oustide; surface; front; *de ~ cu cineva* in smb's presence; *a face ~* to manage; *~ in ~* face to face; *in fața (casei)* in front of the (house); *in timpul de ~* at present; *parte din ~* front part; *pe ~* frankly, straightout; *a căzut cu fața la pămint* he fell face down; *am să-i spun pe ~* I'll tell him so to his face

fault *sn* fault

faună *sf* fauna

favoare *sf* favour; *in ~a (lui)* in (his) favour, to (his) advantage

favorabil *adj* favourable; auspicious; helpful; propitious

favorit *adj* favourite; preferred; *animal ~* pet

favoriți *sm pl* whiskers

favoriza *vt* to favour; *clauza națiunii celei mai ~te* most favoured nation clause

fazan *sm* pheasant

fază *sf* phase, stage

făcăleț *sn* roller

făcător maker; doer; *bine ~* benefactor; *rău ~* malefactor, wrongdoer

făgaș *sn* track; *(cale)* way; path

făgădui *vt* to promise; *~ală* promise

făină *sf* flour; meal; ~ *integrală* whole meal

făptură *sf* creature; being; built, figure

făraş *sn* dust pan

fără *conj, prep* without; *e două* ~ *zece* it's ten to two; ~ *frunze* leafless; ~ *ruşine* shameless; ~ *adăpost* roofless; ~ *cetăţenie* stateless; ~ *de lege* misdeed; ~ *fir* wireless; ~ *incredere reciprocă, prietenie nu există* wanting mutual trust, friendship is impossible

fărîmă *sf* bit, small piece

fărîmicios *adj* friable

fărîmiţa *vt* to crumble

făt *sm* foetus; son; *Făt Frumos* Prince Charming

făţarnic *adj* false; hypocritical

făţărnicie *sf* hypocrisy

făţiş *adv* plainly, outspokenly

febră *sf* fever; ~ *tifoidă* typhoid; *a avea* ~ *mare* to have a high fever

febril *adj* feverish

februarie *sm* February

fecioară *sf* maiden, virgin; *fecioara (zodie)* Virgo (the Virgin)

fecior *sm* son, boy

fecund *adj* fecund, fertile, prolific

federaţie *sf* federation

feeric *adj* wonderful, enchanting

fel *sn* sort, kind; manner, way; *(de mincare)* course; ~ *de* ~ all kinds of; *de acelaşi* ~ of a kind; *la* ~ *ca* the same as; *in ce* ~? in what way?; *intr-un* ~ in a way; *in* ~*ul acesta* in this way; *in nici un* ~ in no sense; ~ *de viaţă* way of living; *nu e în* ~*ul lui să* it's not his way to; *ce* ~ *de oameni...?* what sort of people...?

felicita *vt* to congratulate

felicitare *sf* congratulation; card; *o* ~ *de Crăciun* a Christmas card

felie *sf* slice, chip

felin *adj* feline

felinar *sn* lantern

felurit *adj* varied, different; multifarious

femeie *sf* woman; broad *(in S.U.A.)*; *(de virstă mijlocie)* matron; ~ *şleampătă* slattern, slut; ~ *uşoară* wanton woman, whore

femeiuşcă *sf* wench

femelă *sf* female

feminitate *sf* feminity

femur *sn* thighbone

fenomen *sn* phenomenon; *(om deosebit)* prodigy

ferăstrău *sn* saw; *a tăia cu* ~*l* to saw

fereastră *sf* window; ~ *ghilotină* sash window; *a privi pe* ~ to look out (of the) window; *fereastra dă în curte* the window looks on (to) the yard

ferfeniţă *sf* rags, tatters

feri 1 *vt* to protect **2** *vr (de)* to guard (against); to avoid; *fereşte capul!* mind your head! *fereşte-te de ciine!* mind the dog!; *feriţi-vă de* beware of, watch out for

fericire *sf* happiness; *din* ~ fortunately

fericit *adj* happy; fortunate; lucky

ferm *adj* firm; steady; resolute; unflinching

fermă *sf* farm, ranch *(in S.U.A.)*

fermeca *vt* to charm, to fascinate

fermecat *adj* bewitched; delighted, fascinated

fermecător *adj* charming, delightful; fetching; spellbound

fermier *sm* farmer

fermitate *sf* firmness

fermoar *sn* zipper; fastener

feroce *adj* cruel, ferocious

fertil *adj* fertile

fervent *adj* fervent; passionate

fervoare *sf* fervour; passion

fes *sn* fez

fesă *sf* buttock

festă *sf* trick, practical joke; *a face o ~ (cuiva)* to play a joke on (smb)

festiv *adj* festive

festival *sn* festival

fetişcană *sf* lass, wench

fetiţă *sf* little girl

fi *vi* to be; to exist; *e frig* it is cold; *a-i fi cald* to feel warm; *a-i fi sete* to feel thirsty; *a-i fi rău* to be sick; *fi calm!* keep calm!; *o fi!* may be!; *să fi fost acolo!* you should have been there; *cine-i acolo?* who is there?; *de unde eşti?* where are you from?; *ce-o fi, o fi!* come what may!; *fie!* so be it!, all right!; *cît e kg de mere?* how much a kilo is the apples?

fiară *sf* beast

ficat *sm* liver

ficţiune *sf* fiction

fidel *adj* faithful; *(d. o descriere)* minute; *traducere ~ă* accurate translation

fidelitate *sf* faithfulness; accuracy

fie *conj* ~ *(albă)* ~ *(neagră)* either (white) or (black)

fiecare *pron* each; everybody; ~ *din noi* each of us

fier *sn* iron; ~ *de călcat* (flat) iron; ~ *forjat* wrought iron; ~ *vechi* scrap-iron; *de|din ~* made of iron

fierar *sm* smith

fierărie *sf (atelier)* smithy, forge; *(magazin)* iron monger's

fierbe *vi* to boil; *(înăbuşit)* to stew; *a ~ de minie* to be in a chafe; *a ~ în suc propriu* to stew in one's own juice

fierbinte *adj* hot; *dragoste ~* burning/ardent love

fiere *sf* gall

fiert *adj* boiled; *(d. cineva)* dejected, depressed

figurant *sm* walker-on

figură *sf* face, visage; aspect; figure; ~ *de stil* trope

fiică *sf* daughter

fiindcă *conj* because, since, as

fiinţă *sf* being, creature

filantropie *sf* philanthropy

filatelie *sf* philately

filă *sf* page, leaf

fildeş *sn* tusk; *de ~* ivory

filială *sf* branch

film *sn* film, movie, picture; ~ *artistic* feature film; ~ *de desene animate* cartoon; *a ~a* to film; ~ *sonor* talking picture

filologie *sf* philology

filozof *sm* philosopher; ~*ie* philosophy

filtru *sn* filter; *cafea ~* drip coffee

fin 1 *adj* fine; delicate, tender; exquisite; acute, sharp **2** *sm* godson

financiar *adj* financial

finanţa *vt* to finance

fineţe *sf* finess; delicacy; nicety

finlandez 1 *adj* Finnish 2 *sm* Finn

fiolă *sf* vial, phial

fior *sm* shudder; shiver; thrill; tremor

fioros *adj* fierce; dreadful

fir *sn* thread; wire; hair; ~ *de lînă* ply; ~ *cu plumb* plumb; ~ *dus (la ciorap)* ladder

firav *adj* puny; delicate; weak, feeble

fire *sf* nature, character, temper; *a scoate din* ~ to drive mad; *a-şi veni în* ~ to come to

firesc *adj* normal, natural

fireşte *adv* of course

firimitură *sf* crumb

firmă *sf* firm

fisă *sf* coin; *(la jocuri)* counter

fisură *sf* fissure

fişă *sn* sheet (of paper); card

fitil *sn* wick; *(de exploziv)* fuse

fiţuică *sf* slip of paper; *(ziar prost)* rag

fiu *sm* son, boy; ~ *le!* sonny!

fix *adj* fixed; steady; fast; *privire* ~ *ă* staring look; *e zece* ~ it's ten o'clock sharp

fixa *vt* to fix, to tighten; *(o oră)* to appoint

fizică *sf* physics

fizician *sm* physicist

fîlfîi *vi* to flutter, to whirr; to flap; ~ *t* whirr

fîn *sn* hay

fîntînă *sf* well; ~ *arteziană* fountain

fîsîi *vi* to fizz; to rustle; to swish

fîstîci *vr* to become flustered/confused

fîşie *sf* strip, band, streak

fîşîi *vi* to rustle

fîţîi *vr* to fidget; ~ *ală* fuss

flacără *sf* flame; *a fi în flăcări* to be on fire

flagel *sn* disaster, calamity

flagrant *adj* flagrant; obvious, conspicuous; *în* ~ *delict* in the act; *nedreptate* ~ *ă* gross injustice

flanc *sn* side, flank

flasc *adj* flaccid, flabby

flata *vt* to flatter

flaut *sn* flute; ~ *ist* flutist

flămînd *adj* hungry; ravenous

fleac *sn* trifle; triviality; ~ *uri!* fiddlesticks!

fleaşcă *sf* *(om moale)* milksop; *ud* ~ soaking wet

flecăreală *sf* idle talk

flecări *vi* to chat, to babble, to tattle

fler *sn* flair

flexibil *adj* flexible; lithe

flirt *sn* flirtation; *a* ~ *a cu* to flirt with

floare *sf* flower; *în* ~: *(d. copaci)* in blossom, *(d. flori)* in bloom; ~ *a soarelui* sunflower; *în* ~ *a tinereţii* in the prime of youth

floră *sf* flora

florărie *sf* flower shop

floretă *sf* rapier, foil

florii *sf pl* Palm Sunday

flotă *sf* fleet

fluctua *vi* to fluctuate

fluid *sn* fluid

fluier *sn* pipe; ~ *ul piciorului* shin

fluiera *vt, vi* to whistle

fluşturatic *adj* thoughtless; flighty

fluture *sm* butterfly

fluviu *sn* river

flux *sn* high tide

foaie *sf* leaf; sheet of paper; ~ *de cort* tarpaulin

foame *sf* hunger; *sînt moartă de* ~ I am starving

foamete *sf* famine, starvation

foarfece *sn* scissors

foarte *adv* very; *e* ~ *frumoasă* she is very/extremely beautiful

foc *sn* fire; blaze; *(de armă)* shot; *a da* ~ *la* to set fire to, to set on fire; *a lua* ~ to take fire; ~ *de artificii* fireworks; ~ *de frumoasă* extremely beautiful; *supărat* ~ in a chafe

focar *sn* focus; centre

focă *sf* seal

focos 1 *sn* fuse 2 *adj* passionate, ardent

foi *vr* to fuss; to wriggle

folclor *sn* folklore

folos *sn* profit; advantage; *ce* ~ ? what's the use of it? *cu* ~ profitably; *în* ~*ul (tău)* for (you), to (your) advantage

folosi 1 *vt* to use 2 *vr (de)* to make use (of)

folositor *adj* useful

fond *sn* *(conţinut)* content; *(bază)* background; *(de bani)* fund; *în* ~ as a matter of fact

fondator *sm* founder

fonfăi *vi* to twang

fontă *sf* cast iron

fora *vi* to drill

forfecuţă *sf* nail scissors

forfotă *sf* bustle, rush

forja *vt* to forge

formaţie *sf* formation; structure; *(echipă)* team; *(orchestră)* band

formă *sf* form; aspect; *a fi în* ~ to be in good shape; *în* ~ *proastă* in bad form; *de* ~ formally; *a da* ~ to shape

formidabil *adj* formidable; extraordinary

formula *vt* to word; *(un răspuns)* to couch

formular *sn* form; *a completa un* ~ to fill in a form

formulă *sf* formula

fornăi *vi* to snuffle; ~*t* snuffle

fortăreaţă *sf* fortress; stronghold

fortifica *vt* to fortify, to strengthen

forţa 1 *vt* to force, to oblige; to compel; *a* ~ *o uşă* to break a door open 2 *vr* to strain

forţat *adj* forced; artificial, false; wry

forţă *sf* force; power; strength; sinew

fosfor *sn* phosphorus

fost *sm* has-been; ~*ul (răposatul) ei soţ* her late husband

foşnet *sn* rustle

foşni *vi* to rustle, to sough

fotbal *sn* football, soccer

fotbalist *sm* football player

fotogenic *adj a fi* ~ to photograph well

fotograf *sm* photographer

fotografia *vt* to photograph

fotografic *adj aparat* ~ camera

fotografie *sf* photograph, photo

fotoliu *sn* armchair; *(la teatru)* stall; ~*-pat* bed-chair

frac *sn* dress coat, tailcoat

fractură *sf* fracture

fragă *sf* strawberry

fraged *adj* unripe; soft; delicate; *(d. prăjituri)* short; *(d. vîrstă)* early

fragil *adj* fragile, brittle; flimsy; *(d. persoane)* delicate, frail

fragment *sn* fragment, part; *(pasaj)* excerpt

fraier *sm* sucker, pigeon; dupe; *este un ~* he is an easy mark

franc *adj* sincere, loyal

francez 1 *adj* French 2 *sm* Frenchman

franj *sn* fringe

franţuzesc *adj* French

franţuzeşte *adv* French

franţuzoaică *sf* Frenchwoman

frapant *adj* striking

frasin *sm* ash tree

frate *sm* brother; *~ geamăn* twin brother; *~ vitreg* step brother

fraternitate *sf* fraternity, brotherhood

fraudă *sf* fraud

frământa 1 *vt* to knead 2 *vt* to fidget; to worry

frământare *sf* unrest; *frământări sociale* social unrest

frăţesc *adj* brotherly

freamăt *sn* rustling; murmur; thrill

freca *vt* to rub; to massage; *(podele)* to scrub

frecţie *sf* frection

frecvent *adj* frequent; habitual

frecventa *vt* to frequent, to visit; *(un curs)* to attend

frecvenţă *sf* frequency; *(participare)* attendance

fredona *vt* to hum

fremăta *vi* to rustle; to quiver; to thrill

frenezie *sf* frenzy

frescă *sf* fresco, wall-painting

freză *sf* haircut

frică *sf* fear; fright; *fără ~* fearless; *nici de ~* not for the world

fricos *adj* fearful, scary; white-livered; coward

frig *sn* cold; *~uri* fever; *a tremura de ~* to tremble with cold

frige 1 *vt* to fry; to grill 2 *vi* to be burning 3 *vr* to get burnt; to be scalded

frigider *sn* refrigerator, fridge

friguros *adj* cold; *(d. cineva)* chilly

friptură *sf* roast

frişcă *sf* whipped cream

frivol *adj* frivolous, pleasure-loving

frizer *sm* barber, hairdresser

frizerie *sf* hairdresser's

frâna 1 *vt* to hinder 2 *vi* to put on the brake

frână *sf* brake; *(obstacol)* hindrance

frânge *vt* to break; *a ~ inima cuiva* to break smb's heart

frânghie *sf* rope; *(de rufe)* line

frânt *adj* broken; *~ de oboseală* fagged out

frântură *sf* bit, piece

frâu *sn* rein

front *sn* front, battlefield

frontieră *sf* frontier

fruct *sn* fruit

fructuos *adj* fruitful

frugal *adj* frugal

frumos *adj* beautiful; lovely; nice; pretty; good-looking, handsome; *vreme frumoasă* fine weather

frumuseţe *sf* beauty; looks; *de toată ~a* of great excellence

frunte *sf* forehead, brow; *(oameni) de ~* remarkable (people)

frunză *sf* leaf; *a da frunze* to sprout

frunziş *sn* foliage

frustra *vt (de)* to deprive (of)

fugar *sm* fugitive, runaway

fugă *sf* flight; *in* ~ in a hurry; *in fuga mare* at a round trot

fugi *vi* to run; to flee; *(de)* to run away; *(din inchisoare)* to escape; *a* ~ *cu iubitul|iubita* to elope; ~ *de-aici!* get away!; *a* ~ *ca din pușcă* to run for one's life

fular *sn* muffler

fulg *sm (de zăpadă)* flake; *(puf)* down

fulgarin *sn* raincoat

fulger *sn* lightning; *a* ~*a* to lighten

fum *sn* smoke; *(la sobă)* flue

fuma *vi* to smoke; ~*tul interzis* no smoking

fumător *sm* smoker; *compartiment pentru* ~*i* smoking compartment

funcție *sf* function

funcționar *sm* office worker, clerk

fund *sn (parte de jos)* bottom; *(șezut)* back, posterior, buttocks; *(de lemn)* trencher; *in* ~*ul curții* at the bottom of the yard

fundamental *adj* fundamental, essential, radical

fundaș *sm (la fotbal)* half back

fundă *sf* bow

fundătură *sf* blind alley, dead end

funebru *adj* funeral; *marș* ~ funeral march

funeralii *sn pl* funeral, obsequies

funerar *adj* funeral

funest *adj* fatal

funicular *sn* telpher

funie *sf* rope

funingine *sf* soot

fura *vt* to steal; to pilfer; *a-l* ~ *somnul* to doze off; *a* ~ *un sărut* to snatch a kiss

furaj *sn* fodder

furcă *sf (unealtă)* pitchfork; *(de tors)* distaff

furculiță *sf* fork

furie *sf* fury, rage; *cuprins de* ~ in hot blood

furios *adj* angry, furious, mad

furiș *adj pe* ~ stealthily, surreptitiously

furișa *vr* to sneak

furnica *vi* to tingle

furnică *sf* ant

furnir *sn* veneer; *a* ~*ui* to veneer

furniza *vt* to supply, to provide, to purvey

furnizor *sm* purveyor

furou *sn* chemise, slip *(in S.U.A)*

furt *sn* theft; *(spargere)* burglary

furtun *sn* hose

furtună *sf (thunder)* storm, tempest; squall

furtunos *adj* stormy, tempestuous

furuncul *sn* furuncle, boil

fus *sn* spindle

fustă *sf* skirt

fuzelaj *sn* fuselage, body

fuziune *sf* fusion

G

gafă *sf* blunder; *a face o* ~ to drop a brick

gaică *sf* strap

gaiță *sf* jay

gaj *sn* guarantee

galant *adj* gallant, courteous; generous

galantar *sn* shop window

galanterie *sf* gallantry; *(magazin)* haberdasher's; *obiect de* ~ haberdashery

galben *adj* yellow; ~ *la față* pale

galeră *sf* galley

galerie *sf* *(în mină, la teatru)* gallery; *(suporter)* supporters

galeș 1 *adj* amorous; melancholic **2** *adv* lovingly

galop *sn* gallop

galoși *sm pl* galloshes

gamă *sf* gamut

gambă *sf* shank, calf

gamelă *sf* canteen

gang *sn* passage, corridor

gangster *sm* gangster, hoodlum

garaj *sn* garage

garanta *vt* to guarantee, to warrant; to grant; *a* ~ *pentru* to vouch for

garanție *sf* guarantee, warranty

gară *sf* railway station

gard *sn* fence; ~ *viu* hedge

gardă *sf* guard, watch; *de* ~ on guard; ~ *personală* body guard

garderob *sn* wardrobe

gargară *sf* gargle; *a face* ~ to gargle

garnitură *sf* *(la haine)* trimming; *(la preparate culinare)* garnish; *(tehnic)* fitting; ~ *de mobilă de sufragerie* dining-room suite

garnizoană *sf* garrison

garoafă *sf* carnation

garsonieră *sf* apartment

gastrită *sf* gastritis

gastronomie *sf* gastronomy

gașcă *sf* clique, gang

gata *adj, adv* ready; *haine de* ~ ready-made clothes; *sînt* ~ I am ready; *sînt* ~ *să (merg)* I am willing to (go); ~! enough!; *fiți* ~! *(la start)* stand to!

gater *sn* sawmill

gaură *sf* hole; bore; *gaura cheii* keyhole

gaz *sn* kerosene; *(fluid)* gas; ~ *ilariant* laughing-gas; ~ *lacrimogen* tear-gas; *mască de* ~*e* gas mask

gazdă *sf* *(bărbat)* host; *(femeie)* hostess

gazetar *sm* journalist, newspaperman

gazetă *sf* newspaper

gazetăresc *adj* *stil* ~ journalese

gazon *sn* grass, turf, sod

găină *sf* hen; *pui de* ~ chicken

gălăgie *sf* noise; din, racket

gălăgios *adj* noisy; uproarious

gălbejit *adj* sallow

gălbenuș *sn* yolk

gălbui *adj* yellowish

găleată *sf* pail, bucket; *a ploua cu găleata* to rain in torrents

gărgăriță *sf* weevil

gărgăun *sm* hornet

găsi 1 *vt* to find; to find out; to come across; to hit; *bun ~ t!* glad to see you! **2** *vr* to be situated; *(d. un produs)* to be available

găti *vt* to cook, to prepare **2** *vr* to titivate, to smarten up

găuri *vt* to make holes

găzdui *vt, vi* to lodge; to shelter

geam *sn* window pane

geamandură *sf* buoy

geamantan *sn* suitcase, trunk

geamăn *sm* twin; *gemenii (zodie)* Gemini (the Twins)

geamăt *sn* moan

geană *sf* eyelash

geantă *sf* satchel; bag, purse

gelos *adj* jealous

gelozie *sf* jealousy

geme *vi* to moan, to whimper, to whine; *a ~ de (țînțari)* to teem with (mosquitoes)

gen *sn* genus, genre; *(categorie)* kind, family

genera *vt* to generate, to produce

general 1 *sm* general **2** *adj* general, common

generație *sf* generation

generos *adj* generous, liberal; noble; *bacșiș ~* handsome tip

generozitate *sf* generosity

genial *adj* of genius

geniu *sn* genius; *de ~* of genius

gentil *adj* polite, affable, obliging

genunchi *sm* knee; *a sta în ~* to be on one's knees; *apa era pînă la ~* the water was knee-deep

geografie *sf* geography

geologie *sf* geology

geometrie *sf* geometry

ger *sn* frost

german *sm, adj* German

geros *adj* frosty, crisp

gest *sn* gesture, sign

gheară *sf* claw; *în ghearele morții* at death's door

gheată *sf* boot

gheață *sf* ice; *a se da pe ~* to slide; *(whisky) cu ~* (whisky) on ice

ghebos *adj* hunchbacked, humpbacked

ghem *sn (de lînă)* ball; *(la tenis)* game

gheretă *sf* lodge; stall, booth

ghes *sn a da ~ cuiva* to goad smb on

ghețar *sm* glacier

ghici 1 *vt* to guess; *(în palmă)* to read **2** *vi* to tell fortunes

ghicitoare *sf* riddle

ghicitor *sm* fortune teller

ghid 1 *sm* guide **2** *sn* guide book

ghidon *sn* handle bar

ghiftui *vr (cu)* to surfeit oneself (with), to glut oneself (with)

ghilimele *sf pl* quotation marks, inverted commas

ghimpe *sm* thorn

ghindă *sf* acorn; *(treflă)* club

ghinion *sn* bad luck; *~ist* unlucky person

ghiocel *sm* snowdrop

ghiont *sn* nudge, dig, poke

ghiozdan *sn* satchel

ghips *sn* gyps

ghirlandă *sf* garland, wreath

ghișeu *sn* wicket

ghiveci *sn (de flori)* pot; *(mîncare)* hotchpotch

ghemui vr to crouch; to squat
gigantic adj huge, gigantic
gimnastică sf gymnastics
gimnaziu sn gymnasium
ginere sm son-in-law; bridegroom
gingaş adj frail, delicate, dainty, fragile; tender
gingăşie sf fragility; grace
gingie sf gum
girafă sf giraffe
girant sm voucher
giratoriu sn sens ~ roundabout
giulgiu sn shroud
giuvaer sn jewel, gem
giuvaergerie sf jeweller's
giuvaergiu sm jeweller
gîdila vt to tickle
gîfîi vi to gasp, to pant, to puff
gînd sn thought; imagination; mind; intention; option; a avea de ~ să to intend to; dus pe ~uri lost in thought; ce are de ~ să facă? what is he going to do?
gîndi vr to ponder; (la) to think (of); a se ~ să to be going to; a se ~ bine to think over
gîndire sf thinking; idea
gînditor adj wistful, pensive
gîngav adj stammering
gînguri vi to prattle, to gurgle
gîrlă sf stream, brook
gîscan sm gander
gîscă sf goose
gît sn throat; a fi sătul pînă in ~ to be fed up
glacial adj icy
glaciar adj glacial; surîs ~ wintry smile
glas sn voice; într-un ~ unanimously

glastră sf vase
gleznă sf ankle
gloată sf crowd, mob
glob sn globe
glonţ sn bullet
glorie sf glory, fame
glorios adj glorious
glosar sn dictionary; vocabulary
glugă sf hood
glumă sf joke, anecdote; in ~ in jest; nu-i de ~! it's no joke; nu ştie de ~ he is not a man to jest with; se îngroaşă gluma it is getting thick
glumeţ 1 adj facetious; playful 2 sm wag
glumi vi to joke, to jest; glumeşti? are you kidding?
goană sf running; chase; a luat-o la ~ he started off at a run
goarnă sf bugle
gogoaşă sf doughnut; gogoşi lies, fibs
gol 1 adj naked, nude; (pustiu) deserted; (nu plin) empty, hollow; (d. loc) vacant 2 sn goal; emptiness; vacancy; a umple un ~ to fill a gap; a se da de ~ to give oneself away
golan sm scamp; tramp; ruffian; cad; ragamuffin
golf sn (la mare) gulf, bay; (sport) golf
goli vt (a deşerta) to empty
gondolă sf gondola
gong sn gong
goni 1 vt to chase; (a alunga) to drive out 2 vi to speed
gorilă sf gorilla
gospodar adj economical
gospodărie sf household
gospodină sf housewife, housekeeper

grabă sf hurry, haste; precipitation; *în ~* in a hurry

grad sn degree; *(în armată)* rank

grafic sn graph

grai sn voice; speech; language

grajd sn stable

gram sn gram

gramatică sf grammar

grandios adj stately, imposing

graniță sf frontier, boundary

grapă sf harrow

gras 1 adj fat, stout, podgy; *(unsuros)* oily; *(d. pământ)* rich 2 sm fat man; *~ule!* fatty!

gratie sf lattice; *(în închisoare)* bar

gratis adv gratis, free of change; *pe ~* for nothing

gratuit adj free, gratuitous

grația vt to pardon

grație sf grace; delicacy; frailty

grațios adj graceful; delicate; frail; lissom

grav adj grave; stern; *voce ~ă* low voice; *boală ~ă* severe illness; *figură ~ă* solemn face

grava vt to engrave

gravidă adj f pregnant

gravitație sf gravitation

gravură sf engraving

grăbi 1 vt to hasten; to quicken; to precipitate 2 vi to hurry, to hasten; to scurry; *grăbește-te!* hurry up!, look sharp!

grăbit adj hurried

grădinar sm gardener

grădină sf garden; *~ botanică* botanical gardens; *~ de zarzavat* kitchen garden

grădiniță sf kindergarten

grăitor adj eloquent, convincing

grămadă sf heap; pile; *~ de oameni* a lot of people

grănicer sm frontier guard

grăsime sf fat, grease; *(untură)* lard

grăsuț adj plump

grătar sn grill, gridiron; grid; *a frige la ~* to grill

grăunte sm grain

greață sf nausea; *a-i fi ~* to be sick; *mi-e ~ de el* I loathe him

greblă sf rake

grec sm, adj Greek

grecește adv Greek

grecoaică sf Greek (woman)

grefă sf graft

greier sm cricket

grena adj dark red

grenadă sf grenade

greoi adj heavy; slow; weighty; *(d. stil)* tangled, involved; *mișcări greoaie* ponderous movements

grepfrut sn grapefruit

gresa vt to lubricate *~ re* lubrication

gresie sf gritstone, slate

greșeală sf mistake; error; *(judiciară)* miscarriage; *din ~* by mistake; *e greșeala ta* it's your fault; *fără ~* faultlessly; *~ de pronunțare* slip of the tongue; *~ de ortografie* slip in spelling

greși 1 vt to mistake; *a ~ ținta* to miss the target 2 vi make a mistake, to err; *(a păcătui)* to sin; *am ~ t, îmi pare rău!* I am wrong/I am to blame, I am sorry!

greșit adj mistaken; wrong

grețos adj disgusting, loathsome

greu 1 adj heavy; hard; difficult; *(greoi)*

weighty; *grea* pregnant; ~ *de cap* obtuse, thick-headed; *iarnă grea* severe/hard winter; *inimă grea* heavy heart; *miros* ~ unpleasant smell; *muncă grea* heavy work; *problemă grea* difficult problem; *timpuri grele* hard times 2 *adv* heavily; with difficulty; *(abia)* hardly 2 *sn* weight; difficulty

greutate *sf* weight; burden; load; difficulty; *om cu* ~ influential man

grevă *sf* strike; *greva foamei* hunger strike; ~ *de avertisment* warning/token strike; ~ *de solidaritate* sympathy strike; ~ *generală* general strike; *spărgător de* ~ strike breaker; *a declara* ~ to go out on strike

grevist *sm* striker

grijă *sf* care; worry; trouble; *cu* ~ carefully; *fără* ~ careless; *a avea* ~ *de* to take care of; *nu-ţi face griji!* don't worry!

grijuliu *adj* cautious, prudent; *(faţă de)* attentive (to), mindful (of), solicitous (for)

grilaj *sn* grating; rail

grimasă *sf* grimace

grindină *sf* hail; *a cădea* ~ to hail

gripă *sf* influenza, flu

griş *sn* semolina

grizonat *adj* grizzled, grey-haired

grîu *sm* wheat

groapă *sf* hollow, hole; *(mormînt)* grave, tomb

groază *sf* fright, dread, panic, funk; *o* ~ *de* heaps/a lot of

groaznic *adj* frightful; shocking; terrible; dreadful; appalling

grohăi *vi* to grunt, to squeal; ~*t* grunt, squeal

gropar *sm* grave digger

gropiţă *sf (in obraz)* dimple

gros 1 *adj* thick; *ceaţă groasă* dense fog; *haine groase* warm clothes; *voce groasă* deep voice; ~ *la pungă* rich 2 *adv* thickly; ~ *îmbrăcat* warmly dressed

grosime *sf* thickness

grosolan *adj* rough; uncouth; churlish; *greşeală* ~*ă* glaring error

grotă *sf* grotto

grotesc *adj* grotesque

grozav *adj* awful, dreadful; extraordinary; terrific; *vînt* ~ terrible wind; ~ *de (frumos)* extremely/exceedingly beautiful

grup *sn* ,**grupă** *sf* group; troop; cluster

gudron *sn* tar; ~*at* tarred

gudura *vr* to fawn, to rub

guiţa *vi* to squeak; ~*t* squeak

guler *sn* collar

gulie *sf* cohlrabi, turnip

gumă *sf* (india) rubber; ~ *de mestecat* chewing gum

gunoi *sn* refuse, rubbish, waste, garbage, litter

gunoier *sm* dustman, scavanger

guraliv *adj* talkative, garrulous

gură *sf* mouth; *gura!* shut up!; ~ *-cască* absent-minded person; ~ *de incendiu* hydrant, plug; *gura-leului* snapdragon; *gura lumii* the talk of the town; ~ *rea* wicked tongue; *a fi* ~ *spartă* to speak freely; *în gura mare* in a loud voice; *a tăcea din* ~ to keep mum; *a trece din ~ în ~* to pass from mouth to mouth

gurmand *sm* glutton; gourmet

gust *sn* taste; ~ *bun* good taste, tasteful, savoury; ~ *ciudat* queer taste; ~ *rău* bad taste; *de prost* ~ in bad taste; *fără* ~ tasteless, insipid; *îmbrăcat cu* ~ neatly/tastefully dressed; *nu e pe ~ul meu* it is not to my taste; *cu ~ de usturoi* with a savour of garlic

gusta *vt* to taste

gustare *sf* snack

gustos *adj* tasteful, savoury

gușă *sf* gizzard

gută *sf* gout

gutui *sm* quince tree

gutuie *sf* quince

guturai *sn* cold in the head

gutural *adj* throaty

guvern *sn* government

guverna *vt* to govern, to lead

guvernator *sm* governor

guvernămînt *sn formă de* ~ form of government

H

habar *sn* ~ n-am! I have no idea!

habotnic *sm* bigot

hachiţe *sf pl a avea* ~ to be full of whims

hai, haide *interj* come on!; let's go!

haiduc *sm* outlaw

haihui *adv a umbla* ~ to roam about

haimana *sf* tramp

hain *adj* wicked

haină *sf* coat; *haine* clothes; *un rind de haine* a suit of clothes; ~ *de blană* fur coat; *haine de doliu* weeds; *haine de sărbătoare* Sunday best

haită *sf (de lupi etc.)* pack; *(bandă)* gang

hal *sn* state; *în ce* ~ *eşti!* what a state you're in!

halat *sn* gown; ~ *de baie* bathrobe

hală *sf* market hall

halbă *sf* mug

halcă *sf* hunk (of meat); joint

halo *sn* halo

haltă *sf* small station; *a face o* ~ to take a rest

haltere *sf pl* dumb bells; *(sport)* weightlifting

halucinaţie *sf* hallucination

ham *sn* harness

hamac *sn* hammock

hamal *sm* porter; docker

hambar *sn* barn, granary

han *sn* inn

handbal *sn* handball

handicap *sn* handicap

handicapat *sm* handicapped person

hangar *sn* hangar

hangiţă *sf*, **hangiu** *sm* innkeeper

hanorac *sn* anorak, wind-cheater

haos *sn* chaos; disorder, confusion

haplea *sm* nincompoop; glutton

hapsin *adj* wicked

har *sn* talent, gift

harababură *sf* hubbub; turmoil, bustle

hardughie *sf* dilapidated old house

harnic *adj* industrious, hardworking

harpagon *sm* niggard

harpă *sf* harp

harpie *sf* harpy; shrew

harpon *sn* harpoon

hartan *sn* hunk (of meat)

hartă *sf* map

harţă *sf* quarrel; skirmish, row

hatîr *sn de* ~ *ul tău* for your sake; *a face cuiva un* ~ to do smb a favour

haz *sn* fun; wit; *cu* ~ funny, witty; *a face* ~ to make good cheer

hazard *sn* chance, hazard

hazarda *vr* to venture

hazardat *adj* risky

hazliu *adj* witty; funny

hăitui *vt (pe cineva)* to chase

hămăi *vi* to bark; ~ *ală* bark

hămesit *adj* hungry, starving

hăpăi *vt* to gulp

hărăzi *vt* to destine

hărmălaie *sf* hubbub, uproar; disturbance

hărnicie *sf* industry

hărţui *vt* to harass, to harry

hăţ *sn* rein

HĂŢ

hăţiş *sn* thicket
hău *sn* abyss
hectar *sn* hectare
hegemonie *sf* hegemony
hei *interj* hey!, look here!
heleşteu *sn* pond
hemoragie *sf* haemorrhage
hepatită *sf* hepatitis
herghelie *sf* stud farm
hering *sm* herring
hermină *sf* ermine
hernie *sf* hernia, rupture
hiberna *vi* to hibernate; ~re hibernation
hibrid *sm* hybrid
hidos *adj* hideous
hidrata *vt* to hydrate; ~re hydration
hidraulic *adj* hydraulic
hidrocentrală *sf* hydro-electric power station
hidrogen *sn* hydrogen
hienă *sf* hyena
himeră *sf* chimera; nonentity
hingher *sm* flayer
hipertensiune *sf* high blood pressure
hipism *sn* horse racing
hipnotism *sn* hypnotism, mesmerism
hipnotiza *vt* to hypnotize, to mesmerize
hipnoză *sf* hypnosis, mesmerism
hipodrom *sn* racecourse
hipotensiune *sf* low blood pressure
hirsut *adj* rough; hirsute
hîd *adj* ugly
hîrcă *sf* hag
hîrîi *vi (d. un aparat)* to grate; ~t *adj* raucous
hîrjoneală *sf* frolic

hîrjoni *vr* to frolic
hîrşîi *vi* to scrape
hîrtie *sf* paper; act, document; ~ *de împachetat* wrapping paper; ~ *igienică* toilet paper
hîrtoape *sf pl* pot-holes
hlizi *vr* to giggle
hochei *sn* hockey; ~ *pe iarbă* field hockey
hodorog *sm* dodderer
hodorogit *adj* out of use, broken, rickety; *(d. voce)* hoarse
hohot *sn (de rîs)* peal; *(de plîns)* sob
hohoti *vi (a rîde)* to roar; *(a plînge)* to sob
hoinar *sm* vagabond
hoinări *vi* to wander about, to loiter, to ramble, to rove
hoit *sn (dead)* boby
hol *sn* hall
holba *vr (la)* to stare (at), to goggle
holdă *sf* ~ *de grîu* corn field
holeră *sf* cholera
holtei *sm* bachelor
homar *sm* lobster
homicid *sf* homicide, murder
homosexual *sm* queer, gay, homosexual
hop *sn* obstacle, bump; difficulty
horă *sf* hora
horcăi *vi* to rattle; ~ *ală* rattle
horn *sn* chimney
horoscop *sn* horoscope
hortensie *sf* hydrangea
horticultură *sf* horticulture
hotar *sn* frontier
hotărî 1 *vt* to decide, to stettle; *(o dată)* to appoint 2 *vr* to make up one's mind

hotărîre *sf* decision; resolution; (*judecătorească*) verdict; *cu* ~ firmly
hotărît 1 *adj* determined; firm; resolute; manful **2** *adv* firmly; certainly
hotărîtor *adj* decisive
hotel *sn* hotel
hoţ *sm*, **hoaţă** *sf* thief; burglar; ~ *de buzunar* pickpocket
hoţie *sf* theft, robbery; burglary
brană *sf* food; nourishment; sustenance
hrăni *vt* to feed; to nourish
hrănitor *adj* nourishing
hrăpăreţ *adj* grasping, grabbing

hrean *sm* horseradish
hublou *sn* porthole
huidui *vi* to boo, to hoot; ~ *ală* booing, hoot
huidumă *sf* colossus
huligan *sm* hooligan, rough-neck, ruffian
humă *sf* clay
hurduca *vr* to jerk, to rattle; ~ *re* jerk
hurui *vi* to rattle
husă *sf* cover
huzur *sn* comfort; *a duce o viaţă de* ~ to live a life of ease
huzuri *vi* to lead a life of ease; to live in great comfort

I

iacă *interj* I say!; Look here!; *Iacă ce-mi zicea el!* That's what he told me!

iad *sn* hell; ~ *ul* the pit

iadeș *sn* wishbone

iaht *sn* yacht

ianuarie *sf* January

iapă *sf* mare

iar 1 *adv* again; once more; one more time **2** *conj* and; but

iarăși *adv* again; once more

iarbă *sf* grass; weeds; *mașină de tuns* ~ lawn mower; *nu călcați pe* ~ *!* keep off the grass!

iarmaroc *sn* fair

iarnă *sf* winter; *iarna* in winter

iască *sf* tinder

iasomie *sf* jasmine

iatagan *sn* yataghan

iată *interj* look!; ~ *-i!* there they are!; ~ *-i că vin* there they come; ~ *că vine autobuzul!* here comes the bus!

iaurt *sn* yogurt

iaz *sn* pond

ibric *sn* *(de cafea)* pot; *(de ceai)* kettle

ici *adv* here

icni *vi* to moan; to pant

icoană *sf* icon

icter *sn* jaundice

ideal 1 *sn* ideal **2** *adj* ideal, perfect

idealist 1 *adj* idealistic **2** *sm* idealist

idealiza *vt* to idealize

idee *sf* idea; thought; notion; *(sugestie)* suggestion; *ce* ~ *!* the idea of such a thing!; *mi-a venit o* ~ an idea has crossed my mind

identic *adj* identical, the same, simila

identifica *vt* to identify; ~ *re* identifica-tion

identitate *sf* identity; likeness; *buletin de* ~ identity certificate

ideologie *sf* ideology

idilă *sf* idyll; calf-love

idiot *adj* idiot; fool; weak-minded

idol *sm* idol

idolatriza *vt* to idolize; ~ *re* idolization

ied *sm* kid, young goat

iederă *sf* ivy

ieftin *adj* cheap; inexpensive; *(ca preț)* low; fair; *foarte* ~ dirt cheap; *glumă* ~ trite joke

ieftini *vr* to cheapen

iepure *sm* *(de cîmp)* hare; *(de casă)* rabbit

ierarh *sm* hierarch

ierarhie *sf* hierarchy

ierbar *sn* herbarium

ieri *adv* yesterday

ierta *vt* to forgive; to pardon; *iartă-mă!* excuse me!

iertare *sf* forgiveness; pardon

iertător *adj* merciful

iesle *sf* manger

ieși *vi* to go out; *(d. fum)* to issue; *a* ~ *în afară* to project, to protrude, to jut out; *a* ~ *în relief* to stand out; *a* ~ *bine (dintr-o situație)* to come off well

ieșire *sf (loc)* exit; *(orificiu)* vent; *(ener-vare)* outburst, outbreak

ieșitură *sf* projection, prominence

ifose *sn pl* airs; *a-și da* ~ to put on airs

igienă *sf* hygiene
igliță *sf* crotchet
ignifug *adj* fireproof
ignora *vt* to ignore
igrasie *sf* dankness
ilariant *adj* laughable; *gaz* ~ laughing-gas
ilaritate *sf* hilarity; loud laughter
ilegal *adj* illegal, lawless; underground; ~ *itate* lawlessness
ilogic *adj* illogical
ilustra *vt* to illustrate
ilustrată *sf* picture postcard
iluzie *sf* illusion
iluzionist *sm* conjurer
imaculat *adj* spotless; pure
imagina *vt* to imagine; to make believe
imaginar *adj* imaginary; visionary
imaginație *sf* imagination; fancy; make-believe
imagine *sf* image; picture; *(in oglindă)* reflection
imatur *adj* immature
imbatabil *adj* unvanquished
imbecil *sm* idiot
imbold *sn* impetus, stimulus, goad
imediat *adv* immediately; presently; at once; directly; on the spot; right away; ~ *!* in/just a minute!
imens *adj* immense; huge, mammoth; vast
imigra *vi* to immigrate; ~ *nt* immigrant; ~ *re* immigration
iminent *adj* imminent; *pericolul era* ~ danger threatened
imita *vt* to imitate; to mimic; to simulate
imitație *sf* copy, imitation

imixtiune *sf* interference, intrusion
imn *sn* hymn; ~ *national* national anthem
imóbil[1] *sn* building
imobíl[2] *adj* motionless, still
imobiliza *vt* to immobilize
imoral *adj* immoral, licentious, loose
imortaliza *vt* to immortalize
impact *sn* impact, collision
impar *adj* odd; *numere* ~ *e* odd numbers
imparțial *adj* impartial, impersonal, neutral, unbiassed
impas *sn* dilemma; *(la cărți)* finesse
impasibil *adj* impassive, unmoved
impecabil 1 *adj* perfect; *unimpeachable; dansator* ~ an accomplished danser **2** *adv* faultlessly; *imbrăcat* ~ faultlessly dressed
impediment *sn* hindrance
impenetrabil *adj* unfathomable
imperativ *sn, adj* imperative
imperfect *adj* imperfect
imperialism *sn* imperialism
imperios *adj* urgent; ~ *necesar* imperative
imperiu *sn* empire
impermeabil 1 *sn* raincoat **2** *adj* impervious, water--proof
impertinent *adj* rude, imprudent, saucy, cheeky
impertinență *sf* impertinence
imperturbabil *adj* impervious
impetuos *adj* impetuous
implica *vt* to involve; *asta implică curaj* that implies courage
implicație *sf (amestec)* involvement
implora *vt* to implore, to entreat

imponderabilitate *sf* weightlessness

import *sn* import; *a ~ a* to import

important *adj* important; significant; weighty; momentous *probleme ~ e la ordinea zilei* leading topics of the day; *a juca un rol ~* to play a prominent part

importanță *sf* importance; *a avea ~* to matter; *plin de ~* self-important; *a-și da ~* to put on airs; *ce ~ are?* what difference does it make?; *de mare ~* of great moment

importuna *vt* to intrude upon, to obtrude on, to importune

imposibil *adj* impossible; *a face ~ul* to do one's utmost

impostor *sm* impostor, quack, sham

impotent *adj* impotent

impozit *sn* tax, duty; *~ pe venit* income tax; *a impune un ~* to levy a tax

impracticabil *adj* impassable

imprecis *adj* unprecise

impresar *sm* manager

impresie *sf* impression; sensation; *~ bună/proastă* good/bad impression; *ce ~ ți-a făcut?* what impression did it make on you?

impresiona *vt* to move, to impress; to thrill

impresionant *adj* touching, impressive; stately; *monument ~* massive monument; *cuvîntare ~ă* telling speech

impresionat *adj* impressed, moved; *a fi ~ de* to be prepossessed by

imprima *vt* to imprint; *(o carte)* to print

improviza *vt* to improvise; *~t* off-

hand, improvised

imprudent *adj* imprudent, uncautious, indiscreet

imprudență *sf* imprudence, carelessness

impuls *sn* impetus; *sub ~ul împrejurărilor* under the pressure of circumstances

impulsiona *vt* to stir, to rouse, to prod

impulsiv *adj* impulsive, impetuous; violent

impunător *adj* imposing; stately, magnificent; *(masiv)* portly

impune *vt* to impose; to enforce; *(un impozit)* to levy; *~ respect* he can command respect

impur *adj* impure

imputa *vt* *(cuiva)* to impute (to)

imun *adj* *(la)* immune (from); *~itate* immunity

in *sm* flax; *pînză de in* linen; *sămînță de in* linseed

inabordabil *adj* *(d. cineva)* unapproachable

inacceptabil *adj* unacceptable

inaccesibil *adj* inaccessible; *loc ~* off-the-map place

inactiv *adj* inactive

inadaptabil *adj* inadaptable

inadmisibil *adj* inadmissible

inamic *sm* enemy

inaniție *sf* starvation

inapt *adj* inapt

inaugura *vt* to inaugurate, to open; *~re* inauguration

incapabil *adj* incapable, unable; ineffectual

incasabil *adj* unbreakable

incendia *vt* to set fire to

incendiar *adj* incendiary; *discurs ~* incendiary speech

incendiere *sf* arson

incendiu *sn* fire; *(provocat)* arson; *gură de ~* plug, hydrant

incert *adj* uncertain, unsure, improbable

incertitudine *sf* uncertainty

inchiziție *sf* inquisition

incident *sn* incident, occurrence, happening

incinera *vt* to cremate; *~re* cremation

incintă *sf* în incinta on the premises, within the precinct

incisiv 1 *sm* incisor 2 *adj* incisive, biting, caustic

incita *vt* to incite, to prod, to urge

incitator *adj (subversiv)* seditious

incizie *sf* incision

include *vt* to include, to comprise

inclusiv *adv* inclusively; *~ Maria* Maria included; *de la 1 la 10 mai ~* from 1 May to 10 May inclusive

incoerent *adj* incoherent

incolor *adj* colourless

incomod *adj* uncomfortable; inconvenient; awkward; *(d. cineva)* undesirable

incomoda *vt* to disturb, to trouble

incomparabil 1 *adj* incomparable 2 *adv* beyond compare

incompetent *adj* incompetent; unqualified

incompetență *sf* incompetence

incomplet *adj* incomplete

inconsecvent *adj* inconsequent

inconstant *adj* inconstant

inconștient *adj* unconscious, reckless

incontestabil *adj* incontestable, indisputable

inconvenient *sn* disavantage; hindrance

incorect *adj* incorrect, wrong; dishonest

incoruptibil *adj* incorruptible, untouchable

incredibil *adj* unbelievable

incriminare *sf* incrimination

inculca *vt* to implant

inculpa *vt* to indict

inculpat *sm* culprit; *~ul* the accused

incult *adj* uneducated; illiterate

incurabil *adj* incurable; hopeless

indecent *adj* indecent; obscene; salacious

indemnizație *sf* indemnity

independent *adj* independent; unattached; *~ de* irrespective of

independență *sf* independence

indeșirabil *adj* ladder-proof

index *sn* index

indian *sm, adj* Indian

indica *vt* to indicate; to denote; *(d. un instrument)* to register, to read; *(a prescrie)* to prescribe

indicator *sn* indicator; meter; *(la balanță)* pointer

indicație *sf* directive; advice; tip; *indicații* guidelines

indice *sm* index

indiciu *sn* sign, indication

indiferent *adj* indifferent, uninterested; insensible; *~ de* regardless of; *mi-e ~!* it's all the same to me!

indiferență *sf* indifference
indigen *sm, adj* native
indigna *vr* to get angry; ~re indignation
indirect *adj* indirect
indiscret *adj* indiscreet
indiscreție *sf* indiscretion
indiscutabil *adj* unquestionable
indispoziție *sf* ailment; low spirits
~dispus *adj* unwell, indisposed; low-spirited
individ *sm* fellow, chap, guy, blighter, cove
indivizibil *adj* indivisible
indolent *adj* indolent, inactive; lazy, slack
induce *vt* a ~ in eroare to delude, to mislead
inducție *sf* induction
indulgent *adj* lenient
indulgență *sf* lenience
industrie *sf* industry
inechitate *sf* injustice
inedit *adj* novel, new
ineficace *adj* ineffective; feckless
inegalabil *adj* unrivalled
inel *sn* ring
inepție *sf* ineptitude
inepuizabil *adj* inexhaustible; *energie* ~ă tireless energy
inerent *adj* inherent, immanent
inert *adj* inert, inactive; sluggish
inerție *sf* inertia
inevitabil *adj* unavoidable; imminent
inexact *adj* inaccurate
inexistență *sf* non-existence
inexplicabil *adj* unaccountable
inexpresiv *adj* expressionless

infailibil *adj* infallible
infamie *sf* infamy
infanterie *sf* infantry
infect *adj* stinking; filthy; base, foul
inferior *adj* inferior; lower
infern *sn* hell
infernal *adj* infernal; (d. zgomot) shattering
infidel *adj* unfaithful; ~itate unfaithfulness
infiltra *vr* to permeate through
infim *adj* minute
infinit *sn, adj* infinite
infirm *sm* invalid; cripple
inflama *vr* to swell
inflație *sf* inflation
inflexibil *adj* inflexible
influent *adj* influential; weighty
influența *vt* to influence, to affect, to bias
influențabil *adj* amenable
influență *sf* influence; impact
informa 1 *vt* to inform, to let know 2 *vr* to inquire, to ask for
informator *sm* informer
informație *sf* information; *oficiu de informații* information bureau; *o* ~ *utilă* a useful piece/bit of information; *serviciul de informații (secrete)* intelligence service
infractor *sm* offender
infracțiune *sf* offence
ingenios *adj* ingenious, skilful, adroit
ingenuă *sf* ingenue
inginer *sm* engineer
ingrat *adj* ungrateful; thankless
inhala *vt* to inhale
inhiba *vr* to inhibit; to restrain

inimaginabil *adj* inconceivable
inimă *sf* heart; ~ *albastră* sadness; ~ *de piatră* heart of stone; *bun la* ~ kind-hearted; *cu dragă* ~ with all one's heart; *cu tragere de* ~ with great zeal; *după pofta inimii* to one's heart content, at pleasure; *pe inima goală* on an empty stomach; *a-şi deschide inima* to unburden
inimos *adj* forward; valiant; kind-hearted
iniţia *vt* to initiate, to start, to set working
iniţial *adj* initial; *(de început)* original
iniţiativă *sf* initiative, first step
injecţie *sf* injection
injurie *sf* insult
injurios *adj* scurrilous
inocent *adj* innocent, pure; simple
inocenţă *sf* innocence, purity; simplicity
inodor *adj* odourless
inofensiv *adj* harmless, innocuous
inoportun *adj* uncalled-for
inovaţie *sf* innovation, novelty
inoxidabil *adj* stainless, rustless
insatisfacţie *sf* discontent; grievance
insectă *sf* insect; *insecte dăunătoare* pests, vermin
insensibil *adj* insensible, emotionless; unfeeling; callous
insera *vt* to insert
insignă *sf* badge
insinua *vt* to insinuate, to suggest
insipid *adj* insipid; tasteless; *(d. conversaţie etc.)* vapid; *(d. cineva)* stodgy
insista *vi* to insist; *(asupra)* to dwell on
insistent *adj* insistent, persevering; pressing; steadfast
insolaţie *sf* sunstroke
insolent *adj* rude, insolent
insomnie *sf* sleeplessness
inspecta *vt* to inspect; *(cerceta)* to survey
inspector *sm* inspector
inspira *vt* inhale; to inspire
instabil *adj* unstable; *(d. o masă etc.)* shaky
instala 1 *vt (o maşină)* to set up; *(un cort)* to pitch 2 *vr* to settle down; to set in
instalator *sm* fitter; plumber
instalaţie *sf* equipment; outfit; installation; ~ *de apă* plumbing; ~ *electrică* lighting system
instantaneu *sn (foto)* snapshot
instanţă *sf* instance; *în ultima* ~ at last, after all, in the last resort
instaura *vt* to (en)throne; to establish, to set up
instiga *vt* to instigate, to incinte, to goad; ~ *re* instigation; ~ *tor* instigator
instinct *sn* instinct, intuition
institui *vt* to institute; to start; to set up
institut *sn* institute
instituţie *sf* institution
instructiv *adj* instructive
instrucţie *sf* instruction; training
instrucţiuni *sf pl* instructions, directives; ~ *de folosire (carte)* work book
instrui *vt* to educate, to train; to instruct
instrument *sn* device; instrument
insucces *sf* failure
insuficient *adj* insufficient; scanty

insulă *sf* island, isle

insulta *vt* to insult, to offend; to vituperate

insultă *sf* insult, affront; vituperation

insuportabil *adj (d. durere)* unbearable; *(d. cineva)* aggravating

insurecţie *sf* insurrection

intact *adj* intact, complete; untouched

integral *adj* whole, complete

integritate *sf* integrity, uprightness

integru *adj* upright, untouchable

intelectual *adj, sm* intellectual

intelectualitate *sf* intelligentsia

inteligent *adj* intelligent, clever, smart

inteligenţă *sf* intelligence; wit; intellect, mind

intens *adj* intense; powerful; *(d. culori)* bright

intensitate *sf* intensity

intensiv *adj* intensive: *curs ~* intensive study

intenţie *sf* intention; purpose; *fără ~* unintentionally; *a avea intenţii bune* to mean well

intenţiona *vt (să)* to intend (to); to contemplate; to have in mind; to mean

intenţionat 1 *adj* voluntary 2 *adv* on purpose, wittingly

interacţiune *sf* interaction

interbelic *adj* interwar

intercala *vt* to interpolate

intercepta *vt* to intercept

interdicţie *sf* interdiction; prohibition

interes *sn* interest; concern; *de mare ~* of much/peculiar interest; *lipsit de ~ (d. ceva)* void of interest

interesa 1 *vt* to interest; to concern 2 *vr* to be interested in; to inquire for/after

interesat *adj* interested; self-seeking

interesant *adj* interesting; attractive; unusual

interior *adj* interior, inner; inside; *comerţ ~* home trade; *de ~* indoor; *spre ~* inward

interjecţie *sf* interjection

interlocutor *sm* interlocutor

intermediar 1 *sm* go-between 2 *adj* intermediary

intermediu *sn* medium; *prin ~l (lui)* through the agency of (him), thanks to (him)

interminabil *adj* endless; ceaseless

intermitent *adj* intermittent

intern *adj* internal; inner

interna *vt* to hospitalize

internat *sn* boarding school

internaţional *adj* international; *de renume ~* of world-wide fame

interoga *vt* to examine, to question; *(un inculpat)* to cross-examine

interogatoriu *sn* cross-examination

interpela *vt* interpellate

interpret *sm* interpreter

interpreta *vt* to interpret; *(un rol)* to perform, to render; *(o compoziţie muzicală)* to play; *ai ~t greşit cuvintele mele* you misconstrued my words

intersecţie *sf* crossing, crossroads

interval *sn* interval; distance, space; *(intre scaune)* gangway; *(de timp)* spell

interveni *vi* to intervene; to supervene; to interfere, to intercede with; *(in conversaţie)* to chime in

interviu *sn* interview

interzice *vt* to forbid; to prohibit; to ban

interzis *adj* forbidden; *fumatul* ~ no smoking

intestin *sn* intestine

intim *adj* intimate, close; personal, private; familiar; *viață* ~ *ă* private life

intimida *vt* to intimidate

intimitate *sf* privacy

intra *vi* to enter, to go in, to step in; *(la apă)* to shrink; *intră!* come in!; *hai, intră!* come on in!; *las-o să intre* let her in; *nu mi s-a permis să intru* I was refused/denied admittance/entrance

intransigent *adj* uncompromising; unbending

intrare *sf* entrance; blind alley; ~ *a din față* front entrance; ~ *laterală* side entrance; ~ *principală* main entrance; ~ *a din spate* back entrance; ~ *a oprită* no admittance, "Private"

intrigant *sm* intriguer, plotter

intrigat *adj* intrigued; anxious

intrigă *sf* intrigue; ~ *amoroasă* love affair

intrinsec *adj* intrinsic, inner

introduce *vt* to insert; to let in; to include

introducere *sf* introduction; preface, foreword

intrus *sm* intruder; outsider

intui *vt* to intuit

intuiție *sf* intuition

inunda *vt* to flood, to inundate; ~ *ție* flood, inundation

inutil 1 *adj* useless; vain; unavailing **2** *adv* of no use; in vain; to no purpose

invada *vt* to invade; *(străzile)* to crowd into

invadator *sm* invader

invalid *sm* invalid

invariabil *adj* invariable, constant

invazie *sf* invasion

inventa *vt* to invent; to create; to imagine; *(a născoci)* to fabricate, to make up

inventar *sn* inventory

inventator *sm* inventor

inventiv *adj* inventive; resourceful; ingenious, adroit

invenție *sf* invention

invers 1 *adj* inverse, inverted, reversed **2** *adv* in reverse order

inversa *vt* to invert, to reverse; ~ *re* reversal

investi *vt* to invest

investigație *sf* investigation

investiție *sf* investment

inveterat *adj* inveterate, deep-rooted

invidia *vt* to envy; *a* ~ *succesul cuiva* to grudge smb his success

invidie *sf* envy, grudge

invidios *adj* envious

invincibil *adj* unvanquished

invita *vt* to invite, to ask; ~ *t* guest

invizibil *adj* invisible

invoca *vt* to invoke

involuntar *adj* involuntary

invulnerabil *adj* invulnerable

iobag *sm* serf

ioc *adv* nothing

iod *sn* iodine

iolă *sf* yawl

iotă *sf* nici o ~ not a whit

ipocrit 1 *sm* hypocrite **2** *adj* hypocritical, false

ipocrizie *sf* hypocrisy

ipohondru *sm* valetudinarian person

ipostază *sf* state, situation; aspect

ipoteca *vt* to mortgage

ipotecă *sf* mortgage

ipoteză *sf* hypothesis; assumption, opinion

ipsos *sn* plaster

iradia *vt* to radiate

iradiere *sf* radiation

irascibil *adj* irascible, petulant, peevish, hot-tempered

irațional *adj* irrational; unreasonable; absurd, illogical

ireal *adj* unreal; imaginary

iredentism *sn* irredentism

irelevant *adj* unrelated; inconsequent

iremediabil 1 *adj* irremediable **2** *adv* irrevocably, for good; definitely

ireproșabil *adj* irreproachable; faultless; impecable

irevocabil *adj* irrevocable, final, unalterable

irezistibil *adj* irresistible; delightful

iriga *vt* to irrigate

irita 1 *vt* to irritate, to annoy; to inflame; ~ *t* angry, nettled

iritație *sf* irritation; inflammation

irlandez *sm, adj* Irish

ironic *adj* ironic; *zîmbet* ~ quizzical/sardonic smile

ironie *sf* irony

ironiza *vt* to chaff, to rally

irosi *vt* to waste; *a-și* ~ *timpul* to waste one's time, to while away

isca *vr* to begin; to break out

iscăli *vt, vr* to sign

iscălitură *sf* signature

iscoadă *sf* spy

iscodi *vt* to search out; *(prin intrebări)* to sound

iscusință *sf* skill; adroitness; talent

iscusit *adj* skilled; adroit; ingenious

ispăși *vt* to expiate; *a* ~ *o pedeapsă* to serve a sentence; ~ *re* expiation

ispită *sf* temptation

ispiti *vt* to tempt, to entice, to lure

ispititor *adj* tempting; appetising; attractive

ispravă *sf* work, affairs; *(poznă)* trick; *de* ~ decent, industrious

isprăvi *vt* to finish, to complete, to end

istericale *sf pl* tantrums

isteț *adj* astute, cute, smart, nimble

istm *sn* isthmus

istoric 1 *adj (referitor la istorie)* historical; *(de importanță istorică)* historic **2** *sm* historian

istorie *sf* history

istorisi *vt* to narrate

istovi *vt* to exhaust, to wear out

istovit *adj* exhausted, worn out

istovitor *adj* exhausting

italian *sm, adj* Italian

itinerar *sn* itinerary

iubi *vi* to love; ~ *re* love

iubit 1 *sm* lover **2** *adj* loved, dear

iubită *sf* lover, sweetheart; *iubito!* honey!

iubitor *adj* loving, tender

iuță *sf* jute

iute *adj* quick; swift; rapid; nimble; *(la gust)* hot, pungent; *(la minie)* hot/quick-tempered

iuți *vt, vr* to quicken
ivăr *sn* latch
ivi *vr* to appear, to become visible; to pop; to peep out; to loom
iz *sf* taste; smack; *cu iz de usturoi* with a savour of garlic
izbi *vr (de)* to hit (against), to strike (against), to smash (into); to knock
izbitor *adj* impressing; striking
izbîndă *sf* victory
izbîndi *vi* to vanquish; to succeed in
izbucni *vi* to burst out; to break out; to spurt out; *a ~ în plîns* to burts out crying; *a ~ în rîs* to burst out laughing

izbucnire *sf* outburst; fit; gush
izbuti *vi* to succeed in
izgoni *vi* to drive out, to send away; to cast out, to pitch out
izola 1 *vt* to isolate; to segregate; to insulate 2 *vr* to seclude oneself
izolat *adj* lonely; *~ acustic* soundproof
izolator *adj* insulating
izvor *sn* spring; well; origin, source
izvorî *vi* to spring; *a ~ din (figurat)* to result from

Î

îmbarca *vt, vr* to embark; ~ *re* embarkment

îmbălsăma *vt* to embalm; ~ *t* embalmed

îmbărbăta *vt* to encourage

îmbăta 1 *vt* to make drunk **2** *vr* to get drunk, to fuddle oneself

îmbătător *adj* ravishing; rapturous, charming

îmbătrîni *vi* to get old; ~ *re* aging

îmbelşugat *adj* abundant, copious; *recoltă ~ ă* bumper harvest

îmbia *vt* to invite; to lure

îmbibat *adj* ~ *cu apă* soaked with water, soggy

îmbietor *adj* inviting; appetizing

îmbina *vt* to join; to unite; to splice; to mix

îmblînzi *vt* to tame

îmblînzitor *sm* tamer; ~ *de şerpi* snake charmer

îmboboci *vi* to bud

îmbogăţi *vr* to grow rich, to enrich oneself; ~ *re* enriching

îmboldi *vi* to goad; to urge

îmbolnăvi *vr* to fall ill, to be taken ill

îmbrăca 1 *vt* to dress; to clothe **2** *vr* to dress, to put on

îmbrăcăminte *sf* clothes; garments

îmbrăţişa *vt, vr* to embrace, to hug; *s-au ~ t* they clasped in each other's arms

îmbrînci *vi* to hustle

îmbucătură *sf* mouthful; morsel

îmbucurător *adj* pleasing; glad

îmbufna *vr* to sulk; ~ *t* sulky

îmbuiba *vr* to stuff oneself

îmbujora *vr* to blush; ~ *t* blushing

îmbulzeală *sf* cram, rush, scurry

îmbulzi *vr* to crowd; to throng; to rush

îmbunătăţi *vt, vr* to improve; ~ *re* improvement

împacheta *vt* to pack up; to wrap

împăca 1 *vt* to reconcile **2** *vr* to make it up; *nu mă împac cu clima* the climate does not agree with me

împăcare *sf* reconciliation

împăduri *vt* to afforest; ~ *t* wooded

împăia *vt* to stuff; ~ *t* stuffed

împăna *vt (friptura)* to lard

împărat *sm* emperor

împărăteasă *sf* empress

împărtăşi 1 *vt* to give the Eucharist; *(bucurii etc.)* to share **2** *vt* to receive the Eucharist

împărţi *vt* to divide; to distribute; to share; *a ~ egal* to go shares; *a ~ cărţile* to deal the cards

împărţire *sf* division

împerechea *vr* to couple, to pair, to mate

împiedica 1 *vt* to hinder, to hamper; to frustrate; to trammel; *insuccesul nu l-a ~ t să mai încerce* insuccess did not deter him from trying again **2** *vr* to stumble, to trip; *ce te împiedică să faci asta?* what impedes your doing it?

împinge 1 *vt* to push; to shove; *(a impulsiona)* to spur **2** *vr (în)* to jostle (against)

împleti 1 vt to plait; to knit; *(o cunună)* to wreathe 2 vr to interlace

împletici vr to stagger; to mumble; to stumble

împlini 1 vt to reach the age of 2 vr to put on weight; *visele mi s-au ~t* my dreams came true

împodobi 1 vt to adorn, to decorate; to trim 2 vr to adorn oneself

împodobit adj adorned, bedecked

împopoțona vr to bedizen oneself; *~t* flamboyant

împotmoli vr to stick in the mud

împotriva prep against

împotrivă adv against; *a fi ~* to oppose

împotrivi vr to oppose; *(cuiva)* to withstand

împotrivire sf opposition; resistance

împovăra vt to burden, to load

împovărător adj burdensome, cumbersome

împrăştia 1 vt to scatter, to spread 2 vr to scatter, to spread; *(d. nori)* to dissipate; *(d. un lichid)* to spill; *(d. ceaţă)* to lift

împrăştiat adj absent-minded

împrejmui vt to enclose

împrejur adv round; *stînga ~!* left about!

împrejurare sf circumstance

împrejurimi sf pl surroundings

împrejurul prep round

împresura vt to encircle

împreuna 1 vt to unite 2 vr to copulate

împreună adv together

împricinat sm accused

împrieteni vr to become friends

împroprietări vi to appropriate (iand) to

împroşca vt *(cu)* to spatter, to splash (with)

împrumut sn loan; *a da cu ~* to lend; *a lua cu ~* to borrow

împrumuta 1 vt to lend 2 vr to borrow

împuia vt *a ~ capul cuiva* to talk smb's head off

împunge vt to jab; *(un animal)* to prod; *(cu acul)* to stitch; *(a ironiza)* to chaff

împuşca 1 vt to shoot dead 2 vi to shoot 3 vr to shoot oneself

împuşcătură sf shot

împuţina vr to decrease, to diminish

împuţit adj stinking

în prep in: *în casă* in the house; into: *vino în casă* come into the house; on: *în ajunul...* on the eve of; *în timp ce* while..., when...

înadins adv on purpose

înainta vi to advance; to make progress

înaintaş sm precursor; *(la fotbal)* forward

înaintat adj advanced; progressive; late; *a fi ~ în vîrstă* to be of age

înainte adv in front; before; forward; onward; *~ vreme* once; *de azi ~* from now on

înaintea prep in front of; before

înalt adj tall; high; *(d. sunete)* acute

înapoi adv backwards; back; *a da maşina ~* to back the car; *a da (ceva) înapoi* to give back, to return

înapoia[1] prep behind

înapoia[2] 1 vt to give back, to return 2

vr to come back

înapoiat *adj* backward

înarma *vt, vr* to arm; ~ *re* arming

înăbuşi 1 *vt* to choke; to stifle; to smother; *(o revoltă)* to suppress 2 *vr* to choke

înăbuşitor *adj* stifling, sultry

înăcrit *adj* morose, sullen

înălţa 1 *vt* to raise; *(spiritual)* to uplift 2 *vr* to rise

înălţarea *sf* Ascension

înălţime *sf* height; *(loc inalt)* elevation

înăspri 1 *vt* to harden 2 *vr* to harden; *(d. vreme)* to worsen

înăuntru *adv* in, within, inside

înăuntrul *prep* in, within, inside

încadra 1 *vt* to frame; *(in serviciu)* to employ, to engage 2 *vr* to become employed

încasa *vt* to receive; to cash

încasator *sm* ticket collector

încasări *sf pl* receipts

încă *adv* still; *e ~ ocupat* he is still busy; yet: *nu ~* not yet; more: ~ *o dată* one more time

încăiera *vr* to come to grips, *(cu)* to tussle (with)

încăierare *sf* skirmish, brawl. scuffle, rough-and-tumble

încălca *vt (o proprietate)* to trespass; *(o lege etc.)* to violate, to transgress, to infringe

încăleca *vt* to mount

încălţa 1 *vt* to put on (smb's shoes) 2 *vr* to put on one's shoes

încălţător *sn* shoe horn

încălzi 1 *vt* to warm 2 *vr* to warm oneself; *(d. vreme)* to be getting warm;

(d. atmosferă la o petrecere) to enliven

încăpător *adj* roomy; capacious

încăpăţîna *vr* to persist in, to hold on

încăpăţînat *adj* obstinate, stubborn; wayward; pig-headed; ~ *ca un catîr* as refractory as a mule

încăpea *vi* to enter, to go in; *in camera asta incap 12 persoane* this room holds 12 people

încăpere *sf* room

încărca *vt* to burden; *(o armă)* to load; *(o baterie)* to charge

încărcat *adj* loaded; *un măr ~ cu mere* an apple tree laden with apples

încărcătură *sf* load

încărunţi *vi* to grizzle, to turn grey

încărunţit *adj* grizzled

începător *sm* beginner; greenhorn

începe *vt* to begin, to start, to commence; *a inceput prin a spune că* he led off by saying that

început *sn* beginning; starting point, origin; *la ~* in the beginning, originally; *la ~ul carierei sale* at the outset of his career; *la ~ul verii* in early summer

încerca *vt* to try, to attempt; *il incercă un sentiment de recunoştinţă* he was overwhelmed with gratitude

încercare *sf* attempt, trial; *(dificultate)* trouble, difficulty; *grea ~* tug; *a pune la ~* to test

încercat *adj* experienced; hardened

încet 1 *adj* slow; easy; *(d. sunete)* low; *(d. cineva)* lazy, sluggish 2 *adv* slowly; easy; ~ *ul cu ~ul* little by little; *vorbeşte mai ~* speak in a lower voice

înceta *vt, vi* to stop, to cease; *a ~ t*

ploaia? has the rain left off?

încetățenit *adj* deep-rooted

încetini *vi* to slow down

încheia *vt* (*o haină*) to button up; (*a termina*) to finish; (*un tratat*) to conclude

încheiere *sf* end, close

încheietură *sf* joint; *încheietura miinii* wrist; *încheietura degetelor* knuckles

închide *vt* to shut; (*cu zgomot*) to slam; to close; (*a incuia*) to lock; (*a băga la închisoare*) to imprison; *a ~ ghilimelele* to unquote; *a se ~ în cameră* to lock oneself in

închina 1 *vt* to dedicate; *a ~ paharul* to raise one's glass 2 *vr* to cross oneself

închipui *vr a-și ~ că* to imagine/to fancy that

închipuire *sf* imagination; fancy

închipuit *adj* conceited, haughty

închiria *vt* (*a da cu chirie*) to let (out), to rent, to hire (out); (*a lua cu chirie*) to hire

închis *adj* shut, closed; (*ermetic*) tight; (*d. cineva*) withdrawn, undemonstrative; (*d. culori*) dark; (*d. cer*) cloudy

închisoare *sf* gaol, jail, prison

încinge *vt* (*a-i fi cald*) to feel hot; (*d. o discuție*) to become animated, to get hot

încilci *vr* to get entangled

încînta *vt* to charm, to fascinate, to delight; to ravish

încîntat *adj* delighted; pleased; elated; *~ de cunoștință!* glad to meet you!

încîntător *adj* delightful, pleasing, ravishing

încît *conj* so that

încleșta *vt*, *vr* to clench; *~re* clenching

înclina 1 *vt* to tilt, to tip; to bend, to bow; *inclin să cred că* I am inclined to think that 2 *vr* to slant, to slope; to bend, to bow

înclinație *sf* inclination, bent; (*pentru*) penchant (for)

încoace *adv* over here *~ și incolo* to and fro; *vin-o mai ~* come nearer

încolo *adv* that way; *mai ~* (*spațial*) further on; (*temporal*) later; *de-acum ~* from now on; *du-te ~!* go to hell!

încolți 1 *vt* (*pe cineva*) to corner 2 *vi* to spring, to come out; to shoot

înconjur *sn* detour; *fără ~* straight out

înconjura *vt* to go round; to surround

încorda *vr* to strain oneself

încordare *sf* strain, tension, suspense

încordat *adj* strained, strung up; (*d. atmosferă*) tense

încornora *vt* to cuckold; *~t* cuckold

încorona *vt* to crown; *~re* crowning

încotro *adv* where; *a nu mai avea ~* to have no choice

încovoia *vr* to bend; to sag; *~t* bent, crooked

încrede *vr* (*in*) to trust (smb)

încredere *sf* confidence, trust; faith; reliance; *om de ~* reliable person; *vot de ~* vote of confidence *a avea ~ in* to trust smb; *a nu avea ~ in* to mistrust smb; *demn de ~* trustworthy

încremeni *vi* to stand still; *a ~ de spaimă* to stand stock still with fright

încreți 1 *vt* to wave; *a-și ~ sprîncenele* to knit one's brows 2 *vr* to curl

încrețitură *sf* wrinkle

încrezător *adj* confident, trustful; hopeful

încrezut *adj* conceited, haughty, vain

încrucişa *vr* to cross

încrucişare *sf* ~ *de drumuri* crossing

încrunta *vr* to frown, to pucker up; ~*t* frowning

încuia *vt* to lock; *a* ~ *în casă* to shut in

încuiat *adj* locked; *(d. cineva)* narrow-minded

încumeta *vr (să)* to venture (to), to dare

încuraja *vt* to encourage; to cheer up

încurca 1 *vt* to tangle, to muddle; to hinder; to embarrass; to confuse; to puzzle 2 *vr* to entangle; to get confused

încurcătură *sf* trouble, mess, plight

încuviinţa *vt* to agree to; *a* ~ *din cap* to nod

încuviinţare *sf* consent; acquiescence

îndată *adv* soon, immediately; *de* ~ *ce* as soon as

îndatorat *adj* indebted; obliged

îndatorire *sf* duty

îndatoritor *adj* obliging, benevolent

îndărăt *adv* behind, in the rear

îndărătnic *adj* stubborn, self-willed

îndărătul *prep* behind, at the back of

îndeletnici *adv pe* ~ little by little

îndeletnicire *sf* occupation; job

îndelungat *adj* long

îndemânare *sf* skill; dexterity; cunning; sleight

îndemână *adv la* ~ near at hand, within reach

îndemânatic *adj* deft, dexterous

îndemn *sn* impulse, stimulus, spur

îndemna *vt* to stimulate; to urge; to goad, to spur; to impel

îndeobşte *adv* generally; usually

îndeosebi *adv* especially

îndepărta 1 *vt (de)* to estrange (from); to remove 2 *vr* to move away

îndepărtat *adj* far off, distant; *viitorul* ~ the remote future

îndeplini *vt* to carry out; to fulfil

îndesa *vt* to stuff

îndesat *adj* stuffed; *(d. cineva)* podgy, thickset

îndârji 1 *vt* to incite; to irritate 2 *vr* to get bitter

îndârjit *adj* firm; persevering; bitter

îndoi 1 *vt* to fold; to double 2 *vi* to bend; to stoop; *mă* ~ *esc!* I doubt it!; *mă* ~ *esc că am spus asta* I doubt having said it

îndoială *sf* doubt; misgiving; *fără* ~ without doubt; *a pune la* ~ to question; *a sta la* ~ to waver

îndoielnic *adj* doubtful; improbable; questionable; dubious

îndoit *adj* folded; double; bent

îndoliat *adj* mourning

îndopa 1 *vt* to stuff with food 2 *vr (cu)* to gorge oneself (with)

îndrăgi *vt* to take to; *l-am* ~*t imediat* I took to him at once

îndrăgosti *vr (de)* to fall in love (with)

îndrăgostit *adj (de)* in love (with), infatuated (with)

îndrăzneală *sf* hardihood; boldness, impudence; *a avea indrazneala să spună* to have the impudence to say; *scuzaţi-mi îndrăzneala* excuse my presumption

îndrăzneț adj daring; bold; impudent; presumptuous

îndrăzni vt to dare, to venture; *cum îndrăznești!* how dare you!; *îndrăznesc să spun* I dare say

îndrepta 1 vt to straighten; to correct; to redress; to improve; *(a ținti)* to point 2 vr to improve; to reform oneself; *(spre)* to make (for); *(după boală)* to recover

îndreptar sn guide, handbook

îndruga vt to gabble, to talk and talk

îndruma vt to guide, to direct, to show the way

înduioșa vt to move, to arouse the emotions

înduioșat adj moved

înduioșător adj moving, touching, impressive

îndulci vt to sweeten; ~ *t* sweetened

îndupleca 1 vt to determine, to persuade 2 vr to give in, to yield

îndura vt to suffer; *nu mai pot ~* I can bear it no longer

îndurerat adj aggrieved

îneca vr to drown; to be / get drowned; *(cu)* to choke (over)

înfăptui vt to carry out

înfășa vt to swaddle

înfățișa vt to present; to depict

înfățișare sf appearance; look, aspect; countenance, mien

înfia vt to adopt

înfiera vt to condemn, to reprobate, to expose

înfierbânta vr to get excited

înfiere sf adoption

înfigăreț adj pushing, uppish

înfige vt to put in; to thrust

înființa vt to found, to set up; ~ *re* founding

înfiora 1 vt to frighten 2 vr to be thrilled; to be appalled

înfiorat adj frightened; thrilled; appalled

înfiorător adj horrible, appalling, terrible; grisly

înfipt adj *(d. cineva)* pushing, self-assertive

înfiripa vr to come into being, to start

înflăcăra vr to get excited; ~ *t* passionate, fervent

înflori vi to flower, to bloom; *(d. arbori)* to blossom, to open into flower; *(d. o activitate)* to flourish, to prosper

înflorit adj *(d. flori)* in bloom; *(d. arbori)* in blossom

înfloritor adj flourishing, prosperous

înfocat adj *(d. privire)* bright; *(d. cineva)* passionate

înfofoli vt to muffle

înfoia vr to swell

înfometa vt to starve

înfrățire sf brotherhood

înfrățit adj *sate* ~ *e* twinned villages

înfricoșat adj frightened; appalled

înfricoșător adj frightening; appalling; scary

înfrâna vt to bridle; to restrain

înfrânge vt to defeat; to conquer; to vanquish

înfrumuseța vt to embellish; to adorn

înfrunta vt to face

înfrunzi vi to come into leaf

înfrupta vr to regale oneself

înfuleca vi to tuck in, to gobble

infumurat *adj* haughty

înfunda 1 *vt (a astupa)* to stop up 2 *vr (d. o ţeavă)* to clog; *a i se ~* to get into a scrape

înfuria 1 *vt* to make angry 2 *vr* to get angry, to flare up

înfuriat *adj* angry

îngădui *vt* to allow; to tolerate

îngăduitor *adj* tolerant, indulgent; mild, soft-hearted

îngăima *vt* to stammer

îngălbenit *adj* pale; *(d. frunze)* withered

îngenunchia *vi* to kneel

înger *sn* angel

înghesui *vr* to cram, to jam; to crowd, to crush; *~ ţi ca sardelele* packed like sardines

înghesuială *sf* crush

îngheţ *sn* frost

îngheţa *vi* to freeze

îngheţat *adj* frozen; *ferestre ~ te* frosted window-panes

îngheţată *sf* ice-cream

înghionti *vt* to poke, to nudge

înghiţi *vt* to swallow; to gulp down; *nu-i pot ~* I can't stomach him

înghiţitură *sf* mouthful; morsel; *a bea dintr-o ~* to drink up, to drink smth at a draught

îngâmfat *adj* self-satisfied; haughty, conceited, supercilious

îngâna *vt* to mimic; to hum

îngândurat *adj* thoughtful, lost in thought

îngrădi *vt* to fence; to restrain, to limit

îngrămădi 1 *vt* to pile; to pack into; *a fi ~ t in neorînduială* to be jumbled up

2 *vr* to crush, to crowd

îngrăşa 1 *vt* to fatten 2 *vr* to put on weight

îngrăşămînt *sn* fertilizer, manure

îngreuia, îngreuna *vt, vr* to become heavier; to become more difficult

îngriji *vt* to take care of, to look after; *(un bolnav)* to nurse

îngrijit *adj* neat, prim, trimmed; *o lucrare ~ ă* a careful paper

îngrijora *vr* to worry; *~ re* worry; *~ t* worried

îngropa *vt* to bury; *~ re* burying

îngroşa *vt , vr* to thicken

îngrozi *vt* to terrify

îngrozit *adj* terrified, terror-stricken, appalled

îngrozitor *adj* terrifying, appalling; shocking; *îmi pare ~ de rău* I am awfully sorry; *veşti îngrozitoare* dire news; *vreme îngrozitoare* abominable weather

îngust *adj* narrow; *~ la minte* narrow-minded

înhăita *vr (cu)* to herd (with)

înhăma 1 *vt* to harness 2 *vr a se ~ la treabă* to set oneself to work

înhăţa *vt* to snatch, to grab

înhuma *vt* to bury

înjgheba *vt* to scrape up

înjositor *adj* humiliating

înjunghia *vt* to stab

înjura 1 *vt* to swear/to revile at 2 *vi* to swear

înjurătură *sf* curse, oath, swear-word

înlăcrimat *adj* in tears

înlătura *vt* to eliminate

înlemnit *adj ~ de spaimă* speechless

with terror

înlesni *vt* to facilitate; ~ *re* facility

înlocui *vt* to replace, to supersede, to supplant; ~ *re* replacement; ~ *tor* substitute, makeshift

înmatricula *vt (o maşină)* to register

înmărmurit *adj* ~ *de groază* speechless with fright

înmiresma *vt* to scent

înmiresmat *adj* perfumed

înmîna *vt* to hand

înmormînta *vt* to bury

înmormîntare *sf* burial

înmuguri *vt* to put out buds, to bud

înmuia *vt* to soak; to dip; to moist

înmulţi *vt, vr* to multiply, to propagate

înmulţire *sf* multiplication; *tabla înmulţirii* multiplication table

înnăscut *adj* innate; inborn; native

înnebuni 1 *vt* to irritate, to madden 2 *vi* to go mad; *e* ~ *t după* he is mad about

înnegri *vt, vr* to blacken

înnoda *vt* to knot

înnoi *vt* to renew; ~ *re* renewal

înnopta *vr se înnoptează* it is getting dark

înnora *vr* to cloud over; ~ *t* clouded

înot *sn* swimming

înota *vi* to swim; *a* ~ *în bani* to roll in money

înotător *sm* swimmer

înrădăcinat *adj* deep-rooted

înrăit *adj* wicked; *(inveterat)* inveterate

înrăutăţi *vr* to worsen

înregistra 1 *vt* to register; *(muzică)* to record 2 *vr* to register

înrobi *vt* to enslave

înrola *vt, vr* to enlist

înroşi 1 *vt* to redden 2 *vr* to redden; *(la faţă)* to blush, to flush up

înrourat *adj* dewy

înrudi *vr (cu)* to be related (to)

înrudire *sf* relationship; kinship

însă *conj* but; yet

însămi *pron* myself

însămînţa *vt* to sow; ~ *re* sowing

însănătoşi *vr* to recover; ~ *t* cured

însărcinare *sf* task; mission, errand; duty

însărcinată *adj* pregnant, with child

înscena *vt* to stage; *(a pune la cale)* to frame up; ~ *re* set-up

înscrie *vt (pe o listă)* to enrol; *(un gol)* to score 2 *vr (la facultate)* to enter in

însemna *vt* to write down; to mark; to mean, to signify, to imply

însemnat *adj* important, significant; famous

însemnătate *sf* significance; importance; *fără* ~ immaterial

însenina *vr* to clear up; *(la faţă)* to light up

însetat *adj* thirsty

însorit *adj* sunny

însoţi *vt* to accompany

însoţitor *sm* companion; *(de tren)* porter *(în S.U.A)*

înspăimîntat *adj* frightened, scared, terror-stricken

înspăimîntător *adj* frightful, appalling, horrible, gruesome; hair-raising

înspre *prep* towards

înstărit *adj* well-off; *un om* ~ a man of substance

înstelat *adj* starry

însufleți *vt* to animate; to enliven

însumi *pron m* myself; *eu* ~ I myself

însura *vr (cu)* to get married (to); ~*t* married

însuși[1] *vt a-și* ~ to get hold of

însuși[2] *pron m* himself; *el* ~ he himself

însușire *sf* characteristic, feature

însuți *pron m* yourself; *tu* ~ you yourself

înșela 1 *vt* to cheat, to take in, to trick; to gull; to cuckold 2 *vr* to be wrong

înșelător *adj* deceptive, shifty, tricky

înșelătorie *sf* cheat

înșfăca *vt* to snatch, to grab

înșine *pron m pl* ourselves; *noi* ~ we ourselves

înșira 1 *vt (pe ață)* to string; *(a enumera)* to enumerate 2 *vr* to line up

înșiși *pron m pl* themselves; *ei* ~ they themselves

înștiința *vt* to let know, to inform; to notify; ~*re* notice

înșuruba *vt* to screw up

întări 1 *vt* to strengthen; to invigorate; *(mușchii)* to tone up 2 *vr* to harden; to stiffen; to grow stronger

întăritor 1 *adj* fortifying 2 *sn* pick-me-up

întărîta *vt* to provoke, to incite, to stir

întemeia *vt* to found, to create

întemeiat *adj (d. motive)* argumented, solid, well-founded

întemeietor *sm* founder

înteți *vt, vr* to kindle; to intensify

întinde 1 *vt* to stretch; *a* ~ *masa* to lay the table; *a* ~ *mina* to stretch out

one's hand 2 *vr (pe pat)* to lie down; *(a se răspîndi)* to spread; *a se* ~ *pe iarbă* to stretch out on the grass; *a se* ~ *după sare* to reach out for the salt

întins *adj* stretched; flat, smooth; vast, large; ~ *la pămînt* flat on the ground, prostrate

întîi,întîia *num, adv* the first; *mai întîi* first of all

întîietate *sf* priority

întîlni 1 *vt* to meet; *(întîmplător)* to come across, to run into 2 *vr* to meet

întîlnire *sf* meeting; appointment; date; *a avea o* ~ *cu* to have an appointment/a date with

întîmpina *vt* to meet; *a* ~ *pe cineva la gară* to meet smb at the station; *a* ~ *greutăți* to meet with difficulties

întîmpla *vr* to happen; to occur; *ce s-a* ~*t?* what's up?; *ce s-a* ~*t cu ea?* what's the matter with her?

întîmplare *sf* happening, occurrence; event; *din* ~ by chance; *la* ~ at random

întîmplător 1 *adj* accidental, casual, occasional 2 *adv* accidentally

întîrzia 1 *vt* to delay 2 *vi* to be late; *(a zăbovi)* to linger

întîrziere *sf* being late; *trenul e în* ~ the train is behind time

întoarce 1 *vt (pe cineva în pat)* to turn over; *(un scaun etc.)* to turn round; *(un ceas)* to wind up 2 *vr (în pat)* to turn over, *(a reveni)* to come back, to return

întocmai *adv* just so; certainly; yes

întocmi *vt* to draw up

întorsătură *sf* turn

întortocheat *adj* sinuous, tortuous; *(complicat)* intricate

întotdeauna *adv* always

într-adevăr *adv* indeed

intre *prep* between; ~ *timp* meanwhile

întreba 1 *vt* to ask; to question **2** *vi (de)* to inquire (about) **3** *vr* to wonder

întrebare *sf* question; ~ *cheie* leading question; *semn de* ~ question mark; *a pune o* ~ to ask a question

întrebuinţa *vt* to use; ~ *re* use

întrece 1 *vt (a fi superior)* to excel; *(a depăşi)* to surpass **2** *vr (cu)* to compete (with); to vie (with)

întrecere *sf* competition; *(sportivă)* contest

întreg *adj* entire, whole; *(teafăr)* safe; *noaptea întreagă* all night through

întregime *sf in* ~ completely

întreit *adj* threefold, treble

întrema *vr* to recover

întreprinde *vt* to undertake

întreprindere *sf* enterprise: factory

întreprinzător *adj* enterprising

întrerupător *sn* switch

întrerupe *vt* to interrupt, to adjourn, to break off; to cut short; *(din vorbă)* to break in

întreţine *vt (pe cineva)* to support; *(o maşină etc.)* to keep in good repair, to maintain

întreţinere *sf (a unei locuinţe)* upkeep; *(a unei maşini)* maintenance

întrevedere *sf* meeting

întrista *vt, vr* to grieve

întristat *adj* sad

întru *prep* in; into

întrucît *conj* since, as, because, for

întrucîtva *adv* to a certain extent; somewhat

întrunire *sf* meeting

întuneca *vr* to be getting dark

întunecos *adj* dark

întuneric *sn* darkness, dark; ~ *beznă* dark as pitch

înţărca *vt* to wean

înţelegător *adj* kind, understanding

înţelege 1 *vt* to understand; to comprehend; *înţeleg!* I see!; *nu înţeleg ce vrei să spui* I don't see what you mean; *nu te înţeleg (e gălăgie)* I don't follow you; *a* ~ *greşit* to misunderstand, to misapprehend; **2** *vr (bine cu cineva)* to get on well; *se* ~ *de la sine* it goes without saying, it stands to reason

înţelegere *sf* understanding; *(învoială)* settlement, agreement; *(compasiune)* sympathy; *a ajunge la o* ~ to come to terms; *în bună* ~ in peace

înţelepciune *sf* wisdom, sagacity

înţelept 1 *adj* wise, sagacious **2** *sm* philosopher

înţeles *sn* meaning, sense

înţepa 1 *vt* to prick; *(d. albine)* to sting; *(d. ţînţari)* to bite; *(a ironiza)* to chaff **2** *vr (cu acul)* to prick

înţepat *adj* haughty; morose, stuffy

înţepătură *sf* prick; sting; irony

înţepeni 1 *vt* to fasten, to fix **2** *vi (a nu-şi mai putea mişca picioarele)* to be stiff **3** *vr (a se bloca)* to stick

înţepenit *adj* fixed; rigid, stuck; *mi-a* ~ *un picior* I have a stiff leg

înţesat *adj* full; stuffed; crowded

învălmăşeală *sf* mess; rush, bustle

ÎNV

învăţa 1 vt *(pe cineva)* to teach; *(singur)* to learn; a ~ pe dinafară to learn by heart 2 vr *(cu)* to become accustomed (to)

învăţat 1 adj cultured, erudite 2 sm scholar

învăţămînt sn education

învăţătoare sf school mistress

învăţător sm school master

învăţătură sf learning; culture; education

învechit adj old; obsolete

învecina vr to be neighbours; *(a fi aproape)* to be near

înveli 1 vt to wrap 2 vr to wrap oneself; ~ş cover

înverşunat adj bitter

înveseli vt, vr to cheer up

învesti vt *(cu)* to invest (with)

învestitură sf investiture

înveterat adj dyed in the wool

învia vi *(a-şi reveni)* to come to life, to revive

Învierea sf the Resurrrection

învingător sm conqueror

învinge vt to defeat; *(greutăţi)* to overcome, to surmount

învinovăţi vt to blame

învins adj defeated

învinui vt to blame

înviora 1 vt to enliven; *(d. clima)* to invigorate 2 vr to cheer up

înviorător adj enlivening; refreshing

învîrti vt to whirl, to spin 2 vr to go round; *(fără rost)* to fuss about, to fidget; pămîntul se învîrteşte în jurul soarelui the earth turns/revolves round the sun

învoi 1 vt to allow, to permit 2 vr *(să)* to agree (to); *(a consimţi)* to consent

învrăjbi vr *(cu)* to be at loggerheads (with)

învrednici vr *(să)* to be able to; *(a catadicsi) (să)* to deign (to)

înzdrăveni vr to recover

înzestra vt to dower; *(cu calităţi)* to endow

înzestrat adj endowed, gifted

înzorzona 1 vt to deck out 2 vr to titivate

înzorzonat adj fussy, over-ornamented

J

jachetă *sf* jacket; cardigan
jaf *sn* robbery; plunder
jale *sf* grief, dejection
jalnic *adj* distressing, piteous; pitiful, woeful
jaluzea *sf* window blind
jandarm *sm* police soldier, ranger
jantă *sf* rim
japonez *adj, sm* Japanese
jar *sn* embers
jartieră *sf* garter
javră *sf* cur
jecmăni, jefui *vt* to rob, to plunder, to ransack
jeg *sn* dirt
jegos *adj* dirty, scruffy
jeleu *sn* jelly
jeli *vt* to lament over; to mourn
jena 1 *vt* to impede; to embarrass **2** *vr* (*să*) to be shy (of)
jenant *adj* inconvenient
jenat *adj* embarrassed
jenă *sf* uneasiness; shyness; (~ *financiară*) want of money
jeratic *sn* embers
jerbă *sf* garland of flowers
jerpelit *adj* shabby, ragged
jerseu *sn* jersey, sweater
jertfă *sf* victim
jertfi *vr* to sacrifice oneself
jeton *sn* counter
jeţ *sn* arm chair
jgheab *sn* (*pentru vite*) trough; (*canal*) sewer; (*streaşină*) eaves
jigărit *adj* skinny

jigni *vt* to insult, to offend, to hurt
jignitor *adj* insulting
jigodie *sf* cur
jilav *adj* damp, moist
jind *sn* longing, earnest desire
jindui *vi* (*la*) to hanker (for)
jivină *sf* wild beast
joacă *sf* play; *din* ~ in jest
joagăr *sn* sawmill
joardă *sf* rod, stick
joben *sn* top hat
joc *sn* play; (*de noroc*) game; dance; (*la teatru*) acting; ~ *de cuvinte incrucişate* crossword puzzle; *carte de* ~ playing card; *a-şi bate* ~ *de cineva* to jeer/to scoff at smb
jocheu *sm* jockey
joi *sf* Thursday
joncţiune *sf* junction
jongla *vi* to juggle
jongler *sm* juggler
jonglerie *sf* juggle
jos 1 *adj* low: *voce joasă* low voice **2** *adv* down; below; *în* ~ downwards; *mai* ~ lower; *în ~ul străzii* down the street; *pe* ~ on foot; *acolo* ~ below; *stai* ~! sit down!
josnic *adj* mean, abject, base
jovial *adj* good-humoured, breezy; jolly
jubila *vi* to jubilate; to rejoice
jubileu *sn* jubilee
juca 1 *vt* (*un rol*) to perform; to dance; (*un joc*) to play **2** *vi* to play; (*jocuri*) to game; (*pe bani*) to gamble **3** *vr* to play;

a se ~ (distrat) cu to trifle/to monkey with

jucărie *sf* toy, plaything

jucător *sm* player

jucăuş *adj* playful, frolicsome, frisky

judeca **1** *vt (un caz juridic)* to try; *(a considera)* to think **2** *vi* to judge **3** *vr (d. un proces)* to be tried

judecată *sf* reason, thinking; judgement; opinion; *(proces)* trial; *a da în ~* to summon/to sue smb at law, to prosecute smb; *judecata de apoi* Day of Judgement

judecător *sm* judge

judecătorie *sf* law court

judeţ *sn* district, county

jug *sn* yoke

juli *vr* to scratch oneself; *~tură* scratch

jumări *sf* scrambled eggs

jumătate *sf* half; *e două şi ~* it's half past two; *a face pe ~* to do smth by halves

jumuli *vt (o pasăre)* to pluck

junghi *sn* stitch, pang

junglă *sf* jungle

jupă *sf* petticoat

jupon *sn* underskirt

jupui *vt* to skin, to flay

jur *sn in ~ de* approximately, about; *de ~ împrejur* round about

jura *vt* to swear; *a ~t să spună adevărul* he swore to tell the truth; *a ~ strîmb* to forswear

jurat *sm* juror; *juraţi* jury

jurământ *sn* oath; *a face un ~* to swear an oath

juridic *adj* judicial

jurisconsult *sm* legal adviser, solicitor

jurisdicţie *sf* jurisdiction

jurist *sm* jurist

juriu *sn* jury

jurnal *sn* newspaper; *(intim)* diary; *~ de bord* log book; *~ de modă* fashion journal; *radio ~* news bulletin

jurnalist *sm* journalist

just *adj* just, fair; exact, correct, right

justeţe *sf* justice

justifica *vt* to justify; *~re* justification

justificat *adj* righteous, rightful

justiţie *sf* justice; *Ministerul de Justiţie* Ministry of Justice

juxtapunere *sf* juxtaposition

K

kaki *adj* khaki
kilogram *sn* kilogram
kilometraj *sn* distance in kilometres

kilometru *sm* kilometre
kilowatt *sm* kilowatt

L

la **1** *sm* (*notă*) la **2** *prep* at: *la masă* at table; in: *rănit la picior* wounded in the leg; to: *a se duce la Iași* to go to Iași; over; *la un pahar de vin* over a glass of wine; on: *la pagina trei* on page three; about; *n-am bani la mine* I haven't any money about me; *la doi aprilie* on the second of April; *la anul* next year; *la ora două* at two o'clock; *o dată la două zile* every second day; *la prinz* at noon; *la deal* uphill; *la vale* downhill; *stă la părinți* he lives with his parents

labă *sf* paw; pad; (*la om*) foot; *labe din față* forelegs; *labe din spate* hindlegs; *în patru labe* on all fours

labirint *sn* labyrinth

laborator *sn* laboratory, lab

laborios *adj* laborious

lac *sn* lake; (*de mobilă*) varnish, lacquer; ~ *de acumulare* reservoir

lacăt *sn* padlock

lacom *adj* greedy; covetous; ravenous

lacrimă *sf* tear; *a mișca pe cineva pînă la lacrimi* to move smb to tears

lacrimogen *adj gaz* ~ tear-gas

lactat *adj* milky

lacună *sf* gap, lacuna

ladă *sf* box; chest

lagăr *sn* camp; (*tehnic*) bearing

lalea *sf* tulip

lamă *sf* blade; (*de microscop*) slide; ~ *de ras* razor blade

lamentabil *adj* lamentable, deplorable

lampadar *sn* standard lamp

lampă *sf* lamp; (*de radio*) tube

lan *sn* field (of wheat)

languros *adj* langurous

lansa 1 *vt* to launch; (*un zvon*) to rumour; (*un film*) to release; (*o afacere*) to set going **2** *vr* (*în*) to launch out (into), to plunge (into)

lanternă *sf* lantern, torch

lanț *sn* chain; *lanțuri* shackles

laolaltă *adv* together

lapidar *adj* concise

lapoviță *sf* sleet

lapsus *sn* lapse, slip (of the memory)

lapte *sn* milk; ~ *praf* milk-powder; *vacă de* ~ milchcow

larg 1 *sn a fi în* ~*ul mării* to be out at sea **2** *adj* wide; broad; *haine* ~ *i* loose-fitting clothes; *mină* ~ *ă* spendthrift; *umeri* ~ *i* broad shoulders; *vederi* ~ *i* advanced/large ideas/views; ~ *răspîndit* widespread

laringe *sn* larynx

larmă *sf* noise; din

larvă *sf* larva; grub

lasciv *adj* lascivious, lustful

laș *sm* coward, poltroon

lașitate *sf* cowardice

lat 1 *sn* width, breadth **2** *adj* wide, broad; ~ *în spate* broad-shouldered

lateral *adj* lateral; *intrare* ~ *ă* side entrance

latin *adj* Latin

latitudine *sf* latitude; *rămîne la* ~ *a ta să* it's up to you to

latură *sf* side

laţ *sn* noose, snare

laudă *sf* praise; *demn de* ~ praisewor-
thy; ~ *de sine* self-praise

laur *sm* laurel

laureat *sm* laureate

lavabil *adj* washable

lavă *sf* lava

laxativ *sn* laxative

lăcătuş *sm* locksmith

lăcomie *sf* gluttony; *(aviditate)* greed,
lust

lăcrima *vi* to weep; *(d. ochi)* to water

lăcrămioară *sf* lily-of-the-valley

lăcui *vt* to varnish, to lacquer

lăcustă *sf* locust

lăfăi *vr* to lead a life of ease

lămîi *sm* lemon; ~ *e* lemon

lămuri *vt (ceva)* to make clear; *(pe
cineva)* to enlighten; *(a elucida)* to
illuminate, to clear up; *te-ai* ~ *t?* is
everything clear to you?

lămurire *sf* explanation

lăncier *sm* spear man

lăptar *sm* milkman

lăptăreasă *sf* milkwoman

lăptărie *sf* milkshop; *(fermă)* dairy

lărgi *vt,vr* to widen

lărgime *sf* width, breadth

lăsa 1 *vt* to let; to allow, to permit; *(a
abandona)* to leave; *a* ~ *ceva
deoparte* to leave smth aside; *a* ~ *în
jos* to lower; *a* ~ *liber* to set free; *a* ~
să cadă to let drop; *lasă-mă să citesc*
let me read; *lasă-l să intre* let him in;
las-o mai domol! take it easy!; *lasă-mă
în pace!* let me alone!; *lasă pe mine!*
leave it to me! 2 *vr se lasă seara* it is
getting dark; *a se* ~ *de fumat* to give

up smoking; *a nu se* ~ not to give in

lăstar *sm* offshoot, sprout

lătra *vi* to bark; to yelp

lăturalnic *adj* side; *stradă* ~ *ă* by -
street

lături *sf pl* slops; swill

lăţi *vr* to widen

lăţime *sf* breadth, width; *are 2 metri în*
~ it is 2 metres broad

lăţos *adj* shaggy

lăuda 1 *vt* to praise 2 *vr* to boast, to
brag

lăudabil *adj* praiseworthy

lăudăros 1 *sm* braggart 2 *adj*
boisterous, rambunctious

lăută *sf* lute

leac *sn* remedy

leafă *sf* salary

leagăn *sn (pat)* cradle; *(scrînciob)*
swing; *cîntec de* ~ lullaby

lebădă *sf* swan

lector *sm* lecturer; *(de carte)* reader

lectură *sf* reading

lecţie *sf* lesson; *(oră la şcoală)* class

lecui 1 *vt* to cure 2 *vr* to recover

lefter *adj* penniless

lega 1 *vt* to tie, to bind; to unite 2 *vr (de)*
to become fond (of); *a se* ~ *de o
femeie* to accost a woman

legal *adj* legal, lawful

legatar *sm* heir

legăna *vt,vr* to swing, to rock

legătură *sf* connection, link; *(afectivă)*
bond; *(relaţie)* relation; *(electrică)*
coupling; ~ *de dragoste* love affair,
relationship; *în* ~ *cu* in connection
with; *a ţine legătura cu* to keep in
touch with

lege *sf* law, ~ *a cererii și a ofertei* the law of supply and demand; *proiect de* ~ bill

legendă *sf* legend

legifera *vt* to legislate

legitim *adj* legitimate

legitimație *sf* pass

legumă *sf* vegetable

leit *adj a fi* ~ *cu (maică-sa)* to be the very image of (one's mother)

lejer *adj* easy-fitting; slack; lax

lemn *sn* wood; ~ *de foc* firewood; ~ *de esență moale* softwood; ~ *de esență tare* hardwood; *de* ~ wooden

lene *sf* laziness, idleness

leneș 1 *adj* lazy, idle **2** *sm* sluggard, lazybones

lenevi *vi* to idle, to loll about

lenjerie *sf (de corp)* underwear; *(de pat)* bedclothes

lent *adj* slow, sluggish

lentilă *sf* lens

leoaică *sf* lioness

leoarcă *adv ud* ~ sodden, sopping, soaking wet

leopard *sm* leopard

lepădătură *sf* villain, worm

lepră *sf* leprosy

lepros *sm* leper

lesă *sf* leash

lesne *adv* easily

lest *sn* ballast

leș *sn* corpse

leșin *sn* swoon; *a-și reveni din* ~ to come to

leșina *vi* to faint, to swoon

leșinat *adj* senseless; ~ *de foame* faint with hunger

letcon *sn* soldering hammer

leu *sm* lion; *partea* ~ *lui* the lion's share; *pui de* ~ whelp; *(zodie)* Léo (the Lion)

leucemie *sf* leukemia

leuștean *sm* lovage

levată *sf (la cărți)* trick

levănțică *sf* lavender

levier *sn* lever

lexic *sn* vocabulary

lexicografie *sf* lexicography

leziune *sf* injury, wound

libelulă *sf* dragon fly

liber *adj* free; *(neocupat)* vacant; *(gol)* empty; ~ *-arbitru* free will; *în aer* ~ in the open; *intrarea* ~ *ă* admission free; *timp* ~ leisure; *zi* ~ *ă* day off

liberal *sm,adj* liberal

libertate *sf* freedom; ~ *a cuvîntului* freedom of speech; ~ *a presei* freedom of the press; *a pune în* ~ to set free

libidinos *adj* libidinous, lascivious, lewd

librar *sm* bookseller

librărie *sf* bookshop

licări *vi* to sparkle, to glitter; to wink

licențiat *sm* licentiate

liceu *sn* secondary school

lichid *sn* liquid

lichida *vt* to liquidate; *(a omori)* to do for

lichior *sn* liqueur

licita 1 *vt* to auction **2** *vi* to bid

licitație *sf* auction; *(la bridge)* bidding

licurici *sm* glow worm

lift *sn* lift; elevator *(în U.S.A.)*

ligă *sf* league

lighean *sn* basin, wash-bowl *(în U.S.A.)*

lighioană *sf* wild beast

lihnit *adj* starving

lila *adj* lilac

liliac *sm (arbust)* lilac; *(animal)* bat

liman *sn* bank; coast

limbaj *sn* language

limbă *sf* tongue; *(limbaj)* language; *(de foc)* flame; *(de ceas)* hand; *(de pămînt)* spit

limbut *adj* garrulous

limita 1 *vt* to limit, to restrict 2 *vr (la)* to confine (at)

limitat *adj* limited; narrow-minded

limită *sf* limit; margin

limpede *adj* clear, limpid; *e ~!* it's clear!

limpezi *vt (rufe)* to rinse; *(a clarifica)* to clear up, to ellucidate

limuzină *sf* sedan

lin *adj* slow, easy; quiet; smooth; *(d. o pantă)* gentle

lingav *adj* squeamish

lingău *sm* sycophant

linge *vt* to lick; *(d. pisici)* to lap

lingou *sn* ingot

lingură *sf* spoon; *o ~ de zahăr* a spoonful of sugar; *~ de luat spuma* skimmer

linguriţă *sf* tea spoon

linguşi *vt* to flatter; to toad

linguşitor 1 *adj* flattering; soapy 2 *sm* toady, yes-man

lingvistică *sf* linguistics

linie *sf* line; *(riglă)* ruler; *~ dreaptă* straight line; *capăt de ~* terminal

linioară *sf* dash

linişte *sf* silence, quiet, calm; peace; equanimity; serenity, tranquility; *faceţi ~!* be quiet!, hush!

linişti 1 *vt* to calm; to soothe; *(durerea)* to alleviate 2 *vr* to calm/to settle down; *(d. furtună)* to subside

liniştit *adj* quiet, calm

liniştitor *adj* soothing; restful

liniuţă *sf* ~ *de unire* hyphen

lins *adj* sleek, smooth, lank

lipăi *vi* to shuffle one's feet; *(d. animale)* to lap

lipi *vt* to glue; *(un timbru)* to stick; *(metale)* to solder

lipici *sn* glue

lipicios *adj* sticky; viscid; *(d. cineva)* attractive, appealing

lipitoare *sf* leech

lipsă *sf* absence; *(a unui produs)* want, lack; *(nevoie)* need; *~ de alimente* want of food; *~ de apă* lack of water; *~ de orez (pe piaţă)* shortage of rice; *~ de informaţii* absence of information; *ţi-am simţit lipsa* I missed you

lipsi *vi* to be absent; to be missing; to lack; *îi lipseşte curajul* he lacks courage

liră *sf* lyra; *(sterlină)* pound

listă *sf* list; *~ de bucate* bill of fare

literar *adj* literary

literatură *sf* literature

literă *sf* letter; *~ mare* capital letter; *~ mică* small letter

litigiu *sn* litigation

litoral *sn* littoral

litru *sm* litre

livadă *sf* orchard; meadow

livrare *sf* delivery

lînă sf wool; de ~ woollen
lîncezeală sf languor
lîncezi vi to wilt, to languish
lîngă prep near, by, about; pe ~ asta moreover
lob sn lobe
loc sn place; position; spot; room; (de pămînt) plot; (de şezut) seat; (de plimbare) walk; ~ în picioare standing room; a avea ~ to take place, to happen; de ~ not at all; din ~ în ~ here and there; din capul ~ului from the beginning; du-te la ~ul tău go back to your place; e la ~ul lui he is a decent person; a face ~ to make room/way; a-şi face ~ to make room for oneself; ia ~! sit down!; la un ~ together; pe ~ on the spot; pune-l la ~! put it back in its place!; a sta pe ~ to stand still; stai pe ~! don't move!, stay right where you are!; a sta ţintuit ~ului to stand stockstill; stai ~ului! stop fidgeting!
local 1 sn building; public house 2 adj local
localitate sf locality, place
localnic sm native
locatar sm tenant
locomotivă sf engine, locomotive
locotenent sm lieutenant
locţiitor sm deputy
locui vi to live, to reside
locuinţă sf dwelling; house
locuitor sm inhabitant
logică sf logic
logodi vr to become engaged
logodnă sf engagement
logodnic sm fiancé

logodnică sf fiancée
loial adj loyal, faithful
lojă sf (la teatru) box
longevitate sf longevity
longitudine sf longitude
lopată sf spade; shovel
lord sm lord; Camera Lorzilor the House of Lords
lot sn (de pămînt) plot; (de marfă) lot
loterie sf lottery
loţiune sf lotion
lovi 1 vt to hit, to strike; (cu piciorul) to kick; (cu palma) to slap; (mingea) to hit 2 vr (de) to hit/to knock (against)
lovitură sf blow; knock; (cu piciorul) kick; (sport) hit, stroke, kick; ~ de colţ cornerkick; ~ liberă free kick; ~ de pedeapsă penalty kick; ~ de stat coup d'état
loz sn lottery ticket
lozincă sf slogan
lua 1 vt to take; to seize; to buy; (o boală) to catch; a o ~ din loc to be off; a o ~ la fugă to take to flight; a ~ la rost to fly at smb; a ~ pe departe to beat about the bush; cît îţi ia ca să ajungi la...? how much does it take to reach...? 2 vr to marry; a se ~ la bătaie¦ceartă to start a fight/a quarrel; a se ~ după to imitate
lubrifiant sm lubricant
luceafăr sm ~ul de dimineaţă morning star; ~ul de seară evening star
luci vi to shine, to gleam
lucid adj lucid
lucios adj shining, glossy
luciu sn gloss, lustre

lucra *vt, vi* to work
lucrare *sf* work; ~ *de control* control paper; *lucrările ședinței* the proceedings of the meeting
lucrativ *adj* profitable
lucrător *sm*, **lucrătoare** *sf* worker
lucru *sn* thing, object; work, action; problem; *un ~ de nimic* a trifle; *zi de ~* working day
lugubru *adj* lugubrious, dismal; bleak; horrible, awful
lujer *sm* (*la plantă*) stem
lulea *sf* pipe
lume *sf* world; mankind; people; *ca ~a* well, properly; *a ieși în ~* to go out; *în ~a întreagă* all over the world; *la capătul lumii* to the world's end; *om de ~* man of the world; *~a de apoi* the next world; *pentru nimic în ~* not for the world
lumina 1 *vt* to light 2 *vi* to shine 3 *vr* (*d. cer*) to clear up; (*d. față*) to brighten up; (*a înțelege*) to understand; *se luminează de ziuă* day is breaking
luminat *adj* lighted, lit; enlightened, well-informed; (*d. față*) brightened
lumină *sf* light; *a aprinde/a stinge lumina* to switch on/off the light; *a ieși la ~* to come out; *într-o ~ bună/~rea* in a good/bad light; *la lumina lumânării* by the light of a candle; *pe ~* in the daytime
luminiș *sn* glade
luminos *adj* bright, radiant
lumânare *sf* candle; (*mică*) taper; *a stinge o ~* to snuff out a candle
lună *sf* (*pe cer*) moon; (*calendaristică*) month; *acum o ~* a month ago; *luna*

trecută last month; *un copil de două luni* a two-month old baby; *o ~ mai tîrziu* a month later; *peste o ~* after a month
luncă *sf* everglade
luneca *vi* to slip; (*a umbla ușor*) to slip away/past, to slide, to glide
lunecos *adj* slippery
lunecuș *sn* glazed ice
lunetă *sf* field glass
lung 1 *adj* long; (*înalt*) tall; vast, extensive; (*apos*) watery; *e ~ de doi metri* it is two metres long 2 *adv* long, for a long time 3 *sn* length; *în ~ și în lat* along and across
lungi *vt, vi* to lengthen; to elongate
lungime *sf* length
luni *sf* Monday
luntre *sf* boat
lup *sm* wolf; *pui de ~* whelp
lupă *sf* magnifying glass
lupoaică *sf* she-wolf
lupta *vi, vr* to fight, to struggle; (*sport*) to wrestle
luptă *sf* fight, struggle; (*sport*) contest; ~ *de stradă* street fight
luptător *sm* fighter; (*sport*) wrestler
lustragiu *sm* shoeblack
lustră *sf* chandelier
lustru *sn* polish, gloss
lustrui *vt* to polish; (*pantofi*) to black; (*tacîmuri*) to rub up
lut *sn* clay
lux *sn* luxury; *de ~* luxury, exclusive
luxa *vt* to sprain; ~*ție* sprain
luxos *adj* luxurious, rich
luxuriant *adj* lush, abundant, rank

M

mac[1] *interj* quack!

mac[2] *sm* poppy

macabru *adj* macabre

macara *sf* crane; ~*giu* craner

macaroane *sf pl* macaroni

macaz *sn* switch; *a schimba* ~*ul* to switch the points

machia *vt,vr* to make up

macrou *sn* mackerel

maestru *sm* master; expert

magazie *sf* warehouse, storehouse

magazin *sn* shop; store; ~ *universal* department store

maghernița *sf* hut

maghiar *sm,adj* Magyar

magician *sm* magician

magistrală *sf* thoroughfare

magistrat *sm* magistrate

magiun *sn* jam

magnat *sm* magnate, tycoon

magnet *sm* magnet

magnetofon *sn* tape recorder; *bandă de* ~ recording tape

magneziu *sn* magnesium

mahala *sf* outskirts

mahmur *adj* dizzy, seedy

mahmureală *sf* hang-over

mahon *sm* mahogany

mai[1] *adv* more: ~ *frumos* more beautiful; -er: ~ *mare* bigger; most: *cel* ~ *frumos* the most beautiful; -est: *cel* ~ *mare* the biggest; almost: ~ *nimeni* almost no one; still: *încă îl* ~ *iubește* she still loves him; another: ~ *vrei o ceașcă cu ceai?* will you have another cup of tea?; ~-~ on the point of, nearly; ~ *încearcă!* try again; ~ *tîrziu* later on; ~ *e vorbă!* certainly!; ~ *vrei zahăr?* do you want any more sugar?; *ce* ~ *femeie!* what a woman!; *cît* ~ *e timp* while there is yet time; *cît* ~ *curînd* as soon as possible; *din ce în ce* ~ *frumos* more and more beautiful; *din ce în ce* ~ *rău* worse and worse; *mult* ~ much more; *pe cine ai* ~ *văzut acolo?* who else have you seen there?; *să nu* ~ *mănînci ciuperci* you shouldn't eat mushrooms any more

mai[2] *sm* May

mai[3] *sn* road roller

maia *sf* leaven

maiestate *sf* majesty

maiestuos *adj* imposing

maimuță *sf* monkey; ape

maimuțări *vt* to mimic

maioneză *sf* mayonnaise

maior *sm* major

maiou *sn* vest, undershirt *(în S.U.A.)*

maistru *sm* foreman

major *adj* major; *(important)* important

majora *vt* to raise, to increase

majorat *sn* a *ajunge la* ~ to come of age

majordom *sm* butler

majoritate *sf* majority; *in* ~ *a cazurilor* in most cases

majusculă *sf* capital letter

mal *sn (de mare)* shore; *(de lac)* border; *(de râu)* bank, river side

malarie *sf* malaria

maldăr *sn* heap, pile

maleabil *adj* malleable, pliable; supple; *(d. cineva)* tractable, yielding

maliţios *adj* malicious

maltrata *vt* to ill-treat, to maltreat

malţ *sn* malt

mamă *sf* mother; mummy; ma; ~ *vitregă* step mother

mamelă *sf* breast

mamifer *sn* mammal

manà *sf* manna

mandarin *sn* mandarin tree

mandarină *sf* tangerine, mandarin

mandat *sn* mandate; ~ *poştal* money-order; ~ *de arestare* warrant

manechin *sn* *(de lemn)* dummy;*(persoană)* mannequin; man of straw

manetă *sf* handle, lever

manevra *vt* to manipulate; *(un dospozitiv)* to operate

manevră *sf* manoeuvre; *manevre* intrigues

mangal *sn* charcoal

mangan *sn* manganese

maniac *sm* stickler

manichiură *sf* manicure

manichiuristă *sf* manicurist

manie *sf* mania

manierat *adj* well-mannered, urbane

manieră *sf* politeness; *maniere* manners

manifest *sn* leaflet

manifesta 1 *vt* to manifest, to show clearly 2 *vi* to demonstrate

manifestant *sm* demonstrant

manifestaţie *sf* demonstration

manipula *vt* to handle

manipulant *sm* tram driver

manivelă *sf* crank, handle

mansardă *sf* attic; *(luxoasă)* penthouse

manşă *sf* *(la bridge)* round

manşetă *sf* cuff

manşon *sn* muff

manta *sf* mantle

mantie *sf* cloak, wrap

manual 1 *sn* textbook 2 *adj* manual

manuscris *sn* manuscript

mapă *sf* portfolio

maraton *sn* marathon

marca *vt* to mark; to emphasize, to set off; *(sport)* to score

marcaj *sn* mark; sign

marcant *adj* important, remarkable

marcă *sf* mark; sign;*(poştală)* stamp; *marca fabricii* trade mark; ~ *de ţigări* brand of cigarettes

marchiz *sm* marquis

marchiză *sf* marchioness; *(antreu)* awning

mare 1 *sf* sea; *Marea Neagră* the Black Sea; *a merge la* ~ to go to the sea side 2 *adj* big: *o clădire* ~ a big building; great: *marile puteri* the great powers; large: *familie* ~ large family; ~ *la inimă* generous; ~ *a majoritate* the great majority; ~ *mîncău* great eater; ~ *şi tare* influential; *greşeală* ~ gross error; *gură* ~ *(certăreţ)* big mouth; *om* ~ grown-up; *un pictor* ~ a great painter;*strada* ~ the main street; *zgomot* ~ big noise

maree *sf* tide

mareşal *sm* marshal

marfă *sf* marchandise, goods, wares
margaretă *sf* daisy
margarină *sf* margarine
margine *sf* edge; verge; brim; limit; *(mal)* border, shore, bank; *(de prăpastie)* brink; *(capăt)* end; *fără margini* boundless; *la ~ a Bucureștiului* on the outskirts of Bucharest
mariaj *sn* marriage
marin *adj* marine; *hărți ~e* sea maps
marinar *sm* sailor; *a se face ~* to go to sea
marină *sf* sea service
marionetă *sf* puppet
marmeladă *sf* jam
marmură *sf* marble
maro *adj* brown; *~ deschis* tawny
marș *sn* march
martie *sm* March
martir *sm* martyr
martor *sm* witness; *~ ocular* eye witness
marți *sf* Tuesday
masa 1 *vt* to massage **2** *vr* to mass
masacra *vt* to massacre
masacru *sn* massacre, slaughter
masaj *sn* massage
masă *sf* table; meal; *(mulțime)* mass; *~ bogată* square meal; *~ de dimineață* breakfast; *~ de prinz* lunch; *~ de seară* dinner; *față de ~* table-cloth; *miting de ~* mass meeting; *a pune masa* to lay the table; *sală de ~* refectory; *a strînge masa* to clear the table; *trei mese pe zi* three meals a day
mascal *vt* to mask **2** *vr* to mask oneself
mascat *adj* masked

mască *sf* mask; *(cosmetică)* face-pack; *~ de gaze* gas mask
mascul *sm* male
masculin *adj* masculine; male
masiv 1 *sn* massif **2** *adj* massive; solid; *(d. cineva)* stout
masochism *sn* self-torture
masonerie *sf* freemasonry
masor *sm* masseur
mașcat *adj* coarse
mașinal *adj* mechanical, involuntary
mașinații *sf pl* schemes
mașină *sf* machine; car
mașinărie *sf* machinery
mat 1 *sn* check mate **2** *adj* mat
mata *pron* you
matahală *sf* giant, colossus
matcă *sf* *(de rîu)* bed; *(albină)* qeen
matelot *sm* sailor
matematică *sf* mathematics
matematician *sm* mathematician
material 1 *sn* material; *(pînză etc.)* cloth **2** *adj* material
materie *sf* matter; substance; *(la școală)* subject matter; *tablă de materii* table of contens
matern *adj* maternal; *limbă ~ă* mother tongue
maternitate *sf* maternity
matineu *sn* matinée
matriță *sf* mould
matroană *sf* matron
matur *adj* grown-up; mature; ripe; *~itate* maturity
mațe *sn pl* bowels
maxilar *sn* jaw
maxim *sn, adj* maximum
maximă *sf* maxim, sentence

maximum *sn, adj* maximum

mazăre *sf* pea

măcar *adv* at least; even; ~ *că* although

măcăi *vi* to quack; ~*t* quack

măcel *sn* massacre, slaughter

măcelar *sm* butcher

măcelărie *sf* butcher's

măceş *sm* sweet briar

măcina *vt* to mill, to grind

măciucă *sf* bludgeon

măduvă *sf* marrow

măgar *sm* ass, donkey, jackass

măgăriţă *sf* she-ass

măguli *vt* to flatter

măgulit *adj* self-satisfied, flattered

măgulitor *adj* flattering

măgură *sf* hill

măi *interj* hey!; I say!

măiestrie *sf* skilfulness, craftsmanship

mălai *sn* maize flour; ~*-mare* simpleton

mălăieţ *adj* mellow; *(d. cineva)* soft, sapless

mămăligă *sf* hominy

mămică *sf* mummy

mănăstire *sf* monastery

mănos *adj* fertile; rich

mănunchi *sn* bundle, wisp

mănuşă *sf* glove; *(cu un deget)* mitten

măr 1 *sm* apple tree; 2 *sn* apple; ~ *pădureţ* crab; ~*ul discordiei* bone of contention; *a bate* ~ to wallop

mărar *sm* dill

mărăcine *sm* bramble

măreţ *adj* imposing; magnificent; mighty; lofty

măreţie *sf* grandeur

mărfar *sn* goods train

mărgăritar *sn* pearl

mărgea, mărgică *sf* bead

mărgini 1 *vt* to limit 2 *vr (cu)* to border (on); *(la)* to confine (to)

mărginit *adj* limited, narrow-minded

mări 1 *vt* to enlarge; to increase, to augment; *(preţuri)* to raise; *(a intensifica)* to heighten; *(cu lupa)* to magnify 2 *vr* to grow, to increase

mărime *sf* size, dimension; importance

mărinimie *sf* magnanimity

mărinimos *adj* magnanimous; kind-hearted

mărita *vr* to get married; ~ *tă* married

mărturie *sf* testimony; *a depune* ~ to give evidence, to testify

mărturisi *vt* to declare, to assert; to admit

mărţişor *sn* trinket

mărunt *adj* small; *(scund)* low, short; *(neînsemnat)* unimportant; *bani mărunţi* small change; *oameni mărunţi* ordinary people; *necazuri* ~*e* petty troubles; *a vorbi despre lucruri* ~*e* to talk trivialities

măruntaie *sf pl* entrails; offal

mărunţi *vt* to cut up, to cut into pieces; to tear to pieces/to bits

mărunţiş *sn* small change; ~*uri* trifles

măscărici *sm* clown, zany

măsea *sf* tooth; ~ *de minte* wisdom tooth; *durere de măsele* toothache

măslin *sm* olive tree; ~*ă* olive

măslui *vt* *(cărţi)* to stack *(în S.U.A.)*; *(zaruri)* to load

măsura *vt* to measure; to estimate; *a*

~ *pe cineva cu privirea* to take stock of smb

măsurat *adj* measured; *(d. cineva)* temperate

măsură *sf* measure; *(la pantofi)* size; ~ *de lungime* measure of length; *în ce* ~ *?* to what extent?; *în mare* ~ to a great extent; *a lua măsuri* to take measures/steps; *în măsura posibilului* as far as possible

mătase *sf* silk; *de* ~ silken

mătăsos *adj* silky

mătreață *sf* dandruff, scurf

mătura *vt* to sweep

mătură *sf* broom

măturător *sm* sweeper

mătușă *sf* aunt

mea *adj f* my; *este a* ~ it is mine

mecanic *sm* mechanic; *(de tren)* engine driver, motorman

mecanism *sn* machinery; device

mecaniza *vt* to mechanize

meci *sn* match

medalie *sf* medal

medalion *sn* locket

media *vt* to mediate

medic *sm* physician; ~ *chirurg* surgeon; ~ *internist* general practitioner

medicament *sn* medicine

medicinal *adj* medicinal; *plantă* ~*ă* medicinal plant

medicină *sf* medicine

medie *sf* average, mean; *în* ~ on the average

mediocru *adj* mediocre, middling, passable

medita 1 *vt* to prepare 2 *vi* to think of

mediu 1 *sn* medium, environment; *(natural)* surroundings

meduză *sf* jelly fish

megafon *sn* loud speaker

mei[1] *sm* millet

mei[2] *pron* my; *ai* ~ mine

melancolic *adj* melancholic, sad; wistful

melancolie *sf* melancholy, despondency

melc *sm* snail

melodie *sf* melody, tune

melodios *adj* melodious, tuneful

membru 1 *sn (mădular)* limb; 2 *sm (persoană)* member

memora *vt* to memorize

memorabil *adj* memorable

memorie *sf* memory

memoriu *sn* memorial; *memorii* memoirs

memoriza *vt* to memorize

menaj *sn* housekeeping; marriage

menaja *vt* to treat leniently

menajeră *sf* housekeeper

menghină *sf* vince

meni *vt* to destine

meningită *sf* meningitis

menire *sf* role, part

menit *adj* destined

meniu *sn* bill of fare; ~ *fix* table-d'hôte

menstruație *sf* menstruation, period

mentalitate *sf* outlook, conception

mentă *sf* mint

menține 1 *vt* to maintain, to keep 2 *vr* to remain; to come to stay

menționa *vt* to mention, to refer to; to

specify; *(a cita)* to quote; *(a numi)* to name

mercantil *adj* mercantile

mercenar *sm* mercenary

mercerie *sf* haberdashery; notions *(in S.U.A.)*; *(magazin)* small-ware shop

mercur *sn* mercury, quick silver

mereu *adv* always, all the time; ceaselessly

merge *vi* to go; to walk; to step; to move; *(agale)* to sounter; *(clătinindu-se)* to stagger; *(continuu)* to plod on; *(crăcănat)* to straddle; *(din greu)* to trudge; *(incolonați)* to troop; *(la trap)* to trot; *(legănindu-se)* to waddle; *(repede cu pași mici)* to trip; *(sfios)* to sidle; *(țanțoș)* to swagger; *a ~ușor* to pussy foot; *a ~ bine (d. ceas)* to keep good time; *a ~ la cumpărături* to go shopping; *a ~ din greu prin apă* to wade; *a ~ în gol* to idle; *a ~ prost* to go wrong; *a ~ tirșiind picioarele* to shuffle; *a ~ cu viteză (d. un vehicul)* to scorch; *fel de a ~* pace; *ce-ar fi să ~m?* suppose we go?; *hai să ~m!* let's go!

meridian *sn* meridian

merit *sn* merit

merita *vt* to be worth, to deserve

merituos *adj* valuable

mers *sn* walking; gait; march

mesager *sm* messenger

mesaj *sn* message

meschin *adj* mean, niggardly, near

meserie *sf* profession; trade

mesteacăn *sm* birch

mesteca *vt* to chew, to munch

meșter *sm* master; *(meseriaș)* jour

neyman

meșteșug *sn* profession; trade; *(iscusință)* handicraft

metaforă *sf* metaphor

metal *sn* metal

metalurgie *sf* metallurgy

meteorologic *adj buletin ~* weather report

meteorologie *sf* meteorology

meticulos *adj* meticulous, thorough

metodă *sf* method

metresă *sf* mistress

metropolă *sf* capital

metrou *sn* underground, subway *(in S.U.A.)*; the tube

metru *sm* metre

meu, mea *adj, pron* my; *al meu, a mea* mine

mexican *sm,adj* Mexican

mezin *sm* the youngest child

mi 1 *sm* mi 2 *pron* me; *dă-mi cartea* give me the book

mic *adj* little: *o casă ~ă* a little house; small: *un oraș ~* a small town; tiny: *un om ~ de tot* a tiny man; *(neinsemnat)* trifling; *~ de stat* short; *cheltuieli ~i* petty expenses; *efort ~* slight effort; *haine ~i* tight clothes; *lumină ~ă* dim light; *zi ~ă* short day

microb *sm* microbe

microbuz *sn* minibus

microfon *sn* microphone

microscop *sn* microscope

micșora *vt* to reduce; to diminish; to shorten; to lessen

mie 1 *num* thousand 2 *pron* me; to me

miel *sm* lamb

miercuri *sf* Wednesday

miere sf honey

mierlă sf blackbird

mieros adj unctuous; (d. vorbe) sweet, pleasant; (d. cineva) sleek, smooth-tongued

mieuna vt to mew; ~t mew

miez sn (de fruct) pulp; (mijloc) core; (de nucă) kernel; (tîlc) significance; la ~ul nopții at midnight; la ~ul zilei at noon

migală sf punctiliousness, scrupulosity

migălos adj punctilious, meticulous

migdal sm almond tree; ~ă almond

migrenă sf headache

miji vi se mijea de ziuă the day was breaking

mijloc sn middle; centre; (talie) waist; (jumătate) half; mijloace means; în ~ul camerei in the middle of the room; în ~ul nostru among us; a cuprinde pe cineva de ~ to take smb round the waist; cale de ~ middle course; mijloace de transport means of transport

mijlocaș sm (fotbal) half-back

mijloci vi to intervene

mijlocitor sm intermediary

mijlociu adj middle; medium; average; (d. calitate) middling

milă[1] sf pity, compassion; mercy; sympathy; din ~ out of pity; fără ~ merciless

milă[2] sf mile

mileniu sn millenium

miliard sn,num milliard; billion (în S.U.A.)

milion sn, num million

milionar sm millionaire

milita vi (pentru) to militate/to fight (for)

militar sm military man; soldier

milog sm beggar

milogi vr to beg

milos adj compassionate; kind-hearted

milostiv adj compassionate; forgiving; merciful; generous

mim sm mime

mima vt to mime

mina vt to mine

mină sf mine; ~ de cărbune coal mine; (de creion) lead; (înfățișare) countenance, mien

mincinos 1 adj (d. cineva) lying; (fals) false; (înșelător) deceptive; (neadevărat) untruthful, mendacious 2 sm liar

minciună sf lie; fib; untruth; ~ gogonată walloping lie

miner sm miner

mineral adj mineral; apă ~ă mineral water

minereu sn ore

minge sf ball; ~ de fotbal football

minijupă sf miniskirt

minim sn minimum

minimaliza vt to minimize

minimum sn, adj minimum

minister sn ministry

ministru sm minister

minor adj minor; under age; (neînsemnat) trifling, trivial

minte sf mind; thinking; reason; fără ~ silly; a fi în ~a copiilor to be in one's second childhood; a învăța ~ to read smb a lesson; a scoate din *minţi* to get on smb's nerves; *mi-a stat ~ a-n loc* it made my brain reel

minţi *vi* to lie; to cheat

minuna *vr* to marvel; to wonder

minunat *adj* marvellous; splendid; capital; exceptional; exquisite; charming; delightful; gorgeous

minune *sf* marvel; miracle; wonder; *copil ~* child prodigy; *de ~* swimmingly; *a face minuni* to work wonders

minus *sn* minus

minuscul *adj* diminutive, minute

minut *sn* minute

minutar *sn* minute hand

minută *sf* minutes

minuţios *adj* punctilious; *(d. o examinare)* thorough, exhaustive; *(d. o relatare)* particular

minuţiozitate *sf* particularity

miop *adj* short-sighted; *~ie* short-sightedness

miorlăi *vi* to mew; to whine

mira 1 *vt* to surprise; to amaze **2** *vr* to wonder; to marvel

miracol *sn* miracle; marvel

miraculos *adj* miraculous; surprising

miraj *sn* mirage

mirare *sf* wonder

mirat *adj* astonished; surprised

mire *sm* bridegroom

mireasă *sf* bride

mireasmă *sf* fragrance, perfume, scent

miriapod *sn* millepede

mirodenie *sf* spice

mironosiţă *sf* prude

miros *sn* smell; odour, scent; *~ de*

smack of; *~ urît de* reek of

mirosi *vt, vi* to smell; *(urît)* to stink

misionar *sm* missionary

misit *sm* intermediary

misiune *sf* mission; errand; *(rol)* role, part, duty

misivă *sf* note; letter

misogin *sm* misogynist

mister *sn* mystery

misterios *adj* mysterious, uncanny

mistifica *vt (a falsifica)* to juggle; *(cuvintele cuiva)* to misconstrue

mistreţ *sm* wild boar

mistrie *sf* trowel

mistui *vt* to digest; *(d. foc)* to burn, to consume

mistuitor *adj* consuming; shattering; yearning

mişca *vt, vr* to move; to stir; to budge; *mişcă-te!* look alive!; *a fi ~ t pînă la lacrimi* to be moved to tears; *am fost profund mişcaţi* we were moved deeply

mişcare *sf* movement; motion; *(unduitoare)* sway; *(la şah)* move; */mişcări sociale etc./* disturbances, troubles; *in ~* on the move/go; *a pune in ~ (un mecanism)* to start

mişcat *adj (emoţionat)* moved

mişel *sm* scoundrel

mişeleşte *adv* cowardly; meanly

mişto *adj* swell

mişuna *vi (de)* to teem/ to swarm (with)

mit *sn* myth

mită *sf* bribe

miting *sn* meeting, rally

mititel *adj* tiny, teeny-weeny

mitocan *sm* boor, churl
mitocănie *sf* boorishness
mitologie *sf* mythology
mitoman *sm* mythomaniac
mitomanie *sf* mythomania
mitralieră *sf* machine gun
mitropolie *sf* metropolitan church
mitropolit *sm* metropolitan
mitui *vt* to bribe, to square
mixt *adj* mixed
miza *vt* to stake
mizantrop *sm* misanthropist
miză *sf* stake
mizerabil *adj (d. cineva)* mean, despicable; *(d. ceva)* abject
mizerie *sf* misery; poverty; *un salariu de ~* a miserable salary; *hrană de ~* wretched food
mîhni *vt,vr* to grieve
mîhnire *sf* grief; sadness
mîhnit *adj* sad, sorrowful; sore
mîine *adv* tomorrow; *de ~ într-o săptămînă* tomorrow week
mîl *sn* ooze
mîlc *adv a tăcea ~* to keep mum
mîna *vt* to drive; to urge
mînă *sf* hand; *~ spartă* spendthrift; *a da pe mîna poliției* to turn smb over to the police; *a da mîna (cu cineva)* to shake hands; *de mîna întîi* first-rate, tip-top; *a face cu mîna* to wave; *ia mîinile!* hands off!; *o ~ de ajutor* a helping hand; *o ~ de oameni* a handful of people
mînca *vt* to eat; *(d. insecte)* to bite; *mă mănîncă palma stîngă* my left hand is itching
mîncare *sf* food; *~ a ei favorită* her

favourite dish; *poftă de ~* appetite
mîncăcios *sm* glutton
mîncărime *sf* itching
mîndrețe *sf* beauty; *o ~ de față* a peach of a girl
mîndri *vr (cu)* to be proud (of), to pique oneself (on)
mîndrie *sf* pride; vanity
mîndru *adj* proud; haughty
mînecă *sf* sleeve; *cu mîneci scurte* short-sleeved; *fără mîneci* sleeveless
mîner *sn* handle; *(sferic)* knob
mîngîia *vt* to pat, to stroke; to caress, to fondle; to console; *(a alina)* to soothe
mîngîiere *sf* caress; *a găsi ~ în muzică* to find solace in music
mîngîietor *adj* caressing; consoling
mînia *vr* to get angry
mînie *sf* ire, rage; *iute la ~* quick-tempered
mînios *adj* furious; glaring, wrathful
mînji *vt* to dirty; to grime
mîntuială *sf de ~* superficially
Mîntuitorul *sm* the Saviour
mînui *vt* to handle; to operate
mînz *sm* foal
mîrîi *vi* to snarl; to growl; *~t* snarl
mîrşav *adj* mean, base; *(d. o faptă)* scurvy
mîrşăvie *sf* indignity
miță *sf* pussy cat
mîzgă *sf* slime
mîzgăli *vt* to smear; to scrawl
mlaştină *sf* marsh, slough, quagmire, morass
mlădios *adj* supple, lithe, lissome
mlădiță *sf* sprout, offshoot; twig

mlăştinos *adj* marshy; *ţinut* ~ moor
moale *adj* soft; *(d. ou)* soft-boiled;
(d.cineva) weak, languid, flabby;
(mătăsos) silky; *om* ~ mollycoddle
moară *sf* mill
moarte *sf* death; *(deces)* decease; ~
prin accident death by misadventure;
fără ~ eternal; *pe patul de* ~ at
death's door; *a se plictisi de moarte* to
be bored to death
moaşă *sf* midwife
mobil 1 *sn* motive, reason **2** *adj*
,mobile, movable
mobila *vt* to furnish
mobilă *sf* furniture
mobiliza *vt* to mobilize
mocăit *sm* dawdler
mochetă *sf* moquette
mocirlă *sf* marsh; morass; mud, slush
mocni *vi* to smoulder
mocofan *sm* milksop; churl
mod *sn* mode, way, manner
modalitate *sf* method; manner; means
modă *sf* fashion; *la* ~ in fashion; *nu
mai este la* ~ it is out of fashion; *jurnal
de* ~ fashion magazine; *îmbrăcat
după ultima* ~ dressed in the latest
fashion
model *sn* model; pattern; example
modela *vt* to model, to shape
moderat *adj* moderate; middling;
preţuri ~*e* reasonable prices
modern *adj* modern, up-to-date
moderniza *vt* to modernize
modest *adj* modest, unassuming,
meek; *casă* ~ *ă* humble house
modestie *sf* modesty
modifica *vt* to modify, to change; *(a*

corecta) to set right
modificare *sf* modification, change
modistă *sf* milliner
mofluz *adj* morose, sullen, surly,
grumpy
mofturos *adj* fastidious, choosy, dainty
mohorît *adj* dreary; dark; *(d. cineva)*
dejected, gloomy
mojic *sm* churl, cad
molatic *adj* slow; flabby, weak, languid
molcom *adj* slow; quiet; mild
moleculă *sf* molecule
molesta *vt* to rough up, to maltreat
moleşeală *sf* torpor, weakness
moleşi *vr* to weaken
molfăi *vt* to munch
molid *sm* spruce fir
molie *sf* moth
molimă *sf* epidemic
molipsi *vr (de o boală)* to catch
molipsitor *adj* contagious
moliu *adj* flabby; lazy
momeală *sf* bait; *(persoană)* decoy
moment *sn* moment; second; *din* ~ *ce*
as; *în* ~*ul de faţă* at present; *la un* ~
dat all of a sudden; *pentru* ~ for the
time being; *un* ~ *!* just a minute!
momentan *adv* at the moment; ~ *sînt
ocupat* I am busy at the moment
momi *vt* to entice, to tempt
momîie *sf* scarecrow
monah *sm* monk
monarhie *sf* monarchy
monden *adj* fashionable, high life
mondial *adj* world; *război* ~ world
war
monedă *sf* coin; *(bani în uz)* currency
monoclu *sn* monocle

monografie *sf* monograph
monolog *sn* monologue
monopol *sn* monopoly
monoton *adj* monotonous, humdrum
monstru *sm* monster, freak
monstruos *adj* monstrous, awful
monta *vt* to mount; *(o piesă de teatru)* to stage; *(o piatră)* to reset; *(un aparat)* to assemble, to fit
monument *sn* monument; memorial
morală *sf (ca ştiinţă)* ethics; *(a unei fabule)* moral; *(dojană)* reprimand; *(norme de convieţuire)* morals
moralitate *sf* morality
morar *sm* miller
moravuri *sn pl* customs
morcov *sm* carrot
morfină *sf* morphia
morgă *sf* morgue; *(în spital)* mortuary
morman *sn* heap, pile
mormăi *vi* to grumble, to mumble, to mutter
mormînt *sn (groapă)* grave; tomb
mormoloc *sm* tadpole
morocănos *adj* morose, sullen, surly, grumpy
morsă *sf* walrus
mort 1 *sm* dead person; *(la bridge)* dummy **2** *adj* dead; *(decedat)* deceased; *(lipsit de viaţă)* lifeless; ~-copt neck or nothing; ~ de foame starved; ~ de frică frightened to death; ~ de oboseală fagged out; a cădea ~ to fall dead
mortal *adj* deadly
mortalitate *sf* death rate
morun *sm* sturgeon
moschee *sf* mosque

mosor *sn* reel
mostră *sf* sample, specimen
moş *sm* old man; *Moş Crăciun* Santa Claus
moşie *sf* estate
moşier *sm* landowner
moşteni *vt* to inherit
moştenire *sf* inheritance, legacy
moştenitoare *sf* heiress
moştenitor *sm* heir
motan *sm* tomcat
motiv *sn* reason, justification; *fără* ~ groundlessly; *pe* ~e medicale on medical grounds; *din* ~e personale for private reasons
motiva *vt* to motivate, to justify
moto *sn* motto
motocicletă *sf* motor cycle
motor *sn* motor, engine
motorină *sf* Diesel oil
mototol 1 *adj* slow, weak; soft **2** *sm* mollycoddle
mototoli *vt* to crumple
moţ *sn (şuviţă)* tuft; *(la păsări)* crest; *(de curcan)* wattle
moţăi *vi* to nod, to doze, to drowse; ~ală doze
moţiune *sf* motion
mov *adj* mauve
movilă *sf* mound, knoll
muc *sn (de ţigară)* stub, butt, end
mucalit 1 *sm* wag, joker **2** *adj* waggish, jocular
muced *adj* mouldy
mucegai *sn* mould, mildew
mucegăi *vi* to get mouldy
mucegăit *adj* mouldy
muchie *sf (de cuţit)* edge

muci *sm pl* snot

muget *sn* low; *(de vînt)* roar

mugi *vi* to low; *(d. vînt)* to howl

mugur *sm* bud

muia 1 *vt* to soak 2 *vr (a se potoli)* to subside, to wane

muieratic *sm* ladies' man

muiere *sf* woman; wife

mula 1 *vt* to mould 2 *vr (d. o rochie)* to be skin-tight

mulatru *sm* mulatto

mulgătoare *sf* milkmaid

mulgător *sm* milker

mulge *vt* to milk

mult 1 *adj* much, a lot of; ~ *zahăr* much sugar; *mulţi copii* many/a lot of children; long; ~ *timp* (for a) long time 2 *adv* much; long; ~ *mai* more; ~ *mai* ~ much more; *de* ~ long ago; *mai* ~ *sau mai puţin* more or less; *de cele mai* ~ *e ori* as often as not

multilateral *adj* many-sided

mulţime *sf* throng, crowd, mob; multitude

mulţumi 1 *vt, vi* to thank 2 *vr (cu)* to be content (with)

mulţumire *sf* content; satisfaction

mulţumit *adj* content, satisfied, pleased

mulţumitor *adj* satisfactory

mumie *sf* mummy

muncă *sf* work, labour; *(grea)* toil; *(ocupaţie)* job, activity

munci 1 *vi* to work; *(din greu)* to toil; *(cu sîrguinţă)* to plod away 2 *vr (să)* to strive (to)

muncitoare *sf*, **muncitor** *sm* worker

muncitor *adj* industrious

municipiu *sn* town

muniţie *sf* ammunition

munte *sm* mountain; ~ *de pietate* pawn shop; *lanţ de munţi* mountain range

mură *sf* blackberry

murături *sf pl* pickles

murdar *adj* dirty, foul, filthy

murdări *vt* to dirty, to soil

murdărie *sf* dirth

muri *vi* to die; *(a pieri)* to perish; *a* ~ *de foame*|*frig*|*frică* to die of hunger/cold/fright; *a* ~ *după* to be nuts on; *a* ~ *de rîs* to split with laughter; *a* ~ *de ruşine* to burn with shame

muritor *sm* mortal

murmur *sn* murmur

murmura *vt, vi* to murmur; to whisper; *(a cîrti)* to grumble, to cavil

musafir *sm* guest, visitor, caller

muscă *sf* fly

musculos *adj* muscular, brawny

mustaţă *sf* moustache; *(de pisică)* whiskers

mustra *vt* to scold, to reprimand; ~ *re* reprimand

mustrător *adj* reproachful

muşama *sf* oil cloth

muşca *vt, vi* to bite

muşcată *sf* pelargonium

muşcătură *sf* bite

muşchi *sn (în pădure)* moss; *(ţesut)* muscle

muşeţel *sm* camomile

muştar *sn* mustard

muşteriu *sm* client, customer

muştiuc *sn* mouthpiece

muşuroi *sn* hill; ~ *de furnici* anthill
mut 1 *sm* dumb person **2** *adj* dumb;
film ~ silent film; ~ *din naştere* born
dumb
muta 1 *vt* to move; *(din loc)* to displace
2 *vr* to move
mutila *vt* to maim
mutră *sf* face
mutual *adj* mutual
muţunache *sm* puppet

muză *sf* muse
muzeu *sn* museum
muzical *adj* musical
muzică *sf* music; ~ *populară* folk
music; ~ *simfonică* symphonic music;
~ *uşoară* light music
muzician *sm* musician
muzicuţă *sf* mouth organ

N

na *interj* here you are!; oh, no!

nadă *sf* bait, lure

naftalină *sf* naphtalene

nai *sn* pan-pipes

naiba *sf* deuce; *la ~!* confound it!; *unde ~?* where the deuce...?; *al naibii de bun* extremely good

nailon *sn* nylon

naiv 1 *sm* simpleton 2 *adj* naive, innocent; simple-minded

naivitate *sf* naivety; simple-mindedness

namilă *sf* colossus, giant

naos *sn* nave

nara *vt* to narrate

narațiune *sf* narrative

nară *sf* nostril

narcisă *sf* (*galbenă*) daffodil

narcisism *sn* self admiration

narcotic *sn, adj* narcotic

nas *sn* nose; *a-și sufla ~ul* to blow one's nose; *e cu ~ul pe sus* he is high up in the nose; *a-și viri ~ul* to pry into

nasture *sm* button

naș *sm* godfather

nașă *sf* godmother

naște 1 *vt* to give birth to 2 *vr* to be born; to come into being

naștere *sf* birth; *loc de ~* birth place; *zi de ~* birthday

natal *adj* native

natalitate *sf* birth rate

nativ *adj* native, innate

natural *adj* natural; normal; ordinary; simplé

natură *sf* nature

național *adj* national

naționalitate *sf* nationality

națiune *sf* nation

naufragia *vi* to be wrecked; *~t* shipwrecked

naufragiu *sn* shipwreck

nautic, naval *adj* nautical; *șantier naval* ship yard

navă *sf* ship; *~ cosmică* space ship; *constructor de nave* shipwright

navetă *sf* (*ladă*) box; *a face naveta* to go regularly to and fro

naviga *vi* to sail; *~tor* navigator; *~ție* sailing

nazuri *sn pl a face ~* to turn up one's nose

năbădăios *adj* quick-tempered

nădăjdui *vt* to hope

nădejde *sf* hope; confidence; *de ~* trustworthy

nădușeală *sf* sweat; dogdays

năduși *vi* to sweat

năframă *sf* kerchief

nălucă *sf* ghost; shadow

nămete *sm* snow bank

năpastă *sf* calamity

năpădi *vt* (*d. buruieni*) to overgrow; (*d. lacrimi etc.*) to burst out; *o grădină ~tă de buruieni* a garden rank/overgrown with weeds

năpăstui *vt* to persecute; to oppress

năpîrli *vi* (*d. animale*) to shed hair

năprasnic *adj* sudden; unexpected; terrible, awful

năpusti *vr (asupra)* to rush (at), to pounce (on)

nărav *sn* bad habit, vice

nărăvaş *adj* restive

nărui 1 *vt* to destroy **2** *vr* to collapse, to come down; ~ *re* collapse

născoci *vt* to invent, to contrive; to imagine; *(a scorni)* to make up, to fib, to manufacture

născocire *sf* yarn

născut *adj* born; *nou* ~ new-born child; ~ *-mort* still born

năstruşnic *adj* uncommon, odd; extraordinary

nătăfleţ *sm* sucker

nătărău, nătîng *sm* blockhead

năuc 1 *adj* dizzy; hazy; disconcerted **2** *sm* blockhead

năuci *vt* to stun; ~ *t* all at sea

năvală *sf* crush, squash; hurry; attack

năvăli *vi (asupra)* to pounce (on); *(a invada)* to invade

năvălire *sf* irruption

năvod *sn* trawl

năzări *vr a i se* ~ *că* to imagine that

năzbîtie *sf* prank

năzdrăvan *adj* magic; *(poznaş)* tricky, prankish

năzui *vi* to aspire to, to covet

năzuros *adj (capricios)* freakish; *(mofturos)* finical

nea *sf* snow

neabătut *adj* unflinching, unswerving

neadevăr *sn* untruth

neagresiune *sf* non-aggression

neajuns *sn* difficulty; drawback

neajutorat *adj* helpless; poor; clumsy

neam *sn* nation; people; *(rudă)* relative

neamestec *sn* non-interference

neangajat *adj (despre state)* non-aligned

neaoş *adj (autentic)* genuine; *(indigen)* native

neapărat *adv* absolutely (necessary)

neascultător *adj* disobedient

neascuţit *adj* blunt

neastîmpăr *sn* restlessness

neastîmpărat *adj* naughty, frolicsome

neaşteptat *adj* unexpected

neatent *adj* absent-minded

neatenţie *sf* absence of mind

neatins *adj* untouched

nebulos *adj* nebulous, unclear

nebun 1 *sm* fool, madman, nut; *casă de* ~ *i* madhouse **2** *adj* mad, insane, shatter-brained, crazy

nebunatic *adj* playful

nebunie *sf* madness; *(faptă)* folly; *a iubi la* ~ *pe* to be madly in love with

necaz *sn* trouble; distress; *a avea* ~ *pe cineva* to have a spite against smb

necăji 1 *vt* to annoy; to anger, to irritate **2** *vr* to bother

necăjit *adj* sad, dejected; *(sărman)* poor

necăsătorit *adj* unmarried

necesar *adj* necessary; *neapărat* ~ imperative

necesitate *sf* need, necessity

nechemat *adj* uninvited

necheza *vi* to neigh; ~ *t* neighing

necinsti *vt* to dishonour

necinstit *adj* dishonest, crooked

necioplit *adj (d. cineva)* coarse

neciteţ *adj* illegible

neclar *adj* unclear, vague, indistinct
neclintit *adj* motionless; *(ferm)* un-
flinching
necomunicativ *adj* reserved
neconceput *adj de ~* unconceivable
neconsolat *adj* unconsoled
necontenit *adj* continual; ceaseless
neconvingător *adj* unconvincing, lame
necorespunzător *adj* inadequate, unfit
necredincios *adj* unfaithful, untruthful
necrezut *adj de ~* unbelievable
necruțător *adj* ruthless
necugetat *adj* reckless
necunoscut 1 *sm* stranger 2 *adj* un-
known
necuviincios *adj* rude, cheeky
nedefinit *adj* vague
nedescurcăreț *adj* shiftless
nedespărțit *adj* inseparable; *prieteni
nedespărțiți* close friends
nedrept *adj* unjust, unfair
nedreptate *sf* wrong, injustice, inequity
nedreptăți *vt* to wrong
nedumerire *sf* amazement, surprise
nefast *adj* fatal
nefavorabil *adj* unfavourable
nefericire *sf* unhappiness
nefericit *adj* unhappy
nefolositor *adj* useless
neg *sm* wart
nega *vt* to deny
neghiob 1 *sm* blockhead 2 *adj* stupid
neglija *vt* to neglect
neglijent *adj* careless, remiss; slipshod
neglijență *sf* negligence; *din ~* inad-
vertently
negocia *vt* to negociate, to transact
negoț *sn* trade

negresă *sf* negress
negreșit *adv* by all means
negru 1 *sm* negro 2 *adj* black; *(oacheș)*
swarthy; *bursa neagră* black market
negură *sf* fog; darkness
negustor *sm* merchant, dealer
negustorie *sf* trade
nehotărîre *sf* indecision
nehotărît *adj* undecided, irresolute
neimportant *adj* unimportant
neintenționat *adv* unintentionally,
unwittingly
neintervenție *sf* non-intervention
neisprăvit *sm* do-nothing, scamp
neizbutit *adj* unsuccessful
neîncetat *adj* ceaseless, incessant
neîncredere *adj* distrust
neîndemînatic *adj* clumsy, awkward
neîndestulător *adj* insufficient
neînduplecat *adj* unyielding, adamant
neînfricat *adj* fearless, intrepid, un-
daunted
neîngrijit *adj* negligent, untidy; *(d.
ceva)* neglected
neînsemnat *adj* insignificant
neîntemeiat *adj* groundless
neîntrerupt *adj* uninterrupted
neînțelegere *sf* disagreement
nelămurit *adj sînt ~ despre|în legătură
cu* I am not clear about/as to...
nelegitim *adj* illegitimate
nelimitat *adj* unlimited
neliniște *sf* restlessness; uneasiness;
anxiety
neliniști *vt, vr* to worry; *nu te ~* set
your heart at rest
neliniștit *adj* restless; uneasy
nemaipomenit *adj* unheard-of; ex-

traordinary; ~! well I never!

nemărginit *adj* boundless

nemernic *sm* rascal

nemilos *adj* pitiless, cruel

nemișcat *adj* immobile

nemțesc *adj* German

nemțește *adv a vorbi* ~ to speak German

nemulțumire *sf* dissatisfaction, discontent

nemulțumit *adj* dissatisfied

nenorocire *sf* misfortune, calamity; *din* ~ unfortunately

nenorocit *adj (d. cineva)* unhappy, miserable, wretched; *(d. o situație)* pitiable

nenumărat *adj* without number

neobișnuit *adj* out of the ordinary, unusual, uncommon; extraordinary

neobrăzat *adj* rude

neobservat *adj* unnoticed

neoficial *adj* unofficial

neologism *sm* neologism

nepărtinitor *adj* impartial, unbiased

nepăsare *sf* carelessness

nepăsător *adj* careless; casual; indifferent, thoughtless

neplăcere *sf (necaz)* trouble; dissatisfaction

neplăcut *adj* disagreeable, unpleasant

nepoată *sf (de unchi)* niece; *(de bunici)* grand-daughter

nepoftit *adj* uninvited

nepoliticos *adj* impolite, uncivil

nepot *sm (de unchi)* nephew; *(de bunici)* grandson

nepotrivire *sf* discrepancy

nepotrivit *adj* unsuited, improper,

unfit, undue

nepregătit *adj (d. o cuvîntare)* impromptu

neprețuit *adj* invaluable

neprevăzut *adj* unexpected; inadvertent

nepriceput *sm* bungler

neprielnic *adj* unfavourable

neprihănire *sf* purity

neputincios *adj* powerless, weak

nerăbdare *sf* impatience

nerăbdător *adj* impatient; *(să)* eager (to), keen (on)

nerecunoscător *adj* ungrateful

neregulat *adj* irregular, erratic

nerentabil *adj* unprofitable

nereușită *sf* failure

nerod *sm* blockhead

neroditor *adj (sterp)* barren

nerozie *sf* stupidity

nerușinat *adj* impudent; shameless; infamous

nerv *sm* nerve; *a avea* ~i to be nervous

nervos *adj* nervous, jittery

nesăbuit *adj* imprudent, reckless

nesănătos *adj* unhealthy, sallow; *(d. climă etc.)* unwholesome

nesărat *adj* unsalted; *(d. o glumă)* flat; *(d. cineva)* insipid

neschimbat *adj* unchanged, invariable

nesemnificativ *adj* insignificant

neserios *adj* not serious

nesfîrșit *adj* endless

nesigur *adj* uncertain; unsafe; improbable

nesiguranță *sf* uncertainty; hesitation

nesimțit *adj* unmannered, ill-bred

nesperat *adj* unhoped-for

nespus *adj* ~ *de frumos* extremely beautiful

nestabil *adj* unstable

nestatornic *adj* inconstant

nestăpînit *adj* intemperate

nestemată *sf* gem

nesuferit *adj* unbearable

neşansă *sf* bad luck

neştiutor *adj* ignorant

net *adj (despre greutate)* net; *(clar)* clear

neted *adj* plane, flat, smooth, even

netezi *vt* to level; *(a mingîia)* to stroke

netrebnic *sm* villain

netulburat *adj* unruffled

neurolog *sm* neurologist

neurologie *sf* neurology

neutru *adj* neutral; *(în gramatică)* neuter; *ţară neutră* uncommitted country

nevastă *sf* wife

nevătămat *adj* unharmed

nevinovat *adj* innocent; *(d. un inculpat)* unguilty

nevinovăţie *sf* innocence, purity

nevoiaş *adj* poor; needy; destitute

nevoie *sf* need; *a avea* ~ to need

nevoit *adj* obliged

nevralgie *sf* neuralgia

nevroză *sf* neurosis

ni *pron* us; *ni s-a spus* we were told

nicăieri *adv* nowhere; anywhere

nichel *sn* nickel

nici 1 *adv* not even; neither; none; ~ *un*, ~ *o* no 2 *conj* nor; ~... ~... neither ... nor ...; *-Nu-mi place asta. - Nici mie.* "I don't like it." "I don't like it, either."

nicovală *sf* anvil

nimb *sn* halo

nimeni *pron* nobody, no one; anybody, any one; ~ *altcineva* nobody else

nimereală *sf la* ~ at a guess

nimeri 1 *vt (o ţintă)* to hit; *a nu* ~ *ţinta* to miss the target; *am* ~*t-o* I guessed it right 2 *vr* to happen to be

nimic 1 *sn* nought; trifle 2 *pron* nothing; anything; *aproape* ~ next to nothing; *pentru* ~ *în lume* not for the world; *nu face* ~*!* it's all right!

nimici *vt* to destroy; to slay; to lay waste

nimicnicie *sf* nothingness

ninge *vi* to snow

ninsoare *sf* snowfall

nisetru *sm* sturgeon

nisip *sn* sand; grit; *banc de* ~ shoal

nişă *sf* recess

nişte *adj* some; any

nit *sn* rivet

niţel *adj* a little

nivel *sn* level; ~ *de trai* standard of living; *pasaj de* ~ level crossing

nivela *vt* to level

noapte *sf* night; ~ *a at night*; *azi-* ~ last night; *la* ~ tonight; *peste* ~ overnight

noastră, noastre *adj* our; *a noastră, ale noastre* ours

nobil 1 *sm* nobleman 2 *adj* noble

nobleţe *sf* nobility

nociv *adj* noxious; ~*itate* noxiousness

nod *sn* knot; *(în gît)* lump; ~ *de cale ferată* junction -rail; *a face un* ~ to make a knot

noduros *adj* knotty; *(d. arbori)* gnarled

noi *pron* we; *pe* ~ us

noian *sn* multitude

noiembrie *sm* November

nomenclatură *sf* nomenclature

noptieră *sf* night stand

nor *sm* cloud

noră *sf* daughter-in-law

nord *sn* north; ~ **ic** northern; *la* ~ *de* to the north of; *spre* ~ northwards

normal *adj* normal; *(obişnuit)* ordinary

normă *sf* norm

noroc *sn* luck; *a dori* ~ to wish smb success; *a-şi încerca* ~ *ul* to try one's chance

norocos *adj* lucky, fortunate

noroi *sn* mud, mire; ~ *os* muddy

noros *adj* cloudy

nostalgie *sf* nostalgia; *cu* ~ wistfully

nostim *adj* funny; pretty

nostru, noştri *adj* our; *al nostru, ai noştri* ours

nota *vt* to note, to put down; *(un elev)* to mark

notar *sm* notary; registrar

notariat *sn* notary office

notă *sf* *(însemnare)* note; *(la şcoală)* mark; ~ *muzicală* musical note; ~ *de plată* bill; ~ *de protest* protest note

notoriu *adj* well-known, remarkable

noţiune *sf* notion

nou *adj* new; recent; ~ *-nouţ* quite new; ~ *-venit* new-comer; *din* ~ again; *ce mai e* ~ ? what's the news?

nouă 1 *num* nine **2** *pron* us

nouăsprezece *num* nineteen

nouăzeci *num* ninety

noutate *sf* novelty; *noutăţi* news

nu *adv* no; not

nuanţă *sf* hue, shade, tint

nuc *sm* walnut tree; ~ *ă* walnut

nuclear *adj* nuclear

nud *sn* nude

nufăr *sm* water lily

nuia *sf* stick, rod; *coş de nuiele* wicker basket

nul *adj* null; *un meci* ~ a draw

nulitate *sf* nonentity

numai *adv* only; but; merely; *nu* ~ ... *ci şi* ... not only... but also...

numaidecît *adv* immediately

număr *sn* number; digit; *(cifră)* figure; ~ *cu soţ* even number; ~ *fără soţ* odd number; ~ *întreg* whole number

număra *vt* to count

nu-mă-uita *sf* forget-me-not

nume *sn* name; ~ *de botez* Christian name; ~ *de familie* family name; *în* ~ *le* on behalf of; *pentru* ~ *le lui Dumnezeu!* for goodness sake!

numeral *sn* numeral

numerar *sn în* ~ in cash

numeros *adj* numerous

numerota *vt* to number

numi 1 *vt* to name, to call; to give a name to; *(într-o funcţie)* to appoint **2** *vr* to be called/named

numire *sf* *(într-un post)* appointment

nuntă *sf* wedding; *(petrecere)* wedding feast; ~ *de argint* silver wedding; ~ *de aur* golden wedding

nuri *sm pl* sex-appeal

nurcă *sf* mink

nutreţ *sn* fodder

nutri *vt* to nourish; *(un sentiment)* to cherish

nutritiv *adj* nourishing

nuvelă *sf* short story

O

o 1 *art nehot f* a, an **2** *num* one **3** *pron f* her; *am văzut-o* I saw her; *am citit-o* I have read it

oac *interj* croak!

oacheş *adj* swarthy

oaie *sf* sheep; *carne de ~* mutton

oală *sf* pot; *~ de noapte* chamber pot; *~ sub presiune* pressure cooker

oară *sf* time; *prima ~* the first time; *de multe ori* many times

oare *adv* really? *~ nu e ora două?* It is two o'clock, isn't it? *cine ~?* whoever?

oarecare 1 *adj* some **2** *sm* nobody

oarecum *adv* somehow; in a way

oaspete *sm* guest, visitor

oaste *sf* army

oază *sf* oasis

obez *adj* obese, gross

obicei *sn* habit; custom; *de ~* usually; *ca de ~* as usual

obiect *sn* thing, object; *(la şcoală)* subject matter; *(scop)* aim

obiecta *vt* to object

obiectiv 1 *sn* objective; *(lentilă)* lens **2** *adj* objective

obiecţie *sf* objection

obişnui 1 *vt* to accustom **2** *vr (cu)* to become accustomed/inured (to)

obişnuinţă *sf* habit; *in virtutea obişnuinţei* by force of habit; *a-şi fi pierdut obişnuinţa* to be out of practice

obişnuit *adj* customary, usual, habitual, routine; commonplace, ordinary

obîrşie *sf* origin

oblic *adj* sloping, oblique

obliga *vt* to oblige, to force, to compel

obligatoriu *adj* obligatory

obligaţie *sf* obligation, duty

oblon *sn* rolling shutter

oboseală *sf* fatigue, tiredness, lassitude

obosi *vi* to get tired; *~t* tired, jaded, fagged

obositor *adj* tiresome, weary

obraz *sm* cheek; face

obraznic *adj* defiant, rude, impudent, pert, cheeky, saucy

obrăznicătură *sf* minx

obrăznicie *sf* impudence, sauce

obscen *adj* obscene, indecent, salacious, lewd; ribald

obscur *adj* obscure, dark

obseda *vt* to obsess, to haunt

observa *vt* to observe, to detect, to notice; *(a exprima)* to mention, to remark

observator 1 *sn (astronomic)* observatory **2** *sm (reprezentant)* observer

observaţie *sf* observation, study; remark; reproach

obsesie *sf* obsession

obstacol *sn* obstacle, hindrance; impediment

obstrucţie *sf* obstruction

obştesc *adj* public, common

obtuz *adj (d. unghi)* obtuse; *(d. cineva)* thick-headed

obţine *vt* to obtain, to get; to acquire

obuz *sn* shell

OCA

ocară sf insult; abuse; shame

ocazie sf occasion, opportunity; *cu altă ~* another time

ocazional adj casual, irregular

ocări vt to rate

occident sn west

ocean sn ocean

ocheadă sf glance

ochean sn field glass

ochelari sm pl glasses, spectacles

ochi sm eye; *(la tricotat)* stitch; *~uri poached* poached eggs; *cit ai clipi din ~* in a jiffy; *cu ~ul liber* with the naked eye; *a face cu ~ul* to wink; *a măsura din ~ pe cineva* to take stock of smb; *plin ~* brimful; *a pune ~i pe cineva* to set one's cap on smb; *a sări în ~* to be obvious; *a face ~ dulci* to ogle; *de ~i lumii* for show

ocnă sf salt mine; *(închisoare)* hard labour

ocol sn detour

ocoli 1 vt *(un subiect)* to avoid 2 vi to make a detour

ocolit adj roundabout

ocroti vt to protect

ocrotire sf protection

octombrie sm October

ocular adj ocular

oculist sm eye doctor

ocupa 1 vt to conquer; to occupy 2 vr *(cu)* to occupy oneself (with)

ocupat adj busy

ocupaţie sf profession; occupation; job; *fără ~* idle, out of a job

odaie sf room

odată adv once; one day; sometimes; *~ şi ~* at last

odă sf ode

odgon sn cable

odihnă sf rest; calm, ease

odihni vr to rest, to relax, to repose

odihnitor adj *(liniştitor)* soothing

odinioară adv once

odios adj *(d. cineva)* odious, hateful; *(d. o faptă)* heinous, hideous

odor sn jewel; precious, darling, idol

odraslă sf offspring

of interj oh!; oh, my god!

ofensa vt to offend, to vex; to insult

ofensat adj offended, vexed, injured

ofensă sf offence, insult

ofensivă sf offensive, attack

oferi vt to offer, to give, to proffer; *i-am ~t o masă* I stood her a meal

ofertă sf offer, proposal; *(de mărfuri)* supply

oficial adj official

oficiu sn office, agency; *~l de stare civilă* registry office

ofili vr to wither, to fade

ofiţer sm officer

ofrandă sf offering; homage

ofta vi to sigh; to sob; *~t* sigh

ofticos sm consumptive person

ogar sm hound

oglindă sf mirror, looking glass

oglindi vt to mirror

ogor sn field, land

ogradă sf courtyard

ojă sf nail varnish; *a da cu ojă* to varnish

olan sn tile, shingle

olandez 1 sm Dutchman 2 adj Dutch

olandeză sf Dutchwoman; *(limba)* Dutch

olimpiadă *sf* Olympiad

olog *sm* cripple

om *sm* human being, man; *om afiş* sandwich man; *om de afaceri* businessman; *om de lume* man of the world; *om de stat* statesman; *om obişnuit* man in the street

omagiu *sn* homage; *omagiile mele!* my respects!

omăt *sm* snow

ombilic *sn* navel

omenesc *adj* human

omeneşte *adv* humanly; decently, properly

omenie *sf* humaneness

omenire *sf* mankind

omidă *sf* caterpillar

omisiune *sf* omission

omite *vt* to omit, to overlook, to neglect

omletă *sf* omelet

omnivor *adj* omnivorous

omogen *adj* homogeneous

omolog *adj* homologous, counterpart

omonim *sn* homonym

omoplat *sm* shoulder blade

omorî *vt* to kill, to murder, to assassinate

omuşor *sn* Adam's apple

onctuos *adj* unctuous, mealy-mouthed

ondulat *adj* wavy, curly

onest *adj* honest

onoare *sf* honour; dignity; esteem; good name; *cavaler de ~* bestman; *domnişoară de ~* bridesmaid; *pe ~a mea!* upon my word of honour!; *membru de ~* honorary member; *a-şi da cuvîntul de ~* to give one's word of honour

onomastică *sf* name day

onomatopee *sf* onomatopoeia

onora *vt* to honour, to respect; *(a achita)* to pay

onorabil *adj* honourable, respectable

onorariu *sn* fee

onorific *adj* honorary

opac *adj* opaque; *(d. cineva)* narrow-minded

opaiţ *sn* candle

opări 1 *vt* to scald 2 *vr* to be scalded

opera *vt* to operate; to perform, to do; to commit

operativitate *sf* efficiency

operaţie *sf* operation; action; calculation

operă *sf* work, literary production; *(muzicală)* opera; *(clădire)* opera house

operetă *sf* operetta

opinie *sf* opinion, idea; *opinia publică* public opinion

opinti *vr* to strain oneself

oponent *sm* opponent

oportun *adj* adequate; necessary

oportunist *sm* opportunist

opozant *sm* opponent, adversary; maverick

opoziţie *sf* opposition

oprelişte *sf* restriction

opresiune *sf* oppression

opresiv *adj* oppressive

opri 1 *vt* to stop, to put an end to; *(a reţine)* to withhold; *(a interzice)* to interdict, to forbid 2 *vr* to stop, to cease; to halt

oprima *vt* to oppress

oprire *sf* stop; interdiction; stagnation; *fără ~* incessantly, on and on

oprit *adj* forbidden; *(rezervat)* reserved; *intrarea ~ă* no admittance

opt *num* eight

opta *vi* to opt

optim *adj* optimum

optimism *sn* optimism

optimist *sm* optimist

optsprezece *num* eighteen

optzeci *num* eighty

opțiune *sf* option

opune *vt, vr* to oppose; *a se ~ cu vehemență la* to remonstrate against

opus *adj* opposite, contrary; *în direcție ~ă* in the reverse direction

or *conj* or; but

oral *adj* oral

orar *sn* time table, syllabus

oraș *sn* town, city

orator *sm* orator

oră *sf* hour; time; *(curs)* class, lesson; *~ de vîrf* rush hour; *ce ~ e?* what time is it?; *e ora două* it is two o'clock; *e ora două fără zece* it is ten to two; *e ora două și un sfert* it is a quarter past two; *e ora două și jumătate* it is half past two; *la ce ~?* at what time?; *la ora actuală* at present

orăcăi *vi* to croak; *~t* croak

orășean *sm* townsman

orășeancă *sf* townswoman

orătanie *sf* poultry

orb 1 *sm* blind man; *~ii* the blind **2** *adj* blind, sightless

orbecăi *vi* to grope/to poke about

orbi 1 *vt (d. lumină)* to dazzle; *(a înșela)* to deceive **2** *vi* to become blind

orbită *sf (de ochi)* socket; *(traiectorie)* orbit

orbitor *adj* dazzling, glaring

orchestră *sf* orchestra; *(de muzică ușoară)* band

ordin *sn* order, command; *(decorație)* medal; *(categorie)* category

ordinar *adj* ordinary, common; commonplace; of poor quality

ordine *sf* order, succession; tidiness; discipline; *(orînduire)* regime, system

ordona *vt* to order, to command; *(a pune în ordine)* to tidy up

ordonanță *sf (scrisă)* ordinance; *(soldat)* orderly

ordonat *adj (d. cineva)* tidy, neat; *(d. ceva)* orderly, trim, ship-shape

oreion *sn* mumps

orez *sm* rice

orfan *sm* orphan, motherless child

orfelinat *sn* orphanage

organ *sn* organ; *(mecanism)* device; *(grup de persoane)* body

organism *sn* organism; body; system

organiza *vt* to organize; to set up; *~ție* organization

orgă *sf* organ

orgie *sf* orgy

orgolios *adj* haughty, conceited

orhidee *sf* orchid

ori *conj* or; *~ ... ~ ...* either ... or ...

oribil *adj* horrible, appalling, awful, terrible; repulsive

oricare 1 *adj* any **2** *pron* anyone; anybody

orice 1 *adj* any **2** *pron* anything

oricine *pron* anyone, anybody

oricînd *adv* any time; whenever

oricît *adv* as much as; as long as
oricum *adv* anyhow; anyway
orient *sn* Orient, East
orienta *vr* to orientate oneself
orientativ *adj* informative
orificiu *sn* orifice, outer opening
original *adj* original
originar *adj* original; initial; *(din)* native (of)
origine *sf* origin; beginning; descent; *(provenienţă)* provenance
oriunde *adv* anywhere; wherever
orizont *sn* horizon
orizontal *adj* horizontal
orînduire *sf* system, order
orna *vt* to decorate, to adorn
ornament *sn* ornament
oroare *sf* horror
oropsit *adj* oppressed; poor, wretched; *(părăsit)* forsaken
ortodox *adj* orthodox
ortografie *sf* spelling
orz *sm* barley
os *sn* bone
oscila *vi* to swing; *(a ezita)* to hesitate to vacillate
oseminte *sn pl* relics
osie *sf* axle
osînză *sf* lard
osos *adj* osseous, bony
ospăta **1** *vt* to treat, to feed **2** *vr* to eat
ospătar *sm* waiter
ospătăriţă *sf* waitress
ospăţ *sn* banquet, feast

ospiciu *sn* mad house
ospitalier *adj* hospitable
ospitalitate *sf* hospitality
ostaş *sm* soldier
ostatic *sm* hostage
osteneală *sf* fatigue; toil
osteni *vi* to get tired
ostentativ *adj* ostentatious
ostil *adj* hostile
ostrov *sn* island
otită *sf* otitis
otravă *sf* poison, bane
otrăvi *vt* to poison; ~*re* poisoning; ~*tor* poisonous
oţel *sn* steel
oţelar *sm* steelworker
oţelărie *sf* steel works
oţeli *vt* to steel; *(a întări)* to fortify
oţet *sn* vinegar
oţeti *vr* to turn sour
ou *sn* egg; *ou fiert tare* hard-boiled egg; *ou fiert moale* soft-boiled egg; *albuş de ou* white of an egg; *gălbenuş de ou* yolk of an egg
oua *vr* to lay eggs
oval *adj* oval
ovar *sn* ovary
ovaţiona *vt* to acclaim, to cheer
ovăz *sm* oat
ovul *sn* ovule
oxida *vt, vr* to oxidize
oxigen *sn* oxygen
ozon *sn* ozone

P

pa *interj* bye-bye!

pace *sf* peace; *(linişte)* calm, silence, quiet; *dă-i ~!* leave him alone!; *fii pe ~!* never fear!

pachet *sn* packet, parcel

pacient *sm* patient

pacifica *vt* to pacify

pacoste *sf* misfortune, mishap, blow; *(persoană)* nuisance, menace, curse, drag

pact *sn* pact, agreement

paf *interj* *a face ~ pe cineva* to flabbergast smb

pagină *sf* page; *la pagina 31* on page 31

pagubă *sf* damage; loss; *(mare)* havoc; *~ -n ciuperci!* good riddance!

pahar *sn* glass; *(fără picior)* tumbler; *la un ~ de vin* over a glass of wine

pai *sn* straw; *om de ~ e* a man of straw

paiaţă *sf* clown

paiete *sf pl* spangles

paisprezece *num* fourteen

paj *sm* page

pajişte *sf* meadow, grassland

pal *adj* pale; washy; *(d. culori)* dull

palat *sn* palace; *(bucal)* palate

palavragiu *sm* wind bag

paletă *sf (la ping-pong)* bat; *(de pictură)* palette

paliativ *sn* makeshift

palid *adj* pale, white, wan

palier *sn (la scară)* landing

palmă *sf* palm; *a trage o ~* to slap, to cuff, to buffet; *bateţi din palme!* clap your hands!

palmier *sm* palm tree

paloare *sf* pallor

paloş *sn* sabre

palpa *vt* to palpate

palpabil *adj* palpable, clear, tangible

palpita *vi* to palpitate; *(a tremura)* to tremble; *(de emoţie)* to thrill

palpitant *adj* thrilling, gripping; *viaţă ~ă* hectic life

palton *sn* coat, overcoat

pamflet *sn* pamphlet

panaceu *sn* cure-all

pană *sf* feather; *(de scris)* quill; *(ornament)* plume; *(ic)* wedge; *(box)* feather weight

pancartă *sf* placard

pandalii *sf pl* *a-l apuca ~ le* to get into a tantrum

pandişpan *sn* sponge cake

panel *sn* sheet board

panglică *sf* ribbon

panică *sf* panic, alarm; fright

panoramă *sf* scenery, panorama

panou *sn* poster, panel; *~ de comandă* control panel

pansa *vt* to dress, to bandage up

pansament *sn* bandage

panseluţă *sf* pansy

pantaloni *sm pl* trousers; *(scurţi)* breeches; *(de golf)* plus fours

pantă *sf* slope, declivity, slant, gradient; *~ uşoară* slight slope

panteră *sf* panther

pantof *sm* shoe; *~ i cu toc înalt* high-heeled shoes; *~ i din piele fină* suede shoes

pantomimă *sf* dumb show

papagal *sm* parrot; ~ *vorbitor* talking parrot

papă *sm* pope

papălapte *sm* milksop

papetărie *sf* stationery

papion *sn* bow tie

papuaş *sm* Papuan

papuc *sm* slipper, mule; *a ţine sub* ~ *(d. femeie)* to wear the breeches; *a da* ~ *ii cuiva* to jilt smb, to give smb the basket

papură *sf* rush

par 1 *sm* pole; stake; *(ciomag)* club **2** *adj* even

para 1 *sf* dime; ~ *le* money, dough; *a nu avea o* ~ not to have a bean; *a nu face o* ~ *chioară* not to be wo th a farthing **2** *vt* to parry, to evade

parabolă *sf* parable

paraclis *sn* chapel

paradă *sf* parade; *de* ~ for show

paradis *sn* paradise

parafină *sf* paraffin

paragina *sf* ruin; decay; disrepair; *în* ~ dilapidated

paragraf *sn* paragraph

paralel 1 *adj* parallel **2** *adv* in parallel; simultaneously

paraliza *vi* to paralyse; *a* ~ *de frică* to be paralysed/transfixed with fear

paralizie *sf* paralysis, palsy

paranteză *sf* parenthesis, bracket; digression

parastas *sn* requiem

paraşută *sf* parachute

paraşutist *sm* parachutist

paratrăsnet *sn* lightning rod

paravan *sn* screen

parazit *sm* parasite; vermin; *paraziţi (la radio)* noise

pară *sf* flame; *(fruct)* pear

parbriz *sn* wind screen

parc *sn* park; parking; ~ *de distracţii* pleasure ground

parca *vt* to park; ~*j, ~re* parking

parcare *sf* parking; *loc de* ~ parking lot

parcă *adv* it seems; *de* ~ as if

parcelă *sf* lot, plot

parchet *sn* parquet

parcurge *vt* *(o distanţă)* to cover; *(a răsfoi)* to skim through

parcurs *sn* way, distance

pardesiu *sn* top coat

pardon *interj* pardon!, sorry!, excuse me!

pardoseală *sf* floor

parfum *sn* perfume, fragrance

parfuma *vr* to perfume oneself

parfumat *adj* scented

parfumerie *sf* perfumer's shop

paria *vi* to bet, to wager

paritate *sf* parity

parlament *sn* parliament; ~ *ar* Member of Parliament

parodie *sf* parody

paroh *sm* vicar, rector

parohial *adj casă* ~ *ă* vicarage

parohie *sf* parish

parolă *sf* password, watchword

parte *sf* part; lot; portion; share; direction; ~ *integrantă* part and parcel; *a se da la o* ~ to step aside; *din* ~*a* on the part of; *din* ~*a mea* for my part;

a face ~ *din* to belong to; *in altă* ~ elsewhere; *la o* ~ *!* stand aside! *a lua* ~ *la* to take part in; *pe cealaltă* ~ on the other side; *pe de o* ~ on the one side; *pe de altă* ~ on the other side; *sint de* ~ *a ta* I am on your side, I side with you

partener *sm* partner

parter *sn* ground floor; first floor *(in S.U.A)*

participa *vi (la)* to take part (in); ~ *re* participation

participant *sm* participant, part

particular *adj* particular, special; peculiar; private

particularitate *sf* characteristic; peculiarity

partid *sn* party; ~ *de guvernămînt* ruling party; *platformă a unui* ~ platform; *a înființa un* ~ to make up a party

partidă *sf* match, game, contest; *e o* ~ *bună!* she is o good party

partitură *sf* score

partizan *sm* partisan; *e un* ~ *al* he is a supporter of

parveni *vi (a se ajunge)* to get on; *pachetul nu mi-a* ~ *t* the parcel din not reach me

parvenit *sm* upstart

pas 1 *sn (trecătoare)* pass **2** *sm* step; stride; *(mers)* pace; *aud pașii lui* I hear his footsteps; *cu* ~ *ușor* soft-footed; *la tot* ~ *ul* everywhere; *la un* ~ *de* within an inch of; *un* ~ *greșit* trip, slip; *urme de pași* footprints

pasa *vt* to pass

pasager 1 *sm* passenger, fare; ~

clandestin stowaway **2** *adj* passing; transient

pasaj *sn* passage

pasarelă *sf* gang way

pasă *sf* pass

pasăre *sf* bird; ~ *călătoare|migratoare* bird of passage; ~ *cîntătoare* song bird, warbler; ~ *de curte* fowl; ~ *de pradă* bird of prey

pasional *adj* passional

pasionant *adj* thrilling

pasionat *adj* passionate, ardent, fervent, sultry

pasiune *sf* passion; fervent love; *cu* ~ passionately

pasiv *adj* passive; idle, inactive, quiescent

pastă *sf* paste; ~ *de dinți* tooth paste

pastilă *sf* tablet, pill

pastor *sm* pastor

pașaport *sn* passport

pașnic *adj* peaceful; quiet

paște *vi* to graze; *îl* ~ *un pericol* a danger threatens him

Paști *sf pl* Easter

pat *sn* bed; *(la pușcă)* butt; *(la șah)* stalemate; ~ *pliant* folding bed; *cameră cu două* ~*uri* double room, room with two single beds; *cameră cu* ~ *dublu* double-bedded room; *cameră cu un* ~ single room; *a face* ~*ul* to make the bed; *fotoliu* ~ chair bed

pată *sf* spot, stain; speck; *(de cerneală)* blot; *(de culoare)* patch; *fără* ~ unblemished

patern *adj* paternal

patetic *adj* pathetic, pitiful

patimă *sf* passion
patina *vi* to skate; *(d.vehicule)* to skid
patinaj *sn* skating; ~ *artistic* figure skating
patinator *sm* skater
patină *sf* skate; *patine cu rotile* rolling skates
patinoar *sn* skating rink
patiserie *sf* cake shop
patos *sn* pathos; enthusiasm
patriarh *sm* patriarch
patriarhie *sf* patriarchate
patrie *sf* country, mother country
patrimoniu *sn* patrimony
patriot *sm* patriot
patriotism *sn* patriotism
patron *sm* owner; master; manager
patru *num* four; *a minca cit* ~ to be a heavy eater; *a vorbi intre* ~ *ochi* to talk to smb in private
patrulater *sn* quadrangle
patrulă *sf* patrol
patrusprezece *num* fourteen
patruzeci *num* forty
pauză *sf* pause; rest; stop; break; intermission
pavaj *sn* pavement
pavilion *sn* pavilion; *(in spital)* ward
pavoazare *sf* decking, decoration
pază *sf* watch, guard
paznic *sm* watchman, keeper
păcat *sn* sin; *(cusur)* shortcoming, imperfection; ~ *trupesc* fornication; *ce* ~ what a pity!; ~! it's a shame! *din* ~ *e* unfortunately; ~ *că* it's a pity that
păcăleală *sf* farce, hoax
păcăli *vt* to hoax; to outwit; *(a inşela)* to deceive

păcăni *vi* to rattle; to clack; to snap; ~ *tură* rattle; clack; snap
păcătos 1 *sm* sinner **2** *adj* sinful; miserable, mean
păcătui *vi* to sin
păduche *sm* louse
pădurar *sm* ranger, forester
pădure *sf* forest, woods
păgin *sm,adj* heathen
păgubaş *sm* loser; *a se lăsa* ~ to chuck up
păianjen *sm* spider; *pinză de* ~ cobwed
pălărie *sf* hat; ~ *cu bor lat* slouch-hat; ~ *de paie* straw hat
pălărier *sm* hatter
pălăvrăgeală *sf* tattle; chit-chat
pălăvrăgi *vi* to tattle; to chatter
păli 1 *vt* to strike, to hit **2** *vi* to turn pale
pălmui *vt* to slap
pămătuf *sn* puff; shaving brush
pămînt *sn* earth; ground; *(glob)* the globe; *(sol)* soil; *(agricol)* land, field; *a cădea la* ~ to fall to the ground; *a cultiva* ~*ul* to till the land
pămîntesc *adj* earthly, terrestrial
pănuşă *sf* corn husk
păpădie *sf* dandelion
păpuşă *sf* doll; puppet
păr 1 *sm* pear tree
păr 2 *sm* hair; *(de animal)* bristle; *fără* ~ hairless *in* ~ all of them; *in doi peri* ambiguous; *tras de* ~ far-fetched
părăgini *vr* to fall into ruin
părăginit *adj* dilapidated
părăsi *vt* to leave, to abandon, to quit, to desert
părăsit *adj* abandoned, forsaken; *(d.o*

casă etc.) deserted, derelict

părea *vi,vr* to seem; to look; *a-i ~ bine* to be glad; *a-i ~ rău* to be sorry; *se pare că* it seems that; *a ~ bolnav* to look ill; *nu ţi se pare că...?* does it not strike you that...?

părere *sf* opinion; idea; *~ de bine* satisfaction; *~ de rău* compunction; *după ~ a mea* to my mind; *e de aceeaşi ~ cu* he agrees with; *e de altă ~* he does not agree

părinte *sm* father; priest; *părinţi* parents

păros *adj* hairy; *(d. un ciine)* shaggy

părtaş *sm* participant; partner

părtini *vt* to favour

părtinitor *adj* partial

păs *sn* misfortune; trouble

păsa *vi* a-i *~ de* to care for, to mind

păstaie *sf* pod, capsule, hull

păstîrnac *sm* parsnip

păstor *sm* shepherd

păstra *vt* to keep, to maintain; to preserve

păstrăv *sm* trout

păsui *vt* a *~ pe cineva cu plata unei datorii* to allow smb time to pay his debt

păşi *vi* to step; to tread; to stride

păşune *sf* pasture

păta *vt* to spot, to stain; *(cu cerneală)* to blot; *(reputaţia etc)* to tarnish

pătimaş *adj* passionate, fervent; *(d.ceva)* fiery

pătimi *vi* to suffer

pătlăgea *sf (roşie)* tomato; *(vînătă)* eggplant

pătrat *sn* square; *metru ~* square metre

pătrunde 1 *vt* to understand, to perceive 2 *vi* to penetrate

pătrunjel *sm* parsley

pătrunzător *adj* penetrating, astute; *(d.privire)* keen; *(d. un sunet)* sharp, shrill; *(d.frig)* piercing; *(d.un miros)* pungent

pătură *sf* blanket; *pături sociale* social strata

pătuţ *sn* cot

păţanie *sf* mishap

păţi *vt a o ~* to get into trouble; *a o ~ rău* to be in for it

păun *sm* peacock

păzi 1 *vt (ceva)* to watch over, to guard; *(pe cineva)* to protect 2 *vr* to take care of oneself; *(de)* to beware (of)

pe *prep* on: *pe masă* on the table; in: *pe cer* in the tsky; upon; *pe cuvîntul meu* upon my word; *a fi pe cale de a* to be going to; *pe cînd* while; *pe miine* by tomorrow; *pe-nserate* towards dawn; *pe sfîrşite* at the end; *pe urmă* then; *pe viitor* for the future; *unul pe altul* one another, each other

pecete *sf* seal

pedagogie *sf* pedagogy

pedală *sf* pedal, treadle

pedant *adj* punctilious, scrupulous

pedeapsă *sf* punishment; *(meritată)* retribution

pedepsi *vt* to punish

pediatrie *sf* pediatry

pedichiură *sf* chiropody

peiorativ *adj* pejorative

peisaj *sn* landscape, scenery

pelerin *sm* pilgrim

pelerinaj *sn* pilgrimage

pelerină *sf* cape

peliculă *sf* film, thin coating

peltic *adj* lisping

penaj *sn* plumage

penal *adj* penal; *drept* ~ criminal law

penalti *sn* penalty kick

penar *sn* pencil box

pendula *vi* to swing; *(a ezita)* to hesitate

pendulă *sf* clock

penel *sn* brush

penibil *adj* unpleasant, disagreeable, distasteful

penicilină *sf* penicillin

peninsulă *sf* peninsula

penitenciar *sn* prison

peniță *sf* pen, nib

pensă *sf* *(fald)* pleat

pensetă *sf* pincers

pensie *sf* pension

pensiona 1 *vt* to pension 2 *vr* to be pensioned

pensionar *sm* pensioner

pensiune *sf* board and lodging; *(restaurant)* pension

pensulă *sf* brush

pentru *prep* for; ~ *a* so as to; ~ *asta a plecat* that's why he left; ~ *că* for, because, since; ~ *ce...?*; why...? ~ *nimic în lume* not for the world; ~ *puțin!* *(ca răspuns la "mulțumesc!")* you're welcome!

penultim *adj* last but one

penurie *sf* penury, poverty

pepene *sm* melon; ~ *verde* water melon

pepinieră *sf* *(pentru plante)* nursery

percepe *vt* to perceive; *a* ~ *o taxă* to collect a tax

perceptibil *adj* perceptible

perceptor *sm* tax collector

percepție *sf* perception

percheziție *sf* search; *ordin de* ~ search warrant

percheziționa *vt* to search, to seek out

perciuni *sm pl* side whiskers

percuție *sf* percussion

perdaf *sn* scolding; *a trage cuiva un* ~ to give smb a good set-down

perdea *sf* curtain, hangings

pereche *sf* pair; couple; *fără* ~ matchless, surpassing

perete *sm* wall; *a vorbi la pereți* to speak to the wind

perfect *adj* perfect; *un dansator* ~ an accomplished danser; *un gentleman* ~ a consummate gentleman

perfecționa *vt* to improve; *a se* ~ *în franceză* to brush up one's French

perfecțiune *sf* perfection

perfid *adj* perfidious, treacherous

perfora *vt* to perforate, to punch

perforator *sn* *(de bilete)* punch

performanță *sf* performance, achievement

pergament *sn* parchment, scroll

peria *vt* to brush; to improve; to flatter

periclita *vt* to put into danger, to endanger

pericol *sn* danger, menace, peril

periculos *adj* dangerous, risky

perie *sf* brush

periferie *sf* outskirts; *la* ~ on the outskirts

perimat *adj* out-of-date, old-fashioned, obsolete

perimetru *sn* perimeter

perinda *vr* to pass, to alternate

perioadă *sf* period, time; *perioada de cuibărit* the nesting season

periodic *adj* periodical

peripeție *sf* adventure, unusual/unexpected event/incident

perlă *sf* pearl

permanent 1 *sn* perm **2** *adj* permanent, standing

permis *sn* permit; pass; ~ *de conducere* driving licence

permisie *sf* leave of absence

permisiune *sf* permission, consent, leave

permite *vt* to allow, to let, to permit; *a-și ~ luxul unui vin bun* to indulge in the luxury of a good wine

pernă *sf* pillow; *(perniță)* cushion; *față de ~* slip

peron *sn* platform

perpendicular *adj* perpendicular

perpetuu *adj* perpetual; never-ending

perplex *adj* puzzled

persecuta *vt* to persecute, to harass, to victimize

persecuție *sf* persecution

persevera *vi* to persevere

perseverent *adj* persevering, tenacious, unremitting

perseverență *sf* perseverance, tenacity, persistence

persifla *vt* to banter, to tease

persista *vi* to persist

persistent *adj* persistent, lasting

persoană *sf* person, individual

personaj *sn* character

personal 1 *sn* staff, personnel **2** *adj* personal; *din motive ~e* for private reasons

personalitate *sn* personality; remarkable person, celebrity; *cultul personalității* personality cult

personifica *vt* to personify

perspectivă *sf* perspective, prospect; sight

perspicace *adj* perspicacious

perspicacitate *sf* perspicacity

perturba *vt* to perturb, to trouble

perucă *sf* wig

pervaz *sn* ledge; *(de fereastră)* sill; *(de ușă)* door case

pervers 1 *sm* pervert **2** *adj* perverse

perverti *vt* to pervert, to corrupt

pescar *sm* fisherman, angler

pescăruș *sm* sea-gull

pescui *vt* to fish; *(cu undița)* to angle; *(cu năvodul)* to trawl

pescuit *sn* fishing

pescuitor *sm* fisherman; ~ *de perle* pearl diver

pesimist 1 *sm* pessimist **2** *adj* pessimistic

peste *prep* over; above; ~ *tot* everywhere; *alergă ~ drum* he ran across the road; *a vorbit ~ o oră* he spoke more than an hour; *are ~ 50 de ani* he is over/past fifty; *am dat ~ el acolo* I came across him there

pestriț *adj* variegated

pește *sm* fish; *(zodia peștilor)* Pisces (the Fishes)

peșteră *sf* cave

petală *sf* petal

petic *sn* patch; *a ~i* to patch

petiție *sf* petition

petrecăreț *sm* reveller

petrece 1 *vt (timpul)* to spend; *(a conduce la plecare)* to see off 2 *vi (a se distra)* to revel, to amuse oneself 3 *vr* to happen, to take place

petrecere *sf* party; feast; shindig; *a face o ~* to throw a party

petrol *sn* petroleum, oil

petrolifer *adj teren ~* oil field

petunie *sf* petunia

pețitor *sm* go-between

pian *sn* piano; *a cinta la ~* to play the piano

pianist *sm* piano player, pianist

piatră *sf* stone; *(grindină)* hail; *~ de moară* mill stone; *~ kilometrică* land mark; *~ ponce* pumice; *~ prețioasă* jewel, gem

piață *sf* market; square

pic *sn* drop; *(puțin)* bit; *nici un ~* not at all, not a whit; *n-are ~ de minte* she has.n't a particle of sense; *rochia e un ~ cam scurtă* the dress is a trifle too short

pica *vi* to fall down; to drop; *(la un examen)* to be plucked; *(d. un musafir)* to turn up; *a ~ de oboseală* to drop with fatigue

picant *adj* piquant, savoury, spicy

pică *sf* spite, malice, grudge; *(la cărți)* spade; *a purta ~ cuiva* to bear a grudge against smb

picătură *sf* drop; *picături de ploaie* drops/spots of rain; *ultima ~* the last straw

picățele *sf pl* spots; *cu ~* spotted

pichet *sn* picket; *~ de grevă* strike picket

pici *sm* kid

picior *sn* leg; *(labă)* foot; *~ peste ~* cross-legged; *cu picioare crăcănate* bow/bandy legged; *a bate din picioare* to stamp; *a călca pe cineva pe ~* to tread on smb's foot; *a da cu ~ul* to kick; *iute de ~* swift of foot; *in picioare* standing; *a lua peste ~* to pull smb's leg; *a se scula in picioare* to stand up; *in virful picioarelor* on tip toe

picnic *sn* picnic

picoti *vi* to nod

picta *vt* to paint

pictor *sm* painter

pictură *sf* painting

picura 1 *vt* to drop 2 *vi* to drip, to drop, to trickle

piedestal *sn* pedestal

piedică *sf* obstacle, hindrance

piele *sf* skin; *(de animal)* hide, pelt; *(material)* leather; *~ de lac* patent leather; *e numai ~ și os* he is a bag of bones; *in ~a goală* naked; *ud pînă la ~* soaking wet

pieliță *sf (la unghie)* hangnail; *(țesut)* membrane; *(pojghiță)* film

piept *sn* chest; breast; *a stringe pe cineva la ~* to press smb to one's bosom

pieptăna *vt,vr* to comb

pieptănătură *sf* coiffure

pieptene *sm* comb

pierde 1 *vt* to lose; *(trenul)* to miss; *a-și ~ cumpătul* to lose one's cool; *a-și ~ timpul* to waste one's time 2 *vr (a se rătăci)* to lose one's way, to get lost; *(a se zăpăci)* to be mixed up; *(d. zgomote* *etc.)* to die away

pierdere *sf* loss; damage; *pierderi* wastage; *pierderi (de vieți)* casualties

pieri *vi* to die, to perish

piersic *sm* peach tree; ~ *ă* peach

piesă *sf (de mașină)* part; *(de teatru)* play; *(obiect)* piece; *(de muzeu)* specimen; ~ *de rezervă* spare part; *(de șah)* man

pietate *sf* piety; devotion

pieton *sm* pedestrian; *trecere de ~i* zebra crossing

pietrar *sm* mason

pietruit *adj (d. străzi)* cobbled

pieziș *adj* slanting; *(d.ochi)* squint

pijama *sf* pyjamas

pilaf *sn* pilaff

pilă *sf* file; *(protecție)* wangle

pildă *sf* example, model; *de ~* for instance

pili 1 *vt* to file; *(a bea)* to tipple 2 *vr* to get drunk

pilitură *sf* ~ *de fier* iron filings

pilon *sm* pillar; pile

pilot *sm* pilot; ~ *automat* automatic pilot

pilota *vt* to pilot, to steer

pilulă *sf* pill, tablet

pin *sm* pine

pingea *sf* sole

pingeli *vt* to sole

pinguin *sm* penguin

pinten *sm* spur

pion *sm* pawn

pios *adj* pious

pipă *sf* pipe

pipăi *vt* to feel; *(indecent)* to paw; *moale la ~t* soft to the touch

piper *sn* pepper; *a ~a* to pepper

piperat *adj* peppery; *preț* ~ stiff price

pipernicit *adj* stunted; scrawny

pipetă *sf* dropper

pipotă *sf* gizzard

piramidă *sf* pyramid

pirat *sm* pirate, sea rover

pireu *sf* mash

piroti *vi* to nod, to doze

pirpiriu *adj* stunted; frail; scrawny

pisa *vt* to pound; *(a bate la cap)* to bother, to pester

pisălog 1 *sn* pestle 2 *sm* nagger

pisc *sn* peak

piscină *sf* pool

pisică *sf* cat

pisicuță *sf* kitten

pistă *sf* tarmac, runway

pistol *sn* pistol, gun; ~ *cu șase gloanțe* six-shooter

piston *sn* piston, ram

pistrui *sm* freckle; ~ *at* freckled

pișca *vt* to pinch, to nip; *(d. albine)* to sting; *(d. purici)* to bite

pișcot *sn* wafer

piti *vt,vr* to hide

pitic *sm* dwarf, manikin, midget

pitoresc *adj* picturesque

pițigăiat *adj* high-pitched

piui *vi* to peep, to cheep; ~ *it* peep, pipe

piuliță *sf* mortar; *(tehnic)* nut

piuneză *sf* drawing-pin

pivniță *sf* cellar

pivot *sm* pivot, spindle

pix *sn* ball pen; *rezervă de* ~ refill

pizmaș *adj* envious

pizmă *sf* envy

pizmui *vt* to envy

pîclă *sn* mist

piine *sf* bread; *o ~* a loaf of bread; *~ a cea de toate zilele* the staff of life; *~ prăjită* toast

pîlnie *sf* funnel

pîlpîi *vi* to flutter, to flicker

pînă *conj, prep* till, until; *~ acum* till now, so far; *~ şi* even; *de dimineaţă ~ seara* from morning till evening

pîndi *vt* to watch; to spy

pîngări *vt* to profane, to defile

pîntece *sn* belly; stomach; womb

pînză *sf* cloth, linen; *(de corabie)* sail; *~ de păianjen* cobwed

pîră *sf* denunciation, delation

pîrghie *sf* lever

pîrî *vt* to sneak

pîrîi *vi* to crack

pîrîu *sn* brook

pîrli *vt* to singe

pîrlit *adj (amărît)* wretched

pîrtie *sf* track

pîrţîi *vi* to fart

placaj *sn* plywood

placă *sf* plate; *(disc)* record

placid *adj* calm, stolid

plafon *sn* ceiling

plagia *vt* to plagiarize

plai *sn* lawn

plajă *sf* beach; *a face ~* to sunbathe

plan 1 *sn* plane; **plan 2** *adj* plane, level, flat, smooth

plana *vi (d.păsări)* to soar; *(d.avioane)* to glide, to plane

planetă *sf* planet, star

planifica *vt* to plan; *~re* planning

planor *sn* glider

planşetă *sf (de desen)* drawing board

planta *vt* to plant; *~ţie* plantation

plantă *sf* plant

planturos *adj* fleshy, sturdy; *planturoasă* buxom

plapumă *sf* blanket

plasa *vt* to place; *(bani)* to invest

plasă *sf* net; meshes; *(de cumpărături)* bag; *(de bagaje)* rack; *(la geam)* screen

plastic *adj* plastic; *arte ~e* fine arts

plastilină *sf* plasticine

plastron *sn* shirt-front

plat *adj* flat; *(searbăd)* insipid, dull

platan *sm* plane tree

plată *sf* payment; *(în natură)* truck

platformă *sf* platform, program

platfus *sn* flat-foot

platină *sf* platinum

platitudine *sf* triteness

platonic *adj* Platonic; *dragoste ~ă* calf love

platou *sn (podiş)* plateau, table-land; *(tavă)* tray

plauzibil *adj* plausible, credible

plăcea *vt,vi* to like; to love; *îmi place să cred că...* I hope that...; *te-a plăcut* she took to you

plăcere *sf* pleasure; *(delectare)* relish; *cu ~* with pleasure; *fără ~* reluctantly

plăcintă *sf* pie

plăcut *adj* agreeable, likeable, winsome; *(la vedere)* comely, shapely

plămîn *sm* lung

plănui *vt* to plan, to intend

plăpînd *adj* frail, feeble; delicate, dainty

plăsmui *vt* to create; to invent, to fib

plăti *vt* to pay

pleavă *sf* chaff

plebiscit *sn* plebiscite

pleca 1 *vt (capul)* to bow 2 *vi* to leave, to go away; to depart; *a ~ la Cluj* to leave for Cluj 3 *vr* to stoop; to bow

plecare *sf* departure

plecăciune *sf* bow

pled *sn* blanket, rug

pleda *vt,vi* to plead

plenar *adj* plenary

pleoapă *sf* eyelid

plescăi *vi* to champ

plesni *vi* to break; to split

pleşuv *adj* bald

plete *sf pl* tresses

pletos *sm* long-haired/shaggy person

pliant 1 *sn* folder 2 *adj* folding

plic *sn* envelope

plicticos *adj* boring, annoying; humdrum

plictiseală *sf* boredom; weariness

plictisi 1 *vt* to annoy, to bore 2 *vr* to be bored

plictisit *adj* bored, annoyed

plictisitor *adj* boring, annoying; dreary

plimba 1 *vt* to take for a walk 2 *vr* to go for a walk; *(prin cameră)* to pace; *(agale)* to saunter

plimbare *sf* walk, stroll, constitutional

plin *adj* full *(fără goluri)* compact; *(grăsuţ)* plump; *cuvinte ~e de înţeles* words pregnant with meaning; *în ~ă desfăşurare* in full swing; *in ~ă vară* in the middle of summer; *lună ~ă* full moon; *ochi ~i de lacrimi* eyes filled with tears

plinuţ *adj* plump; *~ă* buxom

plisat *adj* pleated

plisc *sn* beak

plită *sf* kitchen range

pliu *sn* pleat

plivi *vt* to weed

plîngăreţ *adj* querulous

plînge 1 *vi* to weep, to cry 2 *vr* to complain; to wail, to lament

ploaie *sf* rain; *~ torenţială* downpour; *aversă de ~* shower; *strop de ~* raindrop

ploconi *vr* to bow down

ploios *adj* rainy

plomba *vt* to stop up, to cement

plombă *sf* stopping, cement

plonja *vi* to plunge

plop *sm* poplar; *~ tremurător* trembling poplar

ploşniţă *sf* bed bug

ploua *vi* to rain; *a ~ ca prin sită* to drizzle; *a ~ cu găleata* to be raining cats and dogs

plouat *adj* wet; *(amărît)* dejected

plug *sn* plough

plugar *sm* ploughman

plumb *sn* lead

plural *sn, adj* plural

pluralism *sn* pluralism

plus *sn* plus; *în ~* moreover

pluş *sn* plush

plută *sf* raft

pluti *vi* to float; *(d. păsări)* to soar

pluton *sn* platoon

plutonier *sm* warrant officer

pneu *sn* tyre

pneumatic *adj* pneumatic

pneumonie *sf* pneumonia

poală *sf* hem; *la poalele muntelui* at the

foot of the mountain; *ţinea copilul în ~* she had the baby on her lap

poamă *sf* fruit; wanton, tart

poantă *sf (a unui banc)* point

poartă *sf* gate; *(sport)* goal

pocăi *vr* to penance; *~t* penitent; *~nţă* penance

poci *vt* to make ugly

pocinog *sn* trouble, nuisance; mishap; trick

pocit *adj* ugly, hideous, deformed

pocitanie *sf* fright

pocnet *sn* crack, bang

pocni *vi* to crack; to bang; to snap; *(a lovi)* to whack

pod *sn* bridge; *(la casă)* garret, loft, attic; *~ul palmei* the palm of the hand

podea *sf* floor

podgorie *sf* vineyard

podidi *vt (rîsul, plînsul)* to burst out; *(a copleşi)* to overcome

podiş *sn* table-land

podium *sn* platform

podoabă *sf* ornament; jewel

poem *sn* poem

poet *sm* poet

poezie *sf* poem; *(operă poetică)* poetry

pofidă *sf în pofida* in spite of

poftă *sf (de mîncare)* appetite; *(sexuală)* lust; wish, desire; *a mînca cu ~* to eat heartily; *a avea ~ de citit* to feel like reading

pofti *vt* to wish, to desire; to invite

pofticios *adj* greedy, desirous

poftim *interj (iată!)* here you are!; *(intră!)* please, come in!; *(ce spuneţi!)* I beg your pardon!

poiană *sf* glade, meadow

poimîine *adv* the day after tomorrow

pojar *sn* measles

pojghiţă *sf* skin, film; *(coajă)* crust

pol *sm* pole; *~ul nord* the North Pole; *~ul sud* the South Pole

polar *adj* polar; *urs ~* the polar bear

polcă *sf* polka

poléi [1] *sn* glazed frost

poleí [2] *vt* to polish

polen *sn* pollen

poleniza *vt* to pollinate

policlinică *sf* clinic, dispensary

poliglot *sm* polyglot

poliomielită *sf* poliomyelitis

polip *sm* polypus

politehnic *adj* polytechnic; *Institutul Politehnic* the Polytechnic Institute

politeţe *sf* politeness

politic *adj* political; *om ~* politician; *partide ~e* political parties

politică *sf* politics; policy; *~ externă* foreign policy; *~ internă* home policy; *a discuta ~* to talk politics

politicos *adj* polite, civil, urbane, courteous

poliţă *sf (raft)* shelf; *(act)* bill of exchange; *(de asigurare)* policy

poliţie *sf* police; *(secţie)* police station; *maşină de patrulare a ~i* prowl car

poliţist *sm* policeman, police constable, sergeant, cop; *domnule ~!* officer

polonez 1 *sm* Pole **2** *adj* Polish

polonic *sn* ladle

polua *vt* to pollute, to defile, to foul

poluare *sf* pollution

pom *sm* tree; *~ de Crăciun* Christmas tree

pomadă sf ointment

pomană sf charity; *de ~* gratis; *a cere de ~* to beg

pomeni 1 vt to mention; *n-am mai ~t aşa ceva!* I never heard/saw the like of it! **2** vr to find oneself

pomenire sf mentioning; *(a morţilor)* requiem; *veşnica ~* memory eternal

pomină sf fame; *de ~* renowned, extraordinary

pompă sf pump; *(fast)* pomp; *pompe funebre* undertaking

pompier sm fireman

pompon sn tassel

pompos adj pompous

ponderat adj temperate; balanced; even-tempered

ponegri vt to gossip, to speak evil; to slander

ponei sm pony

ponta vi *a ~ de venire|plecare* to clock on/off

pontaj sn *foaie de ~* time sheet/card

popas sn halt, stop; *(loc de oprire)* halting place

popă sm priest; *(la cărţi)* king

popice sn pl ninepins, tenpins; skittles

popicărie sf bowling, skittle-alley

popor sn people, nation

poposi vi to halt; *(peste noapte)* to put up (for the night)

popotă sf officers' mess

popula vt to people

popular adj *(al poporului)* people; *(cunoscut)* popular

popularitate sf popularity, vogue

populaţie sf population, inhabitans

por sm pore

porc sm pig, swine; *carne de ~* pork

porcărie sf rubbish; filth; obscenity

porcos adj *(d.cineva)* ribald, foul-mouthed; *(d. un banc)* obscene, indecent

poreclă sf nickname

porecli vt to nickname

porni 1 vt *(o maşină)* to start **2** vi *(la drum)* to set out/off **3** vr *a se ~ pe plîns* to burst out crying

pornire sf starting; *(tendinţă)* tendency

pornit adj *(împotriva cuiva)* furious with

pornografie sf pornography

port sn costume; *(naval)* port, harbour

portar sm porter, janitor; *(sport)* goalkeeper

portativ 1 sn stave **2** adj portable

portavoce sf speaking trumpet

portbagaj sn boot

portchei sn key-ring

portieră sf door

portjartier sn suspender belt

portmoneu sn purse

portocal sm orange tree; *~ă* orange; *~iu* orange

portofel sn wallet

portughez sm, adj Portuguese

porţelan sn china; *de ~* china

porţie sf helping, ration; serving

porumb sm maize; *floricele de ~* pop corn

porumbel sm pigeon; *~ călător* carrier pigeon

poruncă sf order

porunci vt to order, to command

posac adj sulky, sullen; unsociable

poseda *vt* to possess, to own

posesiv *adj* possessive

posibil 1 *adj* possible; ~ *!* maybe!, perhaps **2** *sn* *a face to* ~ *ul* to make one's utmost

posibilitate *sf* possibility; *în măsura posibilităţilor* as far as possible

posomorît *adj* sad, sullen, glum, bad-tempered

post *sn* job; place; fast; ~ *de prim ajutor* first aid station; *a ţine* ~ to fast; ~*uri libere* vacancies

postament *sn* pedestal

posterior *adj* posterior; *(ulterior)* subsequent; *(de dinapoi)* hind

posteritate *sf* posterity

posti *vi* to fast

post-scriptum *sn* postscript

postum *adj* posthumous

post universitar *adj* postgraduate

postură *sf* situation; position

poşetă *sf* handbag

poştaş *sm* postman, mailman *(în S.U.A)*

poştă *sf* post-office; *(scrisori etc.)* mail

potabil *adj* drinkable, sweet

potaie *sf* cur

potcoavă *sf* horseshoe

potecă *sf* path

poticni *vr* to stumble

potîrniche *sf* partridge

potlogar *sm* swindler

potoli 1 *vt* to calm, to soothe, to appease; *a-şi* ~ *foamea* to satisfy one's hunger **2** *vr* to calm down; *(d. furtună)* to abate

potolit *adj* *(d.cineva)* quiet, mild, calm; *(d.mers)* slow

potop *sn* flood

potrivi 1 *vt (ceasul)* to set; *(a aranja)* to arrange **2** *vr (cu ceva)* to agree (with) to coincide (with); to harmonize (with); to tally (with); *(cu cineva)* to be suited (to); *haina i se potriveşte* the coat becomes him

potrivit *adj* suited,proper; adequate, convenient; coresponding; moderate

potrivnic *adj* hostile; *(d. vreme)* unfavourable

povară *sf* burden, load, weight

povaţă *sf* advice

poveste *sf* fairy tale

povesti *vt* to narrate, to tell

poza 1 *vt* to photograph **2** *vi (pentru un pictor)* to sit

poză *sf* photo; *(ţinută)* pose

pozitiv *adj* positive

poziţie *sf* position; *(loc)* place; *(situaţie)* footing, standing; *(părere)* point of view; *lumini de* ~ tail light

poznă *sf* prank; *(farsă)* farce, trick; *e pus pe pozne* he is up to mischief

practic 1 *adj* practical **2** *adv* as a matter of fact

practică *sf* practice; *(în producţie)* training

pradă *sf (jaf)* plunder, loot; *(a unei păsări de pradă)* prey

praf *sn* dust; *lapte* ~ powdered-milk; *a face* ~ to destroy, to break to shivers; *fire de* ~ particles of dust

prag *sn* threshold; *a sta in* ~ to stand in the doorway; *a fi în* ~*ul morţii* to be at death's door

praştie *sf* sling

praz *sm* leek

praznic *sn* feast

prăbuşi *vr* to fall in, to collapse

prăda *vt* to plunder, to rob, to ravage

prăfuit *adj* dusty

prăji 1 *vt (în ulei)* to fry; *(la grătar)* to grill; *(în cuptor)* to roast **2** *vr a se ~ la soare* to bake in the sun

prăjină *sf* pole

prăjitură *sf* cake

prăpastie *sf* precipice

prăpăd *sn* calamity, disaster

prăpădi *vr* to die

prăpădit *sm* poor man, wretch

prăpăstios *adj* precipitous; *(d.cineva)* pessimistic

prăşi *vt* to hoe

prăvăli *vr* to roll; to fall to the ground

prăvălie *sf* shop

prea *adv* too: ~ *mică* too small; *nu mă simt ~ bine* I am not quite well

preajmă *sf* vicinity; *prin ~* hereabouts; *în preajma Crăciunului* on the eve of Christmas

prealabil *adj în ~* to begin with

preamări *vt* to praise

preaviz *sn* notice

precaut *adj* careful, cautious, vigilant

precădere *sf cu ~* especially

preceda *vt* to precede

precedent *sn fără ~* unprecedented, unparalleled

precipitaţii *sf pl* precipitations

precis 1 *adj* accurate; *răspuns ~* definite answer **2** *adv* precisely

preciza *vt* to state

precizie *sf* accuracy

precoce *adj* precocious

precocitate *sf* precocity

preconceput *adj* preconceived

precum *conj* as; ~ *şi* as well as; ~ *vezi* as you can see; ~ *urmează* as follows

precursor *sm* precursor

preda 1 *vt* to hand, to give; *(la şcoală)* to teach **2** *vr* to surrender

predecesor *sm* predecessor

predicator *sm* preacher

predică *sf* sermon

predispoziţie *sf (spre)* bent (for), propensity (to)

predomina *vi* to prevail; ~ *nt* prevailing

preface 1 *vt* to change, to alter **2** *vr* to change into, to turn into; to pretend, to sham; *nu se prefăcea?* wasn't he putting on an act?

prefaţă *sf* foreword, preface

prefăcut *adj* false; mean; devious

prefera *sf* to prefer; to affect

preferat *adj* favourite

preferinţă *sf* preference

pregăti *vt* to prepare; *(a instrui)* to train

pregătire *sf (calificare)* qualification(s)

preget *sn fără ~* ceaselessly

pregnant *adj* obvious

preîntîmpina *vt* to prevent; to preclude

prejudecată *sf* preconception

prejudiciu *sn* prejudice

prelegere *sf* lecture; *a ţine o ~* to lecture

prelinge *vr* to trickle, to seep

prelua *vt* to take over, to undertake

prelucra *vt* to process

prelungi *vt* to prolong; to elongate; to

protract; ~ re prolongation

premeditare *sf* premeditation; *cu ~* deliberately, wittingly

premergător *adj* precursory

premia *vt* to award a prize

premier *sm* prime minister

premiu *sn* prize, award; recompense

prenume *sn* Christian name

preocupa *vt* to preoccupy with; to worry

preocupare *sf* preoccupation

preocupat *adj* mindful, thoughtful

preot *sm* priest

prepara *vt* prepare, to mix

prepeliță *sf* quail

preponderent *adj* prepoderant

prepoziție *sf* preposition

prerie *sf* prairie

presa *vt* to press

presant *adj* urgent

presă *sf* press; *libertatea presei* liberty of the press

prescripție *sf (medicală)* prescription

prescurta *vt* to abridge

prescurtare *sf* abbreviation

presimțire *sf* presentiment, hunch; premonition

presiune *sf* pressure, stress

prestanță *sf* prestige, stateliness

prestidigitator *sm* juggler

prestidigitație *sf* prestidigitation

prestigiu *sn* prestige

presupune *vt* to assume, to suppose, to surmise

presupunere *sf* assumption, presumption; *a face presupuneri* to speculate

presupus *adj* presumtive

preș *sn* mat

președinte *sm* president; *(al unei adunări)* chairman

preta *vr (la)* to lend oneself (to)

pretendent *sm* suitor

pretenție *sf* aspiration; *pretenții* pretensions

pretentios *adj* pretentious, particular

pretext *sn* pretext, false reason, pretence

pretinde *vt* to ask for; to pretend; to allege; *~ că are dreptate* he claims he is right

pretutindeni *adv* everywhere

preț *sn* price; *~uri actuale* running prices; *creștere a ~urilor* rise in prices; *reducere a ~urilor* fall in prices; *cu orice ~* by all means; *de mare ~* valuable

prețios *adj* precious

prețui *vt* to price; *(pe cineva)* to appreciate, to praise

prevăzător *adj* cautious; provident

prevedea *vt* to predict; to foresee, to obviate; *(d. o lege)* to provide, to stipulate

prevedere *sf* foresight; *prevederi* provisions

preveni *vt (ceva)* to prevent; *(pe cineva)* to warn

prevenitor *adj* courteous, amiable

preventiv *adj* preventive; *arest ~* preventive custody

prevesti *vt* to foresee

previzibil *adj* foreseeable

previziune *sf* prevision

prezbit *sm* long-sighted person

prezent *sn* present; *in ~* now

prezenta 1 *vt* to present; *(a face*

cunoştinţă) to introduce; to recom-
mend 2 *vr* to present oneself; (*a se
recomanda*) to introduce oneself
prezentabil *adj* attractive, presentable
prezentator *sm (de spectacole)* show-
man; *prezentatoare de modă* model
prezenţă *sf* presence; *(la şcoală)* at-
tendance; ~ *de spirit* presence of
mind
prezervativ *sn* condom
prezice *vt* to foretell, to predict
prezida *vt* to preside
prezidiu *sn* presidium
prezumptiv *adj* presumptive
pribeag *sm* wanderer
pricăjit *adj* stunted
pricepe *vt* to understand
pricepere *sf* skill, know-how
priceput *adj* skilled, proficient;
capable; adroit; clever
prichindel *sm* imp
pricină *sf* cause, motive; *din pricina*
because of
pricinui *vt* to cause, to produce
pridvor *sn* verandah
prielnic *adj* favourable, propitious
prieten *sm* friend, chum, pal
prietenie *sf* friendship
prietenos *adj* friendly, sociable
prigoană *sf* persecution
prigoni *vt* to persecute
prilej *sn* occasion; opportunity
prim *num, adj* first
primar 1 *sm* mayor 2 *adj* primary
primă *sf* premium
primărie *sf* city/municipal council
primăvară *sf* spring; *primăvara* in
spring

primejdie *sf* danger, peril
primejdios *adj* dangerous
primejdui *vt* to endanger; to impair
primi *vt* to receive, to get, to obtain; *(a
consimţi)* to admit, to accept
primire *sf* reception;*(a unei scrisori)*
receipt
primitiv *adj* primitive
primitor *adj* hospitable
primordial *adj* primordial
prin *prep* through: *poteca trece ~
pădure* the path goes through the
forest; about: *a se plimba ~ oraş* to
walk about the town
principal *adj* principal, main, chief,
leading
principial *adj* principled
principiu *sn* principle; *in ~* as a rule
prinde *vt* to catch; to capture; *(o con-
versaţie)* to overhear; *a ~ cu min-
ciuna* to find out in a lie; *a ~ curaj* to
pluck up courage; *a ~ din urmă* to
catch up with; *a ~ dragoste de* to grow
fond of; *a ~ un post de radio* to tune
in a station; *a ~ uşor|greu* to be
quick/slow on the uptake
prinsoare *sf* bet
printre *prep* among
prinţ *sm* prince
prinţesă *sf* princess
prioritate *sf* priority
pripă *sf* haste; *in ~* in a hurry
pripi *vr* tu hurry up; ~ t hurried
pripit *adj* rash, imprudent *(d.ceva)*
hurried
pripon *sn* stake
prisos *sn* surplus, excess; superfluity
priva *vt (de)* to deprive (of)

privat *adj* private
privațiune *sf* privation; destitution
priveliște *sf* landscape, outlook, scene, sight
privi 1 *vi* to look; *(în gol)* to stare **2** *vt* to look at; *în ceea ce privește* as regards; *în ceea ce mă privește* as for me
privighetoare *sf* nightingale
privilegiat *adj* privileged
privilegiu *sn* privilege, advantage
priviță *sf* *în privința* regarding, as concerns
privire *sf* sight; look; *(încruntată)* scowl; *cu ~ la* as regards
priză *sf* plug
prizonier *sm* prisoner
prînz *sn* lunch
prînzi *vi* to dine
proaspăt *adj* fresh; *(d. aer)* pure, clear
proba *vt (testa)* to test; *(o rochie)* to try
probabil *adj* probable; *foarte ~* high-ly/very likely; *puțin ~* unlikely
probabilitate *sf* probability
probă *sf* test; proof; sample; *(la croitor)* fitting
problemă *sf* problem; *(în discuție)* issue; *o ~ grea* a hard nut to crack
proceda *vi* to act
procedeu *sn* method
procent *sn* percentage
proces *sn* process; *(juridic)* case, suit, trial; *~ verbal* minute, proceedings; *a intenta un ~ cuiva* to sue smb at law
procesiune *sf* procession
proclama *vt* to proclaim; *~re* proclamation
procrea *vt* to procreate

procura *vt* to procure, to obtain
procură *sf* mandate
procuror *sm* procurator
prodigios *adj* prodigious; extraordinary
producător *sm* producer
produce *vt* to produce; to create; *(fructe etc)* to yield; *(a fabrica)* to manufacture
productiv *adj* productive
productivitate *sf* productivity
producție *sf* production, output
produs *sn* product; *(agricol)* produce; *~ e alimentare* food-stuff
proeminent *adj* prominent; conspicuous; salient
profana *vt* to profane
profesa *vt* to profess
profesiune *sf* profession, occupation, job
profesor *sm* teacher; *~ universitar* professor
profet *sm* prophet
profil *sn* profile
profila *vr* to stand out in relief
profilactic *adj* preventive
profit *sn* profit, proceeds
profita *vi (de)* to profit/to benefit (from)
profund *adj* profound; deep; inmost
profunzime *sf* profundity
progenitură *sf* offspring
prognoză *sf* forecast
program *sn* program; plan; timetable
programa *vt* to program; to organize; *(a fixa o oră)* to appoint
programare *sf* programming; *(la medic)* appointment

programă *sf* syllabus, curriculum

progres *sn* progress; advance; improvement

progresa *vi* to progress; to advance

prohibi *vt* to prohibit, to forbid

prohibiție *sf* prohibition

proiect *sn* project, plan; design; ~ *de lege* bill

proiecta *vt* to project, to plan; to design

proiectant *sm* disigner

proiectare *sf* designing; *institut de* ~ designing institute

proiectil *sn* projectile

proiecție *sf* projection; *aparat de* ~ projector

proletariat *sn* proletariat

prolific *adj* prolific

prolix *adj* prolix, verbose

promenadă *sf* promenade

promiscuitate *sf* promiscuity

promisiune *sf* promise; pledge; vow

promite *vt* to promise

promițător *adj* hopeful

promoroacă *sf* white frost

promotor *sm* promoter

promova *vt* to promote

promt *adj* promt, immediate, hasty

promptitudine *sf* readiness, promptness

promulga *vt* to promulgate

pronostic *sn* forecast

pronume *sn* pronoun

pronunța *vt* to pronounce; to utter; *(juridic)* to bring in *(a verdict)*

pronunțare *sf* pronunciation

propaga *vt, vr* to spread

propagandă *sf* propaganda

propăși *vi* to progress

propice *adj* favourable, propitious

proporție *sf* proportion; ratio; *proporții* size; *a lua proporții (d. cineva)* to grow fat

proporțional *adj* proportional; balanced

propovădui *vt* to preach

propoziție *sf* sentence, *(în frază)* clause

proprietar *sm* owner; *(al unei case)* landlord; *(de pămînt)* landowner

proprietate *sf* property; *(de pămînt)* estate

proprietăreasă *sf* owner; *(a unei case)* landlady

propriu *adj* personal, own; *nume* ~ proper name/noun; ~*-zis* so-called

proptea *sf* prop

propti *vt* to prop

propulsa *vt* to propel

propulsie *sf* propulsion

propune *vt* to propose; to recommend, to put forward; *(un candidat)* to nominate

propunere *sf* proposal; offer; suggestion; recommendation

proră *sf* prow

proroc *sm* prophet

proroci *vt* to predict

proroga *vt* to prorogue

proscris *sm* outlaw, outcast

proslăvi *vt* to praise

prosop *sn* towel

prospect *sn* prospectus, folder

prosper *adj* prosperous, flourishing, thrifty

prospera *vi* to flourish, to prosper, to thrive

prosperitate *sf* prosperity, welfare, wellbeing

prost 1 *sm* fool, simpleton, ninny **2** *adj* silly, stupid; *(de calitate inferioară)* bad, inferior, cheap; *vreme proasă* bad weather; ~ *crescut* ill-mannered; *glumă proastă* bad/poor joke

prostănac *sm* nincompoop, dullard

prosterna *vr* to prostrate oneself

prostesc *adj* foolish

prostește *adv* foolishly

prosti 1 *vt* to fool; to take in **2** *vr* to grow stupid

prostie *sf* stupidity, foolishness, folly; *prostii!* rubbish!, fiddlesticks!, nonsense!; *a vorbi prostii* to talk rot

prostituată *sf* prostitute, whore, harlot, tart

protector *sm* protector

protecție *sf* protection; support; security

proteja *vt* to protect, to defend; to support

protejat 1 *sm* protégé **2** *adj* protected

protest *sn* protest; *mișcare de* ~ protest movement; *marș de* ~ protest march

protesta *vt* to protest, to remonstrate; ~ *tar* protester

proteză *sf* prosthesis; *(dentară)* plate

protocol *sn* protocol; proceedings

protoplasmă *sf* protoplasm

prototip *sn* prototype

protuberanță *sf* protuberance, bulge, swelling

proveni *vi* *(din)* to result/to derive (from)

proveniență *sf* origin

proverb *sn* proverb, saying

providență *sf* providence

provincie *sf* province; *din* ~ from the provinces

provizie *sf* supply

provizoriu *adj* provisional, temporary

provoca *vt* *(pe cineva)* to provoke, to instigate; *(ceva)* to bring about, to cause; to arouse

provocare *sf* instigation; challange

provocator *sm* instigator

proximitate *sf* proximity, vicinity

prozaic *adj* prosaic, trite

prozator *sm* prose writer

proză *sf* prose

prudent *adj* prudent, wary, cautious

prudență *sf* prudence, caution

prun *sm* plum tree; ~ *ă* plum

prunc *sm* baby; child

psalm *sm* psalm

pseudonim *sn* pseudonym, penname

psihanalist *sm* psycho-analyst

psihanaliză *sf* psycho-analysis

psihiatru *sm* psychiatrist, shrink

psihic *sn* mind

psiholog *sm* psychologist

psihologie *sf* psychology

psihopat *sm* psychopath, crank

pubertate *sf* puberty

public 1 *sn* public, audience **2** *adj* public; *opinie* ~ *ă* public opinion

publica *vt* to publish; ~ *ție* publication

publicitate *sf* publicity; *mica* ~ want ads

pudel *sm* poodle

pudic *adj* shy; chaste

pudoare *sf* shyness; chastity

pudră *sf* face powder

pudrieră *sf* powder case, compact

pueril *adj* childish

puf *sn* down; ~ *os* downy

pufăi *vi* to puff, to whiff; ~*t* puffing

pufni *vi* to burst out

puhav *adj* flabby, flaccid

puhoi *sn* torrent

pui *sm* chicken; child, chick; *(de ciine, urs etc)* whelp; *(de pisică)* kitten; *(de leu, vulpe)* cub

puişor *sm* chick(en); *(pernă)* small pillow

pulbere *sf* dust; powder

pulover *sn* pullover; ~ *pe gît* turtleneck sweater

pulpă *sf (a piciorului)* calf

puls *sn* pulse; *a* ~ *a* to pulse, to throb

pulveriza *vt* to pulverize, to spray

pumn *sm* fist; *(lovitură)* buffet

punci *sn* punch

punct *sn* point; item; full stop (.); *(pe i)* dot; *două* ~*e* colon; ~ *şi virgulă* semicolon; ~*e*, ~*e* dots; ~ *critic* turning point; ~ *de vedere* point of view; ~ *mort* stalemate, deadlock; *pus la* ~ ship-shape; *a fi pe* ~*ul de a* to be going to

punctaj *sn* score

punctual 1 *adj* punctual **2** *adv* on/in time

pune 1 *vt* to put, to lay; *a* ~ *in aplicare* to carry into effect; *a* ~ *deoparte* to put aside; *a* ~ *in discuţie* to pose; *a* ~ *in evidenţă* to make obvious; *a* ~ *in mişcare* to set going; *a* ~ *in scenă o piesă* to put up a play; *a* ~ *in valoare* to put to account; *a* ~ *la cale* to plot; *ce* ~ *la cale?* what's he up to?; *a* ~ *ochii pe cineva* to set one's heart on smb; *a* ~ *o vorbă pentru cineva* to speak in favour of smb; *a* ~ *pariu* to bet; *a* ~ *pe hirtie* to commit (smth) to papper; *a* ~ *sula in coaste* to press smb hard; *a* ~ *umărul la treabă* to put one's shoulder to the wheel; ~*ţi mina pe hoţ!* stop thief!; *e pus pe rele* he is up to no good **2** *vr a se* ~ *bine cu cineva* to curry favour with smb; *a se* ~ *de acord cu cineva* to fall in with smb; *a se* ~ *la punct* to trim oneself; *a se* ~ *pe treabă* to set to work

pungaş *sm* thief; pickpocket

pungă *sf* bag, purse

pungăşie *sf* theft; swindle

punte *sf (pe navă)* deck; *(pod)* bridge

pupa *vt,vr* to kiss

pupătură *sf* kiss, smacker

pupăză *sf* hoopoe

pupilă *sf (la ochi)* pupil

pupitru *sn* desk; *(de note)* music stand

pur *adj* pure; unmixed; clear; clean; chaste

purcea *sf* sow

purcede *vi* to set off/out

purcel *sm* little pig, piggy

purgativ *sn* purgative

purgatoriu *sn* purgatory

purice *sm* flea

purifica *vt* to purify

puritate *sf* purity

puroi *sn* pus

purpuriu *adj* purple

purta 1 *vt* to carry; *(a insoţi)* to lead; *(o haină etc)* to wear; *a* ~ *noroc (d. ceva)* to be lucky; *a* ~ *pică* to bear (smb) a grudge **2** *vr* to behave; *se* *poartă* it is in fashion; *a se ~ frumos* to behave oneself; *a se ~ urît cu cineva* to use smb ill

purtare *sf* behaviour; conduct; *bună ~* good behaviour/conduct; *haine de ~* everyday clothes

pururi *adv de-a ~* evermore, for ever

pustietate *sf* wilderness

pustii *vt* to lay waste

pustiu 1 *sn* desert **2** *adj* wild; deserted; empty

pustnic *sm* hermit, recluse

pușcă *sf* gun, rifle; *gol ~* stark naked

pușcăriaș *sm* prisoner

pușcărie *sf* jail, gaol, prison

pușculiță *sf* money box

pușlama *sf* scurvy, scamp

puști *sm* kid

puștoaică *sf* minx, girly

putea *vt* can, to be able to; may; *ați ~ să...?* will you kindly...?; *cu ce vă putem servi?* what can I do for you?; *fără doar și poate* beyond all doubt; *a nu mai ~ de bucurie* to be beside oneself with joy; *nu pot să-l sufăr* I can't bear him; *pot fuma aici?* may I smoke here?; *pot*

să spun... I dare say...; *se prea poate* possibly

putere *sf* power, force, strength, might; sinew; *a fi la ~* to be in office; *în ~a nopții* at dead of night

puternic *adj* powerful; forceful; hard; potent; sinewy; *(d. zgomot)* loud

putină *sf* barrel

putoare *sf* stink, stench

putred *adj* rotten; *~ de bogat* rolling in money

putregai *sn* rot

putrezi *vi* to rot

puturos *adj* stinking; *(leneș)* lazy

puț *sn* well

puți *vi* to stink

puțin 1 *adj* little; *(ceva)* a little, some; *~i* a few, few; *(temporal)* short; *pentru ~!* not at all! **2** *adv* little; a little; rather; *~ de tot* a wee bit; *~ mai bine* slightly better; *cel ~* at least; *cîtuși de ~* not in the least; *mai ~* less; *cel mai ~* the least; *cu nimic mai ~* none the less; *mai ~i* fewer

puzderie *sf (de)* heaps (of)

R

rabat *sn* discount
rabatabil *adj* folding
rabin *sm* rabbi
rablagit *adj* dilapidated
rac *sm* crawfish; *zodia ~ului* Cancer (the Crab)
rachetă *sf* roket, missile; *(de tenis)* racket
racord *sn* connection, coupling
racorda *vt* to connect, to join
radă *sf* roadstead
rade *vt, vr* to shave
radia *vt,* to ray; to radiate
radiator *sn* space heater
radiaţie *sf* radiation
radical *sn, adj.* radical
radieră *sf* India rubber
radio *sn* radio, wireless
radiodifuza *vt* to broadcast
radiografie *sf* radiography
radiojurnal *sn* news bulletin
radiolog *sm* radiologist
radiologie *sf* radiology
radios *adj* beaming
radioscopie *sf* radioscopy
radiu *sn* radium
rafală *sf (de vint)* gust, blast; *(de armă)* burst
rafinament *sn* refinement
rafinat *adj* refined; delicate
rafinărie *sf* refinery
raft *sn* shelf
rage *vi* to bellow
rahitic *adj* rachitic
rai *sn* paradise

raid *sn* raid
raion *sn (regiune)* district; *(in magazin)* department
raită *sf* tour
ralia *vr* to rally
ramă *sf* frame; *(vislă)* paddle, oar; *(de ochelari)* rim
rambursa *vt* to pay back
ramificaţie *sf* branch; crossing
ramolit *adj.* decrepit
rampă *sf* platform; *(la teatru)* footlights; *luminile rampei* spotlights
ramură *sf* branch, bough, limb
rană *sf* wound
ranchiună *sf* rancour
ranchiunos *adj* spiteful
randament *sn* efficiency
rang *sn* rank, state; standing
rangă *sf* crowbar
raniţă *sf* knapsack
rapid 1 *sn* fast train 2 *adj* rapid, fast, quick
rapiditate *sf* rapidity
raport *sn* report, account; ratio, proportion
raporta *vt* to report
rapsodie *sf* rhapsody
rar *adj* rare; scarce; thin
rareori *adj* rarely; seldom; sometimes
ras *sn* shave; *aparat de ~* safety razor
rasă *sf* race; *(de animale)* breed; *(de călugăr)* frock
rasial *adj.* racial
rata 1 *vt (o ocazie)* to miss, to throw away; to fail 2 *vi* to misfire

rată *sf* instalment

rateu *sn* misfire

ratifica *vt* to ratify

rață *sf* duck

rație *sf* ration

rational *adj* rational; sensible

raționament *sn* reasoning

rațiune *sf* reason

ravagii *sn pl* calamities, outrages

rază *sf* ray; gleam; *(de cerc)* radius; *(răspîndire)* range; ~ de lună moonbeam; raze X X-rays; ~ de acțiune scope

razie *sf* raid

răbda *vt* to endure, to bear, to stand

răbdare *sf* patience; a-și pierde ~ a to lost one's temper; la capătul răbdării at the end of one's tether

răbdător *adj* patient, meek

răbufni *vi* to break out, to gush

răceală *sf* cold

răci *vi* to catch a cold

răcnet *sn* roar

răcni *vi* to roar

răcoare *sf* coolness; e ~ it is cool; la ~ in gaol

răcoritoare *sf (băuturi)* cooling drinks

răcoros *adj.* cool

rădăcină *sf* root; ~ pătrată square root

răfui *vr* quarrel, to argue

~ăgaz *sn* rest; leisure; respite

.ăget *sn* roar

răgușală *sf* hoarseness

răguși *vi* to get hoarse

răgușit *adj* hoarse, husky, raucous

rămas *sn* ~ bun farewell

rămășag *sn* bet

rămășiță *sf* remainder

rămîne *vi* to remain; to stay; a ~ calm to keep calm; a ~ fără slujbă to be out of employment; a ~ fără zahăr to run short of sugar; a ~ in urmă to remain/to lag behind; a ~ peste noapte to stay overnight; rămîi cu bine! good bye! nu-mi ~ decit nothing is left to me but to...; rămîneți la aparat! stand by!; să rămînă intre noi between ourselves; vă rămîn indatorat I am in your debt

răni 1 *vt* to hurt, to injure 2 *vr* to hurt oneself

rănit *adj* wounded; morții și răniții the dead and the injured

răpăi *vi (d. ploaie)* to patter, to pelt; *(d. gloanțe)* to rattle

răpi *vt* to rape, to kidnap; ~re kidnapping

răpitor *adj (de pradă)* of prey; *(fermecător)* ravishing

răposat *adj* deceased; ~ul the deceased

răpune *vt* to kill

rări *vi* to thin

răsad *sn* seedling, sapling

răsări *vi (d. aștri)* to rise; *(d. plante)* to appear

răsărit *sn* east; *(de soare)* sunrise

răsăritean *adj* eastern

răscoală *sf* uprising

răscoli *vt* to rummage, to search out

răscruce *sf (de drumuri)* crossing

răscula *vr* to revolt

răscumpăra *vt* to buy back, to redeem; *(o persoană)* to ransom

răsfăța *vt* to caress; to pamper, to spoil

răsfăţat 1 *sm* molly-coddle 2 *adj* spoilt

răsfoi *vt* to leaf; *a ~ un ziar* to take a glance at a paper, to scan/to skim the paper

răspicat *adj* clearly; bluntly

răspîndi *vt, vr* to spread, to propagate

răspîndire *sf* spreading; currency

răspîndit *adj* frequent; wide-spread, prevalent

răspîndite *sf* crossroad

răsplată *sf* reward, recompense, retribution

răsplăti *vt* to reward, to recompense

răspunde *vt, vi* to answer, to reply; *(a riposta)* to retort; *a ~ la o întrebare* to answer a question; *a ~ la telefon* to answer the phone; *a ~ obraznic* to answer back; *a ~ prompt* to answer pat; *a ~ răstit* to snort out an answer

răspundere *sf* responsibility; *pe propria ~* at one's own risk

răspuns *sn* answer

răspunzător *adj* *(de)* responsible (for), liable (for)

răstălmăci *vt* to distort, to misrepresent

răsti *vr* *(la)* to fly (at)

răstignit *adj.* crucified

răsturna *vt* to overturn, to turn over, to upset

răsuci 1 *vt* to spin; to twist round, to screw; to roll 2 *vr* to somersault; *(în pat)* to toss

răsufla *vi* to breathe; *a ~ uşurat* to breathe freely

răsuflare *sf* breath

răsuflat *adj* trite; *(d. un banc)* threadbare

răsuna *vi* to (re)sound, to ring; *care răsună* resonant

răsunător *adj* resounding; *(d. voce)* sonorous; *(d. succes etc.)* tremendous; impressive

răsunet *sn* echo; *(impresie)* impact

răşină *sf* resin

rătăci 1 *vt* *(un obiect)* to mislay; *(drumul)* to miss 2 *vi* to wander 3 *vr* to lose one's way, to stray

rătăcire *sf* straying; *într-un moment de ~* in a moment of aberration

răţoi *sm* drake

rău 1 *adj* bad; unkind; naughty; wicked; evil; ill; *mai ~* worse; *cel mai ~* the worst; *de rea-credinţă* ill-meaning; *rea-voinţă* ill-will 2 *adv* badly; ill; *a-i fi ~* to be unwell; *a-i părea ~ de ceva* to regret smth; *~ intenţionat* ill-disposed to 3 *sn* evil; uneasiness; misfortune; *~ de înălţime* mountain sickness; *~ de mare* sea-sickness; *cu părere de ~* regretfully; *a vorbi de ~ pe cineva* to talk ill of smb

răufăcător *sm* wrongdoer

răutate *sf* wickedness, malice

răutăcios *adj* wicked, mischievous, roguish, spiteful

răuvoitor *adj* malevolent

răvăşi *vt* to scatter; to mess up; to tumble

răzătoare *sf* rasp

răzbate *vi* to make one's way; to wander; to succeed in

răzbătător *adj* tenacious, unflinching

răzbi *vi* to make one's way; to succeed in; *a-l ~ somnul* to be overcome by sleep

război *sn* war; *(de țesut)* loom; ~ *civil* civil war; ~ *rece* cold war; ~ *mondial* world war; *ațițător la* ~ warmonger; *a declara* ~ to declare war; *pe picior de* ~ on a war footing

războinic *sm* warrior

răzbuna *vr (pe)* to revenge oneself (on)

răzbunare *sf* revenge

răzbunător *adj revengeful, vindictive*

răzgîia *vt* to spoil; ~ *t* spoilt

răzgîndi *vr* to change one's mind, to think better of it

răzleț *adj isolated; stray; odd*

răzmeriță *sf* mutiny

răzui *vt* to scrape; to rasp

răzvrăti *vr* to revolt

reabilita *vt* to rehabilitate

reactor *sn* reactor; *(avion)* jet plane

reacție *sf* reaction; response

reacționa *vi* to react, to respond

reacționar *sm, adj* reactionary

real *adj.* real, actual

realism *sn* realism

realist 1 *sm* realist 2 *adj* realist; practical

realitate *sf* reality

realiza *vt* to achieve, to carry out; to accomplish

realizare *sf* achievement

realmente *adv* really

reaminti *vi (de)* to remind (of); *a-și* ~ to remember, to recall

reanima *vt* to reanimate

reazem *sn* support

rebegit *adj* exhausted

rebel *sm* rebel

rebeliune *sf* rebellion, mutiny

rebus *sn* rebus; cross-word puzzle

rebut *sn* reject

recalcitrant *adj* disobedient

recapitula *vt* to recapitulate, to repeat, to run over

recăsători *vr* to remarry

rece *adj* cold; *(d. cineva)* distant, indifferent; *cu sînge* ~ in cold blood

recensămînt *sn* census

recent 1 *adj* recent, up-to-the-minute 2 *adv* recently, freshly

recenzie *sf* review

receptiv *adj.* receptive

receptor *sn (telefonic etc.)* receiver

recepție *sf* taking over; *(la hotel)* reception desk

recepționer *sm (la hotel)* reception clerk

rechin *sm* shark

rechizitoriu *sn* accusation, indictment

recif *sn* reef

recipient *sn* receptacle

recipisă *sf* receipt

reciproc *adj* reciprocal, mutual

recita *vt* to recite

recital *sn* recital

reciti *vt* to reread

reclama *vt* to claim; to denounce

reclamant *sm* claimer

reclamat *sm* plaintiff

reclamație *sf* petition

reclamă *sf* advertisement

recoltă *sf* crop, harvest

recomanda 1 *vt* to recommend; to suggest; to advise 2 *vr* to introduce oneself

recomandabil *adj* indicated; proper

recomandație *sf* advise; prescription

recompensa *vt* to reward, to repay

recompensă *sf* reward

reconcilia *vt* to reconcile

recondiţiona *vt* to recondition

reconfortant 1 *sn* pick-me-up 2 *adj* invigorating

reconsidera *vt* to rethink

reconstrui *vt* to rebuild

record *sn* record

recrea *vr* to rest, to relax; to have a good time

recreaţie *sf* break, pause

recrut *sm* recruit

recruta *vt* to recruit; to draft *(in S.U.A.)*

rectifica *vt* to rectify, to correct; ~re rectification

rector *sm* rector

reculege *vr* to compose oneself

recunoaşte *vt* to recognize, to accept; to own, to confess, to admit; to acknowledge

recunoscător *adj greateful, thankful, indebted*

recunoscut *adj* recognized; well-known

recunoştinţă *sf* gratitude; *cu* ~ thankfully

recupera *vt* to recuperate, to recover, to retrieve; to reclaim

recuperare *sf (pentru refolosire)* salvage

recurge *vi (la)* to resort (to)

recurs *sn* appeal

recuzită *sf* property, prop

reda *vt* to give back

redacta *vt* to edit

redactor *sm* editor

redacţie *sf* editorial office

redobîndi *vi* to regain

redresa 1 *vt* to set to rights 2 *vr* to recover

reduce *vt* to reduce, to diminish, to lessen

reducere *sf* reduction

redus *adj* reduced; *(d. cineva)* narrow-minded

redutabil *adj redoubtable*

reedita *vt* to republish

reeduca *vt* to reeducate

reface 1 *vt* to remake 2 *vr* to recover

referat *sn* report

referendum *sn* referendum

referi *vr (la)* to refer/to relate (to); to mention

referinţă *sf* reference; statement

referitor *adj* ~ *la* referring to

reflecta *vt* to reflect

reflector *sm* search light; *(la teatru)* spotlight

reflux *sn* reflux, ebb

reformă *sf* reform

refracta *vt* to refract

refractar *adj.* reluctant, unyielding; intractable; ~ *la critică* impervious to criticism

refren *sn* refrain, burden

refugia *vr* to take refuge

refugiu *sn* refuge; *(cabană)* rest house

refuz *sn* denial, refusal; rebuff; *plin pînă la* ~ full to overflowing

refuza *vt* to refuse, to decline; *a* ~ *să dea ascultare* to turn a deaf ear

regat *sn* kingdom, realm

rege *sm* king

regie *sf* direction

regim *sn* regime; *(alimentar)* diet
regiment *sn* regiment
regină *sf* queen
registru *sn* register
regiune *sf* region; area, zone
regiza *vt* to stage
regizor *sm* stage manager
regla *vt* to regulate, to adjust
reglementa *vt* to regulate
regn *sn* kingdom; *~ul vegetal* the vegetable kingdom
regret *sn* regret, repentance; *a ~a* to regret, to repent
regulament *sn* regulations
regulat *adj regular; even*
regulă *sf* rule; *de ~* usually; *reguli de circulație* traffic regulatio
reieși *vi* to emerge
reîmprospăta *vt* to refresh; *(garderoba)* to replenish
reînarma *vt* to rearm
reînnoi *vt* to renew
reîntoarce *vr* to return
reînvia *vi* to revive
relata *vt* to relate; to narrate; *~re* statement, account, report
relativ *adj relative*
relație *sf* relation, connection; contact; *relații sexuale* sexual intercourse; *in relații de prietenie* on friendly terms
relaxa *vr* to relax
relicvă *sf* relic
relief *sn* relief
reliefa *vt* to set off; to point out
religie *sf* religion
relua *vt (după o întrerupere)* to resume; *(o povestire)* to take up
reluare *sf (la TV)* rerun

remania *vt* to reshuffle
remarca 1 *vt* to remark, to notice **2** *vr* to distinguish oneself, to excel
remarcabil *adj remarkable, notable, outstanding, singular*
remarcă *sf* remark, comment; *~ spirituală* wise-crak
remedia *vt* to remedy, to improve
remediu *sn* remedy
reminiscență *sf* reminiscence
remite *vt* to remit
remorca *vt* to tow, to haul
remorcă *sf* trailer
remorcher *sn* tug boat
remunera *vt* to remunerate
remușcare *sf* remorse, compuction, qualm; *a avea remușcări* to feel remorse
ren *sm* reindeer
renega *vt* to deny, to contest; to repudiate
renegat *sm* renegade
renova *vt* to renovate, to restore
rentabil *adj* profitable, remunerative
rentabilitate *sf* profitableness
rentă *sf* rent, income
renume *sn* fame, renown
renumit *adj* renowned, famous
renunța *vi* to renounce, to give up, to relinquish
repara *vt* to repair, to mend; *(o nedreptate)* to make up for it
reparație *sf* repair; *in ~* under repair
repartiza *vt* to distribute, to allot
repaus *sn* rest; *in ~* at rest
repede 1 *adj quick, fast, rapid* **2** *adv* quckly, fast, rapidly
reper *sn* sign

repercusiune *sf* repercussion, consequence

repercuta *vr (asupra)* to recoil/to rebound (upon)

repertoriu *sn (teatu)* repertory

repeta 1 *vt* to repeat, to say again, to iterate 2 *vr* to recur

repetiţie *sf* rehearsal; ~ *generală* dress rehearsal

repezi *vr* to rush out; to rush at

repezit *adj* rash; abrupt, brusque

replica *vt* to reply

replică *sf* retort; prompt reply

reportaj *sm* feature report

reporter *sm* reporter

represalii *sf pl* reprisals

represiv *adj* punitive

reprezenta *vt* to represent; to signify

reprezentant *sm* representative

reprezentativ *adj* representative

reprezentaţie *sf* performance

reprima *vt* to repress, to stifle; ~ *re* repression

repriză *sf (fotbal)* half; *(box)* round

reprobabil *adj* reprovable

reproduce *vt* to reproduce

reproş *sn* reproach, remonstrance

reproşa *vt* to reproach, to remonstrate

reptilă *sf* reptile

republică *sf* republic

repudia *vt* to repudiate, to disown

repulsie *sf* repulsion, distaste

reputat *adj* famous

reputaţie *sf* reputation, repute

resemna *vr* to resign oneself

resentiment *sn* resentment

resort *sn (arc)* spring; *(domeniu)* domain

respect *sn* respect, esteem, deference

respecta *vt* to respect; *(o lege)* to observe

respectabil *adj.* respectable, estimable

respectiv 1 *adj.* respective 2 *adv* respectively; *ea şi el* ~ *Maria şi Tom* she and he Mary and Tom respectively

respectuos *adj.* respectful

respingător *adj* repulsive, repellent, repugnant

respinge *vt* to reject; *(o propunere)* to refuse, to turn down

respira *vi* to breathe

respiraţie *sf* breathing; *(grea)* snort; ~ *artificială* kiss of life

responsabil *adj (pentru)* responsible (for)

responsabilitate *sf* responsibility

rest *sn* rest, remainder; remnant; *(de bani)* change; ~ *uri alimentare* scraps

restabili *vt* to re-establish

restaura *vt* to restore, to rehabilitate

restaurant *sn* restaurant

restitui *vt* to give back, to restore

restricţie *sf* restriction, restraint

restrînge *vt* restrict, to limit

resursă *sf* resource; *resurse financiare* funds

reşedinţă *sf* residence

reteza *vt* to cut off, to clip

reticent *adj* reticent, reserved

reticenţă *sf* reticence

retină *sf* retina

retortă *sf* retort, flask

retracta *vt* to retract, to take back

retrage *vr* to retire, to withdraw; to recede

retras *adj* reserved; solitary, secluded

179

retribui *vt* to remunerate
retrograd 1 *sm* stick-in-the-mud **2** *adj* retrograde
retrograda *vt* to revert to a lower rank, to relegate
retrovizor *adj* rear; *oglindă retrovizoare* rear-view mirror
retur *sn* return
retuşa *vt* to retouch
reţea *sf* net; network; ~ *de căi ferate* railway network
reţetă *sf* (*medicală*) prescription; (*culinară*) recipe
reţine *vt* to retain; to detain; (*bilete*) to book; (*a ţine minte*) to keep in mind
reumatism *sn* rheumatism
reuniune *sf* reunion, meeting
reuşi *vi* to manage, to succeed, to contrive to
reuşit *adj* well achieved; (*d. oameni*) good-looking
reuşită *sf* success, achievement
revanşă *sf* return; revenge; *a-şi lua revanşa asupra cuiva* to be quits with smb
revărsa *vr* to flow over; (*a se răspîndi*) to spread over; *se ~ de ziuă* day was breaking
revedea *vr* to meet again
revelion *sn* New Year's Eve
revendica *vt* to claim, to demand
revendicare *sf* demand, grievance
reveni *vi* to return, to come back; *a-şi ~ din leşin* to come to; *a-i ~ în minte* to recall; *să ~m la subiectul nostru* let us revert to our subject; *a-i ~ sarcina* to rest with smb
rever *sn* lapel

reverend *sm* reverend
reverie *sf* reverie, dreaming
revers *sm* reverse; ~*ul medaliei* the other sider of the medal
revistă *sf* magazine, review; *a trece în* ~ to survey
revizie *sf* revision
revizor *sm* inspector
revizui *sm* to review
revoca *vt* to cancel, to annul
revolta *vr* to revolt
revoltă *sf* revolt, upising; riot
revoltător *adj* revolting
revoluţie *sf* revolution
revoluţionar *sm* revolutionary
revolver *sm, adj* revolver, pistol
rezema 1 *vt* to prop **2** *vr* to lean; *a se ~ de perete* to lean against the wall
rezemătoare *sf* rest
rezerva *vt* to reserve, to keep back; (*locuri*) to book
rezervat *adj* reserved, uncommunicative, remote, undemonstrative
rezervaţie *sf* reservation, preserve
rezervă *sf* reserve; stock, store; *roată de* ~ spare wheel; *piese de* ~ spare parts
rezervor *sn* vessel; container; ~ *de benzină* petrol tank
reziduuri *sn pl* residues
rezilia *vt* to cancel
rezista *vi* to resist, to withstand
rezistent *adj.* resistant; lasting; hardy; (*d. culori*) fast
rezistenţă *sf* resistance
rezoluţie *sf* resolution
rezolva *vt* to solve
rezonabil *adj.* reasonable; *preţ* ~ fair

price
rezonanţă *sf* resonance
rezulta *vi* to result/to arise (from)
rezultat *sn* result; outcome, issue; *fără ~* useless
rezuma *vt* to sum up
rezumat *sn* summary, digest
ricoşa *vi* to rebound
rid *sn* wrinkle, line
ridat *adj* rugged
ridica 1 *vt* to lift; to raise; to pitch, to set up; *a ~ glasul* to raise one's voice; *a ~ mîna* to put up one's hand; *a ~ preţurile* to raise prices; *a ~ o problemă* to pose a question; *a ~ receptorul* to pick up the receiver; *a ~ şedinţa* to adjourn the meeting 2 *vr* to rise; *a se ~ de la masă* to rise up from table; *a se ~ împotriva* to stand up against; *a se ~ în picioare* to stand up; *a se ~ în zbor* to soar; *se ridică la 100* it amounts to 100
ridicata *sf comerţ cu ~* wholesale trade
ridicătură *sf* prominence, elevation, rise
ridiche *sf* radish
ridicol *adj* ridiculous, ludicrous
rigid *adj.* rigid, firm, strict; stiff
rigiditate *sf* rigidity, stiffness
riglă *sf ~ de calcul* slide rule
rigolă *sf* gutter
riguros *adj* rigorous; stern; severe
rimă *sf* rhyme
rimel *sn* mascara
rindea *sf* plane; *a da la ~* to plane
rindelui *vt* to plane
ring *sn* ring; *~ de dans* dancing floor

rinichi *sm* kidney
rinocer *sm* rhinoceros
riposta *vi* to retort
ripostă *sf* retort
risc *sn* risk; peril; *a ~ a* to risk
riscant *adj.* risky
risipă *sf* waste
risipi 1 *vt* to waste; to scatter 2 *vr* to scatter; *(d. nori)* to dissipate
risipitor *adj.* wasteful; *fiul ~* the prodigal son
rit *sn* rite
ritm *sn* rhythm; rate
rival *sn* rival
rivalitate *sf* rivalry
rivaliza *vi (cu)* to compete (with)
rîcă *sf* quarrel, friction
rîcîi *vt* to scrape
rîde *vi* to laugh; *a ~ cu poftă* to laugh heartily; *a ~ în hohote* to shriek with laughter
rîgîi *vi* to belch; *~ală* belch
rîie *sf* scab
rîma *vt* to grub
rîmă *sf* worm
rînced *adj.* rancid
rînd *sn (şir)* file; *(coadă)* queue; *(tipărit)* line; *un ~ de case* a row of houses; *în primul ~* in the first place; *pe ~* by turns; *a sta la ~* to queue up; *e ~ul tău* it is your turn
rîndui *vt* to arrange; to tidy up
rînduială *sf* tidiness, order; directive; rule
rîndunică *sf* swallow, martin
rînjet *sn* grin, sneer
rînji *vi* to grin, to sneer
rîpă *sf* steep slope

ris *sn* laughter; *a izbucni in* ~ to burst out laughing; *de* ~ laughable

râşni *vt* to grind

râşniţă *sf* mill; *(de cafea)* coffee mill, grinder

rît *sn* snout

râu *sn* river

râvnă *sf* zeal

râvni *vi* to covet; *(la)* to crave (for)

roabă *sf* barrow

roade *vt* to gnaw; *(unghiile)* to bite; *(un os)* to pick

roată *sf* wheel; ~ *dinţată* cog wheel; ~ *de tortură* rack

rob *sm* slave; serf

robă *sf* robe

robie *sf* slavery

robinet *sn* tap, faucet *(în S.U.A.)*

robot *sm* robot

robust *adj* stout; vigorous, sturdy, stalwart

rocadă *sf (la şah)* castling

rocă *sf* rock

rochie *sf* dress, frock

rod *sn* fruit

roda *vt* to run in; ~*j* running in

rodi *vi* to yield fruit

rodie *sf* pomegranate

roditor *adj.* fertile; fruitful

roi [1] *sn* swarm

roi [2] *vi* to swarm

rol *sn* role, part; ~ *principal* name part

rolă *sf* roll; reel

rom 1 *sm* Gypsy 2 *sn* rum

roman [1] *sn* novel; ~ *poliţist* detective story; ~ *ştiinţifico fantastic* science, fiction novel; ~ *de senzaţie* thriller

roman [2] *adj* Roman

romancier *sm* novelist

romaniţă *sf* daisy; camomile

romanţios *adj* romantic; dreamy

român *sm, adj* Romanian

româncă *sf* Romanian woman

românesc *adj Romanian*

româneşte *adv* like a Romanian; *a vorbi* ~ to speak Romanian

romb *sn* rhomb

rond *sn* circus; *(inspecţie)* round; ~ *de flori* flower bed

ronţăi *vt* to crunch; ~*ală* crunch

ropot *sn* tramp; patter; *(de aplauze)* thunder

ros *adj* gnawed; worn-out, shabby; ~ *de remuşcări* stung by remorse

rost *sn* sense, meaning; role, task; justification; situation; *ce* ~ *are?* what's the use of it?; *a face* ~ *de ceva* to get hold of smth; *a lua la* ~ *pe cineva* to lecture smb; *pe de* ~ by heart

rosti *vt* to utter, to pronounce

rostogoli 1 *vt* to roll 2 *vr* to turn heels over head, to somersault

roşcat 1 *sm* red-head 2 *adj* reddish, ruddy

roşi *vi* to blush

roşu *adj.* red; ~ *aprins* crimson; ~ *închis* purple; *Crucea Roşie* the Red Cross; *Scufiţa Roşie* Little Red Riding Hood

rotar *sm* wheelwright

rotaţie *sf* rotation

roti *vr* to turn round; to swivel; ~*re* turning round

rotofei *adj* plump

rotor *sn* rotor

rotulă *sf* knee cap

rotund *adj* round
rotunji *vi* to round off
rouă *sf* dew
roz *adj.* pink
roză *sf* rose
rozmarin *sm* rosemary
rubin *sn* ruby
rublă *sn* rouble
rubrică *sf* column
rucsac *sn* rucksack
rudă *sf* relative, relation; *rude prin alianţă* in-laws
rudenie *sf* kinship
rudimentar *adj* rudimentary, un-developed
rufă *sf* linen, clothes; *(pentru spălat)* laundry
rug *sn* stake, pyre
ruga 1 *vt* to beg, to ask; *te rog* please; *mă rog* you see **2** *vr* to pŕay
rugăciune *sf* prayer
rugăminte *sf* request
rugbi *sn* rugby
rugină *sn* rust
rugini *vi* to rust; *~t* rusty
ruina *vt* to ruin
ruinat *adj.* dilapidated; *(d. cineva)* ruined
ruină *sf* ruin
ruj *sn* lipstick; *a se ~a* to rouge
rujeolă *sf* measles
rula 1 *vt* to roll **2** *vi (d. automobil)* to roll; *(d. filme)* to be on
ruletă *sf (de măsurat)* tape measure; *(joc)* roulette

rulment *sm* bearing
rulotă *sf* caravan, trailer
rulou *sn* roll
rumega *vt* to munch, to ruminate
rumegător *adj* ruminant
rumeguş *sn* sawdust
rumen *adj.* ruddy, rubicond
rumoare *sf* tumult, uproar
rundă *sf* round
rupe *vt* to tear; to rive off; *(flori)* to pick; *(un picior)* to break; *mi se ~ inima de milă* it makes my heart ache; *a ~ în bucăţi* to tear to pieces; *a o ~ la fugă* to break into a run; *a ~ o logodnă* to call off an engagement
rupt *adj* torn; broken; *~ în coate* out at elbows
rural *adj* rural
rus *sm* Russian; *limba ~ă* the Russian language
Rusaliile *sf pl* Whitsun
rusesc *adj. Russian*
ruseşte *adj* like a Russian; *a vorbi ~* to speak Russian
rusoaică *sf* Russian woman
rustic *adj* rustic
ruşine *sf* shame; shyness; *fără ~* shameless; *a muri de ~* to burn with shame; *să-ţi fie ~!* shame on you!; *mi-e ~ pentru tine* I feel ashamed for you
ruşinos *adj* bashful; shy
rută *sf* route; way; *(traseu)* line
rutier *adj* road
rutină *sf* routine; *de ~* perfunctory

S

sa *adj* her: *pisica sa* her cat; *a sa* hers
sabie *sf* sword
sabota *vt* to sabotage; ~*j* sabotage
sabotor *sm* saboteur
sac *sm* sack; bag; ~ *de dormit* sleeping bag; ~ *de voiaj* kitbag; *pînză de* ~ sack cloth
sacadat *adj* abrupt; intermittent
sacoşă *sf* bag
sacou *sn* jacket
sacrifica 1 *vt* to sacrifice **2** *vr* to sacrifice oneself
sacrificiu *sn* sacrifice; ~ *de sine* self sacrifice
sacrilegiu *sn* sacrilege
sacristie *sf* vestry
sacru *adj* sacred
sadic *adj* sadistic
safir *sn* sapphire
salam *sn* sausage
salariat *sm* wage earner
salariu *sn* salary, wage, income; ~ *de mizerie* pittance
salată *sf* lettuce; salad
sală *sf* hall; ~ *de aşteptare* waiting room; ~ *de cinema* cinema hall; ~ *de concerte* concert room
salcie *sf* willow; ~ *plîngătoare* weeping willow
salină *sf* salt mine
salivă *sf* saliva; spittle
salon *sn* drawing room; *(de spital)* ward; ~ *de cosmetică* beauty salon, beauty parlor *(în S.U.A.)*
salopetă *sf* overalls, smock

salt *sn* jump, leap
saltea *sf* mattress
saltimbanc *sm* clown
salubritate *sf* sanitation
salut *sn* greeting; *(dînd din cap)* nod
saluta *vt* to greet; *(dînd din cap)* to nod
salva *vt* to save; to rescue
salvare *sf* saving; *(maşină)* ambulance car
salvă *sf* round; volley; ~ *de tun* round of cannon
samur *sm* sable
sanatoriu *sn* sanatorium
sanctuar *sn* sanctuary
sancţiona *vt* to punish; ~*re* punishment
sancţiune *sf* punishment
sandale *sf pl* sandals
sandviş *sn* sandwich
sanie *sf* sledge, sleigh
sanitar *adj* sanitary
santinelă *sf* sentry
sapă *sf* hoe; *a ajunge la* ~ *de lemn* to be reduced to poverty
saramură *sf* brine, pickle
sarcastic *adj* sarcastic, biting
sarcină *sf* burden; *(îndatorire)* task, undertaking, obligation; *(graviditate)* pregnancy; *(electrică)* charge
sarcofag *sn* sarcophagus
sardea *sf* sardine
sare *sf* salt; ~ *amară* Epsom salts
saşiu *adj* cross-eyed, squinting
sat *sn* village
satana *sf* Satan, Devil

satelit *sm* satellite

satin *sn* satin

satiră *sf* satire; lampoon

satiric *adj* satirical

satiriza *vt* to satirize

satisface *vt* to satisfy, to meet; *a ~ gusturile cuiva* to gratify smb's whims; *a ~ o cerere* to comply with a request

satisfacție *sf* satisfaction

satisfăcător *adj* sufficient, enough; acceptable

satisfăcut *adj* satisfied; content

satura *vt* to saturate; *~ție* saturation

saț *sn* satiety

sau *conj* or; either; that is; *~ luni, ~ miercuri* either Monday or Wednesday

savant *sm* scholar

savoare *sf* relish, flavour

savonieră *sf* soap box

savuros *adj* savoury, appetizing

saxofon *sn* saxophone

să *conj* (nu se traduce): *nu pot să merg acolo* I cannot go there; *pot să intru?* may I come in?; (interogativ) shall: *să o pornim?* shall we set off?; (infinitiv) to: *pare să fie interesantă* it seems to be interesting; (imperativ) *să nu minți!* don't lie!; (viitor) *o să vină* he will come; let us: *să mergem* let us go; may: *să te binecuvînteze Dumnezeu!* may God bless you!; lest: *fugi ca să nu fie văzut* he ran away lest he should be seen

sădi *vt* to plant

săgeată *sf* arrow

săgetător *sm* (zodie) Sagittarius (the Archer)

sălbatic 1 *sm* savage 2 *adj* wild; savage; fierce, cruel

sălbăticie *sf* wildness; wilderness; savageness; *cu ~* fiercely

sălta 1 *vt* to lift 2 *vi* to jump, to leap, to spring

sămînță *sf* seed

sănătate *sf* health; *~!* (după strănut) bless you!

sănătos *adj* healthy, sound; (prielnic sănătății) wholesome

săpa *vt* to dig; to hoe; (un tunel) to bore; (pe cineva) to undermine

săptămînal *adj* weekly

săptămînă *sf* week; *săptămîna mare* Passion week; *de azi într-o ~* today week; *o dată pe ~* once a week

săpun *sn* soap

săpuni *vt*, *vr* to soap, to lather

săra *vt* to salt

sărac 1 *sm* poor person 2 *adj* poor, destitute; *foarte ~* poverty stricken; (d. pămînt) barren; (d. recoltă) lean, scanty

sărat *adj* salty

sărăcăcios *adj* poor; mean; shabby; (d. un prînz etc.) frugal

sărăci *vi* to become poor

sărăcie *sf* poverty; (lipsă) want; *~ lucie* dire poverty

sărbătoare *sf* holiday; feast, fête; (marcată în calendar) red-letter day; *haine de ~* Sunday clothes; *a ține o ~* to observe

sărbători *vi* to celebrate; *a ~ revelionul* to see the old year out

sări *vi* to jump, to leap, to spring; (într-un picior) to hop; (d. minge) to bounce; *(peste ceva)* to leap/to fly over; *(la cineva)* to rush at; *(in apă)* to dive; *a ~ cu prăjina* to polevault; *a ~ in ochi* to strike the eye; *a ~ in picioare* to spring up; *a ~ in sus de bucurie* to leap for joy; *a-i ~ ţandăra* to fly into a passion; *săriţi!* help!

sărit *adj* crazy, off one's rocker

săritură *sf* leap, jump; *~ in inălţime* high jump; *~ in lungime* long jump

sărman *adj* poor

sărut *sn* kiss

săruta *vt, vr* to kiss

sărutare *sf* kiss

sătean *sm*, **săteancă** *sf* villager, peasant

sătul *adj* satiated, replete; *sint ~ de citit* I am fed up with reading

sătura *vr* to have one's fill; *m-am ~t!* I've had enough!

săţios *adj* nourishing; rich, stodgy

său *adj* his: *ciinele său* his dog; *al ~* his

săvîrşi *vt* to make, to accomplish, to achieve; *a ~ o crimă* to perpetrate a crime

scabie *sf* scab

scabros *adj* scabrous, salacious

scadenţă *sf* term (of payment)

scafandru *sm* diver

scai *sm*, **scaiete** *sm* thistle; *a se ţine scai de cineva* to stick to smb

scală *sn* tuning dial

scamator *sm* juggler; conjurer; *~ie* trick

scamă *sf* lint

scanda *vt* to scan

scandal *sn* scandal, brawl, rumpus, racket

scandalos *adj* scandalous, shoking, revolting

scară *sf (fixă)* stairs; *(mobilă)* ladder; *(la instrumente)* scale; *pe o ~ intinsă* on a large scale

scarlatină *sf* scarlet fever

scaun *sn* chair; *(mic)* stool; *~ de invalid* wheel-chair; *~ pliant* folding chair; *~ rabatabil* tip-up seat; *~ rotitor* swivel chair

scădea 1 *vt* to lower, to diminish; *scade 6 din 9* subtract 6 from 9 2 *vi* to diminish, to decrease, to fall

scădere *sf* subtraction; fall, reduction, lowering, decrease

scălda *vt, vr* to bathe; *a se ~ in bani* to wallow in money

scămoşa *vr* to fray out

scăpa 1 *vt (trenul)* to miss; *a ~ o vorbă* to drop a word 2 *vi* to escape; to get free; *(de)* to get rid (of); *(din mînă)* to drop; *a ~ ca prin minune* to have a near-run escape; *a ~ de griji* to be out of the wood; *a ~ ieftin* to get off cheap; *a ~ teafăr* to escape safely

scăpare *sf* escape; slight error, slip, lapse

scăpăra *vi* to sparkle

scărpina *vr* to scratch

scăzut *adj* low

scenarist *sm* script writer

scenariu *sn* script

scenă *sf* stage: *pe ~* on the stage; *(parte dintr-un act)* scene; *a-i face o ~ cuiva* to make smb a scene

sceptic *sm* sceptic

sceptru *sn* sceptre

schelă *sf* scaffolding
schelet *sn* skeleton
schemă *sf* plan, sketch
scheuna *vi* to yelp; ~ *t* yelp
schi *sn* skiing; ~ *uri* skis
schia *vi* to ski
schif *sn* skiff
schijă *sf* splinter
schilod *adj* crippled
schilodi *vt* to maim
schimb *sn* change; exchange; shift; ~ *de locuri* change of places; *în natură* barter; ~ *de noapte* night shift; *piesă de* ~ spare part; *în* ~ instead; *cu* ~*ul* by turns
schimba 1 *vt* to change; to exchange; to modify; to alter; to replace; *a* ~ *viteza* to shift the gear; *a* ~ *vorba* to shunt the conversation **2** *vr* to change; *a se* ~ *la față* to put on a raw face
schimbare *sf* change; modification; ~ *în bine*/ *în rău* change for the better/the worse
schimbător *adj* changeable; unsteady; inconstant, fickle, flighty
schimonosi 1 *vt* to distort **2** *vr* to make faces
schingiui *vt* to torture
schior *sm* skier
schit *sn* hermitage
schița *vt* to sketch; to trace; *a* ~ *un gest* to make a slight gesture
schiță *sf* sketch; *(literară)* short story
sciatică *sf* sciatica
scinda, scziona *vr* to divide
sciziune *sf* scission, split
scîncet *sn* whining, wail
scînci *vi* to whine, to whimper, to snivel

scîndură *sf* board
scînteia *vi* to sparkle, to gleam
scînteie *sf* spark
scîrbă *sf* disgust, loathing; *a-i fi* ~ *de ...* to be sick of...
scîrbos *adj* disgusting; loathing; abominable; foul
scîrții *vi* to creak; *(la vioară)* to rasp
sclav *sm* slave; *(al unei pasiuni etc.)* thrall
sclavie *sf* slavery
scleroză *sf* sclerosis
sclipi *vi* to sparkle; to gleam; to shimmer
sclipitor *adj* sparkling; gleaming; extremely intelligent
scoarță *sf* *(de copac)* bark; *(copertă)* cover
scoate *vt* to pull out, to draw; *(a dezbrăca)* to take off, to remove; *(un dinte)* to extract; *(a da afară)* to drive out; *a* ~ *bani din* to make money by; *nu* ~ *capul pe fereastră* do not lean out of the window; *a nu* ~ *un cuvînt* not to utter a word; *a* ~ *din fire* to drive mad; *a* ~ *din minți pe cineva* to get on smb's nerves; *a* ~ *fum* to emit/to vomit smoke; *a* ~ *în evidență* to point out; *a* ~ *o înjurătură* to swear an oath; *a o* ~ *la capăt* to carry through; *a* ~ *(ceva) la iveală* to bring forward; *a* ~ *mănușile* to pull out one's gloves; *a* ~ *un oftat* to heave a sigh; *a* ~ *pui* to hatch chickens; *a* ~ *sîmburi* to stone fruit; *a* ~ *un strigăt* to utter a cry; *să nu scoți o vorbă!* keep mum!
scobi 1 *vi* to make a hollow **2** *vr a se* ~ *în nas* to pick one's nose

scobitoare *sf* toothpick

scobitură *sf* hole, hollow

scoică *sf* shell

sconcs *sm* skunk

sconta *vi (pe)* to count (on)

scop *sn* aim, purpose; *in ~ ul ...* with a view to...

scor *sn* score

scorbură *sf* hollow

scormoni *vi* to search for, to rummage

scorni *vt* to nvent, to fib

scoroji *vr* to shrink

scorojit *adj* shrivelled

scorpie *sf (femeie rea)* shrew, tartar, termagant

scorpion *sm* scorpion; *(zodie)* Scorpio (the Scorpion)

scorţişoară *sf* cinnamon

scorţos *adj* stiff, rigid; *(d. oameni)* distant

scotoci *vt* to rummage, to ransack

scoţian 1 *sm* Scotchman 2 *adj* Scottish, Scotch

screme *vr* to strain oneself

scrie *vt* to write; *a ~ la maşină* to type

scriitor *sm* writer

scrijeli *vi* to scratch

scrimă *sf* fencing

scrin *sn* chest of drawers

scripete *sm* pulley

scriptură *sf* Scriptures

scrisoare *sf* letter; *~ recomandată* registered letter

scrînciob *sn* swing; seesaw

scrînti *vt* to sprain, to put out of joint

scrîşnet *sn* gnash

scrîşni *vi (din dinţi)* to gnash

scroafă *sf* sow

scrobi *vt* to starch

scrum *sn* ash

scrumbie *sf* mackerel

scrumieră *sf* ash-tray

scrupul *sn* scruple

scruta *vt* to scrutinize, to scan

scufunda 1 *vt* to dip, to immerse 2 *vr* to sink; *(d. submarin)* to submerge

scufundător *sm* diver

scuipa *vi* to spit, to slaver; *~ t* spitting

scul *sn* hank

scula 1 *vt* to wake 2 *vr* to wake up; to get up

sculă *sf* tool

sculpta *vt* to carve

sculptor *sm* sculptor

sculptură *sf* sculpture

scump *adj* expensive; valuable; dear; *~ a mea, ~ul meu* my love, honey; *~ o!* sugar!

scumpi 1 *vt* to raise 2 *vr* to rise, to get dearer

scund *adj* short, low; *~ şi indesat* pudgy

scurge *vr* to trickle, to drip out, to leak

scurt *adj* short; *pe ~* in short/brief; *in ~ timp* in a short time, soon; *vizită ~ ă* fleeting visit; *~ şi gras* stubby, stumpy

scurta *vt* to shorten, to curtail

scurtătură *sf* short-cut

scurtcircuit *sn* shortcircuit

scut *sn* shield

scutece *sn pl* swaddling clothes

scuti *vt (de)* to acquit (from); *(a cruţa)* to spare

scutier *sm* shield-bearer

scutura *vt* to shake

scuza 1 *vt* to excuse; *~ ţi-mă* excuse

me, I am sorry 2 *vr* to apologize

scuză *sf* excuse, apology; *a cere scuze* to apologize

se *pron* oneself; himself; herself; itself; themselves; *se întunecă* it is getting dark; *se poate* it may be possible

seamă *sf a-și da seama* to realize; *a-și face seama* to take one's life; *mai cu* ~ especially; *oameni de* ~ notable people; *a ține seama de ceva* to take smth into account

seară *sf* evening; *seara* in the evening

searbăd *adj* insipid

sec *adj* dry; hollow; *(d. voce)* husky

seca *vt, vi* to dry up

secară *sf* rye

secătui *vt* to exhaust, to wear out

secera *vt* to reap

seceră *sf* sickle; ~ *tor* reaper

secetă *sf* drought

secetos *adj* droughty

sechestra *vt* to sequester, to levy

secol *sn* century; ~ *ul XIX* the 19th century

secret *sn, adj* secret; *strict* ~ top secret

secretar *sm*, **secretară** *sf* secretary

sectă *sf* sect

sector *sn* sector; domain, sphere

secție *sf* section; ~ *de poliție* police station

secund *adj* second; secondary

secundar 1 *sn* second hand 2 *adj* secondary

secundă *sf* second

secure *sf* axe, hatchet

securitate *sf* security, safety

secvență *sf* sequence; *(de film)* shot

sedativ *sn* sedative, tranquillizer

sedentar *adj* sedentary

sediment *sn* sediment

sediu *sn* headquarters

seducător 1 *sm* lady-killer 2 *adj* seductive, alluring

seduce *vt* to seduce, to charm, to allure

segment *sn* segment, section

segregație *sf* segregation

seif *sn* safe, strong box

seism *sn* earthquake

select *adj* select, choice, exclusive

selecta *vt* to select, to choose

selecție *sf* selection

selecționa *vt* to select, to sort out

semafor *sn* traffic light

semăna 1 *vt* to sow, to seed 2 *vi (cu)* to resemble, to look (like); *(la fire)* to take after; *seamănă leit cu mama lui* he is the very image of his mother

semestru *sn* semester

semeț *adj* proud; haughty; lofty

semicerc *sn* semicircle

semiîntuneric *sn* gloom, semi-darkness

semilună *sf* half-moon

seminar *sn* seminar

semiobscuritate *sf* semiobscurity

semit *adj* Semite

semn *sn* sign; mark; symbol; signal; *(de vărsat)* pit; *(de afecțiune etc.)* token; ~ *bun/rău* good/bad omen; ~ *e de punctuație* punctuation marks; *a da* ~ *e de* to show signs of; *a face* ~ to motion, to signal

semna *vt* to sign

semnal *sn* signal; ~ *de alarmă* alarm signal

semnala *vt* to point out; to mention

semnalment *sn* distinctive characteristic

semnătură *sf* signature

semnificativ *adj* significant, meaningful

semnificație *sf* meaning, sense; significance

senat *sn* senate; ~ *or* senator

senil *adj* senile

senin *adj* cloudless; serene; *din* ~ out of the blue

senior *sm, adj* senior

sens *sn* sense, meaning, significance, object; ~ *giratoriu* roundabout *(în S.U.A.)*; ~ *interzis* no entry; *fără* ~ without rhyme or reason; *stradă cu* ~ *unic* one-way street

sensibil *adj* sensitive, touchy; ~ *la durere* susceptible to pain

sensibilitate *sf* sensitiveness

sentențios *adj* sententious

sentiment *sn* feeling, sentiment

sentimental *adj* sentimental, romantic, sloppy

sentință *sf* sentence; verdict

senzație *sf* sensation; ~ *de foame* feeling of hunger; *de* ~ sensational

senzațional *adj* sensational, lurid

senzitiv *adj* sensitive

senzual *adj* sensual, lascivious, lustful

senzualitate *sf* sensuality

sepală *sf* sepal

separa *vt* to separate, to devide

separat *adj* separate

separație *sf* separation

septembrie *sm* September

septicemie *sf* septicemia

ser *sn* serum

seral *adj* evening

serată *sf* soirée

seră *sf* hothouse

serbare *sf* feast; celebration

serenadă *sf* serenade

sergent *sm* sergeant

serial *sn (la TV)* serial (film)

serie *sf* series

seringă *sf* syringe

serios *adj* serious; demure, sedate, earnest

seriozitate *sf* seriousness

serpentină *sf* sinuous road

sertar *sn* drawer

servantă *sf (masă)* trolley

servi 1 *vt* to serve; *(un client)* to attend to; *(la masă)* to wait (on); *(a împărți cărțile)* to deal; *serviți ceva?* will you have something? **2** *vi* to be useful **3** *vr* to help oneself; *serviți-vă!* help yourself!

serviabil *adj* obliging, benevolent

serviabilitate *sf* helpfulness

serviciu *sn* job; service; ~ *de cafea* coffee set; *de* ~ on duty; *fără* ~ out of work; *a face un* ~ *cuiva* to do smb a good turn; *oferte de* ~ situations wanted; *a intra în* ~ to take a job; *scară de* ~ backstairs

servietă *sf* portfolio; *(ghiozdan)* satchel

servil *adj* servile

servitoare *sf* maid, servant

servitor *sm* man, servant

servitute *sf* servitude

sesiune *sf* session

sesiza *vt* to understand; to observe; to make known

set *sn* set

sete *sf* thirst; *a-şi potoli ~a* to quench one's thirst

seu *sn* suet, tallow

sevă *sf* sap

sever *adj* severe, stern, strict, harsh

sex *sn* sex; *de ~ feminin* female; *de ~ masculin* male

sexual *adj* sexual

sezon *sn* season; *~ier* seasonal

sfadă *sf* quarrel

sfat *sn* advice, counsel, tip; *(consfătuire)* debate

sfărîma *vt* to smash, to pound, to break into pieces

sfătos *adj* loquacious

sfătui *vt* to advise; *a ~ pe cineva să nu facă ceva* to dissuade smb from doing smth

sfeclă *sf* beet; *~ de zahăr* sugar beet

sferă *sf* sphere

sfert *sn* quarter; *e două fără| şi un ~* it is a quarter to/ past two; *trei ~uri* three quarters

sfeşnic *sn* candlestick

sfială *sf* bashfulness

sfida *vt* to defy

sfidător *adj* defiant

sfii *vr (să)* to be too timid to

sfinţi *vt* to bless, to sanctify

sfinx *sm* sphinx

sfios *adj* shy, coy, timorous, gawky

sfînt 1 *sm* saint **2** *adj* holy

sfîrc *sn* nipple, teat

sfîrîi *vi* to sizzle, to sputter; *~t* sizzle

sfîrlează *sf* top

sfîrşi 1 *vt* to finish; to put an end to **2** *vr* to end, to come to an end; *a se ~ cu bine* to turn out for the best

sfîrşit *sn* end; cessation; *~ fericit* happy ending; *fără ~* endless; *în ~* at last; *spre ~* towards the end

sfîşia *vt* to break into pieces, to shred

sfîşietor *adj* heart-rending

sfoară *sf* rope, string; *a trage pe ~* to take in

sforăi *vi* to snore; *~t* snoring

sforţa *vr* to strain, to over-exert oneself

sfredel *sn* drill

sfredeli *vt* to bore, to drill

sfredelitor *adj* piercing

sfrijit *adj* gaunt, scrawny

siamez *adj* Siamese

sicriu *sn* coffin

sidef *sn* mother-of-pearl

siderurgie *sf* siderurgy

siestă *sf* siesta

sifilis *sn* syphilis

sifon *sn* siphon

sigila *vi* to seal

sigiliu *sn* seal

sigur 1 *adj* sure, certain; *(în siguranţă)* safe; *~ de sine* self-assured; *eşti ~ (convins)?* are you positive?; *mai mult ca ~* as likely as not

siguranţă *sf* security; certainty; *(electrică)* fuse; *cu ~* surely; *măsuri de ~* safety measures

sihastru *sm* hermit

silabă *sf* syllable

silă *sf* disgust, aversion, repugnance; *cu sila* forced; *in ~* unwillingly, reluctantly; *a-i fi ~ de* to loathe

silenţios *adj* noiseless

sili *vt* to force, to oblige, to constrain

silinţă *sf* pains; *a-şi da toată silinţa* to do one's utmost

silitor *adj* diligent, industrious

siluetă *sf* silhouette

silvicultură *sf* silviculture

simandicos *adj* respectable, high-life

simbol *sn* symbol; *~ ic* symbolic

simetric *adj* symmetrical

simfonie *sf* symphony

similar *adj* similar, semblable, kindred

similitudine *sf* similitude

simpatic *adj* likable, genial

simpatie *sf* attraction; affection

simpatiza *vt* to like

simpatizant *sm* sympathizer

simplifica *vt* to simplify

simplist *adj* simplistic

simplu *adj* simple; easy; common, ordinary; *om ~* common man

simpozion *sn* symposium

simptom *sn* symptom

simţ *sn* sense; *~ul auzului* the sense of hearing

simţămînt *sn* feeling

simţi *vt, vr* to feel; *a se ~ bine* to be well; *a se ~ prost* to feel seedy; *vă ~ţi bine?* are you all right?

simţire *sf* feeling; *a-şi veni in ~* to come to

simţit *adj* considerate

simţitor *adj* sensitive

simula *vt* to sham, to feign, to pretend

simultan *adj* simultaneous

sinagogă *sf* synagogue

sincer 1 *adj* sincere, open, outright 2 *adv* sincerely, outspoken

sinceritate *sf* sincerity

sinchisi *vr* to care

sincronic *adj* synchronic

sincronizare *sf* timing, synchronization

sindicalist *sm* trade-unionist

sindicat *sn* trade-union

sine *pron* self, oneself; himself; herself; itself

singular *adj* singular

singur *adj* lonely; alone; by oneself; isolated; solitary; *~ cuc* quite alone

singurătate *sf* loneliness; isolation; solitude; seclusion

sinistru *adj* sinister; horrible

sinonim *sn* synonym

sintagmă *sf* collocation, phrase

sintaxă *sf* syntax

sintetic *adj* synthetic

sintetiza *vt* to synthetize

sinteză *sf* synthesis

sinucide *vr* to commit suicide

sinucidere *sf* suicide

sinuos *adj* sinuous, winding

sirenă *sf* siren; *(de fabrică)* hooter; *(femeie)* mermaid

sirian *sm, adj* Syrian

sirop *sn* sirup

siropos *adj* (*d. un film etc.*) mawkish

sista *vt* to cease, to stop

sistem *sn* system; method

sistematiza *vt* to systematize

sită *sf* sieve; *a da prin ~* to sift

situa *vr* to be situated

situaţie sf situation, state; position; ~ *grea* predicament; *a fi într-o ~ delicată* to be skating on thin ice

sîcîi vt to nag

sîcîitor adj annoying

sîmbătă sf Saturady; *a se duce pe apa sîmbetei* to run waste

sîmbure sm (*de caisă etc.*) pit, stone; (*de măr*) pip

sîn sm breast; bosom

sînge sn blood; ~ *albastru* blue blood; (*a omorî*) *cu ~ rece* (to kill) in cold blood; *donator de ~* blood donor; *frate de ~* blood brother; (*friptură*) *in ~ rare* (steak)

sîngera vt, vi to bleed

sîngeros adj bloody; *o luptă sîngeroasă* a bloody battle; (*d. cineva*) blood-thirsty

sîrb sm, adj Serbian

sîrguincios adj painstaking, industrious

sîrguinţă sf diligence

sîrmă sf wire; ~ *ghimpată* barbed wire

sîsîi vi to hiss; ~ *t* hissing, hiss

slab adj (*d. oameni*) lean, thin, skinny; (*nerezistent*) weak, feeble, frail; (*d. un simţ*) faint; (*d. lumină*) dim

slav sm, adj Slav

slavă sf glory, fame

slăbănog sm scrag

slăbi vi to lose flesh; to slim; (*in intensitate*) to diminish, to fade away, to abate

slăbiciune sf weakness; ~ *pentru ceva* partiality for smth

slăbit adj (*d. nod*) slack; weakened, ~ *de boală* emaciated/ wasted by disease

slănină sf lard

slăvi vt to glorify; to praise

sleit adj (*d. sos*) clotted; (*d. cineva*) exhausted

slip sn slips

slobod adj free

slovac sm, adj Slovak

slugarnic adj obsequious, slimy

slugă sf servant; *sluga dumitale* yours to command

slujbă sf job; (*religioasă*) service

sluji vi to be employed; (*la*) to be used (for)

slujnică sf servant; maid

slut adj plain, ugly; deformed

smalţ sn enamel

smarald sn emerald

smălţui vt to enamel

smead adj swarthy

smerenie sf humility; godliness

smerit adj humble; pious

sminti vr to go mad

smintit adj mad, nuts

smiorcăi vr to whine, to snivel

smirnă sf myrrh

smîntînă sf cream

smoală sf pitch

smoc sn tuft, wisp

smochin sm fig tree

smochină sf fig

smoching sn dinner jacket, tuxedo (*in S.U.A.*)

smuci vt to jerk; ~ *tură* jerk

smulge vt to rend; (*buruieni*) to pull up; (*a jumuli*) to pluck

snob sm snob

snobism sn snobbism

snop sm sheaf

soacră *sf* mother-in-law

soare *sm* sun; planet; *rază de soare* sun ray; *răsărit de* ~ sunrise; *apus de* ~ sunset; *a sta la* ~ to bask in the sun

soartă *sf* fate, destiny, portion, lot

sobă *sf* stove

sobrietate *sf* sobriety

sobru *adj* sober, temperate

sociabil *adj* friendly

social *adj* social; ~*-democraţie* social democracy; *asistenţă* ~*ă* social security

socialism *sn* socialism

societate *sf* society; *(comercială)* company

sociologie *sf* sociology

soclu *sn* socle

socoteală *sf* calculation; *(notă de plată)* bill; *a da* ~ *de* to answer for

socoti 1 *vt* to calculate, to reckon; to think, to consider; *a* ~ *că e necesar să* to judge it necessary to; *a* ~ *greşit* to miscalculate **2** *vr (cu)* to square accounts (with)

socru *sm* father-in-law

sodă *sf* soda

sofa *sf* sofa

sofisticat *adj* sophisticated, complicated

soi *sn* kind, sort, variety; ~ *rău* a bad lot

soia *sf* soya bean

soios *adj* soiled, dirty

sol[1] *sm (muzică)* sol

sol[2] *sm* messenger

sol[3] *sn* earth, ground

sold *sn* balance

soldat *sm* soldier

solemn *adj* solemn; grave

solicita *vt* to request, to solicit

solid *adj* solid, hard; *(d. cineva)* stout; *(rezistent)* lasting

solidar *adj* solidary

solidaritate *sf* solidarity

solidifica *vt* solidify

solie *sf* mission; message

solist *sm* soloist

solitar *adj* solitary, lonely, alone, lonesome

solniţă *sf* salt cellar

solstiţiu *sn* solstice

solubil *adj* soluble

soluţie *sf* solution

soluţiona *vt* to solve

solz *sm* scale

soma *vt* to summon; ~*ţie* summons

somieră *sf* spring mattress

somitate *sf* important person

somn[1] *sm* sheat

somn[2] *sn* sleep; slumber; ~*ul de veci* the sleep of death; ~ *uşor!* sweet dreams!; *a pica de* ~ to be dying with sleep; *a trage un pui de* ~ to take a nap

somnambul *sm* sleep walker

somnifer *sn* sleeping pill

somnolenţă *sf* sleepiness

somnoros *adj* sleepy

somptuos *adj* sumptuous

sonată *sf* sonata

sonda *vt* to sound

sondă *sf* oil derrick; oil well; *(medicală)* sound, probe

sondor *sm* driller

sonerie *sf* bell

sonet *sn* sonnet

sonor *adj* sonorous; resonant

soprană *sf* soprano

soră *sf* sister; *(medicală)* nurse; ~ vitregă step sister

sorbi *vt* to sip; *(cu lăcomie tot)* to drink off

sordid *adj* sordid, squalid

sort *sn* sort, kind; category

sorta *vt* to sort out, to select

sortiment *sn* assortment

sortit *adj* destined, doomed

sos *sn* sauce, gravy

sosi *vi* to arrive; ~re arrival

soţ *sm* husband; *cu* ~ even; *fără* ~ odd

soţie *sf* wife

sovietic *adj* Soviet; *Uniunea Sovietică* the Soviet Union

spadă *sf* sword

spaimă *sf* fright, dread; *a băga spaima in cineva* to strike terror into smb

spanac *sn* spinach

spaniol *sm, adj* Spanish; *limba* ~ă the Spanish language

sparge 1 *vt* to break, to smash; *(lemne)* to chop; *(o nucă)* to crack; *a* ~ *norma* to exceed the norm 2 *vr* to break

spargere *sf* breaking; *(furt)* house breaking

spart *adj* broken; *(d. voce)* hollow

spasm *sn* spasm, convulsion

spate *sn* back; *a căra in* ~ to carry on one's shoulders; *in* ~*le casei* at the back of the house; *intins pe* ~ supine

spaţios *adj* spacious, roomy

spaţiu *sn* space; distance, interval; ~ *verde* green

spăla 1 *vt* to wash; to swill; *(vase)* to wash up 2 *vr* to wash; *(pe dinţi)* to brush

spălat *adj* washing; *a intra la* ~ to be shrinkable; *maşină de* ~ washing machine

spălăcit *adj* *(decolorat)* faded; *(palid)* pale

spălătoreasă *sf* washerwoman, laundress

spălătorie *sf* laundry; ~ *cu autoservire* launderette

spărgător 1 *sm* breaker; ~ *de nuci* nut cracker 2 *sm* *(hoţ)* burglar; ~ *de grevă* strike breaker, scab, blackleg

spărtură *sf* break; split; hole; crack

spătar *sn* back

special *adj* special; *in* ~ especially

specialist *sm* specialist, expert

specialităţi *sf pl* specialities

specializa *vr* to specialize

specie *sf* species

specifica *vt* to specify, to mention

specificaţie *sf* specification; *specificaţii* details, instructions

specimen *sn* model; sample

spectacol *sn* performance; show

spectaculos *adj* spectacular

spectator *sm* public, audience; spectator, onlooker

spectru *sn* spectrum; *(fantomă)* spectre

speculant *sm* speculator

spera *vt* to hope

speranţă *sf* hope; *fără* ~ without hope, hopeless

speria 1 *vt* to scare, to frighten 2 *vr* to be frightened

sperietoare *sf* scarecrow

sperios *adj* jittery; timorous

spermă *sf* sperm

spetează *sf (de scaun)* back

speti *vr* to work hard, to toil, to fag at

spic *sn* ear

spicher *sm* announcer

spilcuit *adj* spick and span

spin *sm* thorn, prickle

spinare *sf* back; a căra în ~ to carry on one's shoulders

spinos *adj* thorny; *(complicat)* intricate; *(dificil)* ticklish

spinteca *vt* to split, to cut through

spion *sm* spy

spiona *vt* to spy; ~j espionage

spirală *sf* spiral

spiriduș *sm* elf; *(copil neastâmpărat)* urchin

spirit *sn* spirit; *(isteţime)* wit; *(caracter specific)* characteristic; *(duh)* ghost, spectre

spiritual *adj* spiritual; *(d. cineva)* witty

spirt *sn* spirits

spital *sn* hospital

spiţă *sf* spoke

spân *adj* beardless

spânzura 1 *vt* to hang 2 *vr* to hang oneself

spânzurătoare *sf* gallows

splendid *adj* splendid, gorgeous, magnificent, excellent

splină *sf* spleen

spoi *vt* to whitewash

spongios *adj* spongy

spontan *adj* spontaneous, unprompted

spor[1] *sm* spore

spor[2] *sn* progress; abundance; increase

spori 1 *vt* to increase, to augment 2 *vi* to increase

sporire *sf* increase; growth

spornic *adj* abundant, rich

sporovăi *vi* to chatter, to yap

sport *sn* sport

sportiv *sm* sportsman

spovedi *vr* to confess

spre *prep* to; towards; ~ exemplu for instance; ~ surprinderea mea to my surprise

sprijin *sn* support; *(ajutor)* help

sprijini *vt (a propti)* to prop; *(pe cineva)* to support, to help

sprinten *adj* brisk, lively, sprightly; ~ la minte quick-witted

sprânceană *sf* eyebrow; a încreţi sprâncenele to knit one's brows; a alege pe ~ to pick and choose

spulbera *vt* to scatter; to disperse

spumă *sf* foam, froth; *(de săpun)* lather; *(de la supă)* scum; a bate ~ to whip

spumos *adj* foamy; *(d. vin)* bubbly, sparkling

spune 1 *vt* to say; to utter; to tell, to state; ~ ce ai pe suflet speak up; a ~ ce are de spus to say one's say; a ~ lucrurilor pe nume to call a spade a spade; a ~ timpenii to talk rot; ascultă ce-ţi spun eu! mark my words!; ce ~ am eu? where was I?; ce tot spui? what are you talking about? 2 *vi* to say; cum ~am as I said before; cum să spun? how can I put it?; nu mai ~ you don't say so! 3 *vr* to be said; i s-a spus he has been told; se ~ people/they say

spurcat *adj* dirty, foul; ~ la gură foul-mouthed

sst *interj* shush

sta *vi (a se opri)* to stop, to rest; *(a se defecta)* to run down; *(in picioare)* to stand; *(jos)* to sit down; *(a locui)* to live; *a ~ acasă* to remain at home; *a ~ bine cu sănătatea* to be in good health; *a ~ de vorbă cu cineva* to talk to smb; *~i puțin!* hold on a minute!; *așa ~u lucrurile* the matters stand thus; *~i așa!* hold it!; *~i liniștit!* stop fussing!; *~i pe loc!* stand still!, stand where you are!; *~i să vezi!* wait and see!; *iți stă bine* it becomes/fits/suits you; *stă să plouă* it looks like rain

stabil *adj* stable; fixed, firm; steady; settled

stabili 1 *vt* to establish; *(o intilnire)* to make, to fix **2** *vr* to settle down

stabilitate *sf* stability; steadiness

stabiliza *vt* to stabilize

stadion *sn* stadium

stadiu *sn* stage, phase

stafidă *sf* currant

stafie *sf* ghost, spectre

stagiu *sn* probation

stagiune *sf* theatrical season

stagna *vi* to stagnate; *~re* stagnation

stal *sn* stalls; *(locuri in spate)* pit

stalactită *sf* stalactite

stalagmită *sf* stalagmite

stamină *sf* stamen

stand *sn* stand, stall

standard *sn* standard

staniol *sn* tinfoil

stare *sf* state; situation; mood; *cu ~* well-to-do; *a fi în ~ să* to be able to; *~ de spirit* frame of mind; *~ socială* social condition; *în bună ~* in good repair; *o femeie cu ~* a woman of substance

stareț *sm* abbot; *~ă* abbess

start *sn* start

stat[1] *sn* state; *om de ~* statesman

stat[2] *sn (de salarii)* paysheet, payroll *(în S.U.A.)*

static *adj* static

statistică *sf* statistics

statornic *adj* constant, steady

statuie *sf* statue

statură *sf* stature

statut *sn* statute

stație *sf (de autobuz etc.)* stop; *(de tren)* station; *(de taxiuri)* rank; *~ facultativă* request stop

staționar *adj* stationary

stațiune *sf (climaterică)* watering place, spa

staul *sn* stable

stavilă *sf* hindrance; fetter

stavrid *sm* mackerel

stăpîn *sm* master; employer, boss; *(gazdă)* host

stăpînă *sf* mistress

stăpîni 1 *vt* to possess, to have; to domineer; to master; *a ~ o limbă străină* to master a foreign language **2** *vr* to restrain, to suppress

stărui *vi* to insist; to persist; to last

stăruință *sf* insistence; perseverance

stăruitor *adj* insistent; persevering

stătător *adj* stagnant

stăvilar *sn* dam, lock

stăvili *vt* to dam; to stop; to stem

stea *sf* star; *~ căzătoare* falling/shooting star; *~ de cinema* film star; *~-de-*

mare starfish

steag *sn* flag, standard

stejar *sm* oak

stemă *sf* coat of arms

stenografă *sf* shorthand writer

stenografie *sf* shorthand

stereofonie *sf* stereophony

stereotip *sn* stereotype

steril *adj* sterile; *(d. pămînt)* barren

steriliza *vt* to sterilize

stern *sn* sternum

sterp *adj* sterile

stewardesă *sf* stewardess

sticlă *sf* glass

sticlete *sm* goldfinch

sticli *vi* to shine; to sparkle

sticlos *adj* vitreous

stil *sn* style, mode

stilat *adj* well-mannered, stylish

stilet *sn* stiletto

stilistică *sf* stylistics

stiliza *vt* to improve *(a text)*

stilou *sn* fountain pen

stima *vt* to respect, to esteem

stimă *sf* esteem, respect; *cu ~ al dvs* yours sincerely

stimul *sn* stimulus

stimula *vt* to stimulate, to rouse

stimulent *sn* stimulus, incentive

stindard *sn* standard, flag

stinge 1 *vt* to extinguish; to put out; *(o luminare)* to blow out; *(lumina)* to turn/to switch off 2 *vr (d. foc)* to burn out; *(d. zgomote)* to fade away; *(a muri)* to die

stingher *adj* lonely, isolated, *(desperecheat)* odd

stingheri *vt* to disturb, to embarrass;

to hinder

stins *adj* extinguished; *(d. sunete)* faint; *(d. voce)* low; *(d. vulcani)* extinct

stipula *vt* to stipulate

stivă *sf* stack, pile

stivui *vt* to stack, to pile

stîlci *vt* to crush; to mangle

stîlp *sm* pole, pillar, post; *~ de telegraf* telegraph pole

stînă *sf* sheepfold, sheep-run

stîncă *sf* rock, cliff

stîng *adj* left; *mina ~ă* the left hand; *la ~ a mea* on my left; *partid de ~ a* leftist party

stîngaci 1 *sm* left-handed person 2 *adj* left-handed; clumsy, awkward

stînjenel *sm* iris

stînjeni *vt* to disturb; to embarrass, to hamper

stînjenit *adj* ill-at-ease; embarrassed

stîrc *sm* heron

stîrni *vt (un vînat)* to rout out; *(pe cineva)* to rouse; to stir; to excite; to goad; *a ~ interes* to arouse interest; *a ~ hohote de rîs* to raise a laugh

stîrpi *vt* to eradicate

stîrpitură *sf* scrag; stunted person; freak, monster

stîrv *sn* carcass

stoarce *vt (rufe)* to wring out, to twist, to squeeze; *a ~ de bani pe cineva* to sponge on smb; *a ~ cuiva lacrimi* to draw out tears from smb

stoc *sn* stock, supply

stoca *vt* to stock, to store

stofă *sf* material; fabric; *(de lînă)* tweed

stog *sn* stack

STO

stol *sn* flock

stomac *sn* stomach

stomatolog *sm* dentist

stomatologie *sf* stomatology

stop *sn* traffic light

stor *sn* blind

stradă *sf* street; ~ *comercială* shopping street; *omul de pe* ~ the man in the street

strajă *sf* guard; sentry

strană *sf* pew; *(pupitru)* lectern

strangula *vt* to strangle, to scrag

straniu *adj* queer, odd, unusual

strapontină *sf* flap seat

strașnic 1 *adj* extraordinary; smashing 2 *adv* extraordinarily

strat *sn* stratum, layer

stratagemă *sf* stratagem; procedure; trick

strategie *sf* strategy

străbate *vt* to penetrate; *(a colinda)* to wander, to travel

străbun *sm* ancestor

străbunic *sm* great-grandfather

străbunică *sf* great-grand mother

strădanie *sf* effort, pains

strădui *vr* to strive, to exert oneself

străduță *sf* lane

străin 1 *sm* stranger; foreigner 2 *adj* foreign; alien, strange; *țară* ~ *ă* foreign country

străinătate *sf* în ~ abroad

străluci *vi* to shine; to glitter, to twinkle; to gleam

strălucire *sf* glow, glitter; brilliance

strălucit *adj* *(d. cineva)* remarkable, distinguished

strămoș *sm* ancestor; ~*i* forbears

strănepoată *sf* great-granddaughter

strănepot *sm* great-grandson

strănut *sn* sneeze

strănuta *vi* to sneeze

străpunge *vt* to pierce through; *a* ~ *cu privirea pe cineva* to look daggers at smb

străvechi *adj* ancient, very old

streașină *sf* eaves

strecura 1 *vt* to strain 2 *vr* to steal, to creep, to slip, to sneak

strecurătoare *sf* strainer

stres *sn* stress

strica 1 *vt* to mar; to spoil; *a* ~ *planurile cuiva* to upset smb's plans 2 *vi* to harm; *n-o să-ți strice* it won't do you harm 3 *vr* *(d. alimente)* to go bad, to be tainted; *(d. ceas)* to run down; *(d. aparate)* to be out of order; *(d. vreme)* to change for the worse

stricat *adj* tainted; *(d. un aparat)* out of order; *(d. cineva)* immoral

strict *adj* strict; *(d. cineva)* severe, stern

strălucitor *adj* radiant; glossy

strident *adj* *(d. culori)* gaudy, blatant, showy; *(d. sunete)* shrill, harsh

stridie *sf* oyster

striga 1 *vt* to call 2 *vi* to cry; to shout; to shriek; to yell; *a* ~ *la cineva* to shout at smb

strigăt *sn* cry; shout; shriek; yell

strigoi *sm* ghost, spectre

strivi *vt* to crush, to squash

strîmb 1 *adj* crooked; slanting; wry 2 *adv* crookedly; slantwise; falsely

strîmba *vr* to make faces/grimaces; *a se* ~ *de rîs* to shake with laughter

strîmbătură *sf* grimace

strîmt *adj* tight, scanty; *(d. o rochie)* skin-tight, close-fitting

strîmta *vt (o haină)* to take in

strîmtoare *sf* strait, gorge; *a fi la ~* to be in a nice fix

strînge 1 *vt (un şurub, un nod)* to tighten; *(bani)* to put by; *(recolta)* to gather; *(a colecţiona)* to collect; *(a aduna la un loc)* to put in order; *~ mîna cuiva* to squeeze smb's hand; *a ~ masa* to clear the table; *a ~ pe cineva la piept* to press smb to one's bosom; *mă string pantofii* my shoes hurt **2** *vr* to gather

strofă *sf* stanza, stave

strop *sm* drop

stropi *vt (flori etc.)* to water; *(cu stropitoarea)* to sprinkle

stropitoare *sf* sprinkler, watering-can

structură *sf* structure

strugure *sm* grape; *ciorchine de struguri* a bunch of grapes

strună *sf* string; *a merge ~* to run smooth

strung *sn* lathe

strungar *sm* lathe man

struni *vt (pe cineva)* to keep a hold on

struţ *sm* ostrich

student *sm* student

studia *vt* to study; to examine

studio *sn* studio; *(divan)* studio-couch

studiu *sn* study; learning, education

stuf *sn* reed

stufos *adj* leafy; *(d.o pădure)* thick; *(d. păr)* bushy

stup *sm* beehive

stupefiant *sn* drug

stupefiat *adj* flabbergasted

stupid *adj* absurd; fatuous; narrow-minded

stupoare *sf* amazement

suav *adj* suave; gracious

sub *prep* under; below

subaltern *sm* subaltern, underling

subaprecia *vt* to underestimate

subconştient *sn* the subconscious

subdezvoltat *adj* underdeveloped

subestima *vt* to underestimate

subiect *sn* subject; subject matter; theme; *(al unui roman)* plot; *(de discuţie)* topic

subiectiv *adj* subjective

subit *adj* unexpected, sudden

subjuga *vt* to subjugate, to suddue

sublim *adj* sublime

sublinia *vt* to underline; *(a accentua)* to point out, to stress

sublocotenent *sm* sublieutenant

submarin *sn* submarine

submina *vt* to undermine

subordonat *sm, adj* subordinate

subscrie *vi* to subscribe

subsecretar *sm ~ de stat* under-secretary of state

subsemnat *sm ~ul* the undersigned

subsol *sn (al unei clădiri)* basement; *notă de ~* footnote

substantiv *sn* noun

substanţă *sf* substance, matter, stuff

substitui *vt* to replace

substrat *sn* substratum

subsuoară *sf* armpit

subteran *adj* underground

subtil *adj* subtle; fine; delicate; tenuous

subtilitate *sf* subtlety; *subtilități* undertones

subția *vt* to thin; *(a dilua)* to dilute

subțire *adj* thin; rare; *(d. cineva)* lean, slender; *(fin)* refined, delicate; *(d. glas)* shrill, high-pitched

subțirime *sf* thinness

subvenție *sf* subvention, subsidy

subvenționa *vt* to subsidize

subversiv *adj* subversive, incendiary

suc *sn* juice

succeda *vr* to succeed

succes *sn* success; ~! good luck!; *a avea* ~ to be successful

succesiune *sf* succession, sequence

succesiv *adj* successive

succesor *sm* successor; heir

succint *adj* succinct, concise

suci *vt, vr* to twist; *a-și* ~ *glezna* to sprain one's ankle

sucit *adj* twisted; *(d. cineva)* peculiar, odd

sud *sn* south; *Polul* ~ the South Pole

suda *vt* to solder

sudoare *sf* sweat

sudor *sm* welder

suedez 1 *sm* Swede **2** *adj* Swedish

suferi *vt, vi* to suffer; *a* ~ *de dureri de stomac* to suffer from the stomach; *nu-l pot* ~ I can't stand him

suferință *sf* suffering; hardship; pain

suficient *adj* sufficient, enough

sufix *sn* suffix

sufla 1 *vt (unui actor)* to prompt; *(a șopti)* to whisper; *a-și* ~ *nasul* to blow one's nose **2** *vi (a respira)* to breathe; *(d. vint)* to blow; *a* ~ *in luminare* to blow/ to puff out the candle

suflare *sf* breathing; *(ființă)* soul; *(adiere)* breath

suflători *sm pl* winds

sufleca *vt* to roll up

sufler *sm* prompter

suflet *sn* soul; *a cînta cu* ~ to sing with feeling; *copil de* ~ adopted child; *a-și da* ~*ul* to give up the ghost; *fără* ~ *(rău)* heartless; *a scoate* ~*ul cuiva* to worry smb to death

sufleu *sn* soufflé

suflu *sn* breath

sufoca *vr* to choke

sufocant *adj (d. aer)* stifling

sufragerie *sf* dining room

sufragiu *sn* suffrage

sugaci, sugar *sm* suckling

sugativă *sf* blotting paper

suge *vt, vi* to suck

sugera *vt* to suggest, to hint

sugestie *sf* suggestion, hint

sughiț *sn* hiccup; *a* ~ *a* to hiccup

sugruma *vt* to strangle; to stifle

sui *vt, vi, vr* to climb up; *a se* ~ *in autobuz* to get on a bus

suită *sf (escortă)* suite; *(la cărți)* sequence

sul *sn* roll

sulă *sf* awl; *a pune sula-n coaste* to press (smb) hard, to prod smb on

sulf *sn* sulphur

sulfat *sm* sulphate

sulfit *sm* sulphite

sulfuric *adj* acid ~ sulphuric acid

suliță *sf* spear; *(sport)* javelin

sultan *sm* sultan

sumar *sn, adj* summary

sumă *sf* sum

sumbru *adj* sombre; gloomy; dismal; dreary

sumedenie *sf* o ~ de a great number of

suna 1 *vt* (*la telefon*) to ring up 2 *vi* to ring; to sound; *sună cineva la uşă* someone is ringing at the door; *a ~ la uşă* to ring the bell; *a ~ a gol* to sound hollow

sunet *sn* sound

supapă *sf* valve; vent

supă *sf* soup

supăra 1 *vt* to anger, to infuriate; to grieve; (*a necăji*) to annoy; (*a deranja*) to disturb; *vă supără ceva?* what ails you? 2 *vr* to be angry; (*pe cineva*) to be cross (with)

supărare *sf* trouble; sadness; anger

supărat *adj* sad; dejected, depressed; angry; (*pe cineva*) crossed (with)

supărător *adj* annoying, vexatious

superb *adj* superb, magnificent, exquisite

superficial *adj* superficial; perfunctory

superfluu *adj* superfluous

superior *adj* superior; *etaj* ~ upper storey

superlativ *sn* superlative

superstiţie *sf* superstition

supleţe *sf* suppleness

supliciu *sn* torture

supliment *sn* supplement

suplimentar *adj* supplementary, additional, extra

suplini *vt* to substitute, to replace

suplu *adj* lithe, supple; slender

suport *sn* support, prop

suporta *vt* to support; to endure; to abide

suporter *sm* (*sport*) supporter

supoziţie *sf* supposition

supracopertă *sf* jacket

suprafaţă *sf* surface, area

supranatural *adj* supernatural

supraom *sm* superman

suprapune *vt* to superpose

supraveghea *vt* to supervise; (*un copil*) to watch over

supraveghere *sf* supervision

supraveghetor *sm* supervisor; keeper

supravieţuitor *sm* survivor

suprem *adj* supreme

supremaţie *sf* supremacy

suprima *vt* (*pe cineva*) to kill; (*o revoltă*) to suppress

supune 1 *vt* to subjugate; (*a constrînge*) to oblige; *a ~ ceva aprobării* to submit smth for smb's approval 2 *vr* to submit; to obey, to comply

supus *adj* yielding; submissive; humble

sur *adj* grey; grizzled

surd 1 *sm* deaf person 2 *adj* deaf

surdomut 1 *sm* deaf-mute 2 *adj* deaf-and-dumb

surescitat *adj* overexcited; overwrought

surghiuni *vt* to exile

suride *vt* to smile; *a ~ cu gura pînă la urechi* to give a broad grin; *îmi ~ (ideea) asta* this suits me well

surîs *sn* smile

surîzător *adj* smiling

surmena *vr* to exhaust oneself; ~j exhaustion, strain

surmenat *adj* overwrought
surpa *vr* to break down
surplus *sn* surplus, excess
surprinde *vt* to catch unawares; *(o conversație) to overhear; (a mira)* to surprise; *a ~ asupra faptului* to catch red-handed
surprindere *sf* surprise; *prin ~* by surprise
surprins *adj* surprised; amazed
surpriză *sf* surprise
sursă *sf* source; origin; *dintr-o ~ sigură* from a reliant source
surveni *vi* to happen
surzenie *sf* deafness
surzi *vi* to become deaf
sus *adv* up; above; *~ mîinile!* hands up!; *cu fundul in ~* upside down, in a mess; *de ~ in jos* from top to bottom; *hopa ~!* up-a-daisy!; *in ~ și in jos* up and down, to and fro; *in ~* upward; *a sări in ~* to jump up
susceptibil *adj* irritable; *(de)* capable (of)

suspans *sn* suspense
suspect *adj* suspicious
suspecta *vt* to suspect
suspenda *vt* to suspend; *(a amina)* to stop, to adjourn
suspicios *adj* suspicious, distrustful
suspiciune *sf* suspicion
suspin *sn* sigh, sob; *a ~a* to sigh, to sob
sustrage 1 *vt* to steal; *a ~ bani de la* to wheedle money from 2 *vr (de la o indatorire)* to skulk, to shirk
susținător *sm* supporter, backer
susține *vt* to support; *(o părere)* to maintain, to assert; *(cauza cuiva)* to back, to buoy up
susur *sn* purl; *a ~a* to purl
sută *num* hundred; *102* one hundred and two; *3 la sută* three percent
sutien *sn* bra
suvenir *sn* keepsake
suveran *sm* sovereign
suveranitate *sf* sovereignty
suzetă *sn* comforter

Ş

şa *sf* saddle

şablon *sn* pattern

şacal *sm* jackal

şah 1 *sm* shah 2 *sn* chess; *partidă de* ~ game of chess; ~ *mat* checkmate

şahist *sm* chess player

şaibă *sf* washer

şaisprezece *num* sixteen

şaizeci *num* sixty

şal *sn* shawl; wrap; scarf

şale *sf pl* loins, the small of the back

şaltăr *sn* switch

şalupă *sf* boat

şampanie *sf* champagne

şampon *sn* shampoo

şan *sn* shoe-tree

şansă *sf* chance; luck; *şanse* odds

şantaj *sn* blackmail; *a* ~ *a* to blackmail

şantier *sn* (*in construcţii*) site; (*naval*) yard

şanţ *sn* ditch; (*tranşee*) trench; (*canelură*) groove

şapcă *sf* cap

şapte *num* seven

şaptesprezece *num* seventeen

şaptezeci *num* seventy

şaradă *sf* charade

şarjă *sf* charge

şarlatan *sm* charlatan, humbug, fraud, quack

şarpe *sm* snake, serpent; ~ *cu clopoţei* rattlesnake; ~ *veninos* venomous serpent; *imblinzitor de şerpi* snake charmer

şase *num* six

şaten *adj* (*d. păr*) brown; (*d. oameni*) brown-haired

şăgalnic *adj* waggish; playful

şchiop 1 *sm* lame man 2 *adj* lame

şchiopăta *vi* to limp

şcoală *sf* school; ~ *elementară* elementary school; ~ *medie* secondary school; ~ *profesională* vocational school

şcolar *sm* schoolboy

şcolăriţa *sf* schoolgirl

şedea *vi* to sit; (*a se opri*) to rest; (*a locui*) to live; (*a-ţi şedea bine*) to suit, to become

şedinţă *sf* meeting; conference, session

şef *sm* chief, boss

şemineu *sn* fireplace

şenilă *sf* caterpillar

şerbet *sn* sherbet

şerif *sm* sheriff

şerpui *vi* to wind, to meander

şerpuitor *adj* winding, sinuous

şervet, şerveţel *sn* napkin, serviette

şes *sn* plain

şest *interj* pe ~ stealthily

şevalet *sn* easel

şezlong *sn* lounge chair

şi 1 *conj* and 2 *adv* also, too; even; *ei şi!* so what!

şic *sn* chic; *o femeie* ~ a stylish/classy woman; *haine* ~ posh/smart clothes; *e imbrăcată* ~ she is dressed smartly

şicana *vt* to harass; to annoy

şicană *sf* cavil; *a face şicane cuiva* to

cavil at smb

şifona *vt, vi* to crease, to crumple, to rumple

şifonat *adj* crumpled

şifonier *sn* wardrobe

şină *sf* rail

şipcă *sf* lath

şipot *sn (izvor)* spring; *(burlan)* pipe, tube

şir *sn* line, row; *(succesiune)* succession, sequence

şirag *sn* necklace

şiră *sf* rick; *şira spinării* spine

şiret[1] *sn (şnur)* cord; shoe lace

şiret[2] *adj* cunning; shy; artful

şiretenie *sf* guile, cunning

şiretlic *sn* trick, ruse, wile

şirói[1] *sn* flow, spout; torrent

şiroi[2] *vi* to spout

şist *sn* schist

şlagăr *sn* hit

şlampăt *adj* slaternly, slovenly, sluttish; *femeie ~ă* slut

şleahtă *sf* gang

şlefui *vt* to plane, to smooth; to polish

şlep *sn* barge

şliţ *sn* fly

şmecher *adj* artful, cunning

şmecherie *sf* trick

şmirghel *sn* sand paper

şnapan *sm* scoundrel

şniţel *sn* schnitzel

şnur *sn* cord, string, piping

şoaptă *sf* whisper; *în ~* in a whisper

şoarece *sm* mouse; *cursă de şoareci* mouse trap

şobolan *sm* rat

şoc *sn* impact; shock

şoca *vt* to shock; to stun

şofer *sm* driver

şoim *sm* falcon, hawk

şold *sn* hip; *cu mîinile în ~uri* with arms akimbo

şomaj *sn* unemployment

şomer *sm* unemployed worker

şonticăi *vi* to limp, to hobble

şontorog *adj* lame

şopîrlă *sf* lizard

şopot *sn* purl; whisper

şopron *sn* shed

şopti *vt, vi* to whisper

şort *sn* shorts, hot pants

şorţ *sn* apron

şosea *sf* highway; *~ de centură* ring-road

şosetă *sf* sock

şotie *sf* prank

şovăi *vi* to hesitate

şovăială *sf* wavering; *fără ~* unwaveringly

şovăielnic *adj* wavering, hesitant, indecisive

şovin *sm, adj* chauvinist

şovinism *sn* chauvinism

şpalt *sn (tipografie)* proof

şperaclu *sn* passkey, masterkey

şperţ *sn* bribe

şt *interj* hush!

ştab *sm* big bug

ştafetă *sf (sport)* relay race

ştampila *vt* to stamp

ştampilă *sf* stamp

ştechăr *sn* plug

ştergar *sn* towel

ştergător *sn (de parbriz)* screen wiper

şterge *vt* to wipe out/up/off; *(cu guma)*

to erase; ~ *-o!* out you go!; *a o* ~ to be off; *a o* ~ *englezește* to take French leave; *a* ~ *farfuriile* to dry the dishes; *a-și* ~ *fruntea de sudoare* to mop/to wipe one's brow

șterpeli *vt* to lift, to pinch, to annex

șters *adj (d. cineva)* insipid, dull, insignificant-looking; *(d. culori)* faded

ști 1 *vt* to know; to be able to; to understand; ~ *e el ce* ~ *e* he knows what's what; ~ *i ce?* look here!; ~ *u și eu?* ask me another!; *a* ~ *ca pe apă* to know by rote; *a* ~ *ce și cum* to be in the know; *Dumnezeu* ~ *e* God knows **2** *vi* to know; *mai* ~ *i!* you never can tell **3** *vr* to be known

știft *sn* peg

știință *sf* science; *(cunoaștere)* knowledge; *cu bună* ~ knowingly; *om de* ~ scientist

științific *adj* scientific

știrb *adj* toothless

știrbi *vt (a nesocoti)* to disregard, to harm

știre *sf* news: *ultimele știri* the latest news; knowledge: *fără* ~ *a părinților ei* without the knowledge of her parents; ~ *de senzație* titbit

știucă *sf* pike

știulete *sm* corn cob

ștrand *sn* beach

ștreang *sn* noose

ștrengar *sm* urchin, romp

ștrengărie *sf* prank

șubred *adj (d. cineva)* frail, feeble; *(d. o casă)* ramshackle

șuetă *sf* talk, chit-chat

șugubăț *adj* joking, jocular

șuiera *vi (d. vînt)* to whistle; *(d. gloanțe)* to whiz, to zip

șuncă *sf* ham

șură *sf* shed

șurub *sn* screw

șurubelniță *sf* screw driver

șușoti *vi* to whisper

șut *sn* shot, kick

șuta *vi* to shoot

șuviță *sf (de păr)* lock

șuvoi *sn* torrent

T

ta *adj, pron* your: *mama ta* your mother; yours: *e a ta* it is yours

tabachera *sf* cigarette case

tabără *sf* camp

tabel *sn* table; list

tablet *sn* custom, habit

tablă *sf (la școală)* blackboard; *(placă)* plate, sheet; ~ *de materii* table of contents

table *sf pl (joc)* backgammon

tablou *sn* picture, painting; ~ *de comandă* control panel

tabu *sn* taboo

taburet *sn* stool

tac *sn (billiard)* cue

tachina *vt* to tease, to chaff

taciturn *adj* taciturn, uncommunicative, reticent

tacîm *sn* cover; ~ *uri pentru patru persoane* cover for four

tacîale *sf pl* chit-chat

tact *sn (ritm)* cadence, rhythm; *(chibzuință)* tact, finesse

tactil *adj* tactical

tacticos *adj* slow, leisurely

tafta *sf* taffeta

tagmă *sf* group, clique; category

taifas *sn* chat, small talk

taifun *sn* typhoon

tain *sn* portion; share

taină *sf* mystery; secret

tainic *adj* mysterious, secret

talaș *sn* sawdust

talaz *sn* billow

talc *sn pudră de* ~ talc powder

talent *sn* talent, aptitude; gift

talentat *adj* talented, gifted

taler *sn* plate; *(tavă)* tray; *(de balanță)* scale; ~ *cu două fețe* a double dealer

talle *sf* waist; *(măsură)* size; *(statură)* stature

talmeș-balmeș *sn* jumble, muddle, pell-mell

talpă *sf* sole; basis; *(de sanie)* runner

tambur 1 *sn* drum 2 *sm* drummer

tampon *sn (la vehicule)* buffer; *(din tifon, vată)* wad, tampon, pad

tampona 1 *vt (o rană)* to plug 2 *vr* to collide; ~ *re* collision

tanc *sn* tank

tandrețe *sf* tenderness

tandru *adj* tender, gentle, affectionate, loving

tangentă *sf* tangent

tangou *sn* tango

tapa *vt (de bani)* to touch for; to tap; *(părul)* to fluff

tapaj *sn* to-do, ado; fuss

tapet *sn* wall paper; *pe* ~ on the agenda

tapisa *vt* to upholster; ~ *t* upholstered

tapiserie *sf* tapestry

tapițer *sm* upholsterer

tarabă *sf* stand, stall

tardiv *adj* tardy

tare 1 *adj* hard, solid; rigid; *(d. cineva)* hardy, strong; *(d. zgomote)* loud; ~ *de cap* slow of apprehension; ~ *de înger* strong-hearted; ~ *de ureche* hard of hearing; *cu voce* ~ aloud; *vorbe tari* hard words **2** *adv* heavily; violently; very, extremely; *e ~ frumoasă* she is very beautiful; *plouă ~* it rains hard

targă *sf* stretcher, litter

tarif *sn* tariff

tartină *sf* sandwich

tartor *sm* devil

tasa *vt (solul)* to ram

tașcă *sf* bag

tată *sm* father; *~ mare* grand-father; *~ vitreg* step father

tatona *vt* to explore, to sound

tatua *vt* to tattoo; *~j* tattoo

taur *sm* bull; *(zodie)* Taurus (the bull)

tavan *sn* ceiling

tavă *sf* tray, salver

tavernă *sf* tavern; pub

taxă *sf* tax; charge; *(la școală)* fees; *(pe autostradă)* toll

taxi *sn* taxi, cab; *stație de ~* taxi rank

taxator *sm* currier; tanner

tăbăcărie *sf* tanning house

tăbăci *vt* to curry, to tan

tăbărî *vt (asupra)* to rush (upon)

tăcea *vi* to say nothing, to be silent; *taci din gură* shut up!

tăcere *sf* silence; quiet; *~!* shush!; *~ mormîntală* dead silence

tăciune *sm* brand; *tăciuni* embers

tăcut *adj* silent, mute, reticent, taciturn

tăgădui *vt* to deny; to dispute

tăia 1 *vt* to cut; *(a despica)* to split; *(felii)* to slice; *(a reteza)* to cut off; *(lemne)* to chop; *(a tunde)* to clip; *(unghiile)* to pare; *(vite)* to slaughter; *a ~ in bucăți* to cut to pieces **2** *vr* to cut oneself; *a se ~ la picior* to cut

one's foot

tăietor *sm* wood cutter; *(de lemne)* sawyer

tăinui *vt* to keep back; to hide

tăios *adj (ascuțit)* sharp; *(d. vînt)* biting; *(d. limbaj)* trenchant

tăiș *sn* edge

tăiței *sm pl* noodles

tălmaci *sm* translator; interpreter

tălmăci *vt* to translate; *(a desluși)* to guess

tămădui *vt* to cure

tămîie *sf* incense

tărăgăna *vt* to put off, to dally

tărcat *adj* parti-coloured, motley

tărie *sf* strength; hardness; *(fermitate)* firmness

tărîm *sn* realm, region

tărîțe *sf pl* bran

tău *sn* pond

tău *adj, pron* your: *ciinele ~* your dog; *e al ~* it is yours

tăvăli *vt, vr* to roll over

tăvălug *sm* roller

teacă *sf (de sabie)* scabbard

teafăr *adj* safe and sound; unscathed; *(la minte)* sane

teamă *sf* fear; *mi-e ~ că...* I am afraid that...

teanc *sn* heap, pile

teapă *sf* sort, kind

tease *sn* press

teatru *sn* theatre; *~ de păpuși* puppet show

tehnic *adj* technical

tehnică *sf* technics

tehnocrat *sm* technocrat

tehnolog *sm* technologist

tehnologie *sf* technology

tei *sm* lime

tejghea *sf* counter

tel *sn* whisk

telecomandă *sf* distant/remote control

teleferic *sn* ropeway

telefon *sn* telephone; ~ *public* pay phone; *cabină de* ~ telephone booth; *carte de* ~ telephone directory; *a da* ~ *cuiva* to ring smb up; *a închide* ~*ul* to ring off

telefona *vt* to ring up, to phone

telefonist *sm* telephonist

telegraf *sn* telegraph

telegrafia *vt* to wire, to cable

telegrafie *sf* telegraphy

telegrafist *sm* telegraphist

telegramă *sf* telegram

telepatie *sf* telepathy

telescop *sn* telescope

telespectator *sm* TV spectator; viewer

televiza *vt* to televise

televiziune *sf* television

televizor *sn* T.V. set, telly

temă *sf* theme

teme *vr (de)* to be afraid (of)

temei *sn* background, basis; cause, reason

temeinic 1 *adj* solid; serious; sound 2 *adv* seriously

temelie *sf* foundation, base

temenea *sf* bow

temerar *adj* daring

temniță *sf* jail, prison

tempera *vt* to appease, to calm down

temperament *sn* temperament

temperat *adj* temperate, moderate

temperatură *sf* temperature

templu *sn* temple

temporal *adj* temporal

temporar *adj* temporary

ten *sn* complexion

tenace *adj* persevering, persistent

tendențios *adj* tendentious, not impartial

tendință *sf* tendency, inclination; *(naturală)* propensity

tendon *sn* tendon

tenie *sf* tape worm

tenis *sn* tennis

teniși *sm pl* sneakers

tenor *sm* tenor

tensiune *sf* tension; stress; ~ *arterială* blood pressure

tenta *vt* to tempt, to invite

tentacul *sn* tentacle

tentant *adj* tempting, inviting

tentativă *sf* attempt

tentație *sf* temptation

teolog *sm* theologian

teologie *sf* theology

teoremă *sf* theorem

teoretic *adj* theoretic

teorie *sf* theory

terapie *sf* therapy

terasament *sn* embankment

terasă *sf* terrace

terci *sn* gruel; mush; ~ *de ovăz* porridge

terebentină *sf* turpentine

teren *sn* ground, plot; field; land; ~ *de sport* sports ground

terfeli *vt* to soil; to insult

tergiversa *vt* to put off, to postpone

teribil *adj* terrible; extremely

teritoriu *sn* territory, district

termal *adj* thermal

termen *sm* term; *a fi in ~i buni cu cineva* to be on good terms with smb

termic *adj* thermal

termina 1 *vt* to finish; to complete; to put an end to 2 *vr* to end, to be over; *ni s-a ~t cafeaua* we are short of coffee; *ni se termină cafeaua* we're running out of coffee

terminaţie *sf* ending

terminologie *sf* terminology

termită *sf* termite

termocentrală *sf* thermal power station

termometru *sn* thermometer

termos *sn* thermos flask

tern *adj* dull, dead

teroare *sf* terror

terorist *sm* terrorist

teroriza *vt* to terrify

tertip *sn* trick, stratagem, quibble

tescui *vt* to squeeze, to press

test *sn* test; *a ~ a* to test

testament *sn* testament, will

testicul *sn* testicle

teşit *adj* flattened

tetanos *sn* tetanus

tetină *sf* comforter

teu *sn* T-square

tevatură *sf* to-do, noise; trouble

text *sn* text; *(de muzică uşoară)* lyrics

textier *sm* lyricist

tezaur *sn* treasure; *(vistierie)* treasury

teză *sf* thesis; *(lucrare scrisă)* test paper

tic *sn* tic, twitch

ticăi *vi (d. ceas)* to tick; *(d. inimă)* to pulsate

ticălos *sm* scoundrel, rascal, rogue, villain

tichet *sn* ticket

tichie *sf* skull-cap

ticlui *vt a ~ o poveste* to spin a yarn

ticsi *vt* to overfill; to stuff, to cram, to jam

tic-tac *interj* tick-tock

tifon *sn* gauze

tifos *sn* typhus

tigaie *sf* pan

tigru *sm* tiger

tihnă *sf* quiet, peace; rest

tihnit *adj* quiet, peaceful

tijă *sf* stalk; *(de trestie)* cane

tildă *sf* tilde

timbra *vt* to stamp

timbru *sn* stamp; *colecţionar de timbre* stamp collector

timid *adj* timid, shy, coy

timiditate *sf* timidity, shyness

timonă *sf* steering wheel

timonier *sm* steersman

timorat *adj* fearful

timp *sn* time; *~ liber* leisure; *cît ~ ia să... ?* how long does it take to... ? ; *e ~ul să...* it is time to... ; *in ~ ce* while, as; *intre ~* meanwhile; *la ~* in/on time; *la ~ul potrivit* in due course; *motor in 4 ~i* an engine in four gears; *pe ~ de ploaie* on rainy weather; *pentru un ~* for a while; *pierdere de ~* waste of time; *tot ~ul* all the time

timpan *sn* tympan

timpuriu *adj* early

tinde *vi a ~ spre* to tend to

tinerel *sm* youngster, stripling

tinereţe *sf* youth

tinichigiu *sm* tinker

tip 1 *sn* type 2 *sm* fellow, joker; ~ *ciudat* rumfellow

tipar *sn* printing; printing press; *(prototip)* pattern; *sub ~* in the press/print

tipări *vt* to print

tipic[1] *adj* typical, characteristic

tipic[2] *sn* custom

tipicar *adj* punctilious, precise

tipograf *sm* printer

tipografie *sf* printing house

tiptil *adv* noiselessly; stealthily

tir *sn (sport)* target shooting

tiraj *sn* number of copies

tiran *sm* tyrant

tiranie *sf* tyranny

tiraniza *vt* to tyrannize

tirbuşon *sn* corkscrew

tisă *sf* yew tree

titan[1] *sn* titanium

titan[2] *sm* Titan

titirez *sm* top; *a învîrti un ~* to spin a top

titlu *sn* title

titrat *adj* titled

titular *sm, adj* titular

tiv *sn* hem; *a ~i* to hem

tiz *sm* namesake

tîlc *sn* significance

tîlhar *sm* bandit

tîlhărie *sf* robbery

tîmpenii *sf pl* rubbish, tommy-rot

tîmpit *sm* idiot, blockhead, tomfool

tîmplar *sm* joiner

tîmplă *sf* temple

tîmplărie *sf* joinery

tînăr 1 *sm* young man 2 *adj* young

tîndăli *vi* to dally, to loiter

tîngui *vr* to wail, to lament

tînji *vi a ~ după* to long/ to crave/ to pine for, to hanker after

tîrfă *sf* whore

tîrg *sn* market, fair; *a face un ~* to strike up a bargain; *facem ~ul ?* is it a go ?

tîrgui 1 *vt* to go shopping 2 *vr* to bargain

tîrguială *sf (tocmeală)* haggling; *a face tîrguieli* to make purchases

tîrî 1 *vt* to drag; *(cu greutate)* to lug 2 *vr* to crawl

tîrnăcop *sn* pickaxe

tîrşîi *vt (picioarele)* to shuffle

tîrziu *adj* late; *mai ~* later; *cel mai ~* the latest

toaletă *sf (mobilă)* dressing table; *(closet)* lavatory

toamnă *sf* autumn, fall *(în S. U. A.)*; *de ~* autumnal

toană *sf* caprice, whim

toarce 1 *vt* to spin 2 *vi (d. pisică)* to purr

toast *sn* toast; *a ~a* to toast

tobă *sf* drum: *a bate toba* to beat the drum; *(cărți)* diamonds; *~ de eşapament* silencer

tobogan *sm* drummer

toc[1] *sn* case: *~ de ochelari* spectacle case; *(de scris)* pen

toc[2] *sn* heel; *cu ~ înalt* high-heeled; *~ cui* spike heel

toca *vt (carne)* to chop, to mince; *(bani)* to squander; *a ~ pe cineva la cap* to pester smb

tocană *sf* stew

toci 1 *vt* to grind; *(a învăţa)* to swot at

2 *vr* to become dull
tocit *adj* blunt
tocmai *adv* just: ~ *atunci* just then; exactly: *nu* ~ not exactly
tocmeală *sf* haggling
tocmi *vr* to haggle
togă *sf* toga
toi *sn* in ~ in full swing
toiag *sn* stick, staff
tolăni *vr* to lie down, to recline
tolbă *sf* bag
tolera *vt* to tolerate, to endure
tolerant *adj* tolerant
toleranță *sf* tolerance
tom *sn* volume
tomnatic *adj* autumnal
ton *sn* tone
tonaj *sn* tonnage
tonă *sf* ton
tonic 1 *sn* pick-me-up 2 *adj* tonic
tonomat *sn* juke-box
tont 1 *sm* blockhead 2 *adj* stupid, silly
top *sn* top
topaz *sn* topaz
topi *vt*, *vr* to melt; to dissolve
topitorie *sf* foundry
topografie *sf* topography
topor *sn* axe
toporaș *sm* *(floare)* violet
torace *sn* chest
toreador *sm* toreador
torent *sn* torrent; ~*e* sheets
toropeală *sf* torpor, languor
torpilă *sf* torpedo
tort *sn* cake
tortura *vt* to torture
tortură *sf* torture
torță *sf* torch

tot 1 *sn* whole; ~*ul e cu putință* everything is possible 2 *adj* all; ~ *timpul* all the time; *cu toate strădaniile sale* in spite of all his efforts 3 *pron* all; *asta-i* ~ that's all; *spune-mi* ~*ul despre el* tell me everything about him 4 *adv* only; also, too; ~ *așa* in the same way; ~ *mai cald* warmer and warmer; *e* ~ *atît de frumoasă* she is as beautiful as ever
total 1 *sn* total 2 *adj* total, entire
totalitar *adj* totalitarian
totalitarism *sn* totalitarianism
totaliza *vt* to totalize
totalmente *adv* totally, entirely
totdeauna *adv* always; at all times; all the time; *pentru* ~ for ever
totodată *adv* at the same time
totuna *adv* mi-e ~ it's all the same to me
totuși *conj* though, nevertheless, yet
tovarăș *sm* comrade; ~ *de viață* life companion
toxic *adj* toxic, noxious
toxicitate *sf* toxicity
toxicoman *sm* drug addict
trabuc *sn* cigar
trac *sn* stage fright
tracasa *vt* to annoy; to harass
tractor *sn* tractor; ~*ist* tractor driver
tracțiune *sf* traction
tradiție *sf* tradition
traducător *sm* translator
traduce *vt* to translate; ~*re* translation
trafic *sn* traffic
traficant *sm* trafficker; ~ *de droguri* drug trafficker
trage 1 *vt* to pull; to draw; to tug; *(cu*

arma) to shoot; *(ceasul)* to wind; *a ~ un chef* to make good cheer; *a ~ o concluzie* to draw a conclusion; *a ~ cu urechea* to eavesdrop; *a ~ de limbă* to sound; *a ~ folos de pe urma* to benefit by; *a ~ în jos* to pull down; *a ~ în staţie* to pull in; *a ~ o injurătură* to rap out an oath; *a ~ la un hotel* to put up at a hotel; *a ~ la măsea* to booze; *a ~ o palmă* to slap; *a ~ la răspundere* to call to account; *a ~ pe sfoară* to take in, to hoodwink; *a ~ peste cap* to pull over; *a ~ o săpuneală cuiva* to dress smb down 2 *vr (din)* to descend/to come from

tragedie *sf* tragedy

tragic *adj* tragic

trahee *sf* trachea, wind pipe

trai *sn* living; life; *nivel de ~* standard of living

traiectorie *sf* trajectory

trainic *adj* lasting; durable

traistă *sf* bag, wallet

trambulină *sf* jumping board

tramvai *sn* tram

tranchilizant *sn* tranquillizer, sedative

trandafir *sm* rose bush; *un ~* a rose

transă *sf* trance

transcrie *vt* to transcribe, to copy

transfer *sn* transfer; *a ~a* to transfer

transforma *vt* to transform; to change/to turn/ to merge into

transformare *sf* transformation, change

transfug *sm* runaway, fugitive

transfuzie *sf* transfusion

translator *sm* interpreter

translucid *adj* translucent

transmisie *sf* transmission; *(radio)* broadcast

transmite *vt* to transmit, to circulate; *(a comunica)* to convey, to tell

transmiţător *sn* transmitter

transparent *adj* transparent; *(d. o ţesătură)* sheer

transperant *sn* blind, shade

transpira *vi* to perspire, to sweat; *(d. secrete)* to leak

transpiraţie *sf* perspiration, sweat

transpirat *adj* sweated; *~ tot* all of a sweat

transplanta *vt* to transplant

transport *sn* transport; transportation *(în S. U. A.)*; *mijloc de ~* means of conveyance

transporta *vt* to transport; to carry

transportor *sn* conveyer

transpune *vt* to transpose

transversal *adj* transverse, cross

tranşant *adj* trenchant

tranşă *sf* part, portion

tranşee *sf* trench

tranzacţie *sf* transaction; *~ comercială* commercial agreement

tranzit *sn* transit

tranzitoriu *adj* transient, transitory

tranziţie *sf* transition

trap *sn* trot

tras *adj (d. faţă sau părţi ale ei)* hollow, sunken; *~ pe sfoară* taken in; *~ prin inel* slender

trasa *vt* to trace

traseu *sn* line

trata *vt* to treat; *(pe cineva)* to serve; *(un subiect)* to deal with, to dwell on

tratament *sn* treatment

tratat *sn* treaty; *(ştiinţific)* treatise

tratative *sf pl* negotiations

traversa *vt* to cross; *(a trece prin)* to pass through, to experience

traversare *sf* crossing

travesti *vr* to disguise oneself

trăda *vt* to betray; *(un secret)* to let out, to disclose; *(a înşela în dragoste)* to be unfaithful

trădare *sf* treason; treachery

trădătoare *sf* traitress

trădător *sn* traitor

trăgaci *sn* trigger

trăi *vi* to live; to exist, to be; ~ *ască!* up with... , long live... ! ; *a* ~ *cu cineva* to live on tally with smb; *a* ~ *în mizerie* to live in poverty

trăncăneală *sf* chatter

trăncăni *vi* to chatter, to blab, to prate

trăsătură *sf (a feţei)* feature; *(de caracter)* trait; *(aspect)* characteristic

trăsnaie *sf* prank

trăsnet *sn* thunderbolt; *bubuit de* ~ thunder clap

trăsni *vi* to thunder; *a-i* ~ *prin minte* to dawn upon smb

trăsnit *adj* crazy, cracked

trăsură *sf* carriage

treabă *sf* occupation, activity; work; job; *(sarcină)* task; *(ispravă)* deed; *treburi* affairs; *a avea* ~ to be busy; *nu e treaba mea* that's not my business

treaptă *sf (la scară)* step; *(etapă)* stage; *(categorie socială)* stratum; *şir de trepte* flight of stairs

treaz *adj* awake, watchful; *(nu beat)* sober; *complet* ~ wide awake

trebălui *vi* to potter about

trebui *vi* must, to have to; ~ *e să plec* I must go; ~ *a să plec* I had to go; *ar fi* ~ *t să plec* I should have gone; *ar* ~ *să te duci acolo* you ought to go there; *aşa-i* ~ *e!* it serves him right; *îmi* ~ *e pantofi noi* I need new shoes

trebuincios *adj* useful; necessary

trebuinţă *sf* need; *de* ~ necessary, useful

trecătoare *sf* passer-by; *(pas)* pass

trecător **1** *sm* passer-by **2** *adj* transient; temporary; evanescent

trece **1** *vt (strada)* to cross, to go over; *(un examen)* to pass **2** *vi* to pass by, to walk by; *(peste ceva)* to overlook; *a* ~ *cu vederea* not to notice; *a* ~ *de partea...* to range on the side of; *a* ~ *drept doctor* to pass for a doctor, *a* ~ *în revistă ceva* to review smth; *a* ~ *la subiect* to come to the point; *a* ~ *pe la cineva* to call on smb, to drop in; *a* ~ *prin timpuri grele* to go/to live through hard times; ~ *timpul* the sands are running out; *treci la locul tău!* go back to your place **3** *vr* to grow old, to fade

trecere *sf* influence, pull; transition; ~ *de nivel* level crossing; ~ *de pietoni* zebra crossing; ~ *a oprită (pe o proprietate)* no trespassing

trecut *sn, adj* past; *din* ~ former; *în* ~ formerly

treflă *sf* club; *damă de* ~ the queen of clubs

trei *num* three

treiera *vt* to thresh; ~ *t* threshing

treierătoare *sf* thresher

treime *sf* third

treisprezece *num* thirteen

TRE
214

treizeci *num* thirty

tremur *sn* tremble, shudder; *(al vocii)* quaver

tremura *vi* to shake, to tremble, to shudder; *(de frig)* to shiver; *(d. voce)* to quaver, to falter; *(d. pămînt)* to quake

tremurător *adj* trembling; shaking; tremulous

tren *sn* train; ~ *de persoane* passenger train; ~ *de marfă* goods train; ~ *personal* slow train; ~ *rapid* fast train

trena *vi* to dally

trenă *sf* train

trening *sn* training suit

trepida *vi* to vibrate; to thrill; to be thrilled

trepidant *adj* thrilling; hectic

trepied *sn* tripod

treptat 1 *adj* gradual 2 *adv* gradually, step by step

tresă *sf* stripe

tresălta, tresări *vi* to start; *a tresări de bucurie* to be thrilled with joy

tresărire *sf* start; jerk; jump

trestie *sf* reed; ~ *de zahăr* sugar cane

trezi 1 *vt* to wake, to rouse 2 *vr* to wake up; *(a se pomeni)* to find oneself

trezorerie *sf* treasury

tria *vt* to sort out

trib *sn* tribe

tribord *sn* starboard

tribunal *sn* tribunal, law court

tribună *sf* rostrum; platform; ~ *improvizată* soap box

tribut *sn* tribute

tricicletă *sf* tricycle

tricolor *sn* tricolour

tricota *vt* to knit; *maşină de ~ t* knitting machine

tricotaje *sn pl* knitted garments

tricoter *sm*, **tricoteză** *sf* knitter

tricou *sn* T-shirt, sweater

triere *sf* sorting

trifoi *sm* clover

trigonometrie *sf* trigonometry

tril *sn* warble

trimestrial *adj* quarterly

trimestru *sn* quarter

trimis *sm* messenger

trimite *vt* to send; *(a expedia)* to post; *a ~ cuiva salutări* to send one's greetings to smb

trinitate *sf* trinity

tripla *vt* to treble

triplu *adj* treble

trist *adj* sad; *(d. ceva)* sorrowful, dismal

tristeţe *sf* melancholy

trişa *vi* to cheat; to swindle

trişor *sm* trickster

triumf *sn* triumph

triumfa *vi* to triumph, to exult, to prevail

triumfător *adj* triumphant, victorious

triunghi *sn* triangle

triunghiular *adj* triangular

trivial *adj* obscene, vulgar

trîmbiţă *sf* trumpet

trîndăvi *vi* to loaf

trîndăvie *sf* sloth

trîntă *sf* wrestle

trînti 1 *vt* to throw down; *(pe cineva la pămînt)* to throw/to knock down; *(la examen)* to pluck; *(uşa)* to slam 2 *vr* *(într-un fotoliu)* to fling oneself (into), to plump oneself (down); *(în pat)* to tumble (into bed)

trîntor *sm (albină)* drone; *(persoană)* lazybones

troacă *sf* trough

troc *sn* barter

trofeu *sn* trophy

troian *sn* snow bank

troleibuz *sn* trolley bus

trombă *sf* whirlwind

trombon *sn* trombone

trompă *sf (de elefant)* trunk

trompetă *sf* trumpet

tron *sn* throne; *a se urca pe* ~ to ascend the throne

tronc *interj a-i cădea cu* ~ to take to smb

tropăi *vi* to tramp

tropical *adj* tropical

trosni *vi* to crack; ~ *tură* crack

trotinetă *sf* scooter

trotuar *sn* pavement

truc *sn* trick, dodge

trudă *sf* toil; *(chin)* pains

trudi *vi, vr* to toil; to labour; to strive

trufanda *sf* early vegetable *or* fruit

trufaş *adj* haughty

trufie *sf* haughtiness

trunchi *sn* trunk

trup *sn* body

trupă *sf* troop; *(teatru)* troupe; *trupe* army; *trupe de desant* paratroops

trupesc *adj* bodily

trusă *sf* bag, case; ~ *de toaletă* vanity bag

trusou *sn* trousseau

trust *sn* trust

tu *pron* you

tub *sn* tube; *(ţeavă)* pipe

tuberculos *sm* consumptive person

tuberculoză *sf* consumption

tuciuriu *adj* swarthy

tufă *sf* bush, shrub

tufiş *sn* bushes, thicket

tulbura 1 *vt (un lichid)* to muddy; *(pe cineva)* to upset, to disturb 2 *vr* to grow turbid; to grow uneasy

tulburare *sf* excitement; uneasiness, anxiety; *(agitaţie de mase)* turmoil

tulburător *adj* exciting

tulbure *adj* turbid; *(d. lumină, ochi)* dim; *(d. vremuri)* troublous

tulpină *sf* stem, stalk

tumbă *sf* somersault

tumeflat *adj* swollen

tumoare *sf* tumour

tumult *sn* tumult, hubbub

tumultuos *adj* tumultuous, noisy

tun *sn* cannon

tuna *vi* to thunder

tunar *sm* gunner

tunde 1 *vt* to clip, to cut; *(oi)* to shear; *(iarba)* to mow 2 *vr (la frizer)* to have a haircut

tunel *sn* tunnel

tunet *sn* thunder

tunică *sf* tunic

tupeu *sn* impudence

tur *sn* turn; *(la jocul de cărţi)* round; *(raită)* walk

turaţie *sf* revolution

tură^1 *sf (schimb)* shift

tură^2 *sf (la şah)* rook

turba *vt* to become rabid; *a* ~ *de furie* to fly into a rage

turban *sn* turban

turbare *sf* rabies

turbat *adj* rabid; *(furios)* furious

turbă *sf* peat

turbină *sf* turbine

turbulent *adj* turbulent, riotous, rowdy

turc 1 *sm* Turk **2** *adj* Turkish

turcesc *adj* Turkish

turceşte *adv* like a Turk

turism *sn* tourism

turist *sm* tourist

turlă *sf (cilindrică)* dome; *(prismatică)* spire

turmă *sf (de vite)* herd; *(de oi)* flock

turn *sn* tower

turna 1 *vt* to pour **2** *vi* to rain in torrents

turnant *adj* revolving; *uşă* ~ *ă* revolving door

turnător *sm* founder, caster; *(informator)* informer

turnătorie *sf* foundry

turneu *sn* tour

turti *vt* to flatten

turtit *adj* flattened

turturică *sf* turtle

turui *vi* to chatter

tuse *sf* cough; ~ *convulsivă* hooping cough

tuş *sn* Indian ink

tuşă *sf* touch line

tuşi *vi* to cough

tutelar *adj* tutelary

tutelă *sf* tutelage

tutore *sm* tutor, trustee

tutun *sn* tobacco

tutungerie *sf* tobacconist's

tutungiu *sm* tobacconist

Ț

țambal *sn* dulcimer

țanțoș *adj* haughty; conceited; *a merge ~* to strut, to stalk

țap *sm* he-goat; *~ ispășitor* scapegoat

țar *sm* tzar

țară *sf* country; *capitala țării* the capital of the country; *a se duce la ~* to go to the country; *țări nealiniate* uncommitted countries

țarc *sn* fold

țăcăni **1** *vi* to snap **2** *vr* to go nuts

țăran *sm* peasant, countryman

țărancă *sf* peasant, countrywoman

țărănime *sf* peasantry

țărînă *sf* earth; dust

țărm *sn* (*de mare*) shore; (*de lac*) border; (*de rîu*) bank

țăruș *sm* stake, picket

țeapă *sf* splinter, chip; (*de arici etc.*) spine

țeapăn *adj* stiff; inert

țeastă *sf* skull

țeavă *sf* tube, pipe

țel *sn* aim, goal, object

țelină *sf* (*plantă*) celery

țepos *adj* thorny; spiny

țepușă *sf* (*așchie*) splinter, chip

țesător *sm* weaver

țesătorie *sf* weaving mill

țesut *sn* tissue

țigneală *sf* madness

țicni *vr* to go nuts

țicnit *adj* crazy, screwy

țigan *sm, adj* gipsy

țigancă *sf* gipsy woman

țigară *sf* cigarette; *~ de foi* cigar

țigaret *sn* cigarette holder

țiglă *sf* tile

ține *vt* to hold; (*a susține*) to support; (*a reține pe cineva*) to retain; (*a opri*) to stop; (*o sărbătoare*) to observe, to celebrate; (*a păstra*) to keep; (*a menține*) to maintain; *a ~ o cuvîntare* to deliver a speech; *a ~ de urît* to entertain; *a ~ regim* to diet; *a-și ~ lacrimile* to suppress one's tears; *a ~ legătura cu cineva* to keep in touch with smb; *a ~ minte* to remember, to keep in mind; *a ~ morțiș la* to be keen on; *a ~ seama de ceva* to take smth into account; *~ stînga!* keep to the left! **2** *vi* to last; (*a ține la*) to be fond of; (*a rezista*) to resist; *a ~ cu cineva* to side with smb; *nu ~!* no go! **3** *vr* to hold; (*a avea loc*) to take place; (*a se abține*) to restrain; (*de*) to cling (to), *~-te bine!* stand firm!; *se ~ bine* she carries her age well; *a se ~ de cuvînt* to keep one's word; *a se ~ deoparte* to stand aside; *a se ~ la curent cu* to keep up with

țintă *sf* (*cui*) tack, nail, spike; (*la tir*) target; (*scop*) aim, purpose, goal

ținti **1** *vt* to aim at **2** *vi* to aim

țintui *vt* to nail; to fix, to fasten

ținut *sn* region

ținută *sf* (*a corpului*) carriage, poise; (*comportare*) behaviour; (*vestimentară*) suit, clothes

țipa *vi* to cry, to shout, to shriek, to yell

ȚIP

țipar *sm* eel

țipăt *sn* shout, shriek, yell

țipător *adj (d. culori)* staring, blatant; *(d. haine)* flashy, garish

țiței *sn* crude oil

țiui *vi* to whiz

țîfnos *adj* peevish, tetchy; quarrelsome

țînc *sm* brat, nipper

țînțar *sm* mosquito

țîrcovnic *sm* verger

țîrîi *vi (a curge)* to drip; *(d. telefon etc.)* to buzz

țîșni *vi (d. lichide)* to gush, to spout, to spurt; *(a sări)* to leap out

țîță *sf* teat, breast

țîțînă *sf* hinge

țol *sm* inch (2, 54 cm)

țopăi *vi* to hop, to gambol, to frisk; ~ală gambol

țopîrlan *sm* boor, churl

țuguiat *adj* tapering

țurțur *sm* icicle

U

ucenic *sm* apprentice

ucide *vt* to murder, to kill, to take smb's life

ucigaş *sm* murderer, killer

ucigător *adj* murderous; *(nimicitor)* destructive

ud *adj* wet; *(de ploaie)* sloppy; *ud pînă la piele* soaked to the skin

uda *vt* to water; *(a muia)* to soak in water

uf *interj* ugh

uger *sn* udder

uimi *vt* to astonish, to amaze, to flabbergast; *a fi ~ t de* to marvel at

uimire *sf* amazement, astonishment

uimit *adj* surprised, astonished; nonplussed

uimitor *adj* surprising, amazing

uita 1 *vt* to forget; *(a omite)* to omit, to overlook **2** *vi* to forget; *uite aşa!* just like that **3** *vr (la)* to look (at); *a se atent la* to peer at; *a se ~ cu invidie la* to leer at; *a se ~ pe furiş la* to peep/to peek at; *a se ~ admirativ după* to stare after; *a se ~ urît la* to scowl at

uitare *sf* oblivion

uituc *adj* forgetful, oblivious; *(distrat)* absent-minded

ulcer *sn* ulcer

ulei *sn* oil; *pictură in ~* oil painting

uleios *adj* oleous

uliţă *sf* lane, street

uliu *sm* goshawk

ulm *sm* elm

ulterior *adj* later; subsequent

ultim *adj* last; *ştiri de ~ ă oră* the latest news

ultimatum *sn* ultimatum

ultragia *vt* to outrage, to insult

ultrascurt *adj* ultrashort

ultrasensibil *adj* oversensitive

ului *vt* to astonish, to amaze

uluit *adj* dumbfounded

uman *adj* human; *(omenos)* humane

umanitar *adj* humanitarian

umanitate *sf* humanity; mankind

umăr *sm* shoulder; *cu umeri laţi* broad-shouldered; *a da din ~ to* shrug one's shoulders

umbla *vi* to walk; to go; to wander; *a ~ cu minciuni* to deal in lies; *a ~ cu atenţie (cu un aparat)* to handle carefully

umbră *sf* shadow; *(întuneric)* darkness; *(duh)* spectre; *a sta la ~* to keep in the shade

umbrelă *sf* umbrella; *(de soare)* parasol

umbri *vt,vi* to shade

umbros *adj* shady

umed *adj* moist, humid, damp; *~ şi rece (d. vreme)* raw

umeraş *sn* hanger

umezeală *sf* dampness, humidity, moisture

umezi 1 *vt* to moisten **2** *vr* to become moist

umfla 1 *vt* to fill; *(a spori)* to increase; *(un cauciuc)* to inflate **2** *vr* to swell; *(buzunarele)* to bulge

umflat *adj* swollen, turgid

umflătură *sf* swelling; *(ridicătură)* bulge

umiditate *sf* humidity

umil *adj* humble, meek

umili 1 *vt* to humiliate **2** *vr* to humiliate oneself

umilință *sf* humility, meekness; *umilințe* indignities

umilitor *adj* humiliating

umor *sn* humour

umorist *sm* humorist

umple 1 *vt* to fill; to top up; *(a inghesui)* to cram, to crowd; *a-și ~ buzunarele cu* to bulge his pockets with **2** *vr* to fill; *(de murdărie)* to soil

un, o *art nehot* a, an; *un tramvai* a tram; *o pisică* a cat; *un ou* an egg; *o adresă* an address

unanim *adj* unanimous

unanimitate *sf* unanimity

unchi *sm* uncle

undă *sf* wave; *lungime de ~* wavelength

unde *adv* where; *~ ești?* where are you?; *~ să fie?* where can it be? *~ te duci?* where are you going?; *da de ~!* far from it!

undeva *adv* somewhere; *(cu interogativ și negativ)* anywhere

undiță *sf* fishing rod, line

undui *vi* to wave; *(d. suprafața apei)* to ripple; *(d. lanuri)* to undulate

unduios *adj* waving; undulating

unealtă *sf* tool, implement

unelti *vt* to plot, to scheme for

uneori *adv* sometimes

unge *vt* to oil; to grease, to lubricate; *(a mitui)* to bribe; *a ~ cu o alifie* to salve; *a ~ la inimă* to go to the heart

ungher *sn* corner; nook

unghie *sf* nail

unguent *sn* salve

ungur *sm* Hungarian

unguresc *adj* Hungarian

ungurește *adv a vorbi ~* to speak Hungarian

uni 1 *vt,vr* to unite, to link **2** *adj* unicoloured

unic *adj* sole, one; unique

unifica *vt* to unify

uniform *adj* uniform

uniformiza *vt* to level

unilateral *adj* unilateral, one-sided

unire *sf* union

unitar *adj* unitary

unitate *sf* unit; union

uniune *sf* union

univers *sn* universe

universal *adj* universal

universitate *sf* university

unsoare *sf* ointment; grease

unsprezece *num* eleven

unsuros *adj* greasy, smeary

unt *sn* butter

untdelemn *sn* oil

untură *sf* lard

unu, una *num* one

unul, una *pron* one; some; *unul din ei* one of them; *unele dintre ele* some of them; *eu una* I for one; *se uitau unul la altul* they were looking at each other

ura [1] *interj* hurra

ura[2] *vi* to wish; *a ~ la mulţi ani* to wish smb a happy new year

uragan *sn* hurricane

urangutan *sm* orang-outang

ură *sf* hatred

urban *adj* urban

urca 1 *vt (scara)* to mount; *(un munte)* to climb up; *(preţurile)* to raise **2** *vr (pe munte)* to climb up, to scale; *(într-un vehicul)* to get on; *(d. temperatura)* to raise

urcior *sn* jug, pitcher; *(la ochi)* eyesore

urcuş *sn* climbing; *(pantă)* slope

ureche *sf* ear; *(de ac)* eye; *a avea ~ muzicală* to have an ear for music; *tare de ~* hard of hearing; *a fi numai urechi* to be all ears

urechelniţă *sf* ear wig

urgent *adj* urgent, pressing; *(imediat)* prompt

urgenţă *sf* urgency; *in caz de ~* in an emergency

urgie *sf* calamity, disaster; misfortune

uriaş 1 *sm* giant **2** *adj* huge, immense, enormous

urina *vi* to urinate, to pass

urină *sf* urine

uri *vt* to hate, to abhor, to detest

uricios *adj* disagreeable; *(ursuz)* morose

urît *adj* ugly, plain, hideous; *(d. vreme)* bad; *a ţine de ~ cuiva* to amuse smb; *~ foc* as ugly as sin

urla *vi* to howl, to ululate; *(a ţipa)* to shout

urlet *sn* howl

urma 1 *vt* to follow; to accompany; *(o şcoală)* to attend **2** *vi* to come next; to

continue; *va ~* to be continued; *după cum urmează* as follows

urmă *sf* sign, imprint, mark; *a ajunge din ~* to catch smb up; *in cele din ~* at last; *la ~* at the end; *la urma urmelor* after all; *nici ~ de el* not a trace of him; *pe ~* then; *a rămine in ~* to lag behind

urmări *vt* to follow, to pursue, to shadow, to tail; to chase; *(a supraveghea)* to watch over; *(un spectacol)* to listen, to watch; *a ~ pe cineva in justiţie* to sue smb at law

următor *adj* following, next, subsequent

urnă *sf* urn; ballot box

urni 1 *vt* to move; *nu pot să-l urnesc din loc* I can't budge it **2** *vr* to budge, to stir

urologie *sf* urology

urs *sm* bear

ursi *vt* to predestine

ursită *sf* fate

ursoaică *sf* she-bear

ursuz *adj* morose, sullen

urticarie *sf* urticaria, rash

urzi *vt* to warp; *(a complota)* to plot; to scheme for

urzica *vr* to nettle

urzică *sf* nettle

usca 1 *vt* to dry **2** *vr* to dry; *(d. flori)* to wither; *(a seca)* to drain

uscat 1 *sn* land, earth **2** *adj* dry; *(d. pămint)* barren; *(d. cineva)* skinny

uscăciune *sf* dryness

uscăţiv *adj* skin-and-bone

ustensilă *sf* tool, implement

ustura *vt* to smart

usturător *adj* smarting; *(incisiv)* mordant

usturime *sf* smarting

usturoi *sm* garlic

ușă *sf* door ~ *din față* front door; ~ *din spate* back door; ~ *glisantă* sliding door; ~ *la stradă* street door; ~ *laterală* side door; ~ *turnantă* revolving door; *a da pe* ~ *afară* to show the door

ușor¹ *sm* case, frame

ușor² *adj* light; ~ *ca pana* as light as a feather; easy, simple; *problemă ușoară* an easy problem **2** *adv* lightly; easily; readily; *a dormi* ~ to sleep lightly

ușura *vt* to lighten; to ease; to relieve; *a-și* ~ *inima* to unburden one's heart; *a* ~ *pe cineva de bani* to ease smb of his purse

ușurare *sf* release, relief

ușuratic *adj* frivolous, pleasure-loving, flippant

ușurel *adv (încet)* slowly; *(cu grijă)* easily

ușurință *sf (neseriozitate)* levity

uter *sn* uterus

util *adj* useful, helpful

utila *vt* to equip

utilaj *sn* equipment

utilitar *adj* utilitarian

utilitate *sf* utility, usefulness

utiliza *vt* to use

utopie *sf* utopia

uvertură *sf* overture

uz *sn* usage; custom; *scos din uz* out of use

uza 1 *vi a* ~ *de* to resort to **2** *vr* to wear away; *(d. țesături)* to fray

uzanță *sf* usage, custom

uzat *adj* worn-out; *(d. țesături)* threadbare

uzină *sf* factory; plant; works

uzual *adj* usual

uzură *sf* wear; *război de* ~ war of attrition

uzurpa *vt* to usurp; ~*re* usurpation

uzurpator *sm* usurper

V

vacant *adj* vacant, empty

vacanță *sf* holidays

vacarm *sn* uproar

vacă *sf* cow; ~ de lapte milch cow

vaccin *sn* vaccine

vaccina *vt* to vaccinate, to inoculate

vad *sn* ford; crossing

vag *adj* vague, indistinct; faint; distant

vagabond *sm* vagrant, tramp; rogue

vagabonda *vi* to roam

vagin *sn* vagina

vagon *sn* carriage, van; ~ de dormit sleeping car; ~ pentru fumători smoker

valet *sn* wailing, lament

vajnic *adj* sturdy, firm, fiery

val *sn* wave; ~urile vieții the ups and downs of life

valabil *adj* valid; ~itate validity

vale *sf* valley

valență *sf* valence

valet *sm* footman; (la cărți) knave, jack

valiză *sf* suitcase

valoare *sf* value; de ~ valuable; fără ~ worthless

valora *vi* to be worth

valorifica *vt* to turn to account, to put to good use

valoros *adj* valuable

vals *sn* waltz; a ~a to waltz

valută *sf* (hard) currency

vamal *adj* custom-house; taxe ~ e customs

vamă *sf* custom house; (taxă) customs

vameș *sm* custom-house officer

vampir *sm* vampire

vană *sf* tub

vanilie *sf* vanilla

vanitate *sf* vanity, false pride

vanitos *adj* vain

vapor *sn* steamer; (de pasageri) liner

vapori *sn pl* steam, fumes

vaporiza *vt* to vaporize

vaporos *adj* vaporous; (d. o țesătură) gauzy

var *sn* lime

vară [1] *sf* cousin; ~ primară first cousin

vară [2] *sf* summer; astă ~ last summer

vargă *sf* rod

varia 1 *vt* to vary, to change 2 *vi* to be different, to vary

variabil *adj* variable, changeable

variantă *sf* variant

variat *adj* varied, multiple

variație *sf* variation

varice *sf* varix

varicelă *sf* chickenpox

varietate *sf* variety; (de mărfuri) choice; varietăți (spectacol) variety

varieteu *sn* music hall

variolă *sf* smallpox

varză *sf* cabbage; ~ acră sauerkraut

vas *sn* vessel; vase; pot; (vapor) ship; ~ e de bucătărie dishes; ~ de război man-of-war

vaselină *sf* (unguent) salve

vast *adj* vast, extensive, immense

vată *sf* cotton wool

vatman *sm* tram driver

vatră *sf* hearth; home

vază[1] *sf* esteem; *oameni de* ~ distinguished/prominent people

vază[2] *sf (de flori)* bowl

văcsui *vt* to black

vădi *vt* to prove, to show clearly

văduv *sm* widower

văduvă *sf* widow

văgăună *sf* cave, hollow

văicăreală *sf* wailing

văicări, văita *vr* to wail, to yammer, to lament

văl *sn* veil

văpaie *sf* flame; glow

văr *sm* cousin

văratic *adj* summer

vărgat *adj* striped

vărsa *vt (un lichid)* to pour; *(a vomita)* to throw up; *(a risipi)* to scatter, to splash; *(a plăti)* to pay; *a* ~ *lacrimi* to shed tears **2** *vr (d. lichide)* to slop over; *(d. riuri) (in)* to flow (into)

vărsat *sn* ~ *de vînt* chickenpox; *urmă de* ~ pock-mark

vărsător *sm (zodie)* Aquarius (the Water carrier)

vărui *vt* to whitewash

vătaf *sm (supraveghetor)* overseer

vătăma *vt* to injure; to damage

vătămător *adj* injurious; *insecte vătămătoare* pests

vătrai *sn* poker

văz *sn* sight

văzduh *sn* air

veac *sn* century; *pe veci* for ever and ever

vechi *adj* old, ancient; out-of-date; *(d. alimente)* stale

vechituri *sf pl* junks; *(haine)* rags

vecie *sf* eternity

vecin *sm* neighbour

vecinătate *sf* neighbourhood, vicinity

vedea 1 *vt* to see; to witness; *a* ~ *stele verzi* to see stars; *ce-mi văzură ochii?* what should I see!; *ce să vezi?* lo and behold!; *cum te văd și cum mă vezi!* really and truly **2** *vi (a avea grijă de)* to look after **3** *vr* to see each other

vedenie *sf* spectre, vision, apparition; *a avea vedenii* to see things

vedere *sf* sight; *(priveliște)* scenery; *(ilustrată)* picture postcard; *(concepție)* outlook; *cameră cu* ~ *spre mare* a room looking out on the sea; *din* ~ by sight; *în* ~*a* with the view of/to; *la prima* ~ at first sight; *punct de* ~ point of view

vedetă *sf* star

vegetal *adj* vegetable

vegetarian *sm, adj* vegetarian

vegetație *sf* vegetation

veghe *sf* wakefulness; *(pază)* watch; *a sta de* ~ to keep vigil

veghea 1 *vt* to watch **2** *vi* to be awake

vehement *adj* vehement, impetuous

vehicul *sn* vehicle

velă *sf* sail

velur *sn* velvet

venă *sf* vein

venera *vt* to venerate, to worship

venerabil *adj* venerable, revered

veneric *adj* venereal

venetic 1 *sm* foreigner **2** *adj* foreign

veni *vi* to come; *a-i* ~ *bine* to suit smb well; *a-i* ~ *în minte* to occur to one; *a* ~ *în vizită la cineva* to pay smb a visit; *a* ~ *la putere* to come to power; *a* ~

la timp to come in time; *a-i ~ să (cinte)* to feel like (singing); *a ~ tirziu* to be late; *bine ai ~ t!* welcome!

venin *sn* venom

veninos *adj* venomous, poisonous

venire *sf* coming

venit *sn* income; *impozit pe ~* income tax

ventil *sn* vent

ventila *vt* to ventilate

ventilator *sn* ventilator

ventriloc *sm* ventriloquist

verandă *sf* porch

verb *sn* verb

verde *adj* green

verdeţuri *sf pl* vegetables

verdict *sn* verdict

vergea *sf* rod

veridic *adj* true to life, truthful

veridicitate *sf* veracity

verifica *vt* to verify, to check up

verigă *sf (a unui lanţ)* link, ring

verighetă *sf* wedding ring

verişoară *sf,* **verişor** *sm* cousin

veritabil *adj* authentic, genuine

vermut *sn* vermouth

verosimil *adj* verisimilar

vers *sn* verse

versant *sn* slope

versat *adj* versed, experienced, skilled

versifica *vt* to versify

versiune *sf* version; translation

vertebră *sf* vertebra

vertical *adj* vertical, upright

vertiginos *adj* very rapid; stupendous, tremendous

vervă *sf* verve, enthusiasm, vigour

vesel *adj (d.cineva)* gay, joyous, genial, jovial; *(d. ceva)* merry, cheerful

veselă *sf* dishes; *~ şi tacimuri* table ware

veselie *sf* cheerfulness, laughter and joy, gaiety, glee, mirth

vest *sn* west; occident; *de ~* western

vieţui *vi* to live; *(a convieţui cu)* to shack up (with)

vieţuitoare *sf* creature

vigilent *adj* vigilant, watchful

vigilenţă *sf* vigilance

vigoare *sf* vigour, vim, sturdiness; *(d. o lege) în ~* in operation

viguros *adj* vigorous, robust, sturdy, lusty; *(d. stil)* racy

viitor *sn, adj* future; *săptămina viitoare* next week; *viaţa viitoare* the future life

vijelie *sf* strong wind; storm

vilă *sf* villa

vin *sn* wine

vină *sf* guilt, fault; *nu am nici-o ~* I am in no way to blame

vinde *vt, vr, vi* to sell; *se ~ bine* it sells well

vindeca 1 *vt* to cure, to heal 2 *vr* to recover

vineri *sf* Friday

vinovat 1 *sm* guilty person, culprit 2 *adj* guilty, culpable

vinovăţie *sf* guilt, culpability

vioară *sf* violin

vioi *adj* lively, alert, vivacious; brisk

viol *sn* rape

viola *vt (o lege)* to break; *(corespondenţa)* to tamper; *(o fată)* to rape

violă *sf* viola

violent *adj* violent, impulsive, rabid; *(d. culori)* garish

violență *sf* violence

violet *adj* violet

violetă *sf* violet

violoncel *sn* violoncello

violonist *sm* violinist

viperă *sf* adder

vira 1 *vt (bani)* to transfer **2** *vi (d. vehicule)* to corner, to swerve

viraj *sn* turning, swerving

virament *sn* transfer

viran *adj teren* ~ waste land

virgin *adj* virgin

virgulă *sf* comma; *punct și* ~ semicolon

viril *adj* virile

virilitate *sf* virility, manhood

viroză *sf* virosis

virtuos *adj* virtuous

virtute *sf* virtue

virulent *adj* virulent

virus *sn* virus

vis *sn* dream; *(dorință arzătoare)* longing

visa *vt* to dream; *(a dori nespus)* to long for

visător *sm* dreamer

viscol *sn* snow storm/blast

vistierie *sf* treasury

vistiernic *sm* treasurer

vișin *sm* cherry tree; ~ă cherry

vital *adj* vital

vitalitate *sf* vitality

vitamină *sf* vitamin

vite *sf pl* cattle; *crescător de* ~ stockbreeder; *ocol de* ~ stock yard

viteaz *adj* brave

vitejie *sf* bravery, prowess

viteză *sf* speed, velocity; gear; *cutie de viteze* gear box; *limită de* ~ speed limit

viticultor *sm* wine grower

viticultură *sf* viticulture

vitraliu *sn* stained-glass window

vitreg *adj* step; *soră* ~ă step/half sister

vitrină *sf* shop window; *(mobilă)* glass case

viță *sf* vine; ~ *de vie* vineyard; *de* ~ *nobilă* of noble descent

vițel *sm* calf; *carne de* ~ veal

viu *adj* alive; *(d. culori)* bright, vivid; *(d. discuție)* heated, hot; *(d. imaginație)* vivid; *(d. o rană)* raw

vizavi *adv* vis-à-vis, opposite

viză *sf* visa

vizibil *adj* visible, obvious

vizibilitate *sf* visibility

vizita *vt* to visit, to pay a visit to, to call on

vizitator *sm* visitor, guest

vizită *sf* visit; ~ *medicală* medical examination; *carte de* ~ visiting card

viziune *sf* vision

vizor *sn (la ușă)* eye hole

vizual *adj* visual

vizuină *sf* burrow, den, lair

vâjâi *vi* to whiz, to rage

vâjâit *sn* whiz

vâlcea *sf* ravine

vâltoare *sf* whirlpool

vâlvă *sf* agitation, bustle; sensation, stir

vâlvătaie *sf* flame, blaze

vâlvoi *adj* dishevelled, tousled

vâna *vt* to hunt; to chase

vânat *sn* game; *carne de* ~ venison

vînă *sf* vein; *a sta pe vine* to squat

vînăt *adj* dark blue; *(la faţă)* pale

vînătaie *sf* bruise

vînătă *sf* egg-plant

vînătoare *sf* hunt

vînător *sm* hunter

vînjos *adj* vigorous, sturdy, sinewy

vînt *sn* wind; *moară de ~* wind mill; *rafală de ~* gust of wind; *bate ~ul* the winds blowing

vîntos *adj* windy

vîntura *vt* to winnow

vînzare *sf* sale; *de ~* for sale; *preţ de ~* sale price; *~ cu amănuntul* retail

vînzătoare *sf* shop assistant, shopgirl, clerk *(in S.U.A.)*

vînzător *sm* shop assistant, shopman, clerk *(in S.U.A.);* seller; *~ ambulant* pedlar

vîrcolac *sm* vampire

vîrf *sn* top; *(ascuţit)* point; *(pisc)* peak, summit; *(punct culminant)* climax; *ore de ~* rush hours

vîrî 1 *vt* to put in; *(a introduce)* to introduce 2 *vr* to meddle, to interfere; *(în conversaţie)* to butt into, to chime in

vîrstă *sf* age; *ce ~ ai?* how old are you?; *are vîrsta de 43 de ani* he is 43 years old; *persoană de ~ mijlocie* middle-aged person

vîrtej *sn* whirlpool, eddy

vîrtos *adj* sturdy, vigorous

vîsc *sm* mistletoe

viscos *adj* viscous, viscid, sticky

vîslă *sf (fixată)* oar; *(de canoe)* paddle; *(lungă)* sweep

vîsli *vi* to row

vlagă *sf* vigour, energy

vlăgui 1 *vt* to exhaust, to sap 2 *vr* to be exhausted

vlăjgan *sm* strapping young man

vlăstar *sn* offshoot, scion

voal *sn* veil, gossamer

voastră *adj f* your; *a ~* yours

vocabular *sn* vocabulary

vocal *adj* vocal

vocală *sf* vowel

vocaţie *sf* aptitude, bent

voce *sf* voice

vocifera *vi* to vociferate, to shout

vogă *sf* vogue, fashion

voi[1] *pron* you; *~ înşivă* you yourselves; *la ~* with you

voi[2] *vi* to want; to intend; to agree; *~ scrie o carte* I will write a book

voiaj *sn* travel; voyage; journey

voiaja *vi* to travel; to voyage

voiajor *sm* traveller

voie *sf* will; wish; permission; *cu voia cuiva* with smb's consent; *a da cuiva ~ să* to allow smb to..., to let smb...; *după ~* at will; *a-i face cuiva pe ~* to do as smb wishes; *fără voia cuiva* without smb's consent

voievod *sm* voivode

voinic 1 *sm* lad 2 *adj* stout, strapping, lusty

voinţă *sf* will; volition

voios *adj* gay, joyous, merry

voloşie *sf* gaiety, cheerfulness

voit 1 *adj* intentional 2 *adv* intentionally

volan *sn (la un vehicul)* steering wheel; *(la îmbrăcăminte)* flounce

volant *adj* detachable; *foaie ~ă* loose

leaf

volatil *adj* volatile

volbură *sf* whirlwind; whirlpool; *(plantă)* convolvulus

volei *sn* volleyball

voleu *sn (sport)* volley

volt *sm* volt

voltaj *sn* voltage

volubil *adj* voluble, talkative, glib

volum *sn* volume

voluminos *adj* voluminous, bulky

voluntar 1 *sm* volunteer 2 *adj* voluntary; *(d. firea cuiva)* self-willed, wayward

voluptate *sf* voluptuousness

voluptos *adj* voluptuous

voma, vomita *vt* to vomit, to throw up

vopsea *sf* dye, paint

vopsi 1 *vt* to dye; to colour 2 *vr* to make up

vopsitor *sm* dyer

vorace *adj* voracious, greedy

vorbăreţ *adj* talkative, loquacious

vorbă *sf* word; talk; discussion; rumour; *vorbe de clacă* idle talk; *vorbe grele* acrimonious words; *lasă vorba!* shut up!, quiet!; *nici ~!* nothing of the kind!; *a schimba vorba* to switch the conversation; *a trimite ~* to send word

vorbăreţ *adj* talkative, voluble, garrulous

vorbărie *sf* idle talk

vorbi *vi* to talk; to discuss; *(cu)* to speak (to); *a ~ afectat* to mince, to mouth one's words; *a ~ încet* to speak low; *a ~ întruna* to run on; *a ~ la pereţi* to speak to the wind; *a ~ mult*

to talk a great deal; *a ~ peltic* to lisp; *a ~ pe nas* to twang; *a ~ prostii* to talk rot; *a ~ rar* to speak slowly; *a ~ răspicat* to speak up; *a ~ tare* to speak out; *vorbeşti serios?* do you mean it?; *a ~ urît* to use bad language; *nu ~!* you don't say so!

vorbire *sf* speaking; speech

vorbitor *sm* speaker, talker

vostru *adj m* your; *al ~* yours

vot *sn* vote, ballot; *~ de încredere* vote of confidence; *buletin de ~* ballot

vota *vt* to vote, to poll for; *a ~ prin ridicare de miini* to vote by show of hands

votare *sf* voting; *cabină de ~* polling booth; *secţie de ~* polling station

vrabie *sf* sparrow

vraci *sm* quack

vraişte 1 *adj* untidy 2 *adv* in a mess, pell-mell

vrajă *sf* magic, witchcraft; *(şarm)* charm

vrajbă *sf* enmity; hatred; discord

vrăji *vt* to bewitch; *(a incinta)* to charm

vrăjitoare *sf* witch, hag

vrăjitor *sm* wizard

vrăjitorie *sf* witchcraft

vrea 1 *v aux* shall, will; *voi merge* I shall go; *veţi vedea* you will see 2 *vt* to want, to wish; *ce ai ~ să bei?* what would you like to drink?; *ce ~ să zică?* what does he mean?; *vrei să citeşti?* do you feel like reading?; *vrei să-mi dai...?* will you give me...?

vrednic *adj* industrious, diligent

vrednicie *sf* industry, diligence

vrej *sn* stalk, stem

vreme *sf* time; *(prilej)* occasion; *(stare a vremii)* weather; ~ *bună/rea* fine/bad weather; *atîta* ~ *cît* so long as; de ~ ce since, as; *după o* ~ after a while; *în* ~ *ce* while; *pe vremuri* formerly

vremelnic *adj* temporary; transitory

vreodată *adv* some time

vrere *sf* wish, desire; will

vreun, vreo *adj* some; *(cu negativ)* any

vrută *sf* wish, desire; will

vui *vi* to whiz; *(d. vînt)* to roar, to scream; *(d. urechi)* to tingle; *(d. motor)* to grate

vuiet *sn* roaring; grating

vulcan *sm* volcano

vulcanic *adj* volcanic

vulcaniza *vt* to vulcanize

vulgar *adj* vulgar, gross; *(d. limbaj)* vile

vulgaritate *sf* vulgarity

vulnerabil *adj* vulnerable

vulpe *sf* fox

vultur *sm* eagle

X

xenofob *sm,adj* xenophobe
xenofobie *sf* xenophobia
xerox *sn* Xerox, photocopy

xeroxa *vt* to Xerox
xilofon *sn* xylophone
xilografie *sf* xylography

Y

yankeu *sm* Yankee
yard *sm* yard

yoga *sf* Yoga
yuan *sm* yuan

W

watt *sn* watt

western *sn* western

whisky *sn* whisky

Z

za sf link; ring; zale armour, mail

zadarnic adj useless, futile

zaharină sf saccharine

zaharisi vr to become sugared

zahăr sn sugar

zaiafet sn feast, party

zambilă sf hyacinth

zar sn die; a arunca ~urile to cast the dice

zare sf horizon; zări air

zarvă sf noise, to-do, hubbub, uproar; fuss

zarzavagiu sm greengrocer

zarzavat sn vegetables

zaț sn grounds

zăbală sf bit

zăbovi vi to linger

zăbrele sf pl lattice work

zăcămînt sn deposit, ore

zăcea vi to lie; (bolnav în pat) to keep one's bed; (în mormînt) to rest

zădărî vt to irritate; to incite; (un ciine) to set

zădărnici vt to hinder;(un plan) to frustrate, to thwart

zăduf sn scorching heat; (caniculă) dog days

zăgaz sn dam, weir; (opreliște) hindrance

zăgăzui vt to dam;(a împiedica) to hinder, to prevent

zălog sn guarantee, pledge

zămisli vt to conceive

zănatic adj scatter-brained

zăngăni vi to jingle; to clash (d.

lanțuri) to clank

zăngănit sn jingle; clank

zăpadă sf snow

zăpăci vr (a se fistici) to get confused/puzzled

zăpăcit adj (distrat) scatter-brained; (zvăpăiat) frisky; ~ de băutură blurred, muzzy

zăpușeală sf scorching heat

zări vt to catch sight of, to perceive, to observe, to notice

zău interj actually!, really!; upon my word!

zăvoi sn water meadow

zăvor sn bolt, latch; a pune/a trage un ~ to shoot a bolt

zăvorî vt to bolt, to bar

zbate vr to struggle; (a se zvircoli) to toss about

zbengui vr to frolic, to romp

zbiera vi to yell, to shriek

zbir sm tyrant, bully

zbîrci vr to crumple

zbîrcit adj wizened

zbîrcitură sf wrinkle

zbîrli vr to get dishevelled

zbîrlit adj dishevelled, tousled

zbîrnîi vi to buzz; ~t buzz

zbor sn flight; în ~ on the fly/wing; a-și lua ~ul to take wing

zbucium sn unrest, anxiety

zbuciuma vr to fret, to torture oneself

zbughi vt a o ~ to take to one's heels, to bolt

zbura vi to fly; to take wing; (a plana)

to soar

zburătăci *vt (o pasăre)* to drive, to shoo away; *(d. vînt)* to scatter

zburător *adj* flying

zburda *vi* to gambol, to frolic

zburdalnic *adj* frolicsome, playful, frisky

zdravăn *adj* vigorous, sturdy; *(la minte)* sane

zdrăngăni *vi* to jingle, to clink; *(la pian)* to thrum (on)

zdrăngănit *sn* jingle, clink

zdreli *vr* to scratch oneself

zdrenţăros 1 *sm* tatterdemalion 2 *adj* ragged, shabby

zdrobi *vt* to crush; *(cu dinţii)* to grind; *(a supăra)* to overwhelm

zdrobit *adj* crushed; *(nimicit)* destroyed

zdruncina *vt* to jog, to jolt, to jerk; *(a submina)* to undermine

zdruncinătură *sf* jog, jerk

zeamă *sf* juice; sauce

zebră *sf* zebra

zece *num* ten

zecimal *adj* decimal

zecime *sf* tenth

zefir *sm* zephyr

zeflemea *sf* mocking

zeflemisi *vt* to mock (at)

zeitate *sn* god, deity

zeiţă *sf* goddess

zel *sn* zeal, enthusiasm

zelos *adj* zealous

zemos *adj* juicy, succulent

zenit *sn* zenith

zer *sn* whey

zero *sn* zero; *(cifră)* nought

zestre *sf* dowry

zeţar *sm* type setter

zevzec *sm* nincompoop

zgardă *sf* dog collar

zgîi *vr (la)* to stare (at), to goggle (at), to gape (at)

zgîlţîi *vt* to shake

zgîndări *vt (a aţîţa)* to excite; to harass

zgîrcenie *sf* avarice, parsimony

zgîrci^1 *sn* gristle

zgîrci^2 *vr (a se contracta)* to shrink; *a se ~ la ceva* to economize on smth

zgîrcit 1 *sm* miser, scrooge 2 *adj* tight-fisted, stingy, niggardly, parsimonious

zgîria *vt* to scratch

zgîrie-nori *sm* sky-scraper

zgîrietură *sf* scratch

zglobiu *adj* lively, sprightly

zgomot *sn* noise, din

zgomotos *adj* noisy; *(d. cineva)* boisterous

zgribuli *vr (de frig)* to huddle up

zgripţuroaică *sf* hag

zgudui 1 *vt* to shake 2 *vr* to quake

zguduitură *sf* shake, jog, jerk

zgură *sf* slag

zi *sf* day; *zi de naştere* birthday; *zi de sărbătoare* red-letter day; *zi de zi* everyday; *într-o zi* one day; *de trei ori pe zi* thrice a day; *în zilele noastre* nowadays; *la ziuă* at daybreak; *se crapă de ziuă* the day is breaking

ziar *sn* newspaper; *vînzător de ~ e* newsboy

ziarist *sm* journalist, pressman

zicală *sf* saying

zice 1 *vt* to say; to utter; *(a declara)* to assert; *(a pretinde)* to claim; *zi ce ai de* *zis* speak up; *ce vrei să zici?* what do you mean? *cît ai ~ peşte* in a jiffy; *să ~m că* suppose...**2** *vi* to say; *că bine zici?* right you are!; *ce zici!* you don't say so; *va să zică* in other words; *zis şi făcut* so said so done **3** *vr se ~* people/they say; *i se ~ Piggy* she is called Piggy

zid *sn* wall

zidar *sm* brick mason

zidi *vt* to build; to erect

zigzag *sn* zigzag

zilnic *adj* daily

zimţ *sm (la ferăstrău)* tooth; *(de roată)* cog

zimţat *adj* toothed; cogged; serrated; *(d. timbre)* indented

zîmbăreţ *adj* smiling

zîmbet *sn* smile; grin; *(afectat)* smirk

zîmbi *vi* to smile, to beam; *a ~ cu gura pînă la urechi* to give a broad grin; *~ ţi, vă rog!* keep smiling!

zîmbitor *adj* smiling

zînă *sf* fairy

zîzanie *sf* discord; *a băga ~ intre* to sow discord between

zloată *sf* slush, sleet

zmeu[1] *sn* kite

zmeu[2] *sm* dragon

zmeură *sf* raspberry

zoaie *sf* slops

zodie *sf* sign of the zodiac

zonă *sf* zone, area

zoolog *sm* zoologist

zoologie *sf* zoology

zor *sn* hurry; rash; *dă-i ~!* hurry up!, step on it!

zorea *sf* morning glory

zori[1] *sm pl* daybreak; *in ~ i zilei* in the morning

zori[2] *vt* to hurry, to hasten

zornăi *vi* to jingle, to rattle; *(d. lanţuri)* to clank

zorzoane *sf pl* gimcracks

zugrav *sm* house painter

zugrăvi *vt (a vărui)* to whitewash; *(a picta)* to paint

zuluf *sm* ringlet

zumzăi *vi* to buzz, to hum

zumzet *sn* buzzing, drone

zurbagiu *sm* brawler

zurgălăi *sm pl* bells

zurliu *adj* crazy

zvastică *sf* swastika

zvăpăiat *adj* frolicsome; naughty

zvelt *adj* slender

zvîcni *vi* to throb; *(a ţişni)* to spring out

zvînta *vt, vr* to dry; *a ~ in bătaie* to beat into fits

zvîrcoli *vr (in pat)* to toss; *(de durere)* to writhe (with)

zvîrli *vt* to fling, to hurl; *(un lucru vechi)* to throw away; *(a imprăştia)* to scatter

zvon *sn* rumour, report; *circulă ~ul că* rumours are about that...

zvoni *vr se zvoneşte că...* it is rumoured/whispered that...

GEORGETA NICHIFOR

DICȚIONAR
ENGLEZ – ROMÂN

Editura Orizonturi
București 1992

Coperta de Simona Dumitrescu

ISBN 973-95333-3-7

GEORGETA NICHIFOR

DICŢIONAR ENGLEZ-ROMÂN

Coli tipo 14,75.
Bun de tipar : 17.01.1992.
Tipar executat sub comanda nr. 324.
Imprimeria „Oltenia" Craiova
Bulevardul Mareşal Ion Antonescu, nr. 102.

Cuvînt înainte

Acest dicționar include circa 10 000 de cuvinte-titlu aranjate în ordine alfabetică. Pronunțarea fiecărui cuvînt-titlu este dată între paranteze utilizîndu-se simbolurile fonetice din English Pronouncing Dictionary de Daniel Jones, cu singura deosebire că am marcat numai accentul principal, din motive de simplificare și economie de spațiu.

Categoriile gramaticale (substantiv, verb etc.) sînt marcate cu cifre arabe. Diferitele sensuri ale cuvintelor sînt delimitate prin punct și virgulă, virgula fiind pusă numai între sinonime. Uneori după o traducere apar două puncte urmate de un exemplu pentru precizarea sensului, de pildă:

habit ['hæbit] *s* obicei: *to get into bad ~ s* a deprinde obiceiuri proaste...

Unele cuvinte-titlu sînt urmate direct de o expresie ceea ce înseamnă că acest cuvint este cel mai adesea folosit în contextul respectiv:

fail [feil] 1 *s without ~* cu siguranță...

La unele cuvinte-titlu apar adesea derivate: adjective cu sufixele *less, ful,* substantive cu sufixul *ness* sau adverbe cu sufixul *ly.* Astfel de cuvinte sînt tratate separat drept cuvinte-titlu, atunci cînd s-a apreciat că acestea sînt de mai largă circulație.

S-a încercat pe tot parcursul lucrării să se folosească economicos spațiul oferit în favoarea furnizării mai multor informații pentru cititor (sensuri, expresii și sintagme specifice limbii engleze) ca și a unor cuvinte care în mod obișnuit nu se includ într-un dicționar de asemenea dimensiuni și care apar în texte literare, în presă sau în conversația de zi cu zi. Ca atare în lucrare nu există indicații de domeniu (medicină, zoologie etc.) traducerea fiind suficient de lămuritoare. Explicații suplimentare la sensuri s-au dat numai în cazul în care erau neapărat necesare la precizarea sensului.

Autoarea

Lista abrevierilor

adj	adjectiv	*pron*	pronume
adv	adverb	*s*	substantiv
art hot	articol hotărît	*smb*	somebody
conj	conjuncție	*smth*	something
d.	despre	*trec*	trecut
interj	interjecție	*v aux*	verb auxiliar
num	numeral	*vi*	verb intranzitiv
part trec	participiu trecut	*v mod*	verb modal
pl	plural	*vt*	verb tranzitiv
prep	prepoziție		

A

A, a [ei] (litera) a

a [ə] *art nehot* un, o

abacus ['æbəkəs] *s* abac

abandon [ə'bændən] *vt* a abandona, a părăsi

abandoned [ə'bændənd] *adj* părăsit; destrăbălat

abate [ə'beit] *vi* (*d.vânt*) a se potoli

abbess ['æbis] *s* stareță

abbot ['æbət] *s* stareț

ABC ['ei'bi:si:] *s* alfabet

aberration [æbə'reiʃən] *s* rătăcire; defecțiune

abhor [əb'hɔ:] *vt* a detesta; a urî

abide [ə'baid] *vt, vi* (*by*) a se ține (*de*); a suporta; a locui; a aștepta

ability [ə'biliti] *s* capacitate, dibăcie; *abilities* inteligență

ablaze [ə'bleiz] *adj* în flăcări; (*with*) strălucind (*de*)

able ['eibl] *adj* capabil: *to be ~ to do smth* a fi în stare să facă ceva

abnormal [æb'nɔməl] *adj* anormal

aboard [ə'bɔ:d] *adv, prep* la bord; în vagoane; *All ~ !* În vagoane!

abode [ə'boud] *s* reședință; domiciliu

abolish [ə'bɔliʃ] *vt* a aboli

A-bomb ['eibɔm] *s* bombă atomică

abominable [ə'bɔminəbl] *adj* îngrozitor; prost

abortion [ə'bɔ:ʃən] *s* avort; avortare; insucces

abound [ə'baund] *vi ~ in/with* a fi plin de

about [ə'baut] **1** *prep* prin: *~ the town* prin oraș; despre: *What do you know ~ her?* ce știi despre ea? **2** *adv* aproximativ: *~ two o'clock* în jur de ora două.

above [ə'bʌv] **1** *adv* de deasupra: *seen from ~* văzut de sus **2** *prep* deasupra: *flying ~ the clouds* zburând deasupra norilor; *~ all* mai presus de orice

abridge [ə'bridʒ] *vt* a prescurta

abroad [ə'brɔ:d] *adv* în străinătate; peste tot; afară

abrupt [ə'brʌpt] *adj* neașteptat; repezit; abrupt

abscess ['æbses] *s* abces

absence ['æbsəns] *s* absență, lipsă

absent ['æbsənt] *adj* absent; *minded* neatent, distrat

absolute ['æbsəlut] *adj* complet, deplin; absolut

absolve [əb'zɔlv] *vt* (*from*) a scuti (*de*)

absorb [əb'sɔ:b] *vt* a absorbi; *he is ~ ed in a book* e captivat de carte

abstain [əb'stein] *vi* (*from*) a se abține (*de la*)

abstract [æb'strækt] **1** *s* rezumat **2** *adj* abstract **3** *vt* a separa; a sustrage

absurd [əb'sə:d] *adj* absurd

abundance [ə'bʌndəns] *s* abundență

abundant [ə'bʌndənt] *adj* mult; (*in*) bogat (*in*)

abuse 1 [ə'bjus] *s* insulte **2** [ə'bjuz] *vt* a abuza de; a vorbi de rău

abyss [ə'bis] *s* abis

academician [əkædə'miʃən] *s* academician

academy [ə'kædəmi] *s* academie

accelerate [ək'seləreit] *vt,vi* a accelera

accent ['æksənt] *s* accent

accept [ək'sept] *vt* a accepta; a recunoaşte

access ['ækses] *s* acces: *easy of* ~ uşor accesibil; izbucnire

accident ['æksidənt] *s* accident; *by* ~ întâmplător

accidental [æksi'dentəl] *adj* accidental; întâmplător

acclaim [ə'kleim] *vt* a aclama; a aplauda

accommodate [ə'kɔmədeit] *vt* a găzdui; a pune de acord

accommodation [əkɔmə'deiʃən] *s* cazare; casă şi masă; compromis

accompany [ə'kʌmpəni] *vt* a însoţi

accomplish [ə'kʌmpliʃ] *vt* a realiza; a îndeplini

accomplished [ə'kʌmpliʃt] *adj* desăvârşit; educat

accord [ə'kɔːd] *s of one's own* ~ de bună voie; *with one* ~ unanim

account [ə'kaunt] *s* relatare; socoteală; *on no* ~ în nici un caz

accurate ['ækjurit] *adj* corect; exact

accuse [ə'kjuz] *vi* (*of*) a acuza (de)

accustom [ə'kʌstəm] *vt* (*to*) a (se) obişnui (cu)

ace [eis] *s* as; *within an* ~ *of* la un pas de

ache [eik] **1** *s* durere (*de cap etc.*) **2** *vi* a avea dureri; (*for*) a tânji (după)

achieve [ə'tʃiːv] *vt* a obţine, a dobândi

acid ['æsid] **1** *s* acid **2** *adj* usturător; sarcastic

acknowledge [ək'nɔlidʒ] *vt* a recunoaşte, a admite

acne ['ækni] *s* acnee

acoustics [ə'kuːstiks] *s pl* acustică

acquaint [ə'kweint] *vt* a familiariza; a cunoaşte

acquaintance [ə'kweintəns] *s* cunoştinţă; cunoştinţe

acquire [ə'kwaiə] *vt* a dobândi; a-şi forma

acquit [ə'kwit] *vt* a achita (*pe cineva*)

acrimony ['ækriməni] *s* sarcasm

across [ə'krɔs] **1** *adv* de-a curmezişul; ~ *from* vis-à-vis de **2** *prep* peste, vis-à-vis

act [ækt] **1** *s* faptă; lege; act **2** *vi* a acţiona; a se comporta

action ['ækʃən] *s* acţiune; ~*s fapte; out of* ~ scos din funcţiune

active ['æktiv] *adj* activ; energic

activity [æk'tiviti] *s* activitate; preocupare

actor ['æktə] *s* actor

actress ['æktris] *s* actriţă

actual ['æktjuəl] *adj* real, adevărat

actually ['æktjuəli] *adj* de fapt; într-adevăr

acute [ə'kjut] *adj* ascuţit; acut

adamant ['ædəmənt] *s adj* neînduplecat; ferm

adapt [ə'dæpt] *vt* a adapta

add [æd] *vt* a adăuga; a aduna; *to* ~ *to* a spori; ~*ing machine* maşină de cal-

9

ADD

culat
addict ['ædikt] *s* vicios; *drug* ~ deprins cu drogurile
address [ə'dres] 1 *s* adresă; discurs 2 *vt* a (se) adresa
adept ['ædept] *adj* priceput
adequate ['ædikwit] *adj* suficient; corespunzător
adhere [əd'hiə] *vi* (*to*) a se lipi (de); (*to*) a adera la
adieu [ə'dju] *s, interj* adio
adjacent [ə'dʒeisənt] *adj* alăturat
adjective ['ædʒiktiv] *s* adjectiv
adjourn [ə'dʒə:n] *vt, vi* a suspenda; a (se) întrerupe
adjust [ə'dʒʌst] *vi, vt* a (se) adapta, a regla
administration [ədminis'treiʃən] *s* conducere; *the A* ~ guvernul
admiral ['ædmərəl] *s* amiral
admission [əd'miʃən] *s* admitere; recunoaștere
admit [əd'mit] *vt, vi* a permite; a admite; a mărturisi; a recunoaște
admonish [əd'məniʃ] *vt* a atrage atenția
adopt [ə'dɔpt] *vt* a adopta
adorn [ə'dɔ:n] *vt* a împodobi
adroit [ə'drɔit] *adj* priceput; descurcăreț
adult ['ædʌlt] *s* adult
advance [əd'va:ns] 1 *s* înaintare; dezvoltare 2 *vt, vi* a înainta, a avansa
advantage [əd'va:ntidʒ] *s* avantaj; profit; *to turn smth to* ~ a valorifica ceva
adventure [əd'ventʃə] *s* aventură
adverb ['ædvə:b] *s* adverb

adversity [əd'və:siti] *s* necaz; nenorocire
advertise ['ædvətaiz] *vt, vi* a face reclamă
advice [əd'vais] *s* sfat
advise [əd'vaiz] *vt, vi* a recomanda; a sfătui
advocate ['ædvəkət] *s* avocat; susținător
aerial ['ɛəriəl] *s* antenă (radio)
affable ['æfəbl] *adj* politicos; cordial
affair [ə'feə] *s* treabă; legătură (sentimentală)
affect [ə'fekt] *vt* a influența; a afecta; a se preface; a prefera
affinity [ə'finiti] *s* afinitate, atracție
affirm [ə'fə:m] *vt, vi* a afirma
afford [ə'fɔ:d] *vt can/could* ~ a-și permite; *I cannot* ~ *a new dress* nu-mi pot permite o rochie nouă
afraid [ə'freid] *adj to be* ~ *of* a-i fi teamă de
after ['a:ftə] 1 *adv* după 2 *conj* după ce 3 *prep* după; în ciuda; ~ -*effect* efect secundar; ~ *math* consecință
afternoon [a:ftə'nu:n] *s* după amiază
again [ə'gen] *adv* din nou; iarăși; ~ *and* ~ mereu
against [ə'genst] *prep* împotrivă; față de; la, de
age [eidʒ] 1 *s* vîrstă, etate; eră 2 *vi* a îmbătrîni; ~ *ing* îmbătrînire
agency ['eidʒənsi] *s* agenție
agenda [ə'dʒendə] *s* ordine de zi; tapet
agent ['eidʒənt] *s* agent; intermediar
aggravate ['ægrəveit] *vt* a agrava; a spori; a călca pe nervi

aggressive [ə'gresiv] adj agresiv; pus
pe ceartă; întreprinzător

agitate ['ædʒ iteit] vt, vi a agita (un
lichid); a neliniști; (for) a negocia
(pentru)

ago [ə'gou] adv : a few minutes ~
acum cîteva minute; two days ~ cu
două zile în urmă

agony ['ægə ni] s suferință; ~ column
rubrica decese

agree [ə'gri:] vi, vt a consimți; a fi de
acord; a se înțelege (bine)

agreeable [ə'griəbl] adj plăcut; de
acord

agreement [ə'gri:mənt] s acord;
înțelegere; to reach an ~ a ajunge la
o înțelegere

agriculture ['ægrikʌltʃə] s agricul-
tură

ahead [ə'hed] adv (of) în fața, înain-
tea; look ~! gîndește-te la viitor!

aid [eid] vt a ajuta

ail [eil] vt, vi a necăji; a fi bolnav

aim [eim] 1 vt (at) a îndrepta spre 2 s
țintă

aimless ['eimlis] adj fără rost

air [ɛə] s aer; by ~ cu avionul; ~-
borne purtat de vînt; ~ craft avion; ~
hostess stiuardesă; ~ pocket gol de
aer; ~ port aeroport

alarm [ə'la:m] s alarmă; ~ clock ceas
deșteptător

album ['ælbəm] s album

alcohol ['ælkəhɔl] s alcool

ale [eil] s bere blondă

alert [ə'lə:t] adj agil, vioi

algebra ['ældʒibrə] s algebră

alibi ['ælibai] s alibi

alien ['eiljən] s străin, nepotrivit

alight [ə'lait] vi a coborî (în zbor)

align [ə'lain] vt a (se) alinia

alike [ə'laik] adj la fel, asemenea

alive [ə'laiv] adj (de) viu; Look ~!
Mișcă-te!

all [ɔ:l] 1 adj tot; toată; toți; toate 2 adv
în întregime: ~ alone singurel;
~ right în regulă 3 pron tot ~ of us
toți; not at ~ pentru puțin

allegation [æli'geiʃən] s afirmație
nesigură

allege [ə'ledʒ] vt a pretinde

alleviate [ə'livieit] vt a alina

alley ['æli] s stradă îngustă; blind ~
fundătură

alliance [ə'laiəns] s alianță

alligator ['æligeitə] s crocodil

allot [ə'lɔt] vt a repartiza; a acorda

allow [ə'lau] vt, vi a permite; a lăsa

allude [ə'lu:d] vi (to) a face aluzie
(la)

allusion [ə'lu:ʒən] s aluzie;
referință

almost ['ɔlmoust] adv aproape; it is ~
ready e aproape gata

alone [ə'loun] adj singur; to let ~ a
lăsa în pace

along [ə'lɔŋ] adv înainte: Move ~!
circulați! ~ side alături de

aloud [ə'laud] adv (cu voce) tare

alphabet ['ælfəbet] s alfabet; ~ical în
ordine alfabetică

already [ɔl'redi] adv deja

also ['ɔlsou] adv deasemenea: not
only... but ~... nu numai... ci și...

alter ['ɔ:ltə] vt, vi a (se) schimba

altitude ['æltitjud] s altitudine

altogether [ɔltə'geðə] *adv* în
întregime; cu toate astea
always ['ɔlwiz] *adv* totdeauna
amass [ə'mæs] *vt* a strînge
amatory ['æmətəri] *adj* erotic; de
dragoste
amaze [ə'meiz] *vt* a uimi
ambassador [æm'bæsədə] *s* am-
basador
ambiguous [æm'bigjuəs] *adj* am-
biguu; echivoc
ambitious [əm'biʃəs] *adj* ambiţios
amenable [ə'mi:nəbl] *adj* in-
fluenţabil; supus
amend [ə'mend] *vt, vi* a îmbunătăţi; a
amenda (*o lege*)
amenity [ə'mi:niti] *s pl* amabilităţi;
înlesniri; plăceri
American [ə'merikən] *adj* american
amiable ['eimiəbl] *adj* plăcut;
prietenos; amabil; cald
amicable ['æmikəbl] *adj* paşnic
amiss [ə'mis] *adj* în neregulă; greşit;
rătăcit
amnesty ['æmnisti] *s* amnistie
among [ə'mʌŋ] *prep* în mijlocul;
printre; între
amount [ə'maunt] **1** *vi* (*to*) a se
ridica la, a ajunge **2** *s* cantitate
ample ['æmpl] *adj* încăpător; destul;
suficient
amuse [ə'mjuz] *vt, vi* a (se) distra
analogy [ə'nælədʒi] *s* asemănare
analyse ['ænəlaiz] *vt* a analiza; a cer-
ceta
analysis [ə'nælisis] *s* analiză
anarchy ['ænəki] *s* anarhie
anatomy [ə'nætəmi] *s* anatomie

ancestor ['ænsistə] *s* strămoş
anchor ['æŋkə] *s* ancoră
ancient ['einʃənt] *adj* antic; vechi
and [ənd] *conj* şi
angel ['eindʒəl] *s* înger
anger ['æŋgə] *s* mînie; furie
angle ['æŋgl] **1** *s* unghi **2** *vi* a pescui;
~*r* pescar
angry ['æŋgri] *adv* mînios, supărat
anguish ['æŋguiʃ] *s* suferinţă
animal ['æniməl] *s* animal
ankle ['æŋkl] *s* gleznă
anniversary [æni'və:səri] *s* aniver-
sare
announce [ə'nauns] *vt* a anunţa, a
aduce la cunoştinţă; ~*r* crainic
annoy [ə'nɔi] *vt* a enerva, a irita
annual ['ænjuəl] *adj* anual
anonymous [ə'nɔniməs] *adj* anonim
another [ə'nʌðə] *adj* încă; ~ *one*
altul, alta; ~ *time* altă dată
answer ['ɑ:nsə] **1** *s* răspuns **2** *vt, vi* a
răspunde: *to* ~ *a question* a răspunde
la o întrebare; *to* ~ *the phone* a
răspunde la telefon
ant [ænt] *s* furnică; ~ *-hill* muşuroi de
furnici
antenna [æn'tenə] *s* antenă (*la
insecte*)
anthology [æn'θɔlədʒi] *s* antologie
antibody ['æntibɔdi] *s* anticorpi
anticipate [æn'tisipeit] *vt* a anticipa
antipathy [æn'tipəθi] *s* antipatie
antique [æn'ti:k] *adj* antic
antithesis [æn'tiθəsis] *s* antiteză,
contrast
anvil ['ænvil] *s* nicovală
anxiety [æŋg'zaiəti] *s* nelinişte

anxious ['æŋkʃəs] *adj* îngrijorat
any ['eni] *adj* (*în prop. neg.*) nici un,
nici o; (*în prop. afirm.*) orice, oricare;
în prop. interog.) ceva
anybody ['enibɔdi] *pron* (*în prop. neg.*
şi interog. = somebody) cineva; (*în*
prop. afirm.) oricine
anyhow ['enihau] *adv* oricum
anyone ['eniwʌn] *pron* oricine
antyhing ['eniθiŋ] *pron* (*în prop.*
neg. şi interog. = something) ceva; (*în*
prop. afirm.) orice
anyway ['eniwei] *adv* în orice caz;
oricum
anywhere ['eniwɛə] *adv* (*în prop. neg.*
şi interog. = somewhere) undeva; (*în*
prop. afirm.) oriunde
apart [ə'pɑːt] *adv* departe; de o parte;
depărtat
apartment [ə'pɑːtmənt] *s* garsonieră
apathy ['æpəθi] *s* apatie; indiferenţă
ape [eip] *s* maimuţă
apologize [ə'pɔlədʒaiz] *vi* a cere
scuze
apology [ə'pɔlədʒi] *s* scuze
apostrophe [ə'pɔstrəfi] *s* apostrof
pparatus [æpə'reitəs] *s* aparat
apparent [ə'pærənt] *adj* evident
appeal [ə'piːl] *vi* (*to*) a apela (la); a
plăcea, a fi pe plac
appear [ə'piə] *vi* a apărea; a părea
appearance [ə'piərəns] *s* ivire,
apariţie; aspect
appease [ə'piːz] *vt* a potoli, a atenua
appetite ['æpitait] *s* poftă de mîncare
applaud [ə'plɔːd] *vt, vi* a aplauda
applause [ə'plɔːz] *s* aplauze
apple ['æpl] *s* măr; ~ *tree* măr

(*copac*); *in* ~ *-pie order* în ordine
perfectă
apply [ə'plai] *vt, vi* (*to*) a se adresa; a
pune (*frîna*); a se aplica
appoint [ə'pɔint] *vt* a fixa; a desemna
appointment [ə'pɔintmənt] *s*
întîlnire; oră (*la dentist*)
appreciate [ə'priʃieit] *vt, vi* a aprecia
apprehend [æpri'hend] *vt* a crede; a
întrevedea
apprehension [æpri'henʃən] *s*
înţelegere: *quick of* ~ prinde uşor;
îngrijorare
apprehensive [æpri'hensiv] *adj*
îngrijorat
apprentice [ə'prentis] *s* ucenic
approach [ɔ'proutʃ] *vt, vi* a (se)
apropia, a aborda (*pe cineva*);
easy/difficult of ~ uşor/greu de abor-
dat
approval [ə'pruːvəl] *s* consimţămînt
approximate 1 [ə'prɔksimit] *adj*
aproximativ, cam 2 [ə'prɔksimeit] *vi,*
vt (*to*) a se apropia (de); a
aproxima
apricot ['eiprikɔt] *s* caisă, cais
April ['eipril] *s* aprilie
apron ['eiprən] *s* şorţ (*de bucătărie*)
apt [æpt] *adj* capabil
aptitude ['æptitjud] *s* înzestrare
arc [ɑːk] *s* arc (de cerc)
archaeology [ɑːki'ɔlədʒi] *s* ar-
heologie
archaic [ɑː'keiik] *adj* arhaic
archipellago [ɑːki'peləgou] *s* ar-
hipelag
architect ['ɑːkitekt] *s* arhitect
architecture ['ɑːkitektʃə] *s* arhitec--

tură

arduous ['ɑːdjuəs] *adj* extenuat; abrupt

area ['eəriə] *s* suprafață; domeniu

argue ['ɑːgju] *vi, vt* a (se) certa; a lămuri (*pe cineva*)

argument ['ɑːgjumənt] *s* discuție; neînțelegere; ceartă

arid ['ærid] *adj* arid; uscat; sec

arise [ə'raiz] *vi* (*trecut* arose, *part. trec.* arisen) a se ridica; a se ivi

aristocracy [æris'tɔkrəsi] *s* aristocrație

arithmetic [ə'riθmətik] *s* aritmetică

arm [ɑːm] **1** *s* braț; ~ *in* ~ braț la braț; ~ *chair* fotoliu; ~ *pit* subsuoară **2** *vt, vi* a (se) înarma

armistice ['ɑːmistis] *s* armistițiu

arms [ɑːmz] *s pl* arme

army ['ɑːmi] *s* armată

around [ə'raund] *adv, prep* pe aici, prin împrejurimi

arouse [ə'rauz] *vt* a provoca, a stîrni

arrange [ə'reindʒ] *vt, vi* a pune în ordine; a aranja

arrangement [ə'reindʒmənt] *s* aranjare; negociere; ~ *s* pregătiri

arrest [ə'rest] **1** *vt* a împiedica; a atrage (*atenția*); a aresta **2** *s* arestare; arest

arrival [ə'raivəl] *s* sosire; ~ *s* noi sosiți

arrive [ə'raiv] *vi* a sosi

arrogant ['ærəgənt] *adj* arogant

arrow ['ærou] *s* săgeată

arson ['ɑːsən] *s* incendiere (intenționată)

art [ɑːt] *s* artă

artful ['ɑːtful] *adj* șmecher; dibaci

article ['ɑːtikl] *s* articol

artificial [ɑːti'fiʃəl] *adj* artificial; prefăcut; studiat

artist ['ɑːtist] *s* artist (plastic)

artiste ['ɑːtist] *s* artist de estradă

artless ['ɑːtlis] *adj* natural

as [əs] **1** *adv* ca: *as clever as* la fel de deștept ca **2** *conj* în momentul în care; pe măsură ce; deoarece; în calitate de (*doctor etc.*); ca; *as if* ca și cum; *as for* în ce privește

ascent [ə'sent] *s* ascensiune

ascertain [æsə'tein] *vt* a se asigura de

ascribe [əs'kraib] *vt* a pune pe seama; a atribui

ash[1] [æʃ] *s* frasin

ash[2] [æʃ] *s* scrum; ~ *-tray* scrumieră

ashamed [ə'ʃeimd] *adj* rușinat; *to be* ~ *of* a-i fi rușine de (*ceva*)

ashes ['æʃiz] *s pl* scrum; cenușă

aside [ə'said] *adv* de o parte

ask [ɑːsk] *vt, vi* a întreba; a cere; a invita; ~ *after* a se interesa de

asleep [ə'sliːp] *adj* adormit, *fast* ~ dormind profund

aspect ['æspekt] *s* aspect; înfățișare

asperity [ə'speriti] *s* asprime; severitate

aspiration [æspə'reiʃən] *s* aspirație, dorință

aspirin ['æspirin] *s* aspirină

ass [æs] *s* măgar

assassin [ə'sæsin] *s* asasin

assault [ə'sɔːlt] **1** *s* asalt **2** *vt* a ataca

assemble [ə'sembl] *vt, vi* a (se) aduna, a (se) strînge

assembly [ə'sembli] *s* adunare; ~ -

room sală de şedinţă

assert [ə'sə:t] *vt* a declara

assess [ə'ses] *vt* a aprecia

asset ['æset] *s* lucru de preţ

assign [ə'sain] *vt* a desemna; a stabili

associate 1[ə'souʃiit] *adj* asociat 2 [ə'sousiit] *s* asociat 3 [ə'souʃieit] *vt, vi* (*with*) a (se) asocia (cu)

association [əsouʃi'eiʃən] *s* asociaţie

assume [ə'sju:m] *vt* a presupune

assumption [ə's∧mpʃən] *s* presupunere

assure [ə'ʃuə] *vt* a asigura

astonish [ə'stoniʃ] *vt* a uimi; ~*ing* surprinzător

astrology [ə'strolədʒi] *s* astrologie

astronaut ['æstrənɔt] *s* astronaut

astronomy [ə'strɔnəmi] *s* astronomie

astute [ə'stjut] *adj* deştept; agil

at [ə t] *prep* la: *at school* la şcoală; *at 2 o'clock* la ora două; in: *at dawn* în zori; *at last* în cele din urmă; *at war* în război

atheist ['eiθiist] *s* ateu

athlete ['æθlit] *s* atlet

atmosphere ['ætməsfiə] *s* atmosferă

atom ['ætəm] *s* atom

atomic [ə'tɔmik] *adj* atomic

attach [ə'tætʃ] *vt, vi* a ataşa (la); a se alătura; *to be* ~ *ed to* a fi ataşat de

attachment [ə'tætʃmənt] *s* afecţiune

attack [ə'tæk] 1 *s* atac 2 *vt* a ataca

attain [ə'tein] *vt, vi* a obţine; a atinge

attempt [ə'tempt] 1 *vt* a incerca 2 *s* încercare

attend [ə'tend] *vi, vt* a frecventa; (*to*) a se ţine de (*treabă etc.*); (*to*) a fi atent la

attendance [ə'tendəns] *s* îngrijire; prezenţă

attention [ə'tenʃən] *s* atenţie; *pay* ~ *to* fii atent la

attentive [ə'tentiv] *adj* atent

attest [ə'test] *vt, vi* a dovedi; a jura

attic ['ætik] *s* pod (*la casă*)

attitude ['ætitjud] *s* atitudine

attorney [ə'tə:ni] *s* avocat

attract [ə'trækt] *vt* a atrage

attraction [ə'trækʃən] *s* atracţie

attractive [ə'træktiv] *adj* plăcut; avantajos

attribute ['ætribjut] *s* atribut

audience ['ɔdiəns] *s* spectatori; audienţă

augment [ɔg'ment] *vt* a spori, a mări

August ['ɔ:gəst] *s* (luna) august

aunt [a:nt] *s* mătuşă

aurora [ɔ'rɔrə] *s* auroră

auspicious [ɔ:s'piʃəs] *adj* favorabil; promiţător

austere [ɔ:'stiə] *adj* auster

authentic [ɔ:'θentik] *adj* real; veritabil

author ['ɔ:θə] *s* autor

authority [ɔ:'θɔriti] *s* autoritate

autobiography [ɔtəbai'ɔgrəfi] *s* autobiografie

autograph ['ɔtəgra:f] *s* autograf

autonomous [ɔ:'tɔnəməs] *adj* autonom

autumn ['ɔ:təm] *s* toamnă

avail [ə'veil] *vt to* ~ *oneself of* a profita de

available [ə'veiləbl] *adj* disponibil

avarice ['ævəris] *s* zgîrcenie

avenue ['ævinju] *s* stradă: alee

average ['ævəridʒ] *s* medie; *on the ~* în medie

aversion [ə'və:ʃən] *s* (*to*) aversiune (faţă de)

avert [ə'və:t] *vt* (*from*) a nu se mai uita (la); a evita

avid ['ævid] *adj* dornic, avid

avoid [ə'void] *vt* a evita

awake [ə'weik] 1 *vi* (*trec.., part. trec.* awoke) a se trezi 2 *adj* treaz

award [ə'wɔ:d] 1 *vt* a acorda (*un premiu etc.*) 2 *s* premiu

away [ə'wei] *adv* la depărtare: *two miles ~* la o depărtare de două mile; departe de: *keep him ~ from the sea* nu-l lăsa lîngă mare; *take them ~* i-ai de aici

awe [ɔ:] 1 *s* teamă 2 *vt* a inspira teamă

awful ['ɔ:ful] *adj* îngrozitor; oribil

awkward ['ɔ:kwəd] *adj* incomod; neîndeminatic; stîngaci

awl [ɔ:l] *s* sulă

ax [æks] *s* topor

axis ['æksis] *s* axă

B

B, b [bi:] (litera) b

baby ['beibi] *s* bebeluş; ~ *-sitter* persoană care stă cu un copil în lipsa părinţilor; ~ *carriage* cărucior

bachelor ['bætʃələ] *s* celibatar

back [bæk] 1 *s* spate: *he fell on his* ~ a căzut pe spate; *at the* ~ *of* în spatele 2 *adv* în spate: *stand* ~ daţi-vă înapoi!; înapoi: *put it* ~ pune-o înapoi; *I am* — *home* sînt din nou acasă 3 *vt, vi* a merge *sau* a face să meargă înapoi; a spijini (*pe cineva*)

backward ['bækwə:d] *adj* înapoiat

bacon ['beikən] *s* slănină

bad [bæd] *adj* rău, imoral: ~ *language* cuvinte de ocară; neplăcut: ~ *weather* vreme rea; de calitate proastă: ~ *translation* traducere proastă

badge [bædʒ] *s* insignă

bag [bæg] *s* poşetă; sacoşă; ~ *and baggage* cu căţel cu purcel

baggage ['bægidʒ] *s* bagaje

bail [beil] *s* cauţiune

bait [beit] 1 *s* momeală 2 *vt, vi* a momi

bake [beik] *vt, vi* a coace; a se bronza

baker ['beikə] *s* brutar

bakery ['beikəri] *s* brutărie

balance ['bæləns] *s* cîntar; *in the* ~ în dubiu; ~ *sheet* bilanţ

balcony ['bælkəni] *s* balcon

bald [bɔ:ld] *adj* chel

baldly ['bɔ:ldli] *adv* direct, fără ocolişuri

ball [bɔ:l] *s* minge; bal; ~ *pen* pix

ballad ['bæləd] *s* baladă

ballet ['bælei] *s* balet; ~ *dancer* balerină

balloon [bə'lu:n] *s* balon

ballot ['bælət] *s* buletin de vot; vot

ban [bæn] *vt* a interzice

band [bænd] *s* legătură; orchestră; lungime de undă

bandy-legged ['bændilegd] *adj* crăcănat

bane [bein] *s* otravă; nenorocire

bang [bæŋ] 1 *s* lovitură: ~ *on the head* lovitură la cap; breton 2 *vt, vi* a lovi puternic; a trînti (*uşa*)

banish ['bæniʃ] *vt* a expulza

banister ['bænistə] *s* balustradă

bank [bæŋk] *s* mal (*de rîu*); bancă: *the Bank* Banca Angliei; ~ *note* bancnotă

banner ['bænə] *s* stindard

bar [ba::] 1 bucată (*de săpun etc.*); bară; barieră; *the Bar* barou 2 *vt* a zăvorî (*o uşă*); a bara (*un drum*)

bare [bɛə] 1 *adj* gol: ~ *skin* piele goală; ~ *-footed* în picioarele goale 2 *vt* a descoperi: *to* ~ *one's head* a-şi scoate pălăria

barely ['bɛəli] *adv* abia

bargain ['ba:gin] 1 *s* tîrg, afacere 2 *vi* a încheia o afacere

bark[1] [ba:k] *s* scoarţă (*de copac*)

bark[2] [ba:k] 1 *s* lătrat 2 *vi, vt* a lătra

barly ['ba:li] *s* orz

barn [ba:n] *s* hambar

barrel ['bærəl] *s* butoi; ~ *-organ* flaşnetă

barren ['bærən] *adj* (*pămînt*) neroditor; sterp

barrister ['bæristə] *s* avocat

barrow ['bærou] *s* roabă

base [beis] 1 *s* bază 2 *vt* a se baza (pe) 3 *adj* josnic; inferior

basement ['beismənt] *s* temelie; demisol

basin ['beisin] *s* castron; chiuvetă

basis ['beisis] *s* bază

basket ['baːskit] *s* coş; *waste-payer* ~ coş de gunoi

basket-ball ['baːskitbɔːl] *s* baschet

bass [beis] *adj* (de) bas

bastard ['bæstəd] *s* bastard; ticălos

bat [bæt] *s* liliac (*animal*); bîtă

bath [baːθ] *s* baie (*in cadă*)

bathe [beið] *vt, vi* a se scălda

bathing ['beiðiŋ] *s* scăldat; ~ *suit* costum de baie; ~ *cap* cascheta

bath room ['baːθrum] *s* baie (*încăpere*)

baton ['bætən] *s* baston de cauciuc

battalion [bə'tæliən] *s* batalion

battery ['bætəri] *s* baterie (*militară sau electrică*)

battle ['bætl] *s* bătălie; luptă ~ *field* cîmp de luptă

bay [bei] *s* golf; lătrat

bayonet ['beiənit] *s* baionetă

bazar [bə'zaː] *s* bazar

be [bi] *vi* a fi: *He is a child* e copil; *There is a letter on the table* este o scrisoare pe masă; a exista: *There is a God* există un Dumnezeu; a merge: *Have you ever been in Italy?* ai fost vreodată în Italia?; *v aux* (*forma continuă a verbului*) *I am writing now* scriu acum;

(*forma pasivă a verbului*) *he was seen there* a fost văzut acolo; *to be to* a urma să: *they are to be married* sînt pe cale de a se căsători

beach [biːtʃ] *s* plajă

beacon ['biːkən] *s* far

bead [biːd] *s* mărgea

beak [biːk] *s* cioc

beam [biːm] 1 *s* grindă; rază 2 *vi* a zîmbi; a străluci

beans [biːnz] *s* fasole

bear[1] [beə] *s* urs

bear[2] [beə] *vt, vi* (*trec.* bore, *part. trec.* borne) a căra, a duce; a da naştere; *to* ~ *oneself* a se purta; *she bears herself like a lady* se comportă ca o doamnă

beard ['biəd] *s* barbă

beardless ['biədlis] *adj* spîn; fără barbă

bearing ['beəriŋ] *s* comportare; aspect

beast [biːst] *s* animal, vită

beat [biːt] 1 *s* bătaie (*de inimă, de tobă*) 2 *vt, vi* (*trec.* beat, *part. trec.* beaten) a bate

beautiful ['bjutiful] *adj* frumos

beauty ['bjuti] *s* frumuseţe: ~ *parlour* (salon de) cosmetică

beaver ['biːvə] *s* castor

because [bi'kɔz] *conj* deoarece; ~ *of* din cauza

become [bi'kʌm] *vi, vt* (*trec.* became, *part. trec.* become) a deveni; a sta bine, a se potrivi; *to* ~ *of* a se întîmpla cu

becoming [bi'kʌmiŋ] *adj* care vine bine; potrivit

bed [bed] *s* pat; fund (*de mare*); ~-

BEE

13

clothes lenjerie de pat; ~ *room* dormitor

bee [bi:] *s* albină

beech [bi:tʃ] *s* fag

beef [bi:f] *s* carne de vacă

beer [biə] *s* bere

beet [bi:t] *s* sfeclă

before [bi'fɔ:] 1 *adv* înainte: *long ~* demult 2 *prep* înaintea, în faţa 3 *conj* înainte de

beg [beg] *vt, vi* a cere, a cerşi

beggar ['begə] *s* cerşetor

begin [bi'gin] *vt, vi* (*trec.* began, *part. trec.* begun) a începe; *to ~ with* în primul rînd

behave [bi'heiv] *vi* a se comporta

behaviour [bi'heivjə] *s* comportare, purtare

behind [bi'haind] 1 *adv* în spate, în urmă; *to lag ~* a rămîne în urmă 2 *prep* în spatele, după: ~ *the curtain* după perdea

being ['bi:iŋ] *s* fiinţă umană

belief [bi'li:f] *s* încredere; credinţă

believe [bi'li:v] *vt, vi* a crede

bell [bel] *s* clopot; sonerie

belong [bi'lɔŋ] *vi* (*to*) a aparţine (cuiva); ~ *ings* lucruri; catrafuse

below [bi'lou] 1 *adv* dedesubt, jos 2 *prep* sub

belt [belt] *s* curea

bench [bentʃ] *s* bancă (*în parc*)

bend [bend] 1 *s* curbă 2 *vt, vi* (*trec. part. trec.* bent) a îndoi

bended ['bendid] *adj* încovoiat; *on ~ knees* în genunchi

beneath [bi'ni:θ] 1 *adv* dedesubt 2 *prep* sub

benefactor ['benifæktə] *s* binefăcător

benefit ['benifit] *s* folos; ajutor

benzene [ben'zi:n] *s* neofalină

bereave [bi'ri:v] *vt* (*trec., part. trec.* bereft) a priva, a lipsi de

berth [bə:θ] *s* cuşetă

beseech [bi'si:tʃ] *vt* (*trec., part. trec.* besought) a ruga, a cere cu insistenţă

beside [bi'said] *prep* lîngă; în comparaţie cu

besides [bi'saidz] *adv* pe lîngă asta; pe lîngă

besiege [bi'si:dʒ] *vt* a asedia; a asalta

best [best] 1 *adj* cel mai bun; cea mai bună 2 *adv* cel mai bine; *the ~ of* cel mai bun dintre

bestman ['bestmən] *s* cavaler de onoare

bet [bet] 1 *vt, vi* a paria; *you ~* poţi să fii sigur 2 *s* pariu

betray [bi'trei] *vt* a trăda

better ['betə] 1 *adj* mai bun; mai bună 2 *adv* mai bine: *the ~ I know you the more I like you* cu cît te cunosc mai bine cu atît îmi placi mai mult 3 *vt* a îmbunătăţi

between [bi'twi:n] *prep* între; ~ *you and me* între noi doi

beverage ['bevəridʒ] *s* băutură (*orice în afară de apă*)

beware [bi'wɛə] *vi, vt* a (se) feri de; ~ *of the dog!* atenţie la cîine!

bewitch [bi'witʃ] *vt* a vrăji; a fermeca

beyond [bi'jɔnd] 1 *adv* îndepărtat 2 *prep* peste, mai departe de

bias ['baiəs] 1 *s* înclinare; polarizare 2 *vt* a influenţa

Bible ['baibl] *s* biblie

bicker ['bikə] *vi* a se ciondăni

bicycle ['baisikl] *s* bicicletă

bid [bid] 1 *vt, vi* (*irec., part. trec.* bid)
a licita; a porunci 2 *s* licitare; licitaţie

big [big] *adj* mare; important; ~ *bug !*
wig ştab

bill [bil] *s* cioc; notă de plată; afiş; ~
of fare meniu

billow ['bilou] *s* talaz

bind [baind] *vt, vi* (*trec. şi part. trec.*
bound) a lega; a bandaja

biography [bai'ɔgrəfi] *s* biografie

biology [bai'ɔlədʒi] *s* biologie

birch [bə:tʃ] *s* mesteacăn

bird [bə:d] *s* pasăre; *queer* ~ tip
ciudat; ~ *'s-eye-view* vedere
panoramică

birth [bə:θ] *s* naştere; origine; ~
control măsuri anticoncepţionale; ~
day zi de naştere; ~ *place* loc de
naştere

bishop ['biʃəp] *s* episcop

bit [bit] *s* zăbală; bucăţica (*de hirtie*
etc.); cifră binară; *a* ~ puţin; *not a* ~
deloc

bitch [bitʃ] *s* căţea

bite [bait] 1 *vt, vi* (*trec* bit, *part. trec.*
bitten) a muşca; (*d. insecte*) a ciupi
2 *s* muşcătură, ciupitură (*de ţinţar*
etc.)

bitter ['bitə] *adj* amar; înverşunat;
(*d. vint etc.*) pătrunzător

blab [blæb] *vt, vi* a trăncăni; a divaga

black [blæk] *adj* negru; brun; ~
tidings ştiri proaste; ~ *moods* proastă
dispoziţie

black bird ['blækbə:d] *s* mierlă

blackboard ['blækbɔ:d] *s* tablă (*la*
şcoală)

blackmail ['blækmeil] 1 *vt* a şantaja 2
s şantaj

blacksmith ['blæksmiθ] *s* fierar

blade [bleid] *s* lamă; frunză lungă şi
subţire

blame [bleim] 1 *vt* a da vina pe 2 *s* vină

blank [blæŋk] 1 *adj* gol; cu spaţii (*de*
completat); lipsit de expresie 2 *s*
spaţii (de completat); loz
necîştigător; loc gol

blanket ['blæŋkit] *s* pătură

blast [blɑ:st] 1 *s* rafală; curent 2 *vt* a
arunca în aer, a exploda

blaze [bleiz] 1 *s* flacără; incendiu 2 *vi* a
arde

bleach [bli:tʃ] *vt, vi* a (se) albi

bleak [bli:k] *adj* rece; vîntos; lugubru

bleed [bli:d] *vi, vt* a singera; a lua singe

blemish ['blemiʃ] *s* pată (*pe piele*);
defect

blend [blend] 1 *vt, vi* a amesteca, a
combina 2 *s* amestec, combinaţie

bless [bles] *vt* a binecuvînta; a sfinţi

blind [blaind] 1 *adj* orb 2 *s* jaluzea; *the*
~ orbii; ~ *-man's buff* baba oarba

blink [bliŋk] *vt* a clipi

bliss [blis] *s* beatitudine

blister ['blistə] *s* băşică (*pe piele*)

blizzard ['blizə:d] *s* viscol

block [blɔk] 1 *s* buturugă; pietroi; ~
of flats bloc (de locuit) 2 *vt* a bloca

blockhead ['blɔkhed] *s* timpit

blood [blʌd] *s* singe; temperament; *in*
cold ~ cu singe rece; ~ *-shed* vărsare
de singe; ~ *thirsty* crud, criminal

bloody ['blʌdi] *adj* sîngerînd; sîngeros

bloom [blu:m] *s* floare: *in* ~ în floare; culme: *in the* ~ *of youth* în floarea tinereții

blossom ['blɔsəm] *s* floare (*de copac*)

blot [blɔt] *s* pată; ~ *ting paper* sugativă

blouse [blauz] *s* bluză

blow [blou] **1** *vi, vt* (*trec.* blew, *part. trec* blown) (*d.vînt*) a bate; a fi luat (*de vînt*); a șterge praful; a sufla (*la un instrument*) **2** *s* lovitură (*de pumn etc.*); șoc

bludgeon ['blʌdʒən] *s* măciucă

blue [blu:] *adj, s* albastru; *the* ~*s* proastă dispoziție; ~*s* (*melodie*) blue

blunder ['blʌndə] *s* gafă

blunt [blʌnt] *adj* neascuțit, tocit

blush [blʌʃ] *vi* a se înroși (*la față*)

board [bɔ:d] *s* scîndură; bord; tablă (de șah); masă; ~ *and lodging* casă și masă; *on* ~*!* în vagoane! ~*ing house* pensiune

boast [boust] **1** *s* laudă (de sine) **2** *vt, vi* a (se) lăuda; ~ *ful* lăudăros

boat [bout] *s* barcă

bodily ['bɔdili] *adj* trupesc

body ['bɔdi] *s* corp, trup; cadavru; caroserie; ~ *guard* gardă personală

boil[1] [bɔil] *s* furuncul

boil[2] [bɔil] *vt, vi* a fierbe; ~ *over* a da în foc

boisterous ['bɔistərəs] *adj* zgomotos

bold [bould] *adj* îndrăzneț; clar profilat

bolt [bɔult] **1** *s* zăvor **2** *vt, vi* a zăvorî;

to make a ~ *for it* a o lua la sănătoasa

bomb [bɔm] *s* bombă; ~ *er* bombardier

bond [bɔnd] *s* legătură; obligație; robie

bone [boun] *s* os; *she's skin and* ~ e numai piele și oase

book [buk] **1** *s* carte: *the Book* biblia; libret (de operă) **2** *vt* a înregistra; a reține (*bilete*)

bookcase ['bukkeis] *s* bibliotecă (*mobilă*)

bookkeeping ['bukki:piŋ] *s* contabilitate

boom [bu:m] *s* înflorire economică

boot [bu:t] *s* gheată

booth [bu:θ] *s* tarabă; cabină (*telefonică, de votare*)

bootlace ['bu:tleis] *s* șiret de pantofi

bootlegger ['bu:tlegə] *s* contrabandist

border ['bɔ:də] **1** *s* mal; margine; frontieră **2** *vt, vi* a (se) mărgini

bore [bɔ:] **1** *s* gaură **2** *vt, vi* a găuri; a perfora; a plictisi

borough ['bʌrə] *s* comitat

borrow ['bɔrou] *vt, vi* (*from*) a împrumuta (de la)

bosom ['buzəm] *s* piept; *a* ~ *friend* un prieten apropiat

boss [bɔs] *s* șef

botch [bɔtʃ] *vt* a cîrpăci

both [bouθ] **1** *adj* ambele; ambii **2** *adv* ~... *and* ... atît ... cît și... **3** *pron* amîndoi; amîndouă; ~ *of us* amîndoi; *take them* ~ ia-i pe amîndoi

bother ['bʌðə] *vt, vi* a (se) necăji; *don't* ~*!* nu te deranja!

bottle ['bɔtl] *s* sticlă; ~ *green* verde

închis
bottom ['bɔtəm] *s* fund: *the ~ of the hill* poalele dealului; *from the ~ of one's heart* din străfundul inimii
bounce [bauns] *vt, vi* (*d. minge etc.*) a sări; a ţopăi
bound [baund] 1 *s* limită; graniţă 2 *vt* a sări; a limita; *to be ~ for* a se îndrepta către; *to be ~ to* a fi obligat să
boundary ['baundəri] *s* graniţă; limită
bourgeois ['buəʒwa:] *s, adj* burghez
bow[1] [bəu] *s* arc (cu săgeţi); fundă; papion; *~-legged* crăcănat
bow[2] [bau] 1 *s* plecăciune 2 *vi, vt* a face o plecăciune
bowl [boul] *s* vază; castron
bowling ['bouliŋ] *s* popice
box[1] [bɔks] *s* cutie; ladă; *~ office* casă de bilete
box[2] [bɔks] 1 *vt, vi* a boxa; *~ smb's ears* a pălmui pe cineva 2 *s* box; palmă
boy [bɔi] *s* băiat; fiu
bracelet ['breislit] *s* brăţară
brag [bræg] *vi* a se lăuda
braid [breid] *s* coadă (*din păr*); şnur
brain [brein] *s* creier; deştept
brake [breik] 1 *s* frînă 2 *vt, vi* a frîna
branch [brɑ:ntʃ] *s* ramură, creangă; afluent
brand [brænd] *s* marcă; tăciune; *~ new* nou nouţ
brandy ['brændi] *s* cognac
brass [brɑ:s] *s* alamă; *~ band* fanfară
brave [breiv] *adj* curajos
brawl [brɔ:l] *s* scandal; încăierare
brawny ['brɔ:ni] *adj* muşchiulos
breach [bri:tʃ] *s* spărtură; nerespectare (*a legii*)

bread [bred] *s* pîine; *~ and butter* pîine cu unt; *~-crumb* pesmet; *slice of ~* felie de pîine
breadth ['bredθ] *s* lăţime
break [breik] 1 *vt, vi* (*trec.* broke, *part. trec.* broken) a (şe) sparge; a rupe: *to ~ a door open* a forţa o uşă; a încălca: *to ~ a law* a încălca o lege; *to ~ a promise* a nu se ţine de o promisiune; a întrerupe: *to ~ one's fast* a nu mai posti; *to ~ down* a eşua; a se defecta; a întrerupe; *to ~ off* a face o pauză; *to ~ out* a izbucni; *to ~ up* a se nărui 2 *s* spărtură; pauză: *without a ~* continuu; schimbare: *a lucky ~* o întorsătură norocoasă
breakfast ['brekfəst] *s* mic dejun
breast [brest] *s* piept, sîn
breath [breθ] *s* respiraţie, răsuflare
breathe [bri:ð] *vi, vt* a respira, a răsufla
breath-taking ['breθ teikiŋ] *adj* captivant
breeches ['bri:tʃiz] *s pl* pantaloni
breed [bri:d] *vt, vi* (*trec., part. trec.* bred) a creşte (*animale*); *well bred* bine crescut
breeze [bri:z] *s* briză
breezy ['bri:zi] *adj* jovial
bribe [braib] 1 *s* mită 2 *vt* a mitui
bribery ['braibəri] *s* mituire
brick [brik] *s* cărămidă; *to drop a ~* a scăpa o vorbă
bride [braid] *s* mireasă
bridegroom ['braidgru:m] *s* mire
bridesmaid ['braidzmeid] *s* domnişoară de onoare
bridge [bridʒ] *s* pod: *~ head* cap de

pod; punte; bridge
bridle ['braidl] *s* frîu
brief [bri:f] 1 *adj* scurt: *in ~* concis 2 *s* rezumat
briefcase ['bri:fkeis] *s* geantă diplomat
brigade [bri'geid] *s* brigadă
bright [brait] *adj* strălucitor; vesel: *~ faces* fețe vesele; deștept, ager
brim [brim] *s* margine (*de pahar*); bor
brine [brain] *s* saramură
bring [briŋ] *vt* (*trec., part. trec.* brought) a aduce; a produce; *to ~ about* a cauza; *to ~ out* a publica
brink [briŋk] *s* margine (*de prăpastie*); *on the ~ of* la un pas de
brisk [brisk] *adj* vioi
bristle [brisl] *s* păr (*de animal*)
British ['britiʃ] *adj* britanic
brittle ['britl] *adj* fragil
broad [brɔ:d] 1 *adj* larg; întins; deschis la minte 2 *s* femeie
broadcast ['brɔ:dkɑst] *s* emisiune radio
broker ['broukə:] *s* agent de bursă
bronze [brɔnz] *s* bronz
brooch [broutʃ] *s* broșă
brook [bruk] *s* pîrîu
broom [bru:m] *s* mătură; *~ stick* coadă de mătură
broth [brɔθ] *s* supă
brother ['brʌðə] *s* frate; *~-in-law* cumnat; confrate
brow [brau] *s* sprînceană: *knit one's ~s* a se încrunta; frunte
brown [braun] *adj, s* maro, cafeniu; *in a ~ study* cufundat în gînduri
bruise [bru:z] 1 *s* julitură; vînătaie 2 *vt,*

vi a (se) juli; a face vînătaie
brush [brʌʃ] 1 *s* perie 2 *vt, vi* a peria; a se spăla (*pe dinți*); *to ~ up* a împrospăta cunoștințele
brutal ['bru:tl] *adj* brutal, violent
bubble ['bʌbl] *s* balon de săpun
buck [bʌk] *s* dolar; capră (*la gimnastică*)
bucket ['bʌkit] *s* găleată
buckle ['bʌkl] *s* cataramă
bud [bʌd] *s* boboc: *in ~* cu boboci
budget ['bʌdʒit] *s* buget
buffet ['bufei] *s* bufet; palmă, lovitură
bug [bʌg] *s* ploșniță
build [bild] *vt, vi* (*trec., part. trec.* built) a construi, a dura
building ['bildiŋ] *s* clădire; construcție
bulge [bʌldʒ] 1 *s* umflătură 2 *vt, vi* a (se) umfla
bulk [bʌlk] *s* cantitate: *in ~* en gros
bulky ['bʌlki] *adj* voluminos
bull [bul] *s* taur
bullet ['bulit] *s* glonte
bulletin ['bulitin] *s* buletin (de știri)
bump [bʌmp] 1 *vt, vi* a (se) lovi 2 *s* izbitură, ciocnire; cucui
bunch [bʌntʃ] *s* buchet; ciorchine
buoy [bɔi] *s* geamandură
burden ['bə:dən] *s* povară; sarcină; refren
burglar ['bə:glə] *s* spărgător, hoț
burial ['beriəl] *s* înmormîntare; *~ ground* cimitir
burn [bə:n] 1 *vt, vi* (*trec., part. trec.* burnt) a arde; a distruge 2 *s* arsură
burrow ['bʌrou] *s* vizuină
burst [bə:st] 1 *vi, vt* (*trec., part. trec.*

burst) a izbucni, a exploda; a crăpa;
to ~ into a intra ca o furtună 2 s
explozie; izbucnire

bury ['beri] vt a îngropa, a înmorminta

bus [bʌs] s autobuz; ~ man șofer de
autobuz

bush [buʃ] s tufă

bushy ['buʃi] adj stufos

business ['biznis] s afacere; magazin

businessman ['biznismən] s om de
afaceri

busy ['bizi] adj ocupat: ~ day zi plină;
~ body băgăreț

but [bʌt] 1 adv numai: he's ~ a child
e și el copil 2 conj dar, încît 3 prep afară
de: no one ~ he nimeni în afară de el

butcher ['butʃə] s măcelar; the ~ 's

măcelărie

butler ['bʌtlə] s majordom

butter ['bʌtə] s unt

butterfly ['bʌtəflai] s fluture

buttock ['bʌtək] s bucă, fesă

buxom ['bʌksəm] adj durdulie

buy [bai] vt, vi (trec., part. trec..
bought) a cumpăra

buzz [bʌz] 1 s bîziit 2 vi a bîzîi

by [bai] 1 adv în apropiere; deoparte;
by the way apropo 2 prep lîngă: by
oneself de unul singur; prin; pe lîngă;
în timpul: by night noaptea; de: novel
by roman de; by heart pe dinafară; by
sight din vedere; by accident din
întîmplare

bye-bye ['bai bai] interj pa

C

C, c [si:] (litera) c
cab [kæb] s birjă; taxi
cabbage ['kæbidʒ] s varză
cabin ['kæbin] s colibă; cabină (pe vas)
cabinet ['kæbinit] s dulap; vitrină; cabinet
cable ['keibl] 1 s odgon; cablu 2 vt, vi a telegrafia
cactus ['kæktəs] s cactus
café ['kæfei] s café bar
cafeteria [kæfi'tiəriə] s restaurant cu autoservire
cage [keidʒ] s colivie
cake [keik] s tort; bucată (de săpun etc.)
calamity [kə'læmiti] s calamitate
calculate ['kælkjuleit] vt, vi a calcula, a socoti; a chibzui
calculation [kælkju'leiʃən] s calcul; chibzuință
calendar ['kælində] s calendar
calf [ka:f] s vițel; gambă
call [kɔ:l] 1 s strigăt; chemare; vizită scurtă; ~ box cabină telefonică 2 vt, vi a striga; a chema; a face o vizită; a considera; to ~ for a se cere; to ~ up a suna la telefon
caller ['kɔ:lə] s musafir
calm [ka:m] 1 adj calm; liniștit 2 vi a se liniști
camel ['kæməl] s cămilă
camera ['kæmrə] s aparat de fotografiat sau filmat
comomile ['kæməmail] s mușețel

camp [kæmp] 1 s tabără: ~ fire foc de tabără 2 vi a instala o tabără
camphor ['kæmfə] s camfor
camping ['kæmpiŋ] s camping
can¹ [kæn] s cutie de conserve
can² [kæn] v.mod. (trec. could) a putea; a ști; I ~ see a fly there văd o muscă acolo; ~ (= may) I smoke here? pot să fumez aici?; I could slap you! ce ți-aș mai da o palmă!
Canadian [kə'neidjən] s, adj canadian
canal [kə'næl] s canal artificial
canary [kə'nɛəri] s canar
cancel ['kænsəl] vt, vi a anula
candid ['kændid] adj sincer; cinstit
candle ['kændl] s luminare
candour ['kændə] s sinceritate
cane [kein] s tijă (de trestie); arac; sugar ~ trestie de zahăr
cannon ['kænən] s tun: ~ fodder carne de tun
canny ['kæni] adj șmecher
canon ['kænən] s canon; preot
canopy ['kænəpi] s baldachin; bolta cerului
cantankerous [kæn'tæŋkərəs] adj certăreț; irascibil
canteen [kæn'ti:n] s bufet (în fabrici etc.); gamelă
canvass ['kænvəs] vi a face campanie electorală
cap [kæp] s bască; șapcă; ~ in hand umil
capability ['keipə'biliti] s capacitate;

capabilities posibilităţi

capable ['keipəbl] *adj* capabil; (*of*) în stare (să/de)

capacious [kə'peiʃəs] *adj* încăpător; cuprinzător

capacity [kə'pæsiti] *s* capacitate; calitate

cape [keip] *s* capă; (*geografie*) cap

caper ['keipə] 1 *s* tumbă 2 *vi* a zburda

capital ['kæpitl] 1 capitală; majusculă; capital 2 *adj* minunat

capsule ['kæpsjul] *s* păstaie; capsulă

captain ['kæptin] *s* căpitan

captious ['kæpʃəs] *adj* cusurgiu

captive ['kæptiv] *s* prizonier

capture ['kæptʃə] *vt* a captura; obţine; a capta

car [kɑ:] *s* maşină; autoturism; *dining-~* vagon restaurant; *sleeping-~* vagon de dormit

carbon ['kɑ:bən] *s* carbon; ~ *paper* indigo

card [kɑ:d] *s* carte de vizită; felicitare; carte de joc

cardboard ['kɑ:dbɔ:d] *s* carton

cardigan ['kɑ:digən] *s* jachetă

cardinal ['kɑ:dinəl] *adj* principal; cardinal (*numeral*)

care [kɛə] 1 *s* grijă: *take ~* ai grijă; *to take ~ of* a avea grijă de; supărare; nelinişte 2 *vi* a-i păsa; a se sinchisi; *to ~ for* a avea grijă de

career [kə'riə] *s* profesiune; viteză

careful ['kɛəful] *adj* atent; grijuliu

careless ['kɛəlis] *adj* neatent; neglijent; nepăsător

caress [kə'res] 1 *s* mângâiere 2 *vt* a mângâia

carnation [kɑ:'neiʃən] *s* garoafă

carol ['kærəl] *s* colind; ~ *singers* colindători

carp [kɑ:p] 1 *s* crap 2 *vi* a se tângui

carpenter ['kɑ:pintə] *s* tâmplar

carpentry ['kɑ:pintri] *s* tâmplărie

carpet ['kɑ:pit] *s* covor; *on the ~* pe tapet

carriage ['kæridʒ] *s* trăsură; vagon; ţinută (a corpului); ~ *way* parte carosabilă

carrier pigeon ['kæriəpidʒin] *s* porumbel mesager

carrot ['kærət] *s* morcov; ~*y* (*păr*) roşcat

carry ['kæri] *vt, vi* a duce, a căra; a purta; *to ~ off* a câştiga; *to ~ on* a continua

cart [kɑ:t] *s* căruţă; *to be in the ~* a fi la ananghie; ~ *road* drum de ţară

cartoon [kɑ:'tu:n] *s* desen animat

cartridge ['kɑ:tridʒ] *s* cartuş; ~ *belt* cartuşieră

carve [kɑ:v] *vt, vi* a sculpta; a ciopli

case[1] [keis] 1 *s* caz; cauză; proces; *just in ~* pentru siguranţă; *in ~ of* în caz de; *in any ~* în orice caz

case[2] [keis] *s* cutie; ladă; casetă; *pillow ~* faţă de pernă

cash [kæʃ] 1 *s* bani gheaţă / lichizi: *out of ~* fără bani 2 *vt, vi* a da *sau* a primi bani

cask [kɑ:sk] *s* butoi

cassette [kə'set] *s* casetă

cast [kɑ:st] *vt, vi* (*trec., part. trec.* cast) a arunca; a lăsa să cadă; *to be ~ down* a fi amărât; ~*-off* lucru de aruncat

castle [kɑ:sl] *s* castel; ~*s in the air* cas

tele in Spania, vise

casual ['kæ ʒ juəl] adj întâmplător; nepăsător; ocazional

casualties ['kæ ʒ juəltiːz]s, pl pierderi de vieţi omeneşti (în accidente)

cat [kæt] s pisică; ~ and dog life viaţă cu certuri; ~-sleep moţăit

catalogue ['kætələg] s catalog

catastrophe [kə'tæstrəfi] s catastrofă, dezastru

catch [kætʃ] vt, vi (trec., part. trec. caught) a prinde; a se agăţa de; a se îmbolnăvi; to ~ by a prinde din urmă; to ~ red-handed a prinde asupra faptului

category ['kætigəri] s categorie

cater ['keitə] vi (for) a furniza alimente (pentru)

caterpillar ['kætəpilə] s omidă; şenilă

cattle ['kætl] s vite

cauliflower ['kɔliflauə] s conopidă

cause [kɔːs] 1 s cauză 2 vt a cauza, a pricinui

caution ['kɔːʃən] 1 s precauţie 2 vt a avertiza

cave [keiv] s cavernă; peşteră; ~ man om al cavernelor

cease [siːs] vt, vi a înceta: ~less fără încetare

ceiling ['siːliŋ] s tavan

celebrate ['selibreit] vt a sărbători; a ~ d poet un poet renumit

celery ['seləri] s ţelină

cell [sel] s celulă

cellar ['selə] s pivniţă

cement [si'ment] s ciment; plombă

cemetery ['semitri] s cimitir

cent [sent] s cent; per ~ la sută

central ['sentrəl] adj central; important; principal; ~ heating încălzire centrală

centre ['sentə] s centru

century ['sentʃəri] s secol; in the 19th ~ în secolul al XIX -lea

cereals ['siəriəlz] s pl cereale

certain ['səːtən] adj sigur; convins: he is ~ to come vine cu siguranţă; for ~ cu siguranţă; oarecare: a ~ person o oarecare persoană

certainly ['səːtənli] adv cu siguranţă; desigur

certify ['səːtifai] vt, vi a atesta, a garanta

chafe [tʃeif] vi, vt a freca; a roade

chaff [tʃæf] vt a tachina

chain [tʃein] s lanţ; ~ smoker persoană care fumează ţigară de la ţigară

chair [tʃtə] s scaun; post (de profesor); loc de onoare; ~ man preşedinte al unei adunări

chalet [ʃelei] s cabană (la munte)

chalk [tʃɔk] s cretă; by a long ~ cu mult, de departe

challenge ['tʃælindʒ] 1 s provocare 2 vt a provoca

chamber ['tʃeimbə] s odaie (de dormit); ~ pot oală de noapte

champion ['tʃæmpiən] s campion; ~ ship campionat

chance [tʃɑːns] 1 s şansă, ocazie: by ~ din întâmplare; take one's ~ a-şi încerca norocul 2 vi, vt a se întâmpla: it ~ d that I was out s-a întâmplat să nu fiu acasă

change [tʃeindʒ] 1 vt, vi a se schimba:

I've ~ d my mind m-am răzgîndit 2 s
schimbare; alterare; for a ~ ca
variație

channel ['tʃænəl] s canal (*natural*)

chap [tʃæp] s individ; falcă (*la
animale*)

chapter ['tʃæptə] s capitol; perioadă

character ['kæriktə] s caracter;
natură; fire; *in/out of* ~ a se potrivi/
a nu se potrivi

characteristic [kæriktə'ristik] *adj*
caracteristic, tipic

charge [tʃɑːdʒ] 1 s acuzație; atac; *in
~ of* în grija; ~ *sheet* cazier 2 *vt, vi* a
acuza; a cere (ca plată); *to be ~d
with* a i se atribui

charity ['tʃæriti] s milă; caritate

charm [tʃɑːm] 1 s farmec; vrajă 2 *vt, vi*
a fi încîntat

charming ['tʃɑːmiŋ] *adj* fermecător

chary ['tʃɛəri] *adj* (*of*) grijuliu,
zgîrcit (in laude)

chase [tʃeis] 1 *vt, vi* a urmări; a alerga
2 s urmărire; alergare; *wild goose* ~
goană după himere

chasm ['tʃæzm] s abis; discrepanță

chat [tʃæt] 1 s șuetă 2 *vt, vi* a sporovăi

chatter ['tʃætə] 1 *vi* a turui, a vorbi
mult 2 s pălăvrăgeală; ciripit

cheap [tʃiːp] *adj* ieftin; prost; fără
valoare

cheat [tʃiːt] *vt, vi* a înșela; a trișa

check [tʃek] 1 *vt, vi* a controla (un
calcul); a da șah; ~ *in* a se instala la
un hotel; ~ *out* a achita nota și a pleca
de la un hotel 2 s piedică; șah;
verificare

cheek [tʃiːk] s obraz; obrăznicie; ~ *by
jowl* apropiați unul de altui

cheer [tʃiə] *vt, vi* a înveseli; a încuraja;
~*s!* noroc! (la ciocnit pahare); ~ *up!*
lasă supărarea!

cheese [tʃiːz] s brînză; ~ *cake* pateu

chemistry ['kemistri] s chimie

cherish ['tʃeriʃ] *vt* a ține la; a nutri

cherry ['tʃeri] s cireașă; ~ *tree* cireș

chess [tʃes] s (joc de) șah; ~ *men*
piese de șah

chest [tʃest] s ladă; ~-*of-drawers*
scrin; piept

chestnut ['tʃestnʌt] s castan

chew [tʃuː] *vt, vi* a mesteca; *to ~ the
fat* a pălăvrăgi

chewing-gum ['tʃuːiŋgʌm] s gumă
de mestecat

chick [tʃik] s pui (șor)

chicken ['tʃikin] s pui; ~-*hearted*
fricos

chicken pox ['tʃikinpɔks] s vărsat de
vînt

chide [tʃaid] *vt* a certa

chief [tʃiːf] s șef; *editor in* ~ redactor
șef

chiefly ['tʃiːfli] *adv* mai ales; mai întîi

chilblain ['tʃilblein] s degerătură

child [tʃaild] s copil; ~ *'s play* foarte
ușor; *to be with* ~ a fi însărcinată; ~-
hood copilărie

chill [tʃil] 1 s frig 2 *adj* friguros;
glaciar; *a* ~ *welcome* primire glacială

chime [tʃaim] 1 s dangăt 2 *vi*
(d.clopot) a bate

chimney ['tʃimni] s coș; ~ *sweeper*
coșar

chin [tʃin] *s* bărbie; *keep your ~ up!* nu te lăsa!

china ['tʃainə] *s* obiecte de porțelan; *~ closet* vitrină

chin-chin ['tʃin tʃin] *interj* noroc! (*la ciocnit pahare*)

chip [tʃip] *s* așchie; felie (de măr); *~s* cartofi prăjiți

chirp [tʃə:p] **1** *vt, vi* a ciripi **2** *s* ciripit

chit-chat ['tʃit tʃæt] *s* șuetă

chocolate ['tʃɔklit] *s* ciocolată

choice ['tʃɔis] *s* alegere; varietate

choir ['kwaiə] *s* cor

choke [tʃouk] *vi, vt* a (se) sufoca; a (se) îneca

choose [tʃu:z] *vt, vi* (*trec. chose, part. trec. chosen*) a alege; a prefera

chop [tʃɔp] *vt, vi* a tăia (*lemne*)

chord [kɔ:d] *s* coardă (de cerc); strună; *to touch the right ~* a atinge coarda sensibilă

Christmas ['krisməs] *s* Crăciun; *~ tree* pom de Crăciun

chromium ['kroumiəm] *s* crom

chronic ['krɔnik] *adj* cronic

chrysanthemum [kri'sænθiməm] *s* crizantemă

chubby ['tʃʌbi] *adj* bucălat

chuck [tʃʌk] *vt* a arunca; a da afară

chuckle ['tʃʌkl] *vt* a chicoti

chum [tʃʌm] *s* prieten bun

church [tʃə:tʃ] *s* biserică; *~ yard* cimitir lîngă biserică

cigar [si'gɑ:] *s* trabuc

cigarette [sigə'ret] *s* țigară: *~ holder* țigaret

cinema ['sinimə] *s* cinematograf

circle [sə:kl] *s* cerc

circumstance ['sə:kəmstæns] *s* împrejurare; situație materială; *under the ~s* așa stînd lucrurile

circus ['sə:kəs] *s* circ; piață

cite [sait] *vt* a cita

citizen ['sitizən] *s* cetățean

city ['siti] *s* oraș; *~ hall* primărie (*în S.U.A.*)

civil ['sivil] *adj* civil; politicos; *~ servant* funcționar de stat

civilization [sivilai'zeiʃən] *s* civilizație; civilizare

claim [kleim] **1** *vt, vi* a revendica; a cere; a pretinde **2** *s* revendicare; drept

clammy ['klæmi] *adj* umed: *~ hands* mîini lipicioase

clap [klæp] *vt, vi* a bate din palme

clash [klæʃ] *vi, vt* a zăngăni; a se ciocni; a nu se potrivi

clasp [klɑ:sp] *vt, vi* a ține strîns în mînă; a (se) îmbrățișa

class [klɑ:s] *s* clasă; rang

classic ['klɑ:sik] *adj* clasic

claw [klɔ:] *s* ghiară

clay [klei] *s* argilă, lut

clean [kli:n] **1** *adj* curat; nevinovat; pur **2** *vt* a spăla; a curăți

cleanly ['kli:nli] *adj* curat

clear [kliə] **1** *adj* clar; limpede; curat; lămurit **2** *vt, vi* a curăța (*zăpada*); *to ~ the table* a strînge masa; *to ~ off* a achita o datorie; *~ off!* șterge-o! *to ~ up* a face ordine

clearly ['kliəli] *adv* limpede, clar

cleave [kli:v] *vt, vi* a (se) despica

clemency ['klemənsi] *s* iertare

clergy ['klə:dʒi] *s* cler

clerk [klɑ:k] *s* funcționar

clever ['klevə] *adj* isteţ; priceput; deştept

client ['klaiə nt] *s* client

cliff [klif] *s* stîncă (lîngă mare)

climate ['klaimit] *s* climă; climat

climb [klaim] *vt, vi* a (se) sui, a (se) urca

climber ['klaimə] *s* alpinist

cling [kliŋ] *vi* (*trec., part. trec.* clung) (*to*) a se agăţa (de); a (se) ţine (de)

clip [klip] 1 *s* clamă 2 *vt* a prinde (în clame); a tunde; a reteza; a perfora

cloak [klouk] *s* mantie; ~ *room* ġarderobă; ~ *and dagger* de capă şi spadă

clock [klɔk] *s* ceas; pendulă; ~ *wise* în direcţia acelor de ceas

close [klous] 1 *adj* apropiat: ~ *at hand* prin apropiere; ~ *to* aproape de; închis; atent; ~ *friend* prieten apropiat 2 *vt, vi* a închide; a strînge (*rîndurile*); *to* ~ *in* (*d.zile*) a se scurta

closet ['klɔzit] *s* debara

cloth [klɔθ] *s* material

clothe [klouð] *vt* a îmbrăca

clothes [klouðs] *s pl* haine

cloud [klaud] *s* nor; *in the* ~ *s* cu capul în nori

cloudless ['klaudlis] *adj* senin

clover ['klʌvə] *s* trifoi; *to live in* ~ a trăi în lux

clown [klaun] *s* clovn

club [klʌb] *s* bîtă; club; treflă

clumsy ['klʌmzi] *adj* neîndemînatic; nepotrivit

cluster ['klʌstə] *s* buchet; mănunchi; grup

clutch [klʌtʃ] 1 *vt, vi* (*at*) a se prinde (de) 2 *s* ambreiaj

coach [koutʃ] *s* diligenţă; antrenor

coal [koul] *s* cărbune

coarse [kɔ:s] *adj* aspru; maşcat; necioplit

coast [koust] *s* coastă, ţărm

coat [kout] *s* haină; palton; jachetă

coax [kouks] *vt* a convinge

cobweb ['kɔbweb] *s* pînză de păianjen

cock [kɔk] *s* cocoş; ~ *-a-doodle-doo* cucurigu

coerce [kou'ə:s] *vt* (*into*) a constrînge (să)

coffee ['kɔfi:] *s* cafea; ~ *mill* rîşniţă de cafea

coffin ['kɔfin] *s* coşciug

coin [kɔin] *s* monedă; ~ *age* invenţie de cuvinte

coincidence [kou'insidəns] *s* coincidenţă

cold [kould] 1 *adj* rece; neprietenos 2 *s* frig; răceală: *to catch a* ~ a răci

collapse [kə'læps] 1 *vi, vt* a se prăbuşi; a ceda 2 *s* năruire

collar ['kɔlə] *s* guler; ~ *bone* claviculă

collect [kə'lekt] *vt, vi* a strînge, a aduna; a colecţiona

collection [kə'lekʃən] *s* colecţie; grămadă de

college ['kɔlidʒ] *s* şcoală superioară

collide [kə'laid] *vi* a se ciocni

colon ['koulən] *s* două puncte (:)

colonel ['kə:nl] *s* colonel

colony ['kɔləni] *s* colonie

colour ['kʌlə] 1 *s* culoare: ~ *blind* daltonist; ~ *less* palid 2 *vt, vi* a (se) colora

column ['kɔləm] s coloană; ~*ist* foiletonist

comb [koum] 1 s pieptene; creastă de cocoş 2 *vt, vi* a (se) pieptăna

combine [kəm'bain] *vt, vi* a îmbina; a (se) combina

come [kʌm] *vi* (*trec.* came, *part. trec.* come) a veni; a deveni; *to* ~ *across* a da peste; *to* ~ *back* a se întoarce; *to* ~ *in* a intra; ~ *on!* haide! *to* ~ *to* a-şi reveni

comedy ['kɔmidi] s comedie

comely ['kʌmli] *adj* plăcut

comfort ['kʌmfət] 1 s confort; consolare 2 *vt* a consola

comfortable ['kʌmfətəbl] *adj* comod; confortabil; *make yourself* ~ fă-te comod

comma ['kɔmə] s virgulă

command [kə'mɑːnd] 1 *vt, vi* a ordona, a porunci; a merita 2 s poruncă; cunoaştere

commence [kə'mens] *vt, vi* a începe

commend [kə'mend] *vt* a lăuda

comment ['kɔment] 1 s comentariu 2 *vi* a face un comentariu

commerce ['kɔməːs] s comerţ (între ţări)

commission [kə'miʃən] s comisie; comision

commit [kə'mit] *vt* a comite; a se angaja; a se implica

committee [kə'miti] s comitet

commodity [kə'mɔditi] s ustensile casnice; mărfuri

common ['kɔmən] 1 *adj* comun obişnuit; al tuturor; ~ *sense* bun simţ; *the* ~ *man* omul de pe stradă 2 s islaz;

the House of Commons Camera Comunelor; *out of the* ~ ieşit din comun

commonplace ['kɔmənpleis] 1 *adj* obişnuit, banal 2 s banalitate

commonwealth ['kɔmənwelθ] s grup de state

communication [kə'mjuːnikeiʃən] s comunicare; comunicat; ~ *cord* semnal de alarmă

communism ['kɔmjunizəm] s comunism

communist ['kɔmjunist] s comunist

commutation ticket ['kɔmjuteiʃən tikit] s abonament (de tren)

compact ['kɔmpækt] s pudrieră

companion [kəm'pæniən] s camarad; *the* ~ perechea (*unei mănuşi*); ghid (*carte*)

company ['kʌmpəni] s companie; *in* ~ *with* împreună cu

compare [kəm'pɛə] *vt, vi* a (se) compara

comparison [kəm'pærisn] s comparaţie

compartment [kəm'pɑːtment] s compartiment

compass ['kʌmpəs] s busolă; *a pair of* ~ *es* compas

compassion [kəm'pæʃən] s milă

compel [kəm'pel] *vt* a obliga, a forţa

compensate ['kɔmpenseit] *vt, vi* a compensa; a înlocui

compete [kəm'piːt] *vi* a se întrece

competence ['kɔmpitəns] s competenţă; pricepere

competent ['kɔmpitənt] *adj* competent; priceput

competition [kəmpi'tiʃən] s concurență; întrecere

complain [kəm'plein] *vi* a se plînge;
~ *ingly* văicărindu-se

complaint [kəm'pleint] *s* plîngere;
nemulțumire

complement ['kɔmplimənt] *s* complement; complinire

complete [kəm'pli:t] 1 *adj* complet,
întreg 2 *vt* a termina; a desăvîrși

complex ['kɔmpleks] *adj* complex;
complicat

complexion [kəm'plekʃən] *s* culoare
a feții; soartă

compliance [kən'plaiəns] *s in* ~ *with*
în conformitate cu

complicate ['kɔplikeit] *vt* a complica

compliment ['kɔmplimənt] 1 compliment; ~ *s* salutări 2 *vt* a lăuda

comply [kəm'plai] *vt to* ~ *with* a se
supune

compose [kəm'pouz] *vt, vi* a (se)
compune; a pune capăt (*unei dispute*)

composer [kəm'pouzə] *s* compozitor

composition [kɔmpə'ziʃən] *s* compoziție

composure [kəm'pouʒə] *s* stăpînire
de sine

comprehensive [kɔmpri'hensiv] *adj*
cuprinzător

comprise [kəm'praiz] *vt* a cuprinde

compulsion [kəm'pʌlʃən] *s* constringere

compunction [kəm'pʌŋkʃən] *s*
remușcare

compute [kəm'pju:t] *vt, vi* a calcula

computer [kəm'pju:tə] *s* calculator

conceal [kən'si:l] *vt* a ascunde

conceit [kən'si:t] *s* îngîmfat, încrezut

conceive [kən'si:v] *vt, vi* a concepe; a
intui

concentrate ['kɔnsəntreit] *vt, vi* a
(se) concentra

conception [kən'sepʃən] *s* concepție

concern [kən'sə:n] 1 *vt* a interesa; a
implica; *that doesn't* ~ *you* asta nu te
privește 2 *s* preocupare; interes; grijă

concert ['kɔnsə:t] *s* concert; unison,
acord

concise [kən'sais] *adj* concis

conclude [kən'klu:d] *vt, vi* a (se)
încheia, a (se) sfîrși

conclusion [kən'klu:ʒən] *s* sfîrșit;
concluzie

concomitant [kən'kɔmitənt] 1 *adj*
concomitent 2 *s* consecință

concrete ['kɔŋkri:t] 1 *s* beton 2 *adj*
concret

concur [kən'kə:] *vi* (*with*) a avea
aceeași părere (cu)

concussion [kən'kʌʃən] *s* comoție

condemn [kən'dem] *vt* a condamna; a
dezaproba

condition [kən'diʃən] 1 *s* condiție; *on
no* ~ sub nici un motiv 2 *vt* a
condiționa

conduct [kən'dʌkt] 1 *s* comportare,
purtare; mers (*al unei acțiuni*) 2 *vt,
vi* a însoți; a dirija; a se comporta

cone [koun] *s* con; *frustum of a* ~
trunchi de con

confection [kən'fekʃən] *s* dulciuri;
confecții; ~ *er* cofetar; ~ *ery* cofetărie

confer [kən'fə:] *vt, vi* a conferi, a acorda; a se consulta

conference ['kɔnfərəns] *s* ședință

congres

confess [kən'fes] *vt, vi* a mărturisi; a se spovedi

confession [kən'feʃən] *s* spovedanie; mărturisire

confide [kən'faid] *vt, vi* a încredința; (*in*) a se încrede (in)

confidence ['konfidəns] *s* încredere

confident ['konfidənt] *adj* încrezător; sigur

confine [kən'fain] *vt* (*to*) a se limita (la)

confirm [kən'fə:m] *vt* a confirma; a fi de acord

conflict ['konflikt] *s* ceartă; conflict; divergență

conform [kən'fɔ:m] *vi, vt* (*to*) a (se) conforma; a se supune

confound [kən'faund] *vt* a uimi; a confunda

confront [kən'frʌnt] *vt* a confrunta

confuse [kən'fju:z] *vt* a încurca; a confunda; ~ *d* buimăcit

congratulate [kən'grætjuleit] *vt* a felicita

congratulations [kən'grætjuleiʃənz] *s pl* felicitări

congress ['kongres] *s* congres

conjunction [kən'dʒʌnkʃən] *s* conjuncție

conjure ['kʌndʒə] *vi, vt* a face scamatorii; ~ *r* scamator

connect [kə'nekt] *vt, vi* a pune în legătură; a (se) lega

connection [kə'nekʃən] *s* legătură; *in* ~ *with* în legătură cu

connoisseur [koni'sə:] *s* cunoscător, expert

conquer ['koŋkə] *vt* a învinge; a cuceri; ~ *or* cuceritor

conquest ['koŋkwest] *s* cucerire

conscience ['konʃəs] *s* conștiință

conscious ['konʃəs] *adj* (*of*) conștient (de)

consensus [kən'sensəs] *s* consens

consent [kən'sent] **1** *vi* a consimți **2** *s* acord; consimțământ; *with one* ~ unanim

consequence ['konsikwəns] *s* consecință; importanță

consider [kən'sidə] *vt* a se gândi să/la; a lua în considerație; ~ *able* mare, important

considerate [kən'sidərit] *adj: It is* ~ *of you* frumos din partea ta

consideration [kənsidə'reiʃən] *s* atenție; considerație; *under* ~ în studiu

consist [kən'sist] *vt* (*of*) a se compune (din); (*in*) a consta (în)

console [kən'soul] *vt* a consola

consolidate [kən'solideit] *vt, vi* a (se) consolida

constable ['kʌnstəbl] *s* polițist

constant ['konstənt] *adj* stabil; credincios

constitute ['konstitju:t] *vt* a constitui

constitution [konsti'tjuʃən] *s* constituție

constrain [kən'strein] *vt* a constrânge

constraint [kən'streint] *s* constrângere

construct [kən'strʌkt] *vt* a construi

construction [kən'strʌkʃən] *s* construcție

consult [kən'sʌlt] *vt, vi* a (se) con

sulta; a se sfătui

consume [kən'sju:m] *vt, vi* a (se) consuma; *to ~ away* a irosi

consumer [kən'sju:mə] *s* consumator

consummate [kən'sʌmit] *adj* desăvîrşit

consumption [kən'sʌmpʃən] *s* consum; tuberculoză

contact ['kɔntækt] *s* contact; legătură; relaţie; *~ lens* lentile de contact

contagious [kən'teidʒəs] *adj* contagios

contain [kən'tein] *vt* a conţine; a-şi controla (*sentimentele*)

contemplate ['kɔntempleit] *vt* a contempla; a intenţiona

contemporary [kən'tempərəri] *adj* contemporan

contempt [kən'tempt] *s* dispreţ

contend [kən'tend] *vi, vt* a (se) lupta; a susţine; a se certa

content [kən'tent] 1 *adj* mulţumit 2 *s* mulţumire

contents ['kɔntents] *pl* conţinut; tablă de materii

contest [kən'test] 1 *vt, vi* a contesta 2 *s* competiţie, luptă

continent ['kɔntinənt] *s* continent

continual [kən'tinjuəl] *adj* continuu, neîntrerupt

continue [kən'tinju] *vt, vi* a continua; a (se) menţine; *it will be ~ d* va continua

continuous [kən'tinjuəs] *adj* continuu

contour ['kɔntuə] *s* contur

contract 1 ['kɔntrækt] *s* contract 2

[kən'trækt] *vt, vi* a contracta, a lua (*o boală*); a se contracta

contradict [kɔntrə'dikt] *vt* a contrazice

contrariwise ['kɔntrə riwaiz] *adv* dimpotrivă

contrary ['kɔntrəri] 1 *adj* contrar; nefavorabil 2 *s* opus; *on the ~* din contră

contrast 1 ['kɔntræst] *s* contrast 2 [kən'træst] *vt, vi* a contrasta

contribute [kən'tribjut] *vt, vi* a contribui

contribution [kɔntri'bjuʃən] *s* contribuţie

contrive [kən'traiv] *vt, vi* a născoci; a reuşi

control [kən'troul] 1 *s* control; comandă; combatere 2 *vt* a controla; a combate

convalescent [kɔnvə'lesənt] *s* convalescent

convenience [kən'viniəns] *s* comoditate; convenienţă

convenient [kən'viniənt] *adj* convenabil; potrivit

convent ['kɔnvənt] *s* mănăstire (de maici)

conversant [kən'və:sənt] *adj* (*with*) a cunoaşte (*ceva*)

conversation [kɔnvə'seiʃən] *s* discuţie

conversion [kən'vəʃən] *s* transformare

convert [kən'və:t] *vt* a transforma

convey [kən'vei] *vt* a duce; a exprima; *~ er belt* bandă rulantă

conviction [kən'vikʃən] *s* condam

nare; convingere

cook [kuk] 1 *vt*, *vi* a găti 2 *s* bucătar; ~ *book* carte de bucate

cool [ku:l] 1 *adj* răcoros; rece; calm: *keep* ~ fii calm; ~ *-headed* calm 2 *vt*, *vi* a (se) răci; a (se) potoli

co-operate [kou'ɔpə reit] *vi* a colabora

cop [kɔp] *s* poliţai

cope [koup] *vi* (*with*) a face faţă (la)

copious ['koupiəs] *adj* abundent

copper ['kɔpə] *s* cupru

copy ['kɔpi] 1 *s* exemplar; ~ *book* caiet 2 *vt*, *vi* a copia; a transcrie

copyright ['kɔpirait] *s* drept de autor

coral ['kɔrəl] *s* coral; ~ *reef* recif de coral

core [kɔ:] *s* miez; parte centrală

cork [kɔ:k] *s* dop

corn [kɔ:n] *s* cereale; grîu; porumb (*in S.U.A.*); bătătură; ~ *cob* cocean de porumb

corner ['kɔ:nə] 1 *s* colţ; *round the* ~ după colţ 2 *vt*, *vi* a încolţi

corps *s pl* corp (*de balet/diplomatic*)

corpse [kɔ:ps] *s* cadavru

correct [kə'rekt] 1 *s* corect; exact; corespunzător 2 *vt* a corecta; a potrivi (*ceasul*)

correspond [kɔri'spɔnd] *vi* a corespunde

correspondence [kɔri'spɔndəns] *s* corespondenţă; asemănare

corrode [kə'roud] *vt*, *vi* a (se) roade

corrupt [kə'rʌpt] 1 *vt*, *vi* a corupe 2 *adj* corupt, necinstit, viciat

cost [kɔst] 1 *vi* a costa; a lua (timp) 2 *s* preţ, cost: *at all* ~s cu orice preţ; *to my* ~ pe pielea mea

costume ['kɔstju:m] *s* costum

cosy ['kouzi] *adj* confortabil

cot [kɔt] *s* pătuţ; colibă

cottage ['kɔtidʒ] *s* casă (la ţară)

cotton ['kɔtən] *s* bumbac; ~ *cloth* pînză de bumbac

couch [kautʃ] 1 *s* pat; culcuş 2 *vt*, *vi* a sta culcat; a formula (*un răspuns*)

cough [kʌf] 1 *vi*, *vt* a tuşi 2 *s* tuse

could [kud] *trec. de la* can; ~ *you lift that box?* ai putea ridica lada aceea?; ~ *you have lifted that box?* ai fi putut ridica lada aceea?

council ['kaunsil] *s* consiliu

counsel ['kaunsəl] 1 *s* sfat 2 *vt* a sugera; a sfătui

count [kaunt] 1 *vt*, *vi* a număra; a socoti; *to* ~ *on* a conta pe 2 *s* numărătoare; socoteală

countenace ['kauntinəns] *s* înfăţişare; expresie

counter ['kauntə] *s* tejghea; fisă; *under the* ~ pe sub mînă

counter attack ['kauntə ətæk] *s* contra atac

counterfeit ['kauntəfit] 1 *adj* fals 2 *vt* a falsifica

counterpane ['kauntəpein] *s* cuvertură

counterpart ['kauntəpa:t] *s* duplicat; omolog

countess ['kauntis] *s* contesă

country ['kʌntri] *s* ţară: *African* ~ ţară africană; *in the* ~ la ţară; ~ *cousin* om de la ţară; ~ *roads* drumuri de ţară

county ['kaunti] *s* comitat; ~ *town* reşedinţă de judeţ

couple ['kʌpl] 1 *s* pereche 2 *vt, vi* a cupla; a lega

courage ['kʌridʒ] *s* curaj

courageous [kə'reidʒəs] *adj* curajos

course [kɔ:s] *s* curs: *in due* ~ la timpul potrivit; *of* ~ desigur; curs (la universitate); fel de mîncare

court [kɔ:t] 1 *s* tribunal; curte; teren 2 *vt, vi* a face curte

courteous ['kɔ:tiəs] *adj* politicos

cousin ['kʌzən] *s* văr; *first* ~ văr primar

cover ['kʌvə] 1 *vt* a acoperi; a ascunde; a apăra 2 *s* înveliş; capac; copertă; adăpost

coverlet ['kʌvəlet] *s* cuvertură

covetous ['kʌvitəs] *adj* (*of*) rîvnitor (la)

cow [kau] *s* vacă; ~ *house/shed* staul

cow-boy ['kaubɔi] *s* cowboy

coward ['kauəd] *adj* laş; fricos

cowardice ['kauədis] *s* laşitate; frică

coy [kɔi] *adj* sfios

crab [kræb] *s* crab; măr pădureţ

crack [kræk] 1 *s* spărtură; pocnet 2 *vt, vi* a crăpa; a pocni

cracker ['krækə] *s* biscuit; artificii

cradle ['kreidl] *s* leagăn

craft [krɑ:ft] *s* meserie; avion; ambarcaţie

craftsman ['krɑftsmən] *s* meseriaş; artist; ~ *ship* măiestrie

cram [kræm] *vt, vi* a înghesui; a umple

crane [krein] *s* macara

crash [kræʃ] 1 *s* accident (de avion) 2 *vt, vi* a se prăbuşi, a se face praf

crater ['kreitə] *s* crater; ~ *lake* lac vulcanic

crave [kreiv] *vt, vi* (*for*) a tînji (după)

crawl [krɔ:l] 1 *vi* a se tîrî 2 *s* tîrîre

crazy ['kreizi] *adj* nebun

cream [kri:m] *s* caimac; smîntînă; frişcă

crease [kri:s] 1 *s* pliu 2 *vt, vi* a plisa

create [kri'eit] *vt* a crea; a produce

creative [kri'eitiv] *adj* creator

creature ['kri:tʃə] *s* animal; făptură

credible ['kredibl] *adj* credibil

credit ['kredit] 1 *s* încredere; cinste; credit 2 *vt* a crede în; a acredita

credulity [kri'djuliti] *s* credulitate

creep [kri:p] *vi* (*trec., part. trec.* crept) a se tîrî; a se strecura; a cuprinde

cremate [kri'meit] *vt* a incinera

crest [krest] *s* creastă

crew [kru:] *s* echipaj; grup

cricket ['krikit] *s* greiere; cricket

crime [kraim] *s* delict; infracţiune

criminal ['kriminəl] *s* delincvent

crimson ['krimsən] *adj* roşu aprins

cripple ['kripl] *s* infirm

crisis ['kraisis] *s* criză; punct culminant

crisp [krisp] *adj* crocant; geros; vioi

criterion [krai'tiəriən] *s* criteriu

critical ['kritikəl] *adj* critic

criticism ['kritisizəm] *s* critică

criticize ['kritisaiz] *vt* a critica

croak [krəuk] 1 *s* croncănit 2 *vi* a croncăni

crocodile ['krɔkədail] *s* crocodil; ~ *tears* lacrimi de crocodil

crooked ['kru:kid] *adj* încovoiat; necinstit

crop [krɔp] 1 *s* recoltă; guşă 2 *vt, vi* a

recolta; a paşte; a semăna; a tunde
cross [krɔs] **1** *s* cruce **2** *vt, vi* a traversa;
a trece; a-şi face cruce; a se încrucişa **3**
adj supărat; enervat
crosseyed ['krɔsaid] *adj* saşiu
crossing ['krɔsiŋ] *s* traversáre; inter-
secţie; *level* ~ trecere de nivel
crossroad ['krɔsroud] *s* intersecţie;
răscruce
crosstalk ['krɔstɔːk] *s* schimb de
cuvinte
crossword puzzle ['krɔswəːdpʌzl] *s*
cuvinte încrucişate
crouch [krautʃ] *vi* a se ghemui
crow [krou] **1** *s* cioară; ~ *'s-feet* riduri
la ochi **2** *vi* a croncăni
crowd [kraud] **1** *s* mulţime de oameni;
~ *of* maldăr de **2** *vi, vt* a se înghesui;
a se buluci; a umple
crown [kraun] **1** *s* coroană **2** *vt* a
încorona; a încununa; *to* ~ *it all* pe
deasupra
crude [kruːd] *adj* brut; aspru; nefinisat
cruel [kruəl] *adj* crud; nemilos
cruelty ['kruəlti] *s* cruzime
cruise [kruːz] **1** *s* croazieră **2** *vi* a merge
într-o croazieră
crumb [krʌm] *s* firimitură
crumble ['krʌmbl] *vt, vi* a (se)
fărâmiţa
crumple ['krʌmpl] *vt, vi* a (se)
şifona
crush [krʌʃ] **1** *vt, vi* a strivi; a şifona;
a nimici **2** *s* înghesuială; suc
crust [krʌst] *s* coajă; pojghiţă; scoarţă
cry [krai] **1** *vi, vt* a striga; a plânge **2** *s*
strigăt; plîns
crystal ['kristəl] *s* cristal

cub [kʌb] *s* pui de animal
cube [kjub] *s* cub
cuckold ['kʌkould] **1** *s* încornorat,
înşelat **2** a înşela (*soţul*)
cuckoo ['kuːkuː] *s* cuc; ~ *-clock* ceas cu
cuc
cucumber ['kjukʌmbə] *s* castravete;
as cool as a ~ cu sînge rece
cuddle ['kʌdl] *vt* a strînge în braţe
cuff [kʌf] *s* manşetă; ~ *links* butoni;
lovitură de palmă
culpable ['kʌlpəbl] *adj* vinovat
culprit ['kʌlprit] *s* vinovat
cultivate ['kʌltiveit] *vt* a lucra
(*pămîntul*)*; a cultiva
culture ['kʌltʃə] *s* cultură
cultured ['kʌltʃəd] *adj* cult; rafinat
cumbersome ['kʌmbəsəm] *adj*
împovărător
cunning ['kʌniŋ] **1** *adj* viclean; is-
cusit; atractiv **2** *s* îndemînare; şiretenie
cup [kʌp] ceaşcă: *a* ~ *of coffee* ceaşcă
de cafea; (*sport*) cupă; *in his* ~ băut,
beat
cupboard ['kʌbəd] *s* dulap; ~ *love*
dragoste interesată
cupidity [kjuˈpiditi] *s* avariţie
curiosity [kjuəriˈɔsiti] *s* curiozitate
curious ['kjuəriəs] *adj* curios; dornic
să ştie; ciudat
curl [kəːl] **1** *s* buclă **2** *vt, vi* a (se)
încreţi
currant ['kʌrənt] *s* stafidă
currency ['kʌrənsi] *s* monedă;
răspîndire
curb [kəːb] **1** *s* frîu **2** *vt* a ţine în frîu
cure [kjuə] **1** *s* vindecare; remediu;
~ *-all* leac universal **2** *vt* a vindeca

current ['kʌrənt] **1** *adj* in uz; curent; actual **2** *s* curent; curs

curse [kə:s] **1** *s* blestem; pacoste; înjurătură **2** *vt, vi* a blestema; a injura

curtail [kə:'teil] *vt* a scurta

curtain ['kə:tən] *s* perdea; cortină

curve [kə:v] *s* curbă

cushion ['kuʃən] *s* pernă: *pin ~* perniță de ace

custody ['kʌstədi] *s* grijă, îngrijire; arest; *to take into ~* a aresta

custom ['kʌstəm] *s* obicei; vamă; *~ house* vamă; *~ made (haine)* de comandă

customer ['kʌstəmə] *s* client; individ

cut [kʌt] **1** *vt, vi* (*trec., part. trec.* cut) a tăia; a croi; *to ~ away/off* a reteza; *to ~ back* a reduce; *to ~ down* a răpune; *to ~ out* a croi **2** *s* tăietură; tunsoare; croială

cute [kjut] *adj* ager la minte; atrăgător

cycle ['saikl] *s* ciclu; bicicletă

cyclist ['saiklist] *s* biciclist

czar [zɑ:] *s* țar

D

D, d [di:] (litera) d
daddy ['dædi] *s* tăticu
daffodil ['dæfədil] *s* narcisă galbenă
dagger ['dægə] *s* pumnal
daily ['deili] *adj, adv* zilnic; cotidian; *one's ~ bread* pîinea cea de toate zilele
dainty ['deinti] *adj* delicat; mofturos
dairy ['dɛəri] *s* lăptărie; *~ farm* fermă de lapte; *~ cattle* vaci de lapte
daisy ['deizi] *s* mușețel; romaniță; margaretă
dally ['dæli] *vi* a cocheta; a tîndăli
dam [dæm] 1 *s* baraj 2 *vt* a face un baraj
damage ['dæmidʒ] *s* pagubă; *~s* daune
damn [dæm] 1 *vt* a blama; *~ it!* la dracu! 2 *s not worth a ~* nu face doi bani
damp [dæmp] 1 *adj* umed 2 *s* umiditate
dance [dɑ:ns] 1 *s* dans 2 *vi, vi* a dansa; a (se) clătina; a (se) legăna
dandle ['dændl] *vt* a legăna (*un copil*)
dandruff ['dændrʌf] *s* mătreață
danger ['deindʒə] *s* pericol; *in ~ of* în pericol de; *out of ~* în afară de pericol
dangerous ['deindʒərəs] *adj* periculos
dangle ['dæŋgl] *vt* a atîrna; a clătina; a bălăbăni
dare [dɛə] *v mod* a îndrăzni; *I ~ say* îndrăznesc să spun; *~ devil* un drac și jumătate

daring ['dɛəriŋ] *s* îndrăzneală, curaj
dark [dɑ:k] 1 *s* întuneric; *before ~* înainte de lăsarea serii; necunoștință de cauză 2 *adj* întunecos; de culoare închisă; neplăcut
darling ['dɑ:liŋ] *s* iubit; *my ~* iubito, iubitule
darn [dɑ:n] *vt* a cîrpi (*ciorapi*)
dart [dɑ:t] *vt, vi* a fugi; a scoate; a arunca
dash [dæʃ] 1 *s* țîșnire; liniuță 2 *vt, vi* (se) izbi; a țîșni
dashing ['dæʃiŋ] *adj* vioi; energic; curajos
data ['deitə] *s pl* date; informații
date [deit] 1 *s* dată; perioadă; întîlnire; *up-to-~* modern *out of ~* învechit, demodat 2 *vt, vi* a data; a se învechi
daughter ['dɔ:tə] *s* fiică: *~-in-law* noră
dawn [dɔ:n] 1 *s* zori de zi; ivire 2 *vi* a se crăpa de ziuă
day [dei] *s* zi: *by ~* ziua; *~ after ~* zi de zi; *one ~* într-o zi; *the other ~* zilele trecute; *to a ~* exact; *better ~s* zile mai bune *~ break* zori; *~ light* lumina zilei; *this ~ week* de azi într-o săptămînă; *the ~ before yesterday* alaltăieri
dazzle ['dæzl] *vt* a orbi (*de lumină*)
dead [ded] *adj* mort; amorțit; tern; *the ~* morții; *the ~ of night* toiul nopții; *~ march* marș funebru; *~-end* fundătură; *~ weight* dara; *~ sure* foarte sigur

deadly ['dedli] *adj* mortal; de moarte; ~ *sins* păcate capitale

deaf [def] *adj* surd; ~ *aid* aparat auditiv; ~ *mute* surdomut

deafen ['defən] *vt* a asurzi

deal [di:l] 1 *s* împărțire a cărților; afacere: *it's a* ~ ne-am înțeles; *a great* ~ *of* o grămadă de 2 *vt* (*trec. part. trec.* dealt) *a face cărțile; a împărți; a trata*

dealer ['di:lə] *s* negustor; persoană care împarte cărțile; *horse* ~ vînzător de cai

dean [di:n] *s* decan; vicar

dear [diə] 1 *adj* drag; scump 2 *s* scumpete: *she is a* ~ e o dulceață

death [deθ] *s* moarte; sfîrșit; ~ *bed* pat de moarte; ~ *less* nemuritor; *put to* ~ a omorî

debate [di'beit] 1 *s* dezbatere 2 *vt* a dezbate

debauch [di'bɔ:tʃ] 1 *s* desfrîu 2 *vt* a corupe

debt [det] *s* datorie: *to be out of* ~ a nu avea datorii; ~ *or* datornic

decay [di'kei] 1 *vi* a se deteriora 2 *s* paragină; stricare

decease [di'si:s] *s* deces; *the* ~ *d* răposatul

deceit [di'si:t] *s* înșelăciune; ~ *ful* înșelător

December [di'sembə] *s* decembrie

decency ['disənsi] *s* decență

decent ['disənt] *adj* decent; corespunzător

deception [di'sepʃən] *s* înșelăciune .

deceptive [di'septiv] *adj* înșelător

decide [di'said] *vt, vi* a (se) hotărî

decided [di'saidid] *adj* clar, net; ~ *ly* categoric

decision [di'siʒən] *s* hotărîre

decisive [di'saisiv] *adj* decisiv; ferm

deck [dek] 1 *s* punte 2 *vt* a împodobi

declare [di'klɛə] *vt, vi* a (se) declara

decline [di'klain] 1 *vt, vi* a refuza; a scădea; a opune 2 *s* declin; scădere

decorate ['dekə reit] *vt* a împodobi; a decora

decoy ['dikɔi] 1 *s* momeală 2 *vt* a momi

decrease [di'kri:s] 1 *vt, vi* a scădea 2 *s* scădere; *on the* ~ în scădere

decree [di'kri:] *s* decret

dedicate ['dedikeit] *vt* a (-și) dedica

deed [di:d] *s* faptă

deep [di:p] 1 *adj* adînc; profund 2 *adv* în adîncime; *to* ~ *freeze* a congela; ~ *-rooted* înrădăcinat

deer [diə] *s* cerb; căprioară

defeat [di'fi:t] 1 *vt* a învinge 2 *s* înfrîngere

defence [di'fens] *s* apărare; protecție

defend [di'fend] *vt* a apăra; a proteja

defendant [di'fendənt] *s* inculpat; acuzat

defensive [di'fensiv] *adj* de apărare

defer [di'fə:] *vt, vi* a amîna; a ceda

deference ['defrəns] *s* respect

defiance [di'faiəns] *s* sfidare; *in* ~ *of* în ciuda

defiant [di'faiənt] *adj* obraznic

deficiency [di'fiʃənsi] *s* lipsă

defile [di'fail] *vt* a polua

define [di'fain] *vt* a defini; a preciza

definite ['definit] *adj* ferm; precis

definition [defi'niʃən] *s* definiție

deft [deft] *adj* îndemînatic

defy [di'fai] *vt* a sfida; a desfide

degree [di'gri:] *s* grad; stadiu: *by ~s* încetul cu încetul; rang; *to what ~* în ce măsură

deign [dein] *vi* (*to*) a binevoi (să)

delay [di'lei] *vt, vi* a întîrzia; a amîna

deliberate 1 [di'libərət] *adj* intenționat; precaut 2 [di'libə reit] *vt* a delibera

delicacy ['delikəsi] *s* finețe; *delicacies* delicatesuri

delicate ['delikit] *adj* fin; fragil; delicat

delicious [di'li∫əs] *adj* savuros; bun

delight [di'lait] 1 *s* încîntare; plăcere 2 *vt, vi* a încînta; a-i face plăcere

delightful [di'laitful] *adj* încîntător; minunat

deliver [di'livə] *vt* a transmite; a livra; a distribui

delivery [di'livəri] *s* distribuire; livrare; poștă; *payment on ~* plata la primire; *~ van* furgonetă

delude [di'lu:d] *vt* a amăgi

demand [di'ma:nd] 1 *s* revendicare; *on ~* la cerere 2 *vt* a cere

demobilize [di'moubilaiz] *vt* a demobiliza

democracy [di'mokrəsi] *s* democrație

demolish [di'moli∫] *vt* a demola; a distruge

demonstrate ['demənstreit] *vt, vi* a demonstra

demure [di'mjuə] *adj* serios; sfios

den [den] *s* vizuină

denial [di'nail] *s* negare; refuz

denote [di'nout] *vt* a desemna; a indica

denounce [di'nauns] *vt* a denunța

dense [dens] *adj* des; prost

density ['densiti] *s* densitate

dentist ['dentist] *s* dentist

deny [di'nai] *vt* a nega; a refuza; *there is no ~ing* nu este nici o îndoială

depart [di'pa:t] *vi* a pleca; a se abate; *the ~ed* răposatul

department [di'pa:tmənt] *s* minister; raion: *~ store* magazin universal

departure [di'pa:t∫ə] *s* plecare

depend [di'pend] *vi* (*on, upon*) a depinde (de); a conta (pe)

depict [di'pikt] *vt* a descrie

deplore [di'plo:] *vt* a deplînge

deposit [di'pozit] 1 *s* depunere 2 *vt* a depune

depravity [di'præviti] *s* depravare

depreciate [di'pri∫ieit] *vt* a deprecia; a subestima

depression [di'pre∫ən] *s* depresiune

deprive [di'praiv] *vt* (*of*) a lipsi de

depth [depθ] *s* adîncime; punct culminant: *in the ~ of winter* în mijlocul iernii

deputy ['depjuti] *s* deputat; delegat

derelict ['derəlikt] *adj* părăsit

deride [di'raid] *vt* a lua în rîs

derision [di'riʒən] *s* batjocură

derisive [di'raisiv] *adj* batjocoritor

derive [di'raiv] *vt* (*from*) a proveni (din)

descend [di'send] *vi, vt* a coborî; a descinde

descent [di'sent] *s* coborîre; pantă; origine

describe [dis'kraib] *vt* a descrie; a relata; a se da drept

description [dis'krip∫ən] *s* descriere; relatare

desert 1 [di'zə:t] *vt, vi* a părăsi; a

dezerta 2 ['dezə:t] s, adj pustiu

deserve [di'zə:v] vt, vi a merita

deservedly [di'zə:vidli] adv aşa cum se cuvine

design [di'zain] 1 s model; schiţă; by ~ intenţionat 2 vt, vi a schiţa; a destina

desirable [di'zaiərəbl] adj dezirabil

desire [di'zaiə] 1 s dorinţă 2 vt a dori

desk [desk] s birou; bancă

desolate ['desəlit] adj părăsit; nefericit

despair [di'spɛə] 1 s disperare 2 vi a fi cuprins de disperare

desperate ['desprit] adj disperat; violent

despise [di'spais] vt a dispreţui

despite [di'spait] prep ~ of în ciuda

despondency [dis'pɔndənsi] s melancolie

dessert [di'zə:t] s desert; ~ spoon linguriţă

destine ['destin] vt a destina

destiny ['destini] s destin

destitute ['destitjut] adj nevoiaş; ~ of lipsit de

destroy [dis'trɔi] vt a distruge; a nărui

destruction [dis'trʌkʃən] s distrugere

desultory ['desəltəri] adj sporadic; neorganizat

detach [di'tætʃ] vt a detaşa; a scoate

detached [di'tætʃd] adj imparţial; separat

detachment [di'tætʃmənt] s detaşament; detaşare

detail [di'teil] s detaliu, amănunt

detain [di'tein] vt a reţine

detect [di'tekt] vt a observa; a descoperi

detective [di'tektiv] s detectiv; ~ novel roman poliţist

deter [di'tə:] vt (from) a împiedica (să)

determination [ditəmi'neiʃən] s hotărîre

determine [di'tə:min] vt, vi a stabili; a calcula; a se hotărî

detest [di'test] vt a detesta

detour ['deituə] s deviere; înconjur

detriment ['detrimənt] s detriment

detrimental [detri'mentəl] adj (to) dăunător (sănătăţii etc.)

deuce [djus] s dracul: What the ~! Ce dracu!

devastate ['devəsteit] vt a distruge

develop [di'veləp] vt, vi a (se) dezvolta; ~ing country ţară în curs de dezvoltare

development [di'veləpmənt] s dezvoltare

device [di'vais] s dispozitiv; truc

devil ['devəl] s drac; go to the ~! du-te dracului!

devious ['diviəs] adj ocolit; prefăcut

devoid [di'vɔid] adj (of) lipsit (de)

devote [di'vout] vt (to) a dedica

devoted [di'voutid] adj devotat

devotion [di'vouʃən] s devotament; dragoste

devour [di'vauə] vt a devora

dew [dju:] s rouă

dexterous ['dekstrəs] adj îndeminatic

diagnosis [daiəg'nousis] s diagnostic

diagram ['daiəgræm] s schemă

dial ['daiəl] s cadran; disc (la telefon)

dialogue ['daiələg] s dialog

diameter [dai'æmitə] *s* diametru

diamond ['daiəmənd] *s* diamant; caro

diary ['daiəri] *s* jurnal (intim)

dice [dais] *s pl* zaruri

dictate [dik'teit] *vt* a dicta

dictation [dik'teiʃən] *s* dictare

dictator [dik'teitə] *s* dictator

dictionary ['dikʃənəri] *s* dicţionar

die [dai] 1 *vi* a muri; a tînji; *to ~ away* a se stinge; *to ~ out* a dispărea 2 *s* zar; *the ~ is cast* zarurile sînt aruncate

diet ['daiət] 1 *s* hrană; regim 2 *vi* a ţine regim; *to be on the ~* a ţine regim

differ ['difə] *vi* a se deosebi; a nu fi de acord

difference ['difrəns] *s* deosebire; diferenţă

different ['difrənt] *adj* diferit

difficult ['difikəlt] *adj* greu, dificil

diffident ['difidənt] *adj* neîncrezător; rezervat

diffuse [di'fju:s] *adj* prolix; difuz

dig [dig] 1 *vt, vi* a săpa; a înghionti 2 *s* ghiont

digest [dai'dʒest] *s* rezumat

digit ['didʒit] *s* număr; cifră

dignity ['digniti] *s* demnitate

dilapidated [di'læpideitid] *adj* rablagit; dărăpănat

diligent ['dilidʒənt] *adj* sîrguincios

dim [dim] *adj* vag; slab

diminish [di'miniʃ] *vt, vi* a diminua

diminutive [di'minjutiv] 1 *s* diminutiv 2 *adj* minuscul

dimple ['dimpl] *s* gropiţă (*in obraz*)

din [din] *s* zgomot; larmă

dine [dain] *vi, vt* a servi masa; *to ~ out* a mînca in oraş

dinner ['dinə] *s* prînz; masă principalắ

dip [dip] *vt, vi* a înmuia; a cobori; a se scufunda

diplomacy [di'ploumə si] *s* diplomaţie

diplomatist [di'ploumətist] *s* diplomat

dire ['daiə] *adj* îngrozitor

direct [di'rekt] 1 *adj* drept; direct; sincer 2 *vt, vi* a îndruma; a adresa; a dirija; a îndrepta

direction [di'rekʃən] *s* direcţie; *~s* instrucţiuni; *~s* adresă

directly [di'rektly] *adv* direct, drept; imediat

director [di'rektə] *s* director

directory [di'rektəri] *s* carte de telefon

dirt [də:t] *s* murdărie; nepavat; *~ cheap* ieftin ca braga

dirty ['də:ti] *adj* murdar; obscen

disadvantage [disəd'vɑ:ntidʒ] *s* dezavantaj

disagree [dis'əgri:] *vt* a nu fi de acord; a fi dăunător

disappear [disə'piə] *vi* a dispărea

disappoint [disə'point] *vt* a dezamăgi; a înşela (*speranţe*)

disappointed [disə'pointid] *adj* dezamăgit

disappointment [disə'pointmənt] *s* dezamăgire

disapprove [disə'pru:v] *vt, vi* a nu fi de acord

disarm [dis'ɑ:m] *vt, vi* a dezarma

disaster [di'zɑ:stə] *s* calamitate

disc, disk [disk] *s* disc; ~ *jockey* prezentator de muzică

discharge [dis'tʃɑːdʒ] *vt, vi* a descărca (*o navă*); a se vărsa; a concedia

discipline ['disiplin] *s* disciplină

disclose [dis'klous] *vt* a divulga; a dezvălui

discontent [diskən'tent] *s* nemulțumire

discord ['diskɔːd] *s* dezacord; neînțelegere

discourage [dis'kʌridʒ] *vt* a descuraja

discover [dis'kʌvə] *vt* a descoperi; a afla

discovery [dis'kʌvəri] *s* descoperire

discreet [dis'kriːt] *adj* discret; prudent

discrepancy [dis'krepənsi] *s* diferență; deosebire

discretion [dis'kreʃən] *s* discreție; libertate de acțiune

discriminate [dis'krimineit] *vt, vi* a distinge; a discrimina

discus ['diskəs] *s (sport)* disc; ~ *throw* aruncare cu discul

disease [di'ziːz] *s* boală

disgrace [dis'greis] 1 *s* rușine; disgrație 2 *vt* a murdări (*numele*)

disguise [dis'gaiz] 1 *vt* a se deghiza; a ascunde 2 *s* travestire; secret

disgust [dis'gʌst] 1 *s* dezgust 2 *vt* a dezgusta

dish [diʃ] *s* farfurie; fel (de mîncare) ~ *es* vase de bucătărie; ~ *cloth* spălător de vase

dislike [dis'laik] *vt* a nu-i plăcea

dismal ['dizməl] *adj* mohorît; trist

dismiss [dis'mis] *vt* a concedia

disobey [disə'bei] *vt* a nu asculta

disorder [disə'ɔːdə] *s* dezordine; dereglare

disorderly [dis'ɔːdəli] *adj* dezordonat; turbulent

disparate ['dispərət] *adj* disparat

disparity [dis'pæriti] *s* decalaj; nepotrivire

dispatch [dis'pætʃ] 1 *s* expediere; mesaj 2 *vt* a expedia

dispel [dis'pel] *vt* a risipi

disperse [dis'pəːs] *vt, vi* a (se) împrăștia

display [dis'plei] 1 *vt* a expune; a manifesta 2 *s* expoziție; etalare; afișare

disposal [dis'pouzəl] *s* dispunere; dispoziție; *at one's* ~ *la dispoziția sa*

dispose [dis'pouz] *vt* (*of*) a dispune (de)

disposition [dispə'ziʃən] *s* aranjare; (*to*) înclinație spre

dispossess [dispə'zes] *vt* (*of*) a deposeda (de)

dispute ['dispjut] *s* dispută: *beyond* ~ fără îndoială; ceartă

disregard [disri'gɑːd] 1 *vt* a nu ține seama de 2 *s* desconsiderare

dissent [di'sent] 1 *s* dezaprobare 2 *vi* a nu fi de acord

dissident ['disidənt] *s* disident

dissipate ['disipeit] *vt, vi* a (se) risipi; a irosi

dissuade [dis'weid] *vt* (*from*) a sfătui (să nu)

distance ['distəns] *s* distanță; *in the* ~ departe; *at a* ~ de la distanță, la distanță

distant ['distənt] *adj* îndepărtat; distant; vag

distaste [dis'teist] *s* aversiune; *~ful* dezagreabil

distinct ['distiŋkt] *adj* clar; diferit

distinctive [dis'tiŋktiv] *adj* special; distinctiv

distinguish [dis'tiŋgwiʃ] *vt, vi* a deosebi; a distinge; *~ed* remarcabil

distort [dis'tɔ:t] *vt* a deforma

distract [dis'trækt] *vt* a distrage

distress [dis'tres] 1 *s* necaz; supărare; pericol 2 *vt* a necăji; a supăra

distribute [di'stribjut] *vt* a împărţi; a împrăştia

district ['distrikt] *s* regiune; cartier

distrustful [dis'trʌstful] *adj* suspicios

ditch [ditʃ] *s* canal

divan-bed [di'væn bed] *s* recamieră

dive [daiv] 1 *s* plonjare 2 *vi* a sări (în apă)

diver ['daivə] *s* scafandru; scufundător

divert [dai'və:t] *vt* (*from*) a devia (de la); a distrage

divide [di'vaid] *vt, vi* a împărţi; a despărţi

divine [di'vain] *adj* divin; superb

division [di'viʒən] *s* împărţire; branşă; divizie; demarcaţie; vrajbă

divorce [di'vɔ:s] *s* divorţ; separare 2 *vt* a divorţa; a se separa

dizzy ['dizi] *adj* ameţit

do [du] (*trec.* did,*part. trec.* done) 1 *v aux* (*negativ*) he does not speak nu vorbeşte; (*interogativ*) does he hear? aude? (*trecut*) he did not speak nu a vorbit; (*interogativ*) What did he

know? Ce ştia? 2 *vt, vi* a face; a-i fi de folos; a interpreta; a înşela; a vizita; how *~* you *~?* îmi pare bine de cunoştinţă; *to ~ without* a se descurca fără; *to ~ away with* a desfiinţa

dock [dɔk] *s* doc; banca acuzaţilor

doctor ['dɔktə] 1 *s* doctor 2 *vt* a trata; a boteza (*băutura*); *a ~ed cat* pisică castrată

document ['dɔkjumənt] *s* document

dodge [dɔdʒ] 1 *s* truc 2 *vt* a se eschiva; a evita

dog [dɔg] *s* ciine; *~ days* zile caniculare

doll [dɔl] 1 *s* păpuşă 2 *vi* a se găti

dollar ['dɔlə] *s* dolar

domain [dou'mein] *s* domeniu

dome [doum] *s* cupolă; clădire impunătoare

domineering [dɔmi'niəriŋ] *adj* autoritar

don [dɔn] *s* membru în conducerea unei universităţi; expert

donkey ['dɔnki] *s* măgar

doom [du:m] 1 *s* soartă; osîndă 2 *vt* a condamna

door [dɔ:] *s* uşă; *front ~* uşa din faţă; *out of ~s* afară; *~ bell* sonerie; *~ handle* clanţă; *at death's ~* aproape de moarte

dot [dɔt] *s* punct (*pe i*)

dote [dout] *vi* (*on*) a adora

double ['dʌbl] 1 *adj* dublu; *~ bed* pat dublu; *~ dealer* ipocrit 2 *s* dublu; pereche 3 *vt, vi* a (-şi) dubla; a împături

doubt [daut] 1 *s* îndoială, dubiu; *without ~* fără îndoială 2 *vi, vt* a se îndoi

doubtful ['dautful] *adj* nesigur; dubios

dough [dou] *s* cocă; bani

dove [dʌv] *s* porumbel

down [daun] 1 *s* puf 1 *adv* jos; *sit ~ stai jos; ~ with* jos (cu); *up and ~* încoace și încoace; *to be ~ in the dumps* a fi prost dispus 3 *prep* în jos

downcast ['daunkɑ:st] *adj* deprimat

downstairs [daun'stɛəz] *adv* jos (la parter)

dowry ['dauəri] *s* zestre

dozen ['dʌzən] *s* duzină

drab [dræb] *adj* neinteresant; mohorît

draft [drɑ:ft] 1 *s* schiță; proiect 2 *vt* a schița; a recruta

drag [dræg] 1 *s* pacoste 2 *vt, vi* a scoate; a tîrî

drama ['drɑ:mə] *s* piesă (de teatru)

draught [drɑ:ft] *s* curent (de aer); înghițitură; *~s* (jocul de) dame; *~ horse* cal de povară

draw [drɔ:] 1 *s* tragere; meci nul; atracție 2 *vt, vi* a trage; a scoate; a atrage; *to ~ the line at* a pune capăt la; *to ~ in* a se micșora; *to ~ out* a crește

drawback ['drɔ:bæk] *s* dezavantaj; neajuns

drawer ['drɔ:ə] *s* sertar; *chest-of-~s* scrin

drawing ['drɔ:iŋ] *s* desen

drawing-room ['drɔ:iŋ rum] *s* salon

dread [dred] *s* spaimă; oroare

dream [dri:m] 1 *s* vis 2 *vt, vi* a visa; *~er* visător

dreamy ['dri:mi] *adj* visător; vag

dreary ['driəri] *adj* monoton; plic-

tisitor; mohorît

drench [drentʃ] *vt* a uda leoarcă

dress [dres] 1 *s* rochie; îmbrăcăminte; *~ maker* croitoreasă; *~ circle* balcon I; *~ rehearsal* repetiție generală 2 *vt, vi* a (se) îmbrăca; a împodobi; *to ~ smb down* a certa pe cineva

dressing-table ['dresiŋteibl] *s* toaletă

dribble ['dribl] *vt, vi* a picura

drift [drift] *vi, vt* a aluneca; a împrăștia; a se îndrepta spre

drill [dril] *s* sfredel; mașină de găurit *~s* exerciții

drink [driŋk] 1 *s* băutură; *to be in ~* a fi beat 2 *vt, vi* (*trec.* drank, *part. trec.* drunk) a bea; a sorbi

drip [drip] 1 *s* picătură 2 *vi, vt* a picura; a curge

drive [draiv] 1 *s* alee; plimbare cu mașina 2 *vt, vi* (*trec.* drove, *part. trec.* driven) a mîna; a șofa; a duce cu mașina; a bate; *driving-licence* carnet de conducere; *to ~ at* a face aluzie la

driver ['draivə] *s* șofer

drone [droun] *s* trîntor (*albină*); zumzet

droop [dru:p] *vi* a se ofili

drop [drɔp] 1 *s* picătură; scădere 2 *vt, vi* a cădea; a scăpa; a scădea; a lăsa; *to ~ in* a face o vizită scurtă

drown [draun] *vt, vi* a (se) îneca; a acoperi; a scălda; *~ed in tears* scăldat în lacrimi

drowse [drauz] *vi* a moțăi

drug [drʌg] *s* medicament; drog; *~ store* băcănie unde se vînd și medicamente

druggist ['drʌgist] *s* farmacist

drum [drʌm] 1 *s* tobă 2 *vt, vi* a cînta la tobă

drunk [drʌŋk] *adj* beat; *to get* ~ a se îmbăta

dry [drai] 1 *adj* uscat; secătuit; sterp; sec 2 *vt, vi* a şterge; a (se) usca; *to* ~ *clean* a curăţa cu neofalină

dubious ['djubiəs] *adj* dubios; nesigur

duchess ['dʌtʃis] *s* ducesă

duck [dʌk] 1 *s* raţă; iubit (ă) 2 *vt, vi* a se cufunda; a se apleca

due [dju:] 1 *s* datorie; ~*s* cotizaţie 2 *adj* datorat; cuvenit; ~ *to* datorită

duke [dju:k] *s* duce

dull [dʌl] *adj* tern; mohorît; prost; plictisitor; bont

dullard ['dʌləd] *s* prostănac

dumb [dʌm] *adj* mut; ~ *show* pantomimă

dumbfound ['dʌmfaund] *adj* uluit

dummy ['dʌmi] *s* manechin; mort (*la bridge*)

dung [dʌŋ] *s* gunoi

dupe [dju:p] *s* fraier

duration [djuə'reiʃən] *s* durată

during ['djuəriŋ] *prep* în timpul

dusk [dʌsk] *s* amurg; *at* ~ la lăsarea serii

dust [dʌst] 1 *s* praf; ~*man* gunoier; ~ *pan* făraş 2 *vt* a şterge praful de pe

Dutch [dʌtʃ] *adj* olandez

duteous, dutiful ['djuːtiəs, 'djuːtiful] *adj* ascultător; silitor

duty ['djuːti] *s* îndatorire; datorie; ~ *free* scutit de taxe vamale; *on* ~ de serviciu; *off* ~ liber

dwarf [dwɔːf] *s* pitic

dwell [dwel] *vt* a locui; a insista; ~*ing* locuinţă

dye [dai] 1 *s* vopsea 2 *vt, vi* a (se) vopsi; a colora

dynamite ['dainəmait] 1 *s* dinamită 2 *vt* a dinamita

E

E, e [i:] (litera) e

each [i:t∫] 1 *adj* fiecare 2 *pron* fiecare; ~ *of them* fiecare din ei; ~ *other* unul altuia

eager ['i:gə] *adj* dornic; pasionat

eagle [i:gl] *s* vultur

ear [iə] *s* ureche; auz; spic; ~ *drum* timpan; ~ *ring* cercel

earl [ə:l] *s* conte

early ['ə:li] 1 *adj* timpuriu; la început de 2 *adv* devreme

earn [ə:n] *vt* a cîştiga; a căpăta

earnest ['ə:nist] 1 *adj* serios 2 *s* seriozitate: *are you in* ~? vorbeşti serios? ; avans, acont

earth [ə:θ] *s* pămînt; glob; uscat

earthen ['ə:θ ən] *adj* din pămînt; din lut

earthquake ['ə:θ kweik] *s* cutremur

ease [i:z] 1 *s* tihnă: *ill at* ~ stingherit 2 *vt* a uşura; a linişti

easel ['i:zəl] *s* şevalet

east [i:st] *s* est; ~ *ward* spre est; ~ *ern* de est

Easter ['i:stə] *s* Paşte; ~ *egg* ou de Paşte

easy ['i:zi] 1 *adj* uşor; tihnit 2 *adv* încetişor: *take it* ~! ia-o uşor!

eat [i:t] *vt, vi* (*trec.* ate, *part. trec* eaten) a mînca; a roade

eaves [i:vz] *s pl* streaşină; *to* ~ *drop* a trage cu urechea

ebb [eb] 1 *s* reflux; declin 2 *vi* a se retrage

ebony ['ebəni] *s* abanos

eccentric [ik'sentrik] *adj* excentric

echo ['ekou] 1 *s* ecou 2 *vi* a avea ecou

eclipse [i'klips] 1 *s* eclipsă 2 *vt* a eclipsa

ecology [i'kɔlədʒi] *s* ecologie

economic [ikə'nɔmik] *adj* economic

economical [ikə'nɔmikəl] *adj* econom, cumpătat

economics [ikə'nɔmiks] *s* economie

economy [i'kɔnəmi] *s* economie; gospodărire

eddy ['edi] *s* vîrtej (*de praf etc.*)

Eden ['i:dən] *s* rai

edge [edʒ] 1 *s* margine; lamă 2 *vt, vi* a ascuţi

edible ['edibl] *adj* comestibil

edifice ['edifis] *s* clădire

edit ['edit] *vt* a redacta; a edita (*un ziar*)

edition [i'di∫ən] *s* ediţie

editor ['editə] *s* redactor; editor

educate ['edjukeit] *vt* a educa; a instrui

education [edju'kei∫ən] *s* educaţie; instruire; învăţămînt

eel [i:l] *s* ţipar

efface [i'feis] *vt* a şterge

effect [i'fekt] *s* efect, influenţă; sens

effective [i'fektiv] *adj* eficace; real

efficient [i'fi∫nt] *adj* priceput; capabil; eficient

effort ['efə:t] *s* efort; ~ *of will* putere de voinţă

egg [eg] *s* ou; ~ *plant* vînătă

egotism ['egətizəm] *s* egocentrism

Egyptian [i'dʒip∫ən] *s, adj* egiptean

eight [eit] *num* opt; ~ *een*

optsprezece; ~y optzeci

either ['aiðə] 1 *adj, pron* oricare: ~ *of them* oricare dintre ele/ei; fiecare: *at* ~ *end* la fiecare capăt 2 *adv* nici 3 *conj* ~... *or*... fie...fie... : ~ *come in or go out* ori intră ori ieşi

ejaculate [i'dʒekjuleit] *vt* a exclama

eject [i'dʒekt] *vt, vi* a da afară; a emana

elaborate 1 [i'læbrət] *adj* desăvîrşit 2 [i'læbəreit] *vt* a detalia; a elabora

elastic [i'læstik] 1 *s* elastic 2 *adj* elastic; flexibil

elate [i'leit] *vt* a încînta

elated [i'leitid] *adj* entuziasmat

elbow ['elbou] 1 *s* cot 2 *vt* a-şi face loc cu coatele

elder ['eldə] 1 *adj* mai mare: *my* ~ *brother* fratele meu mai mare 2 *soc*

eldest ['eldist] *adj* cel mai virstnic: *my* ~ *son* fiul meu cel mai mare

elect [i'lekt] *vt* a alege (prin vot)

election [i'lekʃən] *s* alegere

elector [i'lektə] *s* alegător

electric [i'lektrik] *adj* electric; ~ *current* curent electric

electrical [i'lektrikəl] *adj* electric: ~ *engineering* energetică

electricity [ilek'trisiti] *s* electricitate

electrocute [i'elektrəkjut] *vt* a electrocuta

elegant ['eligənt] *adj* elegant; ales

element ['eləmənt] *s* element: *the* ~ *s* forţele naturii; urmă

elephant ['eləfənt] *s* elefant

elevate ['eləveit] *vt* a ridica; a înnobila

elevated ['eləveitid] *adj* elevat; ridicat; aerian

elevator ['eləveitə] *s* lift (*in S.U.A*)

eleven [i'levən] *num* unsprezece

elf [elf] *s* spiriduş

eliminate [i'limineit] *vt* a scoate, a elimina

elm [elm] *s* ulm

elocution [elə'kju:ʃən] *s* oratorie

elongate ['iloŋgeit] *vt, vi* a (pre)-lungi

elope [i'loup] *vi* a fugi cu iubitul

eloquence ['eləkwəns] *s* elocinţă

else [els] 1 *adj* alt 2 *adv* mai; altceva; altul; ~ *where* in altă parte; *what* ~ ? ce altceva (mai doriţi)?

elusive [i'lu:siv] *adj* care scapă; evaziv

emaciate [i'meiʃieit] *vt* a slăbi

emanate ['eməneit] *vi* a emana; a proveni

emanation [emə'neiʃən] *s* emanaţie

emancipate [i'mænsipeit] *vt* a elibera

embark [im'ba:k] *vi, vt* a (se) imbar-ca; a porni

embarrass [im'bærəs] *vt* a incurca; a stînjeni

embellish [im'beliʃ] *vt* a înfrumuseţa

embody [im'bɔdi] *vt* a întruchipa

embrace [im'breis] *vt, vi* a (se) îmbrăţişa

emerge [i'mə:dʒ] *vi* a se ivi; a reieşi

emergency [i'mədʒənsi] *s* urgenţă; pericol

emigrant ['emigrənt] *s* emigrant

emigrate ['emigreit] *vi* a emigra

eminent ['eminənt] *adj* eminent; desăvîrşit

emotion [i'mouʃən] *s* emoţie; sentiment

emphasis ['emfəsis] *s* accent

emphasize ['emfə saiz] *vt* a sublinia

empire ['empaiə] *s* imperiu

employ [im'plɔi] *vt* a angaja; a folosi

employment [im'plɔimənt] *s* serviciu, slujbă

empty ['empti] *adj* gol; nelocuit; fără conţinut

emulation [emju'lei∫ən] *s* întrecere

enable [i'neibl] *vt* a da posibilite

enclose [in'klouz] *vt* a împrejmui

enclosure [in'klou ʒ ə] *s* împrejmuire

encounter [in'kauntə] *vt* a întîmpina; a da de

encourage [in'k ʌ rid ʒ] *vt* a îmboldi; a încuraja

encyclopedia [insaiklə'pidiə] *s* enciclopedie

end [end] 1 *s* sfîrşit; capăt; chiştoc; moarte; scop 2 *vi, vt* a (se) sfîrşi; a (se) termina; *happy* ~*ing* sfîrşit fericit (al unui film)

endeavour [in'devə] *s* încercare; efort

endless ['endlis] *adj* fără margini

endow [in'dau] *vt* a înzestra

endure [in'djuə] *vt, vi* a suporta; a dura

enemy ['enəmi] *s* duşman; inamic

energy ['enəd ʒ i] *s* energie

enforce [in'fɔːs] *vt* a impune; a întări

engage [in'geid ʒ] *vt, vi* a (se) angaja; a (se) logodi; a angrena

engagement [in'geid ʒ mənt] *s* angajament; logodnă

engine ['end ʒ in] *s* motor; locomotivă

engineer [end ʒ i'niə] *s* inginer; ~*ing* inginerie

English ['iŋgli∫] 1 *adj* enlezesc 2 *s* limba engleză; *the* ~ englezii

enigma [i'nigmə] *s* enigmă; mister

enjoy [in'd ʒ ɔi] *vt* a se delecta cu; a se bucura de; ~ *yourself!* petrecere frumoasă!

enlighten [in'laitən] *vt* a lămuri

enmity ['enmiti] *s* duşmănie

enormous [i'nɔməs] *adj* enorm; fabulos

enough [i'n ʌ f] *adj, s, adv* destul, suficient; *well* ~ destul de bine

enrich [in'rit∫] *vt, vi* a (se) îmbogăţi

ensure [in'∫uə] *vt, vi* a (se) asigura

entail [in'teil] *vt* a face necesar

entangle [in'tæŋgl] *vt* a încurca

enter ['entə] *vt, vi* a intra; a se înscrie

enterprise ['entəpraiz] *s* întreprindere; curaj

entertain [entə'tein] *vt* a primi (oaspeţi); a distra; ~*ment* distracţie

enthusiasm [in'θjuziæzəm] *s* entuziasm

entice [in'tais] *vt* a ispiti; a distrage

entire [in'taiə] *adj* total; întreg; ~*ly* complet

entitle [in'taitl] *vt* a avea dreptul; a intitula

entrails ['entreilz] *s pl* măruntaie

entrance [1] ['entrəns] *s* intrare

entrance [2] [in'trɑːns] *vt* a vrăji

entreat [in'triːt] *vt* a implora; ~*y* rugăminte

entrust [in'tr ʌ st] *vt* a încredinţa

enumerate [i'njuməreit] *vt* a enumera

envelop [in'veləp] *vt* a învălui

envelope ['envəloup] *s* plic

enviable ['enviəbl] *adj* de invidiat

envious ['enviəs] *adj* invidios

environment [in'vaiərənmənt] *s* am-

ENV

envy ['envi] 1 *s* invidie 2 *vt* a invidia
epoch ['ipɔk] *s* epocă; eră
equal ['ikwəl] *adj* egal; ~ *to* in stare
să
equanimity [ekwə'nimiti] *s* linişte;
stăpânire de sine
equation [i'kweiʃən] *s* ecuaţie
equator [i'kweitə] *s* ecuator
equip [i'kwip] *vt* a inzestra; a utila
equity ['ekwiti] *s* echitate
equivalent [i'kwivələnt] *adj*
echivalent
era ['iərə] *s* eră
eradicate [i'rædikeit] *vt* a stârpi
erase [i'reis] *vt* a şterge
erect [i'rekt] 1 *adj* drept; ridicat 2 *vt* a
ridica; a construi
err [ə:] *vi* a greşi
errand ['erənd] *s* însărcinare; misiune
erratic [i'rætik] *adj* ciudat; neregulat
error ['erə] *s* greşeală; *in* ~ *din*
greşeală
erupt [i'rʌpt] *vi* a erupe
escalator [eskə'leitə] *s* scară rulantă
escape [is'keip] 1 *s* scăpare; evadare 2
vi, vt a evada; a scăpa
especially [is'peʃəli] *adv* in special
essay [i'sei] *s* eseu; incercare
essence ['esəns] *s* esenţă
essential [i'senʃəl] *adj* necesar; im-
portant
establish [is'tæbliʃ] *vt* a stabili; a in-
stala
estate [is'teit] *s* moşie; proprietate
esteem [is'ti:m] *vt* a stima; a considera
estimate 1 ['estimət] *s* evaluare;
părere 2 ['estimeit] *vt, vi* a evalua

estrange [is'treindʒ] *vt* a înstrăina
eternal [i'tə:nəl] *adj* etern; inter-
minabil
eternity [i'tə:niti] *s* eternitate
ethic ['eθik] *s* etică; ~ *al* etic
eulogize ['ju:lədʒaiz] *vt* a elogia
evacuate [i'vækjueit] *vt* a evacua
evade [i'veid] *vt* a evita; a scăpa
evanescent [ivə'nesənt] *adj* trecător
evaporate [i'væpəreit] *vt, vi* a (se)
evapora
evasion [i'veiʒən] *s* eschivare
evasive [i'veisiv] *adj* evaziv, vag
eve [i:v] *s* ajun
even ['i:vən] 1 *adv* chiar; tocmai; nici
măcar 2 *adj* plan; neted; regulat; egal;
par; echilibrat
evening ['i:vniŋ] *s* seară; *in the* ~
seara; *on Monday* ~ in seara de luni
event [i'vent] *s* eveniment; întimplare;
in any ~ in orice caz; ~ *ful* aventuros
ever ['evə] *adv* vreodată; oricind; tot-
deauna; ~ *more* mereu
every ['evri] *adj* fiecare; toţi; toate;
oricare; ~ *body*, ~ *one* toţi; ~ *thing*
orice; ~ *where* pretutindeni
evict [i'vikt] *vt* a evacua
evidence ['evidəns] *s* probă; ~*s*
semne
evident ['evidənt] *adj* evident
evil ['i:vəl] 1 *adj* rău; dăunător; funest
2 *s* rău; nenorocire
evince [i'vins] *vt* a manifesta
evoke [i'vouk] *vt* a evoca
evolution [ivə'lu:ʃən] *s* evoluţie
exact [ig'zækt] 1 *adj* exact; precis 2 *vt*
a stoarce (*taxe*)
exaggerate [ig'zædʒəreit] *vt, vi* a ex-

agera

examination [igzæmi'nei∫ən] *s* examen; cercetare

example [ig'zɑ:mpl] *s* exemplu

exasperate [ig'zɑ:spəreit] *vt* a enerva

exceed [ik'si:d] *vt* a depăși; *to ~ the speed limit* a depăși limita de viteză; *~-ingly* extrem de

excel [ik'sel] *vt, vi* a se remarca; a depăși

excellent ['eksələnt] *adj* excelent

except [ik'sept] 1 *prep* cu excepția; numai 2 *vt* a exclude

exception [ik'sep∫ən] *s* excepție; *to take ~ to* a avea obiecții la

excerpt ['eksə:pt] *s* fragment

excess [ik'ses] *s* exces; *in ~ of* in plus

excessive [ik'sesiv] *adj* exagerat

exchange [iks't∫eindʒ] 1 *s* schimb; *the stock ~* bursa 2 *vt, via* (-și) schimba

exchequer [iks't∫ekə] *s* vistierie; *the Exchequer* Ministerul de Finanțe

excise ['eksais] 1 *s* taxă; impozit 2 *vt* a tăia

excite [ik'sait] *vt* a stîrni; a emoționa

excitement [ik'saitmənt] *s* emoție; excitare; eveniment

exclaim [ik'skleim] *vt, vi* a exclama

exclude [ik'sklu:d] *vt* a exclude

exclusive [iks'klu:siv] *adj* select; unic; snob; *~ of* fără

excursion [iks'kə:∫ən] *s* excursie

excuse [ik'skju:s] 1 *s* scuză, motiv; *without ~* fără motiv 2 *vt* a scuza; a scuti; *~ me!* scuză-mă!

execrable ['eksikrəbl] *adj* groaznic

execute ['eksikju:t] *vt* a îndeplini; a executa

execution [eksi'kju:∫ən] *s* executare; execuție

executive [ig'zekjutiv] 1 *adj* executiv; activ 2 *s* director; consiliu·de conducere; *the ~* executivul

exemplify [ig'zemplifai] *vt* a exemplifica

exempt [ig'zempt] 1 *vt (from)* a scuti (de) 2 *adj* scutit

exercise ['eksəsaiz] 1 *s* mișcare; exercițiu; *~s* manevre 2 *vt, vi* a face mișcare; a exercita; a preocupa

exert [ig'zə:t] *vt* a folosi; a exercita; a se strădui

exertion [ig'zə:∫ən] *s* exercitare; *~s* efort

exhaust [ig'zɔ:st] 1 *s* evacuare 2 *vt* a epuiza

exhaustion [ig'zɔ:st∫ən] *s* epuizare

exhaustive [ig'zɔ:stiv] *adj* complet; minuțios

exhibit [ig'zibit] *vt* a etala; a expune; a manifesta

exhibition [eksi'bi∫ən] *s* expoziție; manifestare

exigency [ek'sidʒənsi] *s* necesitate

exigent ['eksidʒənt] *adj* urgent; exigent

exile ['egzail] 1 *s* exil 2 *vt* a exila

exist [ig'zist] *vi* a exista *~ ence* existență

exit ['eksit] *s* ieșire (din scenă)

expand [ik'spænd] *vt, vi* a se dilata; a mări; a se deschide

expanse [ik'spæns] *s* întindere

expansive [ik'spænsiv] *adj* expansiv; comunicativ

expect [iks'pekt] *vt* a aștepta; *I ~ so* așa

cred

expectation [ekspek'tei∫ən] s aştep-
tare; ~s perspective; *contrary to* ~
contrar aşteptărilor; *beyond* ~ sub
aşteptări

expedient [ik'spidiənt] *adj* eficient;
util

expedition [ekspi'di∫ən] s expediţie

expel [ik'spel] *vt* (*from*) a elimina
(din)

expenditure [iks'pendit∫ə] s chel-
tuire; cheltuială

expense [ik'spens] s cheltuială; *at the*
~ *of* pe seama; *at one's* ~ la adresa
cuiva

expensive [iks'pensiv] *adj* scump

experience [iks'piəriəns] 1 s ex-
perienţă; intimplare 2 *vt* a incerca (*un
sentiment*)

experiment [iks'perimənt] 1 s ex-
perienţă 2 *vi* a face experienţe

expert ['ekspə:t] s specialist; expert

expire [iks'paiə] *vi* a expira

explain [iks'plein] *vt* a explica

explanation [eksplə'nei∫ən] s ex-
plicaţie; precizare

explode [iks'ploud] *vt, vi* a exploda; a
izbucni; a infiera

exploit 1 ['e ksplɔit] s faptă de seamă
2 [iks'plɔit] *vt* a exploata

explore [iks'plɔ:] *vt* a explora; a ex-
amina

explorer [iks'plɔ:rə] s explorator

explosion [iks'plouʒən] s explozie;
izbucnire

export 1 ['ekspɔ:t] s export 2 [iks'pɔ:t]
vt a exporta

expose [iks'pouz] *vt* (*to*) a expune
(la); a infiera

exposure [iks'pouʒə] s expunere;
infierare; demascare

expound [iks'paund] *vt* a explica

express [iks'pres] 1 *adj* clar; expres;
perfect 2 s (tren) expres 3 *vt* a ex-
prima; a expedia urgent

expression [iks'pre∫ən] s exprimare;
beyond ~ de neexprimat în cuvinte

exquisite [eks'kwizit] *adj* perfect;
desăvîrşit; ascuţit, accentuat

extant [eks'tænt] *adj* existent

extend [iks'tend] *vt, vi* a extinde; a
(se) intinde; a oferi

extension [iks'ten∫ən] s extindere;
prelungire

extensive [iks'tensiv] *adj* vast; întins

extent [iks'tent] s intindere; *to a certain*
~ într-o anumită măsură

extenuate [iks'tenjueit] *vt* a atenua; *ex-
tenuating circumstances* circumstanţe
atenuante

external [eks'tə:nəl] *adj* extern; ex-
terior

extinct [iks'tiŋkt] *adj* stins; dispărut;
mort

extinction [iks'tiŋk∫ən] s stingere;
dispariţie

extinguish [iks'tiŋgwi∫] *vt* a stinge

extra ['ekstrə] 1 *adj* suplimentar 2 *adv*
extra

extract [iks'trækt] *vt* a scoate; a ex-
trage

extraction [iks'træk∫ən] s extracţie;
origine

extraneous [iks'treiniəs] *adj* exterior

extraordinary [iks'trɔːdinəri] *adj* remarcabil; minunat; special

extravagant [iks'trævəgənt] *adj* costisitor; extravagant

extravagance [iks'trævəgəns] *s* nechibzuială; nesăbuință

extreme [iks'triːm] **1** *s* extremă **2** *adj* extrem; avansat; capital; fără margini

extricate ['ekstrikeit] *vt (from)* a scăpa (de)

exuberant [ig'zjubərənt] *adj* luxuriant; exuberant

exult [ig'zʌlt] *vi* a se bucura; a triumfa

eye [ai] **1** *s* ochi; *to be all* ~ *s* a fi foarte atent; *to have an* ~ *for* a fi bun cunoscător; *to make* ~ *s to* a face ochi dulci; ~ *-brow* sprinceană; ~ *-glass* lentilă; ~ *-lash* geană; ~ *-lid* pleoapă; ~ *sight* vedere; ~ *-tooth* canin; ~ *-witness* martor ocular **2** *vt* a se uita la

F

F, f [ef] (litera) f

fable ['feibl] s fabulă; legende

fabric ['fæbrik] s țesătură; material

fabricate ['fæbrikeit] vt a inventa; a
falsifica

fabulous ['fæbjuləs]adj extraordinar;
fabulos

façade [fə'sɑ:d]s fațadă

face [feis] 1 s față: ~ to ~ față în față;
show one's ~ a-și face apariția; to
one's ~ direct, în față; ~-card figură
(la cărți); ~cream cremă; ~powder
pudră; expresie a feței; îndrăzneală 2
vt, vi a fi cu fața spre; a înfrunta

facet ['fæsit] s fațetă

facetious [fə'si:ʃəs] adj glumeț

facilitate [fə'siliteit] vt a ușura

facility [fə'siliti] s ușurință; facilities
înlesniri

fact [fækt] s fapt; realitate; in ~ de
fapt

factitious [fæk'tiʃəs] adj simulat; ar-
tificial

factor ['fæktə] s factor; agent

factory ['fæktəri] s fabrică

faculty ['fækəlti] s facultate; dar

fad [fæd] s capriciu; manie

fade [feid] vt, vi a (se) decolora; a se
estompa

fag [fæg] 1 s trudă 2 vi, vt a se speti; a
obosi

fail [feil] 1 s without ~ cu siguranță 2
vi, vt a pica (la un examen); a eșua; a
se termina; a se șubrezi; a da faliment

failure ['feiljə] s picare; eșec; in-
capacitate

faint [feint] 1 adj slab; vag; mort de
(foame) 2 vi a leșina; a slăbi

fair [fɛə] 1 s bîlci; tîrg 2 adj drept;
cinstit; rezonabil; potrivit; frumos;
blond; corect

fairy ['fɛəri] s zînă; ~ tale poveste

faith [feiθ] s credință; încredere

faithful ['feiθful] adj credincios;
exact

fake [feik] 1 s fals 2 vt a falsifica; a imita

falcon ['fɔ:kən] s șoim

fall [fɔ:l] 1 vt, vi (trec. fell, part.trec.
fallen) a cădea; a se vărsa; a se
prăbuși; a scădea; to ~ in love with a
se îndrăgosti de; to ~ behind a rămîne
în urmă 2 s cădere; scădere

fallacious [fə'leiʃəs] adj fals; eronat

fallacy ['fæləsi] s eroare; aberație

false [fɔ:ls] fals; greșit

falsify ['fɔlsifai] vt a falsifica; a
denatura

falter ['fɔ:ltə] vi a se clătina; a
îngăima; a tremura

fame [feim] s faimă

familiar [fə'miliə] adj familiar

family ['fæmili] s familie; copii; ~
name nume de familie; in the ~ way
însărcinată

famine ['fæmin] s foamete; lipsă

famish ['fæmiʃ] vi a-i fi foame

famous ['feiməs] adj celebru;
renumit

fan [fæn] **1** *s* evantai; admirator **2** *vt, vi* a face vînt; a răcori

fanciful ['fænsiful] *adj* cu imaginaţie; fantezist

fancy ['fænsi] **1** *s* imaginaţie; impresie; idee; *to take a ~ to* a îndrăgi **2** *adj* fantezist; luxos **3** *vt* a-şi imagina; a avea impresia; a-şi închipui

fang [fæŋ] *s* colţ

fantasy ['fæntəsi] *s* fantezie; iluzie

far [fɑ:] **1** *adj* îndepărtat **2** *adv* departe; mult; *so ~* pînă acum; *so ~, so good* pînă acum toate bune; *~ and away* de departe; *~ -fetched* forţat

farce [fɑ:s] *s* farsă

fare [fɛə] *s* costul unui bilet de călătorie; pasager; mîncare; *bill of~* meniu

farewell [fɛə'wel] *interj* bun rămas!

farm [fɑ:m] *s* fermă; gospodărie

farthing ['fɑ:ðiŋ] *s* para

fascinate ['fæsineit] *vt* a fascina

fascinating ['fæsineitiŋ] *adj* fermecător

fashion ['fæʃən] *s* fel; modă; *into/out of~* la modă, demodat

fashionable ['fæʃənəbl] *adj* la modă; elegant

fast [fɑ:st] **1** *adj* fix; credincios; rezistent; rapid **2** *adv* repede; strîns **3** *s* post **4** *vi* a posti

fasten ['fɑ:sn] *vt, vi* a închide; a fixa

fastener ['fɑ:snə] *s* clamă; capsă; fermoar

fastidious [fə'stidiəs] *adj* mofturos; cusurgiu

fat [fæt] **1** *adj* gras; garnisit; fertil; *~ - head* prostănac **2** *s* grăsime; untură;

ulei; *to chew the ~* a bodogăni **3** *vt* a îngrăşa

fatal ['feitl] *adj* fatal; fatidic

fatality [fə'tæliti] *s* calamitate; accident; caracter nefast

fate [feit] *s* soartă; moarte

fated ['feitid] *adj* sortit; destinat

fateful ['feitful] *adj* fatal; profetic

father ['fɑ:ðə] *s* tată; părinte; *~ -in-law* socru; *~ less* fără tată *~ ly* de tată: *~ ly love* dragoste de tată

fatigue [fə'ti:g] *s* oboseală; corvoadă

fatten ['fætən] *vt* a îngrăşa

fatuous ['fætjuəs] *adj* stupid

faucet ['fɔsit] *s* robinet (*in S.U.A*)

fault [fɔ:lt] *s* defect; greşeală; vină; *to find ~ with* a găsi cusur

faultless ['fɔ:ltlis] *adj* ireproşabil; fără cusur

fauna ['fɔ:nə] *s* faună

favour ['feivə] **1** *s* favoare; graţie: *to be in/out of ~* a fi/a nu fi în graţiile **2** *vt* a favoriza

favourite ['feivərit] *adj* preferat; favorit

fawn [fɔ:n] **1** *s* căprioară **2** *vi* a se gudura

fear [fiə] **1** *s* frică; respect; *for ~ of* de teamă să **2** *vt, vi* a-i fi teamă

fearful ['fiəful] *adj* îngrozitor; temător

fearless ['fiəlis] *adj* neînfricat

feasible ['fi:zibl] *adj* posibil; real

feast [fi:st] *s* sărbătoare; banchet

feather ['feðə] *s* pană; *as light as a ~* uşor ca o pană; *birds of a ~* oameni din aceeaşi categorie

feature ['fi:tʃə] *s* trăsătură; caracteristică

February ['februəri] *s* februarie

feckless ['feklis] *adj* inutil; ineficace

fee [fi:] *s* onorariu

feeble ['fi:bl] *adj* slab; stins; infim; ~-*minded* prost

feed [fi:d] 1 *s* mincare; ~ *back* reacţie, conexiune inversă 2 *vt, vi* a da de mincare; a hrăni; a minca; a alimenta

feel [fi:l] 1 *s* pipăit 2 *vt, vi (trec. part. trec.* felt) a pipăi; a lua (*pulsul*); *to* ~ *one's way* a merge pe dibuite; a simţi; a-i fi (*frig, cald*); *to* ~ *like* (*reading* a avea poftă de (citit)

feeler ['fi:lə] *s* antenă (*la animale*)

feeling ['fi:liŋ] *s* sentiment; opinie; ~*s* simţăminte

feign [fein] *vt* a simula

felicitous [fə'lisitəs] *adj* potrivit; nimerit

felicity [fə'lisiti] *s* fericire

fell [fel] 1 *s* teren mlăştinos 2 *vt* a doborî, a tăia (*un copac*)

fellow ['felou] *s* individ; coleg; camarad

female ['fimeil] *s* femelă; femeie

feminine ['feminin] *adj* feminin

fen [fen] *s* teren mlăştinos

fence [fens] *s* gard; *to sit on the* ~ a aştepta să vadă dincotro bate vîntul

fencing ['fensiŋ] *s* scrimă

ferocious [fə'rouʃəs] *adj* crud; sălbatic

ferry ['feri] *s* bac; ~ *boat* feribot

fertile ['fə:tail] *adj* roditor; prolific

fertilizer ['fə:tilaizə] *s* îngrăşămînt

fervent ['fə:vənt] *adj* înflăcărat; pasionat

festival ['festivəl] *s* festival; sărbătoare

fetch [fetʃ] *vt, vi* a aduce; a scoate (*un oftat*)

fetching ['fetʃiŋ] *adj* fermecător

fettle ['fetl] *s in fine* ~ în formă bună

fever ['fi:və] *s* febră; ~*ish* febril

few [fju:] *adj, pron* puţini, puţine: ~ *books* puţine cărţi; ~ *people* puţini oameni; *a* ~ cîţiva, cîteva

fiancé, fiancée [fi'ɑnsei] *s* logodnic, logodnică

fib [fib] 1 *s* minciună 2 *vi* a minţi

fibre ['faibə] *s* fibră; textură; caracter

fickle ['fikl] *adj* schimbător; capricios

fiction ['fikʃən] *s* ficţiune, literatură

fictitious [fik'tiʃəs] *adj* ireal; inventat

fiddle ['fidl] 1 *s* vioară; *fit as a* ~ sănătos tun; ~ *stick* arcuş 2 *vt* (*with*) a se juca (cu)

fidelity [fi'deliti] *s* fidelitate; exactitate; *high* ~ înaltă fidelitate

fidget ['fidʒit] *vi, vt* a se foi; a se agita; *stop* ~*ing!* Mai potoleşte-te!

fie [fai] *interj* ruşine!

field [fi:ld] *s* cîmp; teren; domeniu; ~ *glasses* binoclu

fierce [fiəs] *adj* rău; feroce; puternic

fiery ['faiəri] *adj* aprins; pătimaş

fifteen [fif'ti:n] *num* cincisprezece

fifth [fifθ] *num* al cincilea; a cincea

fifty ['fifti] *num* cincizeci

fig [fig] *s* smochin (ă); *not to care a* ~ a nu-i păsa nici cît negru sub unghie

fight [fait] 1 *s* luptă 2 *vi, vt* a se bate; a se lupta

fighter ['faitə] *s* luptător; avion de vînătoare

figment ['figmənt] *s* plăsmuire

figure ['figə] **1** *s* cifră; figură (geometrică); siluetă; ~*s* aritmetică; *she has a good* ~ are corp frumos **2** *vt, vi* a-şi imaina; a înţelege

file [fail] **1** *s* pilă; fişier; dosar: *on* ~ la dosar; şir: *in Indian* ~ în şir indian **2** *vt* a pili

filigree ['filigri:] *s* filigran

fill [fil] **1** *s* plin: *to eat one's* ~ a mînca pînă se satură **2** *vt, vi* a (se) umple; a ocupa; *to* ~ *in* a completa (*un formular*); ~*ing station* staţie de benzină

fillip ['filip] *s* ghiont; stimulent

film [film] *s* strat subţire; văl; film

filter ['filtə] *s* filtru

filth [filθ] *s* murdărie

fin [fin] *s* aripioară de peşte

final ['fainəl] **1** *adj* final; decisiv; definitiv **2** *s* finală

finally ['fainəli] *adv* în cele din urmă; o dată pentru totdeauna

finance [fai'næns] *s* finanţe; ~*s* bani

financier [fai'nænsiə] *s* bancher; magnat

find [faind] **1** *s* descoperire **2** *vt* (*trec. part. trec.* found) a găsi; a constata; *to* ~ *out* a afla; ~ *out!* Ghici!

fine [fain] **1** *s* amendă **2** *adj* senin; bun; fin; ascuţit; *one* ~ *day* într-o bună zi; ~ *arts* artele frumoase

finesse [fi:'nes] *s* tact; delicateţe; impas (*la jocul de cărţi*)

finger ['fiŋgə] *s* deget; *to lay a* ~ *on* a bate; *to put one's* ~ *on* a pune degetul pe rană; ~*nail* unghie; ~ *print* amprentă digitală

finish ['finiʃ] **1** *vt, vi* a termina; a finisa; *to* ~ *off* a mînca tot **2** *s* sfîrşit; final; finisaj

Finn [fin] *s* finlandez

Finnish ['finiʃ] *adj* finlandez

fir [fə:] *s* brad

fire [faiə] **1** *s* foc; incendiu; foc de armă; *to take* ~ a lua foc; ~*arm* pistol; ~*brigade* pompieri; ~*cracker* tiribombă; ~ *escape* scară de incendiu; ~*proof* ignifug; ~ *station* remiză de pompieri **2** *vt, vi* a da foc; a descărca (*o armă*); ~ *away!* dă-i drumul!, spune!

firm [fə:m] **1** *s* firmă **2** *adj* tare; solid; ferm; sigur

first [fə:st] **1** *adj* prim; întîi; ~ *aid* prim ajutor; ~*night* premieră; ~ *rate* de calitate; *at* ~ *sight* la prima vedere **2** *adv* prima dată; mai întîi **3** *s at* ~ la început; *from the* ~ de la început; *from* ~ *to last* de la început pînă la sfîrşit

fish [fiʃ] **1** *s* peşte; ~ *monger* negustor de peşte; *to drink like a* ~ a bea pe rupte **2** *vi, vt* a pescui; a căuta; ~*ing rod* undiţă; ~ *ing tackle* ustensile de pescuit

fisher ['fiʃə] *s* pescar

fissure ['fiʃə] *s* crăpătură

fist [fist] *s* pumn

fit [fit] **1** *adj* bun; potrivit; nimerit **2** *vt, vi* a (se) potrivi; a echipa **3** *s* acces; izbucnire; dispoziţie

fitter ['fitə] *s* instalator; ajustor

fitting ['fitiŋ] *s* probă; garnitură; ~*s* instalaţii

five [faiv] *num* cinci; ~*r* (bancnotă

de) 5 lire

fix [fiks] 1 *vt, vi* a (se) fixa; a monta; a instala; a aranja; a stabili; *to ~ a watch* a repara un ceas 2 *s to be into a ~* a fi într-o situaţie dificilă

fixture ['fikstʃə] *s* dispozitiv de fixare; armătură

fizz [fiz] 1 *vi* a fîsîi (*ca şampania*) 2 *s* şampanie

flabbergast ['flæbəgɑːst] *vt* a uimi

flabby ['flæbi] *adj* flasc; slab

flag [flæg] 1 *s* steag, drapel; *~ captain* căpitan de navă 2 *vi* a slăbi; a se diminua

flagrant ['fleigrənt] *adj* flagrant; scandalos

flair [flɛə] *s* talent

flake [fleik] *s* fulg (de zăpadă)

flamboyant [flæm'bɔiənt] *adj* viu colorat; impopoţonat

flame [fleim] 1 *s* flacără 2 *vi* a arde; a se înroşi

flaming ['fleimiŋ] *adj* fierbinte

flank [flæŋk] *s* coastă; flanc

flannel ['flænəl] *s* flanel; cîrpă de şters

flap [flæp] 1 *s* clapă; izbitură 2 *vt, vi* a fîlfîi; a bate (din aripi)

flare [flɛə] 1 *vi* a pîlpîi; a izbucni 2 *s* pîlpîit; izbucnire

flash [flæʃ] 1 *s* licărire; rază; *in a ~* imediat; *~back* secvenţe dintr-un film referitoare la o perioadă mai dinainte decît acţiunea filmului 2 *vi, vt* a licări; a trece prin minte

flashy ['flæʃi] *adj* ţipător

flask [flɑːsk] *s* retortă; sticlă plată

flat [flæt] 1 *s* lat de palmă; apartament; bemol 2 *adj* neted; plat; dezumflat;

neinteresant; insipid; *~-footed* cu platfus; *to fall ~* a nu avea succes

flatten ['flætən] *vt, vi* a (se) nivela; a (se) aplatiza

flatter ['flætə] *vt* a flata

flavour ['fleivə] *s* savoare; aromă

flaw [flɔː] *s* defect; parte slabă

flax [flæks] *s* in

flay [flei] *vt* a jupui

flea [fliː] *s* purice; *~ bite* un fleac (supărător)

fleck [flek] *s* pată (de culoare); pistrui

flee [fliː] *vt, vi* a fugi; a aluneca (*pe cer*)

fleece [fliːs] *s* lînă (*de pe oaie*); claie (*de păr*)

fleet [fliːt] *s* flotă

fleeting ['fliːtiŋ] *adj* scurt; trecător

flesh [fleʃ] *s* carne (*vie*): *put on/lose ~* a se îngrăşa/ a slăbi; *in the ~* în carne şi oase; *go the way of all ~* a muri; *the ~* dorinţele trupeşti

flexible ['fleksibl] *adj* flexibil

flick [flik] 1 *s* bobîrnac 2 *vt* a biciui; a atinge uşor

flicker ['flikə] 1 *vi* a pîlpîi; a licări 2 *s* pîlpîire; licărire

flight [flait] *s* zbor; trecere; fugă; *to take ~* a fugi; *~ of capital* scurgere de capital

flighty ['flaiti] *adj* schimbător; capricios

flimsy ['flimzi] *adj* fragil; nefondat

fling [fliŋ] *vt, vi* a (se) arunca; a se trînti

flippant ['flipənt] *adj* uşuratic

flirt [fləːt] *vi* (*with*) a flirta (cu); a cocheta (cu)

flit [flit] *vi* a zbura

float [flout] 1 *s* plută; bac 2 *vi, vt* a pluti; a lansa; ~ *ing bridge* pod de plute

flock [flɔk] *s* stol; grămadă; turmă

flog [flɔg] *vt* a biciui; a bate; *to* ~ *a dead horse* a-şi irosi forţele

flood [flʌd] 1 *s* inundaţie: *the Flood* potopul; noian 2 *vt, vi* a inunda; a bombarda cu întrebări

floor [flɔ:] 1 *s* podea; fund de mare; *to take the* ~ a lua cuvîntul 2 *vt* a trînti la pămînt

flora ['flɔrə] *s* floră

florid ['flɔrid] *adj* bogat ornamentat; roşu (*la faţă*)

flour ['flauə] *s* făină

flourish ['flʌriʃ] *vi, vt* a înflori

flow [flou] *vi* a se vărsa; a curge; a se revărsa; a rezulta

flower ['flauə] *s* floare; *in* ~ în floare; ~ *bed* strat de flori; ~ *girl* florăreasă; ~ *pot* ghiveci de flori

flu [flu:] *s* gripă

flue [flu:] *s* coş; fum

fluently ['fluəntli] *adv* fluent

fluff [flʌf] *s* puf; ~*y* pufos

fluid [fluid] *adj* fluid; schimbător

flummox ['flʌməks] *vt* a buimăci

flurry ['flʌri] 1 *s* rafală; agitaţie 2 *vt* a enerva

flush [flʌʃ] 1 *adj* la acelaşi nivel; plin de (*bani*) 2 *vt, vi* a (se) înroşi

flute [flu:t] *s* flaut

flutter ['flʌtə] 1 *s* fluturat 2 *vt, vi* a flutura; a (se) agita

fly [flʒai] 1 *s* muscă; ~*-weight* boxer categoria muscă 2 *vi, vt* (*trec.* flew, *part. trec.* flown) a zbura; *to* ~ *at smb* a se repezi la cineva; *to* ~ *into a rage* a se enerva

foal [foul] 1 *s* mînz 2 *vi* a făta

foam [foum] 1 *s* spumă 2 *vi* a spumega

focus ['foukəs] 1 *s* focar; centru 2 *vt, vi* a focaliza; a se concentra

fodder ['fɔdə] *s* furaj

foe [fou] *s* duşman

fog [fɔg] *s* ceaţă; ~*-lamp* far de ceaţă

foggy ['fɔgi] *adj* ceţos; vag

foil [fɔil] *s* foiţă de metal; contrast; floretă

fold [fould] 1 *s* cută; fald; ţarc 2 *vt, vi* a împături; a îndoi; a împacheta; ~*ing doors* uşi pliante; ~*ing bed* pat pliant

foliage ['fouliidʒ] *s* frunziş

folk [fouk] *s* oameni; ~ *dance* dans popular; ~ *song* cîntec popular; ~*lore* folclor; ~ *tale* basm popular

follow ['fɔlou] *vt, vi* a urma; a înţelege; a urmări

follower ['fɔlouə] *s* discipol

folly ['fɔli] *s* prostie, nebunie

fond [fɔnd] *adj* iubitor; *to be* ~ *of* a ţine la (*cineva*)

fondle [fɔndl] *vt* a dezmierda

food [fu:d] *s* hrană; ~*stuff* alimente

fool [fu:l] 1 *s* prost; nebun; *play the* ~ a se comporta prosteşte; clovn; păcăleală 2 *vi, vt* a se juca cu; a duce (*pe cineva*)

foolish ['fu:liʃ] *adj* prostesc

foot [fut] 1 *s* picior: *on* ~ pe jos; ~*man* lacheu; ~*mark* urmă; ~ *note* notă de subsol; ~*wear* încălţăminte; pas; parte de jos: ~ *of the page* josul paginii 2 *vt, vi* ~ *it!* ia-o din loc! *to* ~ *the bill* a plăti nota

footing ['futiŋ] *s* echilibru; poziţie; picior (*de război*)

for [fɔ:] 1 *prep* pentru; de; la; timp de; ~ *good* pentru totdeauna; ~ *all that* cu toate acestea; *what* ~ de ce; ~ *certain* cu siguranţă; ~*ever* mereu 2 *conj* deoarece, căci

forbear [1][fə'bɛə] *s* strămoş

forbear [2][fə'bɛə] *vt, vi* a se abţine

forbid [fə'bid] *vt* (*trec.* forbade, *part. trec.* forbidden) a interzice; ~ *den fruit* fructul oprit

force [fɔ:s] 1 *s* forţă; putere; tărie; ~*s* forţe: *the* ~*s of nature* forţele naturii; ~*s* forţe armate; *a law into* ~ o lege în vigoare 2 *vt* a forţa; a impune; ~*d landing* aterizare forţată

forceful ['fɔ:sful] *adj* puternic

forcible ['fɔ:sibl] *adj* forţat; convingător

ford [fɔ:d] *s* vad

fore [fɔ:] 1 *s* parte din faţă 2 *adj* din faţă

forearm ['fɔ:ɑ:m] *s* antebraţ

forebode [fɔ:'boud] *vt* a prevesti (de rău)

forecast ['fɔ:kɑ:st] *vt* a prevedea

forefathers ['fɔ:fɑ:ð ə:z] *s pl* strămoşi

forefinger ['fɔ:fiŋgə:] *s* (*deget*) arătător

forefeet ['fɔ:fi:t] *s pl* picioare dinainte

foregoing [fɔ:'gouiŋ] *adj* menţionat inainte

forehead ['fɔr hid] *s* frunte

foreign ['fɔrin] *adj* străin; extern

foreigner ['fɔrinə] *s* străin

forelegs ['fɔ:legz] *s pl* picioare din faţă

forelock ['fɔ:lɔk] *s* cîrlionţ

foreman ['fɔ:mən] *s* maistru

foremost ['fɔ:moust] *adj* cel mai de seamă

forerunner ['fɔ:rʌnə] *s* înaintaş; vestitor

foresee [fɔ:'si:] *vt* a prevedea

foresight ['fɔ:sait] *s* precauţiune

forest ['fɔrist] *s* pădure

forestry ['fɔristri] *s* silvicultură

foretell [fɔ:'tel] *vt* a prezice

forever [fə'revə] *adv* mereu, veşnic

foreword ['fɔ:wəd] *s* cuvînt înainte

forfeit ['fɔ:fit] 1 *s* confiscare; amendă 2 *vt* a pierde

forge [fɔ:dʒ] 1 *s* forjă; fierărie 2 *vt* a forja; a falsifica

forget [fə'get] *vt, vi* (*trec.* forgot, *part. trec.* forgotten) a uita; ~ *-me-not* nu mă uita

forgetful [fə'getfəl] *adj* uituc; distrat

forgive [fə'giv] *vt, vi* (*trec.* forgave; *part. trec.* forgiven) a ierta; a scuti

fork [fɔ:k] *s* furculiţă; furcă

forked [fɔ:kt] *adj* bifurcat

forlorn [fə'lɔ:n] *adj* nenorocit; părăsit

form [fɔ:m] 1 *s* formă; formular; stare 2 *vt, vi* a (se) forma; a alcătui

formal ['fɔ:məl] *adj* formal; de formă; oficial; ~ *dress* ţinută protocolară

formality [fɔ:'mæliti] *s* formalitate; formalism

formation [fɔ:'meiʃən] *s* formare; formaţie

former ['fɔ:mə] *adj* de odinioară; *the* ~ primul, prima (din două alternative)

formidable ['fɔmidəbl] *adj* cumplit; formidabil

formula ['fɔ:mjulə] *s* formulă; formulare; expresie

formulate ['fɔ:mjuleit] *vt* a exprima

fornication [fɔ:ni'keiʃən] *s* păcat trupesc

forsake [fə'seik] *vt* (*trec.* forsook, *part. trec.* forsaken) a părăsi

forswear [fɔ:'swɛə] *vt* (*trec.* forswore, *part. trec.* forsworn) a se lăsa de; a jura strimb

forth [fɔ:θ] *adv* în afară; mai departe; *from this day* ~ de azi înainte; *and so* ~ și așa mai departe

forthcoming [fɔ:θ'kʌmiŋ] *adj* care vor apărea; existent; la îndemină

fortify ['fɔ:tifai] *vt* a fortifica

fortitude ['fɔ:titjud] *s* stăpinire de sine

fortnight ['fɔ:tnait] *s* două săptămini: *a* ~ *'s holiday* o vacanță de două săptămini

fortress ['fɔ:tris] *s* fortăreață

fortuitous [fɔ:'tjuitəs] *adj* intimplător

fortunate ['fɔ:tʃnit] *adj* fericit; norocos

fortune ['fɔ:tʃən] *s* șansă; soartă; noroc; *to try one's* ~ a-și incerca norocul; *to tell smb his* ~ a-i ghici cuiva; *to make a* ~ a se imbogăți; *marry a* ~ a se căsători pentru bani; ~ *hunter* vinător de zestre

forty ['fɔ:ti] *num* patruzeci

forward ['fɔ:wəd] 1 *adj* din față; timpuriu; inimos; obraznic 2 *s* (*sport*) inaintaș 3 *vt* a expedia 4 *adv* inainte; *backward and* ~ încolo și incoace

fossil ['fɔsil] *s* fosilă

foster ['fɔstə] *vt* a îngriji; a crește; a nutri; ~ *child* copil adoptiv; ~ *parents* părinți adoptivi

foul [faul] 1 *adj* rău mirositor; murdar; scirbos; fault 2 *vt, vi* a polua; a murdări

found [faund] *vt* a pune bazele; a fonda

foundation [faun'deiʃən] *s* fundație; întemeiere; bază

founder ['faundə] *s* fondator

foundling ['faundliŋ] *s* copil găsit

foundry ['faundri] *s* turnătorie

fountain ['fauntin] *s* fintină arteziană; ~ *pen* stilou

four [fɔ:] *num* patru; ~ *teen* paisprezece; *on all* ~ *s* in patru labe; ~ *letter word* cuvint din patru litere

fowl [faul] *s* pasăre de curte

fox [fɔks] *s* vulpe; ~ *hunt* vinătoare de vulpi; ~ *-terrier* foxterier

foyer ['fɔiei] *s* foaier

fraction ['fræktʃən] *s* fracție; fracțiune

fractious ['frækʃəs] *adj* neastimpărat; irascibil

fracture ['fræktʃə] 1 *s* fractură 2 *vt* a fractura

fragile ['frædʒail] *adj* fragil

fragment ['frægmənt] *s* ciob; frintură

fragrant ['freigrənt] *adj* frumos (mirositor)

frail [freil] *adj* delicat; slab; plăpind

frailty ['freilti] *s* slăbiciune; *frailties* defecte

frame [freim] 1 *s* ramă; cadru; ~ *of mind* dispoziție 2 *vt, vi* a schița; a inrăma; ~ *up* inscenare

franchise ['fræntʃaiz] *s* drepturi

cetăţeneşti

frank ['fræŋk] *adj* sincer

frantic ['fræntik] *adj* disperat; innebunit

fraternal [frə'tə:nəl] *adj* de frate

fraternity [frə'tə:niti] *s* fraternitate

fraud [frɔ:d] *s* fraudă; şarlatan

fray [frei] **1** *s* luptă **2** *vt, vi* a (se) uza

freak [fri:k] *s* ciudăţenie; monstru

freckle ['frekl] *s* pistrui

free [fri:] **1** *adj* liber; generos; ~-handed culant; ~ *thinker* liber cugetător; ~ *will* liber arbitru; *for* ~ e gratis **2** *vt* a elibera

freedom ['fri:dəm] *s* libertate

freemason ['fri:meisən] *s* francmason

freeze [fri:z] **1** *vt, vi* a ingheţa **2** *s* ingheţ; *deep* ~ congelare; ~*r* congelator

freight [freit] **1** *s* cheltuieli de transport; ~ *train* tren de marfă **2** *vt* a incărca (*un vas*)

French [frentʃ] **1** *adj* franţuzesc; *take* ~ *leave* a o şterge englezeşte **2** *s the* ~ francezii; limba franceză

frenzy ['frenzi] *s* frenezie

frequency ['fri:kwənsi] *s* frecvenţă

frequent [fri:'kwnt] *vt* a frecventa; a se duce **1** ('fri:kwənt) *adj* frecvent; obişnuit

frequently ['fri:kwəntli] *adv* adesea

fresh [freʃ] *adj* proaspăt; curat; aprins; indrăzneţ; ~ *water* apă dulce

freshly ['freʃli] *adv* proaspăt; de curind

fret [fret] *vi, vt* a se agita; a fi neliniştit; a lucra cu traforajul

friable ['fraiəbl] *adj* fărămicios

friar ['fraiə] *s* călugăr

friction ['frikʃən] *s* frecare; divergenţă

Friday ['fraidi] *s* vineri

fridge [fridʒ] *s* frigider

friend [frend] *s* prieten; *to make* ~*s with* a se împrieteni cu

friendly ['frendli] *adj* prietenos; amical

friendship ['frendʃip] *s* prietenie

fright [frait] *s* spaimă; *to give smb a* ~ a speria pe cineva

frighten ['fraitən] *vt* a speria

frightful ['fraitful] *adj* inspăimîntător; groaznic

frigid ['fridʒ id] *adj* rece; frigid

frill [fril] *s* volan; ~*s* zorzoane

fringe [frindʒ] *s* franj; margine; breton

frisk [frisk] *vi* a ţopăi

frivolous ['frivələs] *adj* frivol

frizzle ['frizl] *vt* a prăji

fro [frou] *adv to and* ~ în colo şi în coace

frock [frɔk] *s* rochiţă; rasă (*de călugăr*); ~ *coat* redingotă

frog [frɔg] *s* broască; ~ *man* inotător subacvatic

frolic ['frɔlik] *vi* a zburda; ~*some* zburdalnic, jucăuş

from [frəm] *prep* de pe; de la; din; din cauză de; ~ *ten to twelve* de la 10 la 12; *made* ~ *gold* din aur; *to suffer* ~ *starvation* a suferi de foame

front [frʌnt] *s* parte (din faţă); front; *in* ~ *of* în faţa; ~-*page news* ştiri importante

frontier ['frʌntiə] *s* frontieră, limită

frost [frɔst] **1** *s* ger; chiciură; ~ *bitten*

degerat 2 *vt, vi* a îngheța

frosty ['frɔsti] *adj* geros; neprietenos

froth [frɔɵ] *s* spumă

frown [fraun] *vi* a se incrunta

frugal ['frugl] *adj* frugal; cumpătat

fruit [fru:t] *s* fruct; fructe; ~ *s* roade; ~ *erer* vinzător de fructe; ~ *ful* fruc-tuos; ~ *lessness* inutilitate

frustrate [frʌ'streit] *vt* a impiedica; a zădărnici

fry [frai] 1 *vt, vi* a (se) prăji; ~ *ingpan* tigaie 2 *s* peştişori; *small* ~ oameni neînsemnați

fuddle ['fʌdl] *vt, vi* a (se) îmbăta

fuel ['fjuəl] *s* combustibil

fulfil [ful'fil] *vt* a îndeplini

full [ful] *adj* plin; bucălat; întreg; *at* ~ *speed* în plină viteză; *to the* ~ din plin; ~ *stop* punct (.)

fully ['fuli] *adv* complet; chiar; amplu

fumble ['fʌmbl] *vi* a bîjbii; a se scotoci

fume [fju:m] 1 *s* fum; agitație 2 *vi* a fumega; a fierbe de mînie

fun [fʌn] *s* distracție; haz; ~ *fair* parc de distracții; *for* ~ în joacă

function ['fʌ ŋk ʃən] *s* funcție; rol; funcționare

fund [fʌnd] *s* fond; ~ *s* resurse

fundamental [f ʌ nd ə 'mental] *adj* fundamental

funeral ['fju:nərəl] 1 *s* inmormîntare; treabă 2 *adj* funerar

funus ['fʌ ŋgəs] *s* ciupercă

funnel ['fʌnəl] *s* pîlnie; coş (*pe vapor*)

funny ['fʌni] *adj* nostim; caraghios; ciudat

fur [fə:] *s* blană; ~ *and feather* animale şi păsări

furious ['fjuə riəs] *adj* violent; furios

furnace ['fə:nis] *s* furnal; cuptor

furnish ['fə:niʃ] *vt* a aproviziona; a furniza; a mobila

furniture ['fə:nitʃ ə] *s* mobilă; *a piece of* ~ o mobilă

furrier ['fʌriə] *s* blănar

furrow ['fʌrou] *s* brazdă; cută; rid

furthter ['fə: ð ə] *adj, adv* mai departe; mai mult; suplimentar; apoi; ulterior; in plus; ~ *more* in plus

furtive ['fə:tiv] *adj* pe furiş; ascuns

fury ['fjuə ri] *s* furie; izbucnire

fuse [fju:z] 1 *s* fitil; siguranță (electrică) 2 *vt, vi* a (se) topi

fusion ['fju: ʒ ən] *s* fuziune

fuss [f ʌs] *s* agitație; zarvă; *to make a* ~ *of* a face caz de 2 *vt, vi* a (se) agita; a face caz

fussy ['f ʌsi] *adj* agitat; inzorzonat

fustian ['f ʌstiən] 1 *s* sibir; vorbe goale 2 *adj* fără valoare

futile ['fju:tail] *adj* zadarnic; superficial

futility ['fju:tiliti] *s* zădărnicie; superficialitate

future ['fju:tʃə] *s* viitor; *for the* ~ pentru viitor

fuzzy ['f ʌzi] *adj* vag; estompat

G

G, g [dʒi:] (litera) g

gab [gæb] s vorbărie

gabble [gæbl] vt, vi a mormăi; a bolborosi

gadfly ['gædflai] s tăun

gadget ['gædʒit] s dispozitiv

gag [gæg] 1 s căluș; gag 2 vt, vi a pune căluș; a folosi gaguri

gaiety ['geiəti] s veselie; gaieties bucurii

gain [gein] 1 s cîștig; ill-gotten ~ s cîștiguri obținute pe căi necinstite 2 vt, vi a cîștiga; a pune; a o lua înainte; a ajunge la

gait [geit] s mers

galaxy ['gæləksi] s galaxie

gale [geil] s vînt puternic

gall [gɔ:l] s fiere; ~ bladder vezică biliară; invidie; rosătură

gallant ['gælənt] adj brav; impunător; curtenitor; galant

gallery ['gæləri] s galerie

galley ['gælii] s galeră

gallon ['gælən] s măsură de capacitate (3,4 l sau 4,34 l)

gallop ['gæləp] s galop

galore [gə'lɔ:] adj din belșug

galoshes [gə'lɔʃiz] s galoși

gamble ['gæmbl] 1 vi, vt a juca (jocuri de noroc) 2 s joc de noroc; ~r jucător

gambol ['gæmbəl] 1 s țopăială 2 vi a zburda

game [geim] 1 s joc; to be off one's ~ a nu fi în mînă; ghem (la tenis);

truc;vinat: ~ bag tolbă; ~ licence autorizație de vînătoare 2 adv brav; dispus 3 vi a juca jocuri de noroc

gamut ['gæmət] s gamă

gander ['gændə] s gînsac

gang [gæŋ] s echipă; gloată

gangrene ['gæŋgri:n] s gangrenă

gangster ['gæŋstə:] s gangster

gangway ['gæŋwei] s pasarelă; interval

gaol [dʒeil] s închisoare; ~ bird pușcăriaș

gap [gæp] s spărtură; gol; decalaj; generation ~ discrepanță dintre generații

gape [geip] vi (at) a se zgîi (la)

garage ['gærɑ:ʒ] s garaj

garbage ['gɑ:bidʒ] s gunoi; ~ can ladă de gunoi

garden ['gɑ:dən] s grădină; kitchen ~ grădină de zarzavat; ~ party petrecere în curte

gargle ['gɑ:gl] 1 vt, vi a face gargară 2 s gargară

garish ['gɛəriʃ] adj țipător

garland ['gɑ:lənd] s ghirlandă

garlic ['gɑ:lik] s usturoi

garment ['gɑ:mənt] s îmbrăcăminte

garnish ['gɑ:niʃ] vt a garnisi

garret ['gærit] s pod (la casă)

garrison ['gærisən] s garnizoană

garrulous ['gærələs] adj guraliv

garter ['gɑ:tə] s jartieră

gas [gæs] 1 s gaz; benzină:step on the

~ ! accelerează!; trăncăneală 2 *vi* a trăncăni; ~*-mask* mască de gaze; ~ *station* stație de benzină

gaseous ['gæsiəs] *adj* gazos

gasoline ['gæsəli:n] *s* benzină (*in S.U.A.*)

gasp [gɑ:sp] 1 *vi, vt* a gîfîi; a bolborosi 2 *s* gîfîială

gastronomy [gæ'strɔnəmi] *s* gastronomie

gate [geit] *s* poartă; pas; supapă; ~*keeper* portar

gather ['gæðə] *vt, vi* a (se) aduna; a culege; a acumula; a înțelege

gaudy ['gɔ:di] *adj* țipător; de prost gust

gauge [geidʒ] 1 *s* calibru; măsură 2 *vt* a măsura

gaunt [gɔ:nt] *adj* sfrijit; pustiu

gauze [gɔ:z] *s* voal; tifon

gawky ['gɔ:ki] *adj* stîngaci; sfios

gay [gei] *adj* vesel; vioi; imoral; homosexual

gaze [geiz] *vi* a se uita lung

gazette [gə'zet] *s* buletin oficial; ziar

gear [giə] *s* angrenaj; roată dințată; viteză:*first* ~ viteza întîi; costum

geese [gi:s] *s pl* gîște

gem [dʒem] *s* bijuterie; piatră prețioasă

gender ['dʒendə] *s* gen (*gramatică*)

gene [dʒi:n] *s* genă

genera ['dʒenərə] *s pl* genuri

general ['dʒenrəl] 1 *s* general 2 *adj* general: *as a* ~ *rule* în general; ~ *knowledge* cunoștințe generale; vag; nedefinit

generality [dʒenə'ræliti] *s* generalitate; majoritate

generally ['dʒenrəli] *adv* în general

generate ['dʒenəreit] *vt* a genera; a produce

generation [dʒenə'reiʃən] *s* generație; generare

generator [dʒenə'reitə] *s* generator

generous ['dʒenərəs] *adj* generos; bogat; mare

genial ['dʒiniəl] *adj* plăcut; amabil; vesel; simpatic

geniality [dʒi:ni'æliti] *s* amabilitate; jovialitate

genii ['dʒiniai] *s pl* duhuri

genius ['dʒiniəs] *s* geniu; duh rău; spirit

genocide ['dʒenəsaid] *s* genocid

genre [ʒa:nr] *s* gen; stil

genteel [dʒen'ti:l] *adj* rafinat; elegant; monden; afabil

gentility [dʒen'tiliti] *s* rafinament (artificial)

gentle ['dʒentl] *adj* blînd; tandru; prietenos; plăcut;lin

gentlemen ['dʒentləmən] *s* domn; aristocrat

gently ['dʒentli] *adv* cu grijă; cu blîndețe

gentry ['dʒentri] *s* nobilime

genuine ['dʒenjuin] *adj* autentic; veritabil

genus ['dʒinəs] *s* gen; clasă

geography [dʒi'ɔgrəfi] *s* geografie

geology [dʒi'ɔlədʒi] *s* geologie

geometry [dʒi'ɔmətri] *s* geometrie

geranium [dʒə'reiniəm] *s* mușcată

germ [dʒə:m] *s* germene

German ['dʒə:mən] *adj* german

gerund ['dʒerənd] *s* gerunziu

gesture ['dʒestʃə] *s* gest; semn
get [get] *vt, vi* (*trec.,part.trec.* got) a
deveni: *to ~ tired* a obosi; a căpăta: *to
~ a present* a căpăta un cadou; a
ajunge să: *when you ~ to know him*
Cînd ai să-l cunoşti; a primi: *I got your
letter* am primit scrisoarea ta; a
pricepe: *I don't ~ your meaning* nu
înţeleg ce vrei să spui; a ajunge: *when
did you ~ here?* Cînd ai ajuns aici?; a
obţine: *Where did you ~ that hat?* De
unde ai luat acea pălărie?; *to ~ ahead*
a o lua înainte; *to ~ along with* a se
înţelege cu; *to ~ at* a ajunge la; *to ~
away* a evada; *to ~ back* a reveni; *to
~ in* a sosi; *to ~ off* a o porni; *to ~ on*
a se urca (într-un vehicul); *to ~ up*
a se scula; *what's got him?* Ce l-a
apucat?; *to ~ angry* a se enerva; *it's
~ -ting late* se face tîrziu; *to ~ married*
a se căsători; *to be ~ting old* a
îmbătrîni; *to ~ to work* a se apuca de
treabă; *~ in the car!* urcă-te în
maşină!; *how are you ~ting along?*
cum îţi mai merge?; *to ~ the truth* a
afla adevărul; *I can't ~ the book* nu
reuşesc să obţin cartea; *tell him where
to ~ off* spune-i unde să coboare; *~
out of here !* cară-te de aici!
gew-gaws ['gju:gɔ:z] *s pl* zorzoane
geyser ['gaizə:] *s* gaizăr
ghastly ['gɑ:stli] *adj* îngrozitor; palid
ghost [goust] *s* stafie; *to give up the ~*
a muri; *the Holy- Ghost* Sfîntul Duh
giant ['dʒaiənt] *s* uriaş
giddy ['gidi] *adj* ameţit; ameţitor
gift [gift] *s* cadou; talent
gigantic [dʒai'gæntik] *adj* uriaş;

copios
giggle ['gigl] *vi* a chicoti
gild [gild] *vt* a polei cu aur; a împodobi
gill [dʒil] *s* bronhii
ginger ['dʒindʒə] *s* ghimbir; *~ bred*
turtă dulce
gipsy ['dʒipsi] *s* ţigan
giraff [dʒi'rɑ:f] *s* girafă
girdle ['gə:dl] *s* brîu; curea
girl [gə:l] *s* fată; prietenă
give [giv] *vt, vi* (*trec.* gave, *part.trec.*
given) a da; a plăti; a furniza; a molip-
si; a-şi da (*viaţa*); a oferi; a acorda; a
scoate; *to ~ away* a divulga; *to ~ back*
a restitui; *to ~ in* a ceda; *to ~ out* a
ceda; *to ~ up* a renunţa; *to ~ way to*
a da prioritate; *~ n name* nume de
botez
glacier ['glæsjə] *s* gheţar
glad [glæd] *adj* bucuros; îmbucurător;
~ rags haine de sărbătoare
glade [gleid] *s* luminiş
gladiolus [glædi'ouləs] *s* gladiolă
glamour ['glæmə] *s* farmec; atracţie
glamorous ['glæmərəs] *adj* fer-
mecător
glance [glɑ:ns] **1** *vt, vi* a privi; a străluci
2 *s* privire
gland [glænd] *s* glandă
glare [glɛə] **1** *s* strălucire; privire
cruntă **2** *vi, vt* a străluci; a (se) privi
duşmănos
glaring ['glɛəriŋ] *adj* orbitor; mînios;
grosolan; stigător la cer
glass [glɑ:s] *s* sticlă; pahar; *~ es*
ochelari; *looking ~* oglindă; *~ case*
vitrină; *~ ware* obiecte de sticlă
glassy ['glɑ:si] *adj* liniştit; sticlos

glaze [gleiz] 1 *s* glazură; email; luciu 2 *vt* a pune geam la; a emaila

gleam [gli:m] 1 *s* licărire; rază 2 *vi* a licări

glean [gli:n] *vt* a culege (*spice*)

glee [gli:] *s* veselie

glib [glib] *adj* volubil; abil

glide [glaid] 1 *vi* a aluneca 2 *s* alunecare

glider ['glaidə] *s* planor

glimmer ['glimə] 1 *vi* a licări 2 *s* licărire;

glimpse [glimps] *s to catch a* ~ *of* a zări

glint [glint] *s* scînteiere

glisten ['glisən] *vi* a străluci

glitter ['glitə] 1 *vi* a străluci 2 *s* strălucire

gloat [glout] *vi* (*over*) a privi satisfăcut (la)

globe [gloub] *s* glob; ~ *trotter* turist care străbate lumea

gloom [glu:m] *s* semiîntuneric; umbră

gloomy ['glu:mi] *adj* întunecos; întunecat; posomorît

glorious ['glɔ:riəs] *adj* glorios; minunat

glory ['glɔ:ri] *s* glorie; splendoare

gloss [glɔs] *s* luciu; spoială

glossary ['glɔsəri] *s* glosar

glossy ['glɔsi] *adj* lucios; lustruit

glove [glʌv] *s* mănşă; *to fit like a* ~ a se potrivi perfect; *to be hand in* ~ *with* a fi în relaţii strînse cu

glow [glou] 1 *vi* a fi incins; a radia de 2 *s* strălucire; dogoare; vioiciune; ardoare .

glue [glu:] 1 *s* clei 2 *vt* a lipi

gluey ['glu:i] *adj* lipicios

glum [glʌm] *adj* posomorît

glut [glʌt] *vt* (*with*) a suprasatura; a se ghiftui cu

glutton ['glʌtən] *s* lacom

gnarled [nɑ:ld] *adj* noduros

gnash [næʃ] *vt* a scrişni (din dinţi)

gnat [næt] *s* ţînţar

gnaw [nɔ:] *vt,vi* a roade

go [gou] 1 *vi* (*trec.* went, *part.trec.*. gone) a merge; a duce; *to go at smb* a se repezi la cineva; *to go away* a se duce; *to go by* a trece; *to go down* a se diminua; a scădea; *to go for smb* a se duce după cineva; *to go off* a exploda; *to go on* a continua; *to go out* a ieşi; *to go up* a creşte, a se mări; *to go for a walk* a se duce la plimbare; *let ourselves go* să ne distrăm *to go by the name of* a se numi; *to be going on for* a se apropia de; *to be gone on* a fi îndrăgostit de; *goings-on* întîmplări ciudate 2 *s* energie;entuziasm; *on the go* în acţiune; *at one go* dintr-o încercare

goad [goud] 1 *s* imbold 2 *vt* a îndemna

goal [goul] *s* ţintă; scop; ţel; poartă (*in sport*); ~ *keeper* portar

goat [gout] *s* capră; *to play the giddy* ~ a face pe prostul; *she-* ~ capră de lapte

gobble ['gɔbl] *vt, vi* (*up*) a înfuleca

go-between ['goubitwi:n] *s* intermediar; peţitor

go-cart ['goukɑ:t] *s* cărucior (de copil-) pliabil

god [gɔd] *s* zeu; Dumnezeu; *the* ~ *s* galeria (*la teatru*); ~ *daughter* fină; ~ *son* fin; ~ *mother* naşă; ~ *father* naş;~ *fearing* credincios; ~ *forsaken* uitat de Dumnezeu; ~ *send* mană cerească; ~ *dess* zeiță

godless ['gɔdlis] *adj* nelegiuit; ateu

godly ['gɔdli] *adj* habotnic

goggle ['gɔgl] *vi* (*at*) a se holba (la)

goggles ['gɔglz] *s pl* ochelari (de motociclist)

gold [gould] *s* aur; ~ *foil* folie de aur

golden ['gouldən] *adj* auriu; de aur; ~ *wedding* nuntă de aur

gondola ['gɔndələ] *s* gondolă

good [gud] 1 *adj* bun; cum trbuie; cumsecade; benefic; capabil; plăcut; *to have a ~ time* a se distra; *in ~ time* la timpul potrivit; *as ~ as* aproape; ~ *-for-nothing* neisprăvit; ~ *looking* frumos; ~ *-natured* altruist; ~ *sense* bun simț 2 *s* bun; *the ~* binele; ~*s* bunuri, mărfuri; *to be up to no ~* a fi pus pe rele

goodbye ['gudbai] *interj* pa!; adio!

goodness ['gudnis] *s* bunătate

goodwill ['gudwil] *s* bunăvoință

goose [gu:s] *s* gîscă; carne de gîscă; ~ *flesh* piele de găină

gorge [gɔ:dʒ] 1 *s* strîmtoare; chei; stomac 2 *vt, vi* a (se) îndopa

gorgeous ['gɔ:dʒəs] *adj* minunat; splendid

gosling ['gɔzliŋ] *s* pui de gîscă

gospel ['gɔspəl] *s* Evanghelie

gossamer ['gɔsəmə] *s* pînza de păianjen; voal

gossip ['gɔsip] 1 *s* bîrfă; *the ~ column* rubrică de scandal 2 *vi* a bîrfi

govern ['gʌvə:n] *vi* a guverna; ~ *ing* la conducere; ~*ess* guvernantă

government ['gʌvənmənt] *s* guvern; guvernămînt

governor ['gʌvənə] *s* guvernator; tată

gown [gaun] *s* rochie de ocazie; robă

grab [græb] *vt, vi* a apuca; a înhăța

grace [greis] *s* grație; eleganță; politețe; ~*s* mofturi

graceful ['greisful] *adj* grațios; ʒoliticos

graceless ['greislis] *adj* disgrațios; nerușinat

gracious ['greiʃəs] *adj* plăcut; milostiv

grade [greid] 1 *s* grad; calitate; notă 2 *vt* a grada; a sorta

gradient ['greidiənt] *s* pantă

gradual ['grædjuəl] *adj* treptat

graduate ['grædjuit] 1 *s* absolvent 2 *vt, vi* a grada; a absolvi

graft [grɑ:ft] 1 *s* altoi; grefă 2 *vt* a altoi; a face grefă

grain [grein] *s* bob; grîne; *against the ~* împotriva firii

grammar ['græmə] *s* gramatică; ~ *school* școală secundară; ~*ian* gramatician

gramme [græm] *s* gram

granary ['grænəri] *s* hambar

grand [grænd] *adj* mare; important; grandios; splendid; măreț; *in the ~ style* în stil mare; ~ *child* nepot; ~ *son* nepot; ~ *daughter* nepoată; ~ *father* bunic; ~ *mother* bunică; ~ *parents* bunici

grandeur ['grændʒə] *adj* măreție; splendoare

granny ['græni] *s* bunică

grant [grɑ:nt] *vt* a garanta; a admite; a acorda

grape [greip] *s* strugure; ~ *vine* viță de vie

grapefruit ['greipfru:t] *s* grepfrut

graph [græf] *s* grafic

graphic ['græfik] *adj* grafic; expresiv

graphite ['græfait] *s* grafit

grapple ['græpl] *vt, vi* (*with*) a (se) bate cu

grasp [grɑ:sp] 1 *vt, vi* a apuca; a înțelege; (*at*) a se agăța (de) 2 *s* apucare; strîngere; înțelegere

grass [grɑ:s] *s* iarbă; ~ *land* pajiște

grasshopper ['grɑ:shɔpə] *s* lăcustă

grate [greit] 1 *s* grătar (*la sobă*); șemineu 2 *vt, vi* a zgîria; a răzui; (*on*) a călca pe nervi

grateful ['greitful] *adj* recunoscător; plăcut

gratify ['grætifai] *vt* a fi mulțumit de; a satisface

gratitude ['grætitju:d] *s* recunoștință

gratuitous [grə'tjuitəs] *adj* gratuit

grave [greiv] 1 *adj* grav; serios 2 *s* mormînt; ~ *stone* piatră de mormînt; *to have one foot in the* ~ a fi cu un picior în groapă 3 *vt* a grava; a întipări

gravel ['grævəl] *s* pietriș

gravity ['græviti] *s* gravitate; *centre of* ~ centru de greutate

gravy ['greivi] *s* sos

graze [greiz] 1 *vt, vi* a paște; a roade; a juli 2 *s* rosătură; julitură

grease [gri:s] 1 *s* untură topită; unsoare 2 *vt* a lubrifia

greasy ['gri:si] *adj* unsuros; murdar

great [greit] *adj* mare; bun; important; minunat; ~ *coat* palton; *the Great Bear* Ursa Mare; *Great Britain* Marea Britanie; *a* ~ *deal* foarte mult ; *the* ~ *majority* marea majoritate; ~ *grandfather* străbunic; ~ *grand mother* străbunică; ~ *grandson* strănepot

greed [gri:d] *s* lăcomie

greedy ['gri:di] *adj* lacom

Greek [gri:k] *adj, s* grec

green [gri:n] *adj* verde; crud; neexperimentat; ~ *eyed* gelos; ~ *grocer* zarzavagiu; ~ *grocery* aprozar; ~ *house* seră; ~ *stuffs* zarzavaturi

greenery ['gri:nəri] *s* verdeață

greenish ['gri:niʃ] *adj* verzui

greet [gri:t] *vt* a saluta; a întîmpina; ~ *ing* salut

grey, gray [grei] *adj* cenușiu; cărunt; ~ *beard* bătrîn; ~ *hound* ogar

grid [grid] *s* grătar

grief [gri:f] *s* supărare

grievance ['gri:vəns] *s* revendicare

grieve [gri:v] *vt, vi* asupăra; a se întrista

grievous ['gri:vəs] *adj* cumplit; dureros

grill [gril] *s* grătar

grim [grim] *adj* nemilos; aspru

grimace [gri'meis] *s* grimasă

grime [graim] 1 *s* murdărie 2 *vt* a mînji

grin [grin] 1 *vt* a rînji 2 *s* rînjet

grind [graind] 1 *vt, vi* a (se) măcina; a (se) rîșni; a zdrobi; a ascuți; a-și freca; a toci 2 *s* muncă grea

grinder ['graində] *s* măsea; rîșniță

grip [grip] 1 *vt, vi* a strînge; a capta 2 *s* apucare; înțelegere; *to come to* ~ *s with* a fi în luptă cu

grisly ['grizli] *adj* înfiorător

gristle ['grisl] *s* zgîrci

grit [grit] *s* nisip, pietricele; curaj

grizzled ['grizld] *adj* cărunt

groan [groun] 1 *vt, vi* a geme; a cricni; (*down*) a huidui 2 *s* geamăt

grocer ['grousə] *s* băcan; ~*y* băcănie

grog [grɔg] *s* băutură alcoolică tare cu apă

groggy ['grɔgi] *adj* slăbit; amețit; băut

groin [grɔin] *s* vintre

groom [grum] 1 *s* grăjdar 2 *vt* a îngriji (*cai*)

groove [gru:v] *s* șanț; canelură

grope [group] *vi, vt* a bîjbîi

gross [grous] 1 *s* 12 duzini 2 *adj* vulgar; flagrant; grosolan; luxuriant; obez; brut

grotto ['grotou] *s* grotă

ground [graund] 1 *s* pămînt; sol; motiv; fond; *above* ~ viu; *below* ~ mort; *to gain* ~ a cîștiga teren; *to keep one's* ~ a se menține pe poziție; *on the* ~*s of* din cauza; ~ *floor* parter 2 *vt, vi* a (se) baza; a lega la pămînt; a eșua

groundless ['graundlis] *adj* neîntemeiat

group [gru:p] 1 *s* grup 2 *vt, vi* a (se) grupa

grove [grouv] *s* crîng

grovel ['grɔvl] *vi* a se tîrî

grow [grou] *vt, vi* (*trec.* grew, *part.trec.* grown) a crește; a deveni; a-și lăsa (*barbă*); *to* ~ *up* a se face mare/matur; ~ *n-ups* adulți; *to* ~ *older* a îmbătrîni

growl [graul] *vi,vt* a mîrîi a bubui; *to* ~ *out* a mormăi

growth [grou θ] *s* creștere; sporire; cultivare

grub [grʌb] 1 *vt, vi* a desțeleni; a rima 2 *s* larvă

grudge [grʌdʒ] 1 *vt* a invidia; a fi pizmaș 2 *s* invidie; pică

grudgingly ['grʌdʒiŋli] *adv în silă*

gruel ['gruəl] *s* terci

gruesome ['gru:səm] *adj* înspăimîntător

gruf [grʌf] *adj* aspru; morocănos

grumble ['grʌmbl] 1 *vt, vi* a bombăni; a se plînge 2 *s* bombăneală; nemulțumire; ~*r* cîrcotaș

grumpy ['grʌmpi] *adj* morocănos

grunt [grʌnt] *vi* a grohăi; a mormăi

guarantee ['gærənti] 1 *s* garanție 2 *vt* a garanta; a asigura

guard [gɑ:d] 1 *s* gardă; pază; *to be on your* ~ a fi cu ochii-n patru; *to stand* ~ a sta de gardă 2 *vt, vi* a păzi; a fi prudent

guardian ['gɑ:djən] *s* tutore; păzitor; ~ *angel* înger păzitor

guess [ges] 1 *vt, vi* a ghici; a crede (*în S.U.A.*) 2 *s* presupunere; *by* ~ la nimereală; ~ *work* pronostic

guest [gest] *s* musafir; ~ *room* cameră de oaspeți; *paying* ~ chiriaș, client la hotel

guidance ['gaidəns] *s* conducere

guide [gaid] 1 *s* ghid; călăuză; sfetnic 2 *vt* a ghida; a îndruma

guild [gild] *s* breaslă

guile [gail] *s* șiretenie

guileless ['gaillis] *adj* neprihănit

guilt [gilt] *s* vină; ~ *less* nevinovat; ~*y* vinovat

guinea ['gini] *s* guinee (*21 de șilingi*) ~ *hen* bibilică; ~ *pig* cobai

guitar [gi'tɑ:] *s* chitară

gulf [gʌlf] *s* golf; abis

gull [gʌl] 1 *s* pescăruş 2 *vt* a înşela

gulp [gʌlp] 1 *vt, vi* a înghiţi 2 *s* înghiţitură

gum [gʌm] *s* gingie; cauciuc

gun [gʌn] *s* pistol; armă de foc; ~*man* bandit; ~ *powder* praf de puşcă; ~ *shot* împuşcătură; *big* ~ ştab

gunner ['gʌnə] *s* tunar

gurgle ['gə:gl] *vi* a ginguri

gush [gʌʃ] *s* izbucnire

gust [gʌst] *s* rafală

guts [gʌts] *s pl* intestine; curaj

gutter ['gʌtə] *s* canal (de scurgere)

guy [gai] *s* individ

guzzle ['gʌzl] *vi, vt* a mînca *sau* a bea cu lăcomie

gymnasium [dʒim'neiziəm] *s* gimnaziu

gypsy ['dʒipsi] *s* ţigan; ţigancă

H

H, h [eitʃ] (litera) h

haberdasher ['hæbədæʃə] s negus-
tor de mărunțișuri; ~y mercerie,
galanterie

habit ['hæbit] s obicei: to get into bad
~s a depride obiceiuri proaste; to get
out of a ~ a se debarasa de un obicei;
haine

habitable ['hæbitəbl] adj locuibil

habitual [hə'bitjual] adj obișnuit

habituate [hə'bitjueit] vt a obișnui

hack [hæk] vt, vi a ciopirți

hag [hæg] s baborn. vrăjitoare

haggard ['hægə:d] adj vlăguit; tras
(la față)

hail [heil] 1 s grindină 2 vt, vi a ploua
cu piatră

hair [hɛə] s păr; to split ~s a tăia firul
în patru; to a ~ exact; a ~-breadth es-
cape scăpare la mustață, ~brush
perie; ~cut tunsoare; ~dresser
coafeză; ~pin agrafă; ~raising
înfiorător; ~less chel

half [hɑ:f] s, adj, adv jumătate; ~dead
obosit mort; ~an hour o jumătate de
oră; ~breed corcitură; ~brother frate
vitreg; ~-hearted lipsit de entuziasm;
~sister soră vitregă; one's better ~
soția (cuiva)

hall [hɔ:l] s sală; cantină; conac; hol

hallo [hə'lou] interj bună!

halo ['heilou] s halo

halt [hɔ:lt] 1 s oprire; capăt; haltă 2 vi,
vt a (se) opri; a ezita

halter ['hɔ:ltə] s căpăstru; ștreang

halve [hɑ:v] vt a înjumătăți

ham [hæm] s jambon; șuncă

hamlet ['hæmlit] s cătun

hammer ['hæmə] s ciocan

hammock ['hæmək] s hamac

hamper ['hæmpə] 1 s coș (cu
merinde) 2 vt a stînjeni; a împiedica

hand [hænd] 1 s mină; posesie;
îndeminare; ac (la ceas); parte; scris;
joc (la cărți); by ~ de mină; at ~ la
îndemină; to give a ~ a ajuta; ~s off!
nu atingeți! ~s up! sus miinile! ; in
good ~s în miini bune; on ~ dis-
ponibil; to shake ~s with a da mina cu;
at first ~ de la sursă; at second ~ de la
a doua mină; on the one ~ on the
other~ pe de o parte și pe de altă
parte; ~book ghid; ~brake frînă de
mină; ~cuffs cătușe; ~made lucrat de
mină; ~-me-down haine vechi;
~shake stringere de mină; ~writing
scris de mină 2 vt a înmîna; a da; (over)
a preda (poliției)

handicap ['hændikæp] 1 s handicap 2
vt a handicapa

handicraft ['hændikrɑ:ft] s meșteșug

handkerchief ['hæŋkətʃif] s batistă

handle ['hændl] 1 s manivelă; miner;
to fly off the ~ a se enerva 2 vt a mînui;
a trata cu; a manipula

handsome ['hænsəm] adj arătos;
generos

handy ['hændi] adj îndeminatic; ușor
de manevrat; la îndemină

hang [hæŋ] 1 vt, vi (trec., part. trec.

hung] a atîrna; a spînzura; to ~ by a hair a atîrna de un fir de păr; ~ man călău; ~ it! dă-l încolo! ~ on! stai o clipă; to ~ up a închide (telefonul)

hanger ['hæŋə] s umeraş; agăţătoare

hanging ['hæŋiŋ] s spînzurare; ~s draperii, perdele

hangnail ['hæŋneil] s pieliţă (la unghie)

hangover ['hæŋouvə] s mahmureală

hanker ['hæŋkə] vi (after) a tînji (după)

hansom ['hænsəm] s birjă

haphazard [hæp'hæzəd] adj, adv accidental

hapless ['hæplis] adj nefericit

happen ['hæpən] vi a se întîmpla; as it ~s din întîmplare; ~ing întîmplare

happy ['hæpi] adj fericit; ~-go-lucky nepăsător

harass ['hærəs] vt a tracasa; a hărţui

harbour ['ha:bə] 1 s port; adăpost 2 vt, vi a ascunde; a ocroti; a se adăposti; a nutri

hard [ha:d] 1 adj tare; dur; greu; dificil; aspru; puternic; a ~ nut to crack o problemă grea; ~ of hearing care nu aude bine; ~-hearted insensibil 2 adv tare; cu efort; puternic; to be ~ up a fi lefter

hardihood ['ha:dihud] s îndrăzneală

hardly ['ha:dli] adv abia; mai degrdabă; cu greutate

hardship ['ha:dʃip] s suferinţă; necaz

hare [hɛə] s iepure (de cîmp); mad as a ~ sălbatic; ~ lip buză de iepure

hardy ['ha:di] adj rezistent; cutezător

harlequin ['ha:likwin] s arlechin

harlot ['ha:lət] s prostituată

harm [ha:m] 1 s rău; It'll do you no ~ N-o să-ţi strice; out of ~ 's way la loc sigur 2 vt a face rău

harmful ['ha:mful] adj dăunător

harmless ['ha:mlis] adj inofensiv; nevinovat

harmonious [ha:ouniəs] adj armonios

harmonize ['ha:mənaiz] vt, vi a (se) potrivi; a (se) înţelege

harmony ['ha:məni] s potrivire

harness ['ha:nis] s hamuri; to die in ~ a muri la datorie 2 vt a înhăma

harp [ha:p] 1 vi a cînta la harpă; (on) a reveni (la)

harrow ['hærou] 1 s grapă 2 vt a grăpa

harry ['hæri] vt a hărţui

harsh [ha:ʃ] adj aspru; sever

harvest ['ha:vist] 1 s recoltă; rezultat 2 vt a recolta

hash [hæʃ] vt a toca (carne); to make a ~ of it a încurca lucrurile

haste [heist] s grabă; Make ~ ! Grăbeşte-te!

hasten ['heisn] vi, vt a (se) grăbi

hasty ['heisti] adj grăbit; repezit

hat [hæt] s pălărie; to talk through one's ~ a spune prostii; ~-pin ac de pălărie

hatch [hætʃ] 1 s clocire 2 vt, vi a cloci; a pune la cale

hatchet ['hætʃit] s secure; to bury the ~ a face pace

hate [heit] 1 s ură 2 vt a urî; a nu-i plăcea

hateful ['heitful] adj nesuferit

hatred ['heitrid] s ură

HAT

hatter ['hætə] *s* pălărier; *as mad as a* ~ nebun de legat

haughty ['hɔːti] *adj* arogant

haul [hɔːl] *vt, vi* a trage; a căra

haunch [hɔːntʃ] *s* pulpă

haunt [hɔːnt] *vt* a bîntui; a obseda

have [hæv, həv] *vt, v aux* (*trec., part. trec.* had) a avea; a poseda; a obţine; a reţine; a permite; *he has received a prize* a primit un premiu; *to* ~ *got a* avea: *he has got a new house* are o casă nouă; ~ *you got a cold?* ai răcit? ~ *you got time?* ai timp? *to* ~ *to* a trebui: *you* ~ *to be patient* trebuie să ai răbdare; *to* ~ *smb down* a avea pe cineva în vizită; *to* ~ *it out with smb* a avea o discuţie deschisă cu cineva

havoc ['hævək] *s* distrugeri; pagube

hawk [hɔːk] *s* şoim; ~ *-eyed* cu ochi de vultur

hay [hei] *s* fîn; ~ *cock* căpiţă de fîn; ~ *forck* furcă

hazard ['hæzəd] *s* risc: *at all* ~ *s* cu orice preţ; şansă

haze [heiz] *s* ceaţă fină; zăpăceală

hazy ['heizi] *adj* ceţos; nesigur; şovăitor

H-bomb ['eitʃbɔm] *s* bombă cu hidrogen

he [hi] *pron* el; *he-man* bărbat; *he who* cel care

head [hed] 1 *s* cap; minte; talent; imaginaţie; şef; şefie; capăt; ~ *over heels in love* îndrăgostit lulea; *to keep one's* ~ a-şi păstra calmul; *to laugh one's* ~ *off* a ride în hohote; *off one's* ~ nebun; *to talk smb's* ~ *off* a-l zăpăci cu vorba; *weak in the* ~ cam prost; ~

ache durere de cap; ~ *lamp,* ~ *light* far (*la automobil*); ~ *quarters* cartier general; ~ *word* cuvint-titlu 2 *vt, vi* a conduce; a lovi cu capul; a se îndrepta spre

heal [hiːl] *vt, vi* a (se) vindeca

health [helθ] *s* sănătate; *to be in good/poor* ~ a,fi sănătos, a nu fi prea sănătos; *to drink smb's* ~ a bea în sănătatea cuiva

healthy ['helθi] *adj* sănătos; benefic

heap [hiːp] 1 *s* morman; grămadă; mult 2 *vt* a îngrămădi; a agonisi

hear [hiə] *vt, vi* (*trec., part. trec.* heard) a auzi; a asculta; ~ *me out* ascultă-mă pînă la capăt; *she wouldn't* ~ *of it* nici nu vrea să audă de asta

hearing ['hiəriŋ] *s* auz: *to be hard of* ~ a fi tare de ureche; ~ *aid* aparat auditiv; *within/out of* ~ la o distanţă de la care se poate auzi, la o distanţă de la care nu se poate auzi; audiere

hearsay ['hiəsei] *s* zvon

hearse [həːs] *s* car mortuar

heart [hɑːt] *s* inimă; *from the bottom of one's* ~ din adîncul inimii; *with all one's* ~ din toată inima; *by* ~ pe dinafară; ~ *ache* durere de inimă; ~ *beat* puls (aţie); ~ *breaking* cumplit; ~ *disease* boală de inimă; ~ *felt* sincer; ~ *rending* sfîşietor; ~ *less* nemilos; ~ *lessly* necruţător

hearten ['hɑːtən] *vt* a încuraja

hearth [hɑːθ] *s* vatră; cămin

heartily ['hɑːtili] *adv* cu poftă; cu zel

hearty ['hɑːti] *adj* sincer; sănătos; copios

heat [hiːt] 1 *s* căldură; toi; arşiţă

;călduri 2 *vt, vi* a (se) incălzi

heatedly ['hi:tidli] *adv* cu ardoare

heath [hi:Θ] *s* băragan

heathen ['hi:ðən] *s* păgîn

heave [hi:v] *vt, vi* a (se) ridica

heaven ['hevən] *s* cer; paradis; beatitudine; *Good ~ s!* Dumnezeule!; *~ sent* providenţial; *to move ~ and earth* a face pe dracu-n patru

heavenly ['hevə nli] *adj* ceresc: *the ~ city* raiul

heavy ['hevi] *adj* greu; greoi; inchis; sumbru; plicticos; *~ -handed* neindeminatic; *~ -hearted* indurerat; *~ -weight* boxer de categoria grea; *~ with* incărcat cu

Hebrew ['hi:bru:] *s* evreu; limba ebraică

heckle ['hekl] *vt* a bombarda cu intrebări

hectic ['hektik] *adj* roşu (la faţă); trepidant; palpitant; agitat

hedge [hedʒ] *s* gard viu

hedgehog ['hedʒhɔg] *s* arici

heed [hi:d] 1 *s* atenţie 2 *vt, vi* a fi atent

heel [hi:l] *s* călcîi; *at ~ s* aproape in urmă; *down at ~s* scîlciat, jerpelit; *head over ~s* alandala; ticălos

hegemony [hi'gemə ni] *s* hegemonie

height [hait] *s* inălţime; apogeu

heighten ['haitən] *vt, vi* a mări; a spori; a intensifica

heinous ['heinəs] *adj* atroce; odios

heir [hɛə] *s* moştenitor; succesor; *~ - ess* moştenitoare

helicopter ['helikɔptə] *s* elicopter

hell [hel] *s* iad; *What the ~ do you want?* Ce dracu vrei?

hello [he'lou] *interj* bună!

helm [helm] *s* cîrmă; *~ sman* cîrmaci

helmet ['helmit] *s* coif

help [help] 1 *s* ajutor; servitor 2 *vt, vi* a ajuta; a (se) servi; a se abţine; a impiedica; a fi util

helpful ['helpful] *adj* de ajutor; util

helping ['helpiŋ] *s* porţie

helpless ['helplis] *adj* neajutorat

hem [hem] 1 *s* tiv 2 *vt* a tivi 3 *interj* hm!

hemisphere ['hemisfiə] *s* emisferă

hemp [hemp] *s* cinepă

hen [hen] *s* găină; *~coop* coteţ; *~party* petrecere numai de femei

hence [hens] *adv* de aici incolo; deci; *~ forward* de acum incolo

her [hə:] *pron, adj* pe ea; a/al ei

herald ['herəld] 1 *s* vestitor 2 *vt* a vesti

herb [hə:b] *s* buruiană; plantă medicinală

herd [hə:d] *s* turmă

here [hiə] *adv* aici; iată; *~ they are* iată-i; *~you are* poftim (ce-ai vrut); *~ and there* ici şi colo; *~ about* pe aici pe undeva

heredity [hi'rediti] *s* ereditate

heritage ['heritidʒ] *s* moştenire

hermit ['hə:mit] *s* pustnic

hero ['hiərou] *s* erou; personaj; *~ine* eroină

heroic [hi'rouik] *adj* eroic

herring ['heriŋ] *s* scrumbie

hers [hə:z] *pron.* a/al ei: *it is ~* e al ei; *a book of~* o carte de a ei

herself [hə:'self] *pron* se; chiar ea; ea însăşi; *by ~* singură

hesitance ['hezitəns] *s* ezitare

hesitant ['hezitənt] *adj* şovăitor

hesitate ['heziteit] *vi* a şovăi

hesitation [hezi'tei ʃ ə n] *s* ezitare; şovăială

hew [hju:] *vt* a ciopli; a tăia; a-şi face drum

hibernate ['haibə:neit] *vi* a hiberna

hiccup, hiccough ['hik ʌ p] 1 *s* strănut 2 *vi* a strănuta

hide [haid] 1 *s* piele (de animal); blană 2 *vt*, *vi* a (se) ascunde; ~ *-and-seek* v-aţi ascunselea

hideous ['hidiə s] *adj* hidos; odios; infernal

hierarchy ['haiə ru:ki] *s* ierarhie

hi-fi ['hai'fai] *adj* de înaltă fidelitate *(a sunetului)*

high [hai] *adj* înalt; important; acut; nobil; ~ *and low* toate păturile sociale; ~ *hat* snob; ~ *jump* săritură la înălţime; ~ *street* stradă principală 2 *adv* sus; la înălţime; în lux

highly ['haili] *adv* extrem de; foarte

highness ['hainis] *s* înălţime: *your* ~ înălţimea ta

hike [haik] 1 *s* excursie 2 *vi* a face o excursie

hilarious [hi'lɛ ə riə s] *adj* vesel; ilar

hill [hil] *s* deal; movilă

hilt [hilt] *s* mâner (de sabie)

him [him] *pron* pe el; *I saw* ~ l-am văzut

himself [him'self] *pron* se; chiar el; el însuşi; *by* ~ singur

hind [haind] *adj* din spate; ~ *legs* picioare din spate

hinder ['hində] *vt* a împiedica; a reţine

hindrance ['hindrə ns] *s* obstacol

hinge [hind ʒ] *s* balama

hint [hint] 1 *s* aluzie 2 *vt* a sugera; a face aluzie

hip [hip] *s* şold; ~ *-pocket* buzunar de la pantalon

hippopotamus [hipə 'pɔtə mə s] *s* hipopotam

hire ['haiə] *vt* a închiria (*o sală*)

his [hiz] *adj*, *pron* a, al lui; lui; *It is* ~ e al lui; *a book of* ~ o carte de-a lui

hiss [his] 1 *vt*, *vi* a sâsii 2 *s* sâsiit

historian [his'tɔ:riə n] *s* istoric

historic [his'tɔrik] *adj* de importanţă istorică

historical [his'tɔrikə l] *adj* istoric

history ['histə ri] *s* istorie

hit [hit] 1 *vi*, *vi* a (se) lovi; a găsi; a nimeri; a atinge; a da de 2 *s* lovitură; aluzie; ~ *s* melodii de succes

hitch [hitʃ] 1 *vt*, *vi* a lega; a se agăţa 2 *s* nod; defect; obstacol

hitchhike ['hitʃhaik] *vi* a face autostopul

hive [haiv] *s* stup

hoard [hɔ:d] 1 *s* comoară; stoc 2 *vt* a aduna

hoarse [hɔ:s] *adj* răguşit

hoary [hɔ:ri] *adj* cărunt; foarte vechi

hoax [houks] 1 *s* farsă 2 *vt* a păcăli

hobble ['hɔbl] 1 *vi* a şonticăi 2 *s* mers greoi

hobby ['hɔbi] *s* preocupare pasionantă în timpul liber

hobnail ['hɔbneil] *s* ţintă *(la gheată)*

hockey ['hɔki] *s* hochei

hoe [hou] 1 *s* sapă 2 *vt*, *vi* a săpa

hog [hɔg] *s* porc *(pentru carne)*

hoist [hɔist] 1 *s* macara 2 *vt* a ridica *(un steag)*

hold [hould] 1 *vt*, *vi* (*trec., part. trec.*
held) a ține; a reține; a încăpea; a
considera; a afirma; a apăra; a deține;
a dura; *to ~ back* a tăinui; *to ~ on* a nu
se lăsa; *~ on!* ține-te bine!; *to ~ out* a
rezista; *to ~ up* a reține, a întîrzia 2 *s*
influență; punct de sprijin; ținere
holder ['houldə] *s* suport: *pen ~*
stilou; *cigarette ~* țigaret
holding ['houldiŋ] *s* proprietate
hole [houl] *s* gaură; groapă; dificul-
tate; vizuină
holiday ['hɔlədi] *s* vacanță; *on ~* in
vacanță
hollow ['hɔlou] *adj* scobit; spart; gol;
nesincer; supt
holy ['houli] *adj* sfînt; evlavios
homage ['hɔmidʒ] *s* omagiu
home [houm] 1 *s* casă; cămin; familie;
at ~ acasă; *at ~ in* familiarizat cu;
~ sickness dor de casă; *~ work* temă
pentru acasă 2 *adv* acasă; la țintă; *go ~*
du-te acasă
homeless ['houmlis] *adj the ~* cei fără
adăpost
homely ['houmli] *adj* obișnuit;
familial; urît (*in S.U.A.*)
homicide ['hɔmisaid] *s* omucidere
homogeneous [houməˈdʒiniəs] *adj*
omogen
homonym ['hɔmənim] *s* omonim
honest ['ɔnist] *adj* sincer; cinstit
honesty ['ɔnisti] *s* cinste; onestitate;
sinceritate
honey ['hʌni] *s* miere; scump; iubit;
~ comb fagure de miere
honeymoon ['hʌnimuːn] *s* lună de
miere

honorary ['ɔnərəri] *adj* onorific
honour ['ɔnə] 1 *s* onoare; respect;
cinste; *~s* onoruri 2 *vt* a (-și) onora
honourable ['ɔnrəbl] *adj* onorabil;
corect; respectat
hood [hud] *s* glugă; capotă
hoodlum ['hudləm] *s* gangster
hoodwink ['hudwink] *vt* a trage pe
sfoară
hoof [huːf] *s* copită
hook [huk] 1 *s* cîrlig; capcană; *~ -
nosed* cu nas coroiat; *by ~ or by crook*
prin orice mijloace 2 *vt* a prinde; a
agăța
hooligan ['huːligən] *s* huligan
hoop [huːp] *s* cerc *(la butoi)*
hoot [huːt] 1 *s* huiduială; *~ er* claxon,
sirenă 2 *vt* a huidui
hop [hɔp] 1 *s* țopăială 2 *vt, vi* a țopăi; a
sări
hope [houp] 1 *s* speranță 2 *vt, vi* a spera
hopeful ['houpful] *adj* increzător;
promițător
hopeless ['houplis] *adj* disperat; in-
curabil
horizon [həˈraizən] *s* orizont
horizontal [hɔriˈzɔntəl] *adj* orizontal
horn [hɔːn] *s* corn; sirenă; claxon; *~
-rimmed spectacles* ochelari cu rama
de baga
hornet ['hɔːnit] *s* viespe
horrible ['hɔribl] *adj* oribil
horrid ['hɔrid] *adj* infiorător; groaznic
horror ['hɔrə] *s* groază; oroare
horse [hɔːs] *s* cal; cavalerie; *on ~ back*
călare; *~ man* călăreț; *~ manship*
echitație; *~ meat* carne de cal; *~
power* cal putere; *~ race* cursă de cai;

~ *shoe* potcoavă

horticulture ['hɔ:tikʌltʃə] *s* horticultură

hose [hous] *s* furtun

hospitable [hə'spitəbl] *adj* ospitalier

hospital ['hɔspitəl] *s* spital

host [houst] *s* grămadă: ~ *s of friends* o mulţime de prieteni; gazdă; hangiu; patron *(de hotel)*

hostage ['hɔstidʒ] *s* ostatic

hostel ['hɔsl] *s* cămin (studenţesc)

hostess ['hɔstis] *s* gazdă; hangiţă

hostile ['hɔstail] *adj* ostil

hostility [hɔ'stiliti] *s* ostilitate; duşmănie

hot [hɔt] *adj* fierbinte; iute; violent; ritmat; ~ *news* ştiri recente; ~ *pants* şort

hotel ['houtel] *s* hotel

hound [haund] *s* ciine de vinătoare

hour [auə] *s* oră; *at the eleventh* ~ în ceasul al doisprezecelea; ~ *glass* clepsidră; ~ *hand* ac orar

hourly ['auəli] *adv* din oră în oră

house 1 [haus] *s* casă; clădire; sală; *the House of Commons/Lords* Camera Comunelor/Lorzilor; ~ *breaker* spărgător; ~ *keeper* menajeră; ~ *wife* gospodină; ~ *work* gospodărie **2** [hauz] *vt* a găzdui

hover ['hɔvə] *vi* a pluti în aer

how [hau] *adv* cum; cît de: ~ *old is he?* ce virstă are? ; ce: ~ *are you? ce mai faci?; ~ -d'ye-do* bună ziua; ~ *come* cum de; ~ *ever* oricit

howl [haul] **1** *s* urlet **2** *vi, vt* a urla

hub [hʌb] *s* butucul roţii; centru: *the* ~ *of the universe* buricul pămîntului

huckleberry ['hʌklberi] *s* afină

huddle ['hʌdl] *vt, vi* a (se) strînge; a se înghesui unul în altul

hue [hju] *s* nuanţă; ~ *and cry* zarvă, protest

hug [hʌg] *vt* a strînge la piept

huge [hju:dʒ] *adj* uriaş; enorm

hull [hʌl] *s* păstaie

hullo ['hʌlou] *interj* hei!

hum [hʌm] *vi, vt* a fredona; a zumzăi; a mirosi urît

human ['hju:mən] *adj* uman

humane [hju'mein] *adj* uman; indulgent

humanity [hju'mæniti] *s* omenire; bunătate; *the humanities* umanistică

humble ['hʌmbl] *adj* umil; modest

humbug ['hʌmbʌg] *s* impostor; şarlatan

humdrum ['hʌmdrʌm] *adj* monoton; plicticos

humid ['hju:mid] *adj* umed

humidity [hju'miditi] *s* umiditate

humiliate [hju'milieit] *vt* a umili

humorous ['hju:mərəs] *adj* hazliu

humour ['hju:mə] *s* umor; dispoziţie

hump [hʌmp] *s* cocoaşă; *a* ~ *back* un cocoşat; ~ *backed* cocoşat

hunch [hʌntʃ] *s* cocoaşă; presimţire

hundred ['hʌndrid] *num* sută: *three* ~ *and two* trei sute doi

hunger ['hʌŋgə] *s* foame; dorinţă; ~ *strike* grevă a foamei

hungrily ['hʌŋgrili] *adv* cu lăcomie

hungry ['hʌŋgri] *adj* flămînd

hunk [hʌŋk] *s* codru *(de piine)*

hunkers ['hʌŋkəz] *s pl on one's* ~ pe vine

hunt [hʌnt] 1 s vînătoare; ~ *er* vînător 2 *vi, vt* a vîna; *(for)* a căuta; *(down)* a hăitui *(un evadat)*

hurdle ['hə:dl] s garduri *(la sport)*

hurl [hə:l] *vt* a azvîrli; a se repezi la

hurrah [hu'rɑ:] *interj* ura!

hurricane ['hʌrikən] s uragan

hurry ['hʌri] 1 s grabă: *in a* ~ in grabă 2 *vi, vt* a (se) grăbi: ~ *up* grăbeşte-te!

hurt [hə:t] 1 *vt, vi* a (se) răni; a jigni 2 s jignire; lovitură

husband ['hʌzbənd] s soţ

hush [hʌʃ] 1 *vt, vi* a face să tacă: ~ *!* linişte!; a trece sub tăcere 2 s linişte

husky ['hʌski] *adj* răguşit; sec; voinic

hustle [hʌsl] *vt, vi* a îmbrînci

hut [hʌt] s colibă; cabană; baracă

hyacinth ['haiəsinθ] s zambilă

hybrid ['haibrid] s hibrid

hymn [him] s cîntec religios

hyphen ['haifn] s cratimă

hypocrisy [hi'pɔkrisi] s ipocrizie

hypocrite ['hipəkrit] s ipocrit

hypothesis [hai'pɔθisis] s ipoteză

hysterics [his'teriks] s *pl* istericale

I

I, i [ai] (litera) i

I [ai] *pron* eu

iambus [ai'æmbəs] *s* iamb

ibidem ['ibidem] *adv* (*abreviat* ibid) ibidem

ice [ais] 1 *s* gheață; înghețată; *to be skating on thin* ~ a fi într-o situație delicată; ~*berg* aisberg; ~*box* frigider; ~*breaker* spărgător de gheață; ~*show* spectacol pe gheață; ~ *skate* patină 2 *vt, vi* a răci; a îngheța

icicle ['aisikl] *s* țurțure

icing ['aisiŋ] *s* glazură

icon ['aikɔn] *s* icoană

icy ['aisi] *adj* foarte rece; înghețat

idea [ai'diə] *s* idee; părere; impresie

ideal [ai'diəl] *adj* ideal

idem ['idem] *s* idem

identical [ai'dentikəl] *adj* identic; la fel; egal

identify [ai'dentifai] *vt* a identifica; (*with*) a se implica (în)

identity [ai'dentiti] *s* identitate

ideology [aidi'ɔlədʒi] *s* ideologie

idiom ['idiəm] *s* idiom; dialect; expresie

idiot ['idiət] *s* debil mintal

idle ['aidl] 1 *adj* leneș, nefolositor; nefondat; fără ocupație 2 *vi, vt* a irosi (*timpul*); a merge în gol

idol ['aidl] *s* idol; odor

if [if] *conj* dacă; cînd; deși; cu condiția ca; *even if* chiar dacă; *if only* numai dacă

ignite [ig'nait] *vt, vi* a da foc; a lua foc

ignoble [ig'noubl] *adj* rușinos; josnic

ignorance ['ignərəns] *s* ignoranță; necunoștință de cauză

ignorant ['ignərənt] *adj* ignorant

ill [il] bolnav; prost; rău; *to fall* ~ a se îmbolnăvi 2 *s* rău; necaz 3 *adj* rău; aspru

illegal [i'li:gəl] *adj* ilegal

illegible [i'ledʒəbl] *adj* neciteț

illegitimate [ili'dʒitimət] *adj* nelegitim

illiterate [i'litrit] *adj* analfabet; incult

illness ['ilnis] *s* boală

illuminate [i'lumineit] *vt* a lumina; a lămuri

illusion [i'lu:ʒən] *s* iluzie

illusive [i'lu:siv] *adj* amăgitor; ireal

illustrate ['iləstreit] *vt* a ilustra

illustrious [i'lʌstriəs] *adj* distins; ilustru

image ['imidʒ] *s* imagine; chip; figură de stil

imaginary [i'mædʒinəri] *adj* imaginar; ireal

imagination [i'mædʒi'neiʃən] *s* imaginație; închipuire

imagine [i'mædʒin] *vt* a-și închipui; a concepe

imbue [im'bju:] *vt* (*with*) a fi plin (de)

imitate ['imiteit] *vt* a imita; a se lua după

imitation [imi'teiʃən] 1 *s* copie; imitație 2 *adj* fals

immanent ['imənənt] *adj* (*in*) inerent

immaterial [imə'tiəriəl] *adj* fără însemnătate

immature [imə'tjuə] *adj* necopt

immeasurable [i'meʒrəbl] *adj* incomensurabil

immediate [i'midiət] *adj* direct; apropiat; prompt

immemorial [imi'mɔriəl] *adj from time ~* din timpuri străvechi

immerse [i'mə:s] *vt* a băga (în apă); *to be ~ d in* a fi absorbit de

immigrant ['imigrənt] *s* emigrant

immigrate ['imigreit] *vi* a emigra

imminent ['iminənt] *adj* iminent; inevitabil

immobile [i'moubail] *adj* imobil; nemișcat

immoderate [i'mɔdrit] *adj* exagerat

immodest [i'mɔdist] *adj* indecent; nerușinat

immoral [i'mɔrəl] *adj* imoral; stricat

immortal [i'mɔ:təl] *adj* nemuritor

immortality [imɔ'tæliti] *s* nemurire

immune [i'mju:n] *adj* imun; ferit

immutable [i'mjutəbl] *adj* imuabil; permanent

imp [imp] *s* drăcușor

impact ['impækt] *s* ciocnire; influență

impair [im'pɛə] *vt* a primejdui

impassable [im'pɑ:səbl] *adj* impracticabil

impassioned [im'pæʃənd] *adj* pasionat

impassive [im'pæsiv] *adj* impasibil

impatient [im'peiʃənt] *adj* nerăbdător; intolerant

impeach [im'pitʃ] *vt* a pune la îndoială

impeccable [im'pekəbl] *adj* ireproșabil

impede [im'pi:d] *vt* a împiedica

impel [im'pel] *vt* a îndemna

imperative [im'perətiv] *adj* necesar, categoric; important

imperceptible [impə'septəbl] *adj* imperceptibil

imperfect [im'pə:fikt] *adj* imperfect; necomplet

imperialist [im'piəriəlist] *s* imperialist

impermeable [im'pə:miəbl] *adj* impermeabil

impersonal [im'pə:sənəl] *adj* imparțial

impertinent [im'pə:tinənt] *adj* impertinent; irelevant

impervious [im'pə:viəs] *adj* imperturbabil

impetuous [im'petʃuəs] *adj* impulsiv

impetus ['impitəs] *s* impuls

implant [im'plɑ:nt] *vt* a inculca

implement ['impləmənt] **1** *s* unealtă **2** *vt* a pune în aplicare

implore [im'plɔ:] *vt* a implora

imply [im'plai] *vt* a implica; a însemna

impolite [impə'lait] *adj* nepoliticos

import [im'pɔ:t] *vt* a importa

important [im'pɔ:tənt] *adj* important; de vază

impose [im'pouz] *vt, vi* a (se) impune

impossible [im'pɔsibl] *adj* imposibil

impracticable [im'præktikəbl] *adj* impracticabil

impress [im'pres] **1** *vt* a aplica; a impresiona; a face impresie **2** *s* urmă; semn

impression [im'preʃən] *s* semn; impresie

impressive [im'presiv] *adj* impresionabil

imprint [im'print] 1 *s* urmă 2 *vt* a lipi; a întipări

imprison [im'prizən] *vt* a băga la închisoare

improbable [im'prɔbəbl] *adj* nesigur; incert

impromptu [im'prɔmptju] *adj* nepregătit

improper [im'prɔpə] *adj* nepotrivit; greşit

improve [im'pru:v] *vt* a îmbunătăţi; a ameliora

improvement [im'pru:vmənt] *s* îmbunătăţire

improvise ['imprəvaiz] *vt*, *vi* a improviza

imprudent [im'prudənt] *adj* nechibzuit; pripit

impudent ['impjudənt] *adj* nesăbuit; neruşinat

impulse ['impʌls] *s* impuls; impulsivitate

impure [im'pjuə] *adj* impur; poluat

impute [im'pjut] *vt* a imputa; a pune pe seama

in [in] 1 *adj* înăuntru: *come in!* intră!; acasă: *is he in*? este acasă?; de sezon : *are cherries in* ? au apărut cireşele? la modă: *short skirts are in* fustele scurte sînt la modă; *day in day out* zi de zi 2 *prep* în; din; *in that* deoarece; *in so far as* în măsura în care; *in fact* de fapt

inaccurate [in'ækjurət] *adj* inexact

inadequate [in'ædikwit] *adj* necorespunzător

inadvertent [inəd'və:tənt] *adj* neprevăzut

inane [i'nein] *adj* prostesc

inanimate [in'ænimeit] *adj* neînsufleţit

inappropriate [inə'proupriət] *adj* nepotrivit

inasmuch as [inəz'm∧tʃəz] *conj* deoarece

inattentive [inə'tentiv] *adj* neatent

inaugurate [i'nɔ:gjureit] *vt* a inaugura; a instala; a deschide

inauspicious [inɔ'spiʃəs] *adj* de rău augur

inborn [in'bɔ:n] *adj* înnăscut

inbred [in'bred] *adj* înnăscut; din fire

incalculable [in'kælkjuləbl] *adj* nemăsurat; neprevăzut

incarnate 1 [in'ka:nit] *adj* întruchipat 2 ('inka:neit) *vt* a întruchipa

incautions [in'kɔʃəs] *adj* pripit

incendiary [in'sendiəri] *adj* subversiv

incense[1] ['insens] *s* tămîie

incense[2] [in'sens] *vt* a enerva

incentive [in'sentiv] *s* stimulent

incessant [in'sesnt] *adj* neîncetat

inch [intʃ] *s* ţol (*2,54 cm*); ~ *by* ~ treptat; *within an* ~ *of* la un pas de;*not yield an* ~ a nu ceda deloc

incident ['insidənt] 1 *adj* (*to*) legat (de) 2 *s* incident

incinerate [in'sinəreit] *vt* a incinera

incisive [in'saisiv] *adj* incisiv

inclination [inkli'neiʃən] *s* înclinare; înclinaţie; tendinţă

incline 1 [in'klain] *vt*, *vi* a apleca; a fi dispus; a înclina 2 ['inklain] *s* pantă

include [in'klu:d] *vt* a conține; a include

income ['ink∧m] *s* venit; salariu

incoming [in'k∧miŋ] *adj* care vine

incommensurate [inkə'menʃurət] *adj* incomensurabil

incompetent [in'kɔmpitənt] *adj* incompetent

inconceivable [inkən'si:vəbl] *adj* de neconceput

inconclusive [inkən'klu:siv] *adj* neconcludent

incongruous [in'kɔŋgruəs] *adj* (*with*) în dezacord (cu)

inconsequent [in'kɔnsikwənt] *adj* irelevant

inconspicuous [inkən'spikjuəs] *adj* neobservat; șters

inconvenience [inkən'vinięns] *s* inconveniență

incorrect [inkə'rekt] *adj* incorect

increase 1 [in'kri:s] *vt,vi* a spori; a mări 2 ['inkri:s] *s* sporire; creștere

incredulous [in'kredjuləs] *adj* neîncrezător

inculcate ['ink∧lkeit] *vt* a inculca

incumbent [in'k∧mbənt] *adj* ~ *upon smb* (*to do*) de datoria cuiva (să facă)

incur [in'kə:] *vt* a stîrni; a-și crea

indebted [in'detid] *adj* îndatorat

indecent [in'di:sənt] *adj* indecent; ne la locul lui

indecisive [indi'saisiv] *adj* nesigur; șovăielnic

indeed [in'di:d] *adj* într-adevăr

indefinite [in'defnit] *adj* vag; nedefinit

indelible [in'deləbl] *adj* de neșters

indemnity [in'demniti] *s* despăgubire; garanție

indent [in'dent] *vt, vi* a zimțui; a începe de la capăt

independence [indi'pendəns] *s* independență

independent [indi'pendənt] *adj* independent

index ['indeks] *s* indice; indiciu; arătător; cartotecă

Indian ['indiən] *s, adj* indian

indicate ['indikeit] *vt* a indica

indict [in'dait] *vt* a acuza

indictment [in'daitmənt] *s* inculpare; rechizitoriu

indifferent [in'difrənt] *adj* indiferent; nepăsător; oarecare

indignity [in'digniti] *s* umilință; mîrșăvie

indiscreet [indis'kri:t] *adj* indiscret; imprudent

indiscrete [indis'kri:t] *adj* nedivizat, omogen

indistinct [indi'stiŋkt] *adj* neclar

indomitable [in'dɔmitəbl] *adj* neînfricat; care nu cedează

indoor [in'dɔ:] *adj* de interior

indoors [in'dɔ:z] *adj* în casă

induce [in'dju:s] *vt* a determina; a lămuri; a deduce; a produce

indulge [in'd∧ldʒ] *vt, vi* a (-și) permite; a îngădui; a încuraja

industrious [in'd∧striəs] *adj* silitor; muncitor

industry ['indəstri] *s* hărnicie; industrie

inedible [in'edibl] *adj* necomestibil

ineffectual [ini'fektʃuəl] *adj* in

capabil; fără succes

inefficient [ini'fiʃənt] *adj* neproductiv; ineficient

inequality [ini'kwɔliti] *s* inegalitate

inequity [in'ekwiti] *s* nedreptate

infallible [in'fæləbl] *adj* infailibil; sigur

infamous ['infəməs] *adj* infam; nerușinat

infancy ['infənsi] *s* copilărie; început

infant ['infənt] *s* copil mic

infantry ['infəntri] *s* infanterie

infatuate [in'fætjueit] *vt to be ~ed with* a fi îndrăgostit de

infectious [in'fekʃəs] *adj* infecțios

infer [in'fə:] *vt* a deduce

infernal [in'fə:nəl] *adj* infernal

infinite ['infinit] *adj* infinit; incalculabil; inimaginabil

inflate [in'fleit] *vt* a umfla

inflict [in'flikt] *vt* a da (*o lovitură*); a cauza

influence ['influəns] *s* influență; trecere

influential [influ'enʃəl] *adj* influent; cu greutate; de vază

influenza [influ'enzə] *s* gripă

inform [in'fɔ:m] *vt, vi* a informa; a ține la curent

informal [in'fɔ:məl] *adj* fără formalitate; degajat; familiar

information [infə'meiʃən] *s* informații; noutăți

infringe [in'frindʒ] *vt, vi* a încalca

infuse [in'fju:z] *vt* a insufla

ingenious [in'dʒiniəs] *adj* inventiv; ingenios

ingenuous [in'dʒenjuəs] *adj* natural;

sincer

inhale [in'heil] *vt, vi* a inspira (*aer*)

inherent [in'hiərənt] *adj* inerent; înnăscut

inherit [in'herit] *vt* a moșteni

inhibit [in'hibit] *vt* a împiedica, a opri

inhospitable [inhɔs'pitəbl] *adj* neospitalier; ostil

initiate [i'niʃieit] *vt* a iniția

initiative [i'niʃətiv] *s* inițiativă

injure ['indʒə:] *vt* a vătăma

injured ['indʒə:d] *adj* rănit; vătămat; ofensat

injury ['indʒəri] *s* vătămare; rănire; jignire

ink [iŋk] *s* cerneală; *~-pot* călimară

inkling ['iŋkliŋ] *s* bănuială

in-laws ['inlɔ:z] *s pl* rude prin alianță

inlay [in'lei] *vt* a incrusta

inlet ['inlet] *s* intrînd

inmost ['inmoust] *adj* adînc; profund

inn [in] *s* han; *~-keeper* hangiu

innate [i'neit] *adj* înnăscut

inner ['inə:] *adj* interior; *the ~ man* eul

innocent ['inəsənt] *adj* nevinovat; inofensiv; naiv

innocuous [i'nɔkjuəs] *adj* inofensiv

innuendo [inju'endou] *s* aluzie

inoculate [i'nɔkjuleit] *vt* a vaccina; a insufla

inquest ['inkwest] *s* anchetă (*pentru stabilirea cauzelor morții cuiva*)

inquietude [in'kwaiətjud] *s* neliniște

inquire [in'kwaiə] *vt, vi* a se interesa; a întreba; a cere

inquiry [in'kwaiəri] *s* întrebare; cercetare; anchetă

inquisitive [in'kwizitiv] *adj* curios
insane [in'sein] *adj* nebun
inscrutable [in'skru:təbl] *adj* enig-
matic; misterios
insect ['insekt] *s* insectă
insecurity [insi'kjuə riti] *s* nesiguranţă
insensible [in'sensibl] *adj* fără
cunoştinţă; indiferent
insert [in'sə:t] *vt* a introduce; a băga;
a insera
inside [in'said] 1 *s* interior; . ~ *out*
întors pe dos 2 *adj* înăuntru
insidious [in'sidiəs] *adj* ascuns;
nevăzut
insight ['insait] *s* intuiţie
insignificant [insig'nifikənt] *adj*
neînsemnat; şters
insipid [in'sipid] *adj* fără gust; anost;
nesărat
insist [in'sist] *vi*, *vt* a insista
insolvent [in'sɔlvənt] *adj* falit
inspect [in'spekt] *vt* a cerceta; a in-
specta
inspiration [inspi'reiʃən] *s* inspiraţie
instal [in'stɔ:l] *vt* a instala
instalment [in'stɔ:lmənt] *s* fascicol;
rată
instance ['instəns] *s* exemplu; *for ~*
de exemplu; *in the first ~* în primul
rînd
instant ['instənt] 1 *adj* imediat; urgent
2 *s* moment
instead [in'sted] *adj* în schimb; ~ *of* în
loc de
instil [in'stil] *vt* a inculca
institute ['institju:t] 1 *s* institut 2 *vt* a
institui
instruct [in'strʌkt] *vt* a instrui; a da

dispoziţii
instruction [in'strʌkʃən] *s* instruire;
~ *s* instrucţiuni, dispoziţii
insulate ['insjuleit] *vt* a izola; a separa
insult 1 [in'sʌlt] *vt* a insulta 2
['insʌlt] *s* insultă
insurance [in'ʃuərəns] *s* asigurare;
social ~ asigurări sociale
insure [in'ʃuə] *vt* a asigura (*în caz de*
accident)
insurmountable [insə'mauntəbl] *adj*
de netrecut
integrate ['intigreit] *vt* a integra
intellectual [inti'lektʃuəl] *adj* intelec-
tual; ~ *s* intelectualitate
intelligence [in'telidʒəns] *s* in-
teligenţă; prezenţă de spirit; infor-
maţii
intelligentsia [inteli'dʒentsiə] *s* in-
telectualitate
intemperate [in'temprit] *adj*
nestăpînit
intend [in'tend] *vt* a intenţiona; a meni
intensify [in'tensifai] *vt* intensifica
intent [in'tent] 1 *adj* serios; atent; con-
centrat 2 *s* gînd; ţel
intention [in'tenʃən] *s* intenţie; scop
intentional [in'tenʃənl] *adj*
intenţionat
intercede [intə'si:d] *vi* a interveni
intercourse ['intəkɔ:s] *s* legătură;
sexual ~ relaţie sexuală
interdict [intə'dikt] *vt* a interzice
interest ['intrist] 1 *s* interes; scop;
dobîndă; ~ *s* profit 2 *vt* a interesa
interfere [intə'fiə] *vi* a se băga; a in-
terveni
interference [intə'fiərəns] *s* imix

tiune; bruiaj

interlace [intə'leis] *vt* a (se) împleti

interlude ['intəlu:d] *s* interludiu; pauză

intermediate [intə'midiət] *adj* intermediar

intermission [intə'miʃən] *s* pauză

internal [in'tə:nəl] *adj* intern

international [intə'næʃənəl] *adj* internaţional

interpose [intə'pouz] *vt, vi* a (se) interpune

interrupt [intə'rʌpt] *vt* a întrerupe; a împiedica

intertwine [intə'twain] *vt, vi* a (se) întreţese

intervene [intə'vi:n] *vi* a interveni

interview ['intəvju:] 1 *s* interviu 2 *vt* a lua un interviu

intimate 1 ['intimit] *adj* intim; personal 2 ['intimeit] *vt* a manifesta; a sugera

into ['intə] *prep* în

intolerable [in'tɔlərəbl] *adj* insuportabil

intoxicate [in'tɔksikeit] *vt* a îmbăta; a ameţi

intractable [in'træktəbl] *adj* neascultător; refractar

intrepid [in'trepid] *adj* neînfricat

intricate ['intrikit] *adj* complicat

introduce [intrə'djus] *vt* a introduce; a prezenta

introduction [intrə'dʌkʃən] *s* introducere; cunoştinţă

intrude [in'tru:d] *vt, vi* a se strecura; a deranja; a se vîrî

intrusion [in'truʒən] *s* interpunere;

deranjare

intuition [intju'iʃən] *s* intuiţie

inure [i'njuə] *vt* a obişnui cu

invalid[1] ['invəlid] *adj* invalid

invalid[2] [in'vælid] *adj* nefondat; nul

invaluable [in'væljuəbl] *adj* inestimabil

inveigh [in'vei] *vi* (*against*) a se repezi cu vorba

invent [in'vent] *vt* a inventa; a descoperi; a născoci

invention [in'venʃən] *s* invenţie; inventare

inventory [in'ventəri] *s* inventar

invert [in'və:t] *vt* a inversa; ~ *ed commas* ghilimele

invest [in'vest] *vt* a investi; a cumpăra; a instala

investigate [in'vestigeit] *vt* a cerceta (*un caz*); a ancheta

investigation [investi'geiʃən] *s* anchetare; cercetare

inveterate [in'vetərit] *adj* înrăit; înrădăcinat

invidious [in'vidiəs] *adj* nedrept; supărător; invidios

invigorate [in'vigəreit] *vt* a întări; a înviora

invisible [in'vizibl] *adj* invizibil; inexistent

invite [in'vait] *vt* a invita; a cere; a tenta

inviting [in'vaitiŋ] *adj* tentant

invoice ['invois] 1 *vt* a factura 2 *s* factură

involve [in'volv] *vt* a implica; a îngloba

inward ['inwə:d] *adj* (spre) interior

ire [aiə] *s* mînie

iris ['aiəris] *s* iris; stînjenel

irk [ə:k] *vt* a călca pe nervi (*pe cineva*)

irksome ['ə:ksəm] *adj* plictisitor

iron ['aiən] 1 *s* fier; *cast* ~ fontă; ~ *monger* negustor de fierărie 2 *vt* a călca (*rufe*)

irony ['aiərəni] *s* ironie

irrational [i'ræʃnəl] *adj* irațional; absurd

irreconcilable [irekən'sailəbl] *adj* de neînpăcat

irrefutable [iri'fjutəbl] *adj* ferm; de necontestat

irregular [i'regjulə] *adj* neregulat

irrelevant [i'relivənt] *adj* irelevant

irrepressible [iri'presibl] *adj* de nestăpânit

irresolute [i'rezəlut] *adj* nehotărât

irrevocable [i'revəkəbl] *adj* irevocabil

irritate ['iriteit] *vt* a enerva; a irita

irruption [i'rʌpʃən] *s* năvălire

island ['ailənd] *s* insulă

isle [ail] *s* insulă: *the Isle of Wight* insula Wight

isolate ['aisəleit] *vt* a izola

issue ['iʃu:] 1 *s* număr (*de ziar*); ediție; problemă; rezultat 2 *vi, vt* a ieși; a emite; a publica

it [it] *pron* el; ea; (*impersonal*): *it is cold* este frig; *it is two o'clock* e ora două

italic [i'tælik] *adj* cursiv

itch [itʃ] 1 *s* mâncărime; dorință 2 *vi* a avea mâncărime; a aștepta cu nerăbdare

item ['aitəm] *s* punct; obiect

iterate ['itəreit] *vt* a repeta

itinerant [ai'tinərənt] *adj* ambulant

its [its] *adj* lui; ei

itself [it'self] *pron* se; în sine; *by* ~ singur; singură

ivory ['aivri] 1 *s* fildeș 2 *adj* de fildeș

ivy ['aivi] *s* iederă

J

J, j [dʒ ei] (litera) j

jab [dʒ æb] 1 s impunsătură 2 vt, vi a infige; a înpunge

jabber ['dʒ æbə] 1 vi, vt a pălăvrăgi 2 s pălăvrăgeală

jack [dʒ æk] s om, bărbat; băiat; valet (la cărți); cric; every man ~ toată lumea

jackass ['dʒ ækæs] s măgar

jacket ['dʒ ækit] s jachetă; supracopertă; coajă (de cartof)

jaded ['dʒ eidid] adj obosit; frînt

jail [dʒ eil] s închisoare

jam [dʒ æm] 1 s gem; ambuteiaj 2 vt, vi a (se) înghesui; a ticsi; a se bloca

janitor ['dʒ ænitə] s portar

January ['dʒ ænjuəri] s ianuarie

jar¹ [dʒ ɑ:] s recipient; borcan

jar² [dʒ ɑ::] 1 s izbitură; lovire; distonanța 2 vt, vi a (se) ciocni; a lovi; a supăra la ochi

jasmine ['dʒ æzmin] s iasomie

jaundice ['dʒ ɔ:ndis] s icter; gelozie; invidie

jaunty ['dʒ ɔ:nti] adj vesel; nepăsător

javelin ['dʒ ævlin] s suliță; to throw the ~ a arunca sulița

jaw [dʒ ɔ:] s falcă; vorbărie

jay [dʒ ei] s gaiță

jazz [dʒ æz] s jaz

jealous ['dʒ eləs] adj gelos; invidios

jealousy ['dʒ eləsi] s gelozie; invidie

jeer [dʒ iə] vi (at) a-și bate joc (de)

jelly ['dʒ eli] s jeleu; aspic; ~-fish meduză

jeopardize ['dʒ epədaiz] vt a pune în pericol

jerk [dʒ ə:k] 1 s smucitură; tresărire 2 vt, vi a zdruncina; a tresări

jersey ['dʒ ə:si] s jerseu

jest [dʒ est] 1 s glumă 2 vi a glumi

jester ['dʒ estə] s bufon

jet [dʒ et] s jet; ~plane avion cu reacție

jetty ['dʒ eti] s chei

Jew [dʒ u:] s evreu; ~ess evreică; ~ish evreiesc

jewel ['dʒ u:əl] s bijuterie

jilt [dʒ ilt] vt a-i da papucii

jingle ['dʒ iŋgl] 1 s zornăit; zăngănit 2 vt, vi a zornăi; a zăngăni

jittery ['dʒ itəri] adj nervos; speriat

job [dʒ ɔb] s ocupație, îndeletnicire; post; serviciu; treabă

jobber ['dʒ ɔbə] s agent de bursă

jockey ['dʒ ɔki] s jocheu

jocular ['dʒ ɔkjulə] adj glumeț; comic

join [dʒ ɔin] vt, vi a uni, a (se) lega; a (se) alătura; a se înscrie; a însoți; a se întîlni

joiner ['dʒ ɔinə] s tîmplar

joinery ['dʒ ɔinəri] s tîmplărie

joint 1 s articulație; halcă; balama 2 vt a cupla; a îmbina

joke [dʒ ouk] s glumă

joker ['dʒ oukə] s mucalit; tip; joker (la cărți)

jolly ['dʒ ɔli] adj vesel, voios

jolt [dʒ oult] 1 s zdruncinătură; izbitură **2** *vt, vi* a zdruncina; a izbi

jostle ['dʒɔsl] *vt, vi* a împinge

journal ['dʒəːnl] *s* cotidian; ziar; ~ *ese* stil gazetăresc; ~ *ist* ziarist

journey ['dʒəːni] *s* voiaj

journeyman ['dʒəːnimən] *s* meşter

jovial ['dʒouviəl] *adj* vesel; jovial

jowl [dʒaul] *s* falcă

joy [dʒɔi] *s* bucurie; plăcere

joyous ['dʒɔiəs] *adj* vesel; mulţumit

jubilee ['dʒubili] *s* jubileu; *silver* ~ nuntă de argint

judge [dʒʌdʒ]] *s* judecător; juriu; cunoscător; specialist **2** *vt, vi* a judeca; a aprecia; a-şi da seama; a socoti

judgement ['dʒʌdʒmənt] *s* judecată; sentinţă; minte; părere

judicial [dʒu'diʃl] *adj* judecătoresc; imparţial

judicious [dʒu'diʃəs] *adj* logic; de bun simţ

jug [dʒʌg] *s* ulcior; cană

juggle [dʒʌgl] *vt, vi* a păcăli; a jongla; a mistifica; ~ *r* jongler

juice [dʒuːs] *s* suc

juicy ['dʒuːsi] *adj* zemos; suculent

juke-box ['dʒuːkbɔks] *s* tonomat

July [dʒu'lai] *s* iulie

jumble ['dʒʌmbl]] *vi, vt* a îngrămădi; a pune de-a valma **2** *s* amestecătură; talmeş-balmeş

jump [dʒʌmp]] *s* săritură; tresărire; *the long/high* ~ săritură la lungime/ la înălţime **2** *vt, vi* a sări; a tresări; (*at*) a se repezi (la); *to* ~ *the queue* a sări peste rînd

jumper ['dʒʌmpə] *s* bluză; tricou

junction ['dʒʌŋkʃən] *s* joncţiune; nod (*de cale ferată*)

June [dʒuːn] *s* iunie

jungle ['dʒʌŋgl] *s* junglă

junior ['dʒuːniə] *s* junior; tînăr **2** *adj* mai tînăr; junior

juniper ['dʒuːnipə] *s* ienupăr

junk [dʒʌŋk] *s* vechituri

jurisdiction [dʒuəris'dikʃən] *s* jurisdicţie; competenţă

juror ['dʒuərə] *s* jurat

jury ['dʒuəri] *s* juraţi; juriu

just [dʒʌst]] *adj* drept; cinstit; just **2** *adj* abia; chiar; tocmai; ~ *as* aşa cum; ~ *now* chiar acum

justice ['dʒʌstis] *s* dreptate; justiţie

justification [dʒʌstifi'keiʃən] *s* justificare; scuză; motiv

justify ['dʒʌstifai] *vt* a justifica; a scuza

jut [dʒʌt] *vi* (*out*) a ieşi în afară

jute [dʒuːt] *s* iută

juvenile ['dʒuːvinail]] *s* tînăr **2** *adj* tineresc; pentru tineri

juxtapose [dʒʌkstə'pouz] *vt* a alătura

K

K, k [kei] (litera) k

kaleidoscope [kə'laidəskoup] *s* caleidoscop

kangaroo [kæŋgə'ru:] *s* cangur

keen [ki:n] *adj* ascuțit; pătrunzător; (on) nerăbdător, dornic (să)

keep [ki:p] *vt*, *vi* (*trec.*, *part.trec.* kept) a ține; a (se) menține; a păstra; a reține; *to ~ a secret* a păstra un secret; *to ~ hold of* a ține strîns; *~ smiling!* zîmbiți, vă rog!; *to ~ away from* a se feri (de); *to ~ off* a nu atinge; *to ~ out* a nu se amesteca; *~ out!* nu vă amestecați! *to ~ up with* a ține pasul cu

keeper ['ki:pə] *s* paznic; supraveghetor

keeping ['ki:piŋ] *s* grijă; custodie; acord

keepsake ['ki:pseik] *s* suvenir

kennel ['kenl] *s* coteț (*de ciine*)

kerb [kə:b] *s* bordură

kerchief ['kə:tʃi:f] *s* basma, batic

kernel ['kə:nəl] *s* miez; esență

kerosene ['kerəsi:n] *s* gaz (lampant)

ketch-up ['ketʃəp] *s* sos picant; bulion

kettle ['ketl] *s* ibric

key [ki:] *l s* cheie; *~ hole* gaura cheii; clapă; *~ board* claviatură *2 vt* (up) a acorda (*un instrument*)

khaki ['ka:ki] *adj* cachi

kick [kik] *l s* lovitură; împunsătură *2 vt*, *vi* a lovi; a împunge; a da din picioare; a protesta

kid [kid] *l s* ied; copil *2 vt* a glumi; *you're ~ding!* glumești!

kidnap ['kidnæp] *vt* a răpi

kidney ['kidni] *s* rinichi

kill [kil] *vt* a omori; a sacrifica; a nimici

killer ['kilə] *s* ucigaș

kilogram ['kiləgræm] *s* kilogram

kin [kin] *s* rude: *next of ~* înrudit de aproape

kind [kaind] *l adj* bun; prietenos; amabil; *~-hearted* milos; bun; *~ness* bunătate *2 s* fel; sort; soi; gen; fire; *nothing of the ~* nimic de felul acesta

kindergarten ['kindəga:tn] *s* grădiniță

kindle ['kindl] *vt*, *vi* a aprinde; a lua foc; a stîrni

kindly ['kaindli] *adj* prietenos; amabil

kindred ['kindrid] *l s* rudenie; rude *2 adj* înrudit; similar

king [kiŋ] *s* rege; rigă; *~ size* de format mare

kingdom ['kiŋdəm] *s* regat; domnie

kinship ['kinʃip] *s* rudenie

kiosk ['kiɔsk] *s* chioșc; cabină

kipper ['kipə] *s* hering afumat *sau* sărat

kiss [kis] *l s* sărut; *~ of life* respirație artificială *2 vt*, *vi* a (se) săruta; *she ~ed the kid good night* a sărutat copilul înainte de culcare; *~er* gură

kit [kit] *s* echipament; *~bag* sac de voiaj; rucsac

kitchen ['kitʃin] *s* bucătărie; *~ garden* grădină de zarzavat

kite [kait] *s* uliu; zmeu (*de hîrtie*)

kitten ['kitin] s pisicuţă

knack [næk] s îndemînare; pricepere; truc

knapsack ['næpsæk] s rucsac

knave [neiv] s escroc; valet (*la cărţi*)

knead [ni:d] vt a frămînta (*aluat*)

knee [ni:] s genunchi; ~ breeches pantaloni pînă la genunchi; ~ cap rotulă; ~ deep (adînc) pînă la genunchi

kneel [ni:l] vi a îngenunchia

knell [nel] s dangăt

knick-knack ['niknæk] s zorzoane; bibelou

knife [naif] s briceag

knight [nait] s cavaler; cal (*la şah*)

knit [nit] vt, vi a tricota; a (se) îmbina; ~ting tricotat; ~ting machine maşină de tricotat; ~wear tricotaje

knob [nɔb] s miner (rotund); buton; nod (*la copac*)

knock [nɔk] 1 s lovitură; ciocănitură; ciocnire 2 vt, vi a (se) lovi; a (se) izbi; a ciocăni (*la uşă*); a uimi; a critica; to ~ out a trînti la podea (*la box*)

knoll [noul] s movilă

knot [nɔt] s nod: to make a ~ a face un nod

knotty ['nɔti] adj cu noduri; noduros; dificil

know [nou] vt, vi (trec. knew, part.trec. known) a şti; a cunoaşte; a înţelege; a suferi; a fi priceput; ~-all atotştiutor; ~ how pricepere, experienţă

knowing ['nouiŋ] adj informat; priceput; abil; ~ly cu bună ştiinţă

knowledge ['nɔlidʒ] s cunoştinţe; cunoaştere; învăţătură

knuckle ['nʌkl] s încheietură a degetelor

kohlrabi ['koulrɑ:bi] s gulie

L

L,l [el] (litera)l

lab [læb] *s* laborator

label ['leibl] *s* etichetă; marcă a fabricii

laboratory [lə'bɔrə tri] *s* laborator

laborious [lə'bɔriəs] *adj* obositor; greu

labour ['leibə] **1** *s* muncă; activitate; muncitorime; caznă; *hard* ~ muncă grea; *~-saving devices* aparate de uz casnic **2** *vt, vi* a trudi; a elabora

labyrinth ['læbirin Θ] *s* labirint

lace [leis] *s* dantelă; şiret; şnur

lack [læk] **1** *vt, vi* a duce lipsă de; a avea nevoie **2** *s* lipsă

lackey ['læki] *s* lacheu

lacquer ['lækə] **1** *s* lac (*de lustruit*) **2** *vt* a lăcui

ladder ['lædə] *s* scară (*mobilă*); fir dus (*la ciorap*): *~-proof* indeşirabil

laden ['leidn] *adj* (*with*) încărcat (*de*)

ladle ['leidl] *s* polonic

lady [leidi] *s* doamnă: *Ladies and gentlemen* doamnelor şi domnilor; *Lady* (*soție a unui lord*); *My Lady* (*termen de adresare al servitorilor către stăpînă*); *~-in-waiting* doamnă de onoare (*a reginei*); *Our Lady* Fecioara Maria; *~-killer* seducător

lag [læg] *vi* (*behind*) a rămîne în urmă

lair [lɛə] *s* vizuină

lake [leik] *s* lac

lamb [læm] *s* miel; *~skin* blană de miel

lame [leim] *adj* şchiop; neconvingător

lament [lə'ment] **1** *vt, vi* a (se) plînge **2** *s* bocet

lamentable ['læmə ntəbl] *adj* lamentabil; deplorabil

lamp [læmp] *s* lampă; felinar; lanternă; ~ *shade* abajur

lampoon [læm'pu:n] *s* satiră

lance [lɑ:ns] *s* lance

land [lænd] **1** *s* pămînt, uscat; teren; moşie; ~ *lady* moşiereasă; hangiţă; ~ *lord* moşier; ~ *mark* piatră kilometrică; ~ *owner* proprietar de pămînt **2** *vt, vi* a debarca; a nimeri; a se trezi

landing ['lændiŋ] *s* debarcare; aterizare; debarcader

landscape ['lændskeip] *s* peisaj

lane [lein] *s* alee; străduţă; interval; bandă de circulaţie

language ['læ ŋ gwidʒ] *s* limbă; *a dead* ~ limbă moartă; limbaj

languid ['læ ŋ gwid] *adj* slab; moale

languish ['læ ŋ gwiʃ] *vi* a slăbi; a lincezi; (*for*) a tînji (*după*)

languor ['læ ŋ gə] *s* slăbiciune; epuizare; lincezeală; apatie

lank [læ ŋ k] *adj* deşirat; (*d. păr*) lins

lantern ['læntən] *s* felinar

lap [læp] **1** *s* poală **2** *vt, vi* a lipăi; a linge; a clipoci

lapel [lə'pel] *s* rever

lapse [læps] **1** *s* greşeală; lapsus; trecere (*a timpului*) **2** *vt* a trece; a cădea

larceny ['lɑːsni] s furt
larch [lɑːtʃ] s larice
lard [lɑːd] 1 s untură 2 vt a împăna (*friptura*)
larder ['lɑːdə] s cămară
large [lɑːdʒ] adj mare; întins; deschis (*la minte*)
largely ['lɑːdʒli] adv în mare măsură; cu dărnicie
lark [lɑːk] 1s ciocîrlie; distracţie; poznă 2 vi a face năzbîtii
larva ['lɑːvə] s larvă
larynx ['læriŋks] s laringe
lascivious [lə'siviəs] adj lasciv; senzual
laser ['leizə] s laser
lash [læʃ] 1 s bici ; biciuire 2 vt, vi a biciui; (*out*) a ataca
lass [læs] s fată
lassitude [læsi'tjuːd] s oboseală; apatie
lasso [læ'souː] s lasso
last [lɑːst] 1 adj ultim; recent; ~ *night* aseară; our ~ *hope* ultima noastră speranţă 2 adv ultimul; ultima; ultima oară 3 s calapod; sfîrşit: at (long) ~ în cele din urmă; till the ~ pînă la sfîrşit 4 vi a dura, a ţine
latch [lætʃ] 1s zăvor; ivăr 2 vt a închide cu zăvorul
late [leit] 1 .adj tîrziu; întîrziat; fost; decedat 2 adj tîrziu: sooner or ~ r mai devreme sau mai tîrziu; de curînd; ~ r on pe urmă
lately ['leitli] adv în ultima vreme; de curînd
lathe [leið] 1s strung 2 vt a da la strung

lather ['lɑː ð ə] 1 s spumă (*de săpun*) 2 vt a săpuni
latitude ['lætitjuːd] s latitudine
latter ['lætə] adj cel/cea din urmă: the former and the ~ primul şi al doilea; they are young; the former is 20, the latter is 22 sînt tineri; primul are 20 şi al doilea 22 de ani
lattice ['lætis] s zăbrele
laugh [lɑːf] vi, vt a ride: ~ one's head off a ride cu poftă; ~ able de ris; ~ ing surîzător
laughter ['lɑːftə] s risete
launch [lɔːntʃ] 1 s lansare 2 vt a lansa
launder ['lɔːndə] vt, vi a spăla şi călca (*rufe*)
laundress ['lɔːndris] s spălătoreasă
laurel ['lɔrl] s laur
lava ['lɑːvə] s lavă
lavatory ['lævətri] s toaletă (*publică*)
lavender ['lævində] s levănţică
lavish ['læviʃ] 1 adj darnic; abundent 2 vt a cheltui mult; a irosi
law [lɔː] s lege; drept; ~ court tribunal; ~suit proces; ~ful legal; ~less ilegal; ~ lessness ilegalitate
lawn [lɔːn] s pajişte; teren; ~ mower maşină de tuns iarba
lawyer ['lɔːjə] s avocat
lax [læks] adj lejer; uşor
lay [lei] 1 vt, vi (trec., part. trec. laid) a pune; a aşeza; a întinde; a se depune; a paria; a oua; to ~ aside a pune de o parte; to ~ off a renunţa la; to ~ out a expune; to ~ up a face (*provizii*) 2 s laic; ~ man laic, profan

layer ['leiə] *s* strat; matcă (*de rîu*);
lăstar

lazy ['leizi] *adj* leneş; ~ *bones* leneş,
trîntor

lead [led] *s* plumb; mină de creion;
~*en* din/de plumb

lead [li:d] 1 *s* conducere; exemplu;
lesă; principal; protos 2 *vt, vi*
(*trec.,part. trec.* lead) a conduce; a
duce; a guverna; a fi în frunte; a in-
duce; a începe; *to ~ off* a începe; *to ~
up to* a duce la

leader ['li:də] *s* conducător; dirijor;
articol de fond; ~ *ship* conducere

leading ['li:diŋ] *adj* important; prin-
cipal; ~ *article* articol de fond; ~
question întrebare cheie

leaf [li:f] *s* frunză; *to turn over a new* ~
a începe o viaţă nouă; ~*less* fără
frunze

leaflet ['li:flit] *s* frunzuliţă; manifest

league [li:g] *s* leghe; ligă; federaţie

leak [li:k] 1 *s* crăpătură 2 *vt, vi* a se
scurge; a se prelinge; (*d. ştiri*) a
transpira

lean [li:n] 1 *adj* slab, subţire; sărac 2 *s*
carne macră 3 *vi, vt* (*trec., part.trec.*
leant) a se încovoia; a se apleca; a
(se) sprijini; a se ţine; a depinde; *to
~ towards* a tinde spre; *to ~ on* a
depinde de

leap [li:p] 1 *vi, vt* (*trec.,part.trec.* leapt)
a sări 2 *s* săritură; salt; *by ~s and
bounds* cu repeziciune; ~*frog* capra
(*joc*); ~ *year* an bisect

learn [lə:n] *vt, vi* (*trec.,part.trec.*
learnt) a învăţa; *to ~ by heart* a învăţa
pe dinafară; a afla; ~*ed* învăţat; ~*er*

începător

lease [li:s] 1 *s* contract (de închiriere);
arendă 2 *vt* a închiria; a arenda

leash [li:ʃ] *s* lesă; control

least [li:st] *adj, s* minimum; cel mai
puţin; *at* ~ cel puţin; *not in the* ~
cîtuşi de puţin; ~ *of all* (mai) deloc

leather [le ð ə] *s* piele; ~ *upholstery*
tapiţerie din piele

leave [li:v] 1 *vt, vi* (*trec., part.trec.* left)
a părăsi; a lăsa; a termina; a uita; a
rămîne; *to ~ for* a pleca la; *to ~ alone*
a lăsa în pace; *to ~ off* a înceta; *to
~ over* a trece peste 2 *s* permisiune;
plecare; concediu; ~ *of absence* per-
misie

leaven ['levn] *s* maia

lecherous ['letʃrəs] *adj* libidinos

lectern ['lektə:n] *s* strană

lecture ['lektʃə:] 1 *s* curs; conferinţă 2
vi, vt a ţine o prelegere; a certa

ledge [ledʒ] *s* pervaz

leech [li:tʃ] *s* lipitoare

leek [li:k] *s* praz

leer [liə] 1 *s* privire urîcioasă 2 *vi* a se
uita cu ură

lees [li:z] *s* drojdie (*la vin*)

left [left] 1 *s* stînga 2 *adj* stîng; ~*-
handed* stîngaci 3 *adv* la stînga

leg [leg] *s* picior; crac (*de pantalon*);
off one's ~*s* mereu la treabă; *long* ~*-
ged* cu picioare lungi

legacy ['legəsi] *s* moştenire

legal ['li:gl] *adj* legal

legend ['ledʒ ənd] *s* legendă; ~*ary*
legendar

legible ['ledʒ əbl] *adj* citeţ

legion ['lidʒ ən] *s* legiune

legislature ['led ʒ isleitʃə] *s* legislatură

legitimate [li'd ʒ itimət] *adj* legal; legitim

leisure ['le ʒ ə] *s* timp liber

lemon ['lemən] *s* lămîie; lămîi; ~ *squash* suc de lămîie; ~ *ade* citronadă

lend [lend] *vt* (*trec.,part.trec.* lent) a împrumuta (*pe cineva*); a acorda; a se preta la

length [leŋ Θ] *s* lungime; curs; perioadă; *at* ~ în cele din urmă; *at arm's* ~ la distanţă

lengthen ['leŋ Θ ən] *vt, vi* a (se) lungi

lenient ['liniənt] *adj* indulgent; blînd

lens [lenz] *s* lentilă

lentil ['lentil] *s* linte

leopard ['lepəd] *s* leopard

leprosy ['leprəsi] *s* lepră

leprous ['leprəs] *adj* lepros

less [les] 1 *adj* mai puţin: ~ *money* mai puţini bani 2 *adv* mai puţin: *eat* ~ mănîncă mai puţin; *the* ~ cu atît mai puţin; ~ *and* ~ din ce în ce mai puţin; *any the* ~ intr-o mai mică măsură; *even* ~ chiar mai puţin; *none the* ~ cu nimic mai puţin

lessen ['lesən] *vt, vi* a (se) micşora; a (se) reduce

lesson ['lesən] *s* lecţie; mustrare; tîlc

lest [lest] *conj* ca să nu: *he hid* ~ *he should be seen* se ascunse ca să nu fie văzut

let [let] *vt, vi* (*trec., part.trec.* let) a lăsa; a da cu chirie; a da voie; *let us go* să mergem; *to* ~ *drop* a da drumul din mînă; *to* ~ *it go at that* a o lăsa baltă;

to ~ *smth slip* a pierde o ocazie; *to* ~ *alone* a lăsa în pace; *to* ~ *down* a dezamăgi; *to* ~ *on* a divulga un secret; *to* ~ *up* a slăbi în intensitate

letter ['letə] *s* scrisoare; literă; ~ *s* cultură; *to the* ~ în cele mai mici detalii

lettered ['letəd] *adj* cult; erudit

lettuce ['letis] *s* spanac

level ['levəl] 1 *s* nivel 2 *adj* neted; echilibrat; egal 3 *vt, vi* a nivela; a uniformiza; a ochi

lever ['levə] *s* pîrghie; miner

levity ['leviti] *s* neseriozitate; uşurinţă

levy ['levi] 1 *vt, vi* a impune; a strînge; a sechestra 2 *s* taxe; sechestru

lewd [lu:d] *adj* obscen; libidinos

lexicography [leksi'kɔgrəfi] *s* lexicografie

liability [laiə'biliti] *s* obligaţie; responsabilitate; *liabilities* datorii

liable ['laiəbl] *adj* (*for*) răspunzător (de); (*to*) pasibil (de)

liar ['laiə] *s* mincinos

libel ['laibəl] 1 *s* calomnie 2 *vt* a calomnia

liberal ['librəl] *adj s* liberal; generos

liberality [libə'ræliti] *s* generozitate; largheţe

liberty ['libəti] *s* libertate; permisiune; *at* ~ în libertate; ~ *of speech* libertatea cuvîntului; ~ *of the press* libertatea presei

librarian [lai'brɛəriən] *s* bibliotecar

library ['laibrəri] *s* bibliotecă

licence ['laisəns] *s* permis; autorizaţie; libertinaj; *driving* ~ permis de conducere auto

license ['laisəns] *vt* a autoriza

licentious [lai'senʃəs] *adj* destrăbălat; imoral

lichen ['laikən] *s* lichen

licit ['lisit] *adj* licit; legal

lick [lick] *vt, vi* a (se) linge

lid [lid] *s* capac

lie[1] [lai] **1** *vi* a minţi **2** *s* minciună; *~ detector* detector de minciuni

lie [lai] **1** *vi* (*trec.*lay, *part. trec.* lain) a sta întins; a zăcea; a se întinde; a consta **2** *s* configuraţie (*a terenului*)

lied [li:d] *s* lied

lieutenant [lef'tenənt] *s* locotenent

life [laif] *s* viaţă; *to come to ~* a-şi recăpăta cunoştinţa; *to take smb's ~* a ucide; *for the ~ of me* pentru nimic în lume; *true to ~* veridic; *~ belt* colac de salvare; *~ guard* salvamar; *~ like* real

lift [lift] **1** *s* lift; plimbare (cu maşina) **2** *vt, vi* a (se) ridica; a se împrăştia; a fura

light[1] [lait] **1** *adj* luminos; deschis (la culoare) **2** *s* lumină; bec **3** *vt* a aprinde; a lumina

light[2] [lait] *adj* uşor; delicat; slab; neserios

lighten ['laitən] *vt, vi* a (se) uşura

lighter ['laitə] *s* brichetă

lightning ['laitniŋ] *s* fulger; *~ rod* paratrăsnet

likable ['laikəbl] *adj* plăcut; simpatic

like [laik] **1** *adj* similar: *as ~ as two peas* ca două picături de apă; *to feel ~* a avea chef **2** *conj* ca; la fel ca; ca şi cum **3** *s* ceva asemănător; plăcere **4** *vt* a-i plăcea; a ţine la

likely ['laikli] *adj, adv* probabil

likeness ['laiknis] *s* asemănare; *in the ~ of* sub forma

likewise ['laikwaiz] *adj* la fel; de asemenea

liking ['laikiŋ] *s* plăcere; preferinţă, gust

lilac ['lailək] *s* liliac; (culoarea) lila

lily ['lili] *s* crin; *~-of-the-valley* lăcrămioară

limb [lim] *s* membru; ramură

lime [laim] *s* var; tei; *~ light* luminile rampei

limit ['limit] **1** *s* limită; margine; *within ~s* moderat; *without ~* nelimitat **2** *vt* a limita; a modera

limp [limp] **1** *adj* moale **2** *vt* a şchiopăta

limpid ['limpid] *adj* clar; limpede

linden ['lindən] *s* tei

line [lain] **1** *s* linie; undiţă; tuşă; rid; contur; şir; şină; rînd; curent; familie **2** *vt, vi* a linia; a rida; a (se) alinia; a căptuşi

lineage ['liniidʒ] *s* descendenţă

linen ['linin] *s* pînză de in; rufe

liner ['lainə] *s* transatlantic

linesman ['lainzmən] *s* arbitru de tuşă

linger ['liŋgə] *vi* a zăbovi; a dăinui; a întîrzia

linguist ['liŋgwist] *s* lingvist

linguistics ['liŋgwistiks] *s* lingvistică

lining ['lainiŋ] *s* căptuşeală

link [liŋk] **1** *s* verigă; za; *~s* butoni **2** *vt, vi* a (se) lega; a (se) uni

linseed ['linsi:d] *s* sămînţă de in; *~oil* ulei de in

lintel ['lintəl] *s* prag de sus

lion ['laiən] *s* leu; persoană remarcabilă; *the ~ 's share* partea leului; *~ -*

hearted curajos; ~ ess lupoaică

lip [lip] s buză; margine; obrăznicie; ~ stick ruj de buze

liquefy ['likwifai] vt, vi a (se) lichefia

liqueur [li'kjuə] s lichior

liquid ['likwid] 1 s lichid 2 adj lichid; clar; schimbător

liquor ['likə] s băutură alcoolică

lisp [lisp] 1 s sîsîială 2 vi, vt a sîsîi; she ~ s vorbeşte peltic

lissom ['lisəm] adj mlădios; graţios

list [list] 1 s listă 2 vt a înscrie pe listă

listen ['lisn] vi a asculta; (in to) a asculta la radio

listless ['listlis] adj obosit; agitat

literal ['litrəl] adj literal; ~ ly exact; cuvînt cu cuvînt

literate ['litrit] adj cult

literature ['litritʃə] s literatură

lithe [laið] adj mlădios

litre ['liːtə] s litru

litter ['litə] 1 s resturi; dezordine; targă 2 vt, vi a face dezordine; a forţa

little ['litl] 1 adj mic; micuţ; puţin; tînăr 2 adj puţin; ~ by ~ treptat; after a ~ după puţin

littoral ['litərəl] s litoral

live 1 [laiv] adj vioi; viu; aprins; pe viu; activ 2 [liv] vi, vt a trăi; a locui; (on) a trăi (din); (through) a trece (prin)

livelihood ['laivlihud] s existenţă; mijloc de trai

lively ['laivli] adj vioi; viu; palpitant; vesel; veridic

liven ['laivn] vt, vi a (se) însufleţi

liver ['livə] s ficat

living ['liviŋ] 1 adj viu; vioi; activ 2 s

trai; existenţă

lizard ['lizəːd] s şopîrlă

load [loud] 1 s greutate, povară; ~ s of grămezi de 2 vt, vi a (se) încărca; a măslui

loaf [louf] 1 s pîine 2 vi a trîndăvi

loan [loun] s împrumut

loathe [louð] vt a nu putea suferi

lobby ['lɔbi] s vestibul; foaier; culoar

lobe [loub] s lob

lobster ['lɔbstə] s homar

local ['loukəl] 1 adj local 2 s localnic the ~ cîrciumă

locate [lə'keit] vt a localiza; a amplasa

lock [lɔk] 1 s buclă; broască; zăvor; stăvilar 2 vt, vi a (se) încuia; a (se) bloca

locker ['lɔkə] s dulăpior; cabină

locket ['lɔkit] s medalion

locust ['loukəst] s lăcustă

lodge [lɔdʒ] 1 s gheretă; colibă; vizuină 2 vt, vi a găzdui; a depozita (bani); a sta (în gazdă)

lodging ['lɔdʒiŋ] s ~ house casă cu chirie

loft [lɔft] s pod (al casei)

lofty ['lɔfti] adj înalt; măreţ; semeţ

log [lɔg] s buturugă; jurnal de bord

loggerheads ['lɔgəhedz] s at ~ with la cuţite cu

logic ['lɔdʒik] s logică; ~ al logic

loins [lɔinz] s pl şale

loiter ['lɔitə] vi, vt a hoinări; a tîndăli

loll [lɔl] vi, vt a lenevi; to ~ out a scoate limba (de căldură)

lollipop ['lɔlipɔp] s acadea

lonely ['lounli] adj singuratic; izolat; retras

lonesome ['lounsəm] *adj* singur; solitar; trist

long [lɔŋ] 1 *adj* lung; mult; mare; ~ *term* pe termen lung; ~-*sighted* clarvăzător; ~ *winded* plictisitor 2 *adj* de mult 3 *vi* (*for*) a dori; a aştepta cu nerăbdare

longevity [lɔn'dʒeviti] *s* longevitate

longing ['lɔŋiŋ] 1 *s* dorinţă puternică 2 *adj* plin de dor

look [luk] 1 *s* privire; aspect; înfăţişare; ~ *s* frumuseţe 2 *vi, vt* a privi; a se uita; a părea; *to* ~ *after* a îngriji; *to* ~ *for* a căuta; *to* ~ *over* a cerceta; *to* ~ *up* a căuta (*un cuvînt în dicţionar*); ~*ing glass* oglindă; *Look alive!* Mişcă-te! *Look here!* Ascultă!; *Look sharp!* Grăbeşte-te!; *Look out!* Atenţie!; *to* ~ *like/as if* a părea să fie

loom [lu:m] 1 *s* război (*de ţesut*) 2 *vi* a se ivi

loop [lu:p] *s* laţ; inel; ~ *hole* crăpătură

loose [lu:s] 1 *adj* slobod; liber; larg; imoral; vag; *to come* ~ a se desface; *to have a screw* ~ a-i lipsi o doagă 2 *vt* a desface; a despleti; a elibera

loosen ['lusən] *vt, vi* a slăbi

loot [lu:t] 1 *s* pradă 2 *vt, vi* a prăda

loquacious [lou'kweiʃəs] *adj* vorbăreţ

lord [lɔ:d] *s* stăpîn; lord; magnat; *the Lord* Dumnezeu

lore [lɔ:] *s* înţelepciune; cunoştinţe

lorry ['lɔri] *s* camion

lose [lu:z] *vt, vi* (*trec., part.trec.* lost) a pierde; a se pierde; a rătăci; a rămîne în urmă

loss [lɔs] *s* pierdere; *to be at a* ~ a fi în încurcătură

lot [lɔt] *s* sorţi; soartă; lot; parte; *a* ~ *of* o mulţime de; *a bad* ~ soi rău

lottery ['lɔtəri] *s* loterie

lotus ['loutəs] *s* lotus; ~ *eater* visător

loud [laud] *adj* tare: ~ *noise* zgomot puternic; puternic; gălăgios; ţipător

lounge [laundʒ] 1 *s* hol (*in hotel*); lenevie 2 *vi* a se tolăni; a trîndăvi

louse [lauz] *s* păduche

lousy ['lauzi] *adj* prost; (*with*) plin (*de bani etc*)

love [lʌv] 1 *s* iubire; dragoste; scump-(ă); *to be in* ~ *with* a fi îndrăgostit de; *to send one's* ~ a transmite complimente; ~ *affair* amor; ~*lorn* deznădăjduit 2 *vt* a iubi; a-i plăcea

lovely ['lʌvli] *adj* plăcut; drăguţ; agreabil; frumos; minunat

lover ['lʌvə] *s* iubit (ă); amant (ă); amator

loving ['lʌviŋ] *adj* iubitor

low [lou] 1 *adj* scund; jos; redus; mic; scăzut; primar; umil 2 *adv* jos; ieftin; încet 3 *vi* a mugi

lower ['louə] *vt, vi* a (se) lăsa în jos; a micşora; a scădea; a slăbi

lowly ['louli] *adj, adv* umil; modest

loyal ['lɔiəl] *adj* loial; credincios

lubricate ['lu:brikeit] *vt* a unge; a mitui

luck [lʌk] *s* şansă; noroc

lucky ['lʌki] *adj* norocos

lucrative ['lu:krətiv] *adj* profitabil

ludicrous ['lu:dikrəs] *adj* ridicol; caraghios

lug [lʌg] *vt* a tîrî; a trage

luggage ['lʌgidʒ] *s* bagaje; ~ *van* vagon de bagaje

lukewarm ['lu:kwɔ:m] *adj* călduţ

lull [lʌl] *vt, vi* a legăna; a (se) potoli

lullaby ['lʌləbai] *s* cîntec de leagăn

lumber ['lʌmbə] *s* cherestea; catrafuse; ~ *room* debara; ~ *yard* depozit de lemne

luminous ['lu:minəs] *adj* luminos; clar

lump [lʌmp] 1 *s* bucată; cucui; *in the* ~ *per total; a* ~ *in the throat* un nod în gît 2 *vt* a pune laolaltă

lunatic ['lu:nətik] *adj, s* nebun

lunch [lʌntʃ] *s* prînz

lung [lʌŋ] *s* plămîn

lurch [lə:tʃ] *s to leave smb in the* ~ a părăsi pe cineva la necaz/nevoie

lure [ljuə] 1 *s* momeală; ispitire 2 *vt* a momi; a ispiti

lurid ['ljuərid] *adj* strălucitor; senzaţional

lurk [lə:k] *vi* a sta ascuns

luscious ['lʌʃəs] *adj* ademenitor; delicios

lush [lʌʃ] *adj* luxuriant; abundent

lust [lʌst] *s* lăcomie; poftă (sexuală)

lustful ['lʌstful] *adj* lacom; senzual

lustre ['lʌstə] *s* lustru; lustră; onoare; luciu

lusty ['lʌsti] *adj* voinic; viguros

lute [lu:t] *s* lăută

luxuriant [lʌg'zjuəriənt] *adj* luxuriant; bogat

luxurious [lʌg'zjuəriəs] *adj* luxos; de lux; ales

luxury ['lʌkʃəri] *s* lux

lymph [limf] *s* limfă

lymphatic [lim'fætik] *adj* flegmatic

lynch [lintʃ] 1 *s* linşaj 2 *vt* a linşa

lyre ['laiə] *s* liră (*instrument*)

lyric ['lirik] *s* poezie lirică; text (*al unui cîntec*)

lyrical ['lirikəl] *adj* liric; însufleţit

M

M, m [em] (litera) m

ma [mɑ:] *s* mămica

ma'am [mæm] *s* doamnă (*ca adresare*)

machine [mə'ʃi:n] *s* maşină; aparat; *~gun* mitralieră; *~tool* maşină u-nealtă

machinery [mə'ʃinəri] *s* instalaţii mecanice; mecanism

mackerel ['mækrəl] *s* macrou

mackintosh ['mækintɔʃ] *s* imper-meabil

mad [mæd] *adj* nebun; turbat; (*about*) înnebunit (după); *~ man* nebun; *like ~* ca un nebun; *~ness* nebunie

madam ['mædəm] *s* doamnă (*ca adresare*)

madden ['mædən] *vt, vi* a înnebuni

magazine [mægə'zi:n] *s* revistă

magic ['mædʒik] 1 *s* magie; vrajă 2 *adj* magic

magistrate ['mædʒistreit] *s* magistrat

magnanimous [mæg'næniməs] *adj* mărinimos

magnate ['mægneit] *s* magnat

magnificent [mæg'nifisənt] *adj* impunător; extraordinar

magnify ['mægnifai] *vt* a mări; a ex-agera; *~ing glass* lupă

magpie ['mægpai] *s* coţofană

mahogany [mə'hɔgəni] *s* mahon

maid [meid] *s* fată; servitoare; *old ~* fată bătrînă

maiden ['meidən] *s* fată; *~ name* nume dinainte de căsătorie; *~ hood* feciorie

mail [meil] 1 *s* zale; poştă; *~ man* poştaş 2 *vt* a expedia

maim [meim] *vi* a mutila

main [mein] 1 *adj* principal 2 *s* con-ductă; cablu; continent; ocean; *in the ~* în general

maintain [mein'tein] *vt* a menţine; a întreţine; a susţine; a dovedi

maintenance ['meintənəns] *s* întreţinere

maize [meiz] *s* porumb

majestic [mə'dʒestik] *adj* maiestuos, măreţ

major ['meidʒə] 1 *s* maior 2 *adj* major, important

majority [mə'dʒɔriti] *s* majoritate; majorat

make [meik] 1 *s* marcă; alcătuire 2 *vt, vi* (*trec., part. trec.* made) a face; a produce; a meni; a pregăti; a cauza; a cîştiga; a realiza; a determina; a începe; *to ~ for* a se îndrepta spre; *to ~ off* a o lua la goană; *to ~ it out* a o scoate la capăt

make-believe ['meikbili:v] *s* fantezie; imaginaţie

maker ['meikə] *s* creator

makeshift ['meikʃift] *s* înlocuitor; paliativ

make up ['meikʌp] 1 *vt, vi* a com-pleta; a inventa; a fi compus din; a

machia; a se decide 2 *s* machiaj; teh-
noredactare; caracter

male [meil] 1*s* mascul 2*adj* masculin

malevolent [mə'levlənt] *adj*
răuvoitor

malice ['mælis] *s* pică; răutate

malign [mə'lain] *adj* dăunător;
răutăcios

malignant [mə'lignənt] *adj* malign

malnutrition [mælnju'triʃən] *s* sub-
nutriție

malt [mɔːlt] *s* malț

mamma [mə'mɑː] *s* mămică

mammal ['mæməl] *s* mamifer

mammoth ['mæmə θ] 1 *s* mamut 2
adj imens

mammy ['mæmi] *s* mămico

man [mæn] 1 *s* om; bărbat; persoană;
soț; servitor; piesă de șah; *~ -eater*
canibal; *~ -of-war* vas de război 2 *vt* a
inzestra cu (*oameni*)

manage ['mænid ʒ] *vt, vi* a conduce; a
reuși; a se descurca; a servi

management ['mænid ʒ mənt] *s* con-
ducere; administrare; iscusință

manager ['mænid ʒ ə] *s* director;
patron

mandate ['mændeit] *s* mandat;
imputernicire

mandolin ['mændəlin] *s* mandolină

mane [mein] *s* coamă

manful ['mænful] *adj* brav; hotărît

manger ['meind ʒ ə] *s* iesle

mangle ['mæ ŋ gl] *vt* a ciopîrți

manhood ['mænhud] *s* bărbăție;
bărbați; virilitate

manicure ['mænikjuə] *s* manichiură

manifest ['mænifest] 1 *adj* clar 2 *vt* a
demonstra; a manifesta; a apărea

manifold ['mænifould] *adj* multiplu

manikin ['mænikin] *s* pitic; manechin

manipulate [mə'nipjuleit] *vt* a
manevra; a manipula

mankind [mæn'kaind] *s* omenire;
bărbații

manly ['mænli] *adj* bărbătesc

mannequin ['mænikin] *s* manechin

manner ['mænə] *s* manieră; fel; pur-
tare; stil; *all ~ of* tot felul de; *in a ~*
într-o anumită măsură

mannish ['mæniʃ] *adj* bărbătoasă

manoeuvre [mə'nuːvə] 1 *s* manevră 2
vt, vi a manevra; a face manevre

manor ['mænə] *s* conac; moșie

mansion ['mænʃən] *s* casă
impunătoare; *~ s* bloc

mantle ['mæntl] *s* mantie; strat

manufacture [mænju'fæktʃə] *vt* a
fabrica; a produce; a născoci; *~r*
fabricant

manure [mə'njuə] *s* îngrășămînt

manuscript ['mænjuskript] *s*
manuscris

many ['meni] *adj* mulți; multe; *a
great/good ~* multe, mulți; *one too ~*
in plus; *~ -sided* multilateral

map [mæp] *s* hartă; *off the ~* inac-
cesibil

maple ['meipl] *s* arțar

mar [mɑː] *vt* a strica; a umbri

marathon ['mærə θ ən] *s* maraton

marble ['mɑːbl] *s* marmură; bilă

March [mɑːtʃ] *s* martie

march [mɑːtʃ] 1 *vi, vt* a mărșălui 2 *s*
marș; mers

marchioness [mɑːʃn'es] *s* marchiză

(*soţie de marchiz*)

mare ['mɛə] *s* iapă

margin ['mɑ:dʒin]*s* margine; limită

marguerite [mɑ:gə'rit]*s* margaretă

marigold ['mærigould] *s* gălbenea

marine [mə'ri:n] *adj* marin; ~ *products* produse ale mării

mariner ['mærinə] *s* marinar

marjoram['mɑ:dʒ ərəm]*s* sovîrv

mark [mɑ:k] **1** *s* semn; simbol; ţintă; start; notă; *an easy* ~ un fraier; *beside the* ~ în afară de subiect **2** *vt* a marca; a însemna; a nota; a caracteriza; a bate (ritmul); *Mark my words!* Ţine minte ce-ţi spun!

market ['mɑ:kit]**1** *s* piaţă; tîrg **2** *vi,vt* a vinde pe piaţă

marmalade ['mɑmə leid] *s* gem de citrice

marriage ['mæridʒ] *s* căsătorie; *to take in* ~ a se căsători; ~ *licence* certificat de căsătorie

married ['mærid] *adj* căsătorit; conjugal

marrow ['mærou] *s* măduvă; esenţă

marry ['mæri] *vt, vi* a (se) căsători

marsh [mɑ:ʃ]*s* mlaştină

marshal['mɑ:ʃ əl]*s* mareşal; şerif

marshy ['mɑ:ʃi] *adj* mlăştinos

martin['mɑ:tin]*s* rîndunică

martyr['mɑ:tə]*s* martir; ~ *dom* calvar

marvel['mɑ:vəl]**1** *s* minune; exemplu **2** *vi* a se mira; a fi uimit

marvellous ['mɑ:vələ s] *adj* minunat; încîntător

masculine ['mæskjulin] *adj* de gen masculin

mash [mæʃ]*s* pireu

mask [mɑ:sk]**1** *s* mască; *gas* ~ mască de gaze **2** *vt* a masca

mason ['meisən] *s* pietrar; francmason

masquerade [mɑ:skə'reid]*s* bal mascat; mascaradă

mass [mæs] **1** *s* mulţime; cantitate; *the* ~ *es* masele; *in the* ~ ca un tot **2** *vt, vi* a (se) masa

massage ['mæsɑ:ʒ] **1** *s* masaj **2** *vt* a masa

massive ['mæsiv] *adj* masiv; impresionant

mast[mɑ:st]*s* catarg

master ['mɑstə] **1** *s* stăpîn; conducător; profesor; învăţător; doctor **2** *vt* a-şi stăpîni; a cunoaşte bine

masterly ['mɑ:stə li] *adj* autoritar; de maestru

masticate ['mæstikeit] *vt* a mesteca

mastiff ['mæstif]*s* cîine de pază

mat [mæt] *s* preş; ştergător (de picioare)

match [mætʃ] **1** *s* chibrit; meci; egal; pereche; căsătorie **2** *vt,vi* (*with*) a-şi măsura puterile (cu); (*with*) a se pune (cu); a egala; a (se) potrivi; a (se) asorta

mate [meit] **1***s* coleg; partener; pereche **2** *vt, vi* a (se) imperechea

material [mə'tiə rəl] **1** *adj* material; esenţial; de bază **2** *s* material; *dress* ~*s* materiale de rochie; *writing* ~*s* papetărie

materialize [mə'tiəriəlaiz] *vi* a se materializa; a-şi face apariţia

maternal [mə'tə:nəl] *adj* matern

mathematics [mæ θ i'mætiks] *s*

matematică

matriculate [mə'trikjuleit] *vi* a fi admis la facultate

matrimony ['mætrimə ni] *s* căsătorie

matron ['meitrən] *s* menajeră; femeie de vîrstă mijlocie

matter ['mætə] 1 *s* materie; material; chestiune, problemă; importanţă; *as a ~ of fact* de fapt; *in the ~ of* în ceea ce priveşte; *no laughing ~* nu e de rîs; *What's the ~?* Ce s-a întîmplat? 2 *vi* a avea importanţă; *It doesn't ~!* Nu face nimic!

mattress ['mætris] *s* saltea

mature [mə'tjuə] 1 *vt, vi* a (se) maturiza 2 *adj* matur

maudlin ['mɔːdlin] *adj* dulceag

mauve [mouv] *adj* mov

maverick ['mævə rik] *s* opozant; rebel

mawkish ['mɔːkiʃ] *adj* dulceag

May [mei] *s* (luna) mai

may [mei] *v mod* (*trec.* might) a putea; a avea voie; *he ~ smoke here* poate fuma aici; *this stuff ~ cure* asta poate vindeca

maybe ['meibi] *adv* poate

mayor ['mɛə] *s* primar

me [mi] *pron* pe mine; mă; mie; îmi

meadow ['medou] *s* pajişte; poiană

meagre ['miːgə] *adj* slab; sărac

meal [miːl] *s* masă: *three ~s a day* trei mese pe zi; *~ time* ora mesei; făină

mean [miːn] 1 *adj* dărăpănat; sărăcăcios; meschin; umil; inferior; cărpănos 2 *s* medie 3 *vi* (*trec., part. trec.* meant) a însemna; a duce la; a intenţiona; a valora; *to ~ mischief* a fi pus pe rele; *to ~ well* a fi bine

intenţionat

meander [mi'ændə] 1 *s* meandră 2 *vi* a şerpui; a rătăci

meaning ['miːniŋ] *s* înţeles; sens; semnificaţie; *~ful* semnificativ; *~fully* cu înţeles

means [miːnz] *s pl* scop; mijloc: *by ~ off* cu ajutorul; *by all ~* desigur; *by no ~* deloc; *by some ~ or other* într-un fel sau altul; bogăţie; resurse

meantime ['miːntaim] *adv* între timp

measles ['miːzlz] *s* pojar

measure ['meʒə] 1 *s* măsură; standard; *in great ~* în mare măsură 2 *vt, vi* a (se) măsura; a lua măsura

meat [miːt] *s* carne; *~ pie* plăcintă cu carne

mechanic [mi'kænik] *s* mecanic; *~s* mecanică

medal ['medəl] *s* medalie

meddle ['medl] *vi* a se amesteca; a se băga; (*with*) a umbla (cu); *~ some* curios, băgăreţ

mediate ['miːdieit] *vt,vi* a media; a intermedia

medicine ['medsin] *s* medicină; medicament

meditate ['mediteit] *vt, vi* a se gîndi la

medium ['miːdiəm] *s* mijloc; intermediu; *~s* mediu; medium

medley ['medli] *s* amestec

meek [miːk] *adj* blînd; răbdător; paşnic

meet [miːt] 1 *s* întîlnire 2 *vt,vi* (*trec., part. trec.* met) a (se) întîlni; a face cunoştinţă; a întîmpina; a satisface; a atinge

meeting ['miːtiŋ] *s* miting; adunare;

intilnire; competiție

melancholy ['melənkəli] **1** *s* melancolie **2** *adj* melancolic; trist; prost dispus

mellow ['melou] **1** *adj* copt; matur **2** *vt,vi* a (se) coace

melodious [mə'loudiəs] *adj* melodios

melody ['melədi] *s* melodie

melon ['melən] *s* pepene; *water ~* pepene verde

melt [melt] *vt, vi* a (se) topi; a (se) dizolva; a (se) muia

member ['membə] *s* membru; parte

memoir ['memwɑ] *s* memorii; memoriu; biografie

memorial [mə'mɔriəl] *s* monument; *~ s* cronică

memorize ['meməraiz] *vt* a memora

memory ['meməri] *s* memorie; *memories* amintiri

menace ['menəs] **1** *s* amenințare; pacoste **2** *vt* a amenința

mend [mend] *vt, vi* a repara; a cirpi; a ameliora; a se vindeca; *on the ~* in vindecare

mendacious [men'deiʃəs] *adj* mincinos

menfolk ['menfouk] *s* bărbații

menial ['miniəl] **1** *adj* casnic; umil **2** *s* servitor

mental ['mentl] *adj* mintal

mentality [men'tæliti] *s* mentalitate; inteligență

mention ['menʃən] **1** *vt* a se referi la; a pomeni; a menționa; *not to ~* fără să mai vorbim de; *Don't ~ it!* N-ai pentru ce! *(ca răspuns la*

"Mulțumesc") **2** *s* menționare; referire

mercantile ['məːkəntail] *adj* comercial

merchandise ['məːtʃəndaiz] *s* mărfuri

merchant ['məːtʃənt] **1** *s* negustor **2** *adj* comercial

merciful ['məːsiful] *adj* iertător

merciless ['məːsilis] *adj* nemilos

mercurial [məː'kjuəriəl] *adj* cu mercur; vioi; schimbător

mercury ['məːkjuri] *s* mercur

mercy ['məːsi] *s* milă; clemență; binecuvîntare; *at the ~ of* la dispoziția

mere [miə] **1** *s* eleșteu **2** *adj* simplu; *she is a ~ child* e numai un copil

merely ['miəli] *adv* doar, numai

merge [məːdʒ] *vt, vi* a fuziona; a se transforma

meringue [mə'ræŋ] *s* bezea

merit ['merit] *s* merit

mermaid ['məːmeid] *s* sirenă

merry ['meri] *adj* vesel; *~-go-round* căluşei

mesh [meʃ] **1** *s* plasă **2** *vt, vi* a (se) prinde în plasă

mess [mes] **1** *s* popotă; mizerie; murdărie; dezordine; încurcătură **2** *vt, vi* a încurca; a face dezordine

message ['mesidʒ] *s* mesaj; ştire

messenger ['mesindʒə] *s* mesager; curier; vestitor

messy ['mesi] *adj* în dezordine; murdar

metal ['metl] *s* metal

metallurgy [mi'tælədʒi] *s* metalurgie

metamorphosis [metə'mɔfəsis] *s* metamorfoză

meteorology [mitiə'rɔlədʒi] *s* meteorologie

meter ['mi:tə] *s* aparat de măsură; *an electricity ~* contor

method ['meθəd] *s* metodă

metre ['mi:tə] *s* metru; ritm

Metropolitan [metrə'pɔlitən] *s* mitropolit

mettle ['metl] *s* curaj; zel

mettlesome ['metlsəm] *adj* bine dispus

mew [mju:] 1 *s* mieunat 2 *vi* a miauna

microphone ['maikrəfoun] *s* microfon

microscope ['maikrəskoup] *s* microscop

middle ['midl] *s* mijloc; talie; *~-aged* de virstă mijlocie; *the Middle Ages* evul mediu; *the Middle East* orientul mijlociu

middling ['midliŋ] *adj* potrivit

midget ['midʒit] *s* pitic

midnight ['midnait] *s* miez de noapte: *at ~* la miezul nopţii

midway ['mid'wei] *adv* la jumătate de drum

midwife ['midwaif] *s* moaşă

mien [mi:n] *s* mină; înfăţişare

might [mait] *s* putere: *with ~ and main* cu toată forţa

mighty ['maiti] *adj* puternic; măreţ

migrate [mai'greit] *vi* a migra

milch [miltʃ] *adj* de lapte: *~ cows* vaci de lapte

mild [maild] *adj* blind; slab

mildew ['mildju] *s* mucegai

mile [mail] *s* milă; *~ stone* piatră kilometrică

mileage ['mailidʒ] *s* distanţă în mile

militant ['militənt] *adj* combativ

military ['militəri] 1 *adj* militar 2 *s the ~* soldaţii

milk [milk] 1 *s* lapte; *~ maid* mulgătoare; *~ man* lăptar; *~ sop* papă lapte 2 *vt, vi* a (se) mulge

milky ['milki] *adj* lăptos; tulbure; *the Milky Way* Calea Laptelui

mill [mil] 1 *s* moară; rişniţă; fabrică; *~ stone* piatră de moară; *~ wheel* roata morii 2 *vt* a măcina; a rişni

millepede ['milipi:d] *s* miriapod

miller ['milə] *s* morar

millet ['milit] *s* mei

milliner ['milinə] *s* modistă

millionaire ['miljənɛə] *s* milionar

mime [maim] 1 *s* mimă; mim 2 *vt, vi* a mima

mimic ['mimik] 1 *adj* mimic 2 *s* imitator 3 *vt* a imita

mince [mins] *vt, vi* a toca; a vorbi afectat; *mincing machine* maşină de tocat

mind [maind] 1 *s* minte; părere; intelect; *presence of ~* prezenţă de spirit; *of the same ~* de aceeaşi părere; *to change one's ~* a se răzgîndi; *to make up one's ~* a se hotărî; *to my ~* după părerea mea 2 *vt, vi* a avea grijă de: *Mind the step!* Atenţie la treaptă!; a-i păsa de; a se supăra; a fi atent; a deranja; *Do you ~ if I smoke?* Te deranjează dacă fumez?

mindful ['maindful] *adj* atent; grijuliu; preocupat

mindless ['maindlis] *adj* nepăsător; neglijent

mine [main] 1 *pron* a mea; al meu: *the book is* ~ cartea e a mea 2 *s* mină 3 *vt, vi* a săpa; a mina

miner ['mainə] *s* miner

mingle ['miŋgl] *vt,vi* a (se) amesteca

minimize ['minimaiz] *vt* a minimaliza

mining ['mainiŋ] 1 *s* minerit 2 *adj* minier

minister ['ministə] *s* ministru

ministry ['ministri] *s* minister

mink [miŋk] *s* nurcă

minor ['mainə] *adj* minor; mic; neimportant

minority [mai'nɔriti] *s* minoritate; *a* ~ *government* guvern minoritar

minstrel ['minstrəl] *s* menestrel

mint [mint] 1 *s* mentă; monetărie 2 *adj* perfect 3 *vt* a bate (*monedă*); a născoci

minus ['mainəs] *adj, s* minus

minute [¹] ['minit] *s* minut: ~ *hand* minutar; clipă; *in a* ~ imediat; *to a* ~ exact; *up-to-the-* ~ recent; grad; proces verbal

minute [²] [mai'nju:t] *adj* minuscul; fidel, exact; amănunţit

minx [minks] *s* obrăznicătură

miracle ['mirəkl] *s* miracol; exemplu

mire ['maiə] *s* noroi; ananghie

mirror ['mirə] *s* oglindă

mirth [mə:θ] *s* veselie

misadventure [misəd'ventʃə] *s* nenorocire; *death by* ~ moarte în accident

misapprehend [misæpri'hend] *vt* a înţelege greşit

misappropriate [misə'prɔprieit] *vt* a deturna (*fonduri*)

miscarrige ['miskærid ʒ] *s* greşeală; avort; ~ *of justice* eroare judiciară

miscarry [mis'kæri] *vt* a eşua; a avorta

miscellaneous [misə'leiniəs] *adj* diferit; divers

mischief ['mistʃi:f] *s* pagubă; rău; poznă; belea

mischievous ['mistʃivəs] *adj* rău; răutăcios; poznaş

misconduct [mis'kɔndʌkt] *s* purtare rea

misconstruction [miskən'strʌkʃən] *s* interpretare greşită

misconstrue [miskən'stru:] *vt* a mistifica

misdeed [mis'di:d] *s* fărădelege

miser ['maizə] *s* cărpănos

miserable ['mizərəbl] *adj* nenorocit; mizer; prost

misery ['mizəri] *s* mizerie; suferinţă

misfire [mis'faiə] *s* rateu

misfortune [mis'fɔ:tʃən] *s* nenorocire; ~*s* necazuri

misgiving [mis'giviŋ] *s* îndoială; neîncredere

mishap ['mishæp] *s* ghinion

mislay [mis'lei] *vt* a rătăci (*ceva*)

mislead [mis'li:d] *vt* a induce în eroare

misprint [mis'print] *s* greşeală de tipar

misrepresent [misrepri'zent] *vt* a răstălmăci

miss [mis] 1 *s* eşec; domnişoară 2 *vt, vi* a nu nimeri; a pierde; a nu reuşi; *to* ~ *out* a omite ;*I* ~ *you* mi-e dor de tine

Miss [mis] *s* domnişoară: ~ *N* domnişoara N; ~ *Romania* miss

România

missile ['misail] *s* rachetă; *guided ~* rachetă teleghidată

mission ['miʃ ə n] *s* misiune; delegaţie

mist [mist] 1 *s* ceaţă 2 *vi, vt* a (se) aburi

mistake [mis'teik] 1 *s* greşeală; *by ~* din greşeală 2 *vt, vi* (trec. mistook, *part. trec.* mistaken) a greşi; a confunda

mistaken [mis'teikə n] *adj* greşit; fals

mister ['mistə]*s* domn: *Mr.John* D-ul John

mistletoe ['misltou] *s* vîsc

mistress ['mistris] *s* stăpînă; profesoară; maestră; amantă

mistrust [mis'trʌst] 1 *vt* a nu avea încredere în 2 *s* neîncredere

misty ['misti] *adj* ceţos; vag

misunderstand [misʌndə 'stænd] *vt* a înţelege greşit

mitigate ['mitigeit] *vt* a atenua; *mitigating circumstances* circumstanţe atenuante

mitten ['mitə n]*s* mănuşă cu un deget

mix [miks] *vt, vi* a a (se) amesteca; a îmbina; a prepara

mixed ['mikst] *adj* amestecat; mixt

mixture ['mikstʃ ə]*s* amestec

moan [moun] 1 *s* geamăt 2 *vi* a geme; a se plînge

mob [mɔb] *s* gloată, mulţime

mobilize ['moubilaiz] *vt* a mobiliza

mock [mɔk] *vt* a-şi bate joc de; (*at*) a ride (de)

mode [moud] *s* fel, mod; stil; modă

model ['mɔdl] 1 *s* model; exemplu 2 *vt* a modela

moderate 1 ['mɔdrit] *adj* moderat; potrivit 2 ['mɔdə reit] *vt, vi* a-şi modera; a scădea în intensitate; a (se) potoli

modern ['mɔ:də n] *adj* modern

modest ['mɔdist] *adj* modest

modify ['mɔdifai] *vt* a schimba

moist [mɔist] 1 *adj* umed 2 *vt* a inmuia

moisture ['mɔistʃ ə] *s* umezeală

molasses [mə 'læsiz] *s* melasă

mole [moul] *s* aluniţă; cîrtiţă: *~ -hill* muşuroi de cîrtiţă; dig

molest [mə 'lest] *vt* a necăji

mollycoddle ['mɔlikɔdl] 1 *s* răsfăţat 2 *vt, vi* a (se) răsfăţa

moment ['moumə nt] *s* clipă; importanţă; *at odd ~s* cînd ai timp; *not for a ~* niciodată

mometous [mə 'mentə s] *adj* important; grav

momentum [mə 'mentə m]*s* elan

monarchy ['mɔnə ki]*s* monarhie

monastery ['mɔnə stri]*s* mănăstire

Monday ['mʌndi]*s* luni

money ['mʌni] *s* bani; *~ box* puşculiţă; *~ lender* cămătar; *~ order* mandat poştal

monger ['mʌ ŋgə]*s* vînzător; *fish ~* vînzător de peşte

mongrel ['mɔŋgrə l]*s* corcitură

monk [mʌ ŋk]*s* călugăr

monkey ['mʌ ŋki] 1 *s* maimuţă 2 *vi* (*about*) a se juca (cu)

monocle ['mɔnə kl]*s* monoclu

monopolize [mə 'nɔpə laiz] *vt* a monopoliza

monotonous [mə 'nɔtə nə s] *adj* monoton

monster ['mɔnstə] s monstru

monstrous ['mɔnstrəs] adj oribil; revoltător

month [mʌnθ] s lună

monument ['mɔnjumənt] s monument

mood [mu:d] s stare sufletească; capriciu; in a ~ for dispus să, pus pe; ~y prost dispus, morocănos

moon [mu:n] s lună: ~ beam rază de lună; satelit

moor [muə] s bărăgan; teren mlăştinos

mop [mɔp] 1 s cîrpă de şters (podelele); pămătuf 2 vt a şterge (podele)

moral ['mɔrəl] 1 adj moral 2 s morală; ~s moralitate

morale [mə'rɑ:l] s moral, curaj

morass [mə'ræs] s mlaştină

mordant ['mɔ:dənt] adj usturător; caustic; aspru

more [mɔ:] 1 adj mai mult; mai multă; mai mulţi; mai multe 2 adv mai; mai mult; încă; ~ and ~ din ce în ce mai; ~ or less mai mult sau mai puţin; no ~ nici

moreover [mɔ'ouvə] adv în plus; mai mult; pe lîngă asta

morning ['mɔ:niŋ] s dimineaţă; in the ~ dimineaţa; ~ glory volbură

morose [mə'rous] adj morocănos; închiuat; ursuz

Morse [mɔ:s] s Morse

morsel ['mɔsl] s îmbucătură (de mîncare)

mortal ['mɔ:təl] 1 adj muritor; mortal; înverşunat 2 s muritor

mortality [mɔ'tæliti] s mortalitate

mortgage ['mɔ:tgidʒ] 1 s ipotecă 2 vt a ipoteca

mortuary ['mɔ:tʃuri] s capelă funerară

mosque [mɔsk] s moschee

mosquito [mɔs'kitou] s ţînţar

moss [mɔs] s muşchi (în pădure)

most [moust] 1 adj cel mai mult; cei mai mulţi; for the ~ part în cea mai mare parte 2 adv cel mai; foarte

mostly ['moustli] adv mai ales, în cea mai mare parte; în general

mote [mout] s fir (de praf)

moth [mɔ:θ] s molie

mother ['mʌðə] s mamă; ~-in-law soacră; ~hood maternitate; ~less orfan; ~-of-pearl sidef

motion ['mouʃən] 1 s mişcare; moţiune 2 vt a face semn

motive ['moutiv] 1 s motiv 2 adj motrice

motley ['mɔtli] adj tărcat; amestecat

motor ['moutə] s motor; ~ car automobil; ~ man mecanic; ~ way autostradă

mould [mould] 1 s mulaj; mucegai 2 vt, vi a modela; a se mucegăi

mouldy ['mouldi] adj mucegăit

mount [maunt] 1 s munte 2 vt, vi a încăleca; a (se) urca; a spori; a monta

mountain ['mauntin] s munte; grămadă; ~ chain lanţ de munţi; ~eer alpinist; ~eering alpinism; ~ous muntos

mourn [mɔ:n] vi, vt a jeli

mourning ['mɔ:niŋ] 1 s doliu; durere

2 *adj* de doliu

mouse [maus] *s* şoarece; ~ *trap* cursă de şoareci

moustache [mə'sta:ʃ] *s* mustaţă

mouth [mauΘ] *s* gură; ~ *organ* muzicuţă; ~ *ful* îmbucătură

movable ['mu:vəbl] *adj* mobil; schimbător

move [mu:v] 1 *s* mişcare; *on the* ~ in mişcare 2 *vt, vi* a (se) mişca; a (se) muta; a fi mişcat; a merge; *Move on!* Circulaţi!

movement ['mu:vmənt] *s* mişcare

movie ['mu:vi] *s* film; *the* ~ *s* cinematografie

mow [mou] *vt* a tunde (*iarba*)

Mr ['mistə] *s* domnul: *Mr Z* D-nul Z

Mrs ['misiz] *s* doamna: *Mrs Q* Doamna Q

much [mʌtʃ] 1 *adj* mult; *how* ~ ?- cît?; *this/that* ~ atît; *to make* ~ *of a* înţelege 2 *adv* mult mai; mult; prea; ~ *less* mult mai puţin; ~ *more* mult mai mult; ~ *the same* cam acelaşi lucru; ~ *as* deşi

muck [mʌk] *s* bălegar; murdărie

mud [mʌd] *s* noroi; nămol; ~ *bath* baie de nămol; ~ *guard* apărătoare (*la maşină*)

muddle ['mʌdl] 1 *vt* a amesteca; a încurca; a zăpăci 2 *s* zăpăceală; talmeş-balmeş

muff [mʌf] *s* manşon

muffle ['mʌfl] *vt, vi* a se înfofoli; a înveli

muffler ['mʌflə] *s* fular

mufti ['mʌfti] *s in* ~ în civil

mug [mʌg] *s* halbă; cană; fraier

mulatto [mju'lætou] *s* mulatru

mulberry ['mʌlbri] *s* dud; dudă

mule [mju:l] *s* catîr; papuc

multifarious [mʌlti'fɛəriəs] *adj* felurit; divers

multiplication [mʌltipli'keiʃən] *s* înmulţire

multiply ['mʌltiplai] *vt, vi* a (se) înmulţi

multitude ['mʌltitju:d] *s* mulţime; *the* ~ masele

mumble ['mʌmbl] *vi* a mormăi

mummy ['mʌmi] *s* mumie; mămică

mumps [mʌmps] *s* oreion

munch [mʌntʃ] *vi* a mesteca; a rumega

munition [mju'niʃən] *s* muniţie

murder ['mə:də] 1 *s* omor; crimă 2 *vt* a ucide; ~ *er* ucigaş; ~ *ess* criminală; ~ *ous* ucigător

murmur ['mə:mə] 1 *s* murmur; susur 2 *vi* a murmura; a susura

muscle ['mʌsl] *s* muşchi; *a man of* ~ un om vînjos

Muse [mju:z] *s* muză

muse [mju:z] *vi* a fi dus pe gînduri

museum [mju'ziəm] *s* muzeu

mush [mʌʃ] *s* terci

mushroom ['mʌʃru:m] *s* ciupercă

music ['mju:zik] *s* muzică; ~ *box* cutie muzicală; ~ *hall* varieteu; ~ *stand* pupitru (*pentru note*)

musical ['mju:zikəl] *adj* muzical; ~ *comedy* operetă

musket ['mʌskit] *s* muschetă

must [mʌst] 1 *s* must 2 *v mod* a trebui; a fi probabil; a fi sigur

mustard ['mʌstəd] *s* muştar

muster ['mʌstə] 1 *s* adunare 2 *vt* a strînge; *to ~ up one's courage* a-şi lua inima în dinţi

musty ['mʌsti] *adj* cu miros *sau* gust de mucegai

mute [mju:t] 1 *adj* tăcut; mut 2 *s* mut; surdină

mutinous ['mju:tinəs] *adj* rebel; răzvrătit

mutiny ['mju:tini] *s* răzmeriţă

mutter ['mʌtə] *vi* a mormăi

mutton ['mʌtən] *s* carne de oaie *sau* berbec

mutual ['mju:tjuəl] *adj* mutual; reciproc

muzzle [mʌzl] *s* bot; botniţă

muzzy ['mʌzi] *adj* ameţit; zăpăcit

my [mai] *adj* al meu; a mea; ai mei; ale mele

myrrh [mə:] *s* smirnă

myself [mai'self] *pron* pe mine; mă; însumi; însămi; *by ~* singur

mysterious [mis'tiəriəs] *adj* misterios; ciudat

myth [miθ] *s* mit

mythology [mi'θɔlədʒi] *s* mitologie

N

N, n [en] (litera) n

nag [næg] vt, vi a cicăli; ~ *ger* persoană cicălitoare

nail [neil] 1 s unghie: ~ *brush* perie de unghii; ~ *file* pilă de unghii; ~ *polish* ojă; cui; *as hard as* ~ s sănătos tun 2 vt a bate în cuie

naive [nai'i:v] adj naiv, inocent

naked ['neikid] adj gol, dezbrăcat; *with the* ~ *eye* cu ochiul liber; *the* ~ *truth* adevărul adevărat

name [neim] 1 s nume; reputație; ~ *part* rol principal; ~ *plate* plăcuță cu numele cuiva; ~ *sake* tiz 2 vt a numi; a boteza; a menționa

nameless ['neimlis] adj fără nume; necunoscut; de nedescris

namely ['neimli] adv (și) anume

nap [næp] 1 s moțăială 2 vi a moțăi

nape [neip] s ceafă

napkin ['næpkin] s șervețel

narcissus [nɑː'sisəs] s narcisă

narrate [nə'reit] vt a povesti; a relata

narrative ['nærətiv] s narațiune; relatare

narrow ['nærou] adj îngust; limitat; mic; strict; ~ *-minded* îngust la minte

narrowly ['nærouli] adv abia

nasty ['nɑːsti] adj neplăcut; murdar; arțăgos; amenințător

nation ['neiʃən] s națiune

national ['næʃnəl] adj național

nationality [næʃə'næliti] s naționalitate

native ['neitiv] 1 s băștinaș 2 adj natal; înnăscut

natural ['nætʃrəl] adj natural; normal; înnăscut; ~ *ly* firește

nature ['neitʃə] s natură; fire

naught [nɔːt] s zero; nimic

naughty ['nɔːti] adj obraznic; rău; neastâmpărat

nausea ['nɔːsjə] s greață

nave [neiv] s naos

navel ['neivl] s buric

navigate ['nævigeit] vt, vi a naviga

navy ['neivi] s flotă; ~ *blue* bleumarin

near [niə] 1 adj aproape; apropiat; meschin 2 adv în apropiere; *as* ~ *as* abia; ~ *at hand* la îndemână; ~ *by* prin apropiere 3 prep aproape de

nearly ['niəli] adv aproape; mai-mai

neat [niːt] adj îngrijit; curat; ordonat; de bun gust; simplu; precis

necessary ['nesəsri] adj necesar

necessity [ni'sesiti] s necesitate; nevoie

neck [nek] s gât; ~ *lace* colier; ~ *tie* cravată

need [niːd] 1 s nevoie; necaz; ~ s nevoi 2 v mod a trebui 3 vt a avea nevoie de; a trebui să; ~ *less* inutil

needle ['niːdl] s ac de cusut; andrea

needy ['niːdi] adj nevoiaș

negative ['negətiv] adj negativ

neglect [ni'glekt] 1 vt a neglija; a omite 2 s neglijare; ~ *ful* neglijent

negligible ['neglidʒibl] adj neglijabil; neînsemnat

negotiate [nigou'∫ieit] *vt, vi* a negocia; a trata cu; a trece

neighbour ['neibə] *s* vecin; apropiere; ~*hood* vecinătate

neither ['nai ð ə] 1 *adj* nici un; nici o 2 *pron* nici unul (din doi); ~... *nor*... nici...nici...

neologism [ni'ɔləd ʒ ism] *s* neologism

neon ['niɔn] *s* neon

nephew ['nevju:] *s* nepot (de unchi)

nerve [nə:v] *s* nerv; stăpinire de sine; ~*s* nervi

nervous ['nə:vəs] *adj* nervos; speriat

nest [nest] 1 *s* cuib; adăpost 2 *vi* a se adăposti

nestle ['nesl] *vi* a se cuibări; a se aşeza comod

net [net] 1 *s* plasă: *hair* ~ plasă de păr; ~*work* reţea 2 *vt* a prinde în plasă 3 *adj* net

nettle ['netl] 1 *s* urzică 2 *vt* a urzica; a irita

neuter ['njutə] 1 *adj* neutru 2 *vt* a castra

never ['nevə] *adv* niciodată; deloc; *Well, I* ~! Nemaipomenit!; *Never mind!* Nu-ţi face griji!; ~*theless* totuşi

new [nju:] *adj* nou; modern

new-comer ['nju:k∧mə] *s* nou venit

newly ['nju:li] *adv* de curind; ~ *weds* tineri căsătoriţi

news [nju:z] *s* ştiri; ~ *boy* vinzător de ziare; ~ *agency* agenţie de presă; ~ *cast* buletin de ştiri; ~*paper* ziar; ~ *reel* jurnal de actualităţi; ~ *stand* chioşc de ziare

next [nekst] 1 *adj* următor; viitor; ~ *to nothing* aproape nimic 2 *adv* după

aceea; apoi; *to come* ~ a urma 3 *prep* alături de

nib [nib] *s* peniţă

nibble ['nibl] *vt* (*at*) a muşca (puţin) din

nice [nais] *adj* drăguţ; plăcut; frumos; bun; subtil

nicely ['naisəli] *s* fineţe; delicateţe; *to a* ~ cu exactitate

niche [nit∫] *s* nişă

nick [nik] *s* crestătură; închisoare; *in the* ~ *of time* în ultimul moment

nickel ['nikl] *s* nichel

nickname ['nikneim] *s* poreclă

niece [ni:s] *s* nepoată (de unchi)

niggard ['nigə:d] *s, adj* zgircit

night [nait] *s* noapte; ~ *after* ~ noapte de noapte; ~ *and day* zi şi noapte; *at* ~ noaptea; *by* ~ în timpul nopţii; ~ *cap* ultimul pahar de băutură înainte de culcare; ~ *club* bar de noapte; ~*mare* coşmar; ~ *school* şcoală serală; ~ *walker* somnambul

nightingale ['naiti ŋ geil] *s* privighetoare

nimble ['nimbl] *adj* iute; agil; ager

nimbus ['nimbəs] *s* aureolă

nine [nain] *num* nouă; ~*teen* nouăsprezece; ~*ty* nouăzeci

ninny ['nini] *s* prostănac

nip [nip] 1 *vt, vi* a ciupi; a muşca; a strimta (*o rochie*) 2 *s* ciupitură; pişcătură; muşcătură

nipper ['nipə] *s* cleşte (*de rac*); ţînc

nipple ['nipl] *s* sfirc; biberon

nix [niks] *s* nimic

no [nou] 1 *adj* nici un; nici o; *no book* nici o carte; *no end of* o mulţime de;

no one nimeni **2** *adv* nu; **~** loc

nobility [nou'biliti] *s* noblețe; *the ~* nobilimea

noble ['noubl] *adj* nobil; grandios; generos; *~ man* nobil

nobody ['noubədi] *pron* nimeni; *~ else* nimeni altcineva

nod [nod] **1** *vi, vt* a încuviința (dînd din cap); a moțăi; a saluta (dînd din cap) **2** *s* încuviințare (dînd din cap); moțăială; salutare

noise [noiz] *s* zgomot

noisy ['noizi] *adj* zgomotos

nominate ['nomineit] *vt* a propune (*un candidat*); a numi

nomination [nomi'neiʃən] *s* propunere (a unui candidat); numire

nominee [nomi'ni:] *s* candidat

non-committal [nonkə'mitəl] *adj* care nu te implică

none [nʌn] **1** *pron* nici unul; nici una; nimic; *~ the less* totuși; *~ but* numai; *~ other than* nimeni altcineva decît **2** *adv* deloc

nonentity [non'entiti] *s* nulitate; himeră

nonplus [non'plʌs] *vt* a lua prin surprindere; a ului

nonsense ['nonsəns] *s* prostie; prostii

noodles ['nu:dlz] *s pl* tăiței

nook [nuk] *s* colțișor

noon [nu:n] *s* prînz, amiază; *at ~* la prînz

noose [nu:s] *s* laț; ștreang

nor [no:] *conj* nici

norm [no:m] *s* normă

normal ['no:məl] *adj* normal

north [no:θ] **1** *s* nord **2** *adj* nordic **3** *adv* spre nord; *~erly* dinspre nord; *~ern* nordic; *~wards* spre nord

nose [nouz] **1** *s* nas; bot **2** *vt, vi* a mirosi; a simți; *~y* om curios

nostril ['nostril] *s* nară

not [not] *adv* nu; *~ at all* deloc; nicidecum

notable ['noutəbl] *adj* remarcabil

notary ['noutəri] *s* notar

notch [notʃ] **1** *s* crestătură **2** *vt* a cresta (*pe răboj*)

note [nout] **1** *s* notiță; răvaș; notă (de subsol); bancnotă; semn; importanță; notă (muzicală); *~ book* caiet de notițe; *~ of exclamation/interrogation* semn de exclamare/întrebare **2** *vt* a observa; a lua în seamă; *to ~ down* a nota

noted ['noutid] *adj* remarcabil; renumit

nothing ['nʌθiŋ] *pron* nimic; *for ~* pe gratis; *~ doing* n-ai ce-i face; *~ness* nimicnicie

notice ['noutis] **1** *s* anunț; afiș; preaviz; atenție; *to take no ~ of* a nu ține seama de **2** *vt* a observa; a lua în seamă

notify ['noutifai] *vt* a înștiința; a anunța; a declara

notion ['nouʃən] *s* idee; părere; *~s* mercerie

notwithstanding [notwiðˈstændiŋ] **1** *adv* totuși **2** *prep* în ciuda

nought [no:t] *s* nimic; zero

noun [naun] *s* substantiv

nourish ['nʌriʃ] *vt* a hrăni; a îngrășa; a nutri; *~ing* hrănitor

novel ['nʌvəl] **1** *s* roman **2** *adj*

neobişnuit: novator
novelty ['nɔvəlti] *s* noutate;
ciudăţenie
November [nou'vembə] *s* noiembrie
novice ['nɔvis] *s* novice
now [nau] *adv* acum; *every ~ and
again* din cînd în cînd; *~... ~... cînd...
cînd...; just ~* chiar acum; *~ adays* în
zilele noastre
nowhere ['nouwɛə] *adv* nicăieri
noxious ['nɔkʃəs] *adj* dăunător; nociv
nuclear ['nju:kliə] *adj* nuclear
nucleus ['njukliəs] *s* nucleu
nude [nju:d] *adj* nud, gol
nudge [nʌdʒ] 1 *vi* a inghionti 2 *s*
ghiont
nuisance ['njusns] *s* pacoste
null [nʌl] *adj* nul; *~ity* anulare
nullify ['nʌlifai] *vt* a anula
numb [nʌm] *adj* amorţit

number ['nʌmbə] 1 *s* număr; *in ~* la
număr; *without ~* nenumărat 2 *vt* a
număra
numeral ['nju:mərəl] *s* numeral
numerator ['nju:məreitə] *s*
numărător
numerous ['nju:mərəs] *adj* numeros
nun [nʌn] *s* călugăriţă
nurse [nə:s] 1 *s* dădacă; infirmieră 2
vt a ingriji; a alăpta
nursery ['nə:sri] *s* camera copiilor;
creşă; pepinieră
nut [nʌt] *s* nucă; alună; piuliţă; *~-
crackers* spărgător de nuci; *~ shell*
coajă de nucă; *~ house* casă de
nebuni; *a hard ~ to crack* o problemă
grea
nutritious [nju'triʃəs] *adj* hrănitor
nuts [nʌts] *adj* nebun
nylon ['nailɔn] *s* nailon

O

O, o [ou] (litera) o
oak [ouk] *s* stejar
oar [ɔ:] *s* vîslă; ~ *sman* vîslaş
oasis [ou'eisis] *s* oază
oat [out] *s* ovăz
oath [ouθ] *s* jurămînt; înjurătură
obedient [ə'bidiənt] *adj* ascultător; cuminte
obese [ou'bi:s] *adj* obez
obey [ə'bei] *vt, vi* a asculta de; a se supune
obituary [ə'bitjuəri] *s* necrolog; ~ *notices* rubrica decese
object 1 ['ɔbdʒikt] *s* obiect; scop; obiectiv **2** [əb'dʒekt] *vi, vt* a obiecta; a protesta
objection [əb'dʒekʃən] *s* obiecţie; protest; ~ *able* neplăcut
objective [əb'dʒektiv] *adj* obiectiv; real
obligation [ɔbli'geiʃən] *s* obligaţie; sarcină
oblige [ə'blaidʒ] *vt* a obliga; a îndatora
obliging [ə'blaidʒiŋ] *adj* amabil
obliterate [ə'blitəreit] *vt* a şterge; a distruge
oblivion [ə'bliviən] *s* uitare
oblivious [ə'bliviəs] *adj* uituc
oblong ['ɔblɔŋ] *s* patrulater
obnoxious [əb'nɔkʃəs] *adj* scîrbos; dezagreabil
obscene [əb'si:n] *adj* obscen
obscure [əb'skjuə] **1** *adj* întunecos; ascuns; obscur; neclar **2** *vt* a acoperi;
a scunde
obsequies ['ɔbsikwiz] *s pl* funeralii
obsequious [əb'sikwiəs] *adj* slugarnic

observance [əb'zə:vəns] *s* respectare; sărbătorire
observant [əb'zə:vənt] *adj* atent; respectuos
observation [ɔbzə'veiʃən] *s* observare; remarcă
observatory [əb'zə:vətri] *s* observator astronomic
observe [əb'zə:v] *vt, vi* a cerceta; a respecta; a sărbători
obsess [əb'ses] *vt* a obseda
obsolescent [ɔbsə'lesənt] *adj* învechit
obsolete ['ɔbsəlit] *adj* învechit
obstinacy ['ɔbstinəsi] *s* încăpăţînare
obstinate ['ɔbstinit] *adj* încăpăţînat; de durată
obstruct [əb'strʌkt] *vt* a bloca; a împiedica
obtain [əb'tein] *vt, vi* a obţine; a procura; a se menţine
obtrude [əb'tru:d] *vt, vi* a (se) impune
obtuse [əb'tjus] *adj* obtuz; greu de cap
obviate ['ɔbvieit] *vt* a clarifica; a prevedea
obvious ['ɔbviəs] *adj* clar, evident
occasion [ə'keiʒn] *s* prilej; motiv
occasional [ə'keiʒənl] *adj* ocazional, întîmplător; ~ *ly* din cînd în cînd
occult [ə'kʌlt] *adj* ocult; ascuns

occupation [ɔkju'peiʃən] s ocupaţie;
 profesie; ~ *al hazards* risc'profesional
occupy ['ɔkjupai] *vt* a ocupa; a lua
occur [ə'kə:] *vi* a se întîmpla; a se găsi;
 (*to*) a trece (prin minte)
occurrence [ə'kʌrəns] s întîmplare
ocean ['ouʃən] s ocean
o'clock [ə'klɔk] ora...; *two* ~ ora două
October [ɔk'toubə] s octombrie
octopus ['ɔktəpəs] s caracatiţă
odd [ɔd] *adj* impar; răzleţ; în plus;
 divers; ciudat; *forty* ~ *years* între 40 şi
 50 de ani; *at* ~ *times* din cînd în cînd
oddity ['ɔditi] s ciudăţenie
oddly ['ɔdli] *adv* ciudat
odds [ɔdz] s *pl* şanse; diferenţă
ode [oud] s odă
odour ['oudə] s miros; renume
of [əv] *prep* de; al; a; ai; ale
off [ɔf] 1 *adj* depărtat; liber: ~ *day* zi
 liberă; desprins; din dreapta; *well* ~
 înstărit 2 *adv* departe: *two miles* ~
 două mile mai încolo; (*desprindere*):
 to cut ~ a reteza; (*întrerupere*): *the
 engagement is* ~ logodna s-a rupt 3
 prep de pe; de la; la distanţa de; *keep
 ~ the grass* nu călcaţi pe iarbă; ~ *duty*
 liber
offal ['ɔfl] s măruntaie
off-day ['ɔfdei] s zi proastă
offence [ə'fens] s ofensă; delict; păcat
offend [ə'fend] *vi, vt* a supăra; a jigni;
 a fi neplăcut
offensive [ə'fensiv] 1 *adj* ofensiv;
 neplăcut 2 *s* atac; ofensivă
offer ['ɔfə] 1 *vt, vi* a (se) oferi; a
 acorda 2 *s* ofertă; propunere; ~ *ing*
 ofrandă

off-hand ['ɔfhænd] *adj* nepregătit;
 întîmplător
office ['ɔfis] s birou; cabinet; serviciu;
 in ~ la putere
officer ['ɔfisə] s ofiţer; funcţionar; ~ *!*
 domnule poliţist
official [ə'fiʃəl] 1 *adj* oficial 2 *s* ~ *s*
 autorităţi; demnitari
officious [ə'fiʃəs] *adj* servil
off shoot ['ɔfʃu:t] s mlădiţă
offspring ['ɔfspriŋ] s urmaş;
 progenitură
often ['ɔfn] *adv* adesea; *as* ~ *as* ori de
 cîte ori; *as* ~ *as not* de cele mai multe
 ori; *every so* ~ din cînd în cînd
ogle [ougl] *vt* a face ochi dulci
ogre ['ougə] s căpcăun
oil [ɔil] 1 s ulei; petrol; ~ *cloth*
 muşama; ~ *field* teren petrolifer; ~
 painting pictură în ulei 2 *vt* a unge cu
 ulei
oiler ['ɔilə] s tanc petrolier
oily ['ɔili] *adj* cu ulei; dulceag
ointment ['ɔintmənt] s alifie
O. K. [ou'kei] *interj* foarte bine!
old [ould] *adj* bătrîn; vechi; demodat;
 versat; *the* ~ bătrînii; ~ *-fashioned*
 demodat; ~ *-time* de demult
olfactory [ɔl'fæktəri] *adj* olfactiv
olive ['ɔliv] s măslină; ~ *oil* ulei de
 măsline; ~ *tree* măslin
omen ['oumən] s semn; *of good/bad*
 ~ de bun augur, semn rău
ominous ['ɔminəs] *adj* ameninţător
omit [ə'mit] *vt* a omite; a lăsa
 deoparte
omnipotent [ɔm'nipətənt] *adj* atot
 puternic; *the* ~ Dumnezeu

omnivorous [ɔm'nivərəs] *adj* omnivor; cititor pasionat

on [ɔn] 1 *prep* pe; despre; în; lîngă; din; *on that day* în acea zi; *on time* la timp; *on the 3rd of May* la 3 mai 2 *adv* încoace: *come on!* haide! în continuare: *to work on* a continua să lucreze; *the strike is on* greva continuă; *go on!* continuă!; *What's on?* Ce se joacă? (*la cinema*); *and so on* și așa mai departe; *later on* apoi; *on and on* fără oprire

once [wʌns] *adv* odată; cîndva; ~ *a week* o dată pe săptămînă; ~ *more* încă o dată; ~ *and again* din cînd în cînd; *at* ~ imediat; *all at* ~ dintr-o dată

one [wʌn] 1 *num* unu: *forty* ~ patruzeci și unu; ~ *o'clock* ora unu; ~ *day* într-o zi; *it's all* ~ *to me* mi-e indiferent; ~ *and all* toți; ~*-eyed* chior; ~*-way street* stradă cu sens unic 2 *pron* cineva; același; se; ~ *of my friends* unul din prietenii mei; *give me the red* ~ dă-mi-o pe cea roșie

oneself [wʌn'self] *pron* se; însuși

onion ['ʌniən] *s* ceapă

onlooker ['ɔnlukə] *s* spectator

only ['ounli] 1 *adj* singur 2 *adv* numai; chiar 3 *conj* numai că

onto ['ɔntə] *prep* pe

onward ['ɔnwə:d] *adj, adv* înainte

ooze [u:z] *s* mîl

opaque [ou'peik] *adj* opac

open ['oupən] 1 *adj* deschis; neacoperit; liber; sincer; ~ *ly* deschis, sincer 2 *vt, vi* a (se) deschide; a desface; a începe

opener ['oupnə] *s* deschizător; *bottle* ~ tirbușon

opening ['oupniŋ] *s* deschizătură; început

opera ['ɔprə] *s* operă; ~ *glasses* binoclu; ~*-house* operă (*clădirea*)

operate ['ɔpəreit] *vt, vi* a funcționa; a mînui; a fi în funcțiune; a opera

operation [ɔpə'reiʃən] *s* funcționare; operație; *in* ~ în vigoare

opinion [ə'piniən] *s* părere; opinie

opponent [ə'pounənt] *s* adversar; opozant

opportunity [ɔpə'tjuniti] *s* ocazie, prilej

oppose [ə'pəuz] *vt* a fi împotriva; as ~ d to în contradicție cu

opposite ['ɔpəzit] 1 *s* contrariu 2 *adj* opus; omolog; de vis-à-vis

oppress [ə'pres] *vt* a oprima; a asupri; a apăsa

oppression [ə'preʃən] *s* asuprire; apăsare

oppressive [ə'presiv] *adj* apăsător; nedrept

oppressor [ə'presə] *s* tiran

optimism ['ɔptimizəm] *s* optimism

option ['ɔpʃən] *s* alternativă; obțiune

opulence ['ɔpjuləns] *s* bogăție

or [ɔ:] *conj* sau; *whether... or...* dacă... sau...; *or else* dacă nu; *or so* sau cam atît

oral ['ɔrəl] *adj* oral; pe cale bucală

orange ['ɔrindʒ] *s* portocală

orator ['ɔrətə] *s* orator

orbit ['ɔ:bit] *s* orbită

orchard ['ɔ:tʃəd] *s* livadă

orchestra ['ɔ:kistrə] *s* orchestră; ~

stalls fotoliu de orchestră

orchid ['ɔ:kid] *s* orhidee

ordain [ɔ'dein] *vt* a hirotonisi

ordeal [ɔ'di:l] *s* chin

order ['ɔ:də] 1 *s* ordine; ordin; comandă; disciplină; categorie; *out of ~* defect; *in ~ to* cu scopul de a 2 *vt* a comanda; a ordona; a pune în ordine

orderly ['ɔ:dəli] *adj* ordonat; disciplinat; de serviciu

ordinary ['ɔ:dinri] *adj* obişnuit; normal; *out of the ~* neobişnuit

ore [ɔ:] *s* zăcămînt

organ ['ɔ:gən] *s* organ; orgă

organization [ɔ:gənai'zeiʃən] *s* organizaţie; organizare

orient ['ɔriənt] *s* orient

orientate ['ɔriənteit] *vt, vi* a (se) orienta

origin ['ɔridʒin] *s* origine; început

original [ə'ridʒinəl] *adj* original; iniţial; *~ly* la început

originate [ə'ridʒineit] *vi, vt* a crea; a se trage

ornate [ɔ:'neit] *adj* ornamentat

orphan ['ɔ:fən] *s* orfan; *~age* orfelinat

oscillate ['ɔsileit] *vi* a oscila; a ezita

ostensible [ɔ'stesibl] *adj* de suprafaţă; aparent

ostentation [ɔsten'teiʃən] *s* ostentaţie

ostrich ['ɔstritʃ] *s* struţ

other ['ʌðə] 1 *adj* alt; diferit; *the ~* celălalt; *on the ~ hand* pe de altă parte; *every ~ day* o zi da, una nu 2 *pron* altul; alta; alţii; altele; *each ~* unul pe altul; *one after the ~* unul

după altul

otherwise ['ʌðəwaiz] 1 *adv* altfel; de altfel 2 *conj* dacă nu

ouch [autʃ] *interj* au!

ought [ɔ:t] *v mod* (*to*) a se cuveni să; (*to*) a trebui să

our [auə] *adj* nostru; noastră; noştri; noastre

ours [auəz] *pron* al nostru; a noastră; ai noştri

ourselves [auə'selvz] *pron* ne; înşine; chiar noi; *by ~* singuri

oust [aust] *vt* a elimina

out [aut] *adv* afară: *Go ~!* Ieşi!; *she is ~* nu este acasă; la iveală: *the sun is ~* a ieşit soarele; sfîrşit: *the fire is ~* focul s-a stins; *I'm tired ~* sînt extenuat; tare: *cry ~!* strigă tare!; *~ and ~* în întregime; *~ and away* de departe

outbreak ['autbreik] *s* izbucnire

outburst ['autbə:st] *s* izbucnire

outcast ['autkɑ:st] *s* proscris

outcome ['autkʌm] *s* rezultat

outdoor [aut'dɔ:] *adj* în aer liber

outdoors [aut'dɔ:z] *adv* afară

outer ['autə] *adj* exterior

outfit ['autfit] *s* echipament

outing ['autiŋ] *s* excursie; picnic

outlaw ['autlɔ:] *s* proscris; haiduc

outlook ['autluk] *s* privelişte; concepţie

output ['autput] *s* producţie

outrage ['autreidʒ] 1 *s* atentat; crimă; *~s* ravagii 2 *vt* a ultragia; a insulta; a silui

outrageous [aut'reidʒəs] *adj* nelegiuit; imoral; cumplit

outright ['autrait] *adj* făţiş; sincer; in

discutabil

outrun [aut'r ∧ n] *vt* a întrece

outset ['autset] *s* început

outside [aut'said] **1** *s* exterior, faţadă; *at the* ~ cel mult **2** *adj* exterior; in mare **3** *adv* pe din afară; afară **4** *prep* afară din; peste

outsider [aut'saidə] *s* intrus

outspoken [aut'spoukən] *adj* sincer

outstanding [aut'stændiŋ] *adj* remarcabil

outstretched [aut'stretʃt] *adj* intins

outward ['autwə:d] **1** *adj* exterior; peste hotare **2** *adv* in afară

outwit [aut'wit] *vt* a păcăli, a duce

oven ['∧vn] *s* cuptor

over ['ouvə] **1** *adv* peste: *turn the page* ~ intoarce pagina; deasupra: *to boil* ~ a da in foc; din nou: *to count* ~ a număra incă o dată; terminat: *to be* ~ a se termina; peste tot: *all the world* ~ in toată lumea; ~ *and* ~ *again* de multe ori **2** *prep* peste; deasupra; la: *a chat* ~ *a cup of coffee* discuţie la o cafea; ~ *and above* pe lîngă

overall [ouvər'ɔ:l] *s* salopetă

overbearing [ouvə'bɛəriŋ] *adj* arogant

overburden [ouvə'bə:dən] *vt* a supraincărca

overcoat [ouvə'kout] *s* palton

overcome [ouvə'k∧m] *vt, vi* a infringe; a invinge

overhear [ouvə'hiə] *vt* a surprinde

(*o conversaţie*)

overlook [ouvə'luk] *vt* a trece peste; a omite

overnight [ouvə'nait] *adj* peste noapte

overpeopled [ouvə'pi:pld] *adj* suprapopulat

overrate [ouvə'reit] *vt* a supraestima

overreach [ouvə'ri:tʃ] *vt* a depăşi; a păcăli

oversee [ouvə'si:] *vt* a supraveghea

overtake [ouvə'teik] *vt* a depăşi (*o maşină*)

overthrow [ouvə'θrou] **1** *s* răsturnare; infringere **2** *vt* a răsturna; a infringe

overtime ['ouvə taim] *s* ore suplimentare

overwhelm [ouvə'welm] *vt* a copleşi; a nimici

overwrought [ouvə'rɔ:t] *adj* extenuat; surescitat

owe [ou] *vt, vi* a (se) datora

owing ['ouiŋ] *adj* (*to*) datorită

owl [aul] *s* bufniţă

own [oun] **1** *adj* propriu; personal: *my* ~ *house* casa mea; *on his* ~ de unul singur **2** *vt* a poseda; a avea; a recunoaşte

owner ['ounə] *s* proprietar

ox [ɔks] *s* bou; *ox-cart* car cu boi

oxygen ['ɔksidʒən] *s* oxigen

oyster ['ɔistə] *s* stridie

ozone ['ouzoun] *s* ozon

P

P, p [pi:] (litera) **P**

pa [pɑ:] s tăticu

pace [peis] 1 s pas; viteză; fel de a merge; to keep ~ with a ține pasul cu 2 vt, vi a păși; a merge; a se plimba prin (cameră)

pacify ['pæsifai] vt a calma; a pacifica

pack [pæk] 1 s pachet; haită; clică 2 vt, vi a împacheta; a. ambala; a se înghesui; a conserva

package ['pækidʒ] s pachet; cutie; ladă

packing ['pækiŋ] s împachetare; ambalare

pad [pæd] s căptușală; tampon

paddle ['pædl] 1 s vislă; lopățică 2 vi a visli

padlock ['pædlok] 1 s lacăt 2 vt a încuia cu lacăt

pagan ['peigən] s, adj păgîn

page [peidʒ] 1 s pagină; paj 2 vt a pagina

pail [peil] s găleată, ciubăr

pain [pein] s durere; padeapsă; ~ killer calmant; ~ ed chinuit; ~ ful dureros, chinuitor

pains [peinz] s pl strădanii; eforturi

paint [peint] 1 s culoare; vopsea 2 vt a vopsi; a picta

painter ['peintə] s pictor

pair [pɛə] 1 s pereche; in ~ s doi cîte doi 2 vt, vi a (se) imperechea

pal [pæl] s prieten

palace ['pælis] s palat

palatable ['pælətəbl] adj bun la gust

palate ['pælit] s cerul gurii

pale [peil] 1 adj palid; deschis, pal 2 s țăruș

paling ['peiliŋ] s gard din stinghii

palm [pɑ:m] s palmă; palmier

palpable ['pælpəbl] adj palpabil; clar

palsy ['pɔlzi] s paralizie

paltry ['pɔltri] adj neînsemnat; de disprețuit

pamper ['pæmpə] vt a răsfăța

pan [pæn] s tigaie; ~ cake clătită

pane [pein] s geam

panel ['pænl] s panou; tablou (de comandă)

pang [pæŋ] s junghi

panic ['pænik] 1 s panică; ~ -stricken cuprins de panică 2 vi a intra în panică

pan-pipes ['pænpaips] s pl nai

pansy ['pænzi] s panseluță

pant [pænt] vi a gîfîi

pantry ['pæntri] s debara

pants [pænts] s pl chiloți

papa [pə'pɑ:] s tata

paper ['peipə] 1 s hîrtie: ~ -backed (carte) broșată; ~ hanger tapetar; ~ knife coupe-papier; ziar; bancnotă; teză; ~ s acte 2 vt a aplica (tapet)

parade [pə'reid] 1 s paradă; procesiune 2 vi a mărșălui la paradă; a defila

paradise ['pærədais] s rai; cer

paragon ['pærəgən] s exemplu

parallel ['pærəlel] 1 adj paralel 2 s paralelă

paralyse ['pærəlaiz] vi a paraliza

paralysis ['pə'ræləsis] *s* paralizie
paramount ['pærə maunt] *adj* covîrşitor
parasite ['pærə sait] *s* parazit
parasol ['pærəsɔl] *s* umbrelă de soare
paratroops ['pærə tru:ps] *s* trupe de desant
parcel ['pɑsl] 1 *s* pachet; ~ *post* mesagerie; *part and* ~ parte integrantă 2 *vt* a face (*un pachet*)
parchment ['pɑ:tʃmənt] *s* pergament
pardon ['pɑ:dən] 1 *s* iertare; *I beg your* ~ *!* Poftim! 2 *vt* a ierta; a graţia; a scuza
pare [pɛə] *vt* a tăia (*unghiile*); a reduce
parent ['pɛərənt] *s* părinte; ~ *age* paternitate
parenthesis [pə'ren θ əsis] *s* paranteză
parish ['pæriʃ] *s* parohie
parity ['pæriti] *s* paritate
park [pɑ:k] 1 *s* parc; parcare 2 *vt* a parca
parking ['pɑ:kiŋ] *s* parcare; ~ *lot* loc de parcare
parliament ['pɑ:ləmənt] *s* parlament
parlour ['pɑ:lə] *s* cameră de zi; salon; *beauty* ~ (cabinet de) cosmetică
parrot ['pærət] *s* papagal
parry ['pæri] *vi* a para; a evita
parsimonious [pɑsi'mouniəs] *adj* zgîrcit
parsimony ['pɑ:siməni] *s* zgîrcenie
parsley ['pɑ:sli] *s* pătrunjel
parsnip ['pɑ:snip] *s* păstîrnac
parson ['pɑ:sən] *s* preot
part [pɑ:t] 1 *s* parte; fragment; regiune; rol; fascicol; *to take* ~ *in* a lua parte

la; *for my* ~ în ceea ce mă priveşte; ~ *of speech* parte de vorbire 2 *vt,vi* a (se) despărţi; a se da la o parte; ~ *ly* într-o oarecare măsură
partake [pɑ:'teik] *vt, vi* a participa la; (*of*) a semăna (a)
partial ['pɑ:ʃl] *adj* parţial; părtinitor; ~ *ity for* slăbiciune pentru; ~ *ly* cu părtinire
participate [pɑ:'tisipeit] *vi* (*in*) a participa (la)
particle ['pɑ:tikl] *s* fir: ~ *s of dust* fire de praf; pic; particulă
parti-coloured ['pɑtik ʌ ləd] *adj* tărcat
particular [pə'tikjulə] 1 *adj* particular; exact; pretenţios; *in* ~ mai ales 2 *s* detaliu; ~ *ity* minuţiozitate
particularly [pə'tikjulə li] *adv* în mod deosebit; în special
partition [pɑ:'ti ʃ ən] *s* despărţitură; glasvand
partner ['pɑ:tnə] *s* partener; părtaş; participant
partridge ['pɑ:tridʒ] *s* potîrniche
party ['pɑ:ti] *s* partid; grup; guvernămînt; petrecere; participant
pass [pɑ:s] 1 *s* reuşită (*la examen*); stare; permis; pasă; avans; curte; ~ *key* şperaclu; ~ *word* parolă 2 *vi, vt* a trece; a petrece; a se transforma; a da mai departe; a rosti; a fi aprobat; a se întîmpla; *to* ~ *by* a trece pe lîngă; ~ *er-by* trecător (*pe stradă*)
passable ['pæsəbl] *adj* practicabil; mediocru
passage ['pæsidʒ] *s* pasaj; trecere; călătorie; loc; trecătoare; coridor;

birds of ~ păsări migratoare

passenger ['pæsindʒ ə] s pasager

passion ['pæʃn] s pasiune; iritare

passionate ['pæʃnit] *adj* pasionat; pătimaş

passive ['pæsiv] *adj* pasiv; inert; supus

passport ['pɑːspɔːt] s paşaport

past [pɑːst] 1 s trecut 2 *adj* ultim 3 *prep* după; peste; pe lîngă; dincolo de; *to be* ~ *bearing* a fi de nesuportat

paste [peist] 1 s pastă; pap; cocă; ~ *board* carton 2 *vi* a lipi

pastime ['pɑːstaim] s distracţie

pastry ['peistri] s (foaie de) plăcintă

pasture ['pɑːstʃ ə] 1 s păşune 2 *vi* a paşte

pat [pæt] *vt, vi* a mîngîia; a bate uşor (pe umăr)

patch [pætʃ] 1 s petic; pată 2 *vt* a petici; (*up*) a aplana

patent ['peitnt] 1 *adj* clar; ~ *leather* (piele) de lac 2 s patent; autorizaţie

paternal [pə'tɜ:nəl] *adj* patern; ~ *grandmother* bunica din partea tatălui

path [pɑː θ] s cărare; potecă

pathetic [pə'θetic] *adj* patetic

patience ['peiʃəns] s răbdare; pasienţă

patient ['peiʃ ənt] 1 *adj* răbdător 2 s pacient

patriarch ['peitriɑːk] s patriarh

patrol [pə'troul] 1 s patrulă 2 *vi* a patrula

patron ['peitrən] s sponsor; client

patronage ['pætrənidʒ] s sponsorizare; clientelă; patronaj

pattern ['pætə:n] s model; tipar; stil

pauper ['pɔːpə] s sărac

pause [pɔːz] 1 s pauză 2 *vi* a face o pauză

pavement ['peivmə nt] s trotuar

paw [pɔː] 1 s labă 2 *vt* a pipăi

pawn [pɔːn] 1 s amanet; pion (*la şah*) 2 *vt* a amaneta

pay [pei] 1 s soldă; plată; ~ *-day* zi de salariu; ~ *-phone* telefon public 2 *vt, vi* (*trec., part. trec.* paid) a plăti; a achita; a recompensa; *to* ~ *attention* a fi atent; *to* ~ *back* a achita; *to* ~ *out* a pedepsi

payment ['peimə nt] s plată; achitare

pea [piː] s mazăre; *as like as two* ~ s ca două picături de apă

peace [piːs] s pace; linişte; *in* ~ în bună înţelegere; ~ *ful* paşnic

peaceable ['piːsə bl] *adj* paşnic; liniştit

peach [piːtʃ] s piersică

peacock ['piːkɔk] s păun

peak [piːk] s pisc; cozoroc

peal [piːl] s clinchet; hohot; bubuit

peanut ['piːnʌt] s alună americană

pear [pɛə] s pară

pearl [pə:l] s perlă; sidef; strop; ~ *diver* pescuitor de perle

peasant ['pezə nt] s ţăran

peat [piːt] s turbă

pebble ['pebl] s pietricică

peck [pek] *vi, vt* a ciuguli; a săruta

peculiar [pi'kjuːliə] *adj* caracteristic; specific; ciudat; deosebit; ~ *ly* în mod deosebit

peculiarity [pikjuː'liæriti] s caracteristică; ciudăţenie; particularitate

pedal ['pedl] s pedală

pedestal ['pedistl] s piedestal

pedestrian [pi'destriə n] s pieton

pedigree ['pedigri:] *s* arbore genealogic; descendenţă

pedlar ['pedlə] *s* vinzător ambulant

peek [pi:k] 1 *s* privire rapidă 2 *vi* (*at*) a se uita pe furiş (la);

peel [pi:l] 1 *s* coajă (de fructe) 2 *vi, vt* a (se) coji

peep [pi:p] 1 *s* privire rapidă 2 *vi* (*at*) a se uita pe furiş (la); a se ivi

peer [piə] 1 *s* egal; nobil 2 *vi* a se uita atent

peevish ['pi:viʃ] *adj* irascibil

peg [peg] 1 *s* cui; cirlig; cuier; cep 2 *vt* a fixa; a delimita

pell-mell [pel-mel] *adv* talmeş-balmeş

pelt [pelt] 1 *s* piele (de animal) 2 *vt,vi* a (se) bate (*cu zăpadă etc.*); a răpăi

pen [pen] *s* ţarc; peniţă; ~ *knife* briceag; ~ *name* pseudonim

penalty ['penəlti]*s* pedeapsă; amendă

penchant ['pentʃənt] *s* (*for*) inclinaţie (pentru)

pencil ['pensl]*s* creion

pendant ['pendənt] 1 *s* pandantiv 2 *adj* care atirnă

penetrate ['penitreit] *vt,vi* a pătrunde; a se răspindi; a desluşi

penguin ['peŋgwin]*s* pinguin

penitence ['penitəns] *s* remuşcare;căinţă

penitent ['penitənt] *adj* pocăit

pennant ['penənt]*s* steag

penniless ['penilis] *adj* lefter

penny ['peni] *s* peni: *twelve pennies make a shilling* 12 monede de un peni fac un şiling

pension ['penʃən]*s* pensie; ~ *er* pensionar

pensive ['pensiv] *adj* ginditor

penthouse ['penthaus] *s* mansardă; apartament luxos pe terasa unui bloc inalt

people [pi:pl]*s* popor; oameni; familie

pep [pep] *s* vigoare; ~ *pill* energizant

pepper ['pepə] *s* piper; ~ *mill* rişniţă de piper

perceive [pə'si:v] *vt* a observa

percent [pə'sent] *adv* la sută

percentage [pə'sentidʒ] *s* procentaj; proporţie

perch [pə:tʃ] 1 *s* stinghie (de stat); poziţie inaltă; biban 2 *vt, vi* a (se) cocoţa

percolate ['pə:kəleit] *vt, vi* a (se) filtra

percussion [pə'kʌʃən] *s* the ~ instrumente de percuţie

perennial [pə'reiniəl] *adj* peren; veşnic

perfect 1 ['pə:fikt] *adj* perfect; complet; notoriu; ~ *ly* foarte 2 [pə'fekt] *vt* a perfecţiona

perform [pə'fɔ:m] *vt, vi* a executa; a interpreta

performance [pə'fɔ:məns] *s* executare; performanţă; spectacol

perfume ['pə:fju:m] 1 *s* parfum 2 *vi, vt* a (se) parfuma

perfunctory [pə'fʌŋktəri] *adj* superficial; de rutină

perhaps [pə'hæps] *adv* probabil

peril ['peril] *s* pericol; risc

period ['piəriəd] *s* perioadă; de epocă; punct; menstruaţie

perish ['periʃ] *vi, vt* a pieri; a muri; a distruge

perjure ['pə:dʒ ə] *vt* a jura srîmb
perky ['pə:ki] *adj* vioi; îngîmfat
perm [pə:m] *s* permanent (*coafură*)
permeate ['pə:mieit] *vt, vi* a (se) infiltra
permission [pə'miʃn] *s* permisiune
permit 1 [pə:'mit] *vt, vi* a permite 2 ['pə:mit] *s* permis
pernicious [pə'niʃəs] *adj* dăunător; pernicios
perpetrate ['pə:pitreit] *vt* a comite; a săvîrşi
perpetual [pə'petjuəl] *adj* perpetuu; veşnic
perplex [pə'pleks] *vt* a innebuni; a încurca
persecute ['pə:sikjut] *vt* a prigoni; a înnebuni
persevere [pə:si'viə] *vi* a persevera
persist [pə:'sist] *vi* a persista; a continua
person ['pə:sn] *s* persoană; *in* ~ personal
personal ['pə:snəl] *adj* personal; particular
personify [pə'sounifai] *vi* a personifica; a fi întruchiparea
personnel [pə:sn'el] *s* personal; cadre
perspiration [pə:spi'reiʃən] *s* transpiraţie
perspire [pə'spaiə] *vi* a transpira
persuade [pə'sweid] *vt* a convinge; a determina
persuasion [pə'sweiʒn] *s* (putere de) convingere
persuasive [pə'sweisiv] *adj* convingător
pert [pə:t] *adj* obraznic; nostim

peruse [pə'ru:z] *vt* a citi cu atenţie
pervade [pə:'veid] *vt* a abunda prin
perverse [pə'və:s] *adj* pervers; depravat
pervert [pə'və:t] *vt* a perverti
pest [pest] *s* dăunător; ~ *control* combaterea dăunătorilor; pacoste
pester ['pestə] *vt* a necăji; a pisa
pestle ['pesl] *s* pisălog (*de pisat*)
pet [pet] 1 *s* animal adorat; favorit 2 *vt* a răsfăţa
petal ['petl] *s* petală
peter ['pitə] *vi* (*out*) a se termina
petition [pi'tiʃən] 1 *s* rugăminte; cerere; petiţie; recurs 2 *vt* a solicita; a cere (*recurs*)
petrol ['petrl] *s* benzină
petroleum [pi'trouliə m] *s* ţiţei; petrol
petticoat ['petikout] *s* jupă
petty ['peti] *adj* mic; mărunt
petulant ['petjulənt] *adj* irascibil; nerăbdător
petunia [pi'tjuniə] *s* petunie
pew [pju:] *s* strană
phantom ['fæntm] *s* fantomă
pharmacist ['fɑ:məsist] *s* farmacist
pharmacy ['fɑ:məsi] *s* farmacie
phase [feiz] *s* fază; epocă
pheasant ['feznt] *s* fazan
phenomena [fi'nɔminə] *s pl* fenomene
phenomenon [fi'nɔminən] *s* fenomen
phial ['faiəl] *s* fiolă
philanderer [fi'lændərə] *s* crai
philosopher [fi'lɔsəfə] *s* filozof
philosophy [fi'lɔsəfi] *s* filozofie
phone [foun] *s* telefon
phonetics [fə'netiks] *s* fonetică

phoney ['founi] *adj* fals

phosphorous ['fɔsfərəs] *s* fosfor

photo ['foutou] *s* fotografie

photograph ['foutougrɑːf] **1** *s* fotografie **2** *vt* a fotografia; *to ~ well/badly* a fi/ a nu fi fotogenic

phrase [freiz] **1** *s* expresie; sintagmă **2** *vt* a exprima în (cuvinte)

physical ['fiziki] *adj* material; fizic

physician [fi'ziʃən] *s* doctor

physicist ['fizisist] *s* fizician

physics ['fiziks] *s* fizică

pianist ['piənist] *s* pianist

piano [pi'ænou] *s* pian

pick [pik] **1** *s* scobitoare **2** *vt, vi* a culege; a se scobi (*in nas*); a deschide (*cu şperaclu*); a (-şi) alege; a ciuguli; a căuta (*ceartă*); a ciupi (*coardele*)

picket ['pikit] *s* ţăruş; pichet

pickle ['pikl] *s* saramură; ~s murături

pick-me-up ['pikmi ʌp] *s* băutură tonică

pick-up ['pik ʌp] **1** *vt* a pune mîna pe; a prinde (*o limbă*); a agăţa (*o fată*); a ridica (*receptorul*); a prinde **2** *s* picup

picnic ['piknik] *s* picnic

picture ['piktʃə] *s* desen; ilustraţie; pictură; *the ~s* cinema

picturesque [piktʃə'resk] *adj* pitoresc; original

pie [pai] *s* plăcintă; pateu

piece [piːs] **1** *s* bucată; element; piesă; monedă; *in ~s* spart; *~ work* muncă în acord **2** *vt* a îmbina

pier [piə] *s* dig

pierce [piəs] *vt* a pătrunde in; a străpunge

piety ['paiəti] *s* evlavie; respect

pig [pig] *s* porc; *~ headed* încăpăţînat; *~sty* cocină; *~gery* crescătorie de porci; *~gy* pui de porc; *~gy bank* porc-puşculiţă

pigeon ['pidʒin] *s* porumbel; fraier; *carrier-~* porumbel călător; *~hole* despărţitură pentru hîrtii în birou

pigmy ['pigmi] *s* pigmeu

pike [paik] *s* suliţă; ştiucă

pile [pail] **1** *s* pilon; morman; teanc; rug; baterie **2** *vt, vi* a îngrămădi; a pune unele peste altele; a (se) aduna

pilfer ['pilfə] *vt, vi* a ciupi, a fura

pilgrim ['pilgrim] *s* pelerin; *~age* pelerinaj

pill [pil] *s* pilulă; *the ~* pastilă anticoncepţională

pillage ['pilidʒ] **1** *s* jaf; pradă **2** *vt* a jefui; a prăda

pillar ['pilə] *s* stîlp; coloană; *~ box* cutie poştală

pillow ['pilou] *s* pernă; *~ case/slip* faţă de pernă

pilot ['pailət] **1** *s* pilot **2** *vt* a pilota; a ghida

pimento [pi'mentou] *s* ardei iute

pimple ['pimpl] *s* coş (pe faţă); *~d* cu coşuri

pin [pin] *s* ac cu gămălie; *hair ~* agrafă; *hat ~* ac de pălărie; *~head* prostănac; *safety ~* ac de siguranţă; *don't care a ~* a nu-i păsa cîtuşi de puţin **2** *s* a fixa; a prinde cu un ac; *~-up* poză a unei fete frumoase pusă pe perete

pinafore ['pinəfɔː] *s* şort

pincers ['pinsəz] *s* cleşte

PIN

pinch [pintʃ] **1** *vt,vi* a ciupi; a strînge; a fura; a fi zgîrcit; a aresta **2** *s* ciupitură; *at a ~* la nevoie

pine [pain] **1** *s* pin **2** *vi* a se stinge; (*for*) a tînji (după)

pineapple ['painæpl] *s* ananas

ping pong ['piŋpɔŋ] *s* tenis de masă

pink [piŋk] **1** *s* roz: *in the ~* sănătos **2** *adj* roz; de stînga

pint [paint] *s unitate de măsură* (*=0,57 l*)

pioneer [paiə'niə] *s* pionier

pious ['paiəs] *adj* pios

pip [pip] *s* sîmbure (*de măr etc.*); semnal (*la radio, telefon*)

pipe [paip] **1** *s* țeavă; tub; fluierat; pipă; piuit **2** *vi, vt* a cînta la fluier; a piui; a șuiera

piper ['paipə] *s* fluierar; flautist

piping ['paipiŋ] **1** *s* țevărie; șnur; sunet ascuțit **2** *adj* ascuțit; pașnic

piquant ['pikənt] *adj* picant

pique [pi:k] **1** *adj* pică; enervare **2** *vt, vi* a se mîndri; a ațîța

pirate ['paiərət] *s* pirat

piss [pis] *vt, vi* a (se) urina

pistil ['pistl] *s* pistil

pistol ['pistl] *s* pistol

piston ['pistn] *s* piston

pit [pit] *s* groapă; mină; cursă; stal; semn/urmă de vărsat; *the ~* iadul; sîmbure (*de cireașă etc.*)

pitch [pitʃ] **1** *s* pantă; nivel; azvîrlire; smoală; rășină; *dark as ~* întuneric beznă **2** *vt, vi* a (se) instala; a ridica; a arunca; a fixa; a se înclina

pitcher ['pitʃə] *s* ulcior

piteous ['pitiəs] *adj* jalnic

pith [piθ] *s* măduvă; sevă; esență

pitiable ['pitiəbl] *adj* jalnic

pitiful ['pitiful] *adj* milos; jalnic

pitiless ['pitilis] *adj* nemilos

piton ['pi:tɔ:ŋ] *s* piton

pittance ['pitəns] *s* salariu de mizerie

pity ['piti] **1** *s* milă: *out of ~* din milă; regret: *what a ~!* ce păcat! **2** *vt* a compătimi

placard ['plækɑ:d] *s* afiș

placate [plə'keit] *vt* a împăca

place [pleis] **1** *s* loc; localitate; rang; locuință; *in ~* în ordine; *in the first ~* în primul rînd; *out of ~* deplasat; *in ~ of* în loc de; *to take ~* a avea loc **2** *vt* a pune; a aranja; a numi; a plasa

placid ['plæsid] *adj* calm; liniștit

plagiarize ['pleidʒəraiz] *vt* a plagia

plague [pleig] *s* ciumă; invazie; pacoste

plaice [pleis] *s* calcan

plain [plein] **1** *s* șes; cîmpie; ochi (*la tricotat*) **2** *adj* clar; simplu; obișnuit; sincer; urît; *~-clothes-man* detectiv

plaintiff ['pleintif] *s* reclamant

plaintive ['pleintiv] *adj* plîngăreț; amărît

plait [plæt] **1** *s* coadă **2** *vt* a împleti (*părul*)

plan [plæn] **1** *s* plan; schiță; hartă **2** *vt* a face (*planul*); a planifica; a plănui

plane [plein] **1** *s* platan; rindea; suprafață plană; plan; avion **2** *vt, vi* a da la rindea; a plana

planet ['plænit] *s* planetă

plank [plæŋk] *s* scîndură; platformă program

plant [plɑ:nt] **1** *s* plantă; instalații;

uzină 2 *vt* a planta; a sădi; ~ *ation* plantaţie

planter ['plɑ:ntə] *s* plantator; maşină de plantat

plash [plæʃ] 1 *s* plescăit 2 *vi* a plescăi

plaster ['plɑ:stə] 1 *s* tencuială; plasture 2 *vt* a pune (*un plasture*); a tencui; a murdări

plastic ['plæstik] 1 *s* material plastic 2 *adj* plastic; maleabil; ~ *surgery* chirurgie plastică

plasticine ['plæstisi:n] *s* plastilină

plate [pleit] *s* farfurie; tacimuri; placă dentară; *soup* ~ farfurie adîncă

plateau ['plætou] *s* podiş

platform ['plætfɔ:m] *s* peron; platformă; tribună; platformă program

platinum ['plætinəm] *s* platină

platitude ['plætitju:d] *s* banalitate

platoon [plə'tu:n] *s* pluton

plausible ['plɔzəbl] *adj* plauzibil

play [plei] 1 *s* joacă; joc; mutare; (*la şah*); piesă de teatru; frîu liber; ~ -*boy* om de lume/de viaţă; ~ *thing* jucărie; ~ *bill* afiş; ~ *house* teatru; ~ *wright* dramaturg 2 *vt*, *vi* a (se) juca; a pasa; a muta (*o piesă*); a cînta (*la pian etc.*); a interpreta (*un rol*)

player ['pleiə] *s* jucător; actor; instrumentist

playful ['pleiful] *adj* jucăuş; glumeţ

plea [pli:] *s* pledoarie; pretext

plead [pli:d] *vi*, *vt* a pleda; a susţine (*un caz*); a cere (*iertare*); a se scuza; *to* ~ *guilty/not guilty* a se declara vinovat/nevinovat

pleasant ['plezənt] *adj* plăcut; agreabil

please [pli:z] *vi*, *vt* (*folosit la imperativ*): *come in, please* intră, te rog; a face plăcere; a dori, a vrea: *you may do as you* ~ poţi face cum vrei; *if you* ~ dacă vrei

pleased ['pli:zd] *adj* mulţumit; satisfăcut

pleasing ['pli:ziŋ] *adj* plăcut; agreabil

pleasure ['pleʒə] *s* plăcere; distracţie; amuzament; dorinţă; ~ *ground* parc de distracţii

pleat [pli:t] *s* pliu

pledge [pledʒ] 1 *s* zălog; promisiune; dar 2 *vt* a da ca zălog; a promite

plenary ['plenəri] *adj* nelimitat; absolut

plentiful ['plentiful] *adj* abundent; bogat

plenty ['plenti] *s* cantitate mare; ~ *of* mult; *in* ~ din abundenţă

pliable ['plaiəbl] *adj* pliabil; maleabil

pliers ['plaiəz] *s pl* cleşte

plight [plait] 1 *s* ananghie; încurcătură 2 *vt* a promite

plod [plɔd] *vi*, *vt* a munci cu sîrg; a merge continuu

plonk [plɔŋk] *interj* bîldîbîc

plot [plɔt] 1 *s* lot; conspiraţie; complot; subiect 2 *vt*, *vi* a parcela; a complota; a lua parte

plough [plau] 1 *s* plug; ~ *man* plugar; *snow-* ~ plug de zăpadă 2 *vt*, *vi* a ara cu plugul; a-şi face drum; a pica (*la examen*)

plover ['plʌvə] *s* fluierar

pluck [plʌk] 1 *vt*, *vi* a smulge; a trage; a înşela; a pica (*la examen*); *to* ~ *up courage* a-şi lua inima în dinţi 2 *s* curaj;

aplomb

plug [plʌg] 1 *s* dop; cep; gură de incendiu; ștecher 2 *vt, vi* a pune (*un dop*); a pune în priză; a munci din greu

plum [plʌm] *s* prună; prun; ~ *cake* prăjitură cu stafide

plumage ['plumidʒ] *s* penaj

plumb [plʌm] 1 *s* fir cu plumb 2 *adj* vertical 3 *vt* a sonda; a verifica verticala

plumber ['plʌmə] *s* instalator

plumbing ['plʌmiŋ] *s* instalații sanitare

plume [plum] *s* pană (*ornament*)

plump [plʌmp] 1 *adj* durduliu; bucălat 2 *vi, vt* a (se) trînti; a se rotunji; (*for*) a vota (*pe*)

plunder ['plʌndə] 1 *s* jaf; pradă 2 *vt, vi* a jefui; a prăda; ~ *er* jefuitor

plunge [plʌndʒ] 1 *vt, vi* (*into*) a-și băga mîinile (în); a se arunca (în *apă*); a se lansa (în) 2 *s* plonjare

plural ['pluərəl] *s* plural

plus [plʌs] 1 *prep* plus; ~ *fours* pantaloni golf 2 *adj* plus; în plus 3 *s* plus

plush [plʌʃ] *s* pluș

ply [plai] 1 *s* strat; ~*wood* placaj; fir de lînă 2 *vt, vi* (*with*) a aproviziona (*cu*)

pneumatic [nju'mætik] *adj* pneumatic

pneumonia [nju'mouniə] *s* pneumonie

poach [poutʃ] *vi* a face braconaj

poached eggs [poutʃt'egz] *s* ochiuri în apă

pock [pɔk] *s* urmă de vărsat; ~*marked* cu urme de vărsat

pocket ['pɔkit] 1 *s* buzunar; pungă; ~*book* agendă; *air* ~ gol de aer; *a* ~ *dictionary* dicționar de buzunar 2 *vt* a băga în buzunar

pod [pɔd] *s* păstaie

podgy ['pɔdʒi] *adj* îndesat, gras

poem ['pouim] *s* poezie

poet ['pouit] *s* poet; ~*ess* poetă

poetry ['pouitri] *s* versuri; poezie

poignant ['pɔinənt] *adj* ascuțit; pătrunzător

point [pɔint] 1 *s* vîrf; punct; cotitură; punct de vedere; macaz; bază; poantă; ~ *of view* punct de vedere; *a case in* ~ un exemplu la subiect; ~ *s man* acar 2 *vt, vi* a indica; a arăta cu degetul; a îndrepta (*arma*); *to* ~ *out* a scoate în evidență

pointed ['pɔintid] *adj* ascuțit

pointer ['pɔintə] *s* ac indicator

pointless ['pɔintlis] *adj* fără rost

poise [pɔiz] 1 *vt, vi* a (se) echilibra; a se balansa 2 *s* echilibru; ținută

poison ['pɔizn] 1 *s* otravă; ~ *gas* gaze toxice 2 *vt* a otrăvi; a spurca

poke [pouk] 1 *vt, vi* a înghionti; a ațîța (*focul*); a băga; a scoate 2 *s* ghiont

poker ['poukə] *s* vătrai; pocher; ~ *face* față impasibilă

poky ['pouki] *adj* mic

polar ['poulə] *adj* polar; *the* ~ *bear* urs polar

pole [poul] *s* stîlp; țăruș; pol

Pole [poul] *s* polonez; poloneză

police [pə'li:s] *s* poliție; polițiști; ~ *court* judecătorie ~ *officer/man* polițist; ~ *station* comisariat

policy ['pɔlisi] *s* politică; poliță de

129

asigurare

polish ['pɔliʃ] 1 *s* lustru; luciu; cremă de ghete; eleganţă 2 *vt, vi* a lustrui

Polish ['pouliʃ] *adj* polonez

polite [pə'lait] *adj* politicos; rafinat

political [pə'litikl] *adj* politic

politics ['pɔlitiks] *s* politică

poll [poul] 1 *s* electorat; alegeri; voturi; urnă 2 *vt, vi* a vota; a obţine (*voturi*)

pollen ['pɔlən] *s* polen

pollinate ['pɔlineit] *vt* a poleniza

pollination [pɔli'neiʃən] *s* polenizare

pollute [pə'lu:t] *vt* a polua

pollution [pə'lu:ʃən] *s* poluare

poltroon [pɔl'tru:n] *s* laş

polygamist [pə'ligəmist] *s* poligam

polygamy [pə'ligəmi] *s* poligamie

pomade [pə'ma:d] *s* alifie (*de păr*)

pomegranate ['pɔmigrænit] *s* rodie

pomp [pɔmp] *s* fast; măreţie

pond [pɔnd] *s* iaz

ponder ['pɔndə] *vt, vi* a se gîndi; a cugeta

ponderous ['pɔndərəs] *adj* greoi; plicticos

pony ['pouni] *s* ponei; ~ *tail* coadă de cal (*pieptănătură*)

poodle [pu:dl] *s* pudel

pool [pu:l] 1 *s* eleşteu; baltă; piscină; fond comun; miză (*la joc*); pronosport; biliard 2 *vt* a pune (*bani*) laolaltă

poor [puə] 1 *s the* ~ săracii 2 *adj* sărac; sărman; biet; umil

poorly ['puəli] *adv* slab; prost; (*off*) strîmtorat

pop [pɔp] 1 *s* pocnitură; ~ *corn* floricele (din porumb) 2 *vt, vi* a pocni; a trage (*cu pistolul*); a băga repede; a se ivi; a se holba; ~ *-eyed* cu ochii mari de uimire

pope [poup] *s* popă; preot

poplar ['pɔplə] *s* plop

poppy ['pɔpi] *s* mac

popular ['pɔpjulə] *adj* popular

populate ['pɔpjuleit] *vt* a popula

populous ['pɔpjuləs] *adj* dens populat

porcelain ['pɔ:slin] *s* porţelan

porch [pɔ:tʃ] *s* prispă; verandă

porcupine ['pɔkjupain] *s* arici

pore [pɔ:] 1 *s* por 2 *vi* a studia cu atenţie

pork [pɔ:k] *s* carne de porc

porridge ['pɔridʒ] *s* terci de ovăz

port [pɔ:t] *s* port: *to reach* ~ a ajunge în port; adăpost; babord; ţinută; vin de Porto

portentous [pɔ:'tentəs] *adj* de rău augur; neobişnuit

porter ['pɔ:ə] *s* hamal; portar; însoţitor de tren

portfolio [pɔ:t'fouljou] *s* portofoliu; servietă

portion ['pɔ:ʃn] *s* porţie; soartă

portly ['pɔ:tli] *adj* impunător; corpolent

portmanteau [pɔ:t'mæntou] *s* valiză mare de piele

portrait ['pɔ:trit] *s* portret; descriere

portray [pɔ:'trei] *vt* a portretiza; a descrie; ~ *al* descriere

pose [pouz] 1 *vt, vi* a aranja; a fi model;

a pune (*problema*); a se da drept 2 *s* atitudine; poză

posh [poʃ] *adj* elegant; de mina intii

position [pə'ziʃn] *s* poziție; atitudine; situație; loc; slujbă

positive ['pozitiv] *adj* precis; singur; constructiv; adevărat; pozitiv; *are you* ~ (*that*)? Ești sigur că...?

possess [pə'zes] *vt* a poseda; a avea; a obseda

possession [pə'zeʃən] *s* posesie; deținere; ~*s* avere

possessive [po'zesiv] *adj* dominator

possibility [posə'biliti] *s* posibilitate

possible ['posibl] *adj* posibil; normal

possibly ['posibli] *adv* eventual

post [poust] 1 *s* post; serviciu; poștă; stilp; ~ *box* cutie poștală; ~ *free* scutit de taxe poștale; ~ *man* poștaș; ~ *mark* timbru; ~ *master* diriginte de poștă; ~ *-office* poștă; ~ *-office box* căsuță poștală 2 *vt, vi* a expedia; a afișa; a lipi (*afișe*)

postage ['poustidʒ] *s* taxă poștală; ~ *stamp* marcă poștală

poster ['poustə] *s* afiș

posterior [po'stiəriə] 1 *s* fund, dos 2 *adj* posterior

postgraduate [pous'grædjuit] *adj* postuniversitar

posthumous ['postʃuməs] *adj* postum

postmortem [poust'mo:təm] 1 *s* autopsie 2 *adj* post-mortem

postpone [pə'spoun] *vt* a amina; ~ *ment* aminare

postscript ['pousskript] *s* post scriptum

posture ['postʃə] *s* poziție; situație; atitudine

pot [pot] 1 *s* oală; cratiță; vas; oală de noapte; ghiveci de flori; borcan; ceașcă; ~ *-belly* burtos; ~ *-hole* gaură (în asfalt) 2 *vt* a conserva; a sădi

potato [pə'teitou] *s* cartof

potent ['poutənt] *adj* puternic

potential [pə'tenʃl] *adj, s* potențial

potion ['pouʃn] *s* poțiune

potter ['potə] 1 *s* olar; ~*y* ceramică 2 *vi* a trebălui; a pierde vremea

pouch [pautʃ] *s* pungă; buzunar (*la cangur*); cearcăn

poultry ['poultri] *s* păsări de curte, orătănii

pounce [pauns] *vi* a se năpusti

pound [paund] 1 *s* livră (*452 g*); liră sterlină 2 *vt, vi* a bate; a tropăi; a se sfărima

pour [po:] *vt, vi* a turna; a (se) revărsa; a curge

pout [paut] *vi* a se bosumfla

poverty ['povəti] *s* sărăcire; ~ *stricken* foarte sărac

powder ['paudə] 1 *s* praf; pudră; ~ *puff* pămătuf; ~ *room* toaletă (*pentru doamne*) 2 *vi, vt* a (se) pudra

power [pauə] *s* putere; capacitate; energie; ~*ful* puternic; ~*less* neputincios

pox [poks] *s* variolă

practical ['præktikəl] *adj* practic; realist

practically ['præktikəli] *adv* de fapt; aproape

practice ['præktis] *s* aplicare; practică; obicei; *to be out of* ~ a-și fi pierdut obişnuinţa

practise ['præktis] *vt, vi* a practica; a exersa

practitioner [præk'tiʃnə] *s* profesionist; medic internist

prairie ['prɛəri] *s* prerie

praise [preiz] 1 *s* preţuire; *in ~ of* în cinstea (*cuiva*) 2 *vt* a preţui; a lăuda

prance [prɑːns] *vi* a se zbengui; a face pe grozavul

prank [præŋk] 1 *s* festă 2 *vt* a împodobi

prate [preit] *vi* (*about*) a trăncăni (despre)

prattle [prætl] *vi* a gânguri

pray [prei] *vt, vi* a (se) ruga

prayer ['prɛə] *s* rugăciune; rugăminte

preach [priːtʃ] *vt, vi* a ţine o predică; a propovădui

precaution [pri'kɔːʃən] *s* (măsură de) prevedere

precede [priːsiːd] *vt, vi* a preceda

precinct ['prisiŋkt] *s* circumscripţie; zonă; *within the ~ of* în incinta

precious ['preʃəs] *adj* preţios; drag

precipice ['presipis] *s* prăpastie

precipitate [prə'sipiteit] *vt* a arunca; a grăbi; a precipita

precipitation [presipi'teiʃən] *s* precipitaţii; grabă

précis ['preisi] *s* rezumat

precise [pri'sais] *adj* exact; clar; corect; tipicar; *~ ly* cu precizie

precision [pri'siʒən] *s* precizie

preclude [pri'kluːd] *vt* a preîntâmpina

precocious [pri'kouʃəs] *s* precoce

preconceived [prikən'siːvd] *adj* preconceput

precursor [pri'kəːsə] *s* precursor

predatory ['predətəri] *adj* prădalnic; de pradă

predecessor ['pridisesə] *s* predecesor

predestine [pri'destin] *vt* a predestina; a prevedea

predicament [pri'dikəmənt] *s* situaţie grea; necaz

predict [pri'dikt] *vt* a prezice; a prevedea

predispose [pridis'pouz] *vt* a predispune

pre-eminent [pri'eminənt] *adj* stălucit; superior

preen [priːn] *vt* a-şi curăţa (*penele*) cu ciocul; a se ferchezui

preface ['prefis] 1 *s* prefaţă 2 *vt* a prefaţa

prefer [pri'fəː] *vt* a prefera; a acuza; a numi

preference ['prefrəns] *s* preferinţă

pregnant ['pregnənt] *adj* gravidă; ~ *with* plin de

prejudice ['predʒədis] *s* prejudecată

prelude ['preljuːd] 1 *s* preludiu 2 *vt* a preceda

premium ['primiəm] *s* primă de asigurare; recompensă; primă

premonition [premə'niʃn] *s* presimţire

preoccupation [priɔkju'peiʃən] *s* preocupare

preoccupied [pri'ɔkjupaid] *adj* preocupat

preparation [prepə'reiʃən] *s* pregătire

preparatory [pri'pærətri] *adj* pregătitor

prepare [pri'pɛə]*vt, vi* a (se) pregăti

prepossess [pripə'zes] *vt* a impresiona

prepossessing [pripə'zesiɳ] *adj* plăcut; atrăgător

preposterous [pri'pɔstərəs] *adj* absurd

prerequisite [pri'rekwizit] *s* condiţie esenţială

prescribe [pri'skraib] *vt* a prescrie; a recomanda

prescription [pri'skripʃən] *s* reţetă; recomandare

presence ['prezəns]*s* prezenţă; ~ *of mind* prezenţă de spirit

present ['prezənt] **1** *adj* prezent; de faţă; actual; *at ~* acum; *for the ~* pentru moment **2** *s* cadou **3** *vt* a prezenta; a oferi; a da în dar

presentation [prezn'teiʃən]*s* prezentare; spectacol; cadou

presently ['prezntli]*adv* la ora actuală; imediat

preserve [pri'zə:v] **1** *vt* a feri de; a păstra; a conserva **2** rezervaţie; ~*s* dulceaţă

preside [pri'zaid] *vi* a prezida; a·fi director

president ['prezidənt]*s* preşedinte

press [pres] **1** *s* apăsare; presă; tipografie;*the ~* presa; ~ *agent* agent publicitar; ~ *man* ziarist; *in the ~* sub tipar **2** *vt, vi* a apăsa pe; a călca (*o rochie*); a presa; *to ~ for* a cere cu insistenţă; *to be ~ed for money* a nu avea bani

pressing ['presiɳ] *adj* urgent; insistent

pressure ['preʃə:] presiune; apăsare; povară; *blood ~* tensiune arterială; ~-*cooker* oală sub presiune; ~ *gauge* manometru

prestige ['prestiʒ]*s* prestigiu

presumable [pri'zju:məbl] *adj* probabil; de presupus

presume [pri'zju:m]*vt, vi* a presupune; a-şi permite

presumption [pri'zʌmpʃən] *s* presupunere; îndrăzneală

presumptive [pri'zʌmptiv] *adj* prezumtiv; presupus

presumptuous [pri'zʌmtʃuəs] *adj* îndrăzneţ; îngîmfat

presuppose [prisə'pouz] *vt* a presupune

pretence [pri'tens] *s* pretext; motiv; pretenţie; *fals ~s* înşelăciune

pretend [pri'tend] *vt, vi* a se preface; a pretinde; a se juca de-a; a simula

pretensions [pri'tenʃənz] *s pl* pretenţii

pretentious [pri'tenʃəs] *adj* pretenţios; ~ *language* vocabular preţios

pretext ['pritekst]*s* pretext

pretty ['priti] *adj* drăguţ; frumos; plăcut; mult; ~ *nearly new* aproape nou/nouă

pretzel ['pretsl]*s* covrig

prevail [pri'veil] *vi* a triumfa; a fi predominant

prevalent ['prevələnt] *adj* predominant; răspîndit

prevent [pri'vent]*vt* a împiedica; a feri

prevention [pri'venʃən]*s* prevenire

preventive [pri'ventiv] *adj* preventiv;

133

profilactic

previous ['pri:viəs] *adj* anterior; precedent; ~ *to* înainte de

prevision [pri'viʒən] *s* presimţire

price [prais] *s* preţ; valoare 2 *vt* a fixa (*un preţ*); ~*less* nepreţuit

prick [prik] 1 *s* înţepătură; mustrare 2 *vt, vi* a (se) înţepa; a ciuli (*urechile*)

prickle ['prikl] *s* spin; înţepătură

pride [praid] *s* mîndrie; *false* ~ vanitate

priest [pri:st] *s* preot

prig [prig] *adj* mulţumit de sine .

prim [prim] *adj* îngrijit; afectat; decent

prime [praim] *s* perioadă de înflorire; *in the* ~ *of youth* în floarea tinereţii; (parte de) început: *the* ~ *of the year* primăvara

primer ['praimə] *s* abecedar

primeval [prai'mi:vl] *adj* preistoric

primitive ['primitiv] *adj* primitiv; rudimentar

primrose ['primrouz] *s* primulă

prince [prins] *s* prinţ; ~*ss* prinţesă

principal ['prinsipəl] 1 *s* director (de şcoală) 2 *adj* principal; de bază

principle ['prinsəpl] *s* principiu *on* ~ din principiu

print [print] 1 *s* literă tipărită; tipar; urmă; amprentă; *in* ~ la tipar; *out of* ~ (*d. o carte*) epuizat 2 *vt, vi* a tipări; a imprima; ~*er* tipograf; ~*ing machine* presă de tipar

prior ['praiə] 1 *adj* anterior; ~ *to* înainte de 2 *s* stareţ; ~*ess* stareţă

priority [prai'ɔrəti] *s* prioritate

prison ['prizən] *s* închisoare; ~ breaking evadare

prisoner ['priznə] *s* puşcăriaş; prizonier

privacy ['privəsi] *s* intimitate; taină

private ['praivit] *adj* particular; propriu; secret; intim; ~ *!* intrarea oprită; ~ *soldier* soldat simplu; ~*ly* în secret

privation [prai'veiʃn] *s* privaţiune

privilege ['privilidʒ] *s* drept; privilegiu; cinste; ~*d* privilegiat

prize [praiz] *s* premiu; cîştig; răsplată; ~ *fighter* boxer profesionist

probability [prɔbə'biliti] *s* probabilitate; *in all* ~ după toate probabilităţile

probable ['prɔbəbl] *adj* probabil

probation [prɔ'beiʃən] *s* probă; stagiu; eliberare provizorie

probe [proub] *s* sondă (*în medicină*)

problem ['prɔbləm] *s* problemă

procedure [prə'sidʒə] *s* procedeu; procedură

proceed [prə'si:d] *vi* a trece; a continua; a decurge

proceeding [prə'si:diŋ] *s* procedeu; comportare; maşinaţie; ~*s* dezbateri

proceeds ['prousidz] *s pl* cîştig; profit

process ['prouses] *s* proces; curs; procedeu

procession [prə'seʃn] *s* procesiune

proclaim [prə'kleim] *vt* a declara; a desemna; a proclama

proclivity [prou'kliviti] *s* (*to*) înclinaţie (spre)

procrastinate [prou'kræstineit] *vi* a tot amina

procure [prə'kjuə] *vt* a procura; a

provoca

prod [prɔd] *vt, vi* a împunge; a impulsiona

prodigal ['prɔdigəl] *adj* risipitor; darnic

prodigious [prə'diʒəs] *adj* enorm; minunat

prodigy ['prɔdidʒi] *s* minune; *infant* ~ copil minune

produce 1 ['prɔdju:s] *s* produse (agricole); rezultat 2 [prə'dju:s] *vt, vi* a scoate; a produce; a crea; a pregăti

producer [prə'dju:sə] *s* producător; regizor; director de scenă

product ['prɔdʌkt] *s* produs; rezultat

production [prə'dʌkʃən] *s* producție

productivity [prɔdʌk'tiviti] *s* productivitate

profane [prə'fein] *adj* profan

profess [prə'fes] *vt, vi* a (se) declara; a profesa; a pretinde

professed [prə'fest] *adj* declarat; așazis

profession [prə'feʃən] *s* profesiune; ~s of declarații de

professional [prə'feʃənl] *adj* profesional; profesionist

professor [prə'fesə] *s* profesor universitar

proficient [prə'fiʃənt] *adj* priceput; expert

profile ["proufail] *s* profil

profit ['prɔfit] 1 *s* profit; cîștig 2 *vt, vi* (*from*) a profita (de); a se folosi (de)

profitable ['prɔfitəbl] *adj* rentabil; benefic

profiteer [prɔfi'tiə] *s* profitor

profligate ['prɔfligeit] *adj* destrăbălat; deșănțat; cheltuitor

profound [prə'faund] *adj* profund

profuse [prə'fju:s] *adj* fără margini; exagerat

program ['prougræm] 1 *s* program 2 *vt* a programa

progress ['prougres] 1 *s* progres; evoluție; *in* ~ în curs 2 *vi* a progresa

progressive [prə'gresiv] *adj* progresiv; progresist

prohibit [prə'hibit] *vt* a interzice

project 1 ['prɔdʒekt] *s* proiect; plan 2 [prə'dʒekt] *vt, vi* a proiecta; a arunca; a ieși în afară

projecting [prə'dʒektiŋ] *adj* proeminent

projection [prə'dʒekʃən] *s* proiectare; proeminență; ~ *room* cameră de proiecție

projector [prə'dʒektə] *s* aparat de proiecție

prolific [prə'lifik] *adj* prolific

prolix ['prouliks] *adj* prolix; plictisitor

prologue ['proulɔg] *s* prolog

prolong [prə'lɔŋ] *vt* a prelungi

prominent ['prɔminənt] *adj* proeminent; important

promiscuous [prə'miskjuəs] *adj* amestecat; dezordonat

promise ['prɔmis] 1 *s* promisiune; perspectivă 2 *vt, vi* a promite; a făgădui; a prevesti

promote [prə'mout] *vt* a avansa (*pe cineva*)

promotion [prə'mouʃən] *s* promovare; avansare

prompt [prɔmt] **1** *adj* promt; fix **2** *vt* a determina; a sufla (*un rol*)
prompter ['prɔmptə] *s* sufler
prone [proun] *adj* lat, întins; ~ *to* predispus spre
pronoun ['prounaun] *s* pronume
pronounce [prə'nauns] *vt, vi* a (se) pronunța; a (se) declara
pronounced [prə'naunst] *adj* clar; accentuat; ferm
pronunciation [prə'nʌnsieiʃən] *s* pronunțare
proof [pru:f] **1** *s* probă; corectură: ~ *reader* corector; dovadă; încercare **2** *adj* rezistent la: *water* ~ impermeabil; *sound* ~ izolat acustic
prop [prɔp] **1** *s* reazem; prăjină (*de rufe*); sprijin **2** *vt* a propti de; a susține
propagate ['prɔpəgeit] *vt, vi* a (se) înmulți; a (se) propaga; a (se) răspîndi
propel [prə'pel] *vt* a împinge; a propulsa
propeller [prə'pelə] *s* elice
propensity [prə'pensiti] *s* (*to*) tendință (spre)
proper ['prɔpə] *adj* potrivit; corespunzător; cum se cuvine
property ['prɔpəti] *s* proprietate: *a man of* ~ un bărbat cu stare; *properties* reuzită
prophecy ['prɔfisi] *s* profeție
prophesy ['prɔfisai] *vt, vi* a proroci
prophet ['prɔfit] *s* profet
propitiate [prə'piʃieit] *vt* a împăca
propitious [prə'piʃəs] *adj* favorabil
proportion [prə'pɔ:ʃən] *s* proporție; măsură; parte

proposal [prə'pouzəl] *s* propunere
propose [prə'pouz] *vt, vi* a propune; a cere în căsătorie
proposition [prɔpə'ziʃən] *s* propunere; teoremă
proprietary [prə'praiətəri] *adj* particular; brevetat
prosaic [prə'zeiik] *adj* comun; neinteresant; banal
prose [prouz] *s* proză; ~ *writer* scriitor
prosecute ['prɔsikju:t] *vt* a da în judecată
prosecution [prɔsi'kjuʃən] *s* acuzare; *witness for the* ~ martor al acuzării
prospect ['prɔspekt] *s* perspectivă
prospective [prəs'pektiv] *adj* viitor; în perspectivă
prosper ['prɔspə] *vi* a prospera
prosperity [prɔs'periti] *s* prosperitate; reușită
prosperous ['prɔspərəs] *adj* prosper; înfloritor
prostitute ['prɔstitjut] *s* prostituată
prostrate ['prɔstreit] *s adj* întins la pămînt; epuizat **2** *vt* a trînti la pămînt; a epuiza
protect [prə'tekt] *vt* a proteja; a apăra
protection [prə'tekʃən] *s* protecție; protejare; apărare
protective [prə'tektiv] *adj* protector
protest 1 ['proutest] *s* protest **2** *adj* de protest **3** [prə'test] *vt, vi* a protesta
protract [prə'trækt] *vt* a prelungi
protrude [prə'tru:d] *vi* a ieși în afară
proud [praud] *adj* mîndru; splendid
prove [pru:v] *vt, vi* a (se) dovedi
provenance ['prɔvənəns] *s* proveniență; origine

proverb ('pr*vĂ:b) *s* proverb

provide (prĂ'vaid) *vi, vt* a furniza; a prevedea; *XforY* a se aproviziona XpentruY

provided (prĂ'vaidid) *conj XthatY* cu condiţia XcaY

providence ('pr*vidĂns) *s* providenţă; Dumnezeu

provident ('pr*vidĂnt) *adj* prevăzător; cumpătat

province ('pr*vins) *s* provincie; domeniu; *the ~s* provincie

provision (prĂ'vi%n) *s* aprovizionare; prevedere; *~s* provizii

provisional (prĂ'vi%nl) *adj* provizoriu

proviso (prĂ'vaizou) *s* clauză; condiţie; *with the ~ that* cu condiţia ca

provocative (prĂ'v*kĂtiv) *adj* provocator; obraznic

provoke (prĂ'vouk) *vt* a întărita; a provoca; a infuria; a determina

prow (prau) *s* proră

prowess ('prauis) *s* vitejie; îndemînare

prowl (praul) *vi, vt* a sta la pîndă; a umbla după *XpradăY*; *~ car* maşină de poliţie Xde patrulareY

proximity (pr*k'simiti) *s* apropiere

prude (pru:d) *s* mironosiţă

prudent ('pru:dĂnt) *adj* cumpătat; atent; grijuliu

prune (pru:n) **1** *s* prună uscată **2** *vt* a reteza *Xramuri uscate etc.Y*

prurient ('pruĂriĂnt) *adj* libidinos; senzual

pry (prai) *vi XintoYa*-şi viri nasul XînY

psychiatrist (sai'kaiĂtrist) *s* pshiatru

psychiatry (sai'kaiĂtri) *s* psihiatrie

psychologist (sai'k*lĂd%ist) *s* psiholog

psychology (sai'k*lĂd%i) *s* psihologie

psychopath ('saikoupæ +) *s* psihopat

pub (p^b) *s* circiumă

puberty ('pju:bĂti) *s* pubertate

public ('p^blik) **1** *adj* public; popular; deschis; renumit; *~ house* circiumă; *~ school* liceu particular **2** *s* public; lume; spectatori; popor; *the ~* poporul

publican ('p^blikĂn) *s* circiumar

publication (p^bli'kei|Ăn) *s* publicare; publicaţie

publicity (p^b'lisiti) *s* publicitate; reclamă

publish ('p^bli|) *vt* a publica; a anunţa

pucker ('p^kĂ) *vi* a se încrunta; a se încreţi

pudding ('puddi&) *s* budincă

puddle ('p^dl) *s* bălloacă; murdărie

pudgy ('p^d%i) *adj* scund şi îndesat

puff (p^f) **1** *s* pufăit; pămătuf; *~ box* pudrieră **2** *vi, vt* a pufăi; a gîfîi; a sufla; a scoate; a emana; *to ~ out* a sufla *Xîn luminareY*; *~ed up* încrezut

pugnacious (p^g'nei|Ăs) *adj* bătăios

pull (pul) **1** *s* smucitură; duşcă; canotaj; trecere *Xla cinevaY* **2** *vt, vi* a trage; a scoate *Xun dinteY*; a canota; a fuma; *to ~ apart* a rupe; *to ~ down* a demola; *to ~ in* a trage în staţie; *to ~ out* a scoate *Xun dinteY*; *to ~ over* a trage peste cap *Xun tricouY*; *to ~ up* a opri *XmaşinaY*

pulley ('puli) *s* scripete

pullover ('pulouvĂ) *s* pulovăr

pulp [pʌlp] *s* miez ⟨ *de fruct* ⟩; terci; pulpă

pulpit ['pʌlpit] *s* amvon

pulsate [pʌl'seit] *vi* a pulsa, a bate

pulse [pʌls] *s* puls *to feel smb's* ~ a lua pulsul cuiva; impuls

pumice ['pʌmis] *s* piatră ponce

pump [pʌmp] **1** *s* pompă **2** *vt* a pompa; a umfla

pumpkin ['pʌmpkin] *s* dovleac

pun [pʌn] *s* joc de cuvinte

punch [pʌntʃ] **1** *s* perforator; (lovitură de) pumn; punci **2** *vt* a găuri; a trage un pumn

punctilious [pʌŋk'tiliəs] *adj* pedant; minuțios

punctual ['pʌŋktʃuəl] *adj* punctual

puncture ['pʌŋtʃə] **1** *s* pană (de cauciuc); puncție **2** *vt, vi* a se desumfla; a face puncție

pungent ['pʌndʒənt] *adj* pătrunzător; iute (*la gust*); usturător

punish ['pʌniʃ] *vt* a pedepsi; a se purta sever cu

punishment ['pʌniʃmənt] *s* pedeapsă

punitive ['pju:nitiv] *adj* represiv

puny ['pju:ni] *adj* mic; firav; plăpînd

pup [pʌp] *s* cățel

pupil ['pju:pil] *s* elev

puppet ['pʌpit] *s* păpușă, marionetă

puppy ['pʌpi] *s* cățel

purchase ['pə:tʃis] **1** *s* cumpărat; cumpărături **2** *vt* a cupăra; a cîștiga

pure [pjuə] *adj* pur; curat; limpede; absolut; nevinovat

purely ['pjuəli] *adv* pur și simplu; numai

purge ['pə:dʒ] *vt, vi* a (se) purifica; a (se) curăța

purify ['pjuərifai] *vt* a curăța; a purifica

purl [pə:l] **1** *s* susur **2** *vi* a susura

purple ['pə:pl] *adj* roșu inchis

purport ['pəpət] **1** *s* sens; explicație **2** *vt* a pretinde; a susține

purpose ['pə:pəs] *s* scop; intenție; rezultat; hotărîre; *on* ~ dinadins; *to the* ~ la subiect; *to no* ~ inutil

purr [pə:] **1** *s* tors (*al pisicii*) **2** *vt* (*d. pisică*) a toarce

purse [pə:s] *s* pungă (*cu bani*); buzunar; bani

pursue [pə'sju:] *vt* a urmări; a continua

pursuer [pə'sju:ər] *s* urmăritor

pursuit [pə'sju:t] *s in* ~ *of* in căutarea; in goană după

purvey [pə:'vei] *vt, vi* a furniza, a aproviziona

purveyor [pə:'veiə] *s* furnizor

pus [pʌs] *s* puroi

push [puʃ] **1** *s* impingere; efort; hotărîre **2** *vi, vt* a impinge; a sprijini; a se strădui

pusher ['puʃə] *s* îndrăzneț; băgăreț

puss [pʌs] *s* pisică; fată

pussy ['pusi] *s* pisică; *to* ~ *foot* a merge tiptil

pussy-cat ['pusikæt] *s* pisică

put [put] *vt, vi* (*trec., part. trec.* put) a pune; a adăuga; a aplica; a băga; a marca; a evolua; *to* ~ *aside* a pune deoparte; *to* ~ *away* a pune la loc; *to* ~ *down* a nota; *to* ~ *in* a exclama, a spune; *to* ~ *off* a amina; *to* ~ *on* a

PUT

îmbrăca; *to ~ out* a stinge; *to ~ smb. through* a-i face legătura cu (*la telefon*); *to ~ up at* a trage la (*un hotel*); *to ~ up* a ridica (*miinile*)

putrid ['pjutrid] *adj* putred; stricat; mizerabil

putty ['pʌti] *s* chit

puzzle ['pʌzl] **1** *s* enigmă; problemă; *crossword ~* cuvinte încrucișate **2** *vt,*

vi a uimi; a încurca; a zăpăci; a-și frămînta (*mintea*)

pygmy ['pigmi] *s* pigmeu; pitic

pyjamas [pə'dʒɑːməz] *s* pijama

pylon ['pailən] *s* pilon; stîlp

pyramid ['pirəmid] *s* piramidă

pyre ['paiə] *s* rug

python ['paiθən] *s* piton

Q

Q, q [kju:] (litera) q

quack [kwek] 1 *interj* mac 2 *s* vraci; şarlatan

quadrangle ['kwɔdræŋgl] *s* patrulater

quadrilateral [kwɔdri'lætrəl] *s* patrulater

quadrille [kwɔ'dril] *s* cadril

quadruped ['kwɔdruped] *s* patruped

quaff [kwɔ:f] *vt, vi* a bea cu nesaţ; a bea pînă la fund

quagmire ['kwægmaiə] *s* mlaştină

quail [kweil] *s* prepeliţă

quaint ['kweint] *adj* original; ciudat; neobişnuit

quake [kweik] *vi* a se cutremura; a tremura

qualification [kwɔlifi'keiʃən] *s* calificare; însuşire; pregătire; diplomă

qualify ['kwɔlifai] *vt, vi* a (se) califica; a (se) pregăti; a limita

quality ['kwɔliti] *s* calitate; caracteristică

qualm ['kwɑ:m] *s* remuşcare

quandary ['kwɔndəri] *s* dubiu

quantity ['kwɔntiti] *s* cantitate

quarantine ['kwɔrəntin] *s* carantină

quarrel ['kwɔrl] 1 *s* ceartă; *to pick a ~ with* a căuta cearta cu lumînarea 2 *vi* a se certa; a se plînge

quarry ['kwɔri] 1 *s* pradă; carieră (de piatră) 2 *vt, vi* a scoate (*piatră*); a scotoci

quarter ['kwɔ:tə] 1 *s* sfert: *a ~ to one* unu fără un sfert; trimestru; cartier; parte; direcţie; *~ s* locuinţă; *~ final*

sfert de finală; *~ master* intendent 2 *vt* a împărţi în patru; a caza

quarterly ['kwɔ:təli] *adj*, *adv* trimestrial

quartet [kwɔ'tet] *s* cuartet

quartz ['kwɔ:ts] *s* cuarţ

quash [kwɔʃ] *vt* a anula

quatrain ['kwɔtrein] *s* catren

quaver ['kweivə] 1 *vt, vi* a tremura 2 *s* tremurat; optime (*în muzică*)

quay [ki:] *s* chei

queen [kwi:n] *s* regină; damă (*la cărţi*)

queer [kwiə] *adj* ciudat; neobişnuit; homosexual

quench [kwentʃ] *vt* a stinge; a potoli setea

querulous ['kweruləs] *adj* plîngăreţ; agitat; cîrcotaş

query ['kwiəri] 1 *s* problemă; întrebare; îndoială 2 *vt* a întreba

quest [kwest] 1 *s* căutare; cercetare 2 *vt* a căuta

question ['kestʃən] 1 *s* întrebare; problemă; chestiune; *~ mark* semn de întrebare; *in ~* despre care este vorba; *out of ~* e în afară de orice dicuţie 2 *vt* a interoga; a pune la îndoială

questionable ['kwestʃənəbl] *adj* îndoielnic

questioningly ['kwestʃəniŋli] *adv* întrebător

queue [kju:] 1 *s* coadă, rînd; *to jump the ~* a sări peste rînd 2 *vi* a sta la coadă

quibble ['kwibl] *s* tertip; eschivare; joc

de cuvinte

quick [kwik] 1 *adj* rapid; vioi; ager;
inteligent; ~-*tempered* iute la mînie;
the ~ and the dead viii şi morţii

quicken ['kwikən] *vt, vi* a grăbi; a
înviora; a (se) accelera

quicksilver ['kwiksilvə] *s* mercur

quid [kwid] *s* tutun de mestecat; liră
sterlină

quiescent [kwai'esnt] *adj* liniştit; pasiv

quiet ['kwaiət] 1 *s* linişte; acalmie 2 *adj*
liniştit; tăcut; cuminte; plăcut

quieten ['kwaiə tn] *vt* a linişti

quietude ['kwaiə tju:d] *s* linişte; tihnă

quill [kwil] *s* pană (de scris)

quilt [kwilt] *s* cuvertură matlasată

quince [kwins] *s* gutuie; ~ *tree* gutui

quintessence [kwin'tesəns] *s* chin-
tesenţă

quintet [kwin'tet] *s* cvintet

quit [kwit] 1 *adj* liber; chit 2 *vt* a lăsa;
a părăsi; a înceta

quite [kwait] *adv* complet; foarte;
exact; cu totul; destul de; într-o
oarecare măsură; întradevăr; ~ *the
thing* exact ceea ce trebuie

quits [kwits] *adv* chit; *to be ~ with* a fi
chit cu

quiver ['kwivə] 1 *s* tolbă (de săgeţi)
2 *vt, vi* a tremura; a frémăta

quiz [kwiz] 1 *vt* a pune întrebări (*la un
concurs*) 2 *s* întrebare; "cine-ştie-
cîştigă"

quizzical ['kwizikə l] *adj* comic; ironic

quod [kwɔd] *s* închisoare, răcoare

quota ['kwoutə] *s* cotă-parte

quotation [kwou'teiʃ ə n] *s* citat; preţ;
~ *mark* ghilimele

quote [kwout] *vt* a cita; a menţiona

quotidian [kwou'tidiə n] *adj* cotidian

quotient ['kwouʃnt] *s* coeficient

R

R,r [ɑ:] (litera) r

rabbi ['ræbai] s rabin

rabbit ['ræbit] s iepure

rabble ['ræbl] s gloată

rabid ['ræbid] adj turbat; nebun; violent

rabies ['reibiz] s turbare

race [reis] 1 s cursă; întrecere; rasă; neam; descendență; ~ horse cai de curse; the human ~ rasa umană 2 vt, vi a se lua la întrecere; a merge în mare viteză; a alerga

racial ['reiʃl] adj rasial

rack [ræk] 1 s cuier; stativ; raft; plasă (de bagaje); roată (de tortură) 2 vt, vi a (se) chinui

racket ['rækit] 1 s gălăgie, scandal; agitație; escrocherie; rachetă (de tenis) 2 vi a duce o viață de petreceri

racketeer [ræki'tiə] s escroc; profitor

rackety ['rækiti] adj de petreceri; agitat

racy ['reisi] adj vioi; viguros; picant

radar ['reidɑ:] s radar

radiant ['reidiənt] adj strălucitor; luminos

radiate ['reidieit] vt a radia; a inspira

radiator ['reidieitə] s radiator

radical ['rædikəl] 1 adj radical; fundamental 2 s radical

radio ['reidiou] s radio; ~ graph radiografie; ~ grapher radiolog; ~- location radar; ~-set aparat de radio

radish ['rædiʃ] s ridiche

radius ['reidiəs] s rază (de cerc)

raft[rɑ:ft] 1 s plută 2 vi a merge cu pluta

rag [ræg] 1 s cîrpă; zdreanță; fițuică (ziar); glad ~s haine de gală 2 vt a necăji

ragamuffin ['rægə m ʌ fin] s golan

rage [reidʒ] 1 s furie; pasiune 2 vi a se infuria; a urla

ragged ['rægid] adj zdrențăros; zdrențuit

rag-time ['rægtaim] s muzică ritmată (de jaz)

raid [reid] s raid; raită, atac

rail [reil] 1 s gard (din șipci); grilaj; șină; off the ~s deraiat; ~ road/way cale ferată 2 vi a cîrti; a protesta

rain [rein] 1 s ploaie; ~ bow curcubeu; ~ coat haină de ploaie; ~ drop picătură de ploaie; ~ proof impermeabil (adj); ~ or shine pe orice vreme 2 vi, vt a ploua; it ~s cats and dogs plouă cu găleata

rainy ['reini] adj ploios

raise [reiz] vt a ridica; a stîrni; a produce; a pune în discuție; a strînge (bani etc.)

raisin ['reizn] s stafidă

rake [reik] 1 s greblă 2 vt, vi a grebla; to ~ up a scormoni, a reînvia

rakish ['reikiʃ] adj șmecheresc

rally ['ræli] 1 vt, vi a (se) regrupa; a-și reveni; a ironiza 2 s miting; regrupare; concurs; congres

ram [ræm] 1 s berbec; piston 2 vt a sfărîma; a tasa; a viri

ramble ['ræmbl] vi a hoinări; a bate

142

RAM

cîmpii

rambling ['ræmbliŋ] *adj* răzlețit; dezlînat

rambunctious [ræm'bʌŋkʃəs] *adj* lăudăros

ramify ['ræmifai] *vt, vi* a (se-)ramifica

rampant ['ræmpənt] *adj* luxuriant; răspîndit

ranch [rɑːntʃ] *s* fermă

rancid ['rænsid] *adj* rînced

rancour ['ræŋkə] *s* ciudă; ranchiună

random ['rændəm] *s* at ~ la întîmplare

range [reindʒ] 1 *s* șir; distanță; bătaie; limită; rază (de răspîndire); traseu; plită 2 *vt, vi* a (se) incolona; a cutreiera; a se întinde; (d. armă) a bate

ranger ['reindʒə] *s* pădurar; jandarm

rank [ræŋk] 1 *s* șir; rind; grad; rang; categorie; the ~ and file oamenii obișnuiți 2 *adj* luxuriant; fertil; năpădit de buruieni 3 *vt, vi* a (se-)plasa; a categorisi

rankle ['ræŋkl] *vi* a chinui

ransack ['rænsæk] *vt* a scotoci, a jefui

ransom ['rænsəm] 1 *s* răscumpărare 2 *vt* a răscumpăra

rant [rænt] *vi,vt* a vorbi afectat; a declama

rap [ræp] 1 *s* bătaie ușoară [cu degetele] 2 *vt, vi* a bate ușor; a ciocăni (în ușă)

rape [reip] 1 *s* viol; răpire; rapiță 2 *vt* a viola; a răpi

rapid ['ræpid] *adj* rapid; abrupt 2 *s* cataractă (de apă)

rapier ['reipiə] *s* floretă

rapt [ræpt] *adj* absorbit; fascinat

rapture ['ræptʃə] *s* extaz

rare [rɛə] *adj* rar; neobișnuit; minunat; (friptură) în sînge

rarely ['rɛəli] *adv* rareori; strașnic

rascal ['ræskəl] *s* ticălos; poznaș

rash [ræʃ] 1 *s* arsură; urzicătură; urticarie 2 *adj* pripit; repezit

rasp [rɑːsp] 1 *s* raspă; răzătoare 2 *vt, vi* a răzui; a scîrții; a irita

raspberry ['rɑːzbri] *s* zmeură

rat [ræt] *s* șobolan; trădător; spărgător de grevă; to smell a ~ a bănui ceva

rate [reit] 1 *s* ritm; viteză; taxă; preț; proporție; impozit; at any ~ în orice caz; the ~ s impozite; first ~ de prima mînă, excelent 2 *vt, vi* a evalua; a aprecia; a considera; a ocărî

rather ['rɑː ðə] *adv* mai degrabă; mai precis; destul de; aproape; Rather! Cu siguranță !

rating ['reitiŋ] *s* evaluare; taxare; clasare

ratio ['reiʃiou] *s* raport, proporție

ration ['ræʃn] 1 *s* porție; rație; ~ card cartelă 2 *vt* a raționaliza

rational ['ræʃnəl] *adj* rațional, logic

rationalize ['ræʃnəlaiz] *vt* a explica; a raționa

rattle ['rætl] *vt, vi* a răpăi; a zăngăni; a se hurduca; a trăncăni 2 *s* răpăit; zăngănit; trăncăneală; ~ snake șarpe cu clopoței; (death) ~ horcăit

raucous ['rɔːkəs] *adj* răgușit; hîrîit

ravage ['rævidʒ] *s* ravagiu 2 *vt, vi* a distruge; a prăda

rave [reiv] *vi* a aiura; a bate cîmpii

ravel ['rævl] *vt, vi* a (se) destrăma; a încurca; *to ~ out* a descurca

raven ['reivən] *s* corb

ravenous [rævnəs] *adj* flămînd; lacom

ravine ['rə'vi:n] *s* vîlcea; defileu

ravings ['reiviŋz] *s pl* aiureli; prostii

ravish ['ræviʃ] *vt* a răpi; a viola; a încînta

ravishing ['ræviʃiŋ] *adj* incîntător, răpitor

raw [rɔ:] *adj* crud; brut; neprelucrat; necalificat; umed şi rece; pur; porcos; *~-boned* costeliv

ray [rei] 1 *s* rază 2 *vi* a radia

raze [reiz] *vt* a distruge

razor ['reizə] *s* brici; *safety ~* aparat de ras; *~ edge* situaţie dificilă

reach [ri:tʃ] 1 *vt, vi* a se întinde (după);*Reach me the salt* dă-mi sarea (de pe masă); a ajunge la; *~-me-downs* haine de gata 2 *s* întindere; rază de acţiune; *within ~* la îndemînă

react [ri'ækt] *vi* a reacţiona; *to ~ against* a se revolta; *to ~ on* a acţiona asupra

reaction [ri'ækʃən] *s* reacţie; reacţiune; atitudine

read [ri:d] *vt, vi* (*trec., part. trec.* read) a citi; a studia; a ghici; a lua drept a indica

reader ['ri:də] *s* cititor; lector; manual

readily ['redili] *adv* uşor; prompt; bucuros

readiness ['redinis] *s* pregătire; promptitudine

reading ['ridiŋ] *s* lectură; cultură; indicaţie

readjust [riə'dʒʌst] *vt* a se obişnui iar cu

ready ['redi] 1 *adj* gata; pregătit; prompt; la îndemînă; *to make ~* a pregăti; *~ money* bani gheaţă 2 *adv* gata: *~ made* de gata 3 *s* poziţie; *at the ~* în poziţie (de tragere)

reagent [ri'eidʒənt] *s* reactiv

real [riəl] *adj* real; natural; adevărat; imobiliar

realism ['riəlizəm] *s* realizm

realistic ['riəlistik] *adj* realist

reality [ri'æliti] *s* realitate; realism

realization [riəlai'zeiʃən] *s* realizare; indeplinire

realize ['riəlaiz] *vt* a-şi da seama de; a realiza; a cîştiga

really ['riəli] *adv* intradevăr; de fapt; *~ !* chiar aşa !

realm [relm] *s* regat; domeniu

reap [ri:p] *vt,vi* a secera; a culege

reaper ['ri:pə] *s* secerător; secerătoare

rear [riə] 1 *s* parte din spate 2 *adj* din spate; retrovizor 3 *vt, vi* a creşte (*copii, animale*); a-şi ridica (*capul*)

rearm [ri:'ɑ:m] *vi* a se reînarma

reason ['ri:zən] *s* motiv; cauză; raţiune; înţelegere; *by ~ of din cauza; out of ~* fără justificare; *it stands to ~* se înţelege de la sine 2 *vi, vt* a gîndi; a raţiona; a argumenta; a convinge

reasonable ['ri:zənəbl] *adj* raţional; inţelept; moderat; acceptabil; drept;cinstit

reasoning ['ri:zəniŋ] *s* raţionament

reassure [riə'ʃuə] *vt* a linişti

rebate ['ribeit] *s* rabat

rebel 1 ['rebl] *s* răzvrătit 2 [ri'bel] *vi* a

se răzvrăti; a protesta

rebellion [ri'beljən] *s* răscoală; rebeliune

rebellious [ri'beljəs] *adj* rebel; nesupus

rebound ['ribaund] 1 *vi* a ricoşa; a se repercuta 2 *s* ricoşeu; recul

rebuff [ri'bʌf] *s* ripostă; refuz

rebuke [ri'bju:k] 1 *vt* a mustra; a certa 2 *s* muştruluială

recalcitrant [ri'kælsitrənt] *adj* neascultător

recall [ri'kɔ:l] *vt* a-şi aminti; a-şi reaminti

recede [ri'si:d] *vi* a se retrage; a se estompa; a scădea

receipt [ri'si:t] *s* primire; chitanţă; ~*s* încasări

receive [ri'si:v] *vt*, *vi* a primi; a căpăta; a găzdui; a încasa

receiver [ri'si:və] *s* primitor; receptor

recent ['ri:snt] *adj* recent

reception [ri'sepʃən] *s* primire; recepţie; recepţionare; ~*desk* recepţie *(la hotel)*

recess [ri'ses] *s* pauză; vacanţă; nişă; cotlon; loc retras

recession [ri'seʃən] *s* retragere; criză (economică)

recipe ['resəpi] *s* reţetă

recipient [ri'sipiənt] *s* primitor

reciprocal [ri'siprəkəl] *adj* reciproc

reciprocate [ri'siprəkeit] *vt*, *vi* a răspunde în acelaşi fel; a împărtăşi *(sentimente)*

recital [ri'saitl] *s* relatare; recital

recitation [resi'teiʃən] *s* recitare; relatare

recite [ri'sait] *vt*, *vi* a recita; a înşira

reckless ['rekləs] *adj* nesăbuit; nepăsător; periculos

reckon ['rekən] *vt*, *vi* a socoti; a calcula; *(with)* a se socoti (cu); a lua în seamă; (on) a se baza (pe); a considera; a presupune

reclaim [ri'kleim] *vt* a ameliora *(solul)*; a repara; a recupera; a aduce pe calea cea bună; a reclama

recline [ri'klain] *vt*, *vi* a se aşeza comod; a (se) întinde

recluse [ri'klu:s] *s* pustnic

recognition [rekəg'niʃən] *s* recunoaştere; apreciere

recognize ['rekəgnaiz] *vt* a recunoaşte; a admite

recoil [ri'kɔil] *vi* a se retrage; a (se) da înapoi; *(on)* a se repercuta (asupra)

recollect [rekə'lekt] *vt*, *vi* a (-şi) aminti

recollection [rekə'lekʃən] *s* amintire

recommend [rekə'mend] *vt* a recomanda; a sfătui; ~*ation* recomandare, sfat

recompense ['rekəmpəns] 1 *vt* a recompensa; a răsplăti 2 *s* recompensă; premiere; premiu

reconcile ['rekənsail] *vt* a (se) împăca

reconciliation [rekənsili'eiʃən] *s* împăcare; aplanare

recondite ['rekəndait] *adj* ascuns; obscur

reconnaissance [ri'kɔnisəns] *s* recunoaştere

reconstruct [rikən'strʌkt] *vt* a reconstrui; a reconstitui

record 1 ['rekɔːd] *s* raport; proces verbal; referință; dosar; urmă; disc; record; *on* ~ oficial; *out of* ~ neoficial; ~*player* picup **2** [ri'kɔːd] *vt* a înregistra

recorder [ri'kɔːdə] *s* magistrat; magnetofon

recording [ri'kɔːdiŋ] *s* înregistrare

recourse [ri'kɔːs] *s* recurs; cale; *to have* ~ *to* a recurge la

recover [ri'kʌvə] *vt, vi* a-și recăpăta; a recupera *(ceva pierdut)*; a-și reveni; ~ *able* recuperabil

recovery [ri'kʌvəri] *s* însănătoșire; recuperare

recreation [rekri'eiʃən] *s* recreere; amuzament; distracție; ~*ground* teren de joacă

recreational [rekri'eiʃənl] *adj* de distracție

recrimination [rekrimi'neiʃn] *s* incriminare

recrudescence [rikru'desəns] *s* revenire

recruit [ri'kruːt] **1** *s* recrut; nou membru **2** *vt, vi* a recruta; a se întrema; a reface

rectangle ['rektæŋgl] *s* dreptunghi

rectify ['rektifai] *vt* a îndrepta; a purifica

rectitude ['recktitjuːd] *s* cinste; corectitudine

rector ['rektə] *s* paroh; rector

recuperate [ri'kjupəreit] *vt, vi* a se reface; a recupera

recur [ri'kəː] *vi* a se repeta; a-și aminti

recurrence [ri'kʌrəns] *s* repetare

recurrent [ri'kʌrənt] *adj* repetat; recurent

red [red] *adj* roșu; *to paint the town* ~ a face un chef montru; *Red Cross* Crucea Roșie; *a* ~*-head* un roșcat; ~*-handed* (*prins*) asupra faptului; ~ *hot* furios la culme; ~*-letter day* zi de sărbătoare; ~ *tape* birocrație

redden ['redən] *vi* a se înroși

redeem [ri'diːm] *vt* a răscumpăra

redoubt [ri'daut] *s* redută

redoubtable [ri'dautəbl] *adj* redutabil

redress [ri'dres] *vt* a îndrepta; a repara

reduce [ri'djuːs] *vt, vi* a reduce; a micșora; a aduce (în situația); a face cură de slăbire

reduction [ri'dʌkʃən] *s* micșorare; scădere

redundant [ri'dʌndənt] *adj* prisos

reed [riːd] *s* trestie; stuf; fluier

reef [riːf] *s* stîncă

reek [riːk] **1** *s* miros urît, duhoare; fum **2** *vi* a duhni

reel [riːl] **1** *s* bobină; rolă **2** *vt, vi* a înfășura; a (se) clătina; a (se) învîrti

refectory [ri'fektəri] *s* sală de masă

refer [ri'fəː] *vt, vi* a defini; a înainta; a se referi; a recurge; a atribui

referee [refə'riː] **1** *s* arbitru **2** *vt, vi* a arbitra

reference ['refrəns] *s* referire; referință; ~ *library* bibliotecă de documentare

refill [ri'fil] *s* rezervă de pix

refine [ri'fain] *vt, vi* a [se] rafina

refinement [ri'fainmənt] *s* rafinament; purtare aleasă

refinery [ri'fainə ri] *s* rafinărie
reflect [ri'flekt] *vt*, *vi* a [se] reflecta; a
(se) oglindi; a se gîndi; a se reper-
cuta
reflection [ri'flekʃən] *s* reflecţie; im-
agine; *on ~* după ce m-am gîndit mai
bine
reflex ['rifleks] *adj* reflex
reflux [ri'flʌks] *s* reflux
reform [ri'fɔːm] 1 *vt*, *vi* a [se] indrepta;
a (se) corija 2 *s* reformă; ameliorare
refractory [ri'fræktəri] *adj*
incăpăţinat; persistent
refrain [ri'frein] 1 *s* refren 2 *vi (from)*
a se abţine (de la)
refresh [ri'freʃ] *vt* a intrema; a
reîmprosρăta
refreshment [ri'freʃmənt] *s*
intremare; ~s gustări; ~room bufet
(in gară)
refrigerator [rifridʒ ə'reitə] *s*
frigider
refuge ['refjuːdʒ] *s* adăpost; *to take ~*
a se adăposti
refugee [refjuː'dʒiː] *s* refugiat
refurbish [ri'fəːbiʃ] *vt* a face ca nou
refusal [ri'fjuːzl] *s* refuz
refuse 1 ['refjuːs] *s* gunoi; *~collector*
gunoier 2 [ri'fjuːz] *vt*, *vi* a refuza
refute [ri'fjuːt] *vt* a dezminţi
regain [re'gein] *vt* a-şi recăpăta
regale [ri'geil] *vt* a cinsti; a incînta
regard [ri'gɑːd] 1 *s* privire; con-
sideraţie; ~s complimente; *in this ~*
în aceastǎ privinţă; *in ~ to* cu privire
la 2 *vt* a privi; a considera;a ţine seama
de; *as ~s* cît despre
regardful [ri'gɑːdful] *adj* atent

regardless [ri'gɑːdlist] *adj* neatent; *(of)*
indiferent (de)
regime [rei'dʒiːm] *s* regim; orînduire
regiment ['reʒimənt] *s* regiment;
~ *als* uniformă militară
region ['riːdʒ ən] *s* regiune; ţinut;
domeniu
register ['redʒistə] 1 *s* registru;
cash ~ casă *(de achitat la magazin)* 2
vt,*vi* a (se) inregistra; a indica
registrar [redʒ i'strɑ] *s* notar
registration [redʒ is'treiʃən] *s*
inregistrare; inscriere
registry ['redʒ istri] *s* arhivă; ~ *office*
oficiul de stare civilă
regress [ri'gres] *vi* a regresa
regret [ri'gret] 1 *s* regret 2 *vt* a regreta;
a-i părea rău
regretful [ri'gretful] *adj* plin de regret
regular ['regjulə] *adj* regulat;
obişnuit; normal; adevărat
regularly ['regjuləli] *adv* regulat;
exact; cum trebuie
regulate ['regjuleit] *vt* a regla; a dirija
(circulaţia)
regulation [regju'leiʃən] *s* potrivire;
reglare; dispoziţie; regulament;
regulă; *traffic ~s* reguli de circulaţie
rehabilitate [riə'biliteit] *vt* a reabilita;
a recondiţiona; a restabili
rehearsal [ri'həːsəl] *s* repetiţie; *dress*
~ repetiţie generală
rehearse [ri'həːs] *vt*, *vi* a repeta; a
trece in revistă
reign [rein] 1 *s* domnie 2 *vi* a domni
reimburse [riːim'bəːs] *vt* a rambursa
rein [rein] 1 *s* friu 2 *vt* a ţine în friu
reindeer ['reindiə] *s* ren

reinforce ['ri:infɔ:s] *vt* a consolida

reiterate [ri:'itəreit] *vt* a repeta *(un ordin)*

reject['rid ʒ ekt] *s* rebut 2 [ri'd ʒ ekt] *vt* a da deoparte; a arunca; a respinge; a refuza

rejoice 1 [ri'd ʒ ɔis] *vt, vi* a (se) bucura; a jubila

rejoicing [ri'd ʒ ɔisi ɳ] *s* bucurie; jubilare; sărbătoare

rejoin [ri'd ʒ ɔin] *vt, vi* a răspunde; a replica

rejoinder [ri'd ʒ ɔində] *s* replică

rejuvenation [rid ʒ uvə'nei ʃ ən] *s* reîntinerire

relapse [ri'læps] 1 *vi* a reveni; a recădea *(în păcat)* 2 *s* revenire *(a bolii)*

relate [ri'leit] *vt, vi* a relata; a povesti; (*to*) *a se referi (la); to be* ~ *ed to* a se înrudi cu

relation [ri'lei ʃ ən] *s* relatare; rudă; legătură; ~s relaţii; *in* ~ *to* în ce priveşte

relationship [ri'lei ʃ ən ʃ ip] *s* legătură (de dragoste)

relative ['relə tiv] 1 *adj* relativ; aproximativ; ~ *to* în legătură cu 2 *s* rudă

relax [ri'læks] *vt, vi* a slăbi *(strînsoarea)*; a (se) relaxa

relaxation [rilæk'sei ʃ ən] *s* relaxare; distracţie

relay [ri'lei] 1 *s* ştafetă; rezervă; releu 2 *vt, vi* a retransmite

release [ri'li:s] 1 *vt* a elibera; a da drumul la 2 *s* eliberare; uşurare; slobozire

relegate ['relə geit] *vt* a retrograda

relent [ri'lent] *vi* a se îmbuna; ~ *less* neîndurător

relevant ['relə və nt] *adj* aferent; relevant

reliable [ri'laiə bl] *adj* de încredere

reliance [ri'laiə ns] *s* încredere

reliant [ri'laiə nt] *adj* demn de încredere

relic ['relik] *s* relicvă; rămăşiţă; ~s moaşte

relief [ri'li:f] *s* uşurare; alinare; ajutor; variaţie; pauză; relief

relieve [ri'li:v] *vt* a uşura; a alina; a ajuta; a elibera; a concedia

religion [ri'li ʒ ən] *s* religie

relinquish [ri'li ɳ kwi ʃ] *vt* a renunţa la

relish ['reli ʃ] *s* savoare; farmec; chef; plăcere

reluctant [ri'lʌ ktə nt] *adj* refractar; ~ *ly* în silă

rely [ri'lai] *vi (on)* a se bizui (pe)

remain [ri'mein] *vi* a rămîne; a sta în continuare

remainder [ri'meində] *s* rest; rămăşiţă

remains [ri'meinz] *s pl* rămăşiţe; resturi

remark [ri'mɑ:k] 1 *vt, vi* a remarca; a observa 2 *s* observaţie; comentariu

remarkable [ri'mɑ:kə bl] *adj* remarcabil

remarry [ri'mæri] *vi, vt* a [se] recăsători

remedy ['remidi] 1 *s* remediu 2 *vt* a remedia

remember [ri'membə] *vt, vi* a-şi aminti; a menţiona; a ţine minte

remembrance [ri'membrəns] s amintire; ~s salutări

remind [ri'maind] vt a (re)aminti;

reminiscent [remi'nisnt] adj evocator

remiss [ri'mis] adj neatent; neglijent

remission [ri'miʃən] s iertare; eliberare

remit [ri'mit] vt a remite; a transmite

remnant ['remnənt] s rămăşiţă; rest

remonstrance [ri'mɔ:nstrəns] s admonestare

remonstrate ['remənstreit] vi a protesta; a se opune

remorse [ri'mɔ:s] s remuşcare

remorseless [ri'mɔ:slis] adj neîndurător

remote [ri'mout] adj îndepărtat; vag; distant; rezervat

removal [ri'mu:vəl] s mutare

remove [ri'mu:v] 1 vt, vi a-şi scoate; a lua; a retrage; a concedia; a se muta 2 s distanţă; grad; promovare

remunerate [ri'mjunəreit] vt a remunera; a recompensa

remunerative [ri'mjunərətiv] adj rentabil

rend [rend] vt (trec.,part.trec .rent) a sfîşia; a smulge

render ['rendə] vt a da; a ceda; a restitui; a reda; a interpreta 2 s interpretare; joc

rendering ['rendəriŋ] s interpretare; joc; traducere

renegade ['renigeid] s renegat

renew [ri'nju] vt a reînnoi; a reface

renounce [ri'nauns] vt a renunţa la; a se retrage; a renega

renovate ['renəveit] vt a renova; a restaura

renowned [ri'naund] adj renumit; celebru

rent [rent] 1 s chirie; rentă; închiriere; ruptură; crăpătură; sciziune 2 vt, vi a da/a lua cu chirie

rental ['rentəl] s chirie; închiriere; ~ library bibliotecă de împrumut

reopen [ri'oupən]vi, vt a (se) redeschide

reorganize [ri'ɔ:gənaiz] vt, vi a (se) reorganiza

repair [ri'pɛə] 1 vt a repara; a renova; a cîrpi; a remedia 2 s reparaţie; renovare; remediere; in good ~ în stare bună

repartee [repa:'ti:] s replică spirituală

repast [ri'pa:st] s masă; ospăţ

repatriation [ri'pætrieiʃən] s repatriere

repay [ri'pei] vt, vi (trec.,part.trec. repaid] a înapoia (bani); a recompensa

repeal [ri'pi:l] vt a abroga, a anula; ~ing abrogare

repeat [ri'pi:t] 1 vt, vi a (se) repeta; a (se) asemăna 2 s repetare; reluare

repel [ri'pel] vt a respinge; a-i displace

repellent [ri'pelənt] adj respingător

repent [ri'pent] vt, vi a regreta

repentance [ri'pentəns] s regret; pocăinţă

repercussion [ripə'kʌʃən] s retragere; repercusiune

repertoire ['repətwa:] s repertoriu

repetition [repə'tiʃən] s repetare; reluare

replace [ri'pleis] vt a pune la loc; a

înlocui

replacement [ri'pleismənt] *s* înlocuire

replay [ri'plei] *vt* a rejuca; a pune iar *(un disc)*

replenish [ri'pleniʃ] *vt* a umple; a reimprospăta *(garderoba)*

replete [ri'pli:t] *adj* plin; sătul; utilat

replica ['replikə] *s* copie

reply [ri'plai] 1 *vt, vi* a răspunde, a replica; a riposta 2 *s* răspuns

report [ri'pɔ:t] 1 *s* raport; relatare; caracterizare; ştire; zvon 2 *vt, vi* a anunţa; a relata; a se prezenta; a reclama

reporter [ri'pɔ:tə] *s* reporter

repose [ri'pouz] 1 *vt, vi* a (se) odihni; a se baza 2 *s* odihnă; linişte

reprehend [repri'hend] *vt* a dezaproba

represent [repri'zent] *vt* a reprezenta; a reda; a infăţişa

representative [repri'zentətiv] 1 *s* reprezentant 2 *adj* reprezentativ

repress [ri'pres] *vt* a reprima; a-şi stăpîni

repressive [ri'presiv] *adj* represiv

reprieve [ri'pri:v] 1 *vt* a comuta *(o pedeapsă)* 2 *s* aminare; suspendare

reprimand [repri'mɑːnd] 1 *vt* a muştrului 2 *s* miştruluială

reprint [ri'print] *vt* a retipări

reproach [ri'proutʃ] 1 *vt* a reproşa 2 *s* reproş; ruşine

reprobate ['reprəbeit] 1 *s* depravat 2 *vt* a dezaproba

reproduce [ri:prə'dju:s] *vt, vi* a (se) reproduce; a inregistra *(muzică)*

reproof [ri:'pru:f] *s* dezaprobare

reprove [ri'pru:v] *vt* a mustra

reptile ['reptail] *s* reptilă

republic [ri'pʌblik] *s* republică

republican [ri'pʌbliən] *s, adj* republican

repudiate [ri'pju:dieit] *vt* a renega; a nu recunoaşte

repugnance [ri'pʌgnəns] *s* silă

repugnant [ri'pʌgnənt] *adj* respingător

repulse [ri'pʌls] 1 *vt* a respinge 2 *s* repuls

repulsive [ri'pʌsiv] *adj* respingător; oribil

reputable ['repjutəbl] *adj* onorabil

reputation [repju'teiʃən] *s* reputaţie; renume

repute [ri'pju:t] 1 *vt* a fi considerat 2 *s* reputaţie

request [ri'kwest] 1 *s* cerere; ~ *stop* staţie facultativă; *in great* ~ foarte căutat; *on* ~ la cerere 2 *vt* a ruga; a cere

require [ri'kwaiə] *vt* a cere; a necesita; a avea nevoie de

requirement [ri'kwaiəmənt] *s* cerinţă; condiţie

requisite ['rekwizit] *s* lucru necesar

requisition [rekwi'ziʃən] 1 *s* rechiziţionare 2 *vt* a rechiziţiona

rerun ['rirʌn] *s* reluare *(la TV)*

rescue ['reskju:] 1 *vt* a salva; a elibera 2 *s* salvare

research [ri'sə:tʃ] 1 *s* cercetare 2 *vi* a face cercetări

researcher [ri'sə:tʃə] *s* cercetător

resemblance [ri'zembləns] *s* asemănare

resemble [ri'zembl] *vt* a semăna cu

resent [ri'zent] *vt* a-i displăcea

resentful [ri'zentful] *adj* nemulțumit

reservation [rezə'veiʃən] *s* rezervă; rezervație; rezervare

reserve [ri'zə:v] **1** *s* rezervă; rezervație; ~ *s* provizii **2** *vt* a rezerva *(o cameră)*; a reține *(bilete)*; a păstra

reserved [ri'zə:vd] *adj* necomunicativ

reservoir ['rezəvwu:]*s* rezervor; lac de acumulare

reset [ri'set] *vt* a ascuți; a monta

reside [ri'zaid] *vi* a locui; *(in)* a aparține

residence ['rezidəns] *s* domiciliu; reședință

resident ['rezidənt] **1** *s* locuitor **2** *adj* localnic; autohton; *a* ~ *ial suburb* cartier de locuințe particulare

residue ['rezidju:] *s* reziduu

resign [ri'zain] *vt, vi* a demisiona; a încredința; a se resemna

resignation [rezig'neiʃən] *s* resemnare; demisie

resigned [ri'zaind] *adj* resemnat

resilience [ri'ziliəns] *s* elasticitate; rezistență; vioiciune

resilient [ri'ziliənt] *adj* elastic; rezistent; voios

resin ['rezin] *s* rășină

resist [ri'zist] *vt, vi* a rezista; a fi rezistent

resistance [ri'zistəns] *s* rezistență

resistless [ri'zistlis] *adj* irezistibil; lipsit de apărare

resolute ['rezəlu:t] *adj* hotărît; ferm

resolution [rezə'lu:ʃən] *s* rezoluție; hotărîre

resolve [ri'zɔ:lv] *vt, vi* a [se] hotărî; a decide; a (se) rezolva

resonant ['rezənənt] *adj* sonor; care răsună

resort [ri'zɔ:t] **1** *vi (to)* a recurge (la); a frecventa **2** *s* resursă; *in the last* ~ în ultimă instanță

resound [ri'zaund] *vi, vt* a răsuna; a se răspîndi

resounding [ri'zaundiŋ] *adj* răsunător

resource [ri'sɔ:s] *s* resursă; forță

resourceful [ri'sɔ:sful] *adj* inventiv; descurcăreț

respect [ris'pekt] **1** ,*s* respect; considerații; ~ *s* complimente; *with* ~ *to* în ceea ce privește; *in* ~ *of* în privința **2** *vt* a respecta; a ține seama de

respectable [ri'spektəbl] *adj* respectabil; onorabil; mare; mult

respectful [ri'spektful] *adj* respectuos

respite ['respait] *s* răgaz; pauză; *without* ~ neîncetat

resplendent [ri'splendənt] *adj* splendid; strălucitor

respond [ri'spɔnd] *vi* a reacționa

response [ri'spɔ:ns] *s* răspuns

responsibility [rispɔ:nsi'biliti] *s* responsabilitate; răspundere; îndatorire

responsible [ri'spɔnsibl] *adj* responsabil

responsive [ris'pɔnsiv] *adj* receptiv

rest [rest] **1** *s* odihnă; pauză; rezemătoare; refugiu; rest; ~ *day* zi de odihnă; ~ *house* refugiu; **2** *vi, vt* a (se) odihni; a sta liniștit; a sprijini; a se opri; *(with)* a depinde (de)

restful ['restful] *adj* liniştitor; plăcut

restaurant ['restrō] *s* restaurant

restive ['restiv] *adj* nărăvaş

restless ['restlis] *adj* agitat; ~ *ness* nelinişte

restoration [restə'reiʃən] *s* restaurare; restauraţie; însănătoşire

restore [ri'stɔ:] *vt* a restitui; a reintroduce; a restaura; a reintegra; ~ *r* restaurator

restrain [ri'strein] *vt* a (-şi) reţine

restraint [ri'streint] *s* restrângere; restricţie; *without* ~ fără reţinere

restrict [ri'strikt] *vt* a limita; a împiedica; a interzice; a restrânge

restriction [ri'strikʃən] *s* oprelişte; restricţie

result [ri'zʌlt] *vi (from)* a decurge (din); *(in)* a provoca; a se sfârşi 2 *s* rezultat

resume [ri'zju:m] *vt* a-şi relua *(lucrul etc.)*

resumption [ri'zʌmpʃən] *s* reluare; reîncepere

resurrect [rezə'rekt] *vt, vi* a reinvia

Resurrection [rezə'rekʃən] *s the* ~ Invierea

resuscitate [ri'sʌsiteit] *vt* a readuce la viaţă

retail ['riteil] *s* vinzare cu amănuntul

retain [ri'tein] *vt* a reţine; a opri; a împiedica

retaliate [ri'tælieit] *vi* a se răzbuna

retard [ri'tɑ:d] *vt* a împiedica; a întirzia; ~ *ed child* copil handicapat

retch [retʃ] *vi* a rîgîi

rethink [ri'θiɳk] *vt, vi* a reconsidera

reticent ['retisnt] *adj* tăcut; rezervat

retina ['retinə] *s* retină

retinue ['retinju:] *s* suită, însoţitori

retire [ri'taiə] *vi vt* a se retrage; a se culca; a ieşi la pensie

retired [ri'taiəd] *adj* retras; pensionat

retort [ri'tɔ:t] 1 *s* răspuns; replică 2 *vt* a riposta

retouch [ri'tʌtʃ] *vt* a retuşa

retract [ri'trækt] *vt, vi* a retracta; a retrage

retreat [ri'tri:t] 1 *vi* a (se) retrage 2 *s* retragere; loc retras

retribution [retri'bjuʃən] *s* răsplată; pedeapsă

retrieve [ri'tri:v] *vt, vi* a recupera; a salva

retrospect ['retrəspekt] *s* retrospectivă

return [ri'tə:n] 1 *s* întoarcere; revenire; *by* ~ cu poşta următoare; *Many happy* ~ *s of the day* La mulţi ani !; ~ *ticket* bilet dus-întors 2 *vi, vt* a (se) întoarce; a reveni; a returna

reunion [ri'juniən] *s* reuniune

reveal [ri'vi:l] *vt* a dezvălui

revel ['revl] 1 *vi* a petrece; *(in)* a se delecta (cu) 2 *s* petrecere

revelation [revə'leiʃən] *s* revelaţie; surpriză; apocalips

revelry ['revəlri] *s* chef

revenge [ri'vendʒ] 1 *vt* a (se) răzbuna 2 *s* răzbunare

revengeful [ri'vendʒful] *adj* răzbunător

revenue ['revinju:] *s* venit

revere [ri'viə] *vt* a venera

reverence ['revərəns] *s* veneraţie

reverend ['revərənd] 1 *s* preot 2 *adj*

venerabil

reverie ['revə ri] *s* gîndire; visare

reversal [ri'və:səl] *s* inversare

reverse [ri'və:s] 1 *adj* invers; dos; *in ~ order* invers 2 *s* opus; revers; infringere; marşarier 3 *vt, vi* a inversa; a anula; *~ d charge* taxă inversă

revert [ri'və:t] *vi* a reveni

review [ri'vju:] 1 *s* trecere în revistă; recenzie; *under ~* în discuţie/examinare 2 *vt, vi* a trece în revistă; a recenza; a scrie *(la un ziar)*

revile [ri'vail] *vi* a înjura

revise [ri'vaiz] 1 *vt* a (-şi) revizui 2 *s* revizie

revival [ri'vaivəl] *s* reînviere; revenire

revive [ri'vaiv] *vi, vt* a[(şi) reveni

revoke [ri'vouk] *vt* a anula; a retrage; a revoca

revolt [ri'voult] 1 *s* revoltă; răscoală 2 *vi* a (se) revolta

revolting [ri'voultiŋ] *adj* revoltător

revolution [revə'lu:ʃən] *s* revoluţie

revolutionary [revə'lu:ʃənəri] *adj* revoluţionar

revolve [ri'vɔlv] *vt, vi* a (se) învîrti

revue [ri'vju:] *s* (teatru de) revistă

revulsion [ri'vʌlʃən] *s* schimbare a sentimentelor

reward [ri'wɔ:d] 1 *s* recompensă 2 *vt* a recompensa; a răsplăti

rhapsody ['ræpsədi] *s* rapsodie; *rhapsodies* laude

rhomb [rɔm] *s* romb

rhyme [raim] *s* rimă; *without ~ or reason* fără sens

rhythm ['riðm] *s* ritm

rib [rib] *s* coastă; nervură

ribald ['ribəld] *adj* obscen; porcos

ribbon ['ribən] *s* panglică; şiret; făşie

rice [rais] *s* orez

rich [ritʃ] *adj* bogat; luxos; costisitor; săţios; abundent; *the ~* bogaţii; *~es* bogăţii

rick [rik] *s* claie; căpiţă

rickets ['rikits] *s* rahitism

rid [rid] *vt* a (se) elibera de; *to get ~ of* a scăpa de

riddle ['ridl] *s* ghicitoare

ride [raid] 1 *s* plimbare; călătorie 2 *vi, vt* a călări; a călători; a pluti; a alerga

rider ['raidə] *s* călăreţ

ridge [ridʒ] *s* creastă; coamă

ridicule ['ridikju:l] 1 *s* ridicol 2 *vt* a rîde de

ridiculous [ri'dikjuləs] *adj* ridicol

riding ['raidiŋ] *s* călărie; *~ -breeches* pantaloni de călărie

rifle ['raifl] 1 *s* puşcă; *~man* puşcaş 2 *vt* a jefui

rig [rig] 1 *vt, vi* a echipa *(un vas)*; a improviza *(un adăpost)* 2 *s* echipament

right [rait] 1 *adj* corect; drept; just; exact; bun; potrivit; *all ~ !* în regulă !; *you are ~* ai dreptate 2 *adv* exact; chiar; corect; *~ away* imediat; *~ now* chiar acum; *It servers him ~ !* Aşa îi trebuie ! 3 *s* drept; dreapta; *by ~ s* pe bună dreptate; *by ~ of* datorită 4 *vt* a îndrepta; a corecta

righteous ['raitʃəs] *adj* cinstit; justificat

rightful ['raitful] *adj* cuvenit; de drept; justificat

rigid ['ridʒid] *adj* rigid; ferm

rigorous ['rigərəs] *adj* sever; aspru

rim [rim] *s* jantă; ramă; *gold ~med spectacles* ochelari cu ramă de aur

rind [raind] *s* coajă

ring [riŋ] **1** *s* inel; cerc; arenă; sunet; sonerie; clinchet; *~ finger* inelar; *~-road* şosea de centură; *ear~* cercel; *wedding ~* verighetă **2** *vt, vi* a suna; a răsuna; a bate; *to ~off* a închide telefonul; *to ~up* a suna la telefon

ringlet ['riŋlit] *s* zuluf; inel

rinse [rins] *vt* a clăti

riot ['raiət] **1** *s* revoltă, tulburare; dezordine; zarvă **2** *vi* a se revolta

riotous ['raiətəs] *adj* turbulent

rip [rip] **1** *s* ruptură; tăietură; mîrţoagă **2** *vt, vi* a (se) rupe; a tăia; a deschide *(o scrisoare)*

ripe [raip] *adj* copt; matur; *~ for* gata de

ripen ['raipən] *vt, vi* a (se) coace

ripple ['ripl] **1** *s* undă; clipocit **2** *vi* a undui

rise [raiz] **1** *s* ridicătură; sporire, creştere; răsărit; naştere; *an early/late ~r* persoană care se scoală devreme/tîrziu **2** *vi* [(trec., rose *part.* trec. risen) a răsări, a se ridica; a se scula; a creşte; a spori; a se ivi; *to ~ against* a se revolta

rising ['raiziŋ] *s* revoltă, insurecţie

risk [risk] **1** *s* risc; *at one's own ~* pe propria răspundere **2** *vt* a risca

risky ['riski] *adj* riscant

rite [rait] *s* ritual

rival ['raivl] *s* rival

rivalry ['raivəlri] *s* rivalitate

rive [raiv] *vt, vi* a rupe; a zdrobi

river ['rivə] *s* rîu; fluviu; *~ bed* albie de rîu; *~side* mal

rivet ['rivit] **1** *s* nit **2** *vt* a nitui

road [roud] *s* drum; şosea; *~ hog* şofer turbulent; *~ house* han

roam [roum] *vt, vi* a hoinări

roar [rɔ:] **1** s răget; muget; hohot **2** *vt, vi* a rage; a mugi; a hohoti

roast [roust] **1** *vt, vi* a (se) frige; a (se) prăji **2** *s* friptură

rob [rɔb] *vt* a prăda

robe [roub] *s* robă; halat; *bath ~* halat de baie

robin ['rɔbin] *s* prihor

robust [rou'bʌst] *adj* viguros; sănătos

rock [rɔk] **1** *s* piatră; rocă; stîncă; rock; *on the ~s* (whisky) cu gheaţă **2** *vt, vi* a (se) legăna; *~ing-chair* balansoar; *off one's ~er* sărit de pe fix

rocket ['rɔkit] *s* rachetă

rod [rɔd] *s* vergea; tijă; nuia; pistol; *fishing ~* undiţă

roe [rou] *s* icre; căprioară

rogue [roug] *s* vagabond; pungaş; ticălos

roguery ['rougəri] *s* ticăloşie; pungăşie

roguish ['rougiʃ] *adj* necinstit; răutăcios; viclean

role [roul] *s* rol

roll [roul] **1** *s* sul; strat; rostogolire; listă; bubuit; *to call the ~* a striga catalogul; *~ call* prezenţă **2** *vt, vi* a rula; a (se) rostogoli; a răsuci; a curge; a bubui; *to ~out* a întinde *(coca)*

roller ['roulə] *s* tăvălug; făcăleţ; *road ~* mai; *~ skates* patine cu rotile

ROM

roman ['roumən] *adj* roman; ~ *numerals* cifre romane

Roman ['roumən] 1 *adj* din Roma; ~ *Catholic* Romano-Catolic 2 *s* roman

romance [rə'mæns] *s* roman de aventuri *sau* de dragoste; idilă; romantism

Romanian [rou'meiniən] 1 *s* român; limba română 2 *adj* român; românesc

romantic [rə'mæntik] *s, adj* romantic

Romany ['rɔməni] *s* țigan; limba țigănească

romp [rɔmp] 1 *vi* a se zbengui 2 *s* ștrengar

roof [ru:f] *s* acoperiș; cerul gurii; cer

roofless ['ru:flis] *adj* fără adăpost

rook [ru:k] *s* corb; tură *(la șah)*

room [rum] *s* cameră, odaie; loc; ocazie; ~ *s* casă; ~ *mate* coleg de cameră; ~ *ing house* casă cu camere de închiriat

roomy ['ru:mi] *adj* încăpător

rooster ['ru:stə] *s* cocoș

root [ru:t] 1 *s* rădăcină; bază; cauză 2 *vt, vi* a prinde rădăcină; a scormoni; a căuta

rope [roup] 1 *s* funie; fringhie; sfoară; legătură; *the* ~ ștreang; ~ *dancer* dansator pe sîrmă 2 *vt* a lega

rosary ['rouzəri] *s* mătănii

rose [rouz] *s* trandafir; ~ *leaf* petală de trandafir; ~ *mary* rozmarin

rostrum ['rɔstrəm] *s* tribună

rosy ['rouzi] *adj* roz; rumen

rot [rɔt] 1 *s* mucegai; putregai; *to talk* ~ a vorbi prostii 2 *vi, vt* a putrezi; a intra în putrefacție; a se strica

rotate [rou'teit] *vt, vi* a (se) roti

rotation [rou'teiʃən] *s* rotație;

invîrtire; *crop* ~ asolament

rote [rout] *s by* ~ pe dinafară

rotten ['rɔtn] *adj* stricat; cariat; groaz nic

rotund [rou'tʌnd] *adj* bucălat; sonor emfatic

rouge [ru:ʒ] 1 *s* fard 2 *vi* a se farda

rough [rʌf] 1 *adj* aspru; agitat; brut dur; ~-*and-tumble* încăierare; ~ *copy* ciornă; ~ *neck* huligan 2 *adv* dur aspru 3 *s* asprime; dificultate 4 *vt* a aspri; a ciufuli; a molesta, a bate

roulette [ru:'let] *s* ruletă

Roumanian [rou'meiniən] 1 *s* român limba română 2 *adj* român; românesc

round [raund] 1 *adj* rotund; circular; în circuit; ~ *hand* scriere rondă; ~-*shouldered* cu umerii căzuți 2 *adv* de jur împrejur; în cerc; *all the year* ~ tot timpul anului; *to come* ~ a se duce în vizită 3 *s* bucată rotundă; cerc; rond; inspecție; repriză; levată; rînd 4 *prep* în jurul; împrejur; după; prin; aproximativ; ~ *the clock* ziua și noaptea 5 *vt, vi* a (se) rotunji; a înconjura

roundabout ['raundəbaut] 1 *adj* ocolit 2 *s* sens giratoriu

rouse [rauz] *vt, vi* a trezi; a stîrni; a agita

rout [raut] 1 *s* dezordine; gloată 2 *vt (out of)* a scoate (din)

route [ru:t] *s* rută; cale

routine [ru:'ti:n] 1 *s* rutină; obișnuință 2 *adj* obișnuit; zilnic; regulat

rove [rouv] *vi, vt* a colinda; a hoinări; a cutreiera

rover ['rouvə] *s* drumeț; hoinar; *sea* ~ pirat

ow[1] [rou] **1** s şir; rînd; vîslit; canotaj **2** vt, vi a vîsli; a canota; ~ er canotor

ow[2] [rau] **1** s gălăgie, scandal; ceartă; hartă **2** vt, vi a (se) certa; a dojeni

rowdy ['raudi] adj turbulent; huliganic

royal ['rɔiəl] adj regal

royalty ['rɔiəlti] s monarhie; regat; familia regală; royalties drepturi de autor

rub ['rʌb] **1** s frecare; dificultate **2** vt, vi a (se) freca; a se gudura; to ~ down a se şterge; to ~ out a şterge (un cuvînt); to ~ up a lustrui

rubber ['rʌbə] s cauciuc; gumă; rober; ~ s galoşi

rubbish ['rʌbiʃ] s gunoi; timpenii

rubble ['rʌbl] s moloz

rubicund ['rubikənd] adj rumen

ruby ['ru:bi] s rubin

rucksack ['rʌksæk] s rucsac

rudder ['rʌdə] s cîrmă

ruddy ['rʌdi] adj rumen; sănătos

rude [ru:d] adj nepoliticos; obraznic; violent; brut

rudiments ['ru:dimənts] s pl noţiuni elementare

rue [ru:] **1** s regret **2** vt a regreta

ruffian ['rʌfiən] s huligan; bandit

ruffle ['rʌfl] vt, vi a produce valuri; a ciufuli; a (se) enerva

rug [rʌg] s pled; carpetă

rugby [rʌgbi] s rugbi

rugged ['rʌgid] adj colţuros; ridat; dintr-o bucată

ruin ['ruin] **1** s ruină; decădere **2** vt a ruina; a distruge

rule [ru:l] **1** s regulă; regulament; obişnuinţă; dominaţie; riglă; as a ~ de regulă **2** vt, vi a domni; a domina; a conduce; a linia; to ~ out a exclude, a nu lua în seamă

ruler ['ru:lə] s domnitor; stăpînitor; riglă

ruling ['ru:liŋ] adj dominant; de guvernămînt; la putere

rum [rʌm] s rom; tip ciudat

rumble ['rʌmbl] **1** s bubuit; hurducăit **2** vt, vi a bubui; a se hurduca

ruminant ['ru:minənt] s, adj rumegător

ruminate ['ru:mineit] vt a rumega; a medita

rummage ['rʌmidʒ] vi, vt a cotrobăi; a răvăşi

rummy ['rʌmi] s remi

rumour ['ru:mə] **1** s zvon **2** vt a lansa (un zvon)

rumple ['rʌmpl] vt a şifona; a ciufuli

rumpus ['rʌmpəs] s gălăgie; scandal

run [rʌn] **1** s alergare; fugă; rută; scădere; perioadă; stînă; permisiune; curs; at a ~ la fugă; in a ~ în fugă; on the ~ în acţiune; in the long ~ în cele din urmă **2** vi, vt [(trec. ran, part.trec. run) a alerga, a fugi; a alerga în cursă; a curge; a risca; a urmări; a trece; a merge; a conduce; a băga; to ~ across a da de (cineva); to ~ away a pleca; to ~ down a se descărca; to ~ into a se întîlni cu; to ~ on a tot vorbi; to ~ out a se termina; to ~ over a recapitula; to ~ up a se urca

runaway ['rʌnəwei] s fugar

runner ['rʌnə] s alergător; contrabandist; talpă de sanie

running ['rʌniŋ] **1** s fugă **2** adj

neîntrerupt; curgător; ~*board* scară la mașină; ~ *knot* nod marinăresc

runway ['rʌnwei] *s* pistă

rupture ['rʌptʃə] *s* hernie

rural ['ruərl] *adj* rural

ruse [ru:z] *s* șiretlic

rush [rʌʃ] 1 *s* agitație; grabă; goană; îmbulzeală; papură; ~ *hour* oră de vîrf 2 *vi, vt* a se repezi; a se îmbulzi; a grăbi; a se pripi

russet ['rʌsit] *adj* roșu cafeniu

Russian ['rʌʃən] 1 *s* rus; limba rusă 2 *adj* rusesc

rust [rʌst] 1 *s* rugină 2 *vt, vi* a rugini

rustic ['rʌstik] *adj* rustic; grosolan

rustle ['rʌsl] 1 *vi, vt* a fîșîi; a foșni; a improviza 2 *s* fîșîit; foșnet

rustless ['rʌstlis] *adj* inoxidabil

rusty ['rʌsti] *adj* ruginit; învechit

rut [rʌt] 1 *s* făgaș; rut 2 *vt* a brăzda

ruthless ['ru:θlis] *adj* nemilos; crud

rye [rai] *s* secară

S

s [es] (litera) s
sable ['seibl] s samur
sabot ['sæbou] s sabot
sabre ['seibə] s paloş
sack [sæk] s sac;concediere; prădare
sacred ['seikrid] adj sacru; solemn
sacrifice ['sækrifais] 1 s sacrificiu;
  jertfă 2 vt, vi a jertfi; a sacrifica
sad [sæd] adj trist; mohorît
saddle ['sædl] 1 s şa 2 vt a înşeua; a
  împovăra
safe [seif] 1 adj ferit; sigur; sănătos;
  precaut; seif; on the ~ side pentru mai
  multă siguranţă
safety ['seifti] s siguranţă; protecţie;
  ~ -belt centură de siguranţă; ~ match
  chibrit
saffron ['sæfrən] s şofran
sag [sæg] 1 vi a se încovoia; a atîrna 2
  s încovoiere; lăsare
saga ['sɑ:gə] s legendă; roman al unei
  familii
sagacious [sə'geiʃəs] adj inteligent;
  înţelept
sagacity [sə'gæsiti] s înţelepciune
sail [seil] 1 s pînză; in full ~ cu toate
  pînzele sus; aripă de moară; corabie 2
  vt, vi a naviga; a aluneca
sailor ['seilə] s marinar
saint [seint] s sfînt
saintly ['seintli] adj sfînt; evlavios
sake [seik] s for the ~ of de dragul; for
  God's ~! pentru numele lui Dum-
  nezeu!
salacious [sə'leiʃəs] adj indecent;
obscen
salad ['sæləd] s salată
salary ['sæləri] s salariu
sale [seil] s vînzare; ~ s clerk vînzător;
  ~ s man vînzător, comis voiajor
salient ['seiliənt] adj proeminent;
  principal
saliva [sə'laivə] s salivă
sallow ['sælou] adj gălbejit; nesănătos
salmon ['sæmən] s somon
salon ['sælə] s salon
saloon [sə'lu:n] salon; cîrciumă;
  limuzină
salt [sɔ:lt] s sare; sare amară; ~ -cellar
  solniţă 2 vt a săra
salubrious [sə'lu:briəs] adj sănătos;
  benefic
salutation [sælju'teiʃən] s salutare;
  adresare
salute [sə'lu:t] 1 s salut 2 vt, vi a saluta
salvage ['sælvidʒ] s salvare;
  recuperare
salvation [sæl'veiʃən] s salvare
salve [sɑ:v] 1 s unguent; alifie 2 vt a
  alina
salver ['sælvə] s tavă
same [seim] 1 adj acelaşi; aceeaşi;
  identic;neschimbat; indiferent; on the
  ~ day în aceeaşi zi; it is all the ~ to me
  îmi este indiferent 2 pron acesta;
  acelaşi; much the ~ cam acelaşi lucru;
  one and the ~ unul şi acelaşi lucru 3
  adv la fel; în acelaşi fel; all the ~
  totuşi; just the ~ chiar în acelaşi fel
sample ['sɑ:mpl] s mostră; probă

sanatorium [sænə'tɔriəm] *s* sanatoriu

sanctimonious [sæŋkti'mouniəs] *adj* ipocrit

sanction ['sæŋkʃən] *s* permisiune; ~*s* sancţiune

sanctity ['sæŋktiti] *s* sfinţenie

sanctum ['sæŋktəm] *s* sanctuar; cameră de lucru

sand [sænd] *s* nisip; ~ *bank* banc de nisip; ~ *glass* clepsidră; ~ *paper* şmirghel; ~ *storm* furtună de nisip

sandwich ['sænwidʒ] *s* sandviş; ~ *man* om-afiş

sandy ['sændi] *adj* de nisip; blondroşcat

sane [sein] *adj* teafăr (la minte); echilibrat

sanguine ['sæŋgwin] *adj* optimist; încrezător

sanitary ['sænitəri] *adj* curat; igienic

sanitation [sæni'teiʃən] *s* salubritate

sap [sæp] 1 *s* sevă; vigoare; prost 2 *vt* a secătui; a vlăgui

sapient ['seipiənt] *adj* înţelept

sapless ['sæplis] *adj* uscat; vlăguit

sapling ['sæpliŋ] *s* puiet; răsad

sapphire ['sæfaiə] *s* safir

sappy ['sæpi] *adj* viguros

sarcastic [sɑ'kæstik] *adj* sarcastic, caustic

sarcophagus [sɑ:'kɔfəgəs] *s* sarcofag

sardine [sɑ:'di:n] *s* sardea

sardonic [sɑ:'dɔnik] *adj* batjocoritor; ironic

sash[1] [sæʃ] *adj* ~ *window* fereastră glisantă

sash[2] [sæʃ] *s* eşarfă

Satan ['seitn] *s* satana; dracul; *satan* rău; răutăcios

satchel ['sætʃl] *s* ghiozdan

satellite ['sætəlait] *s* satelit

satiate ['seiʃieit] *vt* a ghiftui

satiety [sə'taiəti] *s* saţ

satire ['sætaiə] *s* satiră

satisfaction [sætis'fækʃn] *s* satisfacţie; mîngîiere

satisfactory [sætis'fæktəri] *s* satisfăcător

satisfy ['sætisfai] *vt, vi* a satisface; a potoli; a convinge

saturate ['sætʃəreit] *vt* a uda pînă la piele; a fi sătul de; a satura

Saturday ['sætədi] *s* simbătă

saturnine ['sætənain] *adj* morocănos

sauce [sɔ:s] *s* sos; obrăznicie

saucer ['sɔ:sə] *adj* farfurioară; *flying* ~ farfurie zburătoare

saucy ['sɔ:si] *adj* obraznic; elegant

sauerkraut ['sauəkraut] *s* varză murată

saunter ['sɔ:ntə] 1 *s* plimbare 2 *vi* a merge agale

sausage ['sɔ:sidʒ] *s* cîrnat; salam

savage ['sævidʒ] *s, adj* sălbatic

save [seiv] 1 *vt, vi* a salva; a economisi; a cruţa; a feri de 2 *s* economie

savings-bank ['seiviŋz-bæŋk] bancă de economii 3 *prep* cu excepţia

saviour ['seiviə] *s* salvator; mîntuitor

savour ['seivə] *s* gust; iz; tentă

savoury ['seivəri] *adj* gustos; picant

saw [sɔ:] 1 *s* ferăstrău; zicală; ~ *dust* rumeguş; ~-*horse* capră de tăiat lemne; ~-*mill* gater 2 *vt* a tăia cu ferăstrăul; ~*yer* tăietor de lemne

saxophone ['sæksə foun] s saxofon

say [sei] vt, vi (trec.,part,trec. said) a spune; a rosti; a zice; it goes without ~ ing se înţelege de la sine; that is to ~ adică; I ~! asculta!; they ~ se spune 2 s părere; influenţă

saying ['seiiŋ] s zicală; proverb

scab [skæb] s crustă; spărgător de grevă

scabbard ['skæbəd] s teacă (de sabie)

scaffold ['skæfəld] s spînzurătoare; ~ ing schelărie

scald [skɔ:ld] 1 vt a opări; a frige 2 s arsură

scale [skeil] 1 s solz; tartru; scală; scară; gamă; a pair of ~ s cîntar 2 vt, vi a (se) urca; a escalada; a cîntări

scalp [skælp] 1 s scalp 2 vt a scalpa

scalpel ['skælpəl] s bisturiu

scamp [skæmp] s neisprăvit

scan [skæn] vt, vi a scruta; a răsfoi; a scanda

scandal ['skændəl] s scandal; bîrfă; ~ monger bîrfitor; ~ ous scandalos

scant [skænt] adj puţin; insuficient

scanty ['skænti] adj sărac; slab; strimt

scapegoat [skeipgout] s ţap ispăşitor

scapegrace ['skeipgreis] s nemernic

scar [skɑ:] 1 s cicatrice 2 vi a se cicatriza

scarce ['skeəs] adj rar; care nu se prea găseşte

scarcely ['skeəsili] adv abia; aproape

scarcity ['skeəsti] s lipsă (a unui produs)

scare [skeə] 1 vt, vi a speria 2 s spaimă; ~ crow sperietoare; ~ monger alarmist

scarf [skɑ:f] s eşarfă; şal; basma

scarlet ['skɑ:lit] adj roşu aprins; ~ fever scarlatină

scary ['skeəri] adj infricoşător

scathing ['skeiðiŋ] adj aspru; sever

scatter ['skætə] vt, vi a împrăştia; ~ - brained zăpăcit; distrat

scavanger ['skævindʒə] s gunoier

scene [si:n] s scenă; privelişte; decor; scandal; behind the ~ s in culise; ~ - painter scenograf

scenery ['sinəri] s peisaj; decor

scent [sent] 1 s miros; parfum; urmă; on the ~ pe calea cea bună 2 vt a mirosi; a simţi; a inmiresma

sceptic ['skeptik] s sceptic

sceptical ['skeptikəl] adj sceptic

schedule ['ʃedju:l] 1 s program; orar; ahead of ~ inainte de termen; on/be- hind the ~ punctual/intîrziat 2 vt a programa

scheme [ski:m] 1 s schemă; program; aranjament; uneltire; complot 2 vi, vt a plănui; a unelti

scholar ['skɔ:lə] s savant; bursier; ştiutor de carte; ~ ly studios

scholarship ['skɔ:ləʃip] s invăţătură; bursă; ştiinţă de carte

school [sku:l] 1 s şcoală; ~ -book manual; ~ boy elev; ~ fellow coleg; ~ girl elevă; ~ -master invăţător; ~ - mistress invăţătoare 2 vt a educa; a antrena; a-şi stăpîni

schooling ['sku:liŋ] s şcolarizare; educaţie

science ['saiəns] s ştiinţă; the natural ~ s ştiinţe naturale; the physical ~ s fizică; ~ fiction ştiinţifico-fantastic

scientific [saiə n'tifik] *adj* ştiinţific; experimentat

scientist ['saiə ntist] *s* om de ştiinţă

scintillate ['sintileit] *vi* a sclipi

scion ['saiə n] *s* vlăstar

scissors ['sizəz] *s pl* foarfece

sclerosis [sklə'rousis] *s* scleroză

scoff [skɔf] **1** *vi* (*at*) a-şi bate joc (de) **2** *s* obiect de batjocură

scold [skould] **1** *s* caţă **2** *vt, vi* a certa; a dojeni; a cicăli

scolding ['skouldiŋ] *s* muştruluială; perdaf

scone [skoun] *s* biscuit

scoop [sku:p] *s* săpăligă; cupă (de excavator); chiuretă

scooter ['sku:tə] *s* scuter; trotinetă

scope [skoup] *s* ocazie; preocupare; rază de acţiune

scorch ['skɔ:tʃ] **1** *vt, vi* a (se) arde; a se păli; a merge cu viteză (*cu un vehicul*) **2** *s* arsură

scorcher ['skɔ:tʃə] *s* zi caniculară

score [skɔ:] *s* răboj; urmă (*de bici*); cont; motiv; partitură; *on the ~ of* pe motiv de; *on that ~* în această privinţă; *~s of time* de nenumărate ori **2** *vt, vi* a marca; a zgâria; a orchestra; *to ~ a goal* a marca un gol

scorn [skɔ:n] **1** *s* dispreţ; bătaie de joc **2** *vt* a lua în derîdere; a desconsidera; *~ful* dispreţuitor

scorpion ['skɔ:piə n] *s* scorpion

Scot [skɔ] *s* scoţian

Scotch [skɔtʃ] **1** *adj* scoţian **2** *s* limba scoţiană; *the ~* scoţienii

Scotsman ['skɔtsmə n] *s* scoţian

Scottish ['skɔtiʃ] **1** *adj* scoţian **2** *s* limba scoţiană

scoundrel ['skaundrə l] *s* ticălos

scour ['skauə] **1** *vt, vi* a curăţa; a freca; a scotoci **2** *s* curăţare; frecare

scourge [skə:dʒ] *s* bici; flagel

scout [skaut] *s* cercetaş; avion de recunoaştere

scowl [skaul] **1** *s* privire încruntată **2** *vi* a privi furios

scrabble ['skræbl] **1** *s* scrabble (*joc*) **2** *vi* a bîjbîi; a mîzgăli

scrag [skræg] **1** *s* slăbănog **2** *vt* a strangula

scramble ['skræmbl] *vi, vi* a se urca; a îngrămădi; a strînge; *~ d eggs* omletă

scrap ['skræp] **1** *s* bucată; bucăţică; *~ s* resturi; ciorovăială; bătaie; *~ -iron* fier vechi **2** *vt* a da la gunoi

scarpe 1 *vt, vi* a curăţa; a răzui; a se juli; a încropi **2** scîrţîit; julitură; hîrşîit; belea

scraper ['skreipə] *s* răzătoare

scrapings ['skreipiŋs] *s pl* resturi

scratch [skrætʃ] **1** *vt, vi* a (se) zgîria; a se juli; a mîzgăli; a (se) scărpina **2** *s* zgîrietură; julitură; mîzgălitură; *a ~ dinner* o masă improvizată

scrawl [skrɔ:l] **1** *vi, vt* a mîzgăli **2** *s* mîzgălitură

scrawny ['skrɔ:ni] *adj* slab; sfrijit

scream [skri:m] **1** *vi, vt* a ţipa; a hohoti; a vui **2** *s* ţipăt; hohot; şuierat; *~ ingly* de rîs

screech [skri:tʃ] **1** *vi, vt* a ţipa; a scrîşni **2** *s* ţipăt ascuţit; scrîşnit

screen [skri:n] **1** *s* paravan; ecran; plasă (*la geam*); sită **2** *vt, vi* a ascunde; a adăposti; a apăra; a cerne

screw [skru:] 1 *s* şurub; elice; con-
stringere; răsucire; avar; ~*-driver*
şurubelniţă; *a* ~ *of tea* pacheţel de
ceai 2 *vt, vi* a fixa cu şurub; a (se)
răsuci; a stoarce; *to* ~ *up one's
courage* a-şi lua inima în dinţi; *to be
~ed* a f. beat

screwy ['skru:i] *adj* ţicnit; candriu

scribble ['skribl] 1 *vt, vi* a scrie în grabă
2 *s* mîzgăleală; ~*r* scriitoraş

scrimmage ['skrimidʒ] *s* încăierare

script [skript] *s* scris de mînă; scenariu;
~ *-writer* scenarist

scripture ['skriptʃə] *s* scriptură

scroll [skroul] *s* sul; pergament

scrub [skrʌb] 1 *s* frecare; spălare 2 *vt,
vi* a freca (*podele etc.*); a spăla

scruff [skrʌf] *s* ceafă

scruffy ['skrʌfi] *adj* jegos; şleampăt

scrumptious ['skrʌmpʃəs] *adj*
delicios

scruple [skru:pl] 1 *s* scrupul 2 *vi* a ezita

scrutinize ['skru:tinaiz] *vt* a cerceta

scrutiny ['skru:tini] *s* cercetare;
scrutin

scud [skʌd] *vi* a înainta lin

scuff [skʌf] *vi, vt* a merge tîrşind
picioare'e

scuffle [skʌfl] *s* încăierare

scullery ['skʌləri] *s* încăpere de
spălat vase

sculptor ['skʌlptə] *s* sculptor

sculpture ['skʌlptʃə] 1 *s* sculptură 2
vt a sculpta

scum [skʌm] *s* spumă; *the* ~ *of* droj-
dia (societăţii)

scurf [skə:f] *s* mătreaţă

scurrilous ['skʌriləs] *adj* injurios

scurry ['skʌri] 1 *vi* a se grăbi 2 *s*
agitaţie; îmbulzeală; viscol; furtună

scurvy ['skə:vi] 1 *s* scorbut 2 *adj*
mîrşav

scythe [saið] 1 *s* seceră 2 *vt* a secera

sea [si:] *s* mare; *to follow the* ~ a fi
marinar; *all at* ~ năucit; *by* ~ pe calea
apelor; *to go to* ~ a se face marinar;
half ~*s over* beat; ~ *cow* morsă; ~*-
horse* căluţ de mare; ~*-rover* pirat;
~ *scape* peisaj marin; ~ *sickness* rău
de mare; ~ *ward* spre mare

seal [si:l] 1 *s* focă; pecete; sigiliu;
etanşare 2 *vt* a sigila; a ştampila; a fixa;
a etanşa; a pecetlui

seam [si:m] *s* cusătură; tiv; zbîrcitură

seamstress ['simstris] *s* cusătoreasă

sear [siə] *vt* a pîrjoli; a cauteriza; a
usca; a veşteji

search [sə:tʃ] 1 *vt, vi* a căuta; a ex-
amina; a scotoci; a percheziţiona;
Search me! Habar n-am! 2 *s* căutare;
cercetare; percheziţie; ~ *light* reflec-
tor; ~ *party* echipă de salvare; ~ *-war-
rant* ordin de percheziţie

season ['si:zən] 1 *s* anotimp;
perioadă; sezon; stagiune; ~ *-ticket*
abonament 2 *vt, vi* a condimenta; a se
obişnui

seasoning ['si:zəniŋ] *s* condimentare;
condiment

seat [si:t] 1 *s* loc (de şezut); şezut;
reşedinţă; *to take a* ~ a lua loc; *to take
one's* ~ a-şi ocupa locul (*la teatru*);
2 *vt, vi* a (se) aşeza; a avea locuri
pentru

secluded [si'klu:did] *adj* retras; izolat

second ['sekənd] 1 *adj* următor; alt; al

doilea; ~ *to none* de neîntrecut 2 *s*
următor; doi; ajutor; secundă; ~ *-rate*
inferior 3 *vt* a secunda; a ajuta; a
sprijinit 4 *adv* în al doilea rînd; pe de
altă parte

secondary ['sekəndri] *adj* secundar

secrecy ['sikrisi] *s* discreție; taină; *to
bind to* ~ a promite să fie discret

secret ['sikrit] 1 *adj* secret; ascuns;
izolat 2 *s* secret; taină; mister

secretary ['sekritri] *s* secretar;
secretară; ministru

secrete [si'kri:t] *vt* a secreta

secretion [si'kri:ʃən] *s* secreție

secretive ['sikritiv] *adj* secretos

section ['sekʃən] *s* bucată; parte;
felie; porțiune; cartier

sector ['sektə] *s* sector; ramură; parte

secular ['sekjulə] *adj* secular

secure [si'kjuə] 1 *adj* sigur; asigurat;
garantat 2 *vt* a fixa; a apăra; a feri; a
procura

security [si'kjuəriti] *s* siguranță; secu-
ritate; protecție

sedan [si'dæn] *s* limuzină

sedate [si'deit] *adj* calm; serios; așezat

sedative ['sedətiv] *s, adj* sedativ; cal-
mant

sedentari ['sedintri] *adj* sedentar

sediment ['sedimənt] *s* sediment;
aluviune

sedimentary [sedi'mentəri] *adj*
sedimentar

sedition [si'diʃn] *s* răzvrătire

seditious [si'diʃəs] *adj* incitator; sub-
versiv

seduce [si'dju:s] *vt* a corupe; a ademe-
ni; a seduce

seducer [si'dju:sə] *s* seducător

seduction [si'dʌkʃən] *s* seducere;
corupere; farmec

seductive [si'dʌktiv] *adj* seducător

sedulous ['sedjuləs] *adj* sîrguincios;
asiduu

see [si:] 1 *vt, vi* (*trec.* saw, *part.trec.*
seen) a (se) vedea; a viziona; a
vizita; a pricepe; a întrezări; a des-
coperi; a afla; a consulta (*un doctor*);
a se întîlni cu; ~ *here!* ascultă! *to* ~
sights a vizita locurile importante
(într-o excursie); *to* ~ *stars* a vedea
stele verzi; *to* ~ *things* a avea vedenii;
~ *you soon!* pe curînd! *as you* ~ după
cum vezi; *I* ~! înțeleg! *let me* ~! stai
să mă gîndesc; *to* ~ *after* a avea grijă
de; *to* ~ *into* a cerceta; *to* ~ *off* a
conduce (*la gară etc.*); *to* ~ *round* a
vizita; *to* ~ *through* a ajuta să treacă o
perioadă grea; *to* ~ *to* a repara 2 *s*
episcopie

seed [si:d] *s* sămînță; vlăstar; spermă;
~ *time* perioadă de însămînțare

seedy ['si:di] *adj* plin de semințe; jer-
pelit; *to feel* ~ a nu se simți bine

seek [si:k] *vt* a căuta; a se îndrepta spre;
a cerceta; *to* ~ *out* a percheziționa; *to*
~ *to* a căuta să

seem [si:m] *vi* a (se) părea; *it* ~ *s that*
se pare că

seeming ['si:miɳ] *adj* aparent

seemly ['si:mli] 1 *adj* decent; potrivit 2
adv cum se cuvine

seep [si:p] 1 *vi* a se prelinge; a curge 2
s fisură

seesaw ['si:sɔ:] 1 *s* leagăn 2 *vt, vi* a
(se) legăna

seethe [si: ð] *vi, vt* a fierbe

segment ['segmэnt] *s* segment; felie; parte

segregate [segri'geit] *vt, vi* a (se) separa; a (se) izola

seize [si:z] *vt, vi* a apuca; a-şi însuşi; a confisca; a cuprinde; a se folosi de

seizure ['si: ʒ э] *s* acaparare; atac (*de inimă etc.*)

seldom ['seldэm] *adv* rareori,rar

select [si'lekt] 1 *vt* a alege; a sorta 2 *adj* select; mofturos; ales

selection [si'lek∫эn] *s* alegere; selectare; sortare

self [self] 1 *s* eu; persoană 2 *adj* auto...; de sine; automat; ~ *-acting* automat; ~ *admiration* narcisism; ~ *-assertive* înfipt; ~ *-assurance* siguranţa de sine; ~ *-centred* egocentrist; ~ *-complacency* mulţumire de sine; ~ *-composed* stăpîn pe sine; ~ *-confidence* aplomb; ~ *-conscious* timid; ~ *-control* stăpînire de sine; ~ *-defence* autoapărare; ~ *-denial* jertfire de sine; ~ *-destroyer* sinucigaş; ~ *-educated* autodidact; ~ *-love* narcisism; ~ *-pity* milă de sine; ~ *-portrait* autoportret; ~ *-possession* sînge rece; ~ *-praise* laudă de sine; ~ *-recording* cu înregistrare automată; ~ *regulating* cu reglare automată; ~ *-sacrifice* sacrificiu de sine; ~ *-satisfactioin* automulţumire; ~ *-seeker* egoist; ~ *-service* cu autoservire; ~ *-suggestion* autosugestie; ~ *-torture* masochism; ~ *-willed* îndărătnic

selfish ['selfi∫] *adj* egoist

selfishness ['selfi∫nis] *s* egoism

selfless ['selflis] *adj* altruist

sell 1 *vt, vi* (*trec., part.trec.* sold) a (se) vinde; a trăda; *to* ~ *off* a vinde ieftin; *to* ~ *out* a vinde tot; *to* ~ *up* a vinde la licitaţie 2 *s* regret; pungăşie

seller ['selэ] *s* vînzător; *a best* ~ o carte de mare succes

selvage ['selvidʒ] *s* tiv; margine

semblable ['semblэbl] *adj* asemănător; similar

semblance ['semblэns] *s* asemănare; aspect; aparenţă

semen ['si:mэn] *s* spermă

semester [si'mestэ] *s* semestru

semicolon [semi'koulэn] *s* punct şi virgulă

seminar [semi'na:] *s* seminar

semination [semi'nei∫эn] *s* diseminare; răspîndire

semisphere ['semi'sfiэ] *s* emisferă

semitone ['semitoun] *s* semiton

semolina [semэ'li:nэ] *s* griş

sempstress ['sempstris] *s* cusătoreasă

senate ['senit] *s* senat; parlament

senator ['senэtэ] *s* senator

send [send] *vt, vi* (*trec.,part.trec.* sent) a trimite; a expedia; *to* ~ *down* a scădea; *to* ~ *for* a trimite după; *to* ~ *off* a conduce (*la gară etc.*); *this music* ~ *s me* muzica asta mă transpune

sender ['sendэ] *s* expeditor

senescence [si'nesэns] *s* bătrîneţe

senile ['si:nail] *adj* senil

senior ['si:njэ] 1 *adj* senior; mai în virstă 2 *s* persoană în virstă; superior

sensation [sen'sei∫эn] *s* senzaţie; impresie

sense [sens] **1** *s* simț; înțeles; semnificație; direcție; ~*s* minte; *in one's* ~*s* în toate mințile; *in a* ~ într-o anumită măsură; *to make* ~ a fi de înțeles; *in no* ~ în nici un fel **2** *vt* a simți; a pricepe

senseless ['senslis] *adj* fără sens; leșinat

sensibility [sensi'biliti] *s* sensibilitate; susceptibilitate

sensible ['sensibl] *adj* inteligent; practic; înțelept; cuminte; considerabil

sensitive ['sensitiv] *adj* sensibil; susceptibil; precis; receptiv

sensual ['sensjuəl] *adj* senzual

sensuous ['sensjuəs] *adj* senzual; senzorial

sentence ['sentəns] **1** *s* sentință; maximă; propoziție **2** *vt* a condamna

sentient ['senʃənt] *adj* sensibil

sentiment ['sentimənt] *s* sentiment; punct de vedere

sentry ['sentri] *s* santinelă

sepal ['sepl] *s* sepală

separate ['seprit] *adj* separat; despărțit **2** [sepə'reit] *vt, vi* a (se) despărți

September [sep'tembə] *s* septembrie

sepulchral [si'pʌlkrəl] *adj* mormântal

sepulchre ['sepʌlkə] *s* mormânt

sequel ['si:kwel] *s* continuare, urmare

sequence ['si:kwəns] *s* succesiune; șir; episod; suită (*la cărți*); *in* ~ la rând

sequestrate [si'kwestreit] *vt* a confisca; a sechestra

serenade [seri'neid] **1** *s* serenadă **2** *vt* a cânta o serenadă

serene [si'ri:n] *adj* senin; calm

serenity [si'reniti] *s* seninătate; liniște

serf [sə:f] *s* rob

sergeant ['sɑ:dʒənt] *s* sergent; ofițer de poliție; comisar

serial ['siəriəl] *s* serial

series ['siəri:z] *s* serie; șir

serious ['siəriəs] *adj* serios; grav; de nădejde; sever

seriousness ['siəriəsnis] *s* seriozitate; *in all* ~ cu toată seriozitatea

sermon ['sə:mən] *s* predică

serpent ['sə:pənt] *s* șarpe

serpentine ['sə:pəntain] *adj* șerpuit

serrated [se'reitid] *adj* zimțuit

serried ['serid] *adj* strâns; *in* ~ *ranks* în rânduri strânse

serum ['siərəm] *s* limfă (*în organism*)

servant ['sə:vənt] *s* servitor; ~ *girl* servitoare; *civil* ~ funcționar

serve [sə:v] **1** *vt, vi* a munci pentru; a servi (*masa*); a trata; a-i fi de folos; a împărți; a ispăși; *It* ~*s him right!* Așa îi trebuie! **2** *s* serviciu (*la tenis*)

server ['sə:və] *s* tavă

service ['sə:vis] **1** *s* serviciu; slujbă; favoare; folos; ordin; slujbă religioasă; atelier de reparații **2** *vt* a face reparații de întreținere

serviceable ['sə:visəbl] *adj* durabil; util

serviette [sə:vi'et] *s* șervețel

servile ['sə:vail] *adj* slugarnic

serving ['sə:viŋ] *s* porție

servitude ['sə:vitju:d] *s* robie

sesame ['sesəmi] *s* susan

session ['seʃn] *s* ședință; sesiune; an

universitar

set 1 *vt*, *vi* (*trec.*, *part.trec.* set) a pune; a aşeza; a apune; a pune în libertate; a pune în funcţiune; a face să; a pune la (*treabă*); a monta; a coafa; a ajusta; a se întări; *to ~ a clock* a potrivi un ceas; *to ~ one's hair* a-şi aranja părul; *to ~ on fire* a da foc; *to ~ free* a pune în libertate; *to ~ the table* a pune masa; *to ~ aside* a lăsa deoparte; *to ~ down* a nota; *to ~ forth/off/out* a o porni la drum; *to ~ in* a se instala; *to ~ to* a începe treaba; *to ~ up* a ridica (*o statuie*) 2 *adj* fix; fixat; pregătit; stabil; ferm 3 *s* direcţie; tendinţă; ţinută; decor; set; serviciu; *a ~-up* o înscenare

settee [se'ti:] *s* canapea

setter ['setə] *s* cîine de vînătoare

setting ['setiŋ] *s* punere; aranjare; poziţie; decor; montare; apus (*de soare*)

settle ['setl] *vt vi* a (se) instala; a fixa; a linişti; a se depune; a se aşeza; a aranja; *to ~ down* a se instala comod; *to ~ in* a se muta şi a aranja lucrurile în casă; *to ~ up with* a aranja cu (*cineva*)

settled ['setld] *adj* neschimbat; stabil; ferm; fix

settlement ['setlmənt] *s* înţelegre; aranjare; colonizare; stabilire; instalare; aplanare

settler ['setlə] *s* colonist

seven ['sevən] *num* şapte; *~ fold* de şapte ori; *~teen* şaisprezece; *~ty* şaptezeci

sever ['sevə] *vt*, *vi* a taia (*capul*); a

rupe (*relaţii*); a ceda (sub presiune

several ['sevrəl] *adj*, *pron* mai mulţi

severe [sə'viə] *adj* sever; aspru; violent; acerb; sobru

severity [si'veriti] *s* severitate; asprime

sew [sou] *vt*, *vi* (*trec.* sewed, *part.trec.* sewn) a (se) coase; *~ing machine* maşină de cusut

sewage ['su:idʒ] *s* canalizare; ape menajere

sewer[1] [souə] *s* cusătoreasă

sewer[2] ['su:ə] *s* canal

sex [seks] *s* sex; viaţă sexuală; *~ appeal* sexapil, farmec

sexual ['sæksjuəl] *adj* sexual

sexy ['seksi] *adj* cu sexapil

shabby ['ʃæbi] *adj* zdrenţăros; sărăcăcios; jerpelit

shack [ʃæk] *s* colibă; baracă; *to ~ up* a trăi împreună; a convieţui

shackle ['ʃækl] 1 *s* verigă; *~s* cătuşe; *~s* lanţuri 2 *vt* a pune cătuşe

shade [ʃeid] 1 *s* umbră; nuanţă; abajur; *window- ~* transparent 2 *vt*, *vi* a umbri; a se nuanţa; *to ~ down* a se estompa

shaded ['ʃeidid] *adj* umbrit; estompat; închis

shadow ['ʃædou] 1 *s* umbră; nălucă; pic; *~ show* umbre chinezeşti 2 *vt* a umbri; a urmări (*un răufăcător*)

shadowy ['ʃædoui] *adj* umbros; întunecat; neclar

shady ['ʃeidi] *adj* umbrit; *on the ~ side of forty* trecut de patruzeci de ani

shaft [ʃɑ:ft] *s* miner; ax; săgeată; rază; fulger

shaggy ['ʃægi] *adj* păros; nepieptănat;

SHA

lățos

shake [ʃeik] **1** *vt, vi* (*trec.* shook, *part.trec.* shaken) a scutura; a da negativ din cap; a tremura; a (se) zgúdui; *to ~ down* a se acomoda; *to ~ hands* a da mina (*cu cineva*); *to ~ up* a agita (*un lichid*) **2** *s* scuturare; scuturătură; tremur; zguduire; zdruncinătură; *no great ~s* nu prea grozav; *in two ~s* intr-o clipă

shaky [ʃeiki] *adj* tremurător; nesigur; instabil

shall [ʃəl] (*trecut* should) **1** *v aux* (*viitor*): *I ~ go* mă voi duce; *we ~ be back* ne vom intoarce **2** *v modal* trebuie: *you ~ do it* trebuie să o faci

shallow ["ʃælou] *adj* puțin adînc; superficial

sham [ʃæm] **1** *vi, vt* a se preface; a simula **2** *adj* fals; prefăcut **3** *s* simulare; impostor

shame (|ʃeim] *s* rușine; nerușinare; dizgrație; *~ faced* rușinos; *~ on you!* să-ți fie rușine!; *it's a ~* e păcat/o rușine **2** *vt* a face de rușine; a se rușina

shameful [ʃeimful] *adj* rușinos; condamnabil

shameless [ʃeimlis] *adj* nerușinat

shampoo [ʃæm'pu:] *s* șampon

shanty [ʃænti] *s* barǎcǎ; bordei

shape [ʃeip] **1** *s* formă; chip; aspect; condiție; *to give ~* a exprima; *in good ~* in formă **2** *vt, vi* a se contura; a da formă; a merge (*bine*)

shapeless [ʃeiplis] *adj* diform

shapely [ʃeipli] *adj* bine proporționat; plăcut la vedere

share [ʃɛə] **1** *s* parte; participare; cotă; *to go ~s* a împărți egal; *~ holder* acționar **2** *vt, vi* a împărți; a împărtăși

shark [ʃɑ:k] *s* rechin; tîlhar

sharp [ʃɑ:p] *adj* ascuțit; ironic; abrupt; iute (*la gust*); pătrunzător; abil; crîncen; diez **2** *s* diez **3** *adv* fix; exact; dintr-o dată

sharpen [ʃɑ:pən] *vt, vi* a (se) ascuți

shapener [ʃɑ:pnə] *s* tocilă; ascuțitoare

sharply [ʃɑ:pli] *adv* cu asprime; brusc

shatter [ʃætə] *vt, vi* a (se) sfărima; a (se) distruge; *~-brained* nebun

shattering [ʃætəriŋ] *adj* cutremurător; infernal

shave [ʃeiv] **1** *vt, vi* a (se) bărbieri; a (se) tunde; a reteza **2** *s* ras; bărbierit; *to have a narrow ~* a scăpa ca prin urechile acului; *~r* aparat de ras; *shaving-brush* pămătuf de bărbierit

shawl [ʃɔ:l] *s* șal; broboadă

she [ʃi:] *pron* ea; femelă; *~-ass* măgăriță

sheaf [ʃi:f] *s* snop

shear [ʃiə] *vt* (*trec.* share, *part. trec.* shorn) a tunde (*oi*)

sheath [ʃi: θ] *s* teacă; toc; prezervativ

shed [ʃed] **1** *s* șopron; baracă **2** *vt, vi* a vărsa; a năpîrli; a cădea

sheep [ʃi:p] *s* oaie; *~ dog* ciine ciobănesc; *~ fold* stînă; *to make ~'s eyes at smb* a face ochi dulci cuiva

sheepish [ʃi:piʃ] *adj* timid

sheer [ʃiə] *adj* complet; absolut; simplu; transparent; abrupt

sheet [ʃi:t] *s* foaie (de hîrtie); așter

nut (de pat); partitură; fascicol; ~ *s*
torente; ~ *-anchor* portiţă de salvare
shelf [ʃelf] *s* raft; poliţă; stîncă; *on the*
~ pe linie moartă, concediat
shell [ʃel] 1 *s* coajă (*de ou, nucă etc.*);
păstaie; scoică; casă (*de melc*); car-
casă; obuz; ~ *proof* antiglonţ, blindat
2 *vt, vi* a (se) descoji; a bombarda
shelter ['ʃeltə] 1 *s* adăpost; refugiu;
şopron 2 *vt, vi* a (se) adăposti; a
găzdui
shelve [ʃelv] *vt* a pune (*pe raft*); a
amîna; a concedia
shepherd ['ʃepəd] 1 *s* cioban, păstor;
preot; ~ *ess* ciobăniţă 2 *vt* a paşte
(*oile*)
sheriff ['ʃerif] *s* şerif
sherry ['ʃeri] *s* vin de Xeres
shield [ʃi:ld] 1 *s* scut; ~ *-bearer* scutier
2 *vt* a apăra
shift [ʃift] 1 *s* schimbare; schimb; tură;
pretext; şiretlic; *on the night* ~ în tura
de noapte 2 *vt, vi* a schimba; a se muta;
to ~ *gears* a schimba viteza; *to* ~ *the
scene* a schimba decorul
shiftless ['ʃiftlis] *adj* nedescurcăreţ;
bleg; moale
shifty ['ʃifti] *adj* înşelător; şmecher
shilling ['ʃiliŋ] *s* şiling
shimmer ['ʃimə] 1 *vi* a licări; a sclipi
2 *s* licărire; sclipire
shin [ʃin] 1 *s* fluierul piciorului 2 *vt*
(*up*) a se căţăra (*în copac*)
shindig ['ʃindig] *s* chef, petrecere
shindy ['ʃindi] *s* chef monstru
shine [ʃain] 1 *vi, vt* (*trec., part.trec.*
shone) a străluci; a lustrui 2 *s*
strălucire; lustruire; *rain or* ~ pe

orice vreme
shingle ['ʃiŋgl] *s* şindrilă; olan
ship [ʃip] 1 *s* vas; vapor; avion; ~ *-
shape* pus la punct, ordonat; ~ *wreck*
naufragiu; ~ *wright* constructor de
nave; ~ *yard* şantier naval 2 *vt, vi* a
expedia (*cu vaporul*); a se îmbarca
shipment ['ʃipmənt] *s* încărcare
shipping ['ʃipiŋ] *s* flotă; încărcare
shirk [ʃə:k] *vt, vi* a se eschiva
shirt [ʃə:t] *s* cămaşă; ~ *-front*
plastron; *in one's* ~ *-sleeves* în cămaşă
(*fără haină*)
shit [ʃit] *interj* prostii
shiver ['ʃivə] 1 *s* tremur; fiori; ~ *s*
bucăţele: *to break to* ~ *s* a face praf, a
sfărîma 2 *vi* a tremura
shoal [ʃoul] *s* banc de peşti; banc de
nisip
shock [ʃɔk] 1 *s* şoc; atac; şoc electric;
claie (de păr) 2 *vt* a fi şocat de; a
scîrbi; a zdruncina
shocking ['ʃɔkiŋ] *adj* şocant;
îngrozitor; dezgustător
shoddy ['ʃɔdi] *adj* de proastă calitate
shoe [ʃu:] *s* pantof; potcoavă; ~ *-black*
lustragiu; ~ *-horn* încălţător; ~ *-
lace/string* şiret de pantofi; ~ *maker*
cismar
shoot [ʃu:t] 1 *s* mlădiţă; boboc; tir;
împuşcătură 2 *vi, vt* a se ivi brusc; a
ţîşni; a răsări; a trage (*cu o armă*); a
împuşca; a vîna; *to* ~ *a bolt* a trage un
zăvor; *to* ~ *dice* a da cu zarul; ~ *ing
star* stea căzătoare
shop [ʃɔp] *s* magazin; prăvălie; atelier;
~ *keeper* negustor; ~ *lifter* hoţ din
magazine; ~ *window* vitrină; ~ *ping*

street stradă comercială; *to go ~ping* a merge la cumpărături

shopper ['ʃɔpə] *s* cumpărător

shore [ʃɔ:] *s* mal; *on the sea ~* la malul mării; *off ~* în larg; *in ~* la țărm

short [ʃɔ:t] 1 *adj* scurt; scund; insuficient; sec; fraged; ~ *circuit* scurtcircuit; ~ *cut* scurtătură; ~*-lived* de scurtă durată; ~ *-sighied* presbit 2 *adv* brusc; pe termen scurt; *to stop ~* a se opri brusc; *to cut ~* a întrerupe; *to run ~ of* a rămîne fără *s* 3 *s* scurtime; lipsă; ~ *s* șort; ~*s* rămășițe; prescurtare; *for ~* pe scurt; *in ~* în cîteva cuvinte; *the long and the ~ of it* într-un cuvînt, ce să mai lungim vorba

shortage ['ʃɔ:tidʒ] *s* lipsă; criză

shorten ['ʃɔ:tən] *vt, vi* (se) scurta; a reduce; a prescurta; a (se) micșora

shot [ʃɔt] *s* foc (de armă); alice; trăgător; explozie; secvență (de film); șut; *off like a ~* ca din pușcă; *not by a long ~* da de unde, nici vorbă

should [ʃud] *v aux* (*condițional*): *we ~ go* ne-am duce; *we ~ have gone* ne-am fi dus; *v modal* ar trebui *you ~ go there* ar trebui să te duci acolo

shoulder ['ʃouldə] 1 *s* umăr; coamă; ~ *to ~* umăr la umăr; *broad ~s* umeri lați 2 *vt* a da la o parte cu umărul; *to ~ one's way* a-și face drum cu umerii

shout [ʃaut] 1 *s* strigăt; țipăt 2 *vt, vi* a striga; a țipa; *to ~ with laughter* a rîde în hohote

shouting ['ʃautiŋ] *s* aclamație; vociferări; strigăte

shove [ʃouv] *vt* a împinge; a îndesa; a înghionti; a lovi 2 *s* împingere; îndesare; ghiont; lovire

shovel ['ʃʌvəl] 1 *s* lopată 2 *vt* a da, a încărca (cu lopata)

show [ʃou] 1 *s* spectacol; expoziție; fast; ~*-girl* dansatoare; ~*-window* galantar, vitrină; *by ~ of hands* (*vot*) prin ridicare de mînă; *for ~* de ochii lumii 2 *vt, vi* (*trec.* showed, *part. trec.* shown) a arăta; a prezenta; a se vedea; a apărea; a demonstra; a conduce; a manifesta; a pune în valoare; *to ~ off* a scoate în evidență; *to ~ up* a fi vizibil; *to ~ one's teeth* a-și arăta colții, a fi furios; *to ~ onc's cards* a tabla cărțile; *to ~ the door* a da pe ușă afară

shower ['ʃauə] 1 *s* aversă de ploaie; duș; mulțime; *a ~ of insults* o mulțime de insule 2 *vt, vi* a uda; a face duș

shred [ʃred] 1 *s* petic; *to tear to ~s* a rupe în bucăți 2 *vt* a sfîșia

shrew [ʃru:] *s* scorpie, femeie rea

shrewd [ʃru:d] *adj* deștept; ager; corect

shriek [ʃri:k] 1 *s* țipăt 2 *vi* a țipa

shrill [ʃril] *adj* ascuțit; pătrunzător

shrimp [ʃrimp] *s* crevete

shrink [ʃriŋk] *vi, vt* (*trec.* shrank, *part. trec.* shrunk) a (se) strîmta; a intra la spălat; a se încreți; a se micșora; *to ~ from* a se codi (să)

shrinkage ['ʃriŋkidʒ] *s* intrare la apă; micșorare; scădere

shrivel ['ʃrivəl] *vt, vi* a (se) contracta; a (se) încreți

shroud [ʃraud] *s* giulgiu; văl

shrub [ʃrʌb] *s* tufă

shrug [ʃrʌg] 1 *vt* a ridica din (*umeri*) 2 *s* ridicare (*a umerilor*)

shudder ['ʃʌdə] 1 *vi* a tremura; a se cutremura 2 *s* tremur; fior

shuffle ['ʃʌfl] 1 *vi, vt* a tîrşîi (*picioarele*) a amesteca (*cărţile*) ; a lucra fără chef; a ezita 2 *s* tîrşîire (*a picioarelor*); amestecare (*a cărţilor*) ; tîndăleală

shunt [ʃʌnt] *vt* a manevra (*vagoane*) a amîna; ~ *er* acar

shush [ʃʌʃ] *interj* sst

shut [ʃʌt] 1 *vt, vi* (*trec., part.trec.* shut) a (se) închide; a încuia; a prinde (*în uşă etc.*); *to* ~ *in* a încuia în casă; *to* ~ *out* a lăsa afară din casă; ~ *up!* taci din gură! 2 *adj* închis; încuiat 3 *s* închidere

shutter ['ʃʌtə] *s* jaluzea; *rolling* ~ oblon

shuttle [ʃʌtl] *s* suveică

shy [ʃai] 1 *adj* ruşinos; timid; speros; ~ *of* care se fereşte să 2 *vt, vi* a se speria; a azvîrli (*cu pietre*) 3 *s* aruncare; încercare

sick [sik] [*adj* bolnav; abătut; *to be* ~ a-i fi greaţă; *to fall* ~ a se îmbolnăvi; *the* ~ bolnavii; ~ *-leave* concediu medical; *to be sea-* ~ a avea rău de mare

sickle ['sikl] *s* seceră

sickly ['sikli] *adj* bolnăvicios; slab; scîrbos

sickness ['siknis] *s* boală; *mountain-* ~ rău de înălţime; *sea-* ~ rău de mare

side [said] 1 *s* parte; faţetă; aspect; secţie; descendenţă; părere; ~ *by* ~ alături; *by the* ~ *of* în comparaţie cu; on/from all ~ s din toate părţile; ~ *board* măsuţă; ~ *effect* efect secundar; ~ *entrance* intrare laterală; *to take* ~ *s with* a fi de partea cuiva; *to be on the right/wrong* ~ *of forty* a fi sub/peste 40 de ani 2 *vi* (with) a fi de partea

sidle ['saidl] *vi* a merge sfios/speriat

siege [siːdʒ] 1 *s* asediu 2 *vt* a asedia

sieve [siːv] *s* sită

sift [sift] *vt* a cerne; a examina; ~ *er* sită

sigh [sai] 1 *s* oftat; suspin 2 *vi, vt* a ofta; a suspina

sight [sait] 1 *s* vedere; privire; văz; apariţie; privelişte; vizor; ~ *s* obiective turistice; *at/on* ~ la vedere; *to catch* ~ *of* a vedea, a zări; *to keep* ~ *of* a urmări; *to fall in love at first* ~ a se îndrăgosti la prima vedere; *to know smb by* ~ a cunoaşte pe cineva din vedere; *to go* ~ *-seeing* a face turul turistic al oraşului 2 *vt* a zări; a observa

sightless ['saitlis] *adj* orb

sign [sain] 1 *s* semn; urmă; simbol; gest; reclamă; simptom; ~ *post* indicator, semn de circulaţie 2 *vt, vi* a (se) semna; a însemna; a marca

signal ['signəl] 1 *s* semnal; semnalizator 2 *vt, vi* a semnaliza, a face semn (pe)

signature ['signitʃə] *s* semnătură; semnare

significance [sig'nifikəns] *s* înţeles; importanţă

significant [sig'nifikənt] *adj* important

signify ['signifai] *vt, vi* a însemna; a avea un sens; a avea importanţă

SIL

silence ['sailəns] **1** *s* linişte; tăcere; *in* ~ în tăcere **2** *vt* a linişti; a face să tacă

silencer ['sailənsə] *s* tobă de eşapament

silent ['sailənt] *adj* tăcut; necomunicativ; rezervat; *be* ~ ! faceţi linişte!

silk [silk] *s* mătase; ~ *worm* vierme de mătase; *to take* ~ a se călugări

silken ['silkən] *adj* de mătase; mătăsos

silky ['silki] *adj* mătăsos

sill [sil] *s* pervaz

silly ['sili] *adj* prost; prostesc; absurd

silt [silt] *s* aluviune

silver ['silvə] **1** *s* argint; argintărie; bani **2** *adj* de argint; cărunt; argintat; ~ *fox* vulpe argintie; ~*ware* argintărie ~ *wedding* nuntă de argint **3** *vt* a arginta

silvery ['silvəri] *adj* ca argintul; cristalin

similar ['similə] *adj* asemănător; identic

similarity [simi'læriti] *s* asemănare

similarly ['siniləli] *adv* similar

simile ['simili] *s* comparaţie

similitude [si'militju:d] *s* înfăţişare; asemănare; parabolă

simmer ['simə] *vi*, *vt* a fierbe; a clocoti (*de minie*)

simper ['simpə] *vi* a ride prosteşte

simple ['simpl] *adj* simplu; necomplicat; uşor; neprefăcut; pur; fraier; neimportant; incult

simpleton ['simpltn] *s* naiv; prost

simplicity [sim'plisiti] *s* simplitate

simplify ['simpifai] *vt* a simplifica

simply ['simpli] *adv* modest; absolut; numai

simulate ['simjuleit] *vt* a simula; a imita

simultaneous [siməl'teiniəs] *adj* simultan

sin [sin] **1** *s* păcat; greşeală; *original* ~ păcat originar **2** *vi* a păcătui; ~*ful* păcătos; ~*less* neprihănit; ~*ner* (om) păcătos

since [sins] **1** *adv* de atunci încoace; *many years* ~ cu mulţi ani în urmă; *I haven't done it* ~ n-am mai făcut-o de atunci; *ever* ~ mereu de atunci **2** *prep* de; din; ~ *then* de atunci încoace **3** *conj* de cind; din clipa cind; deoarece

sincere [sin'siə] *adj* sincer; neprefăcut

sincerely [sin'siəli] *adv* cu sinceritate; *yours* ~ cu stimă al dvs (*în încheierea unei scrisori*)

sinew ['sinju:] *s* putere; forţă; muşchi

sinewy ['sinju:i] *adj* viguros; puternic; muşchiulos

sing [siŋ] *vi*, *vt* (*trec.* sang, *part.trec.* sung) a cînta (din gură); a şuiera; a se cînta (*uşor*)

singe [sindʒ] *vt*, *vi* a (se) pîrli

singer ['siŋə] *s* cîntăreţ

singing ['siŋiŋ] *s* cînt; canto

single [siŋgl] **1** *adj* singur; numai unul; necăsătorit; ~-*breasted* (*haine*) la un rind; ~-*handed* singur, fără ajutor; ~-*minded* cu o idee fixă; ~ *room* cameră de o persoană **2** *vt* a alege

singleness ['siŋglnis] *s* celibat

singular ['siŋgjulə] *s* deosebit; remarcabil; singular

singularity [siŋgju'læriti] *s* ciudăţenie

singularly ['siŋgjulərli] *adj* remarcabil; cu totul

sinister ['sinistə] *adj* sinistru

sink [siŋk] **1** *s* chiuvetă **2** *vt, vi* (*trec.* sank, *part.trec.* sunk) a (se) scufunda; a se înclina; a se prăbuși; a săpa; a pătrunde; *sunken cheeks* cu obrajii supți

sinking [siŋkiŋ] **1** *adj* de slăbiciune **2** *s* scufundare; săpare

sinuous ['sinjuəs] *adj* șerpuitor; încurcat

sip [sip] **1** *vt, vi* a sorbi **2** *s* înghițitură

siphon ['saifən] *s* sifon

sir [sə:] *s* (*titlu nobiliar*) sir; domnule: *I see, sir* înțeleg. domnule; *Dear ~* Stimate domnule

sire ['saiə] *s* strămoș; Maiestate!; Măria Ta!

sirloin ['sə:lɔin] *s* mușchi de vacă

sissy ['sisi] *s* bărbat efeminat

sister ['sistə] *s* soră; călugăriță; *~-in-law* cumnată

sit [sit] *vi, vt* (*trec.,part.trec.* sat) a sta; a ședea; a poza (*pentru un pictor*); a așeza; a lua loc; a cloci; *to ~ tight* a se ține bine; *to ~ about* a sta degeaba; *to ~ down* a se așeza; *to ~ up* a sta treaz pînă tîrziu

site [sait] **1** *s* șantier de construcție **2** *vt* a amplasa

sitter ['sitə] *s* persoană așezată (*în autobuz*); model (*la pictor*)

sitting ['sitiŋ] **1** *s* ședință; *at one ~* într-o singură ședință **2** *adj* așezat; în ședință; *~ duck* țintă sigură/ușoară; *~-room* cameră de zi

situation [sitju'eiʃən] *s* situare;

așezare; situație; serviciu; *~s wanted/vacant* oferte/cereri de serviciu (*rubrică*)

six [siks] *num* șase; *~ fold* de șase ori; *~ teen* șaisprezece; *~ ty* șaizeci

size [saiz] *s* mărime; măsură; dimensiune; talie; *medium-~ d* de talie mijlocie

sizzle ['sizl] *vi* a sfîrîi (*la prăjit*)

skate [skeit] **1** *s* patină **2** *vi* a patina

skater ['skeitə] *s* patinator

skating ['skeitiŋ] *s* patinaj; *~-rink* patinoar; *figure ~* patinaj artistic

skeleton ['skelitən] *s* schelet; carcasă; *the ~ in the cupboard* secretul familiei; *~ key* șperaclu

sketch [sketʃ] **1** *s* schiță; desen; scenetă **2** *vt* a schiția; a desena; *~er* desenator

sketchily ['sketʃili] *adv* sumar; schițat

sketchy ['sketʃi] *adj* sumar; schițat

skew [skju:] *adj* oblic; într-o parte; *~eyed* sașiu

ski [ski] **1** *s* schi **2** *vi* a schia

skid [skid] **1** *s* derapare; alunecare **2** *vt* a derapa; a aluneca

skier ['ski:ə] *s* schior

skilful ['skilful] *adj* îndemînatic; priceput; calificat

skill [skil] *s* dibăcie; îndemînare; pricepere

skilled ['skild] *adj* priceput; calificat

skilless [skilis] *adj* neîndemînatic; nepriceput

skim [skim] *vt* a lua spuma de pe; a răsfoi; a zbura aproape de pămînt

skimmer ['skimə] *s* lingură de spumuit

SKI

skin [skin] **1** *s* piele; coajă (*de fruct*); pojghiţă; ~ *and bone* piele şi os; ~-*deep* superficial; ~-*tight* strîmt, mulat **2** *vt, vi* a jupui; a înşela

skinny ['skini] *adj* slăbănog

skip [skip] **1** *s* salt; săritură **2** *vi, vt* a sări; a trece peste; a omite; ~-*ping rope* coardă

skipper ['skipə] *s* căpitan

skirmish ['skə:miʃ] *s* încăierare

skirt [skə:t] *s* fustă; ~*s* femei

skittle ['skitl] *s* popic; ~-*alley* popicărie

skulk [skʌlk] *vi* a pîndi; a se furişa

skull [skʌl] *s* craniu; ~-*cap* tichie

skunk [skʌŋk] *s* sconcs

sky [skai] *s* cer; ~-*clad* gol puşcă; ~ *light* luminator; *to* ~ *jack* a deturna un avion; ~ *lark* ciocîrlie; ~-*scraper* zgîrie-nori; *out of a clear* ~ pe neaşteptate

slab [slæb] **1** *s* dală **2** *vt* a pava cu dale

slack [slæk] **1** *adj* lejer; slab; (*d. un nod*) slăbit; lent; indolent **2** *vi* a lenevi; a micşora viteza **3** *s* joc; ~*s* pantaloni largi

slacken ['slækən] *vt, vi* a încetini; a se micşora; a destinde

slag [slæg] *s* zgură

slake [sleik] *vt* a potoli (*setea*)

slam [slæm] **1** *s* izbitură; şlem **2** *vt, vi* a se închide cu zgomot; a trînti (*uşa*); a face un şlem

slander ['slɑ:ndə] **1** *s* calomnie **2** *vt* a calomnia

slanderous ['slɑ:ndərəs] *adj* calomnios

slang [slæŋ] *s* slang; argou

slant [slɑ:nt] **1** *s* pantă **2** *vt, vi* a (se) înclina

slanting ['slɑ:ntiŋ] *adj* în pantă; oblic

slap [slæp] **1** *s* palmă; insultă; ~ *dash* la repezeală; ~-*stick comedy* comedie ieftină; ~-*up* la toţi festiv **2** *vt* a pălmui

slash [slæʃ] **1** *vt* a tăia; a ciopîrţi; a critica **2** *s* rană; crestătură

slate [sleit] *s* tăbliţă; gresie; listă de candidaţi (*în S.U.A.*)

slattern ['slætə:n] *s* femeie şleampătă

slatternly ['slætə:nli] *adj* şleampăt; murdar

slaughter ['slɔ:tə] **1** *s* măcel; masacru; sacrificare (*de vite*); ~-*house* abator **2** *vt* a măcelări; a trînti (*un candidat*); a tăia (*vite*)

slave [sleiv] **1** *s* sclav, rob **2** *vi* a munci din greu

slaver ['sleivə] *vi* a scuipa

slavery ['sleivəri] *s* sclavie

slay [slei] *vt* (*trec. slew, part.trec. slai*) a ucide; a nimici

sled, sledge (sled, sledʒ) **1** *s* sanie **2** *vi* a se plimba cu sania

sleek [sli:k] *adj* lins; neted; mieros

sleep [sli:p] **1** *s* somn; hibernare; somnolenţă; *to go to* ~ a dormi; a adormi; *to put to* ~ a adormi (*pe cineva*) **2** *vi* (*trec., part.trec. slept*) a dormi *to* ~ *like a log* a dormi buştean; *to* ~ *the clock round* a dormi 12 ore; ~*ing bag* sac de dormit; ~*ing car* vagon de dormit; ~*ing pill* somnifer; *a heavy/light* ~*er* persoană care doarme greu/uşor

sleeper ['sli:pə] *s* traversă de cale ferată; vagon de dormit

sleepiness ['sli:pinis] *s* somnolenţă

sleeplessness ['sli:plisnis] *s* insomnie

sleepy ['sli:pi] *adj* somnoros; plicticos; răscopt

sleet [sli:t] *s* lapoviţă

sleeve [sli:v] *s* mînecă; *to laugh up one's ~* a ride în barbă; *short- ~ d* cu mîneci scurte; *~ less* fără mîneci

sleigh [slei] *s* sanie (trasă de cai)

sleight [slait] *s* prestidigitaţie; îndemînare

slender ['slendə] *adj* zvelt, suplu; ascuţit

sleuthhound ['slu: θ haund] *s* copoi

slice [slais] 1 *s* felie; crîmpei 2 *vt* a tăia în felii

slick [slik] *adj* alunecos; neted; lucios; abil

slide [slaid] *vi* (*trec.* slid, *part.trec.* slidden) a aluneca; a se da pe gheaţă 2 *s* alunecare; lamă (*la microscop*); dispozitiv; *~ fastener* fermoar; *~ rule* riglă de calcul

sliding ['slaidiŋ] *adj* alunecător; *~ door* uşă glisantă

slight [slait] 1 *adj* slab, mic; neînsemnat; subţire; frugal; *a ~ error* o greşală neînsemnată 2 *s* desconsiderare; neglijare; dispreţ 3 *vt* a desconsidera

slightly ['slaitli] *adv* puţin; cam; *~ better* puţin mai bine

slim [slim] *adj* zvelt; vag; mic

slime [slaim] *s* noroi

slimy ['slaimi] *adj* murdar; slugarnic

sling [sliŋ] 1 *s* praştie; laţ; bandaj 2 *vt* (*trec., part.trec.* slung) a arunca cu praştia; *~ mud at* a împroşca cu noroi

slink [sliŋk] *vi* a se strecura

slip [slip] 1 *vi*, *vt* a aluneca; a scăpa; a se furişa; a glisa; a trece repede; a dezlega; a îmbrăca în grabă; *to let ~* a spune fără să vrea 2 *s* alunecare; ghinion; pas greşit; gafă; lesă; bileţel; faţă de pernă; culise; *~ s* slip; *to make a ~* a aluneca; *a ~ in spelling* o greşeală de ortografie

slipper ['slipə] *s* papuc

slippery ['slipəri] *adj* alunecos

slipshod ['slipʃɔd] *adj* şleampăt; neglijent

slit [slit] 1 *s* deschizătură; crăpătură; şanţ 2 *vt* a despica, a crăpa

slobber ['slɔbə] *s* salivă

slogan ['slougən] *s* lozincă

slop [slɔp] 1 *vt*, *vi* a (se) vărsa 2 *s* mîncare lichidă; *~ s* lături

slope [sloup] 1 *s* pantă; inclinaţie; *a slight ~* pantă uşoară 2 *vi* a se înclina

sloppy ['slɔpi] *adj* ud (*de ploaie*); băltit; sentimental

slot [slɔt] 1 *s* deschizătură: *~-machine* maşină automată (*cu fise*); spaţiu (*în program TV*)

sloth [slɔθ] *s* lene; trîndăvie

slothful ['slɔθful] *adj* trîndav

slouch [slautʃ] 1 *vi* a sta degeaba; a se mişca alene 2 *s* mişcare înceată; *~-hat* pălărie cu bor lat

slough [slau] *s* mlaştină

sloven ['slʌvn] *s* persoană şleampătă

slovenly ['slʌvnli] *adj* şleampăt

slow [slou] 1 *adj* lent; greoi (*la minte*) *a ~ train* tren personal 2 *adv* alene; încet 3 *vi*, *vt* a încetini; a o lăsa mai moale

slowly ['slouli] *adv* încet; lent

SLU

sludge [sl∧dʒ] *s* noroi; zăpadă topită
slug [sl∧g] *s* limax
sluggard ['sl∧gə:d] *adj* leneş
sluggish ['sl∧giʃ] *adj* trîndav; lent
sluice [slu:s] *s* ecluză
slum [sl∧m] *s* stradă *sau* cartier cu case sărăcăcioase
slumber ['sl∧mbə] 1 *s* somn 2 *vi* a dormi
slump [sl∧mp] 1 *s* criză (economică) 2 *vi* a se prăbuşi (într-un fotoliu)
slur [slə:] 1 *vt, vi* a mormăi; a vorbi neclar 2 *s* mormăială; pronunţare neclară
slush [sl∧ʃ] *s* zăpadă topită; zloată
slut [sl∧t] *s* femeie şleampătă
sluttish ['sl∧tiʃ] *adj* şleampăt
sly [slai] 1 *adj* viclean; neserios 2 *s on the ~* pe ascuns
smack [smæk] 1 *s* lovitură; plescăit; sărut 2 *vt* a pălmui; a plescăi; a lovi puternic; a săruta; a avea miros/iz de
smacker ['smækə] *s* sărut
small [smɔ:l] 1 *adj* mic; neimportant, mărunt; umil, sărac; *~ beer* bere slabă; *~ change* mărunţiş; *~ letters* litere mici (*nu majuscule*) 2 *s the ~ of the back* şale; *the ~ of the hand* podul palmei
smart [smɑt] *adj* deştept; elegant; aspru; puternic; *Look ~ !* Grăbeşte-te! 2 *vt* a ustura
smarten ['smɑtən] *vi* a se găti/aranja
smash [smæʃ] 1 *vt, vi* a (se) izbi; a pocni; a (se) face bucăţi; a eşua 2 *s* izbitură; pocnitură; spargere; *to go to ~es* a se sparge

smashing ['smæʃiŋ] *adj* straşnic
smear [smiə] 1 *vt, vi* a păta; a mizgăli; a murdări 2 *s* pată; murdărie; *~y* unsuros
smell [smel] 1 *vt, vi,* (*trec., part.trec.* smelt) a mirosi; a presimţi; a avea miros/iz de 2 *s* miros; miros plăcut; duhoare
smelling ['smeliŋ] *adj* mirositor; *~ bottle* sticluţă cu săruri (*pentru leşin*)
smile [smail] 1 *s* zîmbet, suris 2 *vt, vi* a zîmbi, a surîde; a spune zîmbind
smirch [smə:tʃ] 1 *vt, vi* a păta; a murdări 2 *s* pată; murdărie
smirk [smə:k] 1 *s* zîmbet afectat 2 *vi* a zîmbi afectat
smite [smait] *vt* a lovi; a cuceri (*o femeie*)
smith [smiθ] *s* fierar; potcovar; *~ ery, ~y* fierărie; potcovărie
smock [smɔk] *s* salopetă; halat
smog [smɔg] *s* ceaţă cu fum
smoke [smouk] 1 *s* fum; ţigară 2 *vi, vt* a fuma; a afuma; a scoate fum; *no smoking!* nu se fumează!
smoke-dry ['smoukdrai] *vt* a afuma (*peşte*)
smoker ['smoukə] *s* fumător; vagon pentru fumători
smoking ['smoukiŋ] *s* fumat; *~ room* cameră *sau* loc de fumat
smoky ['smouki] *adj* afumat; fumuri
smooch [smu:tʃ] *vi* a se giuguli
smooth [smuθ] 1 adj neted; plan; lins; lin; plăcut; *~-faced* nesincer; *~-spoken/tongued* mieros; *~-tempered* calm 2 *vt, vi* a netezi; a şlefui; a linişti
smother ['sm∧ðə] *vt, vi* a (se)

sufoca; a (se) inăbuşi

smoulder [smouldə] 1 *vi* a arde mocnit; a mocni 2 *s* fum gros

smudge [smʌdʒ] 1 *s* pată; murdărie; mîzgălitură 2 *vt* a păta; a murdări

smug [smʌg] *adj* mulţumit de sine

smuggle ['smʌgl] *vt* a face contrabandă cu

smuggler ['smʌglə] *s* contrabandist

smut [smʌt] 1 *s* pată (de funingine) 2 *vt* a murdări (cu funingine)

smutty ['smʌti] *adj* murdar; obscen

snack [snæk] *s* gustare; ~ *-bar* bufet

snag [snæg] *s* ciot; obstacol

snail [sneil] *s* melc; *at the* ~ *'s pace* cu viteză de melc

snake [sneik] *s* şarpe; ~ *bite* muşcătură de şarpe; ~ *charmer* îmblînzitor de şerpi

snap [snæp] *s* muşcătură; plesnitură; capsă; ~ *dragon* gura leului (*floare*); ~ *shot* instantaneu (*fotografie*) 2 *vt, vi* a se repezi (*să muşte*); a plesni (*din bici*); a pocni, a se închide; *to* ~ *at smb* a se repezi cu gura la cineva

snappy ['snæpi] *adj* vioi; *Make it* ~ *!* Dă-i bătaie!

snare [snɛə] 1 *s* cursă; laţ 2 *vt* a prinde în cursă

snarl [snɑ:l] 1 *vi* a-şi arăta colţii mîrîind 2 *s* mîrîit

snatch [snætʃ] 1 *vt, vi* a înşfăca; a se întinde după; a fura (*un sărut*) 2 *s* înhăţare; parte mică

sneak [sni:k] 1 *vi* a se furişa; a fura; a pîrî 2 *s* pîrîcios; nemernic

sneakers ['sni:kə:z] *s pl* tenişi; adidaşi

sneer [sniə] 1 *s* rînjet; ironie 2 *vi* (*at*)

a rînji (*la*); ~ *ing* batjocoritor

sneeze [sni:z] 1 *s* strănut 2 *vi* a strănuta

snicker ['snikə] 1 *s* chicot 2 *vi* a chicoti

sniff [snif] 1 *vt* a trage pe nas; a priza (*tutun*); a simţi (*un pericol*) 2 *s* prizare (*de tutun*); adulmecare

snigger ['snigə] 1 *s* chicot 2 *vi* a chocoti

snipe [snaip] *s* becaţă

snivel ['snivl] 1 *vi* a se smiorcăi, a scînci 2 *s* scîncet

snob [snɔb] *s* snob

snobbery ['snɔbəri] *s* snobism

snobbish ['snɔbiʃ] *adj* snob

snook [snu:k] *s to cock a* ~ *at smb* a da cuiva cu tifla

snooze [snu:z] 1 *s* moţăială 2 *vi* a moţăi

snore [snɔ:] 1 *s* sforăit; sforăială 2 *vi* a sforăi

snort [snɔ:t] 1 *s* fornăială; respiraţie grea 2 *vi* a fornăi; a respira greu

snout [snaut] *s* rît, bot

snow [snou] 1 *s* zăpadă; ~*-ball* bulgăre de zăpadă; ~*-bank* nămete; ~*-blast/storm* viscol; ~ *capped/clad* acoperit de zăpadă; ~ *drop* ghiocel; ~*fall* ninsoare; ~ *flake* fulg de zăpadă; ~ *man* om de zăpadă; *Snow White* Albă ca Zăpada 2 *vi* a ninge

snub [snʌb] 1 *vt* a pune la punct (*pe cineva*) 2 *s* dojană 3 *adj* cîrn

snuff [snʌf] 1 *s* priză (*de tutun*); muc de luminare 2 *vt, vi* a priza (*tutun*); a respira zgomotos; *to* ~ *out* a stinge o luminare

snuffle ['snʌfl] 1 *s* fornăit 2 *vi* a fornăi

snug [snʌg] *adj* confortabil; cochet; (*venit*) frumuşel; curat

snuggle ['snʌgl] *vi, vt* a se cuibări; a

SO

stringe în braţe

so [sou] **1** *adv* atît de; astfel; *so-called* aşa zis; *so and so* aşa şi aşa; *so as to* pentru a; *so far* pînă acum; *so far so good* pînă acum toate bune; *so long as* atîta vreme cît; *so much better* cu atît mai bine; *so to say* ca să spunem aşa; *so that* ca să; *so what!* ei şi!; *and so on* şi aşa mai departe; *even so* chiar dacă lucrurile stau aşa; *just so* chiar aşa; *10 years or so* cam de vreo 10 ani **2** *conj* aşadar; aşa că; astfel că **3** *interj* aşa!; foarte bine!

soak [souk] **1** *vt, vi* a uda; a înmuia; a fi ud; a trage la măsea **2** *s* înmuiere

soap [soup] *s* săpun; vorbe mieroase; ~ *box* tribună improvizată; ~ *dish* savonieră; ~ *opera* serial sentimental; ~ *suds* clăbuci

soapy ['soupi] *adj* plin de săpun; linguşitor; sentimental

soar [sɔ:] *vi* a se ridica în zbor; a plana (in zbor)

sob [sɔb] **1** *s* suspin; oftat **2** *vi* a suspina; a ofta

sober ['soubə] **1** *adj* treaz; sobru; calm; moderat; ~-*minded* aşezat la minte **2** *vt, vi* a (se) trezi

soccer ['sɔkə] *s* fotbal

sociable ['souʃəbl] *adj* sociabil; comunicativ; prietenos

social ['souʃəl] **1** *s* întrunire; petrecere **2** *adj* social; ~ *security* ajutor social; ~ *ly* pe plan social

society [sə'saiəti] *s* societate; companie

sock [sɔk] **1** *s* şosetă; puşculiţă; ciorap **2** *vt* a bate măr

socket ['sɔkit] *s* mufă; bucşă; ‍asung; orbită (*a ochiului*)

sod [sɔd] *s* iarbă; gazon; *under the ~ ‍în ‍mormînt*

soda ['soudə] *s* sifon; bicarbonat de sodiu; ~ *fountain* chioşc de răcoritoare

sodden ['sɔdn] *adj* ud leoarcă; necopt; ‍beat mort

sofa ['soufə] *s* canapea; divan

soft [sɔft] *adj* moale; catifelat; fin; nealcoolic; dulce; mătăsos; liniştit; milos; slab; moliatic; ~-*boiled* (*ou*) moale; ~ *footed* cu pas uşor; ~-*headed* prostuţ; ~-*hearted* îngăduitor; ~ *palate* cerul gurii; *the ~ er sex* sexul slab; ~ *wood* lemn de esenţă moale

soften ['soufn] *vt, vi* a (se) înmuia; a (se) atenua/domoli

soggy ['sɔgi] *adj* îmbibat cu apă

soil [sɔil] **1** *s* sol, pămînt; teren; ţară; pată **2** *vt* a mînji; a păta

sojourn ['sɔdʒə:n] **1** *vi* a sta/ a rămîne o vreme (*undeva*) **2** *s* şedere; vizită

solace ['sɔlis] **1** *s* mîngîiere, alinare **2** *vt* a mîngîia; a alina; a consola

solar ['soulə] *adj* solar

solder ['sɔldə] **1** *s* sudură **2** *vt* a suda, a lipi (*metale*); ~ *ing hammer* letcon

soldier ['souldʒə] *s* soldat; *private* ~ soldat simplu; *to go* ~ *ing* a pleca la armată

sole [soul] **1** *s* calcan; talpă; pingea **2** *vt* a pingeli

solely ['soulli] *adj* numai; singur

solemn ['sɔləm] *adj* solemn; grav

solemnity [sɔ'lemniti] *s* solemnitate;

gravitate

solemnize ['sɔləmnaiz] *vt* a celebra
(*o cununie*); a sărbători

solicitor [sə'lisitə] *s* avocat consult-
ant; juriconsult

solicitous [sə'lisitəs] *adj* neliniștit;
grijuliu, atent

solid ['sɔlid] **1** *s* solid **2** *adj* solid; masiv;
robust; durabil; *to be ~ for* a fi în
corpore pentru; *a ~ figure* corp geo-
metric

solidarity [sɔli'dæriti] *s* solidaritate

solidify [sə'lidifai] *vt, vi* a (se)
solidifica

soliloquize [sə'liləkwaiz] *vi* a
monologa

soliloquy [sə'liləkwi] *s* monolog

solitary ['sɔlitəri] **1** *adj* singur; retras;
izolat; *in ~ confinement* la carceră **2** *s*
pustnic

solitude ['sɔlitjuːd] *s* singurătate; *~s*
pustietăți

soloist ['souloist] *s* solist

soluble ['sɔljubl] *s* solubil; rezolvabil

solution [sə'luːʃn] *s* soluție; rezol-
vare; dizolvare

solve [sɔlv] *vt* a rezolva

sombre ['sɔmbə] *adj* sumbru;
mohorît; ursuz

some [sʌm] **1** *adj* ceva; niște; puțin;
~ children unii/niște copii; *~ milk*
puțin lapte; *~ more details* mai multe
amănunte; *for ~ time* pentru o vreme;
~ years ago acum cîțiva ani; *to ~
extent* într-o oarecare măsură; *he's ~
actor* e un actor excelent **2** *pron* cîțiva;
unii; *~ of us* unii dintre noi

somebody ['sʌmbədi] *pron* cineva; ~

else altcineva

someday ['sʌmdei] *adv* într-o zi

somehow ['sʌmhau] *adv* cumva; *~ or
other* într-un fel sau altul

someone ['sʌmwʌn] *pron* cineva

somersault ['sʌməsɔːlt] **1** *s* tumbă **2**
vi a se da peste cap

something ['sʌmθiŋ] *pron* ceva; *~
else* altceva; *~ like* cam, aproximativ;
~ of un fel de

sometime ['sʌmtaim] *adv* cîndva;
odată

sometimes ['sʌmtaimz] *adv* uneori;
cîteodată

someway ['sʌmwei] *adv* într-un fel
oarecare

somewhat ['sʌmwɔt] *adv* întrucîtva;
~ of un fel de

somewhere ['sʌmwɛə] *adv* undeva;
~ else în altă parte

son [sʌn] *s* fiu; *~-in-law* ginere

song [sɔŋ] *s* cîntec; cînt; melodie; *for
a mere ~* pe nimica toată; *~ bird*
pasăre cîntătoare

sonnet ['sɔnit] *s* sonet

sonny ['sʌni] *s* fiule!

sonorous [sə'nɔːrəs] *adj* sonor;
răsunător

soon [suːn] *adv* curînd; îndată; *~ after*
imediat după; *as ~ as* de îndată ce; *the
~ er, the better* cu cît mai devreme, cu
atît mai bine; *~ er or later* mai devre-
me sau mai tîrziu; *no ~ er had he
come in the room than the phone began
to ring* nici n-a intrat bine în cameră că
și sună telefonul

soot [suːt] *s* funingine

soothe [suːð] *vt* a domoli; a alina; a

SOO

consola
soothing ['su:Өiɳ] *adj* liniştitor; ~ *ly* cu blîndeţe
sop [sɔp] *vt* (*up*) a şterge apa (*de pe masă etc.*)
sophisticated [sə'fistikeitid] *adj* sofisticat; complicat
sopping ['sɔpiɳ] *adj* ud leoarcă
sorcerer ['sɔ:sərə] *s* vrăjitor
sorceress ['sɔ:sə ris] *s* vrăjitoare
sorcery ['sɔ:sə ri] *s* vrăjitorie; farmece
sordid ['sɔ:did] *adj* murdar; josnic
sore [sɔ:] 1 *adj* dureros; mîhnit; chinuitor; *a ~ subject* un subiect delicat 2 *s* rană; punct sensibil
sorely ['sɔ:li] *adv* teribil; foarte
sorrel ['sɔrəl] *s, adj* roib
sorrow ['sɔrou] *s* necaz; supărare; regret; *in ~ and in joy* la necaz/durere şi bucurie
sorrowful ['sɔrouful] *adj* neliniştit; mîhnit; trist; dureros; regretabil
sorry ['sɔri] *adj* mîhnit; supărat; *I'm ~!* scuzaţi!, îmi pare rău!
sort [sɔ:t] 1 *s* soi; fel; gen; *after a ~* într-un fel; *in some ~* într-o oarecare măsură; *out of ~s* indispus. 2 *vt* a sorta; a alege
sot [sɔt] *s* beţiv, alcoolic
sough [sʌf] *vi* a foşni
soul [soul] *s* suflet; simţire; energie
sound [saund] 1 *s* sunet; înţeles; sondă; ~ *film* film sonor; ~ *proof* izolat acustic 2 *adj* sănătos; solid; stabil; temeinic 3 *vi, vt* a suna; a răsuna; a bate (*ora*); a declara; a sonda
soundless ['saundlis] *adj* silenţios;

tăcut
soundly ['saundli] *adv* sănătos; coplet
soup [su:p] *s* supă
sour [sauə] 1 *adj* acru; supărăcios 2 *vt, vi* a (se) acri
source [sɔ:s] *s* izvor; sursă
soused [saust] *adj* beat
south [sauӨ] 1 *s* sud 2 *adj* sudic 3 *adv* spre sud
southerly ['sʌ ðəli] 1 *adj* sudic 2 *adv* dinspre sud
southern ['sʌ ðən] *adj* sudic
southward ['sauӨwə:d] *adv* spre sud
sovereign ['sɔvrin] 1 *s* suveran; liră de aur 2 *adj* suveran; perfect
sovereignty ['sɔvrnti] *s* suveranitate
sow [sau] 1 *s* scroafă 2 *vt, vi* (*trec.* sowed, *part. trec.* sown) a semăna; a răspîndi
soy [sɔi] *s* soia
spa [spa:] *s* staţiune balneară
space [speis] 1 *s* spaţiu; perioadă; ~ *heater* radiator; ~ *man* cosmonaut; ~ *rocket* rachetă spaţială; ~ *ship* navă cosmică 2 *vt* a distanţa
spacious ['speiʃəs] *adj* spaţios
spade [speid] 1 *s* cazma; pică (*la* cărţi); *to call a ~ a ~* a spune lucrurilor pe nume 2 *vt* a săpa
span [spæn] *s* distanţa de o palmă; deschidere; *the ~ of life* durata vieţii
spangle ['spæɳgl] *s* paiete
Spaniard ['spæniəd] *s* spaniol
spaniel ['spæniəl] *s* (cîine) prepelicar
Spanish ['spæniʃ] 1 *s* spaniol; limba spaniolă; *the ~* spaniolii 2 *adj* spaniol
spank [spæɳk] 1 *vt* a trage o palmă

(*la fund*) **2** *s* palmă (*la fund*)

spanking ['spæŋkiŋ] *adj* iute; tăios; straşnic

spare [spɛə] **1** *adj* liber; de rezervă; în plus; slab; frugal; ~ *parts* piese de schimb; ~ *room* cameră de oaspeţi; ~ *wheel* roată de rezervă **2** *vt, vi* a cruţa; a scuti de; a economisi; a se putea lipsi de

sparing ['spɛəriŋ] *adj* econom; cumpătat; frugal

spark [spɑ:k] **1** *s* scînteie; pic **2** *vi* a scînteia; ~ -*plug* bujie

sparkle ['spɑ:kl] **1** *s* scînteie; scînteiere **2** *vi* a scînteia

sparklers ['spɑ:kləz] *s pl* diamant

sparkling ['spɑ:kliŋ] *adj* scînteietor; spumos (*ca şampania*)

sparrow ['spærou] *s* vrabie

sparse [spɑ:s] *adj* risipit; rar

sparsity ['spɑ:siti] *s* raritate

spatial ['speiʃəl] *adj* spaţial; cosmic

spatter ['spætə] **1** *vt* a împroşca; a calomnia **2** *s* împroşcare; aversă (de ploaie)

spawn [spɔ:n] **1** *s* icre; odrasle **2** *vt* a depune (*icre*)

speak [spi:k] *vt, vi* (*trec.* spoke, *part. trec.* spoken) a vorbi; a sta de vorbă; a spune; *nothing to* ~ *of* nimic important; *so to* ~ ca să zicem aşa; *to* ~ *out/up* a vorbi răspicat; *to* ~ *one's mind* a spune ce are de spus

speaker ['spi:kə] *s* vorbitor; orator; crainic (*la radio*); preşedinte (al parlamentului); *loud* ~ megafon; portavoce

spear [spiə] *s* suliţă; ~ *head* avan

gardă; ~ *man* lăncier

special ['speʃəl] *adj* special; deosebit; extraordinar; ~ *ly* îndeosebi, mai ale

specialty ['speʃəlti] *s* specialitate

species ['spiʃi:z] *s* specie; specii; fel

specific [spi'sifik] *adj* specific; tipic; precis; ~ *ally* anume

specify [spesi'fai] *vt* a specifica; a menţiona

specimen ['spesimən] *s* exemplar; mostră; individ

specious ['spi:ʃəs] *adj* dubios; amăgitor

speck *s* fir de praf; pată

speckled ['spekld] *adj* pătat; bălţat

spectacle ['spektəkl] *s* spectacol; privelişte; ~ *s* ochelari

spectacular [spek'tækjulə] *adj* spectaculos

spectre ['spektə] *s* fantomă, spectru

spectrum ['spektrəm] *s* spectru

speculate ['spekjuleit] *vi* a specula; a face presupuneri

speculation [spekju'leiʃən] *s* speculaţie; meditaţie

speech [spi:tʃ] *s* vorbire; limbaj; cuvîntare, conferinţă

speechless ['spi:tʃlis] *adj* mut, înlemnit

speed [spi:d] **1** *s* viteză; *at full* ~ în plină viteză; ~ *limit* limită de viteză; ~ *way* autostradă **2** *vt, vi* (*trec. part. trec.* sped) a sprijini; a (se) grăbi; a goni

speedometer [spi:'dɔmitə] *s* vitezometru

speedy ['spi:di] *adj* rapid, urgent

spell [spel] **1** *s* farmec; descîntec; inter

val; pauză, repaus; *by* ~ *s* cu schimbul
2 *vt, vi* a vrăji; a (se) ortografia; a
scrie corect; a se scrie

spellbound ['spelbaund] *adj* fermecat

spelling ['speliŋ] *s* ortografie; rostire
literă cu literă

spend [spend] *vt, vi* (*trec., part. trec*
spent) a cheltui; a irosi; a risipi; a
petrece (*timpul*); a (se) consuma; a
(se) epuiza; ~ *thrift* cheltuitor

spender ['spendə] *s* cheltuitor;
risipitor

spent [spent] *adj* epuizat; consumat

sphere [sfiə] *s* sferă; glob; domeniu;
planetă

spice [spais] 1 *s* condiment; caracter
picant 2 *vt* a condimenta

spick-and-span ['spikə nspæn] *adj* ca
scos din cutie

spicy ['spaisi] *adj* picant

spider ['spaidə] *s* păianjen

spike [spaik] 1 *s* țeapă; țintă; cui 2 *vt* a
bate în cuie

spill [spil] *vt, vi* (*trec., part. trec* spilt)
a vărsa (*un lichid*); a (se) risipi; a
azvîrli

spin [spin] 1 *vt, vi* a răsuci; a toarce; *to*
~ *a top* a învîrti un titirez; *to* ~ *a coin*
a da cu banul 2 *s* răsucire

spinach ['spinidʒ] *s* spanac

spindle ['spindl] *s* fus; ax; osie

spine [spain] *s* șira spinării; ghimpe; ac

spinner ['spinə] *s* torcătoare

spinning ['spiniŋ] *s* tors; ~ *wheel*
vîrtelniță

spinster ['spinstə] *s* fată bătrînă

spire [spaiə] *s* clopotniță

spirit ['spirit] 1 *s* spirit; suflet; fan-
tomă; vioiciune; ~ *s* băuturi alcoolice;
in high ~ *s* bine dispus 2 *vt* a entuzias-
ma

spirited ['spiritid] *adj* vioi; curajos

spiritual ['spirițuəl] *adj* spiritual;
sufletesc

spit [spit] 1 *s* frigare; scuipat 2 *vi* (*trec.
part., trec* spat) a scuipa; a expectora

spite [spait] 1 *s* ciudă, necaz; *in* ~ din
răutate; *in* ~ *of* în ciuda; *in* ~ *of that*
cu toate acestea 2 *vt* a ofensa; a necăji

spiteful ['spaitful] *adj* ranchiunos;
răutăcios; ~ *ly* cu dușmănie

spittle ['spitl] *s* scuipat

spittoon [spi'tu:n] *s* scuipătoare

splash [splæʃ] 1 *vt, vi* a stropi; a
împroșca; a se bălăci 2 *s* stropire;
împroșcare

spleen [spli:n] *s* splină; plictis (eală)

splendid ['splendid] *adj* splendid

splendour ['splendə] *s* splendoare;
glorie

splice [splais] *vt* a îmbina; *to get* ~ *d* a
se căsători

splinter ['splintə] 1 *s* așchie 2 *vt* a
despica

split [split] 1 *vt, vi* (*trec. part. trec* split
a (se) despica; a (se) sparge; a
(se) rupe; a dezbina; a împărți; *a*
~ *ting headache* o durere de cap
cumplită; *hair* ~ *ting* despicarea
firului de păr în patru 2 *s* despicare;
dezbinare; sciziune

spoil [spoil] *vt, vi* a (se) strica; a
răsfăța 2 *s* pradă; ~ *s* posturi sus puse

spoilt [spoilt] *adj* răsfățat

spokesman ['spouksmən] *s* purtător
de cuvînt; reprezentant

sponge [spʌndʒ] *s* burete; ~ *cake*
pandișpan; ~*r* parazit

sponsor ['spɔnsə] *s* naș; garant;
producător; sponsor

spontaneous [spɔn'teinəs] *adj* spon-
tan

spook [spu:k] *s* fantomă

spool [spu:l] *s* bobină; mosor; bandă
(*de magnetofon etc.*)

spoon [spu:n] *s* lingură; ~*ful* lingură
de (*conținutul*)

spore [spɔ:] *s* spor (*de ferigă*)

sport [spɔ:t] *s* distracție; sport; om de
treabă; ~*sman* sportiv; ~*smanlike*
amabil; ~*smanship* sportivitate;
~*swoman* sportivă

sportive ['spɔ:tiv] *adj* jucăuș; vesel

spot [spɔt] 1 *s* pată; bulin; loc;
picătură; *in a* ~ într-o situație dificilă;
on the ~ la locul (*faptei*) 2 *vt, vi* a
(se) păta; a identifica; ~*ted* cu
picățele

spotless ['spɔtlis] *adj* curat; nepătat

spotlight ['spɔtlait] *s* reflector; ~*s*
luminile rampei

spouse [spauz] *s* soț *sau* soție

spout [spaut] *s* gît (de ceainic); bur-
lan 2 *vt, vi* a țîșni; a împroșca; a vărsa;
a declama

sprain [sprein] 1 *vt* a luxa 2 *s* luxație

sprawl [sprɔ:l] *vt, vi* a (se) întinde;
a (-și) desface; a (-și) rășchira

spray [sprei] 1 *s* mlădiță; stropi; pul-
verizator 2 a împroșca; a stropi; a pul-
veriza

spread [spred] 1 *vt, vi* (*trec. part. trec*
spread) a (se) întinde; a (se)
împrăștia 2 *s* întindere; răspîndire;
bed ~ cuvertură

spree [spri:] *s* distracție; veselie

sprightly ['spraitli] *adj* vioi; ager

spring [spriŋ] 1 *s* săritură; izvor; arc;
elasticitate; primăvară; ~ *board*
trambulină; ~ *mattress* somieră 2 *vt,
vi* a sări; a răsări; *to* ~ *from* a proveni
din

sprinkle ['spriŋkl] *vt* a stropi; a
împrăștia ~*r* stropitoare

sprint [sprint] *s* cursă de viteză

sprout [spraut] 1 *s* mlădiță; lăstar; *Brus-
sels* ~*s* varză de Bruxelles 2 *vi, vt* a da
frunze; a răsări

spruce [spru:s] 1 *s* molid 2 *adj* îngrijit;
elegant

spry [sprai] *adj* vioi; activ

spur [spə:] 1 *s* pinten; impuls 2 *vt* a
îmboldi; a îndemna

spurious ['spjuəriəs] *adj* fals;
prefăcut

spurt [spə:t] 1 *vi* a țîșni; a izbucni 2 *s*
jet; izbucnire

sputter ['spʌtə] *vi* a sfîrîi; a fila

spy [spai] 1 *s* spion 2 *vt* a spiona; ~
hole vizor

squabble ['skwɔbl] 1 *s* ceartă 2 *vi* a se
certa

squad [skwɔd] *s* detașament; grupă

squadron ['skwɔdrən] *s* escadron

squalid ['skwɔlid] *adj* murdar; sordid

squall [skwɔ:l] 1 *s* țipăt; furtună 2 *vi* a
țipa

squalor ['skwɔlə] *s* mizerie

SQA

squander ['skwɔndə] *vt* a cheltui cu nemiluita

squanderer ['skwɔndərə]*s* cheltuitor

square [skwɛə] **1** *s* pătrat; piaţă; *to get ~ with* a încheia socotelile cu; *on the ~* cinstit **2** *adj* (la) pătrat; întins; categoric; *~ brackets* paranteze drepte; *~ head* cap pătrat; *a ~ meal* o masă bogată; *~ measure* măsură de suprafaţă; *~ root* rădăcină pătrată **3** *vt* a îndrepta (*umerii*); a regla (*un cont*); a mitui

squash [skwɔʃ] **1** *vt, vi* a strivi; a (se) înghesui; a se buluci; a stoarce **2** *s* strivire; înghesuială; stoarcere; suc de fructe

squat [skɔt] **1** *vi* a sta pe vine; a se ghemui **2** *s* ghemuire **3** *adj* ghemuit; strivit; îndesat

squeak [skwi:k] **1** *vi* a ţipa; a chiţăi **2** *s* ţipăt; chiţăit; scîrţiit

squeal [skwi:l] **1** *vi* a ţipa; a grohăi; a scîrţii **2** *s* ţipăt; grohăit; scîrţiit

squeamish ['skwi:miʃ] *adj* lingav; sensibil

squeeze [skwi:z] **1** *vt, vi* a (se) stoarce; a se înghesui; a (se) strecura; *to ~ smb's hand* a strînge mîna cuiva **2** *s* stoarcere; înghesuială

squint [skwint] **1** *vi* a fi saşiu; a se uita saşiu **2** *s* strabism; ochiadă

squire ['skwaiə] *s* moşier; boier; cavaler

squirrel ['skwirəl] *s* veveriţă

squirt [skwə:t] **1** *vt, vi* a ţişni; a împroşca **2** *s* ţişnitură; seringă

stab [stæb] **1** *vt, vi* a înjunghia; a avea remuşcări **2** *s* înjughiere

stable [steibl] **1** *s* grajd **2** *adj* stabil; durabil

stack [stæk] **1** *s* căpiţă; morman; *~ s of* o sumedenie de **2** *vt* a măslui (*cărţile*)

stadium ['steidiəm] *s* stadion

staff [stɑ:f] *s* baston; personal; cadre; *the ~ of life* piinea cea de toate zilele

stag [stæg] *s* cerb; burlac; *~ party* petrecere la care participă numai bărbaţi

stage [steidʒ] **1** *s* scenă; *the ~* teatrul; *~ door* intrarea actorilor; *~ fright* trac; *~ manager* regizor de scenă **2** *vt* a pune în scenă; a pune la cale

stagger ['stægə] **1** *vi, vt* a merge clătinîndu-se; a se bălăbăni; a uimi; a eşalona **2** *s* clătinare; bălăbănire

stagnant ['stægnənt] *adj* stătător; stagnant

staid [steid] *adj* aşezat; serios

stain [stein] **1** *vt, vi* a păta; a mînji; a vopsi; *~ ed glass* vitraliu **2** *s* pată

stainless ['steinlis] *adj* inoxidabil

stair [stɛə] *s* scară (fixă); *a flight of ~s* un şir de trepte; *~ case* scară în apartament

stake [steik] *s* par; arac; rug; *at ~* în pericol **2** *vt* a miza; a risca

stale [steil] *adj* vechi

stalemate ['steilmeit] *s* pat (*şah*); punct mort

stalk [stɔ:k] **1** *s* tulpină; lujer **2** *vi, vt* a merge ţanţoş; a vîna stînd la pîndă

stall [stɔ:l] *s* staul; stand; stal

stallion ['stæliən] *s* armăsar

stalwart ['stɔ:lwət] *adj* robust; înalt şi solid

stamen ['steimən] *s* stamină

stamina ['stæminə] *adj* viguros; energic

stammer ['stæmə] 1 *s* bîlbîială 2 *vi* a se bîlbîi; *~er* gîngavit

stamp [stæmp] 1 *s* ştampilă; timbru; marcă; urmă; *~ collector* filatelist 2 *vt, vi* a imprima; a bătători; a timbra; a bate din picioare

stampede [stæm'pi:d] 1 *s* fugă; streche; panică 2 *vi* a fi cuprins de panică

stand [stænd] *vt, vi* (*trec.,part.trec.* stood) a sta în picioare; a se afla; a dura; a se menţine; a rezema; a răbda; *to ~ one's ground* a se menţine pe poziţie; *to ~ still* a sta locului; *It ~s to reason* e la mintea cocoşului; *to ~treat* a face cinste (cu băutură); *to ~ by* a sta deoparte; *~-offish* distant; *to ~ on* a depinde de; *to ~ out* a ieşi în relief; *~ to!* fiţi gata!; *~ up!* ridicaţi-vă în picioare; *to ~ up to* a înfrunta 2 *s* popas; pauză; ţinută; poziţie; atitudine; opoziţie; stativ; raft; cuier; etajeră; tejghea; estradă; tribună; *~ point* punct de vedere; *~still* impas

standard ['stændəd] 1 *s* standard; drapel; măsură; piedestal; *~ of living* nivel de trai 2 *adj* standard; normal; obişnuit; model; *~ lamp* lampadar

standing ['stændiŋ] 1 *s* poziţie; rang; durată 2 *adj* în picioare; fix; obişnuit

stanza ['stænzə] *s* strofă

staple [steipl] 1 *s* capsă; marfă de serie; materie primă 2 *vt* a capsa; *~r* capsator

star [sta:] 1 *s* stea; planetă; soartă; star; *~-fish* stea de mare; *~-gazer* astronom; *shooting ~* stea căzătoare 2 *vi, vt* a juca (*într-un rol*); a presăra; *~let* steluţă; *~less* fără stele

starboard ['sta:bɔ:d] *s* tribord

starch [sta:tʃ] 1 *s* amidon; scrobeală 2 *vt* a scrobi

stare [stɛə] 1 *vi* a privi în gol/fix; a se holba; *to ~ after* a se uita (cu admiraţie) după 2 *s* privire fixă; holbare

staring ['stɛriŋ] *adj* mirat; aprins, ţipător

stark [sta:rk] *adj* rigid; complet; gol

starry ['sta:ri] *adj* înstelat

start [sta:t] 1 *s* tresărire; start; pornire 2 *vi, vt* a porni; a începe; a tresări; a stîrni; a înfiinţa; *to ~ back* a o porni înapoi; *to ~ up* a se ivi; *to ~ with* în primul rînd; *~ing-point* punct de plecare; *~ing-post* start

startle ['sta:tl] 1 *vt* a speria; a lua prin surprindere 2 *s* tresărire (de spaimă)

starvation [sta:'veiʃən] *s* foamete

starve [sta:v] *vi, vt* a muri (de foame); a înfometa

state [steit] 1 *s* stat: *The States* Statele Unite; stare; condiţie; categorie; ceremonie; rang 2 *vt* a exprima clar; a afirma; a declara; a pretinde 3 *adj* statal; de stat

statedly ['steitidli] *adv* permanent

stated ['steitid] *adj* declarat; mărturisit; formulat

stateless ['steitlis] *adj* fără cetăţenie

stately ['steitli] *adj* impunător; falnic

statement ['steitmənt] *s* relatare;

STA

declaraţie

statesman ['steitsmən] s om de stat

station ['steiʃən] s staţie; rang

stationer ['steiʃənər] s papetar

stationery ['steiʃənəri] s papetărie

statue ['stætju:] s statuie

stature ['stætʃə] s statură; talie

status ['steitəs] s situaţie; stare

staunch [stɔ:ntʃ] adj credincios; ferm

stave [steiv] s doagă; portativ (muzical); strofă

stay [stei] vi, vt a rămîne; a sta; a continua; a locui; a (se) opri; a amîna; to come to ~ a se menţine; ~ put! stai locului!; to ~ up a nu se culca pînă tîrziu; ~-at-home persoană care stă mereu acasă

stead [sted] s in smb's ~ în locul cuiva

steadfast ['stedfɑ:st] adj stabil; durabil; neclintit

steadily ['stedili] adv constant; mereu

steady ['stedi] 1 adj ferm; sigur; statornic; serios; stabil 2 vt, vi a (se) menţine; a (se) linişti

steak [steik] s bucată (de carne) pentru friptură; beef ~ muşchi în sînge

steal [sti:l] vt, vi a fura; a se furişa; a se prelinge

stealth [stelθ] s by ~ pe ascuns; ~ily pe furiş; ~y tainic; secret

steam [sti:m] 1 s abur; vapori; vigoare; forţă; ~engine locomotivă; ~gauge manometru 2 vi, vt a se aburi

steamer ['sti:mə] s vapor

steel [sti:l] s oţel; ~-clad blindat; ~ concrete beton armat; ~ -hearted cu inima de piatră; ~ -works oţelărie

steep [sti:p] 1 adj abrupt 2 s prăpastie

steeple ['sti:pl] s clopotniţă; ~ chase cursă cu obstacole

steer [stiə] vt, vi a cîrmi; a pilota; a însoţi; ~ing wheel volan; ~ sman cîrmaci

stem [stem] 1 s tulpină; picior (de pahar); prăjină; provă 2 vt a stăvili; a astupa

stench [stentʃ] s putoare, duhoare

step [step] 1 s pas; urmă; treaptă; măsură; ritm; grad; in ~ în pas; ~ by ~ treptat; out of ~ în contratimp; false ~ pas greşit; to take ~s a lua măsuri 2 vt, vi a păşi; a măsura cu pasul; to ~ aside a se da la o parte; to ~ up a spori

steppe [step] s stepă

sterile ['sterail] adj steril

sterling ['stə:liŋ] adj veritabil; de bună calitate

stern [stə:n] 1 s pupa 2 adj sever; riguros; sumbru

stevedore ['sti:vidɔ:] s docher

stew [stju:] 1 s tocană 2 vt, vi a fierbe înăbuşit

steward ['stjuəd] s steward; administrator; organizator

stewardess [stjuə'des] s stewardesă

stick [stik] 1 s băţ; baston; bucată de cretă 2 vt, vi a (se) înfige; a (se) lipi; a băga; a pune; a (se) bloca; a suporta; ~-in-the mud retrograd; to ~ around a sta prin apropiere; to ~ out a scoate afară pe; to ~ up a ieşi din

stickler ['stiklə] s maniac

sticky ['stiki] adj lipicios; neplăcut

stiff [stif] adj ţeapăn; tare; mare; puternic

stiffen ['stifən] *vt, vi* a (se) întări
stifle ['staifl] *vt, vi* a (se) sufoca; a
 înăbuşi (*o revoltă*)
stile [stail] *s* pîrleaz
still [stil] 1 *adj* liniştit; tăcut; ~-*born*
 născut mort; ~ *life* natură moartă 2 *s*
 linişte; diapozitiv; alambic 3 *adv* încă;
 şi mai; totuşi 4 *vt* a linişti, a potoli
stillness ['stilnis] *s* linişte
stilted ['stiltid] *adj* afectat
stimulant ['stimulənt] *s* stimulent
stimulus ['stimjuləs] *s* imbold
sting [stiŋ] 1 *s* ac (de albină);
 înţepătură; imbold 2 *vt, vi* a înţepa;
 (*d.insulte*) a răni
stingy ['stindʒi] *adj* zgîrcit
stink [stiŋk] 1 *vi, vt* (*trec.* stank, *part.*
 trec stunk) a mirosi urît; a duhni: a
 împuţi 2 *s* duhoare
stint [stint] *vt, vi* (*of*) a se reţine (de
 la); a (se) priva
stipulate ['stipjuleit] *vt, vi* a prevedea
stipulation [stipju'leiʃən] *s* condiţie
stir [stə:] 1 *vt, vi* a se mişca; a agita, a
 amesteca; a stîrni 2 *s* agitaţie; vîlvă
stirrup ['stirəp] *s* scară (*la şa*)
stitch [stitʃ] *s* împunsătură; ochi (*la*
 tricotat); cusătură
stock [stɔk] 1 *s* stoc; şeptel; cantitate;
 descendenţă; trunchi (*de copac*);
 butuc; *out of* ~ (*d. o carte*) epuizat;
 ~-*breeder* crescător de vite; ~ *broker*
 agent de bursă; ~ *exchange* bursă;
 ~-*holder* acţionar; ~ *still* nemişcat;
 ~ *yard* ocol de vite; *laughing* ~ obiect
 de batjocură 2 *vt* a aproviziona
stocking ['stɔkiŋ] *s* ciorap
stocky ['stɔki] *adj* mic şi îndesat

stodgy ['stɔdʒi] *adj* săţios
stole [stoul] *s* etolă
stolid ['stɔlid] *adj* placid; rezervat
stomach ['stʌmək] 1 *s* stomac; poftă
 de mîncare 2 *vt* a suporta
stone [stoun] 1 *s* piatră; piatră
 preţioasă; sîmbure (*de caisă etc.*);
 ~-*dead* mort de-a binelea; ~-*deaf*
 surd de tot; ~-*pit* carieră de piatră;
 ~-*ware* ceramică 2 *vt* a bate cu pietre
stony ['stouni] *adj* pietros; *a* ~ *heart*
 inimă de piatră; ~-*broke* lefter
stool [stu:l] *s* scăunel; taburet; ~-
 pigeon momeală
stoop [stu:p] 1 *vt, vi* a (se) apleca; a
 (se) îndoi; a se năpusti 2 *s* aplecare;
 îndoire; năpustire
stop [stɔp] 1 *s* oprire; staţie; punct;
 popas; ~-*watch* cronometru 2 *vt, vi* a
 (se) opri; a (se) întrerupe; a (se)
 termina; a zăbovi; *to* ~ *dead* a se opri
 dintr-o dată; *to* ~ *up* a astupa o gaură,
 a plomba
storage ['stɔ:ridʒ] *s* depozitare; ~
 battery acumulator
store [stɔ:] 1 *s* stoc, rezervă; magazie;
 magazin; ~ *room* cămară 2 *vt* a
 aproviziona; a aduna
storey ['stɔ:ri] *s* etaj: *a house of two* ~ *s*
 o casă cu două etaje
stork [stɔ:k] *s* barză
storm [stɔ:m] 1 *s* furtună; *a* ~ *of* un
 torent de; *snow-* ~ viscol 2 *vt, vi* a se
 dezlănţui; a ataca
story ['stɔ:ri] *s* etaj; povestire; poveste;
 zvon; ~-*teller* povestitor
stout [staut] *adj* solid; voinic; curajos
stove [stouv] *s* sobă; cuptor; ~ *pipe*

burlan

stow [stou] *vt* a depozita; ~ *away* pasager clandestin

straddle ['strædl] *vt, vi* a încăleca; a merge cu picioarele crăcănate

straggle ['strægl] *vi* a se întinde; a rămîne în urmă

straight [streit] 1 *adj* drept; în ordine; direct, sincer 2 *adv* drept; direct; .~ *away* imediat

straightforward [streit'fɔ:wəd] *adj* cinstit; direct; uşor

straightway [streit'wei] *adv* imediat

strain [strein] 1 *s* încordare; efort; luxaţie; surmenaj; rasă; urmaşi; strămoşi 2 *vt, vi* a (se) încorda; a (se) forţa; a surmena; a luxa

strait [streit] *s* strîmtoare

strand [strænd] *s* şuviţă (de păr)

strange [streindʒ] *adj* ciudat; străin

stranger ['streindʒə] *s* străin

strangle ['stræŋgl] *vt* a strangula

strap [stræp] *s* panglică; brăţară (de ceas)

strategy ['strætidʒi] *s* strategie

stratum ['strɑtəm] *s* strat; pătură (socială)

straw [strɔ:] *s* paie; *the last* ~ ultima picătură

strawberry ['strɔbri] *s* căpşună; fragă

stray [strei] 1 *vi* a se rătăci; a se abate (*de la subiect*) 2 *adj* rătăcit; sporadic

streak [stri:k] *s* fîşie; ţesătură; *a* ~ *of irony* o notă de ironie

stream [stri:m] 1 *s* rîu; apă curgătoare; şir 2 *vi* a curge

street [stri:t] *s* stradă; *in the* ~ pe stradă; ~ *car* tramvai; ~ *door* uşă la

stradă; *the man in the* ~ omul de pe stradă; ~ *walker* prostituată

strength [streŋΘ] *s* putere; forţă

strengthen ['streŋΘən] *vi* a deveni puternic

strenuous ['strenjuəs] *adj* extenuat; agitat

stress [stres] 1 *s* stres; presiune; accent 2 *vt* a accentua

stretch [stretʃ] 1 *vt, vi* a (se) întinde; a se suprasolicita 2 *s* întindere; *at a* ~ continuu, fără oprire

stretcher ['stretʃə] *s* targă; ~ *bearer* brancardier

strew [stru:] *vt* a împrăştia

stricken ['strikən] *adj* influenţat; *terror-* ~ înspăimîntat

strict [strikt] *adj* exigent; drastic; *the* ~ *truth* adevărul adevărat

stride [straid] 1 *vi* a păşi; a merge cu paşi mari 2 *s* pas

strife [straif] *s* conflict

strike [straik] 1 *s* grevă; ~-*breaker* spărgător de grevă 2 *vt, vi* a lovi; a (se) aprinde; a bate (*ora*); a ciupi (*o coardă*); a părea; a impresiona; *to* ~ *back* a întoarce lovitura; *to* ~ *down* a trînti la pămînt; *to* ~ *off* a reteza; *to be on* ~ a fi în grevă

striker ['straikə] *s* grevist

striking ['straikiŋ] *adj* izbitor, frapant

string [striŋ] 1 *s* sfoară; şnur; coardă; *the* ~*s* instrumente cu coarde 2 *vt* (*trec., part. trec.* strung) a întinde coarda; a încorda

strip [strip] 1 *vt, vi* a (se) dezbrăca; a deposeda; ~-*tease* striptis 2 *s* bucată; panglică

stripe [straip] *s* dungă; tresă
stripling ['striplin] *s* tinerel
strive [straiv] *vi* a se strădui
stroke [strouk] 1 *s* lovitură; atac; pic 2 *vt* a mîngîia; a potoli
stroll [stroul] 1 *s* plimbare 2 *vi* a se plimba
strong [stron] *adj* puternic; solid; ~-*box* seif; ~ *hold* fortăreață; ~-*minded* hotărît; voluntar; ~-*room* seif (*la bancă*)
strongly ['stronli] *adv* cu putere; puternic
structure ['strʌktʃə] *s* structură; construcție
struggle ['strʌgl] 1 *vi* a se lupta; a se zbate 2 *s* luptă
strut [strʌt] 1 *vi* a umbla țanțoș 2 *s* mers țanțoș
stub [stʌb] *s* ciot; chiștoc
stubble [stʌbl] *s* miriște; barbă
stubborn ['stʌbə:n] *adj* încăpățînat; persistent
stubby ['stʌbi] *adj* scurt și gros
stuck-up ['stʌkʌp] *adj* încrezut
stud [stʌd] 1 *s* buton; țintă; herghelie 2 *vt* ~ *ded with* presărat cu
student ['stjudənt] *s* student; cercetător
studio ['stjudiou] *s* atelier (*al unui pictor*); studio (TV)
studious ['stjudiəs] *adj* studios; studiat
study ['stʌdi] 1 *s* studiu; învățătură; birou (*încăpere*) 2 *vt, vi* a studia; a învăța; a examina
stuff [stʌf] 1 *s* material; chestie 2 *vt* a umple; a îndesa; a îmbuiba; a împăia;

~ *ing material de umplutură*
stuffy ['stʌfi] *adj* neaerisit; morocănos; sensibil
stumble ['stʌmbl] *vi* a se împiedica; a se împletici (*la vorbă*)
stump [stʌmp] *s* buturugă; ciot; chiștoc; ~ *s picioare*
stumpy ['stʌmpi] *adj* scurt și gros; mic și îndesat
stun [stʌn] *vt* a năuci; a șoca
stunning ['stʌnin] *adj* splendid
stunt man ['stʌntmən] *s* cascador
stupefy ['stju:pifai] *vt* a năuci; a ului
stupendous [stju'pendəs] *adj* uimitor
stupid ['stjupid] *adj* prost
stupidity [stju'piditi] *s* prostie
stupor ['stju:pə] *s* inconștiență
sturdy ['stə:di] *adj* viguros; dîrz
sturgeon ['stə:dʒən] *s* nisetru
stutter ['stʌtə] 1 *s* bîlbîială 2 *vi* a se bîlbîi
sty [stai] *s* cocină; ulcior (*la ochi*)
style [stail] *s* stil; mod; modă
stylish ['stailiʃ] *adj* elegant; șic
suave [swɑ:v] *adj* plăcut; agreabil
subdue [səb'dju:] *vt* a subjuga; a atenua
subject ['sʌbdʒikt] 1 *s* subiect; obiect de studiu; cetățean, supus 2 *adj* supus 3 *vt* a supune
sub-lieutenant [sʌblə'tenənt] *s* sublocotenent
sublime [sə'blaim] *adj* sublim; grandios; grozav
submarine ['sʌbməri:n] *s* submarin
submerge [səb'mə:dʒ] *vt, vi* a (se) scufunda
submission [səb'miʃən] *s* supunere;

respect

submissive [səb'misiv] *adj* ascultător; supus; receptiv

submit [səb'mit] *vt, vi* a (se) supune; a propune; a ceda

suborn [sə'bɔːn] *vt* a mitui

subpoena [səb'piːnə] 1 *s* citație 2 *vt* a cita

subscribe [səb'skraib] *vt, vi* a subscrie; a se abona

subscription [səb'skripʃən] *s* semnare; abonament

subsequent ['sʌbsikwənt] *adj* următor; ulterior

subside [səb'said] *vi* a scădea în intensitate; a se domoli

subsidy ['səbsidi] *s* subvenție

subsist [səb'sist] *vt* (*in*) a consta (în)

subsoil ['sʌbsɔil] *s* subsol

substance ['sʌbstəns] *s* substanță; *in ~* de fapt

substantive ['sʌbstəntiv] 1 *adj* independent; esențial; important; substanțial 2 *s* substantiv

substitute ['sʌbstitjuːt] 1 *s* înlocuitor 2 *vt* a substitui; a înlocui

subterfuge ['sʌbtəfjuːdʒ] *s* subterfugiu

subtle ['sʌtl] *adj* subtil; fin; iscusit

subtract [səb'trækt] *vt, vi* a scădea

suburb ['sʌbəːb] *s* suburbie

subway ['sʌbwei] *s* pasaj subteran; metrou (*in S.U.A.*)

succeed [sək'siːd] *vt, vi* (*in*) a reuși să; a moșteni

success [sək'ses] *s* succes; reușită; victorie

successful [sək'sesful] *adj* victorios; reușit

succession [sək'seʃən] *s* succesiune; urmare; șir

successive [sək'sesiv] *adj* succesiv

successor [sək'sesə] *adj* urmaș; succesor

succinct [sək'sint] *adj* succint; concis

succulent ['sʌkjulənt] *adj* zemos; gustos

succumb [sə'kʌm] *vi* a ceda; a muri

such [sʌtʃ] 1 *adj* asemenea; similar; ~ *words* cuvinte de acest fel 2 *pron* unii; niște; anume; ~ *as* ca de exemplu; *and* ~ și alții de felul acesta 3 *adv* asemenea; astfel; ~ *that* astfel că; ~ *as* așa cum; *as* ~ ca atare

suck [sʌk] 1 *vt, vi* a suge; a absorbi; a acumula; ~ *ing pig* purcel de lapte 2 *s* alăptare; *to give* ~ *to* a alăpta (*un copil*)

sucker ['sʌkə] *s* sugar; ventuză; fraier

suckle ['sʌkl] *vt* a alăpta

suckling ['sʌkliŋ] *s* sugar

suction ['sʌkʃən] *s* sucțiune; aspirare; ~ *cleaner* aspirator de praf

sudden ['sʌdən] 1 *adj* neașteptat 2 *s all of a* ~ dintr-o dată

suddenly ['sʌdənli] *adv* deodată; brusc

sue [sjuː] *vt* a da în judecată; a cere

suede [sweid] *s* piele fină; ~ *shoes* pantofi din piele

suet ['suːit] *s* seu

suffer ['sʌfə] *vt, vi* a suferi; a suporta; a permite; a îndura

suffering ['sʌfriŋ] 1 *adj* suferind 2 *s*

189

suferință

suffice [sə'fais] *vt, vi* a fi de ajuns; a
ajunge

sufficient [sə'fiʃənt] *adj* suficient;
destul

suffocate ['sʌfəkeit] *vt, vi* a (se)
sufoca; a (se) înăbuși

suffrage ['sʌfridʒ] *s* vot; drept de
vot; votare

suffuse [sə'fju:z] *vt* a scălda (*in
lacrimi*)

sugar [ʃugə] 1 *s* zahăr; ~! scumpo!;
~ *beet* sfeclă de zahăr; ~ *cane* trestie
de zahăr; ~*-coated* glasat

suggest [sə'dʒest] *vt* a sugera; a in-
sinua

suggestion [sə'dʒestʃən] *s* sugestie;
idee; urmă

suicide ['suisaid] *s* sinucidere

suit [su:t] 1 *s* costum; curte (*făcută
unei femei*); suită; ~ *case* valiză 2 *vt,
vi* a conveni; a veni bine; a se potrivi

suitable ['su:təbl] *adj* potrivit;
corespunzător

suite [swi:t] *s* suită; garnitură (de
mobilă); apartament (*la hotel*)

suitor ['su:tə] *s* pretendent

sulk [sʌlk] 1 *s* proastă dispoziție 2 *vi*
a fi îmbufnat

sulky ['sʌlki] *adj* ursuz; posac

sullen ['sʌlən] *adj* ursuz; mofluz

sultry ['sʌltri] *adj* înăbușitor;
pasionat

sum [sʌm] 1 *s* sumă; total; adunare;
~*s* aritmetică; *in* ~ pe scurt 2 *vt* a
calcula; *to* ~ *up* a rezuma

summary ['sʌmri] 1 *s* rezumat 2 *adj*
sumar; concis

summer ['sʌmə] *s* vară; *in* ~ vara;
~ *house* reședință de vară

summit ['sʌmit] *s* culme; *vstf;*
talk/meeting discuții/ întâlnire la cel
mai înalt nivel

summon ['sʌmən] *vt* a cita (*la
judecată*); a convoca (*parlamentul*);
to ~ *up courage* a-și lua inima în dinți

summons ['sʌmənz] 1 *s pl* citație (*la
judecată*) 2 *vi* a cita (*la judecată*)

sumptuous ['sʌmptjuəs] *adj*
somptuos; luxos

sun [sʌn] *s* soare; ~ *baked* ars de
soare; *to* ~ *bathe* a face plajă; ~ *beam*
rază de soare; ~*-hat* pălărie de soare;
~*-burnt* bronzat; ~ *flower* floarea
soarelui; ~*-glasses* ochelari de soare;
~ *rise* răsărit de soare; ~ *set* apus de
soare; ~ *shade* umbrelă de soare; ~
stroke insolație; ~*-up* răsăritul
soarelui

Sunday ['sʌndi] *s* duminică; ~
clothes/best haine de sărbătoare

sundries ['sʌndriz] *s pl* diverse
lucruri

sundry ['sʌndri] *adj* divers; *on* ~ *oc-
casions* în diferite ocazii; *all and* ~ cu
cățel și cu purcel, cu toții

sunny ['sʌni] *adj* însorit

sup [sʌp] 1 *vi, vt* a sorbi în mici
înghițituri 2 *s* înghițitură

super ['sju:pə] 1 *s* figurant 2 *adj* extra;
splendid

superannuate [su:pər'ænjueit] *vt* a
pensiona

superb [su'pə:b] *adj* superb

supercilious [supə'siliəs] *adj*
înfumurat; disprețuitor

superficial [supə'fiʃəl] *adj* superficial, de suprafață

superfluos [su:'pəfluəs] *adj* superfluu; de prisos

superhuman [supə'hjumən] *adj* supraomenesc

superintendent [su:pərin'tendənt] *s* supraveghetor

superior [sə'piəriə] 1 *adj* superior, excelent 2 *s* șef; stareț; stareță

superman ['su:pəmən] *s* supraom

supermarket ['su:pəmɑkit] *s* mare magazin universal

supersede [su:pə'si:d] *vt* a înlocui

supervene [su:pə'vi:n] *vi* a interveni

supervise ['su:pəvaiz] *vt, vi* a supraveghea

supervisor ['su:pəvaizə] *s* supraveghetor

supine [su:'pain] *adj* culcat pe spate; în repaus

supper ['sʌpə] *s* cină

supplant [sə'plɑ:nt] *vt* a înlocui

supple ['sʌpl] *adj* maleabil; receptiv

supplement ['sʌpləmənt] 1 *s* supliment 2 *vt* a completa

suppliant ['sʌpliənt] 1 *s* solicitant 2 *adj* rugător

supply [sə'plai] 1 *vt* a furniza; a aproviziona 2 *s* furnizare; aprovizionare; *supplies* provizii; ~ *and demand* cerere și ofertă

support [sə'pɔ:t] 1 *vt* a spijini; a suporta; a întreține 2 *s* sprijin; ajutor; subzistență

suppose [sə'pouz] *vt* a presupune; a crede; ~ *we go* ce-ar fi să mergem

supposing [sə'pouziŋ] *conj* dacă

supposition [sʌpə'ziʃən] *s* presupunere

suppress [sə'pres] *vt* a reprima; a desființa; a-și stăpîni

supreme [sə'pri:m] *adj* suprem

sure [ʃuə] *adj* sigur; *to be* ~ fără îndoială; ~ *enough* desigur

surely ['ʃuəli] *adv* cu siguranță

surety ['ʃuəti] *s* siguranță; garanție

surface ['sə:fis] *s* suprafață; exterior

surfeit ['sə:fit] 1 *s* exces; prisos 2 *vt* a se ghiftui cu

surgeon ['sə:dʒən] *s* chirurg

surgery ['sə:dʒəri] *s* chirurgie; cabinet medical

surly ['sə:li] *adj* ursuz

surmise [sə'maiz] *vt, vi* a presupune

surmount [sə'maunt] *vt* a învinge

surname ['sə:neim] *s* nume de familie; poreclă

surpass [sə'pɑ:s] *vt* a întrece

surpassing [sə'pɑ:siŋ] *adj* fără pereche

surprise [sə'praiz] 1 *s* surpriză; surprindere 2 *vt* a fi surprins de; a surprinde

surrender [sə'rendə] 1 *vt, vi* a (se) preda; a ceda 2 *s* capitulare

surreptitious [sʌrəp'tiʃəs] *adj* furiș

sorround [sə'raund] *vt* a înconjura

surroundings [sə'raundiŋz] *s pl* împrejurimi; mediu natural

survey [sə'vei] 1 *vt* a trece în revistă; a inspecta 2 *s* trecere în revistă

survival [sə'vaivl] *s* supraviețuire; relicvă

survive [sə'vaiv] *vt, vi* a supraviețui

survivor [sə'vaivə] *s* supraviețuitor

susceptible [sə'septəbl] *adj* susceptibil; sensibil; ~ *of* pasibil de

suspect 1 [səs'pekt] *vt* a bănui **2** ['sʌspekt] *s, adj* suspect

suspend [səs'pend] *vt* a atîrna; a suspenda; a pune capăt; a amîna

suspender [səs'pendə] *s* ~ *s* jartieră; ~ *belt* portjartier

suspense [səs'pens] *s* nesiguranţă; încordare; suspans

suspicion [səs'piʃən] *s* bănuială; neîncredere

suspicious [səs'piʃəs] *adj* bănuitor; dubios

sustain [səs'tein] *vt* a susţine; a menţine; a suferi

sustenace ['sʌstinəns] *s* hrănire; substanţă nutritivă

swaddle ['swɔdl] *vt* a înfăşa; *swaddling-clothes* scutece

swagger ['swægə] **1** *vi* a merge ţanţoş **2** *s* mers ţanţoş

swallow ['swɔlou] **1** *s* rîndunică **2** *vt, vi* a înghiţi

swan [swɔn] *s* lebădă; ~ *-song* cîntec de lebădă

swarm [swɔ:m] **1** *s* roi; mulţime **2** *vi* a roi; *to* ~ *with* a mişuna de

swarthy ['swɔ:ði] *adj* negricios

swathe [sweið] *vt* a bandaja

sway [swei] **1** *vt, vi* a (se) legăna **2** *s* mişcare unduitoare; dominaţie, stăpînire

swear [swɛə] *vt, vi* a jura; a înjura; *to* ~ *off* a se lăsa de

sweat [swet] **1** *s* transpiraţie; ~ *shirt* tricou; *all of a* ~ transpirat tot **2** *vi* a transpira; *to* ~ *blood* a munci ca un rob

sweater ['swetə] *s* jerseu; tricou; maiou

sweaty ['sweti] *adj* transpirat

sweep [swi:p] **1** *s* măturat; rază de acţiune; coşar; vîslă **2** *vi, vt* a mătura; a cerceta; a şterge (*praful*); a se năpusti; a se întinde

sweeper ['swi:pə] *s* măturător

sweeping ['swi:piŋ] *adj* repede; cuprinzător

sweet [swi:t] **1** *adj* dulce; proaspăt; potabil; plăcut; *to have a* ~ *tooth* a fi amator de dulciuri; ~ *briar* măceş; ~ *cherry* cireş ~ *heart* iubit (ă); ~ *meat* bomboană; ~*-scented* parfumat; ~ *water* apă dulce **2** *s* bomboană; ~*s* plăceri; *my* ~*!* scumpul meu, scumpa mea

sweeten ['swi:tən] *vt, vi* a (se) îndulci

sweetish ['swi:tiʃ] *adj* dulceag

sweetness ['swi:tnis] *s* gust dulce; dulceaţă

swell [swel] **1** *vi, vt* a (se) umfla **2** *s* umflare; persoană elegantă **3** *adj* elegant; excelent

swelling ['sweliŋ] *s* umflătură; protuberanţă; mărire

swerve [swə:v] *vi, vt* a (se) abate; a vira

swift [swift] *adj* rapid; prompt; ~ *of foot* iute de picior

swill [swil] **1** *vt, vi* a spăla; a bea cu nesaţ **2** *s* spălare; lături

swim [swim] **1** *vi* (*trec.* swam., *part. trec.* swum) a înota; a pluti; *my head* ~*s* mi se învîrte capul; ~ (*ming*) *cos-*

lume/ sub costum de baie 2 *s* înot;
vîrtej, ameţeală

swimmer ['swimə] *s* înotător

swimming ['swimiŋ] 1 *s* înot 2 *adj* de
înot; înotător; ~ *ly* de minune

swindle ['swindl] 1 *vt, vi* a escroca; a
trage pe sfoară 2 *s* escrocherie

swindler ['swindlə] *s* escroc; pungaş

swine [swain] *s* porc; porci

swing [swiŋ] 1 *vi, vt* (*trec., part. trec.*
swung) a (se) legăna 2 *s* legănare;
balansare; oscilaţie; ritm; *in full* ~ în
toi

swish [swiʃ] 1 *vi* a fîşîi; a foşni 2 *s* fîşîit;
foşnet

switch [switʃ] 1 *s* macaz; comutator;
nuia; nuea 2 *vt, vi* a schimba viteza; a
manevra; a schimba subiectul; *to ~
on/off* a aprinde/a stinge lumina

swivel ['swivl] 1 *s* ax; pivot 2 *vt, vi* a
(se) roti; ~ *-chair* scaun rotitor

swollen ['swoulən] *adj* umflat

swoon [swu:n] 1 *s* leşin 2 *vi* a leşina

swoop [swu:p] 1 *vi* (*upon*) a se
năpusti (asupra) 2 *s* năpăstuire

swop [swɔp] 1 *vt* a schimba; *to ~
places* a schimba locurile; *to ~ stamps*
a face schimb de timbre 2 *s* troc

sword [sɔ:d] *s* sabie; spadă; ~ *play*
scrimă

swot [swɔt] 1 *vi* a toci 2 *s* tocilar;
toceală

sycophant ['sikəfənt] *s* linguşău

syllable ['siləbl] *s* silabă

syllabus ['siləbəs] *s* programă
analitică; orar

sylph [silf] *s* silfidă

sylviculture [silvi'kʌltʃə] *s* silvicul-
tură

sympathetic [simpə'θetik] *adj*
compătimitor; milos; ~ *ink* cerneală
simpatică; ~ *stike* grevă de
solidaritate

sympathize ['simpəθaiz] *vi* a fi
înţelegător; a fi milos

sympathy ['simpəθi] *s* milă; com-
pasiune; *my sympathies are with...* sînt
de partea...

symphony ['simfəni] *s* simfonie

symposium [sim'pouziəm] *s* sim-
pozion

symptom ['simptəm] *s* simptom

synonym ['sinənim] *s* sinonim

synthesis ['sinθəsis] *s* sinteză

synthetic [sin'θetik] *adj* sintetic; ar-
tificial

syringe [si'rindʒ] *s* seringă

syrup ['sirəp] *s* sirop

system ['sistəm] *s* sistem; organism;
ordine

systematize ['sistimətaiz] *vt* a sis-
tematiza; a ordona

T

T, t [ti:] (litera) t; *t-shirt* tricou
ta [tɑ:] *interj* mulțumesc
tab [tæb] *s* agățătoare (de haine);
socoteală
tabby ['tæbi] *s* pisică
table ['teibl] *s* masă; tabel; suprafață
plană; *at* ~ la masă; ~-*cloth* față de
masă; ~*land* podiș, ~ *of contents*
tablă de materii; ~*ware* veselă și
tacîmuri; *multiplication* ~*s* tabla
înmulțirii; *time* ~ orar
table-d'hôte ['tɑ:bl dout] *s* meniu fix
tablet ['tæblit] *s* placă
(comemorativă); bucată (de
săpun); pilulă
taboo [tə'bu:] **1** *s* tabu **2** *adj* tabu;
interzis
tacit ['tæsit] *adj* tacit.
taciturn ['tæsitə:n] *adj* taciturn, tăcut
tack [tæk] *s* țintă; cui; însăilare;
pioneză
tackle ['tækl] **1** *s* palan **2** *vt* a ataca (*un
subiect*)
tacky ['tæki] *adj* lipicios; neuscat
tactful ['tæktful] *adj* plin de tact
tactics ['tæktiks] *s* tactică
tactless ['tæktlis] *adj* lipsit de tact
tadpole ['tædpoul] *s* mormoloc
taffeta ['tæfitə] *s* tafta
tag [tæg] **1** *s* agățătoare; etichetă (*la
valiză*); citat **2** *vt* a eticheta
tail [teil] **1** *s* coadă; ~-*coat* frac; ~
light lumină de poziție, stop; *from the*
~ *of the eye* cu coada ochiului **2** *vi, vt*
a urmări (*pe cineva*)

tailor ['teilə] **1** *s* croitor; ~-*made* de
comandă **2** *vt* a croi
taint [teint] **1** *vt, vi* a (se) infecta; a
(se) strica **2** *s* infecție; pătare;
without ~ fără prihană
take [teik] *vt, vi* (*trec.* took; *part. trec.*
taken) a lua; a primi; a fura; a duce;
a socoti; *to* ~ *hold of* a apuca; *to be*
~*n ill* a se înbolnăvi; *to* ~ *by surprise*
a lua prin surprindere; *to* ~ *one's
chance* a-și încerca norocul; *to* ~
one's word for it a crede pe cuvînt; ~
your time! ia-o încet! *how long does it*
~ *you?* cît timp îți ia?; *to* ~ *after smb.*
a semăna cu cineva; *to* ~ *apart* a
demonta; *to* ~ *away* a retrage; *to* ~
back a retracta; *to* ~ *down* a nota; *to*
~ *in* a trage pe sfoară; *to* ~ *off* a
scoate (*pălăria etc.*); *to* ~ *on* a se
enerva; *to* ~ *out* a scoate (*pete etc.*);
to ~ *to* a se apuca (*de băutură etc.*);
to ~ *up* a relua (*o povestire*)
take-off ['teikɔf] *s* decolare
taking ['teikiŋ] *adj* atractiv; captivant
talc [tælk] *s* talc; ~ *powder* pudră de
talc
tale [teil] *s* povestire; *fairy* ~ poveste;
relatare
talent ['tælənt] *s* talent
talk [tɔ:k] **1** *s* discuție; conversație;
bîrfă **2** *vi, vt* a vorbi; a discuta: *to* ~ *to
smb. about* a vorbi cu cineva despre; a
conversa; a bîrfi; *to* ~ *away* a discuta
încă; *to* ~ *big* a se lăuda; *to* ~ *smth
over* a discuta ceva pe îndelete; *to* ~

shop a vorbi despre probleme de serviciu

talkative ['tɔ:kətiv] *s* vorbăreț

talker ['tɔ:kə] *s* vorbitor; flecar

talkie ['tɔ:ki] *s* film sonor

tall [tɔ:l] *adj* înalt; exagerat

tallow ['tælou] *s* seu

tally ['tæli] 1 *vi* a corespunde; a se potrivi 2 *s* răboj

talon ['tælən] *s* gheară

tame [teim] 1 *adj* blînd; moale; docil; plicticos 2 *vt* a îmblînzi

tamper ['tæmpə] *vi* (*with*) a umbla (la); a viola (*corespondența*)

tan [tæn] 1 *adj* cafeniu 2 *vt, vi* a (se) bronza

tangerine [tændʒə'ri:n] *s* mandarină

tangible ['tændʒəbl] *adj* palpabil; clar

tangle ['tæ ŋ gl] 1 *s* încîlceală; încurcătură 2 *vt, vi* a (se) încîlci; a (se) încurca

tango ['tæ ŋ gou] *s* tango

tank [tæ ŋ k] *s* rezervor (de benzină); tanc

tankard ['tæ ŋ kə:d] *s* cană (de bere cu capac)

tanner ['tænə] *s* tăbăcar

tannery ['tænəri] *s* tăbăcărie

tantalize ['tæntəlaiz] *vt* a tenta; a tortura

tantamount ['tæntəmaunt] *adj to be ~ to* a însemna

tantrums ['tæntrəmz] *s pl* istericale

tap [tæp] 1 *s* robinet; cep; bătaie ușoară (*în geam etc.*); ~-*dancing* step 2 *vt, vi* a da cep; a tapa (*de bani*);

a bate ușor; a supraveghea (*un telefon*)

tape [teip] *s* bandă; panglică; ~-*measure* ruletă de măsurat; ~-*recorder* magnetofon; *recording ~ cassette* casetă de casetofon *sau* video *cassette ~ recorder* casetofon

taper ['teipə] 1 *s* luminare 2 *vi* a se ascuți spre vîrf

tapestry ['tæpistri] *s* tapiserie

tar [tɑ:] 1 *s* smoală 2 *vt* a da cu smoală

target ['tɑ:git] *s* țintă (*la tir*)

tariff ['tærif] *s* tarif; listă de prețuri

tarnish ['tɑ:niʃ] *vi, vt* a lua lustrul; a păta; a deveni mat

tarpaulin [tɑ:'pɔ:lin] *s* pînză impermeabilă; foaie de cort

tart [tɑ:t] 1 *s* tartă; prostituată 2 *adj* acru; picant; caustic

Tartar ['tɑ:tə] *adj, s* tătar

tartar ['tɑ:tə] *s* scorpie (de femeie)

task [tɑ:sk] 1 *s* sarcină, treabă; temă 2 *vt* a pune la încercare

tassel [tæsl] *s* ciucure

taste [teist] *s* gust; bucățică 2 *vt, vi* a gusta; a avea gust (*bun, rău*); *to ~ of* a mirosi a..., a avea iz de...

tasteful ['teistful] *adj* gustos; plin de gust

tasteless ['teistlis] *adj* necondimentat; fără nici un gust; insipid

tatter ['tætə] *s* zdreanță; *in ~s* ferfeniță; ~*ed* zdrențuit; ~ *demalion* zdrențăros

tattle ['tætl] 1 *vi, vt* a flecări 2 *s* flecăreală

tattoo [tə'tu:] 1 *s* tatuaj; tam-tam 2 *vt*

a tatua

taunt [tɔ:nt] 1 *s* reproş 2 *vt* a batjocori

tavern ['tævə:n] *s* han; cîrciumă

tawdry ['tɔ:dri] *adj* ţopesc; ţipător

tawny ['tɔ:ni] *adj* maro deschis

tax [tæks] 1 *s* impozit; povară; ~ *-free* scutit de impozite 2 *vt* a impune (*o taxă*); a acuza

taxation [tæks'eiʃən] *s* impozitare

taxi ['tæksi] 1 *s* taxi; ~ *-meter* aparat de taxat; ~ *-rank* staţie de taxi 2 *vi*, *vt* (*d. avion*) a aluneca (pe pistă)

tea [ti:] *s* ceai; ~ *cup* ceaşcă; ~ *-kettle* ibric; ~ *room* ceainărie; ~ *set* serviciu de ceai; ~ *spoon* linguriţă; ~ *strainer* strecurătore

teach [ti:tʃ] *vt*, *vi* (*trec., part. trec.* taught) a preda; a învăţa (*pe cineva*)

teacher ['ti:tʃə] *s* profesor; învăţător

teaching ['ti:tʃiŋ] *s* predare; ~ *s* doctrină

team [ti:m] *s* echipă; schimb (*la fabrică*)

tear [tiə] 1 *s* lacrimă; ruptură; ~ *gas* substanţă lacrimogenă 2 *vt*, *vi* a (se) rupe; a face bucăţi; a distruge; a smulge; a se buluci

tease [ti:z] *vt* a necăji; a tachina

teat [ti:t] *s* sfîrc

technical ['teknikəl] *adj* tehnic

technique [tek'ni:k] *s* tehnică (artistică)

technology [tek'nɔ:ləd ʒ i] *s* tehnică; tehnologie

teddy bear ['tedibɛə] *s* ursuleţ (de jucărie)

tedious ['ti:diəs] *adj* plictisitor; tracasant

teem [ti:m] *vi* a mişuna; a şiroi; *to* ~ *with* a fi plin de

teenage ['ti:neidʒ] *s* adolescenţă

teenager ['ti:neidʒ ə] *s* adolescent

teetotaller [ti:'toutlə] *s* abstinent (de la băutură)

telegram ['teligrəm] *s* telegramă

telegraph ['teligrɑ:f] 1 *s* telegraf 2 *vi*, *vt* a telegrafia

telephone ['telifoun] 1 *s* telefon; ~ *booth* cabină de telefon; ~ *directory* carte de telefon; ~ *exchange* centrală telefonică 2 *vi*, *vt* a telefona; a da un telefon

telescope ['teliskoup] *s* telescop

televise ['telivaiz] *vt* a transmite la televizor

television ['telivi ʒ n] *s* televiziune; ~ *set* televizor

tell [tel] *vt*, *vi* (*trec., part. trec.* told) a spune; a povesti; a ôrdona; *I told you so!* Ţi-am spus eu! ; ~ *me another!* nu mai spune! ; *to* ~ *the time* a spune cît e ceasul; *you never can* ~ nu se ştie niciodată

teller ['telə] *s* povestitor

telling ['teliŋ] *adj* grăitor; impresionant

telly ['teli] *s* televizor

temper ['tempə] 1 *s* temperament; dispoziţie; calm; supărare; *to fly into a* ~ a se înfuria; *to lose one's* ~ a-şi pierde firea 2 *vt*, *vi* a (se) potoli; a (se) calma

temperament ['temprəmənt] *s* temperament

temperance ['temprins] *s* cumpătare

temperate ['temprit] *adj* cumpătat;

temperat

temperature ['temprətʃə] *s* temperatură; *to run a ~* a face febră

tempest ['tempist] *s* furtună

tempestuous [tem'pestjuəs] *adj* furtunos

temple ['templ] *s* templu; tîmplă

tempo ['tempou] *s* ritm

temporal ['tempərl] *adj* temporar; trecător; laic

temporary ['tempri] *adj* temporar; provizoriu

tempt [tempt] *vt* a tenta; a ispiti

temptation [temp'teiʃən] *s* tentaţie, ispită

ten [ten] *num* zece; *~ fold* de zece ori mai mult; *~ to one* mai mult ca sigur

tenacious [tə'neiʃəs] *adj* tenace

tenant ['tenənt] *s* chiriaş; arendaş

tend [tend] *vt, vi* a îngriji; a tinde; a avea tendinţa

tendency ['tendənsi] *s* tendinţă

tender ['tendə] 1 *s* ofertant; ofertă; *bar ~* barman 2 *adj* firav; gingaş; sensibil; iubitor

tendril ['tendril] *s* cîrcel (*la plante*)

tenement ['tenəmənt] *s ~ house* casă cu apartamente de inchiriat

tenet ['tenit] *s* principiu; doctrină

tennis ['tenis] *s* tenis

tenor ['tenə] *s* tenor; curs, direcţie

tense [tens] 1 *s* timp (al verbului) 2 *adj* incordat

tensile ['tensail] *adj* extensibil

tension ['tenʃən] *s* incordare; presiune; tensiune

tent [tent] *s* cort

tentative ['tentətiv] *adj* temporar; de probă

tenuous ['tenjuəs] *adj* diafan; subtil

tenure ['tenjuə] *s* presiune; deţinere (*a unui post*)

tepid ['tepid] *adj* călduţ

term [tə:m] *s* termen; durată; trimestru; semestru; cuvint; *~ s* acord; *~ s* preţ; *~ s* relaţii; *the ~ s of a problem* enunţul unei probleme; *in strong ~ s* in termeni categorici; *to come to ~ s* a ajunge la o inţelegere; *on friendly ~ s* in relaţii de prietenie

termagant ['tə:məgənt] *s* caţă; scorpie

terminal ['tə:minəl] 1 *adj* de incheiere, final; mortal 2 *s* capăt de linie

termination [tə:mi'neiʃən] *s* capăt; sfîrşit; terminaţie

termite ['tə:mait] *s* termită

terrace ['terəs] *s* terasă; tribună

terrestrial [tə'restrial] *adj* terestru; pămîntesc; lumesc

terrible ['terəbl] *adj* groaznic; enorm; deplorabil

terrific [tə'rifik] *adj* grozav; uriaş

terrify ['terifai] *vt* a ingrozi; a speria

territory ['terətri] *s* teritoriu; domeniu

terror ['terə] *s* spaimă; teroare; persoană insuportabilă; *~ ist* terorist

terse [tə:s] *adj* concis

test [test] 1 *s* test; incercare; examinare; probă; lucrare de control 2 *vt* a testa; a pune la incercare; a examina

testament ['testəmənt] *s* testament

testify ['testifay] *vt, vi* a depune

mărturie; a face o declarație; a demonstra

testimonial [testi'mouniəl] *s* declarație; mărturie (scrisă)

testimony ['testiməni] *s* mărturie, depoziție

tetchy ['tetʃi] *adj* țîfnos; dificil

tether ['teðə] *s at the end of one's* ~ la capătul puterilor/răbdării

text [tekst] *s* text; ~*book* manual

textile ['tekstail] *adj* textil

texture ['tekstʃə] *s* țesătură; țesut (organic)

than [ðən] *conj* decît; ca; *I am taller* ~ *you* sînt mai înalt decît tine; *nothing else* ~ nimic altceva decît

thank [θæŋk] *vt* a mulțumi; ~*s to* datorită

thankful   ['θæŋkful]   *adj* recunoscător; ~*ly* cu recunoștință

thankless ['θæŋklis] *adj* ingrat

that [ðæt] 1 *adj* acel; acea; ~ *boy* acel băiat 2 *pron* acela; aceea; *what is* ~ ? ce e asta? ; *who's* ~ ? cine e ăla? ; *after* ~ după aceea; *but for* ~ fără asta; *like* ~ în felul ăsta; *at* ~ în plus; *and all* ~ și toate celelalte 3 *conj* că; pentru că; incit; *I am so happy* ~... sînt atît de fericit (ă) incit... 4 *adv* atît de

thatch [θætʃ] *s* paie; stuf; claie (de păr)

thaw [θɔ:] 1 *vi, vt* a (se) dezgheța 2 *s* dezgheț

the [ðə, ði] *art* hot the [ðə] *cat* pisica; *the* [ði] *egg* oul 2 *adv the more... the better* cu cît mai mult/mulți... cu atît mai bine

theatre ['θiətə] *s* teatru; amfiteatru;

aulă

theatrical [θi'ætrikəl] *adj* teatral; de teatru

theft [θeft] *s* hoție, furt

their [ðɛə] *adj* lor; ~ *cat* pisica lor

them [ðəm] *pron* pe ei, pe ele; lor; *I gave* ~ le-am dat; *one of* ~ unul dintre ei; *both of* ~ amîndoi

theme [θi:m] *s* temă; subiect; motiv (muzical)

themselves [ðəm'selvz] *pron* se; ei înșiși; ele insele; *by* ~ singuri

then [ðen] 1 *adv* atunci; apoi; *now* ~! hei! 2 *adj* de atunci: *the* ~ *teacher* profesorul de pe vremea aceea 3 *conj* atunci; așadar

theoretic [θiə'retik] *adj* teoretic

theory ['θiəri] *s* teorie

there [ðɛə] 1 *adv* acolo; atunci; *put the book* ~ pune cartea acolo; *are you* ~ ? alo; ~ *you are!* poftim! ; ~ *they come* iată-i; ~*is* este; ~*are* sînt; ~*fore* de aceea 2 *interj* liniștește-te! ~*now!* ei, haide, haide!

thermal ['θə:məl] *adj* termal; termic; ~ *power station* termocentrală

thermometer [θə'mɔmitə] *s* termometru

thermos ['θə:mɔs] *s* termos

thesaurus [θi'sɔ:rəs] *s* dicționar; tezaur (de cuvinte)

these [ði:z] 1 *adj* acești; aceste; ~ *girls* aceste fete 2 *pron* aceștia; acestea; ~ *ones* (pe) astea

thesis ['θisis] *s* teză, teorie

they [ðei] *pron* ei, ele

thick [θik] 1 *adj* gros; dens; des; prost; ~ *with* plin de; ~*set* mic și

THI

indesat 2 *s* mijloc; *in the ~ of the forest* în mijlocul pădurii

thicken ['θikən] *vi, vt* a (se) îngroșa; a se complica

thicket ['θikit] *s* tufiș; desiș

thief [θi:f] *s* hoț

thigh [θai] *s* coapsă

thimble ['θimbl] *s* degetar

thin [θin] **1** *adj* subțire; slab; redus; rar **2** *vt, vi* a (se) rări; a (se) dilua

thing [θiŋ] *s* lucru; obiect; situație; chestie; persoană; *for one ~* în primul rînd; *no such ~* nicidecum; *quite the ~* exact ce trebuie

think [θiŋk] *vi, vt* (*trec., part. trec.* thought) a gîndi; a crede; a-și închipui; a se aștepta; a se gîndi; *to ~ out/over* a chibzui

thinker ['θiŋkə] *s* gînditor

thinking ['θiŋkiŋ] **1** *adj* care gîndește 2 *s* gîndire; *to put one's ~-cap on* a se gîndi serios

third [θə:d] *num* al treilea; a treia; *~-rate* de proastă calitate; *the Third World* lumea a treia

thirst [θə:st] *s* sete; *~ for* sete de (*ceva*)

thirsty ['θə:sti] *adj* însetat; uscat; *to be/feel ~* a-i fi sete

thirteen [θə:'ti:n] *num* treisprezece

thirty ['θə:ti] *num* treizeci

this [ðis] **1** *adj* acest; această; *~ book* această carte **2** *pron* acesta; aceasta; *~ is a chair* acesta este un scaun

thistle ['θisl] *s* ciulin

thither [ðiðə] *adv: hither and ~* încolo și-ncoace

thorn [θɔ:n] *s* spin

thorny ['θɔ:ni] *adj* spinos

thorough ['θʌrə] *adj* complet; conștiincios; meticulos; desăvîrșit; *~-bred* pur sînge; *~ fare* magistrală

those [ðouz] **1** *adj* acei; acele; *~ dogs* acei cîini **2** *pron* aceia; acelea; *~ ones* (pe) astea

though [ðou] **1** *conj* deși; totuși; cu toate că; *as ~* de parcă **2** *adv* totuși; cu toate acestea

thought [θɔ:t] *s* gînd; gîndire; idee; *in ~s* scufundat în gînduri; *to my ~s* după părerea mea; *on second ~s* după ce m-am mai gîndit

thoughtful ['θɔ:tful] *adj* gînditor; serios; preocupat

thoughtless ['θɔ:tlis] *adj* nepăsător; egoist; aiurit

thousand ['θauzənd] *num* mie; *one in a ~* o raritate; *~ fold* înmiit

thrall [θrɔ:l] *s* sclav; rob

thrash [θræʃ] *vt, vi* a bate; a elucida; a treiera

thread [θred] **1** *s* ață; fir; *~ bare* uzat, răsuflat; *~ like* ca un firicel **2** *vt* a pune (*ață*) în ac; a înșira (*mărgele*)

threat [θret] *s* amenințare

threaten ['θretən] *vt, vi* a amenința; a fi iminent

three [θri:] *num* trei; *~ lane* cu trei benzi de circulație; *~ fold* întreit; *~ score* șaizeci

thresh [θreʃ] *vt, vi* a treiera; *~ ing machine* treierătoare

theshold ['θreʃhould] *s* prag; limită

thrift [θrift] *s* economie; cumpătare

thrifty ['θrifti] *adj* econom; prosper

thrill [θril] **1** *s* fior; tresărire; emoție

THR

2 *vt, vi* a (se) înfiora; a emoționa; a impresiona

thriller ['θrilə] *s* roman de senzație

thrive [θraiv] *vi* (*trec.* throve, *part. trec.* thriven) a prospera; a se dezvolta bine

throat [θrout] 1 *s* gît; *to stick in one's* ~ a-i sta în gît; *a blue-~ed bird* o pasăre cu gît bleu

throaty ['θrouti] *adj* gutural

throb [θrɔb] 1 *vi* a pulsa; a tresări (de emoție) 2 *s* puls; fascinație

throe [θrou] *s* ~s chinurile facerii; chinuri

throne [θroun] *s* tron

throng [θrɔŋ] 1 *s* mulțime 2 *vt, vi* a se îmbulzi; a (se) aglomera

throttle ['θrɔtl] 1 *vt, vi* a strînge de gît, a (se) stralunga 2 *s* beregată

through [θru:] 1 *adv* complet; pînă la capăt; în întregime; direct; *all* ~ tot timpul; *to be* ~ *with* a termina cu (ceva), a se fi săturat de (ceva); ~ *and* ~ în întregime; *to put smb* ~ *to* a-i face legătura telefonică cu 2 *prep* prin; datorită; din cauza

throughout [θru'aut] 1 *adv* peste tot; prin; în toate privințele 2 *prep* peste tot; prin tot

throw [θrou] 1 *vt, vi* (*trec.* , threw, *part. trec.* thrown) a arunca; a doborî; *to* ~ *a party* a da o petrecere; *to* ~ *at* a se repezi la; *to* ~ *down* a trînti la pămînt; *to* ~ *on/off* a se îmbrăca/dezbrăca în mare grabă; *to* ~ *out* a da afară; *to* ~ *up* a vomita 2 *s* aruncare

thrum [θrʌm] *vi* (*on*) a zdrăngăni

(la); a bate darabana

thrust [θrʌst] 1 *vt, vi* (*trec. part. trec.* thrust) a vîrî; a înfige; a-și face loc; a se îmbulzi 2 *s* atac

thud [θʌd] 1 *s* bufnitură 2 *vi* a bubui

thug [θʌg] *s* criminal periculos

thumb [θʌm] *s* deget mare (*de la mînă*); *under smb's* ~ sub dominația cuiva; ~ *tack* pioneză

thump [θʌmp] 1 *vt, vi* a lovi/bate puternic; a se bate 2 *s* lovitură; bufnitură

thumping ['θʌmpiŋ] *adj* extraordinar

thunder ['θʌndə] 1 *s* tunet; trăsnet; ~ *bolt* lovitură de trăsnet; ~ *clap* bubuit de trăsnet; ~ *storm* furtună; ~ *struck* uimit 2 *vi* a trăsni; a tuna; a bubui

Thursday ['θə:zdi] *s* joi

thus [ðʌs] *adv* așa; astfel; ~ *far* deocamdată

thwart [θwɔ:t] *vt* a încurca (*planurile*); a zădărnici

thyme [taim] *s* cimbru

tick [tik] 1 *s* ticăit; bifă; căpușă 2 *vi, vt* a ticăi; a bifa; a certa

ticket ['tikit] *s* bilet; tichet; listă de candidați; loz; adeverință; ~ *collector/inspector* controlor de bilete; ~ *nipper* compostor; ~ *office* casă de bilete; *that's just the* ~ e exact ceea ce ne trebuie

tickle ['tikl] *vt, vi* a (se) gîdila; a măguli 2 *s* gîdilat

ticklish ['tikliʃ] *adj* gîdilicios; dificil

tide [taid] *s* flux și reflux; tendință; curs (*al evenimentelor*)

200

TID

tidings ['taidiŋz] *s pl* vești; știri
tidy ['taidi] **1** *adj* ordonat; pus la punct; considerabil **2** *vt, vi* a face ordine în; a se dichisi
tie [tai] **1** *s* cravată; egalitate (*la meci*)*;* incurcătură **2** *vt, vi* a lega; a face fundă; a face un nod; a fi ocupat; a face meci egal
tiff [tif] *s* ciondăneală
tiger ['taigə] *s* tigru
tight [tait] *adj* bine strins/închis/întins; strimt; etanș; cherchelit; ~-*fisted* zgîrcit; ~-*lipped* tăcut; *in a* ~ *spot* intr-o situație dificilă
tighten ['taitən] *vt* a întinde; a stringe bine; a fixa
tights ['taits] *s* constum de balet
tigress ['taigris] *s* tigroaică
tile [tail] *s* țiglă
till [til] **1** *s* sertar pentru bani **2** *prep* pînă (la) **3** *conj* pînă (ce); pînă să **4** *vt* a cultiva (*pămîntul*)
tilt [tilt] **1** *vt, vi* a (se) înclina; a (se) răsturna **2** *s* inclinație; răsturnare; *at full* ~ cu toată forța
timber ['timbə] *s* cherestea; bucată de lemn; buștean; pădure
time [taim] **1** *s* timp; vreme; *all the* ~ tot timpul; *at* ~*s* din cînd în cînd; *at all* ~*s* mereu; *behind* ~ în intirziere; *for the* ~ *being* deocamdată; *to have a good* ~ a se distra de minune; *in/on* ~ la timp; *in double-quick* ~ imediat; *in no* ~ imediat; *to keep good* ~ (*d. ceas*) a merge bine; ~-*bomb* bombă cu intirziere; ~-*card* foaie de pontaj; ~-*server* oportunist; ~ *table* orar **2** *vt* a planifica; a cronometra

timely ['taimli] *adj* oportun
timid ['timid] *adj* sperios; sfios
timing ['taimiŋ] *s* sincronizare; cronometrare
timorous ['timərəs] *adj* sperios; sfios
tin [tin] **1** *s* cositor; cutie de conserve; ~ *foil* staniol; ~ *smith* spoitor (cu cositor) **2** *vt* a cositori; a conserva (în cutii)
tinder ['tində] *s* iască
tinge [tindʒ] **1** *vt* a colora ușor **2** *s* urmă; nuanță
tingle ['tiŋgl] **1** *vi* a furnica; a țipa **2** *s* furnicătură; zarvă
tinker ['tiŋkə] *s* spoitor (cu cositor) tinichigiu
tinkle ['tiŋkl] **1** *vi* a suna (din clopoțel) **2** *s* clinchet
tinsel ['tinsəl] *s* beteală
tint [tint] **1** *s* culoare; nuanță; tentă **2** *vt* a colora
tiny ['taini] *adj* micuț
tip [tip] **1** *s* capăt ascuțit; bacșiș; sfat; indicație; *on* ~*toe* in vîrful picioarelor; ~-*top* de prima mînă, de lux **2** *vt, vi* a (se) înclina; a (se) răsturna; a vărsa (*apă*)*;* a atinge; a da un bacșiș; ~-*up seat* strapontină, scaun rabatabil
tipple ['tipl] **1** *vi, vt* a bea (*băuturi alcoolice*)*;* a se îmbăta **2** *s* băutură alcoolică
tipsy ['tipsi] *s* amețit (de băutură)
tire [taiə] *vt, vi* a obosi; *to be* ~*d of* a fi sătul de
tired ['taiəd] *adj* obosit; ~ *out* extenuat
tiredness ['taiədnis] *s* oboseală

201

TIR

tireless ['taiəlis] *adj* neobosit; neîncetat; inepuizabil

tissue ['tiʃu:] *s* țesătură; țesut; ~ *paper* foiță; *toilet* ~ hîrtie igienică

tit [tit] *s* ~ *for tat* dinte pentru dinte

titbit ['titbit] *s* delicatese; știre de senzație

tithe [taiǒ] *s* zecime; zeciuială

titillate ['titileit] *vt* a excita

titillation ['titileiʃən] *s* excitare

titivate ['titiveit] *vt, vi* a (se) aranja; a (se) farda

title [taitl] *s* titlu; drept

titled ['taitəld] *adj* titrat; înnobilat

titter ['titə] 1 *vi* a chicoti 2 *s* chicot

to [tə] *prep* la: *to go to Cluj* a pleca la Cluj; spre: *to point to south* a indica sudul; pînă (la): *from first to last* de la primul pînă la ultimul; fără: *ten to two* două fără zece; *to whom* cui 2 *particulă a infinitivului: to work* a munci; să: *I'm ready to help you* sînt gata să te ajut

toad [toud] *s* broască rîioasă

toady ['toudi] 1 *s* lingușitor 2 *vi* a linguși

toast [toust] 1 *s* pîine prăjită; toast 2 *vt* a toasta în cinstea

tobacce [tə'bækou] *s* tutun; ~*nist* tutungerie

toboggan [tə'bɔgən] *s* sanie; tobogan; ~*ing* săniuș

today [tə'dei] *s* astăzi; zilele noastre

toddle ['tɔdl] *vi* a merge nesigur pe picioare

to-do [tə'du] *s* zarvă; tărăboi

toe [tou] *s* deget de la picior; *from top to* ~ din cap pînă în picioare

toffee ['tɔfi:] *s* caramea

together [tə'geǒ'ə] *adv* împreună; fără întrerupere

toil [tɔil] 1 *vi* a trudi; a urca din greu 2 *s* trudă

toilet ['tɔilit] *s* toaletă; ~ *paper/roll* hîrtie igienică; ~ *table* toaletă (mobilă)

token ['toukən] *s* semn; indiciu; *in* ~ *of* în semn de; *in* ~ *that* ca semn că; ~ *strike* grevă de avertisment

tolerable ['tɔlrəbl] *adj* acceptabil, destul de bun

tolerant ['tɔlərənt] *adj* tolerant; îngăduitor

tolerate ['tɔləreit] *vt* a tolera

toll [toul] 1 *s* taxă (la intrare pe autostradă); obol 2 *vt, vi* (d. clopot) a bate; a trage (un clopot); *for whom the bell* ~*s* pentru cine bate clopotul

tomato [tə'ma:tou] *s* (pătlăgică) roșie

tomb [tu:m] *s* mormînt; ~ *stone* piatră funerară

tomboy ['tɔmbɔi] *s* fată băiețoasă

tomcat ['tɔmkæt] *s* motan

tome [toum] *s* tom, volum

tomfool ['tɔmfu:l] *s* tîmpit

tommy-gun ['tɔmigʌn] *s* pușcă automată

tommy-rot ['tɔmirɔt] *s* prostii, tîmpenii ·

tomorrow [tə'mɔrou] *adv* miine; ~ *week* de miine într-o săptămînă

ton [tʌn] *s* tonă; ~*s of* mulți

tone [toun] 1 *s* ton; sunet; atmosferă; nuanță 2 *vt, vi: to* ~ *down* a se potoli; a atenua; *to* ~ *in with* a se potrivi cu;

TON

to ~ *up* a întări

tongs [tɔŋz] *s pl* cleşte

tongue [tʌŋ] *s* limbă; *to hold one's* ~ a-şi ţine gura; ~ *-twister* cuvînt/cuvinte greu de pronunţat

tonight [tə'nait] *adv* diseară

tonsilitis [tɔnsi'laitis] *s* amigdalită

too [tu:] *adv* şi, deasemenea: *you,* ~, *are sad* şi tu eşti trist; prea: ~ *fast* prea repede

tool [tu:l] *s* unealtă

tooth [tu:θ] *s* dinte; măsea; ~ *ache* durere de dinţi; ~ *brush* periuţă de dinţi; ~ *paste* pastă de dinţi; ~ *pick* scobitoare

toothless ['tu:θlis] *adj* ştirb

top [tɔp] 1 *s* partea cea mai de sus, culme; vîrf; top; titirez; *on* (*the*) ~ deasupra; *to sleep like a* ~ a dormi buştean 2 *adj* de deasupra; de sus; maxim; ~ *-boot* cismă; ~ *-coat* pardesiu; ~ *hat* joben; ~ *secret* strict secret 2 *vt* a acoperi; a ajunge în vîrf; a depăşi; *to* ~ *up* a umple

topic ['tɔpik] *s* subiect (de discuţie)

topical ['tɔpikəl] *adj* actual; de actualitate

topping ['tɔpiŋ] *adj* excelent

topple ['tɔpl] *vt, vi* a (se) răsturna; a cădea

topsy-turvy [tɔpsi'tə:vi] *adj* cu susul în jos; alandala

torch [tɔ:tʃ] *s* torţă; lanternă

torment ['tɔ:mənt] 1 *s* chin; tortură 2 *vt* a chinui; a necăji

tornado [tɔ'neidou] *s* uragan

torpedo [tɔ:'pi:dou] 1 *s* torpilă 2 *vt* a torpila

torpid ['tɔ:pid] *adj* apatic; toropit; amorţit

torpor ['tɔ:pə] *s* apatie; toropeală

torrent ['tɔrənt] *s* torent, aversă

torrid ['tɔrid] *adj* torid

tortoise ['tɔ:təs] *s* broască ţestoasă; ~ *-shell* carapace (de broască ţestoasă)

tortuous ['tɔ:tʃuəs] *adj* întortochiat; nesincer; necinstit

torture ['tɔ:tʃə] 1 *vt* a tortura 2 *s* tortură; chin

toss [tɔs] 1 *vt, vi* a arunca; a da cu banul; a (se) clătina; a se zvircoli (*in pat*) 2 *s* aruncare; clătinare

tot [tɔt] 1 *s* copilaş; păhărel 2 *vt* a aduna; *to* ~ *up* a se ridica la, a însuma

total ['toutəl] *adj* total; complet

totally ['toutəli] *adv* complet

totter ['tɔtə] *vi* a nu fi sigur pe picioare; a se clătina

touch [tʌtʃ] 1 *s* atingere; urmă; *to the* ~ la pipăit; *to keep in* ~ *with* a ţine legătura cu; ~ *-and-go* nesigur 2 *vt, vi* a (se) atinge; a ajunge la; a impresiona; *to* ~ *the spot* a fi exact ceea ce trebuie; *to* ~ *wood* a bate în lemn

touching ['tʌtʃiŋ] *adj* impresionant

touchy [tʌtʃi] *adj* sensibil; ţîfnos

tough ['tʌf] *adj* tare, aspru; dur; încăpăţînat; dificil

tour [tuə] 1 *s* călătorie; tur; raită; turneu 2 *vt, vi* a călători; a vizita; a face turneu

tourism ['tuərism] *s* turism

tourist ['tuərist] *s* turist

tournament ['tuənəmənt] *s* turnir; competiţie

tousle ['tauzl] *vt* a ciufuli

tousled ['tauzld] *adj* ciufulit

tow [tou] 1 *vt* a remorca 2 *s* remorcare; cîlți

toward (s) [tə'wɔːd (z)] *prep* către; spre; față de

towel ['tauəl] *s* prosop

tower ['tauə] 1 *s* turn; ~ -*block* bloc turn 2 *vi* a domina

town [taun] *s* oraș; ~ *hall* primărie; ~ *s man* orășean; *a man about* ~ om de lume

toxic ['tɔksik] *adj* toxic

toy [tɔi] 1 *s* jucărie 2 *vi* to ~ *with* a se juca cu

trace [treis] 1 *s* urmă 2 *vt, vi* a schița; a trasa; a copia; a urmări; a găsi; a descoperi

tracing-paper ['treisiŋ peipə] *s* hîrtie de calc

track [træk] 1 *s* urmă; făgaș; șenilă; *to be on the* ~ *of* a fi pe urmele; *to leave the* ~ a deraia 2 *vt* a urmări (*vînatul*)

tracker ['trækə] *s* detectiv; polițist; ~ *dog* ciine polițist

tract [trækt] *s* teren; ținut; mic tratat

tractable ['træktəbl] *adj* maleabil; blind

trade [treid] 1 *s s* comerț; meșteșug; meserie; ~ *mark* marca fabricii; ~ *union* sindicat; ~ *unionist* sindicalist; ~ *s people* comercianți 2 *vi, vt* a face comerț; a face troc; a cumpăra

tradition [trə'diʃən] *s* tradiție

traffic ['træfik] *s* trafic; circulație; comerț

tragedy ['trædʒidi] *s* tragedie; intimplare tragică

trail [treil] 1 *s* dîră; potecă 2 *vt, vi* a trage; a (se) tîrî

trailer ['treilə] *s* remorcă

train [trein] 1 *s* tren; trenă 2 *vt* a antrena; a educa; a (se) exersa; a dresa; a trage (*după sine*)

trainer ['treinə] *s* antrenor; dresor

trait [treit] *s* trăsătură, caracteristică

traitor ['treitə] *s* trădător

tram [træm] *s* tramvai

trammel ['træməl] 1 *s* piedică, obstacol 2 *vt* a împiedica

tramp [træmp] *vt, vi* a cutreiera, a tropăi; a călca apăsat 2 *s* tropăit; vagabond

trample ['træmpl] 1 *vt, vi* a călca în picioare 2 *s* tropăit

trance [trɑːns] *s* transă

tranquil ['træŋkwil] *adj* liniștit; calm

tranquillity ['træŋkwiliti] *s* liniște, calm

tranquillizer [træŋ'kwilaizə] *s* calmant; sedativ

transact [træn'zækt] *vt, vi* a negocia; a face afaceri

transaction [træn'zækʃən] *s* tranzacție; ~ *s* proces verbal

transcribe [træn'skraib] *vt* a transcrie

transcript ['trænskript] *s* transcriere

transfer 1 [træns'fəː] *vt, vi* a (se) transfera; a schimba 2 ['trænsfə] *s* transfer

transfix [træns'fiks] *vt* a străpunge; a paraliza (*de frică etc.*)

transform [træns'fɔːm] *vt* a transforma; a schimba

transgress [trænz'gres] *vt, vi* a incălca; a păcătui

transgression [trænz'greʃn] *s* încălcare; păcat

transgressor [trænz'gresə] *s* infractor; păcătos

transient ['trænziənt] *adj* trecător

transition [træn'ziʃən] *s* tranziţie; trecere

transitory ['trænsitri] *adj* trecător

translate [træns'leit] *vt* a traduce; a interpreta

translation [træns'leiʃən] *s* traducere

translator [træns'leitə] *s* traducător; translator

transmission [trænz'miʃən] *s* emisie; transmisie

transmit [trænz'mit] *vt* a transmite; a emite

transparent [træns'pɛərənt] *adj* transparent; clar; sincer

transpire [træns'paiə] *vt, vi* a transpira; a se afla

transport 1 ['trænspɔ:t] *s* transport 2 [træn'spɔ:t] *vt* a transporta; a deporta; a se entuziasma de

transportation [trænspɔ:'teiʃən] *s* transport; deportare

transpose [træns'pouz] *vt* a transpune

trap [tɪæp] 1 *s* capcană; trapă; gură; ~s catrafuse 2 *vt* a prinde în cursă

trash [træʃ] *s* gunoi

trashy ['træʃi] *adj* fără valoare

travel ['trævəl] 1 *vi, vt* a călători; a se propaga; a străbate 2 *s* călătorie

traveller ['trævələ] *s* călător; voiajor; comis voiajor

travesty ['trævisti] *s* travestire; parodie

trawl [trɔ:l] 1 *s* năvod 2 a pescui cu năvodul

trawler ['trɔ:lə] *s* traulăr

tray [trei] *s* tavă

treacherous ['tretʃərəs] *adj* trădător; schimbător

treachery ['tritʃəri] *s* trădare

tread [tred] 1 *vt, vi* (*trec.* trod, *part.trec.* trodden) a călca; a păşi; a călca în picioare; *to ~ water* a călca apa 2 *s* pas; zgomot de paşi; treaptă

treadle ['tredl] *s* pedală

treason ['tri:zən] *s* trădare

treasure ['treʒ ə] *s* comoară; lucru de preţ

treasurer ['treʒ ərə] *s* vistiernic, trezorier

treasury ['treʒ əri] *s* vistierie; trezorerie

treat [tri:t] 1 *vt, vi* a trata; a se purta cu; a considera; a trata despre; a îngriji; a servi (*musafiri*) 2 *s* plăcere; tradiţie

treatise ['tri:tiz] *s* tratat (*lucrare*)

treatment ['tri:tmənt] *s* tratament; îngrijire; tratare

treaty ['tri:ti] *s* tratat; tratative

treble ['trebl] 1 *adj* triplu; întreit 2 *vt, vi* a (se) tripla

tree [tri:] *s* copac; *up a ~* la ananghie; *family ~* arbore genealogic; *shoe ~* calapod, şan

trefoil ['tri:fɔil] *s* trifoi

tremble ['trembl] 1 *vi* a tremura; a vibra 2 *s* tremur; vibraţie

tremendous [tri'mendəs] *adj* puternic; îngrozitor; formidabil; extraordinar

tremour ['tremə] *s* trepidaţie; fior

tremulous ['tremjuləs] *adj*

tremurător; fricos

trench [trentʃ] *s* tranşee

trenchant ['trentʃ ə nt] *adj* (limbaj)
tăios; tranşant

trencher ['trentʃ ə] *s* fund (de lemn)

trend [trend] *s* tendinţă

trespass ['tresp ə s] *vt* a pătrunde (pe
un teren particular); a abuza de; *No*
~*ing!* Trecerea oprită!

tress [tres] *s* cosiţă, plete

trestle ['tresl] *s* capră (de tăiat lemne

trial ['trai ə l] *s* încercare; probă;
proces; necaz

triangle ['traiæ ŋ gl] *s* triunghi

tribe [traib] *s* trib

tribulation [tribju'leiʃ ə n] *s* suferinţă;
necaz

tribunal [trai'bjunl] *s* tribunal

tribune ['tribju:n] *s* tribun; tribună

tributary ['tribjutri] *s* afluent

trice [trais] *s* clipă

trick [trik] 1 *s* truc; poznă; farsă; levată
2 *vt* a înşela

trickle ['trikl] *vi, vt* a se prelinge; a
picura (un lichid)

trickster ['trikst ə] *s* trişor

tricky ['triki] *s* înşelător

tricolour ['trik ə l ə] *s* drapel tricolor

trifle [traifl] 1 *s* fleac; preţ de nimic; pic
2 *vi, vt* (with) a se juca (cu); a lua în
serios

trifling ['traifli ŋ] *adj* minor; de nimic;
de joacă

trigger ['trig ə] *s* trăgaci

trill [tril] 1 *s* tril 2 *vi* a ciripi; a cînta în
triluri

trillion ['trili ə n] *num* trilion; milion
(in S.U.A.)

trim [trim] 1 *adj* curat; ordonat 2 *vt* a
reteza; a tunde; a pune o garnitură; a
împodobi

trimmings ['trimi ŋ z] *s* garnitură; or-
namente

trinket ['tri ŋ kit] *s* bijuterie ieftină;
mărţişor

trip [trip] 1 *vi, vt* a merge/a dansa
repede şi cu paşi mici; a se împiedica;
a încurca 2 *s* excursie; greşeală

tripe [traip] *s* burtă (de vacă);
tîmpenii

triplets ['triplits] *s pl* trei gemeni

tripod ['traip ə d] *s* trepied

tripper ['trip ə] *s* excursionist

trite [trait] *adj* banal; răsuflat

triteness ['traitnis] *s* banalitate

triumph ['trai ə mf] 1 *s* victorie; triumf
2 *vi* a triumfa; a fi victorios

trivial ['trivi ə l] *adj* minor; banal;
neserios

triviality [trivi'æliti] *s* fleac; banalitate

trolley ['trɔli] *s* troleu; (măsuţă) ser-
vantă; ~ *bus.* troleibuz

troop [tru:p] 1 *s* grup; trupă; ~ *s*
soldaţi 2 *vi* a merge încolonaţi

trope [troup] *s* figură de stil

trophy ['troufi] *s* trofeu

trot [trɔt] 1 *vt, vi* a merge la trap; a
alerga cu paşi mici; a mîna 2 *s* trap;
mişcare; fugă

trouble ['tr ʌ bl] 1 *vt, vi* a (se) deran-
ja; a (se) necăji 2 *s* necaz; belea;
deranj; boală; ~ *s* mişcări (sindicale
etc.); *to get into* ~ a intra în bucluc;
~ *-maker* scandalagiu; ~ *some*
tracasant

troublous ['tr ʌ bl ə s] *adj* tulbure;

nesigur

trough [trɔf] *s* troacă; covată

troupe [tru:p] *s* trupă (de actori)

trousers ['trauzə:z] *s pl* pantaloni (bărbătești)

trout [traut] *s* crap

trowel ['trauəl] *s* mistrie

truant ['truənt] *s* chiulangiu; *to play ~* a chiuli

truce [tru:s] *s* armistițiu

truck [trʌk] *s* camion; cărucior pentru bagaje; troc; *garden-~* zarzavaturi; plată în natură

truculent ['trʌkjulənt] *adj* agresiv; bătăuș

trudge [trʌdʒ] *vi* a merge din greu

true [tru:] *adj* adevărat; loial; exact; *to come ~* a se adeveri; *to be ~ to one's word* a se ține de cuvînt; *~ born* legitim; *~-hearted* loial; *~-love* dragoste sinceră

truism ['truizəm] *s* platitudine

truly ['tru:li] *adv* sincer; cu adevărat; întradevăr

trump [trʌmp] 1 *s* atu; trompetă 2 *vi* a juca atu; *to ~ up* a înscena

trumpet ['trʌmpit] 1 *s* trompetă 2 *vt* a trîmbița

trumpeter ['trʌmpitə] *s* trompetist

truncheon ['trʌntʃən] *s* baston (de polițist)

trunk [trʌŋk] *s* trunchi (de copac); corp; cufăr; trompă; *~s* șort, chiloți de baie; *~-call* convorbire interurbană

trust [trʌst] 1 *s* încredere; bază; răspundere; tutelă; trust; *~ worthy* demn de încredere 2 *vt, vi* a avea încredere; a se baza pe; a crede

trustee [trʌs'ti:] *s* tutore; administrator

trustful ['trʌstful] *adj* încrezător

truth [tru:θ] *s* adevăr

truthful ['tru:θful] *adj* sincer; adevărat

truthfulness ['truθfulnis] *s* sinceritate, adevăr

try [trai] 1 *vt, vi* a încerca; a judeca; a pune la încercare; *to ~ on* a încerca (*o rochie*); *to ~ out* a experimenta 2 *s* încercare

trying ['traiiŋ] *adj* chinuitor; enervant

tub [tʌb] *s* ciubăr; cazan; cadă

tube [tju:b] *s* tub; cameră (*la roată*); metrou

tuberculosis [tjubə:kju'lousis] *s* tuberculoză

tuck [tʌk] 1 *s* cută; pliu; *~-in* masă copioasă 2 *vt, vi* a sufleca; a băga; a înveli; *to ~ in* a înfuleca

Tuesday ['tju:zdi] *s* marți

tuft [tʌft] *s* smoc

tug [tʌg] 1 *vt, vi* a trage 2 *s* tragere; încercare (grea); *~ boat* remorcher

tulip ['tju:lip] *s* lalea

tumble ['tʌmbl] 1 *vi, vt* a cădea de pe; a se împiedica; a răvăși 2 *s* cădere; dezordine

tumbler ['tʌmblə] *s* pahar; acrobat

tummy ['tʌmi] *s* burtică

tumult ['tjumʌlt] *s* scandal; zarvă

tumultuous [tju:'mʌltʃuəs] *adj* agitat; turbulent

tun [tʌn] *s* butoi

tune [tju:n] 1 *s* melodie; armonie 2 *vt, vi* a (-și) acorda (*un instrument*); a

prinde (*un post*); ~*ing-fork* diapazon

tuneful ['tju:nful] *adj* melodios

tunnel ['tʌnəl] *s* tunel

tuppence ['tʌpns] *s* doi penny

turbid ['tə:bid] *adj* tulbure; încîlcit

turbojet [tə:'boud ʒ et] *s* turboreactor

tureen [tju'ri:n] *s* supieră

turf [tə:f] *s* iarbă; curse de cai

turgid ['tə:d ʒ id] *adj* umflat; bombastic

Turk [tə:k] *s* turc

turkey ['tə:ki] *s* curcan

Turkish ['tə:ki ʃ] *adj* turcesc; ~ *delight* rahat

turmoil ['tə:mɔil] *s* agitaţie; tulburare

turn [tə:n] 1 *s* rotire; întoarcere; curbă; cotitură; rînd; aptitudine; plimbare; *at every* ~ la tot pasul; *by* ~ *s* cu schimbul; *in* ~ pe rînd; *to take* ~ *s* a face cu schimbul 2 *vt, vi* a (se) învîrti; a (se) întoarce; a (se) roti; a (se) transforma; a deveni; *to* ~ *a deaf ear* a refuza să dea ascultare; *she has* ~ *ed fifty* a ajuns la 50 de ani; *to* ~ *away* a alunga; *to* ~ *down* a refuza; *to* ~ *in* a se culca; *to* ~ *off* a închide (*un robinet*); *to* ~ *on* a excita; *to* ~ *out* a da afară; *to* ~ *up* a se ivi

turner ['tə:nə] *s* strungar

turning ['tə:ni ŋ] *s* cotitură; colţ; ~-*point* punct critic

turnip ['tə:nip] *s* gulie

turpentine ['tə:pəntain] *s* terebentină

turpitude ['tə:pitju:d] *s* răutate; ticăloşie

turquoise ['tə:kwɔiz] *adj* turcoaz

turret ['tʌrit] *s* turnuleţ

turtle ['tə:tl] *s* broască ţestoasă (de mare); turturică

tusk [tʌsk] *s* colţ (*de mistreţ etc.*)

tussle ['tʌsl] 1 *vi* a se încăiera 2 *s* încăierare

tut [tʌt] *interj* ţţ!

tutelage ['tju:tlid ʒ] *s* tutelă

tutor ['tju:tə] 1 *s* profesor particular; asistent universitar 2 *vt* a medita

tuxedo [tʌk'sidou] *s* smoching (*în S.U.A.*)

twaddle ['twɔdl] 1 *s* vorbărie 2 *vi* a trăncăni

twang [twæ ŋ] *s* vorbire nazală

tweak [twi:k] 1 *vt* a ciupi 2 *s* ciupitură

tweed [twi:d] *s* tuid, stofă de lînă moale

tweet [twi:t] *s* ciripit

tweezers ['twi:zə:z] *s pl* pensetă

twelfth [twelf Θ] *num* al doisprezecelea; a douăsprezecea

twelve [twelv] *num* doisprezece

twenty ['twenti] *num* douăzeci

twice [twais] *adv* de două ori; ~ *as much* de două ori pe atît

twiddle ['twidl] *vi* (*with*) a se juca distrat (cu)

twig [twig] 1 *s* mlădiţă 2 *vt* a-şi da seama de

twilight ['twailait] *s* crepuscul

twin [twin] *s* geamăn; ~ *beds* paturi la fel

twine [twain] 1 *s* împletire 2 *vt* a împleti

twinge [twind ʒ] *s* junghi; tresărire

twinkle ['twi ŋkl] 1 *vi* a străluci 2 *s* sclipire; strălucire

twinned ['twind] *adj* înfrăţit; *a town in Romania* ~ *with a town in France* un oraş din România înfrăţit cu un oraş din Franţa

twirl [twə:l] **1** *vt, vi* a (-şi) răsuci **2** *s* răsucire

twist [twist] *vt, vi* a (se) răsuci; a stoarce; a distorsiona; a se zvîrcoli **2** *s* răsucire; cotitură; tendinţă; twist (*dans*)

twister ['twistə] *s* escroc; *a tongue ~* cuvînt/cuvinte greu de pronunţat

twitch [twitʃ] **1** *s* tic; smucitură **2** *vt, vi* a smulge; a avea un tic

twitter ['twitə] **1** *vi* a ciripi **2** *s* ciripit

two [tu:] *num* doi; *to put ~ and ~ together* a trage concluziile; *~ edged* cu două tăişuri; *~ -faced* făţarnic; *~ fold* dublu; *~ -seater* automobil pentru două persoane

tycoon [tai'ku:n] *s* magnat

tympanum ['timpənəm] *s* timpan

type [taip] **1** *s* tip; persoană; soi; *~ script* manuscris dactilografiat; *~ setter* zeţar **2** *vt, vi* (şi *~ write*) a dactilografia; *~ writer* dactilograf (ă)

typhoid ['taifɔid] *s* febră tifoidă

typhoon ['taifu:n] *s* taifun

typhus ['taifəs] *s* tifos

typical ['tipikəl] *adj* tipic; *it's ~ of him* îl caracterizează

typically ['tipikəli] *adv* (in mod) caracteristic; *~!* asta îl caracterizează!

typify ['tipifai] *vt* a reprezenta; a caracteriza; a fi sceptic

typist ['taipist] *s* dactilograf (ă)

typography [tai'pɔgrəfi] *s* tipografie

tyranny ['tirəni] *s* tiranie

tyrant ['taiərənt] *s* tiran

tyre ['taiə] *s* pneu, anvelopă

tzar [za:r] *s* ţar

U

U, u (litera) u

ubiquitous [ju'bikwitəs] *adj* omniprezent

udder ['ʌdə] *s* uger

ugh [əh] *interj* uf!

ugly ['ʌgli] *adj* urît; amenințător; dificil

ulcer ['ʌlsə] *s* ulcer; corupție

ulcerate ['ʌlsə reit] *vt* a ulcera; a jigni

ulterior [ʌl'tiəriə] *adj* ulterior; ascuns

ultimate ['ʌltimit] *adj* ultim; final; de bază

ultimately ['ʌltimitli] *adj* în cele din urmă

ultramarine [ʌltrəmə'ri:n] *adj* albastru

ululate ['juljuleit] *vi* a urla; a boci

umbrage ['ʌmbridʒ] *s to take ~ at* a fi ofensat de

umbrella [ʌm'brelə] *s* umbrelă

umpire ['ʌmpaiə] *s* arbitru

umpteen [ʌmp'ti:n] *adj* mult; *for the ~th time* pentru a nu știu a cita oară

'un [ʌn] *pron* unul; una

unabashed [ʌnə'bæʃt] *adj* arogant

unabated [ʌnə'beitid] *adj* nepotolit; dîrz

unable [ʌn'eibl] *adj* ~ *to do smth* a nu fi în stare să facă ceva

unaccountable [ʌnə'kauntəbl] *adj* inexplicabil

unaccustomed [ʌnə'kʌstəmd] *adj* neobișnuit

unadvised [ʌnəd'vaizd] *adj* neinfor-

mat; nesăbuit

unaffected [ʌnə'fektid] *adj* sincer; ~ *by* neinfluențat de

unalienable [ʌn'eiliənəbl] *adj* inalienabil

unalloyed [ʌnə'lɔid] *adj* pur, neamestecat

unanimous [ju'næniməs] *adj* unanim

unanimity [junə'nimiti] *s* unanimitate

unanswerable [ʌn'a:nsrəbl] *adj* de netăgăduit

unanswered [ʌn'ansəd] *adj* la care nu s-a răspuns; ~ *love* dragoste neîmpărtășită

unapproachable [ʌnə'proutʃəbl] *adj* inabordabil

unasked [ʌn'a:skt] *adj* benevol

unassuming [ʌnə'sjumiŋ] *adj* rezervat; modest

unattached [ʌnə'tætʃt] *adj* independent

unattended [ʌnə'tendid] *adj* nesupravegheat

unavailing [ʌnə'veiliŋ] *adj* inutil

unavoidable [ʌnə'vɔidəbl] *adj* inevitabil

unaware [ʌnə'wɛə] *adj* surprins

unbalanced [ʌn'bælənst] *adj* dezechilibrat

unbearable [ʌn'bɛərəbl] *adj* insuportabil

unbecoming [ʌnbi'kʌmiŋ] *adj* nepotrivit

unbending [ʌn'bendiŋ] *adj* intransigent

unbiassed [ʌn'baiəst] *adj* imparţial

unblushing [ʌn'blʌʃiŋ] *adj* neruşinat

unbosom [ʌn'bu:zəm] *vt, vi* a (se) destăinui

unbounded [ʌn'baundid] *adj* neţărmurit

unbroken [ʌn'broukən] *adj* neîntrerupt

unburden [ʌn'bə:dən] *vt, vi* a (se) destăinui; a-şi deschide-inima

uncalled-for [ʌn'kɔ:ldfɔ:] *adj* inoportun

uncanny [ʌn'kæni] *adj* ciudat; misterios

unceasing [ʌn'si:siŋ] *adj* neîntrerupt

uncertain [ʌn'sə:tən] *adj* nesigur; schimbător

uncertainty [ʌn'sə:tənti] *s* nesiguranţă

uncivil [ʌn'sivl] *adj* nepoliticos

uncle [ʌŋkl] *s* unchi

uncommitted [ʌnkə'mitid] *adj* neutru; ~ *countries* ţări nealiniate

uncommon [ʌn'kɔmən] *adj* neobişnuit; remarcabil

uncompromising [ʌn'kɔmprəmaiziŋ] *adj* intransigent

unconscious [ʌn'kɔnʃəs] *adj* inconştient; involuntar

uncork [ʌn'kɔ:k] *vt* a destupa (*o sticlă*)

uncouth [ʌn'ku:θ] *adj* stîngaci; incult; grosolan

uncover [ʌn'kʌvə] *vt* a descoperi

unctuous ['ʌŋktjuəs] *adj* mieros; nesincer

undaunted [ʌn'dɔntid] *adj* neînfricat

undecided [ʌndi'saidid] *adj* nehotărît

undemonstrative [ʌndi'mɔnstrətiv] *adj* rezervat; închis

undeniable [ʌndi'naiəbl] *adj* de netăgăduit

under ['ʌndə] **1** *adv* dedesubt; ~ *secretary* subsecretar **2** *prep* sub; dedesubtul; ~ *repair* în reparaţie

underclothes ['ʌndə:klouðz] *s pl* desuuri

underdeveloped [ʌndədi'veləpt] *adj* subdezvoltat

underestimate [ʌndə'estimeit] *vt* a subestima

underfed [ʌndə'fed] *adj* subnutrit

undergo [ʌndə'gou] *vt* a suporta; a trece prin

undergraduate [ʌndə'grædʒuət] *s* student în ultimul an

underground ['ʌndəgraund] **1** *adj* subteran; ilegal; secret **2** *s* metrou

underhand [ʌndə'hænd] *adj* necinstit, ascuns

underlie [ʌndə'lai] *vt* a sta la baza

uiderline [ʌndə'lain] *vt* a sublinia

underling ['ʌndəliŋ] *s* subaltern

undermine [ʌndə'main] *vt* a submina

underneath [ʌndə'ni:θ] **1** *adv* dedesubt **2** *prep* sub

undernourished [ʌndə'nʌriʃt] *adj* subnutrit

underrate [ʌndə'reit] *vt* a subaprecia

undersigned [∧ndə'saind]*s* subsemnatul

undersized [∧ndə'saizd] *adj* pitic

understand [∧ndə'stænd] *vt, vi* (*trec., part. trec.* understood) a (se) înțelege; a deduce

understandable [∧ndə'stændəbl] *adj* de înțeles

understanding [∧ndə'stændiŋ] 1 *adj* înțelegător; deștept 2 *s* înțelegere; acord

understate [∧ndə'steit]*vt* a atenua

understudy ['∧ndəst∧di] *s* dublură (*actor*)

undertake [∧ndə'teik] *vt* a prelua; a întreprinde; a afirma

undertaker ['∧ndəteikə] *s* antreprenor de pompe funebre

undertaking[∧ndə'teikiŋ]*s*sarcină; promisiune

undertone ['∧ndətoun]*s* glas scăzut; subtilitate

underwear ['∧ndəwɛə]*s* lenjerie de corp; desuuri

underworld ['∧ndəwə:ld] *s* lumea interlopă

undesirable [∧ndi'zaiərəbl] *s, adj* indezirabil

undeterred [∧ndi'tə:d] *adj* hotărît; neabătut

undies ['∧ndi:z]*s pl* desuuri

undo [∧n'du:] *vt* (*trec.,* undid, *part. trec.* undone) a desface; a dezlega; a distruge

undone [∧n'd∧n] *adj* neterminat

undoubted [∧n'dautid] *adj* sigur

undoubtedly [∧n'dautidli] *adv* fără îndoială

undreamed-of [∧n'dri:mdəv] *adj* neînchipuit; neașteptat

undress [∧n'dres] *vt, vi* a (se) desbrăca

undue [∧n'dju:] *adj* nepotrivit; exagerat

undulate ['∧ndjuleit] *vt, vi* a (se) undui

unduly [∧n'djuli] *adv* nejustificat (de)

undying [∧n'daiiŋ] *adj* veșnic

unearth [∧n'ə:θ] *vt* a descoperi; a dezgropa

unearthly [∧n'ə:θli] *adj* supranatural; înspăimîntător

uneasy [∧n'i:zi] *adj* neliniștit; tulburat

uneducated [∧n'edjukeitid] *adj* incult; necultivat

unemployed [∧nim'plɔid] *adj* nefolosit; the ~ șomerii

unemployment [∧nim'plɔimənt] *s* șomaj

unending [∧n'endiŋ] *adj* fără de sfîrșit

unequal [∧n'i:kwəl] *adj* (*to*) incapabil (de)

unequalled [∧n'i:kwəld] *adj* fără seamăn

unerring[∧n'ə:riŋ]*adj*fără greșeală

unfair [∧n'fɛə] *adj* neloial; nedrept

unfaithful [∧n'feiθful] *adj* infidel

unfaltering [∧n'fɔ:ltəriŋ] *adj* neșovăielnic; hotărît

unfathomable [∧n'fæðəməbl] *adj* impenetrabil

unfeeling [∧n'fi:liŋ] *adj* insensibil; nemilos

unfeigned [ʌn'feind] *adj* sincer; autentic

unfit [ʌn'fit] *adj* nepotrivit; necorespunzător

unflagging [ʌn'flægiŋ] *adj* neobosit; neîntrerupt

unflinching [ʌn'flintʃiŋ] *adj* fără ezitare; fără să clipească

unfold [ʌn'fould] *vt, vi* a (se) desfășura; a dezvălui

unfortunate [ʌn'fɔ:tʃunit] *adj* nenorocit; regretabil

unfriendly [ʌn'frendli] *adj* neprietenos; defavorabil

unfruitful [ʌn'fru:tful] *adj* steril; infructuos

unfurl [ʌn'fə:l] *vt, vi* a (se) desfășura

ungainly [ʌn'geinli] *adj* stîngaci; dizgrațios

ungrateful [ʌn'greitful] *adj* nerecunoscător

unhappy [ʌn'hæpi] *adj* nefericit

unheard-of [ʌn'hə:dəv] *adj* extraordinar; nemaipomenit

unhoped-for [ʌn'houpt fɔ:] *adj* nesperat

uniform ['junifɔ:m] 1 *adj* uniform 2 *s* uniformă

unify ['junifai] *vt* a uni; a unifica

unimpeachable [ʌnim'pi:tʃəbl] *adj* impecabil; demn de încredere

union ['juniən] *s* unire; uniune; armonie; *trade* ~ sindicat; *the Union* S.U.A.

Unionist ['ju:niənist] *s* sindicalist

unique [ju:'nik] *adj* unic; remarcabil

unit ['ju:nit] *s* unitate; element

unite [ju:'nait] *vt, vi* a (se) uni

united [ju:'naitid] *adj* unit; comun

unity ['ju:niti] *s* unitate; acord; armonie

universal [ju:ni'və:səl] *adj* universal; ~ *suffrage* vot universal

universe ['ju:nivə:s] *s* univers

university [ju:ni'və:siti] *s* universitate

unkid [ʌn'kaind] *adj* rău; răutăcios

unknown [ʌn'noun] *adj* necunoscut

unlawful [ʌn'lɔ:ful] *adj* ilegal

unlearn [ʌn'lə:n] *vt* a dezvăța

unless [ʌn'les] *conj* dacă nu (cumva doar dacă

unlettered [ʌn'letə:d] *adj* incult; analfabet

unlike [ʌn'laik] *prep* spre deosebire de

unlikely [ʌn'laikli] *adj* puțin probabil

unload [ʌn'loud] *vt, vi* a descărca

unlooked-for [ʌn'luktfɔ:] *adj* neașteptat

unman [ʌn'mæn] *vt* a descuraja; a deprima

unmarried [ʌn'mærid] *adj* necăsătorit

unmask [ʌn'ma:sk] *vt, vi* a (se) demasca

unmatched [ʌn'mætʃt] *adj* fără pereche

unmerciful [ʌn'mə:siful] *adj* neîndurător

unmindful [ʌn'maindful] *adj* nepăsător

unmistakable [ʌnmi'steikəbl] *adj* de necontestat; sigur

unmitigated [ʌn'mitigeitid] *adj* total; absolut

unmoved [ʌn'mu:vd] *adj* impasibil; indiferent

unnatural [ʌn'nætʃrəl] *adj* nefiresc; anormal

unnecessary [ʌn'nesisri] *adj* inutil

unnerve [ʌn'nə:v] *vt* a descuraja; a deprima

unnoticed [ʌn'noutist] *adj* neobservat

unnumbered [ʌn'nʌmbə:d] *adj* nenumărat; nenumerotat

unobtrusive [ʌnəb'tru:siv] *adj* neobservat; șters

unofficial [ʌnə'fiʃəl] *adj* neconfirmat; neoficial

unpack [ʌn'pæk] *vt, vi* a despacheta

unparalleled [ʌn'pærəleld] *adj* fără seamăn; fără precedent

unplaced [ʌn'pleist] *adj* necalificat (*în competiții*)

unpleasant [ʌn'plezənt] *adj* neplăcut; dezagreabil

unpleasantness [ʌn'plezəntnis] *s* neînțelegere (între persoane); antipatie

unpractised [ʌn'præktist] *adj* neexperimentat

unprecedented [ʌn'presidentid] *adj* fără precedent

unprejudiced [ʌn'predʒ ədist] *adj* nepărtinitor

unpresuming [ʌnpri'zju:miɲ] *adj* modest

unprofitable [ʌn'prɔfitəbl] *adj* nerentabil

unprompted [ʌn'prɔmptid] *adj* spontan

unpublished [ʌn'pʌbliʃt] *adj* inedit

unqualified [ʌn'kwɔlifaid] *adj* incompetent; fără rezerve

unquestionable [ʌn'kwestʃənəbl] *adj* indiscutabil

unquiet [ʌn'kwaiət] *adj* agitat; tulburat

unquote [ʌn'kwout] *v imperativ* a închide ghilimelele

unravel [ʌn'rævl] *vt, vi* a (se) deșira; a desluși

unreal [ʌn'riəl] *adj* ireal

unreasonable [ʌn:'ri:zənəbl] *adj* irațional

unrelated [ʌn'rileitid] *adj* irelevant

unrelenting [ʌn'rilentiɲ] *adj* neînduplecat; nemilos

unreliabe [ʌnri'laiəbl] *adj* neserios; nesigur

unremitting [ʌnri'mitiɲ] *adj* perseverent; neînduplecat

unrequited [ʌnri'kwaitid] *adj* neîmpărtășit

unrest [ʌn'rest] *s* neliniște; frământare

unrestrained [ʌnri'streind] *adj* neîncătușat; liber

unrivalled [ʌn'raivld] *adj* inegalabil

unruffled [ʌn'rʌfld] *adj* netulburat

unruly [ʌn'ru:li] *adj* neastâmpărat

unsavory [ʌn'seivəri] *adj* de prost gust

unscathed [ʌn'skeiðd] *adj* teafăr

unseasoned [ʌn'si:zənd] *adj* necondimentat

unseemly [ʌn'si:mli] *adj* dizgrațios; obscen

unsettle [ʌn'setl] *vt* a tulbura

unsightly [ʌn'saitli] *adj* dizgrațios;

antipatic
unskilled [ʌn'skild] *adj* necalificat
unsound [ʌn'saund] *adj* nesănătos
unsparing [ʌn'spɛəriŋ] *adj* darnic
unspeakable [ʌn'spi:kəbl] *adj* cumplit; de nespus
unspotted [ʌn'spɔtid] *adj* nepătat
unstrung [ʌn'strʌŋ] *adj* cu nervii slăbiţi
unstuck [ʌn'stʌk] *adj* eşuat
unswerving [ʌn'swə:viŋ] *adj* neabătut; constant
unthought-of [ʌn'θɔ:təv] *adj* de neimaginat
untidy [ʌn'taidi] *adj* vraişte; neîngrijit
until [ən'til] *prep* pînă la
untimely [ʌn'taimli] *adj* inoportun
untiring [ʌn'taiəriŋ] *adj* neobosit
unto ['ʌntu] *prep* spre; către
untouchable [ʌn'tʌtʃəbl] *adj* incoruptibil
untruth [ʌn'tru:θ] *s* minciună
untruthful [ʌn'tru:θful] *adj* mincinos
unused [ʌn'ju:zd] *adj* neutilizat; ~ *to* neobişnuit cu
unveil [ʌn'veil] *vt* a dezvălui; a prezenta
unvoiced [ʌn'vɔist] *adj* neexprimat
unwittingly [ʌn'witiŋli] *adv* neintenţionat
unzip [ʌn'zip] *vt* a trage (un fermoar)
up [ʌp] 1 *adv* sus; în picioare; *up against* faţă de; *up and about* sculat din pat; *up-a-daisy!* hopa sus!; *up and down* în sus şi-n jos; *ups and downs*

urcuşuri şi coborîşuri (*în viaţă*); *up to now* pînă acum; *up you come!* vino sus!; *up with...!* trăiască...!; *What's up?* Ce se întîmplă?; *What's he up to?* Ce pune la cale?; *It's up to you* De tine depinde; *to climb up* a urca (*pe munte*); *to come up* a se apropia; *to eat up* a mînca tot; *to pull up* a trage (*ciorapii*); *speak up!* Spune!
upbraid [ʌp'breid] *vt* a certa
upbringing ['ʌpbriŋiŋ] *s* (bună) creştere; educaţie
update [ʌp'deit] *vt* a actualiza
upgrade [ʌp'greid] 1 *vt* a îmbunătăţi 2 *s* progres; *on the* ~ spre bine
upheaval [ʌp'hi:vəl] *s* activare (vulcanică); schimbare; revoluţie (socială)
uphold [ʌp'hould] *vt* a sprijini; a aproba; a confirma
upholster [ʌp'houlstə] *vt* a tapiţa
upholsterer [ʌp'houlstərə] *s* tapiţer
upkeep [ʌp'ki:p] *vt* a întreţine
uplift [ʌp'lift] *vt* a înălţa
upon [ə'pɔn] *prep* pe
upper ['ʌpə] *adj* superior; de sus; ~ *circle* balcon doi (*la teatru*); ~ *most* cel mai de sus; predominant; *the ~ storey* creierul
uppish [ʌp'piʃ] *adj* înfigăreţ; impertinent
upright ['ʌprait] *adj* vertical; drept; onorabil; cinstit
uprising [ʌp'raisiŋ] *s* revoltă
uproar [ʌp'rɔ:] *s* vacarm
uproarious [ʌp'rɔ:riəs] *adj* gălăgios
uproot [ʌp'ru:t] *vt* a dezrădăcina
upset [ʌp'set] *vt, vi* (*trec., part. trec.*

upset) a (se) răsturna; a-şi deranja (*stomacul*); a încurca (*planurile*); a tulbura

upside-down [ʌpsaid'daun] *adv* cu susu-n jos

upstairs [ʌp'stɛəz] *adv* sus (la etaj)

upstart ['ʌpstɑ:t] *s* parvenit

upstream [ʌp'stri:m] *adv* contra curentului

uptake ['ʌpteik] *s* quick/slow on the ~ prinde/învaţă repede/greu

up-to-date [ʌptə'deit] *adj* modern

upturn ['ʌptə:n] *s* cotitură

upward [ʌp'wə:d] 1 *adj* îndreptat în sus 2 *adv* în sus; ~s of mai mult de

uranium [ju'reiniəm] *s* uraniu

urban ['ə:bən] *adj* urban

urbane [ə'bein] *adj* politicos; manierat

urchin ['ə:tʃin] *s* ştrengar

urge [ə:dʒ] 1 *vt* a îndemna; a incita 2 *s* îndemn; dorinţă puternică

urgent ['ə:dʒənt] *adj* urgent; important

urn [ə:n] *s* urnă; cupă

us [ʌs] *pron* pe noi; ne; nouă

usage ['ju:zidʒ] *s* folosire, utilizare; uzură

use 1 [ju:s] *s* folosire; uz; utilizare; valoare; *in* ~ în uz; *out of* ~ scos din uz; *it's no* ~ nu are nici un sens 2 [ju:z] *vt* a utiliza, a folosi; a consuma

used [ju:st] *adj* uzat; obişnuit; *to be* ~ *to* a fi obişnuit cu/să

useful ['ju:sful] *adj* util; capabil

useless ['ju:slis] *adj* inutil; fără valoare

usher ['ʌʃə] 1 *s* plasator (*de bilete*) 2 *vt* a conduce; a anunţa

usual ['ju:ʒuəl] *adj* obişnuit; *as* ~ ca de obicei

usually ['ju:ʒuəli] *adv* de obicei

usurer ['ju:ʒərə] *s* cămătar

usurp [ju:'zə:p] *vt* a uzurpa

usurper [ju:'zə:pə] *s* uzurpator

usury ['ju:ʒəri] *s* camătă

utensil [ju'tensil] *s* unealtă; obiect util în gospodărie

utility [ju:'tiliti] *s* utilitate; lucru util

utilize ['ju:tilaiz] *vt* a utiliza

utmost ['ʌtmoust] 1 *adj* extrem; maxim; mare 2 *s* maxim

utopian [ju:'toupiən] *adj* utopic

utter ['ʌtə] 1 *adj* complet; total 2 *adv* în întregime 3 *vt* a rosti; a scoate (*un oftat etc.*)

uttermost ['ʌtəmoust] *adj, s* maxim

V

V,v [vi:] (litera) v

vac [væk] s vacanță

vacancy ['veikənsi] s loc gol; neatenție; vacancies posturi libere

vacant ['veikənt] adj gol; absent, neatent; liber, neocupat

vacate [vei'keit] vt a elibera, a părăsi (o casă, un loc)

vacation [və'keiʃən] s vacanță; concediu

vaccinate ['væksineit] vt a vaccina

vacillate ['væsileit] vi a oscila; a ezita

vacillation ['væsileiʃən] s ezitare; oscilație

vacuous ['vækjuəs] adj neatent; fără sens

vacuum ['vækjuəm] s vid; ~ cleaner aspirator; ~ bottle termos

vagabond ['vægəbɔnd] 1 adj vagabond, hoinar 2 s vagabond

vagary ['veigəri] s ciudățenie; divagație

vagrant ['veigrənt] adj rătăcitor; vagabond

vague [veig] adj neclar; vag; nesigur

vain [vein] adj inutil; încrezut; in ~ zadarnic; ~glory îngîmfare; ~glorious încrezut

vainly ['veinli] adv zadarnic

valet ['vælit] s servitor

valetudinarian [vælitjudi'nɛəriən] adj bolnăvicios; ipohondru

valiant ['væliənt] adj curajos

valid ['vælid] adj valabil; justificat

validity [və'liditi] s valabilitate

valley ['væli] s vale

valour ['vælə] adj vitejie

valuable ['væljuəbl] adj valoros; ~s pietre prețioase

valuation [vælju'eiʃən] s evaluare

value ['vælju] 1 s valoare; importanță; folos; sens; preț 2 vt a evalua; a aprecia

valve [vælv] s supapă; radio ~ lampă de radio

vamp [væmp] 1 s vampă 2 vt, vi a încropi; a ademeni sau a tapa (un bărbat)

vampire ['væmpaiə] s vampir

van [væn] s camion; vagon de marfă; avangardă

vanguard ['vænga:d] s avangardă

vanilla [və'nilə] s vanilie (plantă)

vanish ['væniʃ] vi a dispărea

vanity ['væniti] s vanitate; frivolitate; ~ bag trusă de farduri

vanquish ['væŋkwiʃ] vt a înfrînge; a supune

vantage ['va:ntidʒ] s avantaj

vapid ['væpid] adj insipid; neinteresant

vaporize ['veipəraiz] vt, vi a (se) evapora

vapour ['veipə] s abur; ceață; ~s halucinații; ~-bath baie de aburi

variable ['vɛəriəbl] adj variabil; schimbător

variance ['vɛəriəns] s at ~ în discordie

variant ['vɛəriənt] s variantă

variation [vɛəri'eiʃən] s variație;

217

VAR

schimbare

varicoloured ['vɛərik∧lə:d] *adj* multicolor

varied ['vɛərid] *adj* variat; diferit; schimbător

variety [və'raiəti] *s* varietate; soi

various ['vɛəriəs] *adj* divers; diferit

varnish ['vɑːniʃ] 1 *s* lac; email; *nail ~* ojă 2 *vt* a lăcui; a da cu ojă

varsity ['vɑːsiti] *s* universitate

vary ['vɛəri] *vi, vt* a varia; a diferi

vase [vɑːz] *s* vază (*de flori*)

vast [vɑːst] *adj* întins; uriaș; imens

vault [vɔːlt] 1 *s* boltă; pivniță; carcu; săritură 2 *vi, vt* a sări

veal [viːl] *s* carne de vițel

vegetable ['vedʒitəbl] *s* legumă

vehement ['viəmənt] *adj* vehement; violent

vehicle ['viːikl] *s* vehicul; modalitate

veil [veil] 1 *s* văl; pretext; *to take the ~* a se călugări 2 *vt* a ascunde

vein [vein] *s* vînă; nervură; ton; dispoziție

velocity [vi'lɔsiti] *s* viteză

velvet ['velvit] *s* catifea

venal ['viːnəl] *adj* corupt

veneer [vi'niə] 1 *s* furnir 2 *vt* a furnirui

venerable ['venrəbl] *adj* venerabil

venerate ['venəreit] *vt* a venera

vengeance ['vendʒəns] *s* răzbunare

vengeful ['vendʒful] *adj* răzbunător

venial ['viːniəl] *adj* scuzabil

venison ['venisən] *s* carne de căprioară

venom ['venəm] *s* venin; ură

vent [vent] *s* ieșire; supapă; *to give ~ to* a da frîu liber (*miniei etc.*)

ventilator ['ventileitə] *s* ventilator

venture ['ventʃə] 1 *s* aventură; risc 2 *vt, vi* a se aventura; a (-și) sacrifica; a îndrăzni

venturesome ['ventʃəsəm] *adj* aventuros; riscant

veracious [və'reiʃəs] *adj* adevărat

verb [vəːb] *s* verb

verbose [vəː'bous] *adj* limbut; prolix

verbosity [vəː'bɔsiti] *s* limbuție; caracter prolix

verdict ['vəːdikt] *s* verdict; opinie

verdigris ['vəːdigris] *s* cocleală

verge [vəːdʒ] *s* margine; limită; *to be on the ~ of* a fi în pragul (*falimentului etc.*) *vi* (*on*) a se apropia (de)

verify ['verifai] *vt* a verifica; a confirma

verity ['veriti] *s* adevăr

vermillion [və'miliən] *adj* roșu aprins

vermin ['vəːmin] *s* insecte *sau* animale dăunătoare; parazit

vernacular [və'nækjulə] 1 *adj* autohton; neaoș 2 *s* dialect; limbă

versatile ['vəːsətail] *adj* multilateral

verse [vəːs] *s* vers

versed [vəːst] *adj* versat; priceput

version ['vəːʃən] *s* versiune

versus ['vəːsəs] *prep* contra

vertex ['vəːteks] *s* vîrf; culme

vertical ['vəːtikəl] 1 *adj* vertical 2 *s* verticală

vertigo ['vəːtigou] *s* amețeală

very ['veri] 1 *adj* tocmai acela/aceea; chiar; *the ~ thing I want* chiar obiectul pe care-l vreau 2 *adv* foarte; chiar; prea

vespers ['vespəz] *s pl* vecernie

vessel ['vesl] *s* vas

vest [vest] 1 *s* vestă 2 *vt, vi* a investi
vestige ['vestid 3] *s* vestigiu; urmă
vestment ['vestmənt] *s* veşmînt
vestry ['vestri] *s* sacristie
veterinary ['vetrinəri] *adj* veterinar; *a*
~ *surgeon* doctor veterinar
veto ["vitou] 1 *s* veto; opoziţie 2 *vt* a
interzice prinr-un veto
vex [veks] *vt* a necăji; a enerva; a afecta
vexations ['veksei∫ənz] *s pl* necazuri;
hărţuieli
vexatious ['veksei∫əs] *adj* supărător
via ['vaiə] *prep* prin, via
vial ["vaiəl] *s* fiolă; sticluţă (de
medicamente)
vibrate [vai'breit] *vi, vt* a trepida; a
vibra
vibration [vai'brei∫ən] *s* trepidaţie;
vibraţie
vicar ['vikə] *s* vicar; preot; ~ *age* casă
parohială
vicarious [vi'kɛəriəs] *adj* indirect;
delegat
vice [vais] *s* viciu; nărav; menghină
vicinity [vi'siniti] *s* apropiere;
vecinătate
vicious ['vi∫əs] *adj* vicios; viciat;
corupt; greşit; răutăcios
vicissitude [vi'sisitju:d] *s* vicisitudine
victim ['viktim] *s* victimă
victimize ['viktimaiz] *vt* a persecuta
victory ['viktəri] *s* victorie
victual ['vitl] *vt* a aproviziona cu
produse alimentare
videlicet [vi'diliset] *adv* adică
video ['vidiou] *s* televiziune; ~ *cassette
player* video player; ~ -*tape* bandă
video

vie [vai] *vi* (*with*) a se întrece (cu)
view [vju:] 1 *s* rază vizuală; privelişte;
vedere; scop; ~ *s* opinie; *in* ~ *of* luind
în consideraţie; *on* ~ expus vederii; *to
come into* ~ a se înfăţişa vederii, a se
vedea; *with a* ~ *to* în scopul de a; ~
point punct de vedere 2 *vt* a vedea; a
examina; *television* ~ *ers* telespec-
tatori
vigil ['vid 3 il] *s* veghe; ajun
vigilance ['vid 3 iləns] *s* vigilenţă;
precauţie
vigilant ['vid 3 ilənt] *adj* vigilent;
precaut
vigorous ['vigərəs] *adj* puternic;
energic
vile [vail] *adj* vulgar; josnic; detestabil
vilify ['vilifai] *vt* a calomnia
village ['vilid 3] *s* sat
villager ['vilid 3 ə] *s* sătean
villain ['vilən] *s* ticălos
vim [vim] *s* vigoare
vindicate ['vindikeit] *vt* a dovedi
vindictive [vin'diktiv] *adj* răzbunător
vine [vain] *s* viţă (de vie); ~ *yard* vie
vinegar ['vinigə] *s* oţet
vintage ['vintid 3] *s* culesul viilor;
recoltă de struguri
violate ['vaiəleit] *vt* a încălca; a viola
violation [vaiə'lei∫ən] *s* încălcare;
violare
violent ['vaiələnt] *adj* violent; puter-
nic
violet ['vaiəlit] *s* violetă; violet
viper ['vaipə] *s* viperă
virago [vi'rɑ:gou] *s* femeie gîlcevitoare,
scorpie
virgin ['və:d 3 in] 1 *s* fecioară; *the Vir*

219

gin Fecioara Maria 2 *adj* pur; virgin;
proaspăt

virile ['virail] *adj* viril; energic; puternic

virtue ['və:tʃu:] *s* virtute; cinste;
eficacitate; calitate; *by ~ of* datorită

virulent ['virjulənt] *adj* virulent;
vehement

visage ['vizidʒ] *s* față; figură

viscid ['visid] *adj* lipicios; viscos

visible ['vizibl] *adj* vizibil

visibly ['vizibli] *adv* evident

vision ['viʒn] *s* viziune; priveliște;
vedenie; imagine

visionary ['viʒnri] *adj* imaginar

visit ['vizit] 1 *vt, vi* a (se) vizita; a sta
(*la hotel*); a frecventa; *to ~ with* a sta
de vorbă cu 2 *s* vizită; *~ing-card* carte
de vizită

visitor ['vizitə] *s* vizitator

visual ['viʒuəl] *adj* vizual

vital ['vaitl] *adj* vital

vitality [vai'tæliti] *s* vitalitate

vitiate ['viʃieit] *vt* a vicia; a polua; a
desființa

vitreous ['vitriəs] *adj* sticlos

vituperate [vi'tjupəreit] *vt* a blama; a
insulta

vituperation [vitjupə'reiʃən] *s*
blamare; insultă

vivacious [vi'veiʃəs] *adj* vioi; bine dispus; vesel

vivid ['vivid] *adj* viu (*colorat*); vioi;
clar

vixen ['viksən] *s* vulpe (*femelă*); cață

viz [viz] *adv* adică

vocabulary [və'kæbjuləri] *s*
vocabular

vocation [vou'keiʃən] *s* vocație; aptitudine

vocational [vou'keiʃənəl] *adj*
profesional

vogue [voug] *s* vogă; modă;
popularitate

voice [vɔis] 1 *s* voce; opinie; *in a low ~*
în șoaptă 2 *vt* a rosti; a exprima

void [vɔid] 1 *adj* gol; neocupat; *~ of
interest* lipsit de interes; *null and ~*
nul 2 *s* (spațiu) gol; lipsă 3 *vt* a goli;
a anula

volcano [vɔl'keinou] *s* vulcan

volition [və'liʃən] *s* voință

volley ['vɔli] *s* salvă; sumedenie (*de
insulte*); voleu; *~-ball* volei

voluble ['vɔljubl] *adj* volubil; vorbăreț;
fluent

volume ['vɔlju:m] *s* volum

voluntary ['vɔlintri] *adj* voluntar;
benevol; intenționat

volunteer [vɔlən'tiə] 1 *s* voluntar 2 *vi*
a se înrola ca voluntar

voluptuous [və'lʌptjuəs] *adj* voluptos

vomit ['vɔmit] *vt, vi* a vomita; a scoate
(*fum*)

voracious [və'reiʃəs] *adj* vorace;
lacom

vote [vout] 1 *s* vot; drept de vot 2 *vi* a
vota

vouch [vautʃ] *vi* (*for*) a garanta
(*pentru*)

voucher ['vautʃə] *s* chitanță; factură;
garant; girant

vow [vau] 1 *s* promisiune; jurământ 2 *vt*
a jura

vowel ['vauəl] *s* vocală

voyage ['vɔidʒ] 1 s călătorie (pe apă) 2 vi a călători (cu vaporul)

voyager ['vɔiədʒə] s călător; explorator

vulgar ['vʌlgə] adj vulgar; obişnuit

vulgarity [vʌl'gæriti] s vulgaritate

vulnerable ['vʌlnərəbl] adj vulnerabil

vulture ['vʌltʃə] s vultur

vying [vaiiŋ] adj ~ with în concurenţă / în rivalitate cu

W

W, w ['dʌblju:] (litera) w

wad [wɔd] 1 s tampon; sul de stofă;
teanc 2 vt a tampona; a face sul

wadding ['wɔdiŋ] s căptușeală

waddle ['wɔdl] vi a merge legănîndu-se

wade [weid] vi, vt a merge (cu greu)
prin apă/noroi; to ~ in a se pune pe
treabă; to ~ through slaughter a călca
peste cadavre

wafer ['weifə] s biscuit; anafură

waft [wɔft] 1 vt a fi purtat de vînt 2 s
adiere; plutire

wag [wæg] 1 vt a da (din coadă); a
amenința cu (degetul) 2 s mucalit

wage [weidʒ] 1 s salariu; răsplată; ~
earner salariat; ~-freeze înghețarea
salariilor 2 vt a purta (război)

wager ['weidʒə] 1 vt a paria 2 s pariu

waggon ['wægən] s căruță; vagon de
marfă deschis; on the water ~ care nu
mai bea băuturi alcoolice

waif [weif] s copil hoinar

wail [weil] 1 vi a se lamenta; a se văicări
2 s văicăreală; scîncet

waist [weist] s talie, mijloc; ~-deep
(în apă) pînă la mijloc ~-line talie

wait [weit] 1 s așteptare; the ~s
colindătorii 2 vi, vt a aștepta; ~ for me
așteaptă-mă; to ~ at/on a servi masa;
~ing-room sală de așteptare

waiter ['weitə] s ospătar, chelner

waitress ['weitris] s chelneriță

waive [weiv] vt a renunța la (un drept)

wake [weik] 1 vi, vt (trec. woke, part.
trec. woken) a (se) trezi; a stîrni 2 s
veghe; priveghi

walk [wɔːk] 1 s plimbare; loc de plim-
bare; ~ of life profesiune 2 vi, vt a se
plimba; to ~ away a se duce; to ~ off
a pleca luînd din greșeală un obiect; to
~ into a mînca cu poftă din; to ~ on
a face figurație (la teatru); to ~ out
a intra în grevă; to ~ up a se apropia;
~ing stick baston

walkie-talkie [wɔːki'tɔːki] s aparat de
emisie recepție

wall [wɔːl] s perete; obstacol; ~-paint-
ing frescă; ~ paper tapet

wallet ['wɔlit] s portofel; portvizit;
traistă

wallop ['wɔləp] 1 vt a bate măr 2 s
bătaie zdravănă; bere; a ~ing lie min-
ciună gogonată

wallow ['wɔlou] vi a se bălăci; to be
~ing in money a se scălda în bani

walnut ['wɔːlnʌt] s nuc; nucă

walrus ['wɔːlrəs] s morsă

waltz [wɔːls] 1 s vals 2 vi a valsa

wan [wɔn] adj palid

wand [wɔnd] s baghetă

wander ['wɔndə] vi, vt a rătăci, a
cutreiera; a șerpui; a se abate (de la
subiect)

wanderer ['wɔndərə] s hoinar

wane [wein] vi a descrește

want [wɔnt] 1 s lipsă; ~s nevoi 2 vt, vi

a dori; a vrea; a avea nevoie; a fi căutat; a fi lipsă; ~ -*ad* anunț în ziar; *to ~ for nothing* a nu duce lipsă de nimic

wanting ['wɔntiɳ] *prep* fără

wanton ['wɔntən] 1 *adj* vioi; capricios; frivol; sălbatic; absurd; necinstit 2 *s* femeie ușoară

war [wɔː] *s* război; luptă; *at ~* în stare de război; *~-cry* strigăt de luptă; ~ *monger* ațîțător la război

warble ['wɔːbl] 1 *s* tril; ciripit 2 *vi* a ciripi

warbler ['wɔːblə] *s* pasăre cîntătoare

ward [wɔːd] 1 *s* pavilion (*în spital*); salon; cartier; protecție; pază 2 *vt* a păzi; *to ~ off* a evita (*o lovitură*)

warden ['wɔːdn] *s* paznic; custode

warder ['wɔːdə] *s* pazanic de închisoare

wardrobe ['wɔːdroub] *s* șifonier; garderobă

wardroom ['wɔːdrum] *s* popotă (*pe o navă de război*)

ware [wɛə] *s* marfă; ~ *house* depozit

warm [wɔːm] 1 *adj* cald; entuziast; milos 2 *vt, vi* a (se) încălzi

warmly ['wɔːmli] *adv* călduros; cu entuziasm

warmth ['wɔːmθ] *s* căldură; entuziasm

warn [wɔːn] *vt* a avertiza

warning ['wɔːniɳ] *s* avertisment; avertizare; lecție; învățătură de minte

warp [wɔːp] *s* țesătură; urzeală

warrant ['wɔrənt] 1 *s* autoritate; mandat de arestare; împuternicire 2 *vt* a justifica; a garanta; a împuternici

warrior ['wɔriə] *s* războinic

wart [wɔːt] *s* neg

wary ['wɛəri] *adj* precaut

wash [wɔʃ] 1 *s* spălare; rufe date la spălat 2 *vt, vi* a (se) spăla; *to ~ up* a spăla vase

washable ['wɔʃəbl] *adj* lavabil

washer ['wɔʃə] *s* mașină de spălat; *dish-~* mașină de spălat vase; *woman-~* spălătoreasă

washing ['wɔʃiɳ] *s* spălare; rufe spălate; ~ -*machine* mașină de spălat

washy ['wɔʃi] *adj* apos; pal

wasp [wɔsp] *s* viespe

wastage ['weistidʒ] *s* risipă; pierderi

waste [weist] 1 *adj* pustiu; nefolositor; ~ -*bin*/*basket* ladă de gunoi; ~ *land* teren înțelenit; *to lay ~* a nimici; ~ *products* deșeuri 2 *vt, vi* a irosi; a pustii; a distruge 3 *s* risipă; gunoi; pustiu; *to go*/*run to ~* a se duce pe apa sîmbetei

watch¹ [wɔtʃ] 1 *s* pază; gardă; cart; veghe; ~ -*dog* cîine de pază 2 *vt, vi* a urmări; a se uita la; a îngriji; *to ~ for* a fi în așteptare; *to ~ one's step* a fi atent unde pășește; *to ~ over* a avea grijă de

watch² [wɔtʃ] 1 *s* ceas (de mînă); ~ *maker* ceasornicar

watchful ['wɔtʃful] *adj* treaz; atent; vigilent

watchman ['wɔtʃmən] *s* paznic

watchword ['wɔtʃwɔːd] *s* parolă

water ['wɔːtə] 1 *s* apă; *by ~* cu vaporul; *in deep ~* la ananghie; *in low ~* lefter; ~ *closet* WC; ~ *colour* acuarelă; ~ *course* curs de apă; ~ *fall*

cataractă; ~ *lily* nufăr; ~ *melon*
pepene verde; ~ *mill* moară de apă;
~ *polo* polo de apă; ~ *proof* imper-
meabil (*adj*); ~ *skiing* schi pe apă;
~ *tight* etanş; ~ *way* cale navigabilă 2
vt, vi a uda; a adăpa; a lăsa gura apă; a
lăcrima; a dilua; ~*ing-can*
stropitoare; ~*ing place* staţiune
climaterică
watery ['wɔ:təri] *adj* apos; umed;
diluat; de apă; insipid
wattle ['wɔtl] *s* gard de nuiele; moţ (*la
curcan*)
wave [weiv] 1 *vi, vt* a (se) undui; a
flutura; a face semn (cu mîna) a
încreţi; *to* ~ *aside* a respinge 2 *s* val;
semn; creţ; undă (electrică); *the* ~*s*
marea
waver ['weivə] *vi* a pîlpîi; a tremura; a
ezita
wavy ['weivi] *adj* unduitor; şerpuitor
wax [wæks] 1 *s* ceară; ~ *cloth* muşama
2 *vi* a cerui; (*d. lună*) a creşte
way [wei] *s* drum; cale; rută; direcţie;
fel; mod; obicei; situaţie; stare;
condiţie; *by the* ~ apropo; *by* ~ *of* cu
scopul de a; *in the family* ~ gravidă;
to lead the ~ a conduce (*vizitatori*);
to make ~ a face loc; *out of the* ~
neobişnuit; *this* ~, *please* (luaţi-o)
pe aici, vă rog; *to my* ~ *of thinking*
după părerea mea
waylay [wei'lei] *vt* a acosta; a ataca; a
jefui
wayward ['weiwəd] *adj* încăpăţînat;
voluntar; capricios
we [wi] *pron* noi
weak [wi:k] *adj* slab; slăbit; apos;

nepriceput; moale
weaken ['wi:kən] *vt, vi* a slăbi; a (se)
micşora; a (se) atenua; a (se)
domoli
weakling ['wi:kliŋ] *s* slăbănog; moliu
weakness ['wi:knis] *s* slăbiciune
wealth [welθ] *s* bogăţie; belşug;
sumedenie
wean [wi:n] *vt* a înţărca
weapon ['wepən] *s* armă
wear [wɛə] 1 *s* purtare (*a hainelor*);
uzură; uzare 2 *vt, vi* (*trec.* wore, *part.
trec.* worn) a (se) purta (pe sine);
a ţine; a dura; a (se) uza; a rezista;
to ~ *down* a obosi; *to* ~ *off* a trece cu
timpul; *to* ~ *out* a extenua
wearer ['wɛərə] *s* purtător
weariness ['wiərinis] *s* plictiseală; is-
tovire
weary ['wiəri] 1 *adj* obosit; obositor 2
vt, vi a (se) obosi; a (se) plictisi
weasel ['wi:zl] *s* nevăstuică
weather ['weðə] 1 *s* vreme; ~
forecast buletin meteorologic; ~ *glass*
barometru 2 *vt, vi* a înfrunta; a se
decolora
weave [wi:v] *vt, vi* (*trec.* wove, *part.
trec.* woven) a (se) ţese; a (se)
împleti; a compune
weaver ['wi:və] *s* ţesător; ţesătoare
web [web] *s* pînză (de păianjen);
ţesătură; împletitură
wed [wed] *vt, vi* a (se) căsători; a uni
wedding ['wediŋ] *s* nuntă; ~*-ring*
verighetă
wedge [wedʒ] 1 *s* pană, ic 2 *vt* a
despica cu *(un ic)*
wedlock ['wedlɔk] *s* căsătorie; *born out*

of ~ (copil) nelegitim

Wednesday ['wenzdi] *s* miercuri

wee [wi:] *adj* foarte mic; foarte puţin *a*
~ *bit* puţin de tot

weed [wi:d] 1 *s* buruiană; tutun; ~*s*
haine de doliu 2 *vt* a plivi

week [wi:k] *s* săptămînă; ~ *in* ~ *out*
săptămîni în şir; ~ *end* sfîrşit de
săptămînă; ~ *day* zi de lucru

weekly ['wi:kli] *adj, adv* săptămînal

weeny ['wi:ni] *adj teeny* ~ micuţ,
mititel

weep [wi:p] *vt, vi* a plînge

weeping ['wi:piŋ] *adj* plîngător;
plîngăcios; ~-*willow* salcie
plîngătoare

weevil ['wi:vil] *s* gărgăriţă

weigh [wei] *vt, vi* a cîntări; *to* ~ *down*
a copleşi; *to* ~ *on* a chinui; a apăsa

weight ['weit] *s* greutate; povară; im-
portanţă; halteră; măsură de
greutate; *to put on* ~ a se îngrăşa; *to*
~ *smb down* a încărca (cu pachete);
~-*lifting* haltere (*sport*)

weightless ['weitlis] *adj* imponderabil

weightlessness ['weitlisnis] *s* im-
ponderabilitate

weighty ['weiti] *adj* greu; greoi;· in-
fluent; important

weir [wiə] *s* stăvilar

weird [wiəd] *adj* ciudat; suspect;
nepămîntesc

welcome ['welkəm] 1 *adj* binevenit;
you're ~*!* n-ai pentru ce! (*răspuns la*
"Mulţumesc"); *to be* ~ *to* a i se per-
mite să 2 *s* întîmpinare; bun-venit 3 *vt*
a întîmpina; a ura bun venit

weld [weld] *vt, vi* a (se) suda

welder ['weldə] *s* sudor

welfare ['welfɛə] *s* bunăstare;
prosperitate

well [wel] 1 *s* puţ; sondă; izvor 2 *vi* a se
scurge, a curge: *to* ~ *over* a se revărsa
3 *adv* bine; cum trebuie; ~ *done!*
bravo!; ~ *off,* ~-*to-do* bogat, înstărit;
as ~ deasemenea, şi; *as* ~ *as* precum
şi; *to come off* ~ a ieşi bine (dintr-o
situaţie); *to do* ~ a o duce bine; *pretty*
~ aproape (*terminat etc.*); ~-*being*
bunăstare; ~-*bred* binecrescut; ~-
known bine cunoscut; ~-*meaning*
bine intenţionat; ~-*read* cult

Welsh [welʃ] 1 *s* limba velşă; *the* ~
velşii 2 *adj* galez, velş, din Ţara Galilor

welter ['weltə] 1 *vi* a se tăvăli 2 *s*
încurcătură; confuzie 3 *adj:* ~ *weight*
boxer de categorie semi-mijlocie

wench [wentʃ] *s* fetişcană; femeiuşcă

west [west] *s* vest; ~-*ward* spre vest

westerly ['westə:li] 1 *adj* vestic 2 *adv*
dinspre *sau* spre vest

western ['westə:n] 1 *adj* apusean; oc-
cidental 2 *s* film western

wet [wet] 1 *adj* ud; umed; ploios; ~
nurse doică; *the* ~ ploaie 2 *vt* a uda

wether ['weðə] *s* batal

whack [wæk] 1 *vt* a pocni; a trage o
palmă 2 *s* scatoalcă

whacked ['wækt] *adj* obosit

whacking ['wækiŋ] *s* bătaie

whale [weil] *s* balenă

wharf [wɔ:f] *s* debarcader; chei

what [wɔt] 1 *adj* care; ce; *What books*
do you want? Ce cărţi vrei?; *What time*
is it? Cît e ceasul? 2 *pron* ce; cît?; ceea
ce; cît de; ~ *is she?* ce e ea?; ~ *hap-*

pened? ce s-a întîmplat?; ~ *for* la ce, pentru ce; ~ *'s... like?* cum e...?; ~ *'s the new dress like?* cum e rochia cea nouă?; ~ *about* despre ce; *and* ~ *not* și și cîte și mai cîte; *I'll tell you* ~ să-ți spun ceva; *to know* ~ *'s* a ști bine despre ce e vorba

whatever [wɔt'evə] **1** *adj* oricare; orice; (*cu negativ*) nici un; nici o **2** *pron* orice; oricare

wheat [wi:t] *s* grîu

wheaten ['wi:tən] *adj* de grîu

wheedle ['wi:dl] *vt* a convinge prin lingușeli

wheel [wi:l] **1** *s* roată; volan; ~ *barrow* roabă; ~ *-chair* scaun de invalid **2** *vt, vi* a merge/a duce cu bicicleta

wheeze [wi:z] *vi* a respira greu *sau* hîrîit

whelp [welp] *s* pui de cîine, leu, vulpe *etc.;* copil prost crescut

when [wen] **1** *adv* cînd **2** *conj* cînd; ori de cîte ori; atunci cînd

whence [wens] *adv* de unde

whenever ['wenevə] **1** *adv* cînd (anume) **2** *conj* cînd; oricînd; ori de cîte ori

where [wɛə] **1** *adv* unde; încotro **2** *conj* unde; oriunde; indiferent unde

whereabouts ['wɛərəbauts] **1** *adv* (pe) unde **2** *s* loc unde se află cineva

whereas [wɛə'æz] *conj* pe cînd

wherefore ['wɛəfɔ:] *adv, conj* de ce

wheresoever [wɛəsou'evə] *adv* oriunde

wherever [wɛər'evə] *adj* oriunde

whet [wet] *vt* a ascuți; a ațița (*dorințe*) ~ *-stone* tocilă, gresie

whether ['weðə] *conj* dacă; ~ *or no*

în orice caz; orice s-ar întîmpla

whey [wei] *s* zer

which [witʃ] **1** *adj* care; ~ *book do you like?* care carte îți place? **2** *pron* care (din ei, ele); pe care; ~ *one do you want?* pe care o vrei? ~ *of you?* care dintre voi

whichever [witʃ'evə] **1** *adj* oricare **2** *pron* oricare; pe care; care; ~ *of them* ori care dintre ei

whiff [wif] **1** *s* pufăit **2** *vi* a pufăi

while [wail] **1** *s* (perioadă de) timp; *in a little* ~ imediat; *once in a* ~ din cînd în cînd **2** *vt to* ~ *away* a-și petrece timpul stînd degeaba **3** *conj* în timp ce; pe cînd; deși

whim [wim] *s* capriciu, toană, poftă

whimper ['wimpə] **1** *vi* a scînci **2** *s* scîncet

whimsical ['wimzikl] *adj* capricios

whimsy ['wimzi] *s* capriciu

whine [wain] **1** *s* scîncet; geamăt **2** *vi* a scînci; a geme

whip [wip] **1** *s* bici **2** *vt, vi* a biciui; a bate spumă; a bate

whirl [wə:l] **1** *vt, vi* a (se) roti; a se mișca repede; a ameți **2** *s* rotire; confuzie; agitație; ~ *-wind* vîrtej

whirr [wə:] **1** *s* fîlfîit **2** *vi* a fîlfîi (din aripi)

whisk [wisk] **1** *s* perie; bătător (de ouă) **2** *vt, vi* a agita (*coada*); a trece repede; a bate (*ouă*)

whiskers ['wiskə:z] *s pl* favoriți; mustăți (de pisică)

whisper ['wispə] **1** *vi, vt* a șopti; a se zvoni; a foșni **2** *s* șoaptă; zvon; foșnet

whistle [wisl] **1** *s* fluierat **2** *vi* a fluiera

WHI

whit [wit] *s not a* ~ nici un pic

white [wait] **1** *adj* alb; palid; ~ *bear* urs alb; ~ *coffee* cafea cu lapte; ~ *frost* chiciură; ~-*haired* cărunt; ~-*livered* fricos; *to* ~ *wash* a vărui **2** *s* alb; albuş; albul ochiului

whither ['wið ə] *adv* încotro

Whitsun ['witsn] *s* Rusaliile

whittle ['witl] *vt* a ciopli

whiz [wiz] *vi* a şuiera

who [hu:] *pron* cine; care; pe care

whoever [hu:'evə] *pron* oricine; cine oare; pe oricare

whole [houl] **1** *s* întreg; *on the* ~ în ansamblu **2** *adj* întreg; nevătămat; tot; ~ *number* număr întreg; ~ *meal* făină integrală

wholesale ['houlseil] *s* (vînzare) angro

wholesome ['houlsəm] *adj* sănătos; bun pentru sănătate

wholly ['houlli] *adv* în întregime; întru totul

whoop [hu:p] **1** *s* strigăt; ţipăt **2** *vi* a striga; a ţipa; ~*ing-cough* tuse convulsivă

whore [hɔ:] *s* stricată; curvă

whose [hu:z] **1** *pron* a/al/ale cui **2** *adj* ale/a cărei; ale/ a cărui; a/al/ale cui

why [wai] **1** *adv* de ce; ~*is he late?* de ce a întîrziat?; *tell me* ~ spune-mi de ce; *that's* ~ iată de ce **2** *s* motiv; cauză

wicked ['wikid] *adj* rău; răutăcios; neascultător; netrebnic

wickedness ['wikidnis] *s* răutate

wicker ['wikə] *s* împletitură din răchită

wicket ['wikit] *s* ghişeu; uşiţă

wide [waid] **1** *adj* larg; lat; spaţios; vast; larg deschis **2** *adv* departe de; complet; ~-*awake* complet treaz; ~ *spread* larg răspîndit

widely ['waidli] *adv* peste tot; în mare măsură; foarte mult

widen ['waidən] *vt, vi* a (se) lărgi

widow ['widou] *s* văduvă

widower ['widouə] *s* văduv

width [widθ] *s* lărgime; lăţime

wife [waif] *s* soţie

wig [wig] *s* perucă

wild [waild] **1** *adj* sălbatic; barbar; crud; violent; furios; nesăbuit **2** *s* pustiu

wilderness ['wildənis] *s* pustiu, pustietate

wile [wail] **1** *s* şiretlic **2** *vt* a ademeni; *to* ~ *away* a irosi (*timpul*)

will [wil] (*trec.* would) **1** *v aux* (*formează viitorul*): *she* ~ *go* there se va duce acolo **2** *v mod I* ~ *come* o să vin (*promit sau vreau*); *the window won't open* fereastra nu se deschide (s-a înţepenit); *he won't go* refuză să se ducă; ~ *you give me...* vrei să-mi dai... **3** *vt* a vrea; a dori; *come whenever you* ~ vino ori de cîte ori vrei/doreşti **4** *s* voinţă; hotărîre; dorinţă; entuziasm; testament; *at* ~ după cum îţi place/doreşti; *of one's own free* ~ de bună voie

willies ['wiliz] *s pl to give smb the* ~ a băga în sperieţi pe cineva

willing ['wiliɳ] *adj* amabil; dornic; dispus; bucuros

willow ['wilou] *s* salcie

willy-nilly [wili'nili] *adv* vrînd-nevrînd

wilt [wilt] *vt, vi* a (se) ofili; a se moleşi

wily ['waili] *adj* viclean

win [win] 1 *vt, vi* (*trec., part. trec.* won) a cîştiga; a cuceri 2 *s* victorie

wince [wins] 1 *vi* a tresări; a se clinti 2 *s* tresărire

winch [wint∫] *s* vinci; macara

wind[1] [wind] 1 *s* vînt; răsuflare; vorbe goale; ~ *bag* palavragiu; ~ *-flower* anemonă; ~ *instrument* instrument de suflat; ~ *mill* moară de vînt; ~ *pipe* trahee; ~ *screen* parbriz 2 *vt* a adulmeca; a simţi după miros; a odihni (*caii*)

wind[2] [waind] 1 *vi, vt* (*trec., part. trec.* wound) a sufla (*la un instrument*)*;* a şerpui a; (se) răsuci; a (se) înfăşura; a ţine în braţe; a trage (*un ceas*)*;* a emoţiona; *to* ~ *up* a pune capăt; ~*ing sheet* giulgiu 2 *s* cot; meandră; încovoiere

window ['windou] *s* fereastră; ~ *-pane* geam (la fereastră)*;* ~ *-sill* pervaz

windy ['windi] *adj* vîntos

wine [wain] *s* vin; ~ *press* teasc

wing [wiŋ] 1 *s* aripă; flanc; ~*s* culise; *on the* ~ în zbor; *to take* ~ a-şi lua zborul 2 *vt, vi* a da aripi; a zbura

wink [wiŋk] 1 *vi, vt* a face cu ochiul; a clipi; a licări; ~*ing lights* semnalizatoare de direcţie 2 *s* clipă; *in a* ~ într-o clipă; *forty* ~*s* pui de somn

winner ['winə] *s* cîştigător

winning ['winiŋ] *adj* cîştigător; victorios; ademenitor

winnow ['winou] *vt* a vîntura

winsome ['winsəm] *adj* plăcut; atrăgător; cuceritor

winter ['wintə] 1 *s* iarnă 2 *vi* a-şi petrece iarna

wintry ['wintri] *adj* rece; glaciar

wipe [waip] *vt, vi* a şterge; *to* ~ *out* a distruge, a nimici

wiper ['waipə] *s* ştergător; *windscreen* ~ ştergător de parbriz

wire [waiə] 1 *s* sîrmă; ~ *-haired* sîrmos; ~ *tapping* interceptarea convorbirilor telefonice 2 *vt, vi* a bobina; a cupla; a telegrafia

wireless ['waiəlis] 1 *adj* fără fir 2 *s* radio

wiry ['wairi] *adj* slab şi muşchiulos

wisdom ['wizdəm] *s* înţelepciune; ~ *tooth* măsea de minte

wise [waiz] 1 *adj* cu scaun la cap; înţelept; prevăzător; ~ *crack* remarcă spirituală 2 *s* mod; manieră; *in no* ~ în nici un fel

wish [wi∫] 1 *vt, vi* a dori, a vrea; *I* ~ *nobody ill* nu vreau răul nimănui; *to* ~ *happiness to all* a ura fericire tuturor; ~ *-bone* iadeş 2 *s* dorinţă; poftă; urare

wishful ['wi∫ful] *adj* doritor, dornic

wisp [wisp] *s* mănunchi; smoc (de păr)

wistful ['wistful] *adj* gînditor; melancolic; ~ *ly* cu nostalgie

wit [wit] *s* spirit, inteligenţă; agerime; *out of one's* ~ *s* scos din sărite; *to have a ready* ~ a fi prompt în replică

witch [wit∫] *s* vrăjitoare; ~ *craft* vrăjitorie, farmece; ~ *doctor* vrăjitor

witchery ['wit∫əri] *s* vrăjitorie, farmece; farmec, şarm

with [wið] *prep* cu; de; asupra; odată

cu; in ciuda; ~ *child* însărcinată; *in* ~
împreună cu; *trembling* ~ *fear*
tremurînd de frig; *I have money* ~ *me*
am bani asupra mea; *I rise* ~ *the sun*
mă scol cînd răsare soarele; *away* ~
him! ia-l de aici!; *I am* ~ *you* sînt de
partea ta

withal [wi ð 'ɔ:l] *adv* în plus

withdraw [wi ð 'drɔ:] *vt, vi* (*trec.*
withdrew, *part. trec.* withdrawn) a
(se) retrage

withdrawal [wi ð 'drɔ:l] *s* retragere

withdrawn [wi ð 'drɔ:n] *adj* neco-
municativ; închis

wither ['wi ð ə] *vt, vi* a (se) veșteji; a
îmbătrîni; a se spulbera

withhold [wi ð 'hould] *vt* (*trec., part.*
trec. withheld) a refuza; a ascunde; a
reține; a se abține; *to* ~ *one's consent*
a nu-și da consimțămîntul

within [wi ð 'in] *prep* în, înăuntrul; în
raza; între; pînă în; în cadrul

without [wi ð 'aut] *prep* fără; în afara;
~ *doubt* fără îndoială; ~ *fail* desigur;
it goes ~ *saying* se înțelege de la sine

withstand [wi ð 'stænd] *vt* a rezista; a
se împotrivi la

witless ['witlis] *adj* prost; absurd; (*of*)
neștiutor

witness ['witnis] 1 *s* martor; mărturie;
dovadă; ~-*box* boxa martorilor; *eye-*
~ martor ocular 2 *vt, vi* a depune
mărturie; a fi martor la; a atesta; a
exprima

wittingly ['witi ŋ li] *adv* intenționat; cu
premeditare

witty ['witi] *adj* spiritual; mucalit

wizard ['wizə :d] *s* vrăjitor, vraci

wizened ['wiznd] *adj* ofilit; zbîrcit

wobble ['wɔbl] *vi, vt* a (se) clătina; a
ezita

woe [wou] 1 *s* supărare; suferință; ~*s*
necazuri

woeful ['wouful] *adj* trist; dureros; jal-
nic

wolf [wulf] *s* lup; ~ *hound* ciine lup

woman ['wumən] *s* femeie; ~ *hater*
misogin

womb [wu:m] *s* uter; pîntece

wonder ['wʌndə] 1 *s* minune; mirare;
~ *land* țara minunilor; ~ *struck* uluit;
to work ~*s* a face minuni; *it is a* ~
that... e de mirare că... 2 *vi, vt* a se
întreba; a se mira

wonderful ['wʌndəful] *adj* minunat

wondrous ['wʌndrəs] *adj* minunat;
splendid

wont [wount] *s* obișnuință

woo [wu:] *vt* a face curte (*unei femei*)

wood [wud] *s* lemn; ~*s* pădure; ~
cutter tăietor de lemne; ~ *man*
pădurar; ~ *pecker* ciocănitoare; ~
wind suflători (din orchestră)

wooded ['wudid] *adj* împădurit

wooden ['wudn] *adj* de/din lemn

wooer ['wu:ə] *s* curtezan, amorez

wool [wul] *s* lînă; claie de păr creț; *dyed*
in the ~ înveterat; ~-*gathering* cu
capul în nori

woollen ['wulən] *adj* de lînă

word [wə:d] 1 *s* cuvînt; veste; discuție;
ordin; promisiune; ~ *for* ~ cuvînt cu
cuvînt; *big* ~*s* lăudăroșenie; *by* ~ *of*
mouth pe cale orală; *in a* ~ pe scurt;
a play on ~*s* joc de cuvinte; *upon my*
~ pe onoarea mea; ~ *book* vocabular

2 *vt* a formula

wordiness ['wə:dinis] *s* prolixitate

wording ['wə:diŋ] *s* redactare; formulare

work [wɔ:k] **1** *s* muncă; treabă; slujbă; lucrare; operă; ~ *s* uzină; *in/out of* ~ în serviciu/şomer, fără serviciu; ~ *book* îndreptar, instrucţiuni; ~ *day* zi de lucru; ~ *house* azil de săraci; ~ *man* muncitor; ~ *shop* atelier; ~ *shy* leneş **2** *vi, vt* a munci; a lucra; a funcţiona; a merge; a produce; a pune în mişcare; a fabrica; a confecţiona; *to* ~ *in* a pătrunde; *to* ~ *out* a rezolva

workable ['wə:kəbl] *adj* practicabil; realizabil

workaday ['wə:kədei] *adj* comun, banal; plicticos

working ['wə:kiŋ] **1** *s* funcţionare **2** *adj* muncitoresc; ~ *class* clasa muncitoare

world [wə:ld] **1** *s* lume; omenire; univers; societate; (*not*) *for the* ~ pentru nimic în lume; *a* ~ *of difference* o mare diferenţă; ~ *wide* răspîndit în toată lumea

wordly ['wə:ldli] *adj* lumesc; material; laic

worm [wə:m] **1** *s* vierme; lepădătură **2** *vt* a-şi face drum cu greu; a scoate (*un secret*) de la

worried ['wʌrid] *adj* îngrijorat; neliniştit

worry ['wʌri] **1** *s* îngrijorare; grijă; *worries* necazuri **2** *vt, vi* a (se) necăji; a-şi face griji; a hărţui

worse [wə:s] **1** *adj* mai rău; mai bolnav; *to be none the* ~ *for a sleep* a nu-i strica un pui de somn **2** *s* situaţie proastă

worsen ['wə:sən] *vt, vi* a (se) înrăutăţi

worship ['wə:ʃip] **1** *s* adorare; veneraţie; cult **2** *vt* a adora; a venera; a se ruga la

worst [wə:st] **1** *adj, adv* cel mai rău; cel mai prost **2** *s* cel mai rău lucru; situaţie foarte proastă; *if the* ~ *comes to the* ~, *at the* ~ dacă se întîmplă ce e mai rău

worth [wə:θ] **1** *s* valoare; *of no* ~ fără nici o valoare; *a pound's* ~ *of pears* pere în valoare de o liră **2** *adj* în valoare de; valoros; care merită; *it is not* ~ *while* nu merită (*banii etc.*); *it is* ~... costă...

worthless ['wə:θlis] *adj* nefolositor; fără valoare; inutil

worthy ['wə:θi] *adj* merituos; adecvat; ~ *of praise* lăudabil

would [wud] **1** *v aux* (*condiţional prezent*) : *she* ~ *read the book if she had time* ea ar citi cartea dacă ar avea timp; (*conditional trecut*) : *she* ~ *have read the book if she had time* ea ar fi citit cartea dacă ar fi avut timp **2** *v mod* (*voinţă, rugăminte, dorinţă*) : *he* ~ *go there* s-ar duce acolo (*cu plăcere*); ~ *you give me your pencil* eşti atît de amabil să-mi dai creionul

wound [wu:nd] **1** *s* rană; tăietură; ofensă **2** *vt* a răni; a ofensa

wrangle ['ræŋl] **1** *vi* a se certa; a se ciorovăi **2** *s* altercaţie, ciorovăială

wrap [ræp] **1** *vt, vi* a (se) înveli; a (se) înfăşura; a împacheta; *to be* ~

ped up in a fi absorbit în (*citit etc.*) 2
s învelitoare; șal; mantie; ambalaj
wrapper ['ræp ə] *s* supracopertă;
capot
wrath [rɔ: θ] *s* mînie, furie
wrathful ['rɔ: θ ful] *adj* mînios; furios
wreath [ri: θ] *s* ghirlandă; coroană,
jerbă
wreathe [ri: ð] *vt* a împleti; a învălui; a
se încolăci
wreck [rek] 1 *s* epavă; ruină 2 *vt* a
distruge; a nimici; a dărîma
wreckage ['rekid ʒ] *s* rămășițe (*ale
unei mașini accidentate*)
wrench [rentʃ] *s* cheie franceză
wrest [rest] *vt* a smulge
wrestle ['resl] 1 *vi* (*with*) a se lupta
(cu) 2 *s* luptă, trîntă
wrestler ['reslə] *s* luptător (*sportiv*)
wretch [retʃ] *s* mizerabil
wretched ['retʃid] *adj* nenorocit;
necăjit; nefericit; mizerabil
wrick [rik] *s* entorsă
wriggle ['rigl] *vi, vt* a se zvîrcoli; a se foi;
a (se) răsuci
wring [riŋ] 1 *vt* a suci (*gîtul*); a
stoarce; a strînge (*mîna cuiva*) 2 *s*

sucire; presare; stoarcere
wrinkle [riŋkl] 1 *s* rid; zbîrcitură;
încrețitură 2 *vt, vi* a (se) zbîrci; a
(se) încreți
wrist [rist] *s* încheietura mîinii; ~
watch ceas de mînă
write [rait] *vi, vt* (*trec.* wrote, *part. trec.*
written) a scrie; *to* ~ *down* a nota; *to*
~ *off* a anula; *to* ~ *out* a scrie complet
writer ['raitə] *s* scriitor; autor
writing ['raitiŋ] *s* scris; scriere; ~-
desk birou (*mobilă*)
wrong [rɔŋ] 1 *s* greșeală; rău; nedrep-
tate; *to be in the* ~ a face o greșeală;
to be ~ a nu avea dreptate; ~ *doer*
răufăcător 2 *adj* greșit; fals; incorect;
rău; nepotrivit; *there is something* ~
with ceva nu e în regulă cu; *what's* ~
with that? e în regulă? 3 *adv* greșit;
incorect; *to go* ~ a nu merge cum
treuie; *to guess* ~ a nu nimeri răspun-
sul 4 *vt* a face o nedreptate
wrongly ['rɔŋli] *adv* greșit; din
greșeală
wry [rai] *adj* strîmb; crispat; forțat

Y

y [wai] (litera) y

acht [jɔt] s iaht

ammer ['jæmə] vi a se văicări; a cînti; a sporovăi

ankee ['jæŋki] s yancheu, american (din nord)

ap [jæp] 1 s a lătra; a sporovăi 2 s lătrat

ard [jɑd] s curte; ogradă; triaj; iard (91 cm)

arn [jɑːn] s fir; născocire; to spin a ~ a tîclui o poveste

awl [jɔːl] s iolă

awn [jɔːn] 1 vi a căsca 2 s căscat

ea [jei] adv da

eah [jɛə] adv da

ear [jəː] s an; ~ s vîrstă; ~ in ~ out an după an; all the ~ round tot timpul anului; ~ -book anuar

earling ['jəːliŋ] s animal de un an

earn [jəːn] vi (for) a tînji (după)

earning ['jəːniŋ] 1 s dorință; dor 2 adj mistuitor; care tînjește

east [jiːst] s drojdie

ell [jel] 1 vi, vt a striga, a țipa 2 s strigăt; țipăt

ellow ['jelou] 1 adj galben; laș 2 vi a se îngălbeni; a rugini

ellowish ['jelouiʃ] adj gălbui

elp [jelp] 1 vi a scheuna 2 s scheunat

eoman ['joumən] s fermier; răzeș

es [jes] adv da; ~ man lingușitor

esterday ['jestədi] adv ieri

et [jet] 1 adv (in propoziții negative) încă; not ~ nu încă; she is not here ~ nu a venit încă; (in propoziții interogative) deja; has you eaten·~? ai mîncat deja?; (in propoziții afirmative) încă; și; mai; totuși; she is ~ more beautiful ea este încă și mai frumoasă

yew [juː] s tisă

yield [jiːld] 1 vt, vi a produce; a realiza; a ceda; a rezista la 2 s producție; recoltă; beneficiu

yielding ['jiːldiŋ] adj moale; supus; maleabil; docil

yogurt, yoghurt ['jɔgət] s iaurt

yoke [jouk] 1 s jug; robie; cobiliță 2 vt a înjunga; a lega

yolk [jouk] s gălbenuș

yore [jɔː] s of ~ de demult; de altădată

you [juː] pron tu; voi; ~ never know nu se știe niciodată

young [jʌŋ] adj tînăr; la început; novice; the ~ tinerii

youngster ['jʌŋstə] s tinerel

your [jɔː] adj a ta; al tău; ai tăi; ale tale; a voastră; al vostru; ai voștri; ale voastre

yours [jɔːz] pron al tău; ale tale; al vostru; ale voastre; ~ sincerely al dvs sincer (in incheierea scrisorilor)

yourself [jɔːˈself] pron tu însuți; te; by ~ singur

yourselves [jɔːselvz] pron voi înșivă; vă

youth [juːθ] s tinerețe; tineri; tineret

youthful ['juːθful] adj tineresc

Z

Z,z [zed] (litera) z

zany ['zeini] *s* măscărici; bufon

zeal [zi:l] *s* estuziasm; rîvnă

zealous ['zeləs] *adj* entuziasmat; dor-
nic

zealot ['zelət] *s* fanatic; entuziast

zebra ['zibrə] *s* zebră; ~-*crossing*
trecere de pietoni

zero ['ziə rou] *s* zero

zest [zest] *s* insufleţire; entuziasm; far-
mec

zig-zag ['zigzæg] *s* zigzag

zinc [ziŋk] *s* zinc

zinnia ['ziniə] *s* cîrciumăreasă
(*floare*)

Zionism ['zaiə nism] *s* sionism

zip [zip] 1 *s* şuierat; fermoar 2 *vt* a trag
(*fermoarul*)

zone [zoun] *s* zonă; regiune; brîu

zoo [zu:] *s* grădină zoologică

zoologist [zou'ɔlədʒist] *s* zoolog

zoology [zou'ɔlədʒi] *s* zoologie

zoom [zu:m] 1 *s* uruit; bîzîit 2 *vi* a uruj
a bîzîi

X

X,x [eks] (litera) x
Xerox ['ziə rɔks] 1 *s* xerox 2 *vt* a xeroxa
Xmas ['krismə s] *s* Crăciun

X-ray ['eksrei] *s* rază x ; **radiografie**
xylophone ['zailə foun] *s* xilofon

Simboluri fonetice utilizate în dicţionar

Vocale

Simbol	Pronunţie	Cuvînt englezesc	Corespondent aproximativ în română
ʌ	*a* scurt	come [kʌm]	cam
ɑ:	*a* lung, rostit cu vîrful limbii spre fundul gurii	car [kɑ:]	car (fără r)
ə	*ă* scurt	super ['supə]	supă
ə:	*ă* lung, cu buzele întinse	burr [bə:]	băă!
e	*e* ca în română puţin mai deschis	net [net]	net
æ	*e* pronunţat cu gura deschisă ca pentru *a*	tank [tæŋk]	teanc (*ea* con-topite într-un singur sunet)
i	*i* scurt	rid [rid]	rid
i:	*i* lung	tea [ti:]	tii!
ɔ	*o* cu gura deschisă ca pentru *a*	nod [nɔd]	nod
ɔ:	*o* lung	bought [bɔ:t]	bot
u	*u* scurt, cu buzele întinse	full [ful]	ful
u:	*u* lung	moo [mu:]	muu!

Consoane

Simbol	Pronunție	Cuvînt englezesc	Corespondent aproximativ în română
b	*b* mai sonor	Bob [bɔb]	Bob
k	*c* rostit mai apăsat	coif [kɔif]	coif
d	*d* pronunțat cu limba la rădăcina dinților de sus	dock [dɔk]	doc
f	*f*	fell [fel]	fel
g	*g*	gall [gɔ:l]	gol
ʒ	*J*	Cluj [klu: ʒ]	Cluj
l	*l*	lay [lei]	lei
m	*m*	mug [mʌg]	mag
n	*n*	nod [nɔd]	nod
ŋ	*n* ca în cuvîntul *lung*	long [lɔŋ]	
p	*p* urmat de un *h* abia perceput	pot [pɔt]	pot
r	*r* rostit cu vîrful limbii spre fundul gurii	row [rəu]	rău
s	*s*	sense [sens]	sens
ʃ	*ș*	shock [ʃɔk]	șoc
t	*t* pronunțat cu limba la rădăcina dinților de sus	top [tɔp]	top
v	*v*	vest [vest]	vest
z	*z*	zinc [ziŋk]	zinc

ð	*d* pronunțat cu limba între dinți	this [ðis]	
θ	*t* pronunțat cu limba între dinți	thick [θik]	
tʃ	*tci*	chock [tʃɔk]	cioc
dʒ	*dge*	gem [dʒem]	gem

Semiconsoane

Simbol	Pronunție	Cuvînt englezesc	Corespondent aproximativ în română
w	*u* scurt	whisky ['wiski]	
j	*i* pronunțat apăsat.	yen [jen]	